CB134980

16	3	2	13
5	10	11	8
9	6	7	12
4	15	14	1

Henrique Autran Dourado

DICIONÁRIO DE TERMOS E EXPRESSÕES DA MÚSICA

editora 34

EDITORA 34

Editora 34 Ltda.
Rua Hungria, 592 Jardim Europa CEP 01455-000
São Paulo - SP Brasil Tel/Fax (11) 3816-6777 www.editora34.com.br

Copyright © Editora 34 Ltda., 2004
Dicionário de termos e expressões da música © Henrique Autran Dourado, 2004

A FOTOCÓPIA DE QUALQUER FOLHA DESTE LIVRO É ILEGAL E CONFIGURA UMA APROPRIAÇÃO INDEVIDA DOS DIREITOS INTELECTUAIS E PATRIMONIAIS DO AUTOR.

Capa, projeto gráfico e editoração eletrônica:
Bracher & Malta Produção Gráfica

Revisão:
Maria Sylvia Corrêa

1ª Edição - 2004, 2ª Edição - 2008

Catalogação na Fonte do Departamento Nacional do Livro
(Fundação Biblioteca Nacional, RJ, Brasil)

Dourado, Henrique Autran
D436d Dicionário de termos e expressões da música /
Henrique Autran Dourado. — São Paulo: Ed. 34, 2004.
384 p.

ISBN 85-7326-294-X

Inclui bibliografia.

1. Música - Dicionário. I. Título.

CDD - 780

ÍNDICE

NOTA INTRODUTÓRIA

Este trabalho consumiu cinco anos de pesquisa e envolveu a coleta de material por diversos meios, além da colaboração imprescindível de colegas músicos do Brasil e do exterior. Curiosa foi a origem da idéia de empreendê-lo, e a forma com que avancei rumo a este volume, que podemos considerar inédito, não apenas por conter somente termos e expressões da música (como bem indica o título), mas também pela ausência de biografias e títulos de composições — se assim fosse, dado o extenso número de verbetes, o trabalho resultaria em um número enorme de tomos e volumes. Torna-o especialmente inédito, talvez, a forma com que aborda indistintamente (e sem juízo de mérito, cabe logo dizer) diversas formas de música de civilizações, etnias, grupos, tendências, correntes, estilos de época e lugar, e também modismos e jargões em diversos idiomas.

Volto à origem da idéia deste trabalho: há alguns anos, eu havia publicado um "passeio" bem-humorado cujo título era *Pequena estória da música* — uma citação entrelaçada das *Estórias* de Guimarães Rosa e a *Pequena história da música* do saudoso Mário de Andrade. Mais uma vez fazendo traquinagens com o mestre musical de todos nós, o Mário, parafraseei também o "Prefácio interessantíssimo" dele, e incluí naquele livro um "Glossário interessantíssimo" — na verdade, um pequeníssimo dicionário para que o leigo, volta e meia, pudesse consultar para entender melhor o texto. Era apenas um despretensioso glossário de termos como soprano, regente, trompa etc., sempre com definições divertidas.

Lendo o livro, e folheando o "Glossário", meu pai, o escritor Autran Dourado, teve uma de suas "idéias súbitas", como gosta de dizer. "Por que você não escreve um pequeno dicionário para leigos?", indagou. Pouco tempo depois, iniciei o que seria um "pequeno dicionário musical" para leigos, sem me dar conta de que minha voracidade por fontes e assuntos havia ultrapassado rapidamente a intenção inicial do trabalho, os verbetes se multiplicando e possuindo-me como ao Dom Quixote de Cervantes. Quando percebi que o volume já passava de duzentas laudas, retirei do título e de minha cabeça o termo "pequeno", ficando livre para avançar de vez sobre tudo o que estivesse ao meu alcance no mundo da música, da Antiguidade ao pós-*pop*, do Renascimento à música concreta e eletroacústica, do Barroco ao samba, ao *jazz*, à música caipira, ao Ska, ao *acid house* e por aí vai.

É claro que nunca tive a menor pretensão de saber tudo sobre qualquer assunto musical, por único e específico que fosse, e muito menos ainda em um terreno tão vasto, histórica e etimologicamente. Para este trabalho, vali-me de dezenas de fontes e da colaboração de colegas em diversos assuntos, entre os quais cito com carinho o meu amigo, prof. Dr. Jorge Antunes, titular da Universidade de Brasília, "Chevalier des Arts", que contribuiu na parte de instrumentos latinos; uma ex-aluna, Miranda Bartira de Souza, ajudou-me a relembrar a velha e boa teoria musical, enquanto os especialistas em viola de arame e luteria — como, respectivamente, Roberto Corrêa e Rafael Sando — deram importantes contribuições em suas áreas. Difícil seria lembrar-me de todos os que colaboraram.

Finalmente, para uma revisão mais acurada, trouxeram contribuições em suas áreas específicas muito significantes alguns colegas, a quem sou obrigado a agradecer, de forma muito especial: o prof. Antonio Tavares Ribeiro, pesquisador do Instituto de Estudos Brasileiros da USP e professor da Escola Municipal de Música e da nova Escola Superior de Música da Faculdade Cantareira, de São Paulo; a prof^a^ Drª Carin Zwilling, também da ESM; Mauro Domenech, diagramador e músico do Teatro Municipal de São Paulo e a prof^a^ de português Vera Lúcia da Costa, sem os quais o trabalho não se arriscaria sobre assuntos tão díspares.

Henrique Autran Dourado

Ao meu pai, Autran Dourado, pela "idéia súbita".

À minha mãe, Maria Lúcia, pelo interesse e a ajuda constantes durante o longo percurso deste trabalho e a dedicação de sempre.

Ao prof. Paulo Meinberg, mantenedor da Faculdade Cantareira, que possibilitou abrir em São Paulo a Escola Superior de Música, sonho de todos nós, músicos brasileiros — um padrão de excelência de nível internacional.

ABREVIATURAS

acp.	acepção
al.	alemão
ár.	árabe
arc.	arcaico
esp.	espanhol
fr.	francês
gr.	grego
hebr.	hebraico
hind.	hindi
ing.	inglês
it.	italiano
lat.	latim
lit.	literal
p. ex.	por exemplo
port.	português
rus.	russo
var.	variante

DICIONÁRIO DE TERMOS E EXPRESSÕES DA MÚSICA

A

A 1. Abreviatura de CONTRALTO. **2.** Designação da nota lá, a tonalidade lá maior ou menor (AM ou Am), sobretudo em diversos países da Europa e nos EUA. A seqüência se inicia com A (a nota lá), e segue com B, C, D, E, F e G para si, dó, ré, mi, fá e sol, respectivamente. Em alguns países, como a Alemanha, utiliza-se também a letra H para si NATURAL, enquanto o B significa si bemol. A notação por CIFRAS da música popular, organizada pelos teóricos do *jazz*, também utiliza as letras de A a G (por exemplo, Cm, A, para dó menor e lá maior).

AABA Ver FORMA BINÁRIA e FORMAS DE CANÇÃO.

AB Ver FORMA BINÁRIA e FORMAS DE CANÇÃO.

ABA Ver FORMA TERNÁRIA e FORMAS DE CANÇÃO.

abafador (it. *smorzatore*; fr. *étouffoir*, *sourdine*; ing. *damper*; al. *Dämpfer*) Peça ou tira de feltro ou pano que serve para amortecer o som de uma ou mais cordas em instrumentos de teclado como o cravo, o piano e o CLAVICÓRDIO.

abafamento Em instrumentos de cordas (especialmente os elétricos, como a guitarra) ou de percussão (como tambores), é a técnica de amortecimento da vibração das cordas ou da membrana com a mão, interrompendo o som.

abafo Bloco de FREVO de rua acompanhado principalmente por TROMBONES, com seu volume procura abafar o som e a folia do bloco concorrente, com algazarra e grande estardalhaço.

abassare (it. *bemollizare*; fr. *baisser*; ing. *lower*, *flatten*; al. *Erniedrigen*) ABEMOLAR.

abaixado Alterado descendentemente.

abatá Tipo de ATABAQUE trazido ao Brasil pelos escravos.

a battuta (it.) Com a BATUTA, ou seja, seguindo a mão do maestro. **2.** Compasso tocado e percebido como equivalente a uma única pulsação, ou tempo.

abaulado Diz-se do tampo ou fundo arqueado de instrumentos como o violino.

abbandono (it.; esp. *abandón*) Largado, apaixonadamente.

abbelire (it. lit.: ornamentar) VER ORNAMENTO.

abc TOADA comum em diversas regiões do Brasil, geralmente acompanhada por sanfona ou VIOLA DE ARAME, em que cada estrofe é iniciada com uma das letras do alfabeto.

ABC Ver FORMAS DE CANÇÃO.

ABCD Ver FORMAS DE CANÇÃO.

ab Dämpfer (al.) Ver DÄMPFER.

abemolar (it. *bemollizare*; fr. *baisser*; ing. *flatten*, *lower*; al. *erniedrigen*) Alterar determinada nota um semitom descendentemente [var.: bemolar].

a beneplacito (it.) Ver AD LIBITUM.

à volonté (fr.) AD LIBITUM.

Abendlied (al.) Canção da tarde.

aberto Entre os instrumentos de cordas ou METAIS, termo que indica execução sem abafo ou SURDINA (acp. 1).

abertura (it. *sinfonia*; fr. *ouverture*; ing. *overture*; al. *Ouvertüre*) **1.** Movimento executado pela orquestra, serve como introdução para uma obra maior, como uma suíte orquestral ou ópera. A abertura francesa (de J. B. Lully) consistia em um trecho em COMPASSO BINÁRIO, que introduzia uma outra parte em COMPASSO TERNÁRIO. A abertura italiana (de D. Scarlatti) utilizava três seções: rápido, lento e novamente rápido. No final do século VIII, a abertura passou a empregar um trecho lento que introduz uma seção rápida, sem grandes desenvolvimentos e de estrutura razoavelmente simples. Algumas aberturas, como a *Festival Acadêmico*, de Brahms, serviam apenas para iniciar uma apresentação, inaugurar algum evento ou celebrar uma ocasião especial. Outras foram dedicadas a grandes eventos cívicos, como a apoteótica *Abertura 1812*, de Tchaikovsky, composta para celebrar a vitória russa sobre Napoleão e que chega a incluir fogos de artifício, sinos e salvas de canhão. **2.** CORTE EM *f* do tampo de instrumentos como o violino.

abertura de concerto Obra instrumental em um único movimento que serve para abrir um programa sinfônico, dentro do espírito da abertura operística, como as aberturas *Egmont* e *Leonore nº 3*, de Beethoven.

abertura francesa Forma de introdução de óperas e balés, com uma seção em andamento lento em compasso binário e outra, mais rápida, em COMPASSO TERNÁRIO, foi consolidada no Barroco francês por J. B. Lully.

abertura italiana Forma de introdução para óperas e oratórios, constituía-se de uma seção rápida, seguida por uma lenta e novamente uma outra rápida, e consolidou-se no Barroco italiano com Alessandro Scarlatti. Antecipou o surgimento da forma da SINFONIA.

abeto (do lat. *abete*) Madeira empregada na construção do tampo dos melhores violinos.

Abgesetzt (al.) DÉTACHÉ.

abgestossen (al.) Ver STACCATO.

Abgetimmt (al.) Afinado.

abhinandan tal Sistema obscuro e muito pouco utilizado de TAL indiano de 20 tempos.

abhiran tal Sistema pouco comum de TAL indiano de 24 tempos.

Abkürzung (al.) Ver ABREVIATURA.

aboio Certo tipo de canto MODAL de trabalho, geralmente onomatopaico, muito utilizado no Norte e Nordeste do Brasil, surge das tradições antigas dos boiadeiros, que conduzem o gado emitindo sons de comando que os animais são condicionados a reconhecer.

abono (port.) Em Portugal, RESOLUÇÃO.

abre A primeira cerveja; a primeira música de um ARRASTA-PÉ [var.: abrideira].

abreviatura (al. *Abkürzung*) As abreviaturas musicais podem ser divididas em três categorias principais: de vocabulário, de figuração e de sinais convencionais. As de vocabulário (italianas, na maioria) são empregadas especialmente nas indicações de andamento, COMPASSO e expressão. As de figuração são mais utilizadas na música manuscrita e os sinais convencionais são gráficos provenientes da primitiva notação neumática.

abrideira Ver ABRE.

Abschlag (al.) DOWNBEAT (acp. 1).

Abschlüss (al.) CODA.

absolutes Gehör (al.) OUVIDO ABSOLUTO.

absorção 1. Fenômeno acústico pelo qual determinado som tem parte ou totalidade de seu volume absorvido pelo meio material que atravessa. **2.** Capacidade acústica que tem um auditório ou espaço público de absorver vibrações sonoras.

absorption coefficient (ing.) Ver COEFICIENTE DE ABSORÇÃO.

Abstrich (al.) ARCADA DESCENDENTE.

Abtakt (al.) Ver TEMPO FORTE.

Abwechslung (al.) BARIOLAGE.

academia 1. (ing. *academy*) Em diversos países, o equivalente a CONSERVATÓRIO. **2.** Vozes masculinas de uma ESCOLA DE SAMBA.

acalanto (fr. *berceuse*; ing. *lullaby*) Música para ninar, geralmente cantada [var.: cantiga-de-berço].

a callota (it.) Ver BACKSTAGE e OFF-STAGE.

ação sacra Ver AZIONE SACRA.

ação teatral Ver AZIONE TEATRALE.

a cappella (it. lit.: em capela) Diz-se de música para grupo de vozes ou coro que não utiliza acompanhamento instrumental [var.: it. *alla cappella*, *cappella*].

a capprìccio (it.) Ao capricho, a critério do intérprete.

accelerando (it.; ing. *accelerating*; al. *Besuchleunigend*, *eilend*; fr. *accélérant*) Apressando [var.: it. *affrettando*; *stretto*].

accélérant (fr.) ACCELERANDO.

accent (ing., fr.) **1.** ACENTO. **2.** No jargão do músico norte-americano, sotaque musical, como em *jazz accent, pop accent*.

accented (ing.) Acentuado.

accento (it.) ACENTO.

accentuation (ing.) ACENTO.

accero (it.; port. ácer) Madeira empregada na

construção do fundo e das laterais dos melhores violinos, é freqüentemente substituída pelo SICÔMORO, ou falso-plátano.
acciacatura (it. *acciacciare*, comprimir; fr. *appogiature brève*, *appogiature écrasée*; port. acicatura) Ornamento que consiste em um grupo de notas grafadas em tamanho reduzido, deve ser tocado rapidamente antes da nota de RESOLUÇÃO. A *acciacatura* pode ser dupla (duas notas) ou tripla (três notas).
acciarino (it.) Ver TRIÂNGULO.
accident (ing., fr.) ACIDENTE [var.: *accidental*].
accidental (ing.) ACIDENTE.
accidenti in chiave (it.) ARMADURA DE CLAVE
accompagnamento (it.) ACOMPANHAMENTO.
accompagnateur (fr.) Ver PIANISTA ACOMPANHADOR.
accompagnatore (it.) Ver PIANISTA ACOMPANHADOR.
accompagnement (fr.) ACOMPANHAMENTO.
accompaniment (ing.) ACOMPANHAMENTO.
accompany (ing.) ACOMPANHAMENTO.
acompanhador (it. *accompagnatore*; fr. *accompagnateur*; ing. *accompanist*; al. *Begleiter*) Ver PIANISTA ACOMPANHADOR.
accompanist (ing.) Ver PIANISTA ACOMPANHADOR.
accopiamento (it.) COPULA ou COPLA.
accopiato (it. lit.: acoplado) LIGADO.
accord (fr.) ACORDE.
accordamento (it.) Ver CONSONÂNCIA.
accordare (it.) Ver AFINAR.
accordatore (it.) AFINADOR.
accordatore di precisione (it.) MICROAFINADOR.
accordatura (it.) Ver SCORDATURA.
accordatura giusta (it.) Afinação natural.
accordéon (fr.) ACORDEÃO.
accorder (fr.) Ver AFINAR.
accordeur de piano (fr.) AFINADOR (acp. 1).
accordi (it.) Entre os instrumentos de cordas da orquestra, duas a quatro notas, em cordas adjacentes, executadas com o arco geralmente desferido para baixo, da corda mais grave para a mais aguda. No período Barroco, época em que acordes eram bastante utilizados pelos instrumentos de cordas, o CAVALETE possuía pouca curvatura e a CRINA era retesada com menos tensão. Essas qualidades possibilitavam a execução de notas simultâneas em até três cordas diferentes. A(s) nota(s) inferior(es) dos *accordi* deve(m) soar quase como *appoggiaturas*, enquanto a(s) superior(es) devem ser sustentadas pela duração indicada na partitura. Em conformidade com o estilo de época, alguns instrumentistas contemporâneos especializados em música barroca utilizam arco e cavalete antigos, o que lhes possibilita a execução de *accordi* de três notas simultâneas.
accordière (fr.) CRAVELHAME.
accordion (ing.) ACORDEÃO.
accordo (it.) ACORDE.
accordoir (fr.) Ver CHAVE DE AFINADOR.
accouplement (fr.) COPULA.
ace (ing. lit.: ás) No jargão norte-americano, uma "estrela", um grande músico.
acento (it. *accento*, *accentuazzione*; fr. accent; ing. *accent*, *accentuation*, *stress*; al. *Akzent*, *Betonung*, *Schwerpunkt*) Na partitura, sinal de articulação que enfatiza uma nota ou parte dela, aumentando-lhe o volume ou a duração. Ver também SFORZANDO.
acentuação agógica Realça uma nota por meio de um leve prolongamento do tempo tônico.
acentuação dinâmica Realça uma nota por meio de um ataque de maior intensidade.
acentuação tônica Realça determinada nota por meio de sua transposição para registro superior ao das demais.
ácer Ver ACCERO [var.: ácero].
ácero Ver ÁCER.
Achtelnote (al.; var.: *achtel*) COLCHEIA.
Achtelpause (al.) Pausa de COLCHEIA.
Achtfuss (al.) O REGISTRO (acp. 1) de oito pés do órgão de tubos.
acicatura (port.) Em Portugal, ACCIACCATURA.
acid house (ing.) Gênero da música para animar danceterias chamada *house*, é sempre gravada em estúdio. Surgiu no final dos anos 1980 e tem como símbolo o *smiley*, um rosto redondo e amarelo de boneco esboçando um sorriso. O instrumental é basicamente eletrônico, sintetizado ou SAMPLERIZADO, especialmente as linhas de baixo e percussão. À trilha pré-gravada podem ser acrescidas vozes, e com freqüência gritos, sussurros e gemidos sensuais, além de ruídos de toda sorte. A palavra *acid* tem origem em hábitos comuns entre os freqüentadores dessas casas notur-

nas, muitas vezes envolvidos no consumo de bebidas como o *red bull*, anfetaminas e drogas mais recentes entre os *clubbers*, como o *ecstasy*. Alguns dos nomes mais importantes do *acid house* são a cantora Yazz e o Bomb the Bass, denominação de um conjunto fictício criado em estúdio e computador.

acid jazz (ing.) Tipo de HOUSE MUSIC.

acid rock (ing. lit.: *rock* ácido) **1.** Gênero de ROCK'N'ROLL surgido nos EUA, é voltado à apologia e consumo de drogas como o LSD, o ácido lisérgico. A música é executada com forte percussão da bateria, gritos lancinantes, DISTORCEDORES e todos os tipos de pedais e aparelhos para alteração do som, além de um volume muito acima de uma centena de decibéis. Um bom exemplo é o título *In-A-Gadda-Da-Vida* (1968), do grupo Iron Butterfly. **2.** *Rock* de batida repetitiva cuja letra geralmente reflete experiências alucinógenas.

acid ska Tipo de HOUSE MUSIC jamaicana de sotaque SKA.

acidente (it. *alterazzione*; fr. *accident, altératrion*; ing. *accident, accidental*; al. *Vorzeichen*) Alteração ascendente ou descendente de uma nota em um SEMITOM ou tom inteiro, é simbolizada por [#], sustenido (alteração ascendente de semitom), [*b*], bemol (alteração descendente de um semitom), [##], dobrado sustenido (dois semitons acima), e [*bb*], dobrado bemol (dois semitons abaixo). No século XX surgiram sinais para indicar alterações menores que o semitom, como o terço e o quarto de tom. Como são de uso pouco comum, os sinais de alteração MICROTONAL ainda não estão convencionados [var.: port. alteração].

acompanhamento (it. *accompagnamento*; fr. *accompagnement*; ing. *accompaniment*; al. *Begleitung*) Instrumento, voz, grupo de instrumentos ou vozes que fazem corpo musical para solista ou grupo.

acompanhar (it. *accompagnare*; fr. *accompagner*; ing. *accompany*; al. *Begleiten*) Realizar o ACOMPANHAMENTO de um solista com um grupo, orquestra, piano ou outro instrumento.

acoplador Em um ÓRGÃO de tubos, dispositivo mecânico para conexão simultânea de mais de um REGISTRO (acp. 2).

acorda-povo Procissão dançada do folclore nordestino brasileiro, costuma ser acompanhada por uma ZABUMBA [var.: bandeira-de-são-joão].

acorde (it. *accordo*; fr. *accord*; ing. *chord*; al. *Akkord*) Grupo de três ou mais notas (e poucas vezes somente duas, a depender do contexto harmônico) executadas de forma simultânea.

acorde alterado Acorde em que algumas notas são alteradas ascendente ou descendentemente, provocando DISSONÂNCIAS.

acorde consonante Ver CONSONÂNCIA.

acorde de diminuta Ver ACORDE DIMINUTO.

acorde de meia diminuta ou meio diminuto (ing. *half-diminished*) Comum na BOSSA-NOVA e no *jazz*, consiste em um ACORDE DIMINUTO com uma a sétima menor agregada (dó-mi bemol-sol bemol-si bemol). Símbolo [ø].

acorde de sétima da diminuta Acorde de diminuta com uma sétima menor alterada descendentemente (dó-mi bemol-sol bemol-si dobrado bemol).

acorde de quarta e sexta Ver ACORDE DE SEXTA E QUARTA.

acorde de sexta e quarta Na harmonia tradicional, a segunda inversão de uma TRÍADE, em que as notas são dispostas uma sexta e uma quarta, respectivamente, acima da mais grave (sol-dó-mi) [var.: acorde de quarta e sexta].

acorde diminuto (ing. *diminished chord*) Acorde formado por um intervalo de terça menor e uma quinta diminuta, ambos contados a partir da nota fundamental (dó-mi bemol-sol bemol, por exemplo).

acorde dissonante Ver DISSONÂNCIA.

acorde pivô Acorde que possui funções diversas em duas tonalidades distintas e serve como ponte modulatória em uma seqüência harmônica. Ver também PIVOT.

acordeom Ver ACORDEÃO.

acordeon Ver ACORDEÃO.

acordeona Ver ACORDEÃO.

acorde quebrado (ing. *brocken chord*) Ver ARPEJO.

acordeão (it. *armonica a Manticino, fisarmonica*; ing. *accordion* e, popularmente, *squeezebox*; al. *Akkordeon, Handharmonica, Handorgel, Ziehharmonica*) Instrumento de fole e teclado patenteado por Demian em Viena (1829), mas provavelmente criado na Alemanha por Buschmann em 1822, foi introduzido como uma espécie de órgão portátil. Possui um único FOLE e utiliza um sistema de PALHETAS (acp. 1) metálicas internas para produzir sons, um teclado como o do piano na mão direita e outro de botões para o acompanhamento dos baixos, na esquerda. No Brasil, um pequeno acordeão costuma ser chamado SANFONA. Alguns dos maiores nomes de acordeonistas brasileiros são Luiz Gonzaga, Adelaide Chiozzo, Dominguinhos, Sivuca, Dilu Melo (a Rainha do Acordeon) e Caçulinha [var.: acordeon, acordeona, acordeom, acordion].

acordes primários Os acordes principais, que definem a tonalidade: tônica, subdominante e dominante (dó, fá e sol, na tonalidade de dó maior).

acordiom Ver ACORDEÃO.

acousmonium Aparelho adotado por Pierre Schaeffer na MÚSICA CONCRETA, utilizava um grande número de ALTO-FALANTES de diversas dimensões estrategicamente distribuídos. Funcionava acoplado a um gravador de fita.

acoustic bass (ing.) BAIXO ACÚSTICO.

acoustician (ing.) Engenheiro acústico.

acoustics (ing.) ACÚSTICA.

acromático Não-CROMÁTICO.

act (ing.) ATO.

act tune (ing.) ENTREATO.

acte (fr.) Ver ATO.

active sensing (ing. lit.: sensibilidade ativa) Na MÚSICA ELETRÔNICA, emissão de sinal em linguagem MIDI a alguma INTERFACE para manter determinado circuito pronto para conexão.

acto (port.) Ver ATO.

acusmático Relativo ao ACOUSMONIUM.

acústica (it. *acustica*; fr. *acoustique*; ing. *acoustics*; al. *Akustik*, *Schallehre*) **1.** Disciplina da física que estuda a emissão, a transmissão dos sons e as ondas sonoras do espectro audível (20 a 20.000 Hz) e seus efeitos. O som dos instrumentos se propaga por meio de vibrações sonoras, seja por fricção (instrumentos de cordas e arco), percussão por objetos como PLECTROS, BAQUETAS ou martelos (cravo, tambores, marimba, piano), vibração pela passagem de vento por PALHETAS (OBOÉ, ACORDEÃO e SAXOFONE), percussão por dedilhado (violão, harpa); vibração por vento em tubo cilíndrico ou cônico de madeira ou metal (flautas, órgão de tubos) ou pela vibração dos lábios sobre um BOCAL (como os INSTRUMENTO DE METAL (acp. 2). **2.** Diz-se do equilíbrio das qualidades de propagação e absorção das ondas sonoras de um determinado ambiente. **3.** Conjunto de qualidades e características de um auditório ou espaço público referentes à absorção e refração do som, elementos que combinados determinam a melhor ou pior adequação de um ambiente para apresentações musicais. A preparação acústica é condição fundamental em estúdios e salas de concertos. Os índices de reflexão e ABSORÇÃO, assim como os coeficientes de REVERBERAÇÃO, são fatores a serem observados na preparação de qualquer ambiente reservado à música.

acústico Na música popular, diz-se de instrumento, amplificado ou não, cujo som não é produzido diretamente por meios eletrônicos (violão, cavaquinho, flauta etc.). Também serve para diferenciar de seus homônimos elétricos ou eletrônicos: CONTRABAIXO ACÚSTICO (em oposição ao modelo elétrico), derivado da GUITARRA ELÉTRICA, empregado no *rock* e na MPB, ou violão acústico, expressão que serve para diferenciar o instrumento do modelo elétrico, cujos sinais são enviados diretamente para os amplificadores por meio de CAPTADORES eletrônicos.

acuto (it.) AGUDO.

ada pech tal Sistema de TAL indiano de nove tempos, muito pouco utilizado.

adachhaital Na MÚSICA INDIANA, um TAL de 16 tempos.

adagietto (it.) Pequeno ADÁGIO. Indica andamento lento, porém menos lento do que o ADÁGIO.

adagio (it.) Ver ADÁGIO.

adágio (it. *adagio*; fr. *lent*; ing. *slow*, *slowly*; al. *Langsam*, *gemächlich*) **1.** Andamento lento, entre LARGO e ANDANTE. **2.** Provérbio, poema triste musicado ou não [var.: port. vagaroso].

adagissimo (it.) Andamento muito lento.

adarrum Padrão rítmico de ATABAQUES do CAMDOMBLÉ, refere-se especificamente a determinada entidade espiritual e serve para invocá-la.

additive synthesis (ing. lit.: síntese aditiva) Em MÚSICA ELETRÔNICA, processo de elaboração que emprega freqüências fundamentais.

addolorato (it.) Com tristeza.

à demi-jeu (fr.) Expressão que sugere interpretação com a metade da força.

à demi-voix (fr.) À meia voz, sussurrante.

a deux (fr.) A dois.

adjá Ver CAMPA.

adjustment (ing. lit.: ajustamento) Comando de SINTETIZADOR que permite a emissão programada de mais de um som quando uma única tecla é pressionada.

ad lib. (it.) Abreviatura de AD LIBITUM.

ad libitum (lat. lit.: com liberdade; it. *a piacere*; fr. *à volonté*; ing. *as desired, at will*; al. *Nach Belieben*) Expressão encontrada ocasionalmente nas partituras, serve para instruir o músico de que sua interpretação deve ser livre, ou que o intérprete pode improvisar com liberdade, evitando uma marcação rígida no ritmo e no andamento da música ou do trecho. Abreviatura: [*ad lib.*] [var.: it. *a beneplacito, a piacere, a piaciamento*].

ADSR Na MÚSICA ELETRÔNICA e eletroacústica, abreviatura de *attack-decay-sustain-release* (atacar-ceder-sustentar-soltar).

adufe Instrumento de percussão semelhante a um pandeiro, costuma ser utilizado em manifestações populares do Nordeste como as CONGADAS e o BUMBA-MEU-BOI maranhense. Levado pelos mouros para a Península Ibérica, durante a ocupação, foi utilizado em Alentejo, Beira-Alta e Trás-os-Montes, em Portugal, local (este último) onde ficou conhecido como pandeiro. Tem o formato de um pandeiro quadrangular (sem as SOALHAS), cuja PELE costuma ser retesada ao sol e esticada sobre uma moldura feita de quatro réguas de madeira [var.: adufo; cuíca, em alguns lugares do Nordeste brasileiro; também, fungador, guíca, onça, porca, puíta, ronca, roncador, ronca-ronca, socador, tambor-onça].

adufeiro **1.** Tocador de ADUFE. **2.** Tocador de pandeiro das ESCOLAS DE SAMBA.

adufo **1.** ADUFE. **2.** Ver CUÍCA.

advento Período de quatro semanas que antecede a festa do Natal.

aena Espécie de flauta utilizada por pastores na Grécia antiga.

aeolian (ing.; al. *äolisch*) EÓLIO.

aeolian piano (ing.) PIANO EÓLIO.

aerofone (it. *aerofoni*) Qualquer instrumento executado por meio de sopro ou vento produzido naturalmente, por meios mecânicos ou pela boca. Os aerofones podem ser subdivididos nas seguintes categorias: (1) os de aresta, como a flauta transversal (cujo som é produzido pelo sopro contra um anteparo na embocadura), (2) os de BOCAL (o som é produzido pelos lábios, que atuam vibrando em seu interior como palhetas duplas), (3) os livres (pela vibração de um corpo no ar, como um tubo plástico girado pelo executante, ou ainda uma FOLHA-DE-FLANDRES quando sacudida), (4) os órgãos, (5) os de PALHETA (acp. 1) (soprados diretamente pelos lábios, como o oboé ou o saxofone, ou que recebem vento forçado sobre palhetas simples ou dupla, como o acordeão), além, obviamente, (6) da voz humana. Ver também CORDOFONE, IDIOFONE E MEMBRANOFONE.

aerophon (it.) Ver HARMÔNIO.

afectuoso (port.) AFFETTUOSO.

affabile (it.) Afável.

affectionate (ing.) AFFETTUOSO.

affectueux (fr.) AFFETTUOSO.

Affektenlehre (al.) Ver TEORIA DOS AFETOS.

affettuosamente (it.) Afetuosamente.

affettuoso (it.; fr. *affectueux*; ing. *affectionate, warm*; al. *herzlich*; port. *afectuoso, terno, sentimental*) Pleno de afeto.

afflito (it.) Aflito.

affrettando (it.) Ver ACCELERANDO.

afinação (it. *accordatura*; fr. *accord*; ing. *tuning*; al. *Stimmung*) Altura do som relativamente a outro som ou a um parâmetro pré-convencionado. O violino, por exemplo, tem as cordas afinadas em quintas, entre si, ou seja, sol, ré, lá e mi. Como parâmetro, o lá utilizado no DIAPASÃO para afinação dos instrumentos em conjunto vibra, por exemplo, entre 440 e 442 hertz (termo cunhado a partir do sobrenome de seu inventor) por segundo, medida de freqüência de grande precisão. A afinação é um conceito cujos parâmetros têm sido estabelecidos por diferentes sistemas através dos tempos. Pitágoras (matemático e filósofo grego, século VI a.C.), com seu MONOCÓRDIO (instrumento de uma única corda vibrante utilizado em suas pesquisas), estabeleceu as primeiras leis acústicas de real importância, determinando que os sons são ouvidos pelo homem segundo certos princípios naturais (de onde surge a chamada afinação natural). TEMPERAMENTO DESIGUAL, por sua vez, é um sistema híbrido de afinação que possibilitou grupos de instrumentos tocarem em mais de duas tonalidades vizinhas, ajustando as alturas dos sons por aproximação média, enquanto o TEMPERAMENTO é um sistema que estabeleceu definitivamente, a partir do período Barroco (Bach, Pachelbel), o padrão ocidental moderno, igualando sons enarmonicamente idênticos e possibilitando a execução dos conjuntos em todas as tonalidades conhecidas. Existem ainda experiências modernas de afinação por MICROTONS que, à maneira dos orientais, subdividem os intervalos CROMÁTICOS em porções ainda menores, às vezes imperceptíveis para o ouvido menos treinado.

afinação fina Ver PARAFUSO DE AJUSTE.

afinação francesa ENCORDATURA em ré menor para as cordas dedilhadas do ALAÚDE barroco que obedece a seguinte ordem: fá-ré-lá-fá-ré-lá.

afinação justa Ver ENTONAÇÃO JUSTA.

afinador 1. (fr. *accordeur de piano*) Profissional especializado na afinação de instrumentos como o piano. **2.** (it. *accordatore*; ing. *tuning fork*) Aparelho analógico ou digital para aferição de freqüência, utilizado modernamente por músicos e profissionais especializados na manutenção de pianos. **3.** Ver MICROAFINADOR.

afinador eletrônico (ing. *electronic tuner*) Ver AFINADOR (acp. 2).

afinar (it. *accordare*; fr. *accorder*; ing. *to tune up*; al. *stimmen*) Ajustar um instrumento para que os sons emitidos estejam em concordância com ele mesmo (caso das cordas e do piano) ou com um padrão predeterminado.

afoché Ver AFOXÉ.

afofiê Flautim de bambu ou taquara usado nos cultos afro-brasileiros. Ver também AFOFLÉ.

afoflé Flauta primitiva de bambu de origem ioruba, utilizada pelos escravos no Brasil.

afoxé 1. Tipo de chocalho de origem africana tocado por fricção. **2.** Tipo de RANCHO negro cantado em dialetos africanos, principalmente o nagô. Teve origem nos folguedos do CANDOMBLÉ no início dos anos 1900, no Rio de Janeiro, e nos anos 1920, na Bahia, e assemelha-se aos cordões carnavalescos. O afoxé mais importante na Bahia são os Filhos de Ghandi, criado em 1949, e o Otum, Obé de África. É também conhecido como candomblé de rua [var.: afoxê, afoché, afuxé, afuxê].

afoxê Ver AFOXÉ.

afro-beat (ing.) Estilo de música baseada de forte influência do *jazz* norte-americano e estrutura do REGGAE, tem como um de seus divulgadores o nigeriano Fela Anikulapo Kuti.

afro-samba *Grosso modo*, gênero que trouxe certa revitalização das raízes negras ao samba da classe média carioca dos anos 1960. Um exemplo é a popular composição *Berimbau*, de Baden-Powell e Vinicius de Morais.

after dark spot (ing. lit.: lugar para após escurecer). Nos EUA, coloquialmente, boate, cabaré onde se dança, canta e bebe.

after-dance (ing. lit.: pós-dança) Refere-se à segunda de duas danças tocadas em pares, como o MINUETO (TRIO e GALHARDA) e a PAVANA. A segunda era geralmente mais rápida e em compasso diverso da primeira, embora a ela relacionada melodicamente.

aftertouch (ing. lit.: após o toque) Dispositivo de controle MIDI em teclados eletrônicos que retarda a emissão do som após a tecla ser pressionada.

afuxé Ver AFOXÉ.

afuxê Ver AFOXÉ.

agent (ing. lit.: agente) Ver EMPRESÁRIO.

agilità (it.) Com agilidade.

agittati (it.) Agitados.

agittato (it., var.: it. *agittati*) Em andamento agitado, rápido.

Agnus Dei (lat. lit.: Cordeiro de Deus) Quinta e penúltima seção e última parte cantada do ORDINÁRIO da missa romana.

agogic (ing.) AGÓGICO.

agógico (it. *agogico*; fr. *agogique*; ing. *agogic*; al. *agogish*) Relativo ao ACENTO criado pelo aumento da duração do tempo, e não pela intensidade.

agogique (fr.) AGÓGICO.

agogish (al.) AGÓGICO.

agogô Instrumento de percussão de origem africana, é encontrado nos conjuntos de MARACATU e nas ESCOLAS DE SAMBA, onde forma a oitava fila da BATERIA (acp. 2). Compõe-se de dois ou três pequenos tubos cônicos de metal de tamanhos e sonoridades diferentes, que são percutidos com uma vareta de ferro. Tem participação fundamental também em grupos de samba, PAGODES e formações carnavalescas, como BLOCOS e RANCHOS.

agrément (fr.) Genericamente, ORNAMENTAÇÃO. De modo específico, pode referir-se ao estilo de ornamentar típico do Barroco francês.

agremiação Diz-se da sociedade que organiza e gere uma ESCOLA DE SAMBA.

água com açúcar Na gíria dos carnavalescos, samba malfeito.

aguaim **1.** Instrumento de percussão como o MARACÁ. **2.** Tipo de MARACÁ duplo do candomblé baiano.

agudo (it. *acuto*; fr. *haut*, *aigu*; ing. *treble*; al. *Hoch*) Som de freqüência alta, propagado em linha reta.

aguê Chocalho de origem africana feito de uma CABAÇA, em cujo interior são colocadas pedras. Ao redor do corpo, uma malha de contas de sementes trançada é friccionada por uma das mãos, enquanto a outra gira o instrumento por meio de uma haste [var.: ajê, amalé, piano-de-cuia, xaque-xaque, xedeque, xeque-xeque].

aguinaldo **1.** Música coral porto-riquenha que teve origem na Itália renascentista, chegou à Espanha e terminou disseminando-se pela América espanhola. **2.** Música vocal do folclore venezuelano, costuma ser acompanhada por SANFONA, CLARINETA e BANDOLIM, além de instrumentos de percussão como o TRIÂNGULO e a PANDERETA.

agulha Fina haste afixada à CÁPSULA (acp. 2) de um toca-discos, caminha pelos sulcos gravados à medida que o disco é girado, recebendo as vibrações e transmitindo-as para que sejam transformadas em sinais magnéticos.

ahti (nor.) Canção para o deus das águas, na Noruega.

aigu (fr.) Agudo.

air (ing.) AYRE (pronúncia medieval de *air*), um tipo de canção inglesa escrita por John Dowland e outros, menos contrapontística que o MADRIGAL, sendo uma canção estrófica, com acompanhamento vocal pelo ALAÚDE. Também chamada de LUTE-AIR.

air de bravure (fr.) Ver ARIA DI BRAVURA.

air de cour (fr. lit.: ária da corte) Gênero de canção acompanhada por ALAÚDE ou teclado, era apreciada pela nobreza da França do período Barroco.

air parlando (fr.) Ver ARIA PARLANTE.

ais (al.) Lá sustenido.

aisis (al.) Lá dobrado sustenido.

ajê AGUÊ.

ajustamento ADJUSTMENT.

akal Na MÚSICA INDIANA, lit.: sem tempo, livre de pulso.

Akt (al.) ATO.

Akustik (al.) ACÚSTICA.

Akzent (al.) ACENTO.

Akkord (al.) ACORDE.

Akkord alterierter (al.) ACORDE ALTERADO.

Akkordbrechung (al.) ARPEJO.

Akkordeon (al.) ACORDEÃO.

Akkordgitarre (al.) Certo tipo de guitarra (acp. 1).

Akkordzither (al.) Certo tipo de ZITHER.

akustischer Bass (al.) BAIXO ACÚSTICO.

al segno (it.) Ver DAL SEGNO.

al seguro (it.) Ver DAL SEGNO.

ala (it.) Na Itália medieval, certo tipo de ARPANETTA.

ala dos compositores Seção de honra da ESCOLA DE SAMBA, congrega os compositores da agremiação.

alabanza (arg.) Canção religiosa argentina surgida das tradições do Natal.

alabê O ATABAQUE maior do CANDOMBLÉ baiano, tocado pelo líder do grupo.

à la corde (fr.) Ver ALLA CORDA.

ala das baianas Ver BAIANAS.

alamire (it.) Ver DIAPASÃO [var.: lamiré].

Alap Na MÚSICA INDIANA, elaboração melódica lenta, cantada e sem ritmo.

à la pointe (it. *al punto, colla punta*; al. *an der spitze des [gestrichen] Bogen*; ing. *at the bridge, at the point, at the tip*) Entre os instrumentos de cordas da orquestra, indica que a passagem deve ser executada na região próxima à ponta do arco.

alargando (it.) Ver RALLENTANDO.

alaúde (do ár. *al-ud*; *ud*: madeira; it. *liuto* ou *leuto*; fr. *luth*; ing. *lute*; al. *Laute*) Instrumento de cordas dedilhadas introduzido na Península Ibérica durante a ocupação dos mouros (711-1492). Extremamente popular no século XV quando começaram a ser compostas as primeiras obras originais para o instrumento, assumiu papel de destaque no período Barroco, chegando ao Classicismo. O instrumento é PIRIFORME, como um BANDOLIM, porém maior do que este; a CRAVELHEIRA para afinação das cordas é disposta quase em ângulo reto com o braço do instrumento, que utiliza TRASTES de tripa animal. As cordas, feitas igualmente de TRIPA, são dispostas geralmente em cinco ordens duplas e a prima simples e BORDÕES (acp. 3) em número variável de dois a oito no período Pré-Barroco, instrumento este chamado de ARQUIALAÚDE, tocados com o polegar. Possui uma ROSETA artesanalmente decorada com rendilhados no meio do tampo, e o fundo é composto por tiras arqueadas de madeira de coloração alternada, coladas uma a uma. É tocado geralmente apoiado sobre o colo, em posição vertical, com o executante sentado. Instrumento doméstico e camerístico por excelência, o alaúde inclui em seu extenso repertório peças de compositores como John Dowland e J. S. Bach, transcritas em boa parte de forma bastante eficiente para o violão. Um dos maiores alaudistas modernos é o inglês Nigel North. Ver também ANGEL LUTE; ANGÉLICA; ARQUIALAÚDE; AUD; AYRE; BALALAICA; BANDOLA; BOUZOUKI; CHITARRONE, CISTRE; COBZA; COLASCIONE; CRAVO-ALAÚDE; INTAVOLATURA; LAUD; LEU; LUTERIA; ORPHARION; PUNTEADO; RACKING; RENASCIMENTO; SAZ; SOB; TABLATURA; TAMBUTICA; TANBUR; TANPURA; TASTAR DE CORDE; TIORBA; TOY; TZOURA; UDE; VIHUELA, AFINAÇÃO FRANCESA [var. ár.: *el-ud*, *laúd* ou *laut*].

alavanca de vibrato Artefato inventado por Leo Fender, criador do modelo de guitarra elétrica de corpo sólido, é fixado em uma peça do CAVALETE, onde se afixam as extremidades das cordas. Quando acionada pela mão direita, a alavanca retesa ou relaxa a corda, alterando-lhe a afinação, criando efeito semelhante ao VIBRATO do violino [var.: braço de vibrato, *whammy bar*].

alba (it.) Alvorada, canção para o nascer do dia. Ver AUBADE.

Alberti bass (ing.) BAIXO DE ALBERTI.

Alberti-Bässe (al.) BAIXO DE ALBERTI [var.: *Albertische Bässe*].

Albertische Bässe (al.) Ver BAIXO DE ALBERTI.

albisifone (it. *albisifono*, *albisiphon*) Espécie de flauta transversal de voz baixo de cinco CHAVES cujo tubo é dobrado para facilitar a execução.

albogue Instrumento de sopro feito de madeira, tem o formato de um tubo cônico curvado e foi levado pelos mouros para a Espanha durante a ocupação da Península Ibérica.

alborada Tipo de canção espanhola de caráter livre, celebra o nascer do dia. Alguns compositores sinfônicos, como Ravel (*Alborada del Gracioso*), utilizaram ou escreveram obras inspiradas no gênero.

álbum 1. Gravação em LP. **2.** Ver CAPA DE DISCO.

Albumblatt (al.) Peça curta e simples.

al coda (it.) À coda, ao final.

aleatório Ver MÚSICA ALEATÓRIA.

aleluia (hebr. *Hallelujah*, lit.: salve Javé) Na missa latina, é um canto RESPONSÓRIO do Próprio em que precentor e coro alternam-se nos versos, em diálogo. Também é a forma mais popular pela qual é conhecido um famoso coro do *Messias*, de Haendel.

alfandoque (it.) MARACAS.

al fine (it.) Na partitura, indica que a passagem compreendida após a repetição de certo trecho deve prosseguir até o final.

algoritmo Termo derivado da matemática, na síntese eletrônica refere-se a um processo de elaboração de sons.

aliquot piano (it.) PIANOFORTE.

Aliquotflügel (al.) Piano de cauda que emprega cordas SIMPÁTICAS.

al-jawza (ár.) Instrumento de cordas de origem iraquiana.

all'estremita della membrana (it.) Entre instrumentos de percussão de membrana tocados com BAQUETAS, indicação de que se deve percutir na extremidade da pele, junto ao aro.

alla breve (it.; al. *allabrevetakt*) Normalmente, indica que um compasso de quatro tempos (unidade semínima) deve ser pulsado em dois (unidade mínima).

Allabrevetakt (al.) Ver ALLA BREVE.

alla caccia (it.) Como em uma caçada.

alla cappella À CAPPELLA.

alla chitarra (it.) Ver PRÈS DE LA TABLE.
alla clavecin (it. lit.: como cravo) Ver PRÈS DE LA TABLE
alla corda (it.; fr. *à la corde*) Entre os instrumentos de cordas da orquestra, indica execução com a crina do arco em contato permanente com a corda. Costuma ser sugerida após passagens fora da corda, como *spiccato* ou *balzato*, como forma de indicar retorno ao modo natural.
alla mente (it.) De cor.
allant (fr.) ANDANTE.
allargando (it. lit.: alargando) Gradativamente mais lento.
alla stretta (it.; fr. *plus vif*; ing. *more lively*; *beschleunigt*) Mais rápido [var.: it. *piú vivace*].
alle Saiten (al.) Entre os instrumentos de orquestra, o mesmo que TOUTE CORDE.
allegretto (it. lit.: pequeno *allegro*) Andamento rápido, porém um pouco menos movido do que o ALLEGRO.
allegro (it.; fr. *animé*, *gai*, *vif*; ing. *cheerful*, *lively*; al. *lebhaft*, *munter*) Andamento rápido, animado. Costuma também formar expressões que indicam o caráter ou espírito da obra, como *allegro vivace* (rápido), *allegro ma non troppo* (mas não muito), ou *allegro moderato* (moderado).
allegro di bravura (it.) Andamento rápido, com bravura.
allegro di molto (it.) Andamento muito rápido.
allegro giusto (it. lit.: *allegro* justo) Andamento rápido e marcado.
allegro ma non troppo (it.)Ver ALLEGRO.
allegro moderato (it.) Ver ALLEGRO.
allegro vivace Ver ALLEGRO.
allemande (ing. *almand*, *almayne*, *almain*; it. *allemanda*; fr. *allemande*) Nome dado a dois tipos de composição, ambos provavelmente de origem alemã. **1.** Dança em $^4/_4$, mas às vezes em compasso binário, usada no século XVII e início do XVIII, como primeiro movimento da SUÍTE, ou após o PRELÚDIO. De caráter sério, mas não pesado, em tempo moderado, tendo uma forma binária simples. **2.** Dança popular camponesa, usada em parte da Alemanha e Suíça. Em tempo ternário, de caráter de VALSA. Certos compositores chamaram-na de *Deutscher Tanz* (plural *Deutsche Tänze*), ou *Deutsch* (plural *Deutsche*).
allentando (it.) Ver RALLENTANDO.
allongé (fr.) Entre os instrumentos de cordas da orquestra, prolongado.
alma (it. *anima*; fr. *âme*; ing. *sound post*; al. *seele Stimmstock*) Bastão de madeira inserido internamente do lado direito na região média de instrumentos como o violino, a viola, o violoncelo e o contrabaixo, é mantido em sua posição pela pressão exercida transversalmente pelo tampo e fundo. Serve para conduzir as vibrações emitidas pelas cordas sobre o tampo, sendo também determinante das qualidades sonoras e de timbre desses instrumentos.
almain (ing.) Forma antiga de ALLEMANDE [var.: *alman*, *almayne*, *almond*].
alman (ing. arc.) ALMAIN.
almayne (ing. arc.) ALMAIN.
almond (ing. arc.) ALMAIN.
al-naay Um dos mais antigos instrumentos persas, é uma espécie de flauta tocada verticalmente, mas soprada transversalmente a um orifício pelo executante.
à l'ordinaire (fr; it. *al sòlito*). Ver AU NATUREL.
Alpenhorn (al. lit.: corneta dos Alpes; it. *corno delle Alpi*; fr. *cor des Alpes*; ing. *alpine horn*; al. *Tiba, Holztrompete*) CORNE ALPINO.
al ponticello (it.) Ver SUL PONTICELLO.
al punto (it.) Ver À LA POINTE.
al rovescio (it.) Ver RECTE ET RECTE.
al-santoor CORDOFONE árabe que possui até cem cordas.
al segno (it. lit.: do sinal) Indica que o trecho musical deve ser interrompido exatamente naquele local, e repetido imediatamente a partir do ponto anterior indicado na partitura.
al seguro (it.) Ver DAL SEGNO.
al sòlito (it) Ver AU NATUREL.
alt (it.) Alto, registro de CONTRALTO.
alta fedeltà (it.) ALTA-FIDELIDADE.
alta-fidelidade (ing. *high fidelity*) Sistema de gravação e reprodução que na década de 1940 revolucionou o mundo dos discos e da música, possibilitando o registro de uma faixa de freqüência de amplitude (e conseqüentemente qualidade) até então nunca imaginada. Proporcionava reprodução de música em aparelhos domésticos, como o TOCA-DISCOS, com fidelidade e um índice razoavelmente baixo de distorção. Abreviatura [hi-fi].

al tallone (it.; fr. *au talon, avec du talon*; ing. *at the frog, at the heel, at the nut*; al. *auf dem Steg*) Entre os instrumentos de cordas da orquestra, indica que o trecho deve ser executado próximo ao TALÃO.
altar bells (ing.) CAMPAINHAS DE ALTAR.
alta vox CONTRATENOR ALTO.
Altblockflöte (al.) Flauta doce ALTO.
Alteração (it. *alterazione*; ing. al. *alteration*; fr. *altération*; al. *Alterierung*). ACIDENTE.
Alteration (al. lit.) Ver ACIDENTE. Ver também ACORDE ALTERADO.
alterazione (it.) Ver ACIDENTE.
Alterierung (al.) Ver ACIDENTE.
Altflöte (al.) Flauta CONTRALTO.
Altgeige (al.) VIOLA (acp. 1).
Althoboe (al.) Ver CORNE INGLÊS.
Althorn (al.) Ver FLÜGELHORN.
altissimo (it. lit.: altíssimo) **1.** Muito alto, com referência às notas mais agudas. **2.** Uma oitava acima do REGISTRO (acp. 1) ALTO.
Altist (al.) Contralto masculino, como o CONTRATENOR.
Altistin (al.) CONTRALTO feminino.
Altklarinette (al.; ing. *alto clarinet*) Ver CLARINETE ALTO.
Altkornett (al.) Ver FLÜGELHORN.
alto Ver CONTRALTO.
alto clef (ing. lit.: clave de alto) CLAVE DE DÓ na terceira linha.
alto trombone (ing.) TROMBONINO.
alto violle (fr.) VIOLA (acp. 2) ALTO.
alto-falante Dispositivo que faz a transdução eletroacústica de um sinal eletrônico de áudio em onda acústica, é formado por um cone de papelão que se desloca por meio de impulsos magnéticos [var.: *altifalante*].
Altposaune (al.) TROMBONINO.
altra volta (it.) Outra vez, novamente.
Altschlüssel (al. lit.: clave de alto) Ver CLAVE DE DÓ.
altura (it. *intonazione*; fr. *hauteur*; ing. *pitch*; al. *Tonhöhe*) **1.** A posição de um som determinável em relação a uma freqüência referencial ou diapasão. A altura do DIAPASÃO de Händel era de 423 hertz. No passado, era freqüente o emprego de diapasões de alturas diversas; no final do século XIX chegou-se a utilizar na Europa a altura de 465 Hz para o lá padrão, o que virtualmente impedia que um músico de determinada orquestra tocasse em outra. Em 1960 estabeleceu-se internacionalmente o padrão de 440 Hz, mas apesar disso as SINFÔNICAS atuais costumam afinar entre 440 e 445 Hz. O diapasão mais freqüentemente empregado nas orquestras vibra em 442 Hz. Instrumentos como tambores ou chocalhos têm altura indefinida. **2.** Palavra empregada popularmente como sinônimo de intensidade, volume.
altura relativa Distinção das notas em função da relação intervalar, em um contexto musical, e não pela freqüência absoluta dos sons.
altus Ver BASSUS.
Alt-tuba (al.) TUBA WAGNERIANA.
alujá Dança do CANDOMBLÉ baiano.
alvorada Ver AUBADE. Ver também RÉVEILLE.
alzate ordini (it.) Na partitura, indica que as SURDINAS (acp. 1) dos instrumentos devem ser retiradas.
AM (sigla ing. MA *modulation amplitude*) Amplitude de modulação.
amabile (it.) Amável, com graça.
amalé AGUÊ.
Amboss (al.; fr. *ambosse*) BIGORNA.
âme (fr. lit.: alma) Ver ALMA.
amelê Ver GANZÁ (acp. 2).
Amerikanisches Organ (al.) Ver HARMÔNIO.
amen cadence (ing.) CADÊNCIA PLAGAL.
a metà d'arco (it.) Ver COL MEZZO D'ARCO.
a piacere (it.) Ver AD LIBITUM.
amolador Espécie primitiva de SAMBA DE PARTIDO-ALTO.
amoroso (it.; fr. *avec tendresse*; ing. *tenderly*; al. *liebevoll*) Com paixão.
Amorschall (al.) TROMPA DE CAÇA, sem chaves.
amostrador Ver SAMPLER.
amp (ing.) No jargão dos músicos, AMPLIFICADOR.
ampico (it.) PIANOLA.
amplificador (it. *amplificatore*; fr. *amplificateur*; ing. *amplifier*; al. *Lautverstärker, Verstärker*) Aparelho que recebe sinais eletrônicos, decodifica-os, transforma-os em sons e os amplifica por meio de ALTO-FALANTES externos ou nele acoplados [var.: port. auxetofone, auxeofone].
amplificateur (fr.) AMPLIFICADOR.
amplificato (it.; fr. *amplifié*) Amplificado.
amplificatore (it.) AMPLIFICADOR.

amplifier (ing.) AMPLIFICADOR.

amplitude (it. *ampiezza*) **1.** Espectro de variação da oscilação de um meio gerador de som, como uma membrana ou uma corda, do qual depende o volume. **2.** A altura de uma onda sonora, dimensão correspondente à intensidade.

amusement (ing.) Espécie de FANDANGO (acp. 1) dos estados norte-americanos de colonização espanhola, como a Califórnia, o Novo México e o Texas [var.: *frolie* e *merry-making*].

am Steg (al.) Ver SUL PONTICELLO.

anacrouse (fr.) Ver ANACRUSE.

anacruse (it. *anacrusi*; fr. *anacrouse*; ing. *upbeat*; al. *Anakrusis*, *Auftakt*) Nota ou grupo de notas que, articuladas em tempo fraco, precedem o tempo forte de um grupo rítmico do qual efetivamente fazem parte. Pode anteceder qualquer tempo forte do COMPASSO, muito embora na maioria das vezes apareça no final, antecipando o primeiro tempo do compasso seguinte [var.: anacrusa, anacrusis].

anacrusi (it.) Ver ANACRUSE.

anacrúsico Caracterizado por uma ANACRUSE.

Anakrusis (al.) ANACRUSE.

análogo (ing. *analog*) **1.** Em MÚSICA ELETRÔNICA, contínuo, não-digital. **2.** Som alterado por controle de voltagem.

anapesto Idéia poética que, aplicada à música, sugere duas notas curtas e uma longa.

anasalamento anterior (fr. *nasalité antérieure*) Na técnica vocal, refere-se à técnica de produção do som na parte anterior das fossas nasais.

anasalamento posterior (fr. *nasalité postérieure*) Na técnica vocal, diz-se quando o som é produzido na parte posterior das fossas nasais; esse tipo de emissão deve ser evitado.

anche (it. e fr.; it. *ancia*) Ver PALHETA (acp. 1).

ancient music Ver MÚSICA ANTIGA.

ancòra (it.) Novamente.

ancòra piú (it.) Ainda uma vez ou mais uma vez.

andai-meu-amor Tipo de FANDANGO (acp. 3) tocado em certos desfiles folclóricos do interior paulista.

andamento (fr. *temps*; ing. *time*; al. *Zeitmass*) Indicativo de tempo e/ou de caráter, determina como a peça ou trecho devem ser executados. Emprega-se comumente até hoje a nomenclatura italiana: *andante*, *adagio*, *allegro moderato*, ou as marcações reais de metrônomo (MM = 60, 120, 132).

andante (it. lit.: andando; fr. *allant*; al. *gehend*) Andamento situado entre o ADAGIO e o ALLEGRETTO, e sugere passo moderadamente lento.

andantino (it. lit.: pequeno andante; fr. *un peu allant*; al. *ein welig gehend*) Embora sugira um andamento mais confortável do que o ANDANTE, atualmente pode indicar um tempo um pouco mais rápido ou alegre.

an der spitze (gestrichen) Bogen (al. *spitze*: ponta, *Bogen*: arco) A LA POINTE.

andolan Ornamentação lenta e de ritmo livre do canto indiano.

andorinha Certo tipo de música folclórica para dançar da região Sul do Brasil.

anemochord (ing., al.) Ver HARPA EÓLIA.

anémocorde (fr.) Ver HARPA EÓLIA.

anemocordo (it.) Ver HARPA EÓLIA.

ang Medida que equivale a um COMPASSO, na MÚSICA INDIANA [var.: *vinhang*, *vinhag*].

angel (ing. lit.: anjo) No jargão norte-americano, um patrocinador externo, um mecenas.

angel lute (ing. lit.: ALAÚDE de anjo) Ver CHITARRONE.

angélica (it., ing., al. *angelica*; fr. *angélique*; al. *Angelika*) Espécie de ALAÚDE com dois braços, em voga no século XVII. Ver também CHITARRONE.

Angelika (al.) Ver ANGÉLICA. Ver também CHITARRONE.

angélique (fr.) ANGÉLICA.

angklung Ver MÚSICA INDONÉSIA.

anglaise (fr.) **1.** Termo empregado genericamente pelos franceses no século XVII com referência a danças campestres em COMPASSO BINÁRIO da Inglaterra da época. Era comum em peças barrocas, como a *Suíte francesa nº 3* de Bach. **2.** À maneira inglesa.

angóia Ver GUAIÁ.

angola Modalidade tradicional de CAPOEIRA.

angolinha Tipo de CAPOEIRA adotada na Bahia, é uma variante angolana da tradicional.

angoma Ver INGONO.

angomba Espécie de ATABAQUE brasileiro.

angomba-do-congo Espécie de ATABAQUE da Bahia.

angona **1.** Certo tipo de JONGO do interior paulista também conhecido como CANDONGUEIRA. **2.** Certo tipo de ATABAQUE de tamanho médio comum no Nordeste brasileiro.

angona-puíta Certo tipo de ATABAQUE do Nordeste brasileiro.

angono (do angolês *ngomba*) ATABAQUE de grandes dimensões.

anguaia Ver GUAIÁ.

anima (it. lit.: alma) **1.** Ver ALMA **2.** Indicativo de execução com espírito, como em *com anima*.

animato (it.; al. *Auftakt*) Animado, rápido [var.: it. *animoso*].

animé (fr.) Ver ALLEGRO.

Ansatz 1 (al.) **1.** Embocadura dos instrumentos de sopro ou, para o canto, dos órgãos vocais. **2.** O ataque da nota entre os instrumentos de cordas.

Anstrich (al.) ARCADA ASCENDENTE.

antara Tema secundário do canto indiano.

antecedent (ing.) ANTECEDENTE.

antécédent (fr.) ANTECEDENTE.

antecedente (fr. *antécédent*, *proposition*; ing. *antecedent*, *dux*; al. *Leitmelodie*) **1.** Tema da FUGA. **2.** Enunciado musical que é complementado rítmica e harmonicamente pelo CONSEQÜENTE. Segundo Schönberg, é a primeira parte de um período musical [var.: proposta].

antecipação (it. *anticipazione*; ing. fr. *anticipation*; al. *Antizipation*, *Vorausnahme*) Uma ou mais notas que soam dissonantes em um acorde e se tornam consonantes no seguinte. Ver também TRINADO.

anthem (ing. lit.: hino, gr. *antiphona*) Obra coral para fins religiosos (como na Igreja Anglicana) ou cívicos. Modernamente, refere-se de forma genérica a hinos de inspiração e motivos litúrgicos ou cívicos, como os *National Anthems*, hinos nacionais. Fora da tradição religiosa, Purcell e Haendel, entre outros, escreveram *anthems* para finalidades tão diversas quanto celebrações de regozijo e cerimônias fúnebres.

anticipation (ing., fr.) ANTECIPAÇÃO.

anticipazione (it.) ANTECIPAÇÃO.

antienne (fr.) ANTÍFONA.

antífona (gr. *antiphona*; it. *antifona*; fr. *antienne*; al., ing. *Antiphon*) Cântico religioso da tradição romana, geralmente entoado junto a um SALMO. É cantada por dois coros alternadamente, acompanhados ou A CAPPELA.

antífona mariana ANTÍFONA cantada em louvor a Maria.

antífona processional ANTÍFONA cantada durante as procissões da tradição católica romana, como o Domingo de Ramos.

antifonário Conjunto de musicistas que se alternam na execução cantada ou instrumental da música litúrgica.

antike Becken (al.) Ver CRÓTALO.

antike Zimbeln (al.) Ver CRÓTALO.

Antiphon (al., ing.) ANTÍFONA.

antiphonale (it.) Ver LIVRO LITÚRGICO.

antique cymbals (ing.) CRÓTALO.

antítese Na técnica da fuga, a resposta.

Antizipation (al.) ANTECIPAÇÃO.

anu Dança em COMPASSO TERNÁRIO ritmado do FANDANGO (acp. 3) do Sudeste brasileiro.

anubalaio Ver FANDANGO (acp. 3).

anu-velho Dança semelhante ao QUERO-MANA.

anvil (ing.) BIGORNA.

äolisch Tonart (al.) Ver EÓLIO e MODO.

Äolsharfe (al.) HARPA EÓLIA.

Äolsklavier (al.) **1.** HARMÔNIO. **2.** PIANO EÓLIO.

aperiodic waveform (ing. lit.: onda não-periódica) Forma de onda sonora que não se apóia em padrão determinado.

aperta (it. lit.: aberta; fr. *ouverte*) Ver IMPEDÂNCIA (acp. 2).

a piacere (it.) Ver AD LIBITUM.

a piacimento (it.) Ver AD LIBITUM.

apitador Líder da BATERIA (acp. 2) de uma ESCOLA DE SAMBA, usa um apito e gestos ensaiados para comandar os instrumentistas [var.: mestre de bateria].

apito (it. *fischetto*; fr. *sifflet*; ing. *whistle*; al. *Pfeife*) Artefato de sopro feito de materiais diversos, deu origem a inúmeros instrumentos. Consiste em um anteparo que cria o som a partir do sopro. Freqüentemente, tem o corpo circular, o que permite que uma bolinha em seu interior faça rápidas alterações no som, em efeito similar ao de um TRILLO [var.: *ball-whistle*]. Ver também BISEL, CABAÇA-APITO e FLAUTA DE APITO.

apoio (fr. *appui*) Ver TRINADO.

apogiatura Ver APPOGGIATURA.

apollo guitar (ing. lit.: guitarra de Apolo) LIRA antiga.

Apollonicon (al., fr., ing., it.) Espécie de órgão-realejo de grandes dimensões. Ver APOLÔNIO.

apollonion (fr., ing., it.). APOLÔNIO.
apolônio (lat. *Apollonium*; fr., ing., it. *apollonion*) Espécie de piano de dois teclados com alguns registros de órgão, movimentava um tipo de fantoche automático que tocava várias peças para flauta. Foi inventado por Vaellert, no final do século XVII.
apostropha Ver NEUMA.
apothéose Ver LAMENTO.
apotome (fr.) APÓTOMO.
apótomo (gr. *Apotomos*; al., ing, it. *Apotome*) Semitom CROMÁTICO.
appalachian dulcimer (ing.) Espécie de ZITHER dos Apalaches.
appassionato (it.) Apaixonadamente.
appenato (it.) Com angústia.
Applikatur (al.) DEDILHADO ou DIGITAÇÃO.
appoggiatura (it.; fr. *appogiature*; al. *Vorshlag*) Ornamento que consiste em uma nota, geralmente um grau superior àquela principal, grafada em tamanho menor e unida a ela por LIGADURA. Costuma ter a metade da duração na nota principal [var.: port. *Apogiatura*].
appogiature (fr.) APPOGGIATURA.
appoggiatura brève (fr.) ACCIACCATURA.
appoggiatura écrasée (fr.) ACCIACCATURA.
appoggio (it. lit.: apoio; fr. *appui*, *soutien*) Na técnica vocal, diz-se do equilíbrio entre controle de respiração e ressonância da voz.
appogiando (it.) ENFATIZANDO.
apron (ing.) No teatro de ópera, a parte do palco entre a cortina e a orquestra. Ver PROSCÊNIO.
aquário Compartimento de um estúdio de gravação separado por vidros à prova de som da sala de gravação propriamente dita, é o local onde técnicos dirigem os músicos, mixam e controlam o registro da música em fita magnética.
à quatre mains (fr.) A QUATRO MÃOS.
a quatro mãos (it. a *quattro mani*; fr. *à quatre mains*) Execução de um piano por dois músicos sentados lado a lado.
a quattro mani (it.) A QUATRO MÃOS.
aquecimento (ing. *warm-up*) Preparação realizada pelo músico antes de uma apresentação ou estudo. Pode consistir tanto em escalas e arpejos quanto exercícios tradicionais, pequenos estudos ou fórmulas desenvolvidas pelo próprio instrumentista em função de suas necessidades e preferências [var.: limpa-goela].
arabesca (it.) ARABESQUE.
arabesco ARABESQUE.
Arabesk (al.) ARABESQUE.
arabesque (fr. lit.: arabesco; it. *arabesca*; al. *Arabeske*; port. *arabesco*) Composição de melodia muito ornamentada, geralmente escrita para piano.
arabische Trommel (al. lit.: tambor árabe) Ver DARABUKKA.
arabutã Ver PAU-BRASIL.
arame Corda do arco do BERIMBAU.
arc musical (fr.) Ver BERIMBAU.
arc sonore (fr.) Ver BERIMBAU.
arcada (it. *colpo d'arco*, *arcata*; fr. *coup d'archet*; ing. *bowing*, *stroke*; al. *Bogenstrich*, *Strich*) Conjunto de sinais gráficos, como LIGADURAS de arco, pontos e sinais de direção que, combinados, indicam a maneira de execução de um trecho musical entre os instrumentos de arco de uma orquestra.
arcada ascendente (it. *arcata in su*; fr. *poussé*; ing. *up-bow*; al. *Aufstrich*, *Anstrich*, *Hinstrich*) Entre os instrumentos de cordas, ARCO PARA CIMA [var.: arcada para cima].
arcada descendente (it. *arcata in giù*; fr. *tiré*; ing. *down-bow*; al. *Abstrich*, *Hestrich*, *Niederstrich*) Entre os instrumentos de cordas, ARCO PARA BAIXO [var.: arcada para baixo].
arcata (it.) ARCADA.
arcata in su (it.) Ver ARCADA ASCENDENTE.
arcata in giù (it.) Ver ARCADA DESCENDENTE.
arcato (it.) Indica que a passagem deve ser executada com o arco.
arceviolyra (it.) Ver LIRONE.
archet (fr. lit.: arco) Na partitura, entre os instrumentos de cordas da orquestra, indica retorno à execução com o arco, após passagem em PIZZICATO.
archetaio (it.; fr. *achetier*; ing. *bow-maker*) Fabricante de arcos de instrumentos de cordas.
archetto (it.) Pequeno arco.
archi (it.) **1.** Arcos, instrumentos de arco. **2.** Seção de cordas da orquestra (violinos, violas, violoncelos e contrabaixos).
archicistre (fr.) ARQUICISTRE.
archiluth (fr.; ing. *archilute*) ARQUIALAÚDE.
arching (ing. lit.: arqueamento; it. *bombatura*) Curvatura de uma vareta de arco ou do tampo de um violino.
archlute (ing.) ARQUIALAÚDE.

arcicembalo (it.) CRAVO de tão grandes dimensões que necessitava ser tocado de pé. Construído em 1555 por Nicola Vicentino, dispunha de três teclados, um para cada tipo de escala: diatônica, enarmônica e cromática. Um dos raros compositores a escrever para o instrumento foi Pesenti [var.: it. *clavicembalo enamornico*].

arcicetera (it.) ARQUICISTRE.

arcicetra (it.) ARQUICISTRE.

arcicongo Nome dado ao BERIMBAU em certas regiões do Nordeste brasileiro.

arciliuto (it.) ARQUIALAÚDE. Ver também CHITARRONE.

arco (it. *arco* ou *archetto*; fr. *archet*; ing. *bow*; al. *Bogen*) Vareta de madeira curvada que, tendo atado às suas extremidades, chamadas TALÃO e ponta, um feixe de CRINA de animal, serve para produzir atrito quando friccionado contra as cordas dos instrumentos. Como acessório de instrumento musical, já é conhecido há mais de dez séculos, mas teve sua construção consolidada, da forma que o conhecemos hoje, no final do século XVIII por François Tourte, relojoeiro de origem que adotou o PAU-BRASIL, madeira hoje universalmente aclamada ou suas variedades como ideal para a execução (no Brasil, é comum empregar também o japurá, assim como outras madeiras, porém sem igual resultado). Além de usar a vareta do arco curvada em direção contrária, concavamente, Tourte dotou o talão de um parafuso que serve para retesar a crina, abrindo caminho para um universo de novas técnicas de execução. O arco moderno tem em média os seguintes comprimentos: violino, entre 73 e 76 cm; viola, 73 a 75 cm; violoncelo, 69 a 72 cm; contrabaixo, 59 a 66 cm.

arco alemão Ver ARCO DRAGONETTI.

arco-de-boca Ver JEW'S HARP.

arco dragonetti Modalidade de arco de contrabaixo empunhada por trás, é modernamente chamado alemão, mas deve o nome ao virtuoso italiano Domenico Dragonetti [var.: *arco butler*, *Simandl*, *tedesco*, *underhand*, *german bow*].

arco-e-flecha Instrumento musical folclórico assimilado dos índios caiapós brasileiros, consiste em um arco que simula o arremesso da seta mas não a atira, já que o diâmetro da extremidade inferior da vareta é maior do que o orifício por onde ela deveria passar. Provoca um zumbido e uma batida seca quando a seta é desferida.

arco francês Modalidade do arco do contrabaixo que utiliza uma vareta mais pesada, um TALÃO mais curto e é tocado no modelo OVERHAND, como o violino e o violoncelo. Foi criado por Savart a pedido do governo da França, que pretendia adequá-lo ao estilo musical do país e uniformizar as escolas dentro da orquestra. Ver também ARCO DRAGONETTI.

arco musical (it. *arco sonoro*, *arco musicale*; fr. *arc sonore*, *arc musical*; ing. *musical bow*; al. *Musikbogen*) BERIMBAU.

arco musicale (it.) Ver BERIMBAU.

arco para baixo (al. *Asbatrich*; fr. *tiré*; ing. *down-bow*) Movimento descendente do arco, do TALÃO em direção à ponta.

arco para cima (fr. *poussé*; ing. *up-bow*; al. *Aufstrich*, *hinaufstrich* ou *hinstrich*) Movimento ascendente do arco, da ponta em direção ao TALÃO.

arco sonoro (it.) Ver BERIMBAU.

arco tedesco Ver ARCO DRAGONETTI.

ardhya tal Na MÚSICA INDIANA, um TAL pouco comum de 27 tempos.

ardito (it.) Atrevido.

areito Canto ameríndio da América Central e do México, sofreu influência de melodias GREGORIANAS do século XVI.

arena Diz-se do tipo de palco que, como nos circos da Grécia antiga, é circundado pelo público.

aresta Ver AEROFONE.

arghul Instrumento de origem árabe de PALHETA (acp. 1) simples como a CLARINETA, emprega dois tubos com orifícios semelhantes ao da flauta doce.

arghull Ver MÚSICA ÁRABE.

ária (do it. *aria*, lit.: ar) Canção isolada ou parte de obras mais complexas, como ÓPERAS ou CANTATAS, escrita para solista ou solistas acompanhados. Nos primórdios, designava canções e melodias simples, mas com o passar do tempo passou a identificar partes de maior complexidade, especialmente entre compositores como Mozart, e depois Rossini, Verdi e Wagner. A *aria da capo*, no Barroco, empregava a forma ABA, retornando à primeira seção, daí o DA CAPO. No repertório operístico tradicional, é o momento em que solista ou solistas exibem suas habilidades cênicas e musicais.

aria buffa (it.) Certo tipo de ÁRIA cômica.

aria con motto (it. lit.: ária com motivo) Tipo de ÁRIA do período Barroco que tem uma passagem instrumental intermediária entre os trechos cantados com o motivo.

aria da capo (it. lit.: ária da cabeça) Na ópera barroca, ÁRIA na forma ABA, ou seja, com o retorno à primeira seção.

ária da corte Ver AIR DE COUR.

ária de guitarra ÁRIA em que o cantor em cena se faz acompanhar de uma GUITARRA (acp. 1) imaginária, com gesticulação de mímico.

aria di bravura (it.; fr. *air de bravoure*; ing. *bravura aria*; al. *Bravourarie*) ÁRIA que emprega trechos altamente virtuosísticos, como a famosa *A rainha da noite*, da ópera *A flauta mágica*, de Mozart [var.: *pezzo di virtuositá*].

aria di coloratura (it.) Ver ARIA DI BRAVURA.

aria parlando (it.) Ver ARIA PARLANTE.

aria parlante (it.; fr. *air parlando*; ing. *patter-song*; al. *Parlando-Arie*) Espécie de ÁRIA com um pequeno RECITATIVO [var.: *aria parlando*].

aricongo BERIMBAU.

arieta (it. *arietta*) Pequena ÁRIA.

arietta (it., ing. al.) ARIETA.

ariette (fr.) ÁRIA que fazia parte da seção declamada da ÓPERA CÔMICA francesa.

arigot (fr.) LARIGOT.

arioso (it.; al. *Sangbar*) **1.** Música vocal com espírito de RECITATIVO. Na partitura, o termo sugere expressão lírica. **2.** Maneira "cantada" de se tocar, na música instrumental, ou breve momento musical de relaxamento após movimentos mais importantes de óperas e cantatas barrocas.

arissi Tipo de dança clássica do leste indiano.

aristepe (ing. *one-step*) Dança de casais do interior do Rio Grande do Sul.

armação (port.) Ver ARMADURA DE CLAVE.

armadura de clave (it. *accidenti in chiave*; fr. *armature*, *armure de la clef*; ing. *key signature*; al. *Armatur*, *Tonartvorzeichnung*) Na partitura, conjunto de sinais dispostos logo após a CLAVE, no lado esquerdo do PENTAGRAMA ou antes de uma MODULAÇÃO, que serve para indicar a tonalidade da peça ou trecho que se lhe segue. Os sinais que na armadura de clave determinam a tonalidade podem ser SUSTENIDOS [#], BEQUADROS ou BEMÓIS [*b*]. Quando se altera a tonalidade de determinado trecho, como por exemplo por meio de uma modulação, pode-se acrescentar bequadros, anulando sustenidos ou bemóis anteriores [var.: port. armação].

armature (fr.) ARMADURA DE CLAVE.

Armeemarch (al.) MARCHA MILITAR.

arméeposaune (fr.) Ver FLÜGELHORN.

armonic (fr.)Ver VIELA DE RODA.

armonica (it.) Ver HARMÔNICA DE VIDRO.

armonica di boca (it.) GAITA DE BOCA [var.: armonica a boca].

armonica di legno (it. lit.: harmônica de madeira) XILOFONE [var.: it. *armonica di paglia*].

armonica di paglia (it.) Ver ARMONICA DI LEGNO.

armonio (it.) HARMÔNIO.

armure de la clef (fr.) ARMADURA DE CLAVE.

arnolo (it.) VIOLA D'AMORE.

aro (ing. *rim*, *ring*) Peça metálica (e às vezes de madeira) que em instrumentos de percussão como a CAIXA-CLARA serve para prender a membrana ao FUSTE por meio de borboletas ajustáveis ou cordéis acoplados a hastes.

arohana Na MÚSICA INDIANA, a estrutura descendente de uma RAGA [var.: *aroh*].

arp Abreviatura de ARPA.

Arp Firma norte-americana que criou uma linha de SINTETIZADORES eletrônicos e lhes deu o nome: ARP 2600, ARP Odissey, ARP Voice (sintetizador de vozes) e ARP Strings (sintetizador de cordas). O ARP combinava uma parafernália de fios, como em uma central telefônica, para produzir uma infinidade de sons.

arpa a clavicembalo (it.) CLAVIHARPA.

arpa celtica (it.) CLARSACH.

arpa-citara (it.) ARPANETTA.

arpa doppia Ver HARPA.

arpa irlandesa (it.) CLARSACH.

arpanetta (it.; var.: it. *arpa-citara*; al. *Spitzharfe*) **1.** Designação genérica para alguns instrumentos da família das HARPAS. **2.** Espécie de SALTÉRIO construído com uma caixa dupla de madeira em forma de trapézio, cujas cordas eram afinadas por meio de cravelhas.

arpège (fr.) ARPEGGIO.

arpégé (it.) ARPEJADO.

arpeggiando (it.) Ver ARPEGGIO.
arpeggiate (ing.) ARPEJADO.
arpeggiato (it.; fr. *arpégé*; ing. *as an arpeggio*; al. *Arpeggiert*) ARPEJADO.
arpeggiator (ing.) ARPEJADOR.
Arpeggiert (al.) ARPEJADO.
arpeggio (it. lit.: arpejo; fr. *arpège*, *arpégé*; ing. *arpeggiate*; al. *Akkordbrechung*, *gebbrochener akkord*) **1.** ARPEJO. **2.** Entre os instrumentos de cordas da orquestra, GOLPE em que o arco é deslocado para cima e para baixo, alternadamente, da corda grave à mais aguda e vice-versa, sobre três ou quatro delas. O antebraço trabalha em movimento semicircular, acompanhando a disposição das cordas. Também pode ser realizado fora da corda, quando recebe a denominação ARPEGGIO DI RIMBALZO. Carl Flesch chega a contabilizar cinco tipos de *arpeggios*: (1) DÉTACHÉ, (2) saltado em golpes separados, (3) ligado, (4) misto e (5) saltado em um único golpe.
arpeggio di rimbalzo (it.) Entre os instrumentos de cordas da orquestra, tipo de ARPEGGIO fora da corda, freqüente em CADÊNCIAS (acp. 3) de concertos.
arpeggione (it.; var.: fr. *guitare d'amour*, *guitare violoncelle*; ing. *bowed guitar*; al. *Bogengitarre*, *Gitarrenvioloncello*, *Kniegitarre*) Instrumento semelhante ao VIOLONCELO, é dotado de TRASTES e seis cordas afinadas como em um violão. Foi inventado em 1823 por J. G. Staufer, em Viena, e, apesar da novidade para a época, teve curta existência. Para esse instrumento, Schubert escreveu em 1824 a famosa Sonata em lá menor, D 821, *Arpeggione*, até hoje muito executada por violistas, violoncelistas e contrabaixistas [var.: it. *guitara d'amore*, *chitarra d'amore*; port. guitarra-violoncelo, violoncelo-guitarra].
arpejado Executado em forma de ARPEJO.
arpejador (ing. *arpeggiator*) Dispositivo eletrônico que decompõe as notas de um ACORDE e as repete em forma de ARPEJO.
arpejo (it. *arpeggio*, lit.: à maneira de uma harpa; fr. *arpège*; ing. *broken chord*; al. *Brechung*, *gebrochener Akkord*) Notas de um ACORDE executadas em seqüência, não simultaneamente.
arpejado Tocado em ARPEJO.
arpicordo (it.) Ver ESPINETA. Ver também CRAVO.
arpilegno (it.) Ver XILOFONE.
arquear Ato de anotar na partitura ou determinar verbalmente aos músicos direções e movimentos do arco, tarefa geralmente confiada ao SPALLA.
arquialaúde (it. *archiliuto*; fr. *archiluth*; ing. *archilute, archlute*; al. *Erzlaute*) Instrumento de voz baixo da família dos ALAÚDES, surgiu no final do século XVI, inventado por Alessandro Piccinini, e dispunha de dois jogos de CRAVELHAS e sistemas simples ou duplos de 12 a 14 cordas. Os tipos de arquialaúdes mais comuns são a TIORBA e o CHITARRONE, sendo este último o de REGISTRO (acp. 1) mais grave.
arquicistre (it. *arcicetra*, *arcicetera*; *archicistre*; fr. *cistre basse*; ing. *bass citern*; al. *Erzcister*, *Basscister*) CISTRE baixo [var.: baixo de cistre].
arquivista musical Profissional especializado na organização, manutenção, catalogação e busca de partituras em um arquivo musical.
arrabil (port.) Instrumento de origem árabe levado pelos mouros para a Europa no século VII, durante a ocupação da Península Ibérica. Pertence à família da VIHUELA de arco e do REBAB [var.: rabeque].
arraché (fr.) PIZZICATO fortemente percussivo.
arrange (ing.) Arranjar. Ver ARRANJO.
arranhar (ing. *strum*) No jargão, tocar mal um instrumento.
arranjada Diz-se da música sobre a qual se fez um ARRANJO.
arranjador Profissional especializado na elaboração de arranjos musicais.
arranjar (ing. *arrange*; al. *Bearbeitung*) Compor um ARRANJO.
arranjo (fr.; ing. *arrangement*, *adaptation*; al. *Bearbeitung*, *Einrichtung*) Trabalho de adaptação ou reinvenção de uma melodia ou composição musical. Obras de Bach para violino foram arranjadas para violão, discos de Jobim tiveram arranjo de Claus Ogerman.
arrastado Ver ARRASTA-PÉ.
arrasta-pé Baile popular como o das GAFIEIRAS [var.: arrastado, bate-chinela, bate-coxa, bate-pé, bochinche, bochincho, biqueiro, chinfrim, fobó, rala-bucho, serra-osso, sovacada, surungo].
arrasta-povo Espécie de ensaio de rua de con-

juntos de FREVO, serve para arregimentar foliões e divulgar composições.

arrazoado Canto de DESAFIO de VIOLA (acp. 3) quase extinto.

arregimentação Ver ARREGIMENTAR.

arregimentador O responsável por ARREGIMENTAR músicos.

arregimentar Do jargão militar, convocar, formar regimento; refere-se ao ato de buscar extraordinariamente músicos para apresentação de banda, orquestra e afins para CACHÊ.

arrepia Dança trazida de Portugal para o Brasil no início do século XIX, mesclou-se ao LUNDU.

arresku Dança folclórica da região basca.

arrurra Espécie de BERCEUSE do folclore boliviano que mescla influências da música cantada nas igrejas com a tradição indígena.

ars antiqua (lat. lit.: arte antiga) Expressão criada no século XIV para designar o tipo de polifonia cultivada na Catedral de Notre Dame, na época medieval, aproximadamente entre os séculos XII e XIII, técnica que assim passou a ser designada em contraposição à ARS NOVA que então se disseminava na Europa. Baseada no CANTOCHÃO e no ORGANUM, seus principais representantes foram Léonin e Pérotin.

ars nova (lat. lit.: arte nova) Designação que se contrapõe ao conceito de ARS ANTIQUA, referia-se à nova POLIFONIA que surgiu no século XIV. Philippe de Vitry escreveu o tratado *Ars Nova*, por volta de 1322, onde expunha teorias sobre a nova técnica (cujos princípios, a rigor, sobreviveram apenas até o final daquele século). Outro nome de destaque foi Guillaume de Machaut, que escreveu a *Missa de Notre Dame* (1364), um marco na história da polifonia.

arsis (lat. tempo fraco) Elevação, suspensão, tensão. Ver também ANACRUSE, ARSIS E THESIS.

arsis e thesis Conceitos de tempos fraco e forte, respectivamente, segundo os teóricos da música antiga, à semelhança dos princípios naturais que regem os movimento do corpo (tensão e repouso).

ars subtilior (lat. lit.: arte mais sutil) POLIFONIA francesa do final do século XIV, bem mais elaborada do que a da ARS NOVA.

art rock Gênero ligado ao PROGRESSIVE ROCK, pode ser traduzido como *rock* artístico, a exemplo do conjunto Pink Floyd.

articulação (fr., ing. *articulation*) Maneira de emitir ou atacar uma nota. É responsável pelo fraseado musical, e fica na maioria das vezes a cargo do intérprete. Há quem entenda de maneira semelhante à gramática, referindo-se por analogia ao papel das consoantes sobre as vogais, quanto à forma de ataque das notas: ta, da, ma, ca.

articulador (fr. *articulateur*) Na técnica de voz, elemento móvel de condução vocal que permite a articulação de consoantes e formação de vogais.

aruenda Dança pernambucana da família do MARACATU.

arya tal Na MÚSICA INDIANA, um obscuro TAL de 16 tempos.

aryum tal Na MÚSICA INDIANA, um TAL pouco comum de 24 tempos.

As (al.) Lá bemol.

ascoltare (it.) Ouvir.

ascolto (it.) AUDIÇÃO (acp. 3).

as dez mais Ver TOP TEN.

asab Modo musical árabe. Ver também MÚSICA ÁRABE.

Asas (al.) Lá dobrado bemol.

A sharp (ing.) Lá sustenido.

Asbatrich (al., ing. *down-bow*) Ver ARCO PARA BAIXO.

a soli (it.) **1.** Plural de a solo (acp. 1) **2.** Como solistas.

as desired (ing.) AD LIBITUM.

asor Certo tipo de ZITHER da música judaica.

aspiration (fr.) Certo tipo de APPOGGIATURA que conclui uma nota longa.

assai (it. lit.: muito) Expressão de reforço usada nas designações de ANDAMENTO musical, como em *moderato assai*, *allegro assai* (muito *moderato* e muito *allegro*, respectivamente).

assez (fr. lit.: muito; *assez trop vite*: muito mais rápido) Expressão de reforço nas designações de ANDAMENTO musical.

assistanship (ing. lit.: assistência) Cátedra de professor assistente nas universidades ou bolsa de estudos para professor assistente.

assistant (ing.) Assistente. Usado em expressões como *assistant conductor* (regente assistente) e *assistant professor* (professor assistente).

assistant conductor (ing.) Regente assistente.
assistant professor (ing.) Professor assistente do titular.
assistant teacher (ing.) Professor assistente.
assobio a jato (ing. *jet whistle*) **1.** Efeito obtido quando o músico sopra diretamente com grande força dentro do orifício do BOCAL de uma FLAUTA TRANSVERSAL. **2.** Peça homônima de Villa-Lobos para flauta e piano deu nome ao efeito.
asson (fr.) MARACAS.
atabal 1. Ver ATABALE E TIMBALE. **2.** Grande tambor cilíndrico da região basca **3.** Espécie de CASTANHOLA de origem árabe do século XVIII, é sacudida por uma haste.
atabale Tambor que teve origem na Mesopotâmia do século XII a.C., foi introduzido na África e Península Ibérica pelos árabes. Tinha formato semi-esférico, semelhante ao dos TÍMPANOS modernos, ou às vezes ovalado, como os atabales de cavalaria, que eram utilizados aos pares nas guerras, um de cada lado do cavalo.
atabaque Tambor de origem persa introduzido no Brasil pelos escravos africanos. Faz parte do instrumental dos ritos do CAMDOMBLÉ, mas difundiu-se indistintamente em diversas manifestações folclóricas. As dimensões dos ATABAQUES determinam sua tessitura: *lé*, *rumpi* e *rum*, do mais agudo ao mais grave.
atacar 1. Executar a nota com ataque. **2.** No jargão do músico popular brasileiro, tocar ou apresentar-se em determinado lugar.
ataque (it. *attaco*; fr. *attaque*; ing. *attack*) **1.** Início imediato e decidido de um trecho ou movimento instrumental ou vocal. **2.** Pequena frase de poucas notas que antecipa algumas vezes o tema ou a proposta da FUGA ou, mais freqüentemente, a resposta.
Atem (al.) Respiração.
a tempo (it.) Expressão que indica retorno ao ANDAMENTO inicial de peça ou trecho, ou ainda ao andamento imediatamente anterior.
atenuador (ing. *attenuator*) Dispositivo eletrônico que serve para suavizar a intensidade de um sinal de áudio.
ath Ver TAL.
Ätherophon (al.) Eterofone. Ver THÉREMIN.
ato (fr. *acte*; ing. *act*; al. *Akt*, *Aufzug*) Cada uma das partes em que se divide uma ÓPERA [var.: port. *acto*].
atonal (it. atonale, *non tonale*; ing. *non-tonal*; al. *Nichttonal*) Característica da obra não-tonal. Ver também ATONALISMO.
atonale (it.) ATONAL.
atonalidade Ver ATONALISMO.
atonalismo (it. *atonalità*; fr. *atonalité*; ing. *atonality*; al. *Atonalität*) Propriedade de uma composição de caráter não-tonal; refere-se a um trecho ou obra sem TONALIDADE definida. *Tristão e Isolda*, ópera de Wagner, abriu os caminhos para a música atonal do século XX, que por sua vez precedeu o SERIALISMO, técnica da Segunda Escola de Viena que resultou no DODECAFONISMO de Arnold Schönberg.
Atonalità (it.) Ver ATONALISMO.
Atonalität (al.) Ver ATONALISMO.
atonalité (fr.) Ver ATONALISMO.
atonality (ing.) Ver ATONALISMO.
atravessar No jargão do músico popular, cantar ou tocar desastradamente fora da pulsação ou do compasso.
at-tabl (ár. lit.: tambor) Ver TIMBALE.
attacca (it.) Indica que o MOVIMENTO ou trecho a seguir deve ser iniciado imediatamente, sem nenhuma pausa ou interrupção.
attache de cordier (fr.) RABICHO.
attack (ing.) ATAQUE.
attaco (it.) ATAQUE.
attaque (fr.) ATAQUE.
at the bridge (ing.) Ver SUL PONTICELLO.
at the end (ing.) Ver À LA POINTE.
at the frog (ing. *frog*: talão) Ver AL TALLONE.
at the heel (ing. *heel*: talão) Ver AL TALLONE.
at the middle (ing. *middle*: metade) Ver COL MEZZO D'ARCO.
at the nut (ing. *nut*: talão) Ver AL TALLONE.
at the point (ing.) Ver À LA POINTE.
at the rim of head (ing.) Entre instrumentos de percussão de membrana tocados com BAQUETAS, indica que a vareta deve percutir contra o aro do FUSTE.
at the tip (ing.) Ver À LA POINTE.
atto (it.) ATO.
at will (ing.) AD LIBITUM.
auaiú Espécie de MAÇAQUAIA.
aubade (fr. de *aube* lit.: aurora; it. *mattinata*, *alba*; ing. *morning song*; al. *Tagelied*) Certo tipo de música iniciada à primeira luz do dia,

para execução durante o alvorecer. Com o tempo, o termo passou a referir-se a qualquer tipo de obra composta naquele estilo [var.: port. alvorada].

aube (fr.) Ver AUBADE.

au bord de la membrane (fr.) AT THE RIM OF HEAD.

au chevalet (fr. *chevalet*: cavalete) SUL PONTICELLO.

aud Espécie de ALAÚDE egípcio.

audibilidade (fr. *audibilité*; ing. *audibility*) Qualidade que tem um som de ser ouvido por um indivíduo de capacidade auditiva normal. A freqüência de um som pode ser tão alta que chega a causar dor e descontrole, ou tão baixa que deixa de ser ouvida. A faixa de sons audíveis vai de 20 a 20.000 HERTZ, em um indivíduo saudável.

audibilité (fr.) AUDIBILIDADE.

audibility (ing.) AUDIBILIDADE.

audible (fr., ing.) Audível. Ver AUDIBILIDADE.

audição 1. (it. *ascolto*; fr., ing. *audition*; ing. *hearing*; al. *Hören*) O sentido da percepção dos sons. **2.** (it. *audizione*; ing., fr. *audition*; al. *Vorspiel*, *Vorsingen*) Apresentação de artista, recital. **3.** (ing. EUA) Prova para admissão de instrumentista ou cantor.

áudio (lat. *signale*) Geração, transmissão e reprodução do som. Tradução de sinais eletrônicos em som.

audition (ing.) Audição (acp. 1 e 3).

auditório (ing. *music hall*, *auditorium*) Prédio ou salão preparado para audições musicais.

audível (fr., ing. *audible*; it. *udibile*; fr. *audible*; al. *Hörbar*) Que pode ser ouvido. Ver AUDIBILIDADE.

audizione (it.) AUDIÇÃO (acp. 1).

auf dem Steg (al. *Steg*: talão) Ver AL TALLONE.

auf dem Theater (al.) Ver OFF-STAGE.

auf der mitte des Bogen (al. *mitte*: metade, *Bogen*: arco) A METÀ D'ARCO.

Auflöser (al.) NATURAL (acp. 2).

Auflösung (al.) RESOLUÇÃO.

Auftakt (al.) ANACRUSE.

auf Schalltriether (al.) Ver BELLS UP.

Aufschlag (al.) LEVARE.

Aufstrich (al.) Ver ARCO PARA CIMA.

auftakt (al.) Ver ANIMATO.

Aufzug (al.) ATO.

augmenté (fr.) AUMENTADO.

augmented (ing.) AUMENTADO.

aulo (do gr. *Aúlós*, lat. *aulus*) Antigo instrumento campestre de sopro de PALHETA DUPLA e três ou quatro orifícios em cada um, era feito de um par de tubos de osso ou madeira e por chaves chamadas de *kératas*, podendo emitir tons, semitons e quartos de tom. Era tocada por um único executante, sendo a mão direita geralmente responsável pela melodia, enquanto a esquerda sustentava sons pedais (ver PEDAL, acp. 3) [var.: aulos].

aumentação (fr., ing., al. *Augmentation*; it. *aumentazione*) Técnica de composição que consiste em alongar, aumentar a duração das notas de determinado trecho ou melodia.

aumentado (fr. *augmenté*; ing. *augmented*; al. *übermassig*) Intervalo maior ou justo ampliado de um SEMITOM ascendentemente.

augmentation (fr., ing., al.) AUMENTAÇÃO.

aumentazione (it.) AUMENTAÇÃO.

au milieu (fr.) COL MEZZO D'ARCO.

au naturel (fr. lit.: ao natural; it. *al sòlito*; ing. *natural*; al. *Natürlich*) Indica retorno ao modo original de execução Entre os instrumentos de cordas da orquestra vem geralmente após trechos como SUL TASTO ou SUL PONTICELLO, que exigem execução fora do ponto convencional da corda [var.: fr. *a l'ordinaire*].

Ausführung (al.) Execução.

Ausgabe (al.) Edição.

ausgewählte (al. lit.: selecionado) Dispositivo eletrônico acionado.

auswendig (al.) DE COR.

au talon (fr.) Ver AL TALLONE.

autêntico Ver MODO AUTÊNTICO.

authentic mode (ing.) MODO AUTÊNTICO.

authentische Tonart (al.) MODO AUTÊNTICO.

auto Obra de caráter litúrgico que teve origem nos AUTOS sacramentais executados durante a celebração do Corpus Christi. Com o tempo, passou gradativamente a revestir-se de caráter alegórico. No Brasil, ainda na primeira metade do século do descobrimento, padres jesuítas juntavam-se aos índios nas catequeses, em representações teatrais musicadas de autos com fundo religioso e moral.

auto correlation (ing. lit.: autocorrelação) Na MÚSICA ELETRÔNICA, processo que evita a descontinuidade de um sinal de áudio.

autocorreção (ing. *self-correction*) Em um SEQÜENCIADOR, a capacidade que tem um dispositivo eletrônico de organizar de forma automática os elementos rítmicos em um COMPASSO.

autodidata (ing. *self-taught*) Aquele que aprende a compor, cantar ou executar um instrumento sem a participação decisiva de um professor.

autógrafo (al. ing. *Autograph*) Manuscrito original de uma peça.

Autograph (al. ing.) AUTÓGRAFO.

Autoharp (al.) Instrumento folclórico alemão do século XIX que se tornou popular também nos Estados Unidos. Da família do SALTÉRIO, era executado com os dedos da mão direita, enquanto os da esquerda acionavam por meio de botões um mecanismo que abafava as cordas que não deveriam soar na execução dos ARPEJOS.

auto horn (it. *corno di automobile*; fr. *cor d'auto*; ing. *taxi horn*; al. *Autohorn*) Buzina de automóvel utilizada na percussão orquestral.

Autohorn (al.) AUTO HORN.

auto-tune Ver PRO TOOLS.

auxeofone (port.) Ver AUXETOFONE.

auxetofone (port.) AMPLIFICADOR.

auxiliary note (ing.) NOTA AUXILIAR.

AV Sigla da catalogação da obra de Richard Strauss, segundo Asow.

avanaddh Na MÚSICA INDIANA, nome genérico para instrumentos de percussão como a TABLA e o DHOLAK.

avant-garde (fr. lit.: vanguarda) Diz-se de certo tipo de música que passou a ser experimentada em meados do século XX, como a MÚSICA ELETROACÚSTICA e a MÚSICA ALEATÓRIA.

avant-première (fr.) Pré-estréia.

avaroh Na MÚSICA INDIANA, estrutura ascendente de uma RAGA.

avartan Na MÚSICA INDIANA, o ciclo completo de um TAL [var.: *avrutti*].

Ave Maria (lat. lit.: Salve Maria) Expressão que se consagrou identificando obra musical construída ou inspirada sobre os versos da tradicional oração católica. Entre as mais conhecidas, estão as *Ave Marias* de Gounod e de Schubert.

avec du talon (fr. *talon*: talão) AL TALLONE.

avec le bois (fr. *bois*: madeira) COL LEGNO.

avec le dos de l'archet (fr. *dos*: costas, *archet*: arco) COL LEGNO.

avec peu d'archet (fr.) CON POCO ARCO.

avec tendresse (fr.) Amoroso.

avec toute la longueur (fr) TUTTO L'ARCO.

aveludado Diz-se da qualidade suave e escura do som de um instrumento ou voz.

aviso Toque de CAPOEIRA que no passado servia para avisar os jogadores sobre a aproximação da polícia.

avoided cadence (ing.) CADÊNCIA INTERROMPIDA.

avoid note (ing.) Em um acorde de *jazz*, nota a ser evitada por sua discordância.

avrutti Ver AVARTAN.

awaodori Música e dança japonesas que celebraram a construção do castelo de Tokushima-Dyo, em meados do século VI.

AWIMI (Abreviatura do ing. *Amount/Width/Index/Modulation/Intensity*, lit.: quantidade/largura/índice/modulação/intensidade) Na música eletrônica, equivale a *depth* (profundidade), ou quantidade de modulação [var.: *depth*].

axe (ing. lit.: machado) No jargão do músico norte-americano, instrumento musical.

axexê Dança da cerimônia funeral de mães-de-santo do CAMDOMBLÉ baiano. Os convidados entoam cânticos de lamento acompanhados pelo som rouco de ATABAQUES, cujos executantes se revezam nos instrumentos durante até uma semana.

ayotl Espécie de RECO-RECO mexicano construído com uma carcaça de tartaruga.

ayre Variedade de MADRIGAL (acp. 1) que é uma forma obsoleta de AIR.

azentuiren (al.) Acentuar.

azez alaya Música e dança do folclore árabe.

Azione Sacra (it. lit.: ação sacra) Espécie de ORATÓRIO de Páscoa sobre o sepulcro de Cristo, na Viena do final do século XVII.

azione teatrale (it. lit.: ação teatral) Gênero de teatro musicado vienense do século XVIII.

B

B 1. Abreviatura de baixo (voz). **2.** Abreviatura de BEL. **3.** Na notação por CIFRAS, como no *jazz* e na música popular, e nos países de língua inglesa e alemã, em geral, a letra B representa a nota si. Em alemão, particularmente, B se refere a si bemol, enquanto o si natural é indicado por H. Ver também A. **4.** Um tambor de membrana dupla empregado em cerimônias de casamento tradicionais na Índia. [var.: *dhol*, *dholak*]. **5.** Instrumento de percussão africano em forma de ampulheta de dupla membrana (das quais apenas uma é percutida) unida e retesada por cordões cuja tensão pode ser alterada durante a execução. **6.** Antecede a numeração de catálogo da obra de Dvorák, segundo Burghauser.

b 1. Instrumento de percussão cubano, é uma espécie de tambor feito com uma caixa de madeira. **2.** (al.) BEMOL.

b Abreviatura de bemol.

baaj Ver BAJ.

baaz Ver BAJ.

babaçuê Rito paraense de origem afro-brasileira, surge às vezes disfarçado de batuque-de-santa-bárbara, camuflando a prática do CAMDOMBLÉ [var.: babassuê].

babassuê Ver BABAÇUÊ.

baby grand piano (ing.) PIANO DE QUARTO DE CAUDA [var.: *baby grand*, *baby piano*].

baby piano (ing.) BABY GRAND PIANO.

bacalhau Espécie de vareta empregada à guisa de BAQUETA nos instrumentos de percussão do MARACATU, como a ZABUMBA.

bacchetta (it.) **1.** BAQUETA **2.** BATUTA.

bacchetta a due capi (it.) Entre os instrumentos de percussão, BAQUETA de duas cabeças.

bacchetta di gommaelastica (it.) Entre os instrumentos de percussão, baqueta de ponta de borracha.

bacchetta metallo (it.) Entre os instrumentos de percussão, baqueta de metal.

bacharelado Ver BM.

bacharel em música Título conferido àquele que conclui o curso de graduação em música de nível superior.

bachinche O mesmo que ARRASTA-PÉ [var.: bochinche].

bachtrompete (al.) Trompete de Bach. Ver TROMPETE.

Bach trumpet (ing.) Trompete de Bach. Ver TROMPETE.

Bach-Werke-Verzeichnis Ver BWV.

back (ing.) O tampo posterior (fundo) dos instrumentos de cordas.

back beat (ing. lit.: batida de trás) Entre instrumentos de percussão, as batidas fracas do compasso $^4/_4$, ou seja, o segundo e o quarto tempos. Ver também UP-TEMPO.

back of the bridge (ing. *bridge*: cavalete; fr. *en arrière du chevalet*) Entre os instrumentos de cordas da orquestra, indica execução com o arco na região da corda situada entre o CAVALETE e o ESTANDARTE [var.: ing. *behind the bridge*; *below the bridge*].

background (ing.) Na música popular, acompanhamento.

backing tracks (ing.) Na linguagem dos estúdios de gravação, faixas de apoio, trilhas pré-gravadas para auxiliar o registro posterior da participação do cantor ou solista.

backing vocals Vozes de apoio (acompanhamento) em *show* ou gravação de música popular.

backstage (it. *a callota*; fr. *coulisse*; al. *hinter der Bühne*) **1.** Bastidores [var.: ing. *off-stage*]. **2.** Diz-se de execução por um solista ou grupo, atrás do palco, ou fora da vista do público, como em *backstage trumpet solo*.

backup group (ing.) Grupo de acompanhamento de *shows* que fica afastado ou não é visto pela platéia.

badalada (it. *colpo del battaglio*; fr. *coup de battant*; ing. *stroke*; al. *Glockenschlagel*). Golpe do badalo no sino.

badalo (it. *battaglio*; ing. *clapper*; fr. *battant*; al. *Klöppel*) Peça suspensa no interior dos sinos que serve para percuti-los.

badinage (it., ing. al.; port. badinagem) Ver BADINERIE.

badinagem (port.) Ver BADINERIE.

badinerie (fr.; ing., it., al. *badinage*; port. badinagem) Movimento rápido da SUÍTE barroca do século XVIII, foi bastante empregada por Bach e Telemann.

bagatela (fr. *bagatelle*; al. *Bagatellen*) Termo que surgiu no período Barroco para designar peças fáceis e leves. Entre as mais conhecidas, as de Beethoven para piano (como a Op. 33) e a de Webern para quarteto de cordas.

bage Ver VAGEM.

baglama Ver TZOURA.

bag of laughs (ing. lit.: saco de gargalhadas) Brinquedo musical que, acionado manualmente ou quando alguém se senta sobre ele inadvertidamente, emite gargalhadas pré-gravadas. Já foi empregado em diversas obras e performances musicais.

bagpipe (ing.) GAITA-DE-FOLES.

bagre Dança paraense de marujos em COMPASSO BINÁRIO, leva o nome de um dos peixes mais comum nos rios do Norte brasileiro. Os participantes improvisam versos e batem ritmadamente com os pés.

baguala (ár.) Música do folclore da Argentina.

baguette (fr.) **1.** BAQUETA **2.** BATUTA.

baguette en caoutchouc (fr.) Entre os instrumentos de percussão, BAQUETA de ponta de borracha.

baguette en feutre (fr.) Entre os instrumentos de percussão, BAQUETA de ponta de feltro.

baguette en metal (fr.) Entre os instrumentos de percussão, BAQUETA de metal.

baguettes (fr.) Ver CLAVES.

baianá 1. Canto da seção das baianas dos grupos de MARACATU que mescla influências dos ritmos dos negros baianos com a tradição pastoril recifense. **2.** Na região alagoana, festa de dança de gente pobre.

baianas Ala da ESCOLA DE SAMBA que representa as senhoras idosas, é indispensável no desfile de uma agremiação.

baiano Ritmo SINCOPADO, impregnado de CHULA e LUNDU, que surgiu no século XIX. Costuma ser acompanhado por VIOLAS DE ARAME e é freqüentemente dançado com brincadeiras como umbigadas.

baião Corruptela de baiano (ou ainda, segundo alguns, baía grande), refere-se a um gênero de música e dança do Nordeste brasileiro cuja invenção é atribuída a Luiz Gonzaga, proclamado o "Rei" do gênero graças ao sucesso de *Baião* (1944), em parceria com Humberto Teixeira. Facilmente identificável por seu ritmo peculiar, tem como característica principal o início das frases após pequena pausa no tempo forte. Apesar de ser encontrado nas mais diversas formações, o conjunto clássico de baião é composto por SANFONA, TRIÂNGULO, ZABUMBA e, às vezes, PÍFAROS e RABECA [var.: rojão].

baião-de-viola Maneira de PONTEAR A VIOLA DE ARAME, no Nordeste brasileiro, com fortes acentos e batidas dos dedos sobre o tampo do instrumento.

bailado 1. Dança organizada para apresentações ou cerimônias. **2.** Balé.

baile da lavadeira No Sergipe, certo tipo de auto dançado.

baile sifilítico Versão jocosa da quadrilha goiana.

baile y terra (esp.) Alegre dança chilena de ritmo semelhante ao do CACHIMBO.

baio Dança de casais originária do Piauí, assemelha-se ao miudinho do Rio Grande do Sul e emprega gestos e movimentos irônicos e divertidos.

baissser (fr.) ABEMOLAR.

baixão 1. Instrumento de sopro de timbre grave do folclore brasileiro. **2.** BASSON, instrumento que adaptado da CHARAMELA na França no início do século XVII, foi o precursor do FAGOTE moderno. Ver também BOMBARDA (acp. 2).

baixaria 1. Na gíria do músico popular, a seção de graves de um conjunto, a linha do contrabaixo ou do baixo elétrico. **2.** Passagens executadas pelo dedo polegar nos BORDÕES do violão do choro.

baixo (lat. *bassus*; it. *basso*; fr. *basse*; ing. *bass*; al. *Bass*; esp. *bajo*) **1.** A voz mais grave do sistema musical, segundo a classificação que surgiu no Renascimento: *cantus*, *altus*, *tenor* e *bassus* (soprano, contralto, tenor e baixo). Na partitura, é a linha inferior da CLAVE DE FÁ, que serve de base à HARMONIA. **2.** Voz humana de REGISTRO (acp. 1) mais grave que, por sua natureza, passou a ser utilizada nas óperas para representar os vilões do LIBRETO. Um dos grandes baixos da história foi Ferruccio Furlanetto. **3.** Qualquer instrumento cujo som é o mais grave de alguma família específica: flauta doce baixo, sax baixo, flauta baixo. A maioria dos instrumentos baixo utiliza a clave de fá na quarta linha do PENTAGRAMA. **4.** Forma popular para designar o contrabaixo ou baixo elétrico. **5.** Em composição, designa genericamente a voz mais grave de uma peça ou trecho, que pode ser executada por um cantor, um violoncelo, um contrabaixo, um fagote ou outro instrumento.

baixo acústico (it. *basso acustico*; fr. *basse acoustique*; ing. *acoustic bass*; al. *akustischer Bass*) CONTRABAIXO acústico, em contraposição a baixo elétrico.

baixo cantante 1. Voz BAIXO (acp. 1) cujo REGISTRO (acp. 1) se adequa à execução de papéis líricos, aproximando-se do BARÍTONO. Tem papéis de destaque, como o Boris Godunov da ópera homônima de Mussorgsky. **2.** Voz de baixo de qualidades melódicas, cantantes, não-trágicas e não-heróicas, como o rei Philip da ópera *Don Carlos*, de Verdi.

baixo cifrado (it. *basso cifrato*; ing. *figured bass*; fr. *basse chifrée*; al. *bezifferter Bass*) Técnica de escrita surgida no início do século XVII, consiste em uma linha de baixo em que, junto a cada nota, CIFRAS indicam os intervalos, ACORDES e suas INVERSÕES, a partir dos quais deve ser elaborado o acompanhamento.

baixo contínuo (it. *basso continuo*; fr. *basse continue*; ing. *thorough bass*; al. *general Bass*; *bezifferten Bass*; esp. *bajo continuo*; lat. *bassus continuus*) Parte inferior que era tocada sem interrupção por instrumento de voz grave, principalmente durante o período Barroco, e servia de base para condução da HARMONIA. As partes para baixo contínuo costumavam ser CIFRADAS, mas modernamente as músicas já trazem as elaborações escritas. Durante o Classicismo, principalmente a partir de Haydn, o suporte do baixo contínuo foi gradativamente sendo abandonado. Abreviatura [bc].

baixo de Alberti (it. *bassi albertini*; ing. *alberti bass*; al. *alberti Bässe*) Expressão da música de teclado surgida no século XVIII que se refere a uma ordem particular de alternar os dedos da mão esquerda nos arpejos, geralmente uma seqüência de notas no padrão 1-3-2-3 ou 1-2-3, sendo a nota 1 a mais grave, 2 a média e 3 a mais aguda.

baixo de arame Instrumento rústico de voz baixo que consiste em um arame amarrado à borda de uma lata ou bacia colocada no chão com o bojo para cima, e cuja outra extremidade serve para retesá-lo, atada a um bastão de madeira (freqüentemente, um cabo da vassoura), apoiado sobre o fundo da bacia, que serve também de CAIXA DE RESSONÂNCIA. A altura dos sons, bastante imprecisa, é determinada pela força com que o executante puxa o bastão, percutindo ou pinçando a corda.

baixo de caixa (ing. *box bass*) Ver THUMB PIANO.

baixo de Flandres (port.) BUMBASS.

baixo de pau Nome popular do CONTRABAIXO ACÚSTICO [var.: rabecão].

baixo de tuba Também conhecido como SOUSAFONE, é o mais grave instrumento da família das TUBAS. Usado freqüentemente em bandas, tem um longo tubo circular que envolve o corpo do executante e uma enorme CAMPANA (acp. 1) que se sobressai visualmente em qualquer conjunto. Ver também TUBA.

baixo elétrico (it. *chitarra bassa elettric*; ing. *electric bass*) Instrumento eletrônico cuja invenção é creditada a Leo Fender, substituiu o CONTRABAIXO ACÚSTICO nos conjuntos de *rock* e foi adotado pela maior parte dos grupos de música popular e mesmo de *jazz* do mundo inteiro. Exerce a função do contrabaixo acústico, sendo afinado como ele, mas é tocado suspenso a tiracolo por uma alça. Possui de quatro a seis cordas metálicas, cuja vibração é colhida por um CAPTADOR eletrônico, que por sua vez envia o sinal para um AMPLIFICADOR. O baixo elétrico sem TRASTES é conhecido como *fretless*, e o com trates *fretted* [var.: guitarra-baixo, contrabaixo elétrico].

baixo piccolo Pequeno CONTRABAIXO ACÚSTICO, também chamado contrabaixo $^1/_2$ tamanho, empregado no ensino de crianças ou às vezes como instrumento solista.

baixo profundo (it. *basso profondo*) Voz masculina de REGISTRO (acp. 1) bastante grave e de grande extensão, atinge até uma terça maior abaixo do mi, que é o limite inferior médio da voz baixo. Considerada a mais séria das vozes de baixo, serve de forma muito especial para papéis como o de Sarastro, da ópera *A flauta mágica*, de Mozart.

baixolão Espécie de violão de grandes dimensões, é tocado acusticamente ou eletrificado e possui quatro cordas afinadas como no contrabaixo.

baj Estilo de interpretação da MÚSICA INDIANA, requer freqüentes batidas dos dedos médios nos aros do tambor [var.: *baaj*, *baaz*].

bajon (esp.) FAGOTE.

bajoncillo (esp.) Pequeno BASSON.

bajo sexto (esp.) GUITARRA (acp. 1) de seis ORDENS duplas de cordas utilizada por cantores mexicanos.

balada (it. *ballata*; fr. *ballade*; ing. *ballad*) **1.** Canção de origem folclórica cuja letra tem caráter narrativo. Nos Estados Unidos, o termo *ballad* designa qualquer tipo de música de apelo sentimental. **2.** Na música popular brasileira, canção leve e geralmente romântica. **3.** No jargão do músico, noitada musical, boemia. **4.** Conjunto de quatro peças de Chopin para piano, baseadas em trechos literários de cunho narrativo dramático.

balai métalique (fr.) ESCOVA.

balainha Espécie de dança como a JARDINEIRA paranaense.

balaio Dança do FANDANGO (acp. 3) do Sul do Brasil, carrega influências LUNDU e de diversos ritmos baianos. Moçoilas dançarinas agachavam-se com seus largos vestidos rodados, fazendo lembrar grandes cestos ou balaios.

balalaica Espécie de ALAÚDE com TRASTES cujo corpo lembra uma pirâmide, é um instrumento caracteristicamente russo. Derivado do DOMRA, possui longo braço e apenas três cordas, tocadas com uma PALHETA (acp. 2) [var.: balalaika, balalajka].

balalaika BALALAICA.

balalajka BALALAICA.

balança Alternância entre SURDOS DE MARCAÇÃO de uma ESCOLA DE SAMBA.

balançado Na linguagem popular, ginga, balanço rítmico do corpo: "Moça do corpo dourado, do sol de Ipanema, o teu balançado é mais que um poema, é a coisa mais linda que eu já vi passar" (*Garota de Ipanema*, de Tom Jobim) [var.: balanceado].

balance (ing.) Ver BALANÇO (acp. 2 e 3).

balanceado Ver BALANÇADO.

balanceamento (ing. *balance*) Ajuste musical equilibrado e coerente entre as partes, entre as intensidades e os timbres de um grupo ou, eletronicamente, de sua amplificação.

balanced (ing.) Relativo ao equilíbrio da sonoridade entre as cordas de um instrumento.

balanceio Gênero de música rural do Nordeste brasileiro dos anos 1940, criado pelo compositor Lauro Maia.

balancement (fr. lit.: balanço) Ver BEBUNG.

balanço 1. Na gíria, SUINGUE. **2.** Regulagem do equilíbrio entre os lados direito e esquerdo de um sistema ESTEREOFÔNICO, realizada por meio de um botão giratório, controle digital ou deslizante. Ver também BALANCEAMENTO. **3.** Botão para regulagem do BALANÇO (acp. 2). **4.** Designação comercial para certo tipo de samba brasileiro dos anos 1950, como o SAMBALANÇO.

balão faceiro Dança do Rio Grande do Sul ligada ao FANDANGO (acp. 3) e certamente originária da dança portuguesa de mesmo nome do século XIX.

baldamente (it.) Com ousadia.

Balg (al.) FOLE (acp. 1).

balé (do fr. *ballet*; it. *ballo*, *balletto*; al. *Ballet*) **1.** Forma consagrada de arte cênica que combina dança, música e cena, surgiu na Europa nos primórdios do período Barroco. Naquela época, costumava ser dançado com pesadas roupas e adereços, mas no final do período passou gradativamente a extrapolar os muros palacianos para proporcionar espetáculos de beleza completa. Foi no início dos anos

1800 que, na França, Marie Taglioni empreendeu novos rumos à arte do balé, introduzindo a técnica da ponta dos dedos e movimentos leves, graciosos e elaborados. A partir daí, já esboçando o perfil do bailarino moderno, roupas colantes passaram a expor os contornos do corpo em consonância com a pureza dos movimentos. Entre músicas de balés mais conhecidas, peças populares como *Giselle*, de Adam, e os indefectíveis *Lago dos cisnes* e a *Suíte quebra-nozes*, de Tchaikovsky. Este último, com seus compatriotas russos, o grande empreendedor Diaghilev e Igor Stravinsky (autor de obras-primas do balé como *A sagração da primavera*, polêmica à época [1912], *O pássaro de fogo*, *Pulcinella e Petrouchka*), revolucionou o gênero. Com a enorme difusão do balé pela Europa, alguns dos maiores compositores do século XX também abraçaram o gênero: Ravel, com *La valse* e *Bolero*, e Bartók, com *O mandarim maravilhoso* [var.: balê, bailado]. **2.** No jargão da ESCOLA DE SAMBA, EVOLUÇÃO.

Balginstrument (al.) Instrumento de fole como a GAITA-DE-FOLES escocesa e o WAR PIPE.

ballabile (it.) Designa genericamente música que pode ser dançada ou com espírito de dança.

ballad (ing.) BALADA (acp. 1).

ballade (fr.) **1.** Forma que esteve em voga na França dos séculos XIV e XV, predominantemente nas canções e na poesia, trazia um refrão sempre repetido no final de cada STANZA. Chopin intitulou *ballade* uma peça para piano com características narrativas. **2.** Certo tipo de poema narrativo alemão de caráter romântico ou épico, inspirado em temas medievais.

Ballade (al.) BALADA (acp. 1).

ballad horn (ing.) Instrumento da família dos METAIS (acp. 1) cujo tubo é circular como o da TROMPA. Foi inventado no final do século XIX, mas teve vida efêmera e logo caiu em desuso.

ballad opera (ing.; fr. *opéra-ballet*, port. ópera-balada) Forma de entretenimento da Inglaterra do século XVIII que mesclava diálogos com números musicais de inspiração popular. Exemplo é a *Ópera dos mendigos* (1728), de John Gay, com arranjos de J. Pepusch.

ballad-rock (ing.) Ver ROCK-BALLAD.

ballata (it.) Gênero musical italiano muito em voga no século XIV, ao lado da CACCIA e do VIRELAI francês (porém com um refrão posterior e outro anterior à STANZA), com os quais guarda claras semelhanças. Era bastante executada junto às tradicionais BALLADES.

ballett (fr.) Ver BALÉ (acp. 1).

ballette (fr.) Gênero francês que antecedeu a BALLADE. Ver também RONDETS DE CAROLE.

Ballet (al.) **1.** BALÉ (acp. 1). **2.** Tipo de MADRIGAL (acp. 1) dançado e cantado da Inglaterra do final da Idade Média.

ballet (al.) BALÉ (acp. 1).

balletto (it.) BALÉ (acp. 1).

ballits (ing.) No jargão dos negros norte-americanos, as BALADAS trazidas pelos ingleses no final do século XIX.

ballo 1. (it. lit.: baile) Forma de teatro popular surgida no século XVI, chegou a assumir papel de importância no século XVII. **2.** (it.) Baile. *Un ballo in maschera* (*Um baile de máscaras*) é o nome de uma famosa ópera em três atos de Verdi. **3.** BALÉ.

ballroom (ing.) Salão de bailes.

balzato (it.) Entre os instrumentos de cordas da orquestra, termo que costuma ser freqüentemente utilizado de forma genérica com referência a diversos GOLPES DE ARCO classificados como FORA DA CORDA. De maneira específica, é um golpe semelhante ao chamado DÉTACHÉ COLLÉ.

balzato rapido (it.) Entre os instrumentos de cordas da orquestra, GOLPE DE ARCO produzido espontaneamente com movimentos rápidos da mão, articulando-se o pulso com os dedos imóveis. Forma intermediária entre o BALZATO e o SPICCATO.

bamba Aquele que tem o "samba no pé"; exímio dançarino. Ver também CATRETA.

bambá Dança de escravos negros trazida de Angola, era cantada com sons onomatopaicos e letras simples e repetitivas [var.: bambaquerê, bambaquererê].

bambaê Dança maranhense de umbigada [var.: farra-de-caixa].

bambaquerê BAMBÁ. Ver também FANDANGO (acp. 3).

bambaquererê BAMBÁ.

bambelô Dança de batuque do Rio Grande do

Norte semelhante ao JONGO [var.: coco-de-praia, coco-de zambê, zambelô].

bambolear Do jargão popular, a palavra vem do brinquedo bambolê, que gira ao redor da cintura, em alusão ao gingar ritmado do sambista.

bamboo scraper (ing.) RECO-RECO.

bamboo xylophone (ing.) XILOFONE DE BAMBU.

bamo-na-xacra Corruptela de VAMOS NA CHÁCARA.

banana 1. Tipo de microfone longo. **2.** Tipo de PLUGUE de cabos de guitarras elétricas e microfones.

banco Ver BANK.

band (ing.) **1.** Ver BANDA (acp. 1). **2.** Faixa de freqüência; espectro de freqüência de determinado sinal eletrônico ou de rádio. **3.** Faixa de gravação em fita magnética. **4.** (hind. lit.: fechado) Batida seca, não ressonante dos instrumentos de percussão da MÚSICA INDIANA.

banda (do lat. *bandum*: estandarte, referindo-se às bandeiras carregadas pelos militares) **1.** Conjunto de instrumentos cuja estrutura básica se apóia nos SOPROS. A banda moderna é formada por MADEIRAS (flautas, clarinetas, saxes), METAIS (acp. 1) (trompas, trompetes, trombones e tubas) e PERCUSSÃO (tambores, GLOCKENSPIEL, MARIMBA, CAIXAS-CLARAS etc.). Banda de *jazz*, ou *jazz-band*, refere-se aos chamados COMBOS, com sopros, metais, BAIXO (acp. 2), BATERIA (acp. 1), piano e freqüentemente guitarra elétrica e outros instrumentos. A banda de marcha (do ing. *marching band*) é tradicional nos desfiles cívicos norte-americanos e inclui regente, balizas e porta-bandeiras. A banda sinfônica é uma formação completa comum nos EUA, e apresenta freqüentemente, entre seus instrumentos, um NAIPE de contrabaixos. **2.** Ver BAND (acp. 2). **3.** No jargão dos músicos sinfônicos, designa pejorativamente uma má orquestra. **4.** No jargão do *rock*, qualquer conjunto, com qualquer formação.

banda sinfônica Expressão de origem inglesa, designa um grande conjunto de sopros (METAIS (acp. 1) e MADEIRAS), percussão e às vezes contrabaixos, cujo repertório varia principalmente entre o tradicional das bandas e arranjos sobre material composto originalmente para orquestras sinfônicas.

bandeira-de-são-joão Ver ACORDA-POVO.

bandeirola COLCHETE.

bande magnétique (fr.) Fita magnética.

band-in-a-box (ing.) *Software* musical que permite elaborar seqüências harmônicas ou escolher instrumentos (guitarra, baixo, bateria, piano e outros) para fins de estudo ou acompanhamento. A expressão alude ao *Jack-in-a-box*, brinquedo que consiste em uma caixa de surpresas que, quando aberta, projeta para fora o boneco Jack, geralmente um palhaço.

band-leader (ing. lit.: líder da banda) Regente ou líder de bandas e conjuntos de *jazz* e *rock*. Glenn Miller (*big-band*) e Mick Jagger (*rock'n'roll*) são nomes de conhecidos *bandleaders*.

bandmaster (ing.) Regente de bandas e FANFARRAS.

bandola 1. Instrumento italiano que deu origem à sua versão menor, o BANDOLIM. **2.** Tipo de ALAÚDE colombiano moderno em forma de pêra.

bandolão (port.) BANDOLIM baixo.

bandolim (it. *mandola*, *mandolino*; fr. *mandoire*, *mandoline, banjolin*; ing. *mandolin*; al. *Bandürichen*) Instrumento de quatro ORDENS de cordas duplas, tocado com uma PALHETA (acp. 2), teve origem no século XVIII a partir da BANDOLA italiana. Os dois modelos principais são o milanês e o napolitano, sendo o primeiro dotado de seis, e o segundo de quatro ordens duplas de cordas. Na música popular brasileira, é um dos instrumentos do CHORO por excelência, e costuma sustentar o som das notas mais longas da melodia por meio de TREMOLOS. Vivaldi escreveu um concerto bastante conhecido para o bandolim. Alguns dos virtuoses do instrumento que marcaram a história do choro brasileiro são Jacó do Bandolim, Joel do Bandolim e Luperce Miranda. O bandolim empregado no Brasil deriva daquele utilizado em Portugal, de fundo chato, ao contrário do italiano, tradicional, de fundo abaulado [var.: bandorrilha].

bandoneon (it. ing. al.; esp. *bandonéon*; fr. *bandonéon*; it. *bandonion*; al. *Bandonium*, *Bandürichen*) Espécie de CONCERTINA executada por meio de botões que foi inventada por Krefeld nos anos 1940. De difícil execução, tornou-se o instrumento do TANGO por excelência na Argentina, onde foi nacionalmente adotado. Astor Piazzolla foi imortalizado com seu virtuoso *bandonéon*, que aprendeu a tocar enquanto ouvia diariamente o vizinho estudar piano. Outros expoentes foram Miguel Caló, Orlando Goñi, Anibal Troilo, Julio de Caro e Francisco Lauro, além do mais importante, De Filipo, que seria o modelo da inspiração de Piazzolla [var.: bandônio, bandônion].

bandônio Ver BANDONEON.

bandonion (it.) BANDONEON.

Bandonium (al.) BANDONEON.

bandora Ver PANDORA.

bandorrilha BANDOLIM.

bandoura (fr.) BANDURRA.

band pass filter (ing.) Em MÚSICA ELETRÔNICA, filtro que elimina freqüências não selecionadas previamente.

Bandürichen (al.) BANDOLIM.

bandura (it., al.) BANDURRA.

banduria (ing.) BANDURRA.

bandurra (it., al. *bandura*; fr. *bandoura*; ing. *banduria*) Espécie de VIOLA PORTUGUESA de três a seis ORDENS duplas de cordas afinadas de forma semelhante ao violão e tocadas com uma PALHETA (acp. 2). Originou-se na Espanha e Portugal, de onde foi levada para alguns países da América Latina. Existem bandurras regionais como a bandurra beiroa, da região de Castelo Branco, a campaniça, preferida nas cercanias de Beja, a braguesa e a amarantina, das regiões de Braga e Amarante [var.: bandurria, mandurria].

bandurra beiroa Ver BANDURRA.

bandurra campaniça Ver BANDURRA.

bandurria BANDURRA.

bandurrilha Outra designação popular brasileira para BANDOLIM.

bandstand (ing.) CORETO.

bang (ing.) Na gíria norte-americana, ROQUEIRO, em alusão ao uso de *headbangers* (fita ou lenço na cabeça).

bangio (it.) BANJO.

bangulê Dança e música de negros de versos jocosos e sarcásticos de origem africana, era acompanhada por palmas, sapateado, ATABAQUES e CUÍCAS.

banj Abreviatura de BANJO.

banjer (fr.) BANJO.

banjo (ing. pt.; it. *bangio*; fr. *banjer*) Instrumento que deve sua origem aos árabes, que o introduziram entre os povos da África Ocidental por volta do século XVII. Os africanos, escravizados, levaram o banjo para a América. A partir do final do século XVIII, tornou-se extremamente popular nos EUA, e passou a integrar desde conjuntos de COUNTRY MUSIC aos precursores do *jazz*. A CAIXA DE RESSONÂNCIA do instrumento tem o formato de um tambor circular de FUSTE raso, coberto por uma membrana de pergaminho. Existem dois modelos, o de cinco cordas, que é o mais comum (afinação sol-ré-sol-si-ré, sendo que a mais grave possui a metade do comprimento das demais e é executada com o polegar), e o banjo tenor, que possui quatro cordas e afinação dó-sol-ré-lá.

banjo harp (ing.) ZITHER.

banjolin (fr.) BANDOLIM.

bank (ing. lit.: banco) Quantidade de informação que pode ser armazenada na memória RAM de um computador ou dispositivo de música eletrônica.

Bankelsang (al.) Gênero de canção popular acompanhada por um REALEJO.

bansá BANZA (acp. 2) [var.: banzá].

bansuri Pequena flauta de bambu da MÚSICA INDIANA.

bant Ver KAIDA.

banti Ver KAIDA [var.: bant].

banza Instrumento africano rudimentar de cordas dedilhadas e CAIXA DE RESSONÂNCIA coberta com pele animal. O nome teria vindo de *mbanza*, instrumento que teria dado origem ao banjo [var.: bansá, banzá].

banzé Como o nome parece sugerir, dança espontânea e desorganizada de origem africana, encontrada no Centro e Sudeste do Brasil [var.: banzé-de-cuia].

banzé-de-cuia BANZÉ.

bapo No Brasil, MARACA (acp. 1).

baque 1. Som da batida do bombo do MARACATU. **2.** MARACATU.

baque virado [var.: maracatu rural]. Ver MARACATU.

baqueta 1. (it. *bacchetta*; fr. *baguette*; ing. *drum stick* ou *mallet*; al. *Schlegel*) Bastão de madeira utilizado para tocar os mais diversos instrumentos de percussão. A ponta da baqueta de TÍMPANOS, GONGOS e instrumentos de teclados como a MARIMBA e o XILOFONE costuma ser coberta com feltro, enquanto a dos demais tambores pode ser de madeira ou metal. As BAQUETAS modernas podem ainda possuir ponta de náilon, plástico ou feixe de fios de aço, como a ESCOVA. Ver também BACALHAU, BIRRO, ESCOVA, MAÇANETA, MACETA, MALHO, MALLET, MASSA, RESPOSTA (acp. 1), RUDIMENTOS, RUFO, VAQUETA, VARETA E VASSOURINHA. **2.** (do it. *bacchetta*; fr. *baguette*; ing. *stick*) Vareta de madeira com que é confeccionado o arco dos instrumentos de cordas.

baque virado Ver MARACATU RURAL.

bar (ing. lit.: barra) Ver COMPASSO.

bar line (ing.) BARRA DE COMPASSO.

barbershop quartet Ver QUARTETO DE BARBEARIA.

barbiton (fr.; esp. *barbitos*) LIRA (acp. 1).

barca FANDANGO (acp. 3) da Paraíba.

barca Tipo de CHEGANÇA paraibana.

barcarola (it.; fr., ing., *barcarolle*; al. *Barkarolle*) Gênero evocativo das melodias em COMPASSO COMPOSTO entoadas pelos gondoleiros de Veneza, como sugere o nome.

barcarolle (it., fr., al.) BARCAROLA.

Barkarolle (al.) BARCAROLA.

bard (ing.) BARDO.

Barde (al.) BARDO.

bardo (ing. *bard*; al. fr. *Barde*) Artista de origem celta que cantava e declamava poesias. Na Europa, no início da Idade Média, eram artistas ambulantes, às vezes chamados MEMESTRÉIS.

bariolage (fr.; al. *Abwechslung*) Entre os instrumentos de cordas, execução de uma mesma nota em mais de uma corda de forma alternada, sendo geralmente uma delas solta, criando o efeito de mistura de timbres. Termo emprestado da pintura, sugere mistura de cores.

barítono (gr. *Barútonos*, lit.: de voz grave, de som profundo) **1.** Voz intermediária entre os REGISTROS (acp. 1) masculinos grave e agudo (baixo e tenor, na classificação geral). Passou a assumir papéis de importância, principalmente nas óperas de Mozart, ressurgindo com vigor nos trabalhos de Verdi, Bizet, Wagner e outros. O termo serve também para designar qualquer instrumento musical de registro semelhante, obedecendo à classificação das vozes de cada família: sax barítono, VIOLA (acp. 2), barítono. Na ópera, partes de barítono exigem canto lírico, expressivo ou heróico, como no papel-título do *Rigoletto* de Verdi. Um dos maiores barítonos foi Tita Ruffo, cuja companhia fez o programa de inauguração do Teatro Municipal de São Paulo, em 1911. **2.** Instrumento da família dos METAIS, também chamado *saxhorn tenor* e *baritonhorn*. É dotado de VÁLVULAS e muito empregado em bandas militares e FANFARRAS. Ver também EUFÔNIO.

barítono baixo Voz masculina de REGISTRO ligeiramente mais agudo do que o BAIXO (acp. 1) convencional, como o Wotan do *Anel dos Nibelungos* de Wagner.

barítono francês BARÍTONO LIGEIRO.

barítono ligeiro Voz BARÍTONO que também é conhecida como barítono Martin, referência ao cantor francês de mesmo nome. O REGISTRO (acp. 1) é agudo, quase chegando ao do tenor. Surge em papéis como Pélleas, da ópera *Pélleas et Mélisande*, de Debussy.

barítono Martin BARÍTONO LIGEIRO.

barítono verdiano Voz de BARÍTONO como a de Rigoletto, da ópera homônima de Verdi.

barn dance (ing. lit.: dança de celeiro) Dança típica em COMPASSO QUATERNÁRIO do interior norte-americano. Originária do SCHOTTISCHE, foi introduzida pelos ingleses nos Estados Unidos no final do século XIX.

barra de compasso (it. *stanghetta*; fr. *barre de mesure*; ing. *bar line*; al. *Takstrich*). Linha divisória que delimita COMPASSOS.

barra harmônica (it *catena*; fr. *barre*; ing. *bass bar*; al. *Bassbalken*) Peça longilínea, na maioria das vezes confeccionada com a mesma madeira do tampo do violino (e algumas vezes escavada nele), da viola, do violoncelo e do contrabaixo. É colada internamente do lado esquerdo, no tampo e ao longo dele, alcançando quase o comprimento da caixa do instrumento. Serve tanto para sustentar a pressão do pé esquerdo do CAVALETE sobre o tampo quanto para conduzir a vibração das cordas, especialmente os sons mais graves [var.: barra].

barravento Ritmo da CAPOEIRA que alude a um estado de transe espiritual.

barre (fr.) Ver BARRA HARMÔNICA e PESTANA.

barre de mesure (fr.) BARRA DE COMPASSO.
barrel organ (ing. lit.: órgão de barril) Ver ORGUE DE BARBERIE. Ver também REALEJO.
barriga Na linguagem popular, certo tipo de inchamento, geralmente involuntário, na execução de um som. Ver SON ENFLÉ.
barrilete Ver CLARINETA.
Barroco Período da música européia situado aproximadamente entre o início do século XVII e meados do século XVIII. É caracterizado pelo emprego do BAIXO CONTÍNUO, pelo surgimento TONALIDADES maiores e menores e pelos contrastes: claro-escuro, forte-piano e suas variações, além dos contrastes timbrísticos, de ornamentações, registrações e movimentos. O período foi extremamente fértil para a música por ter marcado o surgimento da ópera, com Monteverdi, e pela volumosíssima obra de compositores como Schütz, Scarlatti, Bach, Vivaldi, Rameau, Telemann, Händel e muitos outros, que se consagraram com diversos gêneros característicos da época, como a CANTATA, o CONCERTO GROSSO, o ORATÓRIO, as PAIXÕES e as SUÍTES.
baryton Instrumento semelhante à VIOLA DA GAMBA, aparentado do *violoncello all'inglese*, existiu de meados do século XVII ao início do século XIX. Na maioria das vezes, possuía seis ou sete cordas executadas com um arco e outras (doze a vinte), no interior do braço do instrumento, que eram dedilhadas simultaneamente pelo polegar ou vibravam por SIMPATIA. O instrumento adquiriu importância principalmente devido aos mais de 150 trios para viola, violoncelo e *baryton* que Haydn escreveu para o príncipe Esterhàzy, um entusiasta do instrumento, que costumava executá-lo com o próprio Haydn e o violoncelista Anton Kraft [var.: *viola di bordone*, *viola paradone*].
barzeletta (it.) Forma simples de FRÓTULA.
bas-dessus 1. Segunda voz, logo abaixo da primeira (chamada *haut-dessus*). **2.** CONTRALTO, MEZZO-SOPRANO.
bas de violon (fr.) VIOLONCELO.
base Na música popular, sustentação, acompanhamento.
basel drum (ing.) Tambor militar.
bas-fond (fr.) Expressão que designa os redutos da cidade onde se reúnem boêmios, músicos de cabarés e casas de *shows* de *striptease* e das zonas de meretrício.
basler Trommel (al.) Tambor militar.
bass (ing.) BAIXO. Ver também CONTRABAIXO.
bassa (it. lit.: baixa) Trecho ou peça a ser executada uma oitava abaixo da notação da partitura.
bassadanza (it.) Ver BASSE-DANSE.
bassanello (it.) Espécie de SHAWM de sonoridade mais aveludada, tinha o tubo ligeiramente cônico, e era soprado através de um tudel. Foi criado em meados do século XVI e, segundo Pretorius, teve o nome cunhado em homenagem ao compositor Giovanni Bassano, no início do século XVII.
bassaune (fr.) TROMBONE.
Bassbalken (al.) BARRA HARMÔNICA.
bass bar BARRA HARMÔNICA.
Bassblockflöte (al.) Flauta doce baixo.
bass clarinet CLARONE.
bass clef (ing.) CLAVE DE FÁ.
basse à clefs (fr.) OFICLEIDE.
basse acoustique (fr.) BAIXO ACÚSTICO.
basso acustico (it.) BAIXO ACÚSTICO.
basse à pistons (fr.) EUFÔNIO.
basse chiffrée (fr.) BAIXO CIFRADO.
Basscister (al.) ARQUICISTRE.
basso cifrato (it.) BAIXO CIFRADO.
bass citern (ing.) ARQUICISTRE.
bass clef (ing. lit.: clave de baixo) CLAVE DE FÁ.
basse continue (fr.) BAIXO CONTÍNUO.
basse-contre de viole (fr.; it. *sottobasso*, *viola di contrabasso*, *violone*; ing. *bass viol*) Instrumento de som mais grave da família das VIOLAS DA GAMBA. Em meados do século XVI, deu origem ao contrabaixo moderno.
basse-cor (fr.) SERPENTÃO.
basse-danse (fr.; it. *bassadanza*) Divertida dança palaciana dos séculos XV e XVI cuja música era improvisada sobre estruturas preestabelecidas.
basse d'Alberti (fr.) BAIXO DE ALBERTI.
basse d'archet (fr. lit.: baixo de arco) Qualquer instrumento de cordas e arco de REGISTRO (acp. 1) grave do período barroco, como as VIOLAS DA GAMBA e o VIOLONE.
basse de flandres (fr.) BUMBASS.
basse des italiens (fr.) No período barroco, outra designação para contrabaixo.
basse d'harmonie (fr.) OFICLEIDE.

basse gigantesque (fr.) OCTOBASSE.
basseguerrière (fr.) BASSE-TUBE.
basse-guerrière (fr.) CLARONE.
basse impériale (fr. lit.: baixo imperial) EUFÔNIO.
basse-quinte (fr.) FAGOTTINO.
basse-orgue (fr.) BASSE-TUBE.
basset (fr., ing. lit.: diminutivo de *bass*; it. *basseto, basso da camera*; al. *Basset, Bassettl, Bierbass*) De forma genérica, voz ou instrumento grave cujo REGISTRO (acp. 1) se aproxima do da voz de tenor. Também surge designando instrumentos de registro barítono, tenor ou alto.
basset horn (it. *corno di basseto*; al. *Basset Horn*; fr. *cor de basset*) Instrumento de madeira de PALHETA SIMPLES e REGISTRO (acp. 1) grave da família das CLARINETAS, tem a extremidade do tubo geralmente curvada. Foi criado por Anton e Michel Mayrhofer em 1770, e utilizado durante certo período no Classicismo. Por algum tempo atraiu a atenção de Mozart, que escreveu para o *basset horn* passagens de importância em conjuntos e na orquestra (*A flauta mágica* e *O rapto do serralho*, por exemplo), Mendellsohn e até Richard Strauss (*Electra*) [var.: *bassethorn*].
basset nicolo Espécie de SHAWM de PALHETA DUPLA encapsulada descrito por Praetorius, possuía chaves de extensão que possibilitavam alcançar os orifícios mais distantes.
basset oboe (ing.) Ver BASSETOBOE.
Bassetoboe (al.; it. *basso di musetta*; fr. *Hautbois baryton*; ing. *basset oboe*) Baixo de OBOÉ.
basse-trompette (fr.) SERPENTÃO.
basse-tube (fr.; it. *glicibarigono*; fr. *basseguerrière*; al. *Klarinettenbass*) Instrumento baixo de PALHETA simples da família das CLARINETAS, foi criado em Paris em 1772, por Gilles Lot. Deu origem ao clarinete baixo, ou CLARONE [var.: *basse-orgue*].
Basseuphonium (al.) SERPENTÃO.
bass fiddle (ing.) CONTRABAIXO.
Bassflügelhorn (al.) EUFÔNIO.
Bass-Geige (al.) VIOLONCELO.
bass guitar (ing. lit. guitarra baixo) Ver BAIXO ELÉTRICO.
bassi (it.) (do it. *contrabassi*) CONTRABAIXOS.
bassi albetini (it.) BAIXO DE ALBERTI.
bassine à confiture (fr. lit.: bacia de fazer doces) TÍMPANOS.
Bassist (al.) Cantor de REGISTRO (acp. 1) BAIXO (acp. 1).
Bassklarinette (al.) CLARONE.
bass line (ing.) Linha de baixo.
basso (it.) BAIXO.
basso buffo (it.) Voz de BAIXO (acp. 1) que geralmente assume papéis cômicos, como em certas óperas de Mozart e Rossini (Dr. Bartolo, do *Barbeiro de Sevilha*).
basso cantante (it.) BAIXO (acp. 1) de TESSITURA intermediária entre o BARÍTONO e o BASSO PROFONDO.
basso continuo. (it.) BAIXO CONTÍNUO.
basso da câmera (it.) BASSET.
basso d'armonia (it.) OFICLEIDE.
basso di Flandra (it.) BUMBASS.
basso di musetta (it.) Ver BASSETTOBOE.
basso figurato (it.) BAIXO CONTÍNUO.
basso obbligato (it.) Ver OBLIGATO.
Bassflügelhorn (al.) FLISCORNE baixo.
basso fondamentale (it.) BAIXO CONTÍNUO.
basso generale (it.) BAIXO CONTÍNUO.
basson (fr.; it. *bassone*) Instrumento francês de PALHETA DUPLA que, no início do século XVII, sofreu modificações, dando origem ao chamado FAGOTE francês. Na orquestra, o nome *basson* ainda é utilizado com referência ao fagote.
basson d'amour (fr.) Instrumento da família dos FAGOTES, possuía uma espécie de CAMPANA (acp. 1) em forma de pêra.
bassono grosso (it.) Precursor do CONTRAFAGOTE, é o instrumento de voz mais grave da família do FAGOTE, e já era solicitado por Praetorius no princípio do século XVII. Foi utilizado por Bach na *Paixão segundo São João*.
basson russe (fr.) Ver SERPENTÃO.
basson serpent (fr.) SERPENTÃO.
bassoon (ing.) FAGOTE.
basso ostinato (it.) Linha de baixo que é repetida obstinadamente por toda a peça ou MOVIMENTO.
basso profondo (it.) BAIXO PROFUNDO.
bass pan (ing.) TAMBURO DI FERRO.
bass trunk (ing.) Grande caixa de madeira, alumínio ou fibra de vidro para transporte de um contrabaixo em viagens.
Bass-Schlüssel (al.) CLAVE DE FÁ.
basstromba BOMBARDÃO.
bassus (lat.) BAIXO.

bassus continuus (lat.) BAIXO CONTÍNUO.

Basszink (al.) CORNETA baixo.

bastani Na MÚSICA INDIANA, alça que no passado permitia ao músico executar a tabla a tiracolo, enquanto caminhava.

bastão-de-moçambique Instrumento de percussão originário da África, comum nas CONGADAS brasileiras. Consiste em dois longos bastões de madeira que são percutidos um contra o outro.

bastão de ritmo **1.** Instrumento de percussão feito de uma peça roliça de madeira oca, é conhecido em países da América Latina e América Central. Costuma ser percutido com uma BAQUETA, contra outro bastão ou jogado contra o chão. Em seu *Choros nº 6*, Villa-Lobos utiliza o bastão de ritmo, identificando o instrumento na partitura como tambu-tambi. **2.** Instrumento de percussão dos índios tucanos brasileiros, consiste em um tubo de madeira de aproximadamente um metro de comprimento cuja extremidade inferior é batida contra o chão. No Alto Xingu, o bastão de ritmo integra o conjunto instrumental fúnebre do Quarup.

bastidor **1.** No teatro de ópera, parte do cenário geralmente feita de uma armação de tecido e madeira e disposta em painéis nas laterais do palco. **2.** Espaço entre cada BASTIDOR (acp. 1). **3.** Travessa de madeira do mecanismo do teclado do CRAVO.

bastidores Espaços que contornam o palco, fora do alcance dos espectadores; COXIAS.

batá Pequeno ATABAQUE de origem ioruba [var.: emele abo].

batá-cotô Grande ATABAQUE de origem ioruba [var.: batacoto].

batata-doce Ver OCARINA.

bate-baú Forma primitiva de samba baiano, originária de danças africanas.

bate-caixa Variante do JONGO paulista, é uma dança da festividade do Divino em que os participantes formam um círculo ao redor dos músicos, que têm na zabumba seu instrumento principal de marcação.

bate-chinela Ver ARRASTA-PÉ.

bate-coxa Dança alagoana masculina em que os dançarinos se chocam violentamente uns contra os outros na região da virilha. Nas apresentações, freqüentemente amarram o saco escrotal para trás com um cordão, para protegê-lo.

batedor MACETA com que se percute a campana de um sino.

batedores Instrumentos de percussão que produzem sons quando jogados ou batidos uns contra os outros, tais como tábuas, latas, bastões ou ossos.

bate-estaca Forma pejorativa de referência a qualquer ritmo como o DISCO MUSIC e a DANCE MUSIC, por exemplo, marcados por fortes e repetidamente idênticas batidas de percussão convencional ou eletrônica.

bate-pau **1.** Dança matogrossense aparentada do MACULELÊ baiano, costuma ser animada por VIOLEIROS e acompanhada pelo público. Os participantes percutem bastões de madeira entre si. **2.** Variante do MOÇAMBIQUE encontrada na região central do Brasil.

bate-pé **1.** Dança de sapateado em COMPASSO BINÁRIO do interior paulista. **2.** Em algumas regiões, sapateado de danças como a CATIRA.

bateria (it. *batteria*; fr. *batterie*; ing. *drum set*; al. *Schlagzeug*) **1.** Instrumento de percussão formado por diversas peças (CONTRATEMPOS, pratos, ROTO-TOMS, CAIXA) que, suspensas por suportes de metal, apoiadas no chão (SURDOS) ou afixadas como os TOM-TONS no corpo do BUMBO (por sua vez tocado por meio de um pedal), são executadas por um único instrumentista. Componente fundamental da COZINHA das *jazz-bands*, dos grupos de *rock*, *jazz*, MPB e conjuntos de dança. **2.** Seção rítmica de uma ESCOLA DE SAMBA, formada por instrumentos de percussão: bumbos, SURDOS DE MARCAÇÃO e SURDOS DE REPICAR, CAIXAS DE GUERRA, taróis (ver TAROL), frigideiras, chocalhos, REPIQUES, AGOGÔS, TAMBORINS, RECO-RECOS etc.

bateria eletrônica Equipamento eletrônico composto de várias placas que, percutidas, reproduzem sinais digitais pré-programados de diversos instrumentos de percussão e criam sons por combinação de controles.

bateria surda Construção de metal ou madeira, com placas revestidas de borracha ou acolchoadas dispostas como os tambores de uma BATERIA (acp. 1), serve para simular o instrumento real para fins de estudo doméstico.

bathyphone (ing.) CLARINETA CONTRABAIXO [var.: ing. *batyphone*].

batida 1. Unidade de tempo; PULSAÇÃO. **2.** Marcação dos tempos do COMPASSO pelo regente. **3.** Estilo próprio de executar um instrumento ou gênero popular, no Brasil, especialmente no aspecto rítmico. Diz-se: a batida do violão de João Gilberto, a batida do CONTRATEMPO (acp. 2) da bateria, a batida da BOSSA-NOVA.
batimento (ing. *beat*; it. *battimento*; fr. *battement*; al. *Schwebung*) Choque de freqüências entre sons muito próximos, mas não idênticos, que proporcionam a sensação de PULSAÇÃO, por oscilarem de forma constante. A freqüência dessa pulsação determina a relação do intervalo executado: nos intervalos como uníssono, oitava e quinta perfeita (dó e dó, dó e dó^1 e dó e sol^1, por exemplo) não existem batimentos audíveis. Mas no piano, a quinta justa deixa de ser pura e, para fins de temperamento, apresenta um batimento de aproximadamente uma pulsação (0,98) por segundo. Um piano desafinado apresenta batimentos confusos entre as cordas de uma mesma nota.
bâton (fr. lit.: bastão) BATUTA de maestro.
batt. (it. *batteria*) Abreviatura de BATERIA.
battaglia (it. lit.: batalha) Certo tipo de composição cujos efeitos sonoros evocam ou tentam imitar os ruídos e estampidos de um confronto militar. Beethoven escreveu a *Sinfonia da batalha*, op. 91 (*A vitória de Wellington*).
battaglio (it.) BADALO.
battant (fr.) BADALO.
battement (fr.) Ver MORDENTE. Ver também BATIMENTO.
batteria (it.; fr. *batterie*; ing. *battery*) PERCUSSÃO ELETRÔNICA.
battimento (it.) BATIMENTO.
battuta (it.) COMPASSO.
battuta composta (it.) COMPASSO COMPOSTO.
battuto col legno (it.) COL LEGNO.
battuto col'arco (it.) Entre os instrumentos de cordas da orquestra, indica execução com a CRINA do arco, porém deixando a madeira da vareta percutir na corda. Difere de COL LEGNO, que é executado apenas com a vareta, sem contato da crina.
batucada Termo que teve origem no batuque angolês, refere-se genericamente a qualquer ritmo improvisado em diversos instrumentos de percussão, seja no samba, CAMDOMBLÉ, PAGODE ou em outras manifestações populares.
batucada de compadre Entre os sambistas, roda informal de PARTIDO-ALTO realizada entre amigos.
batucajé Dança do CAMDOMBLÉ.
batuque Manifestação popular de origem africana (Congo e Angola) trazida para o Brasil pelos escravos no século XVIII, mistura dançarinos, percussionistas e espectadores. Conservou a forma de lamentação e seus ritmos arrastados: "batuque na cozinha, sinhá num qué, por causa do batuque eu queimei meu pé...". Atualmente, designa genericamente diversas formas de música apoiadas basicamente no instrumental de percussão.
batuque-boi Espécie de CAPOEIRA baiana trazida pelos escravos bantos levados para a Bahia, costuma ser acompanhada pelos mesmos instrumentos usados na capoeira convencional: BERIMBAU, GANZÁ e ATABAQUES.
batuque-de-santa-bárbara Ritmo de origem africana camuflado com elementos católicos. Ver também BABAÇUÊ.
batuqueiro Quem faz batucada, em ESCOLA DE SAMBA ou grupo de MARACATU.
batuta (it. *battuta*; fr.: *bacchette*, *baguette*; ing. *baton*, *stick*; al. *Takstock*) Vareta utilizada pelo regente de uma orquestra ou banda para marcar o ritmo e dar as entradas. No início do período medieval, utilizava-se um rolo de partitura, o arco do primeiro violinista e até mesmo uma bengala, um cajado (Lully) ou um bastão (Weber). O uso da batuta consolidou-se no início do século XIX, chegando à vareta atual, de madeira ou fibra de vidro.
baud rate (ing.) Na MÚSICA ELETRÔNICA, velocidade com que a informação é transmitida por uma interface.
Bauertanz (al.) Dança campestre alemã.
bawoo Instrumento de sopro chinês, consiste em um tubo de bambu com um corte retangular aberto próximo à extremidade inferior, onde se afixa uma PALHETA.
bayan 1. Na MÚSICA INDIANA, grande tambor de metal que é colocado à esquerda do executante. Ver também TABLA **2.** Tipo de ACORDEÃO cromático com teclado de botões encontrado na Rússia e Bielorússia.

bazuca (ing. *bazooka*) Sistema de ALTO-FALANTES que consiste em um par de WOOFERS colocados nas extremidades de um grande cilindro metálico, que funciona como caixa acústica. É encontrado em certos sistemas de amplificação sofisticados de automóveis modernos.
b-boy *Break boy*, o que dança BREAK. Ver também HIP-HOP.
b-boying Relativo a *b-boy*, BREAK DANCING. Ver também HIP-HOP.
bc Abreviatura de BAIXO CONTÍNUO.
Bearbeiten (al.) ARRANJAR.
Bearbeitung (al.) ARRANJAR.
beat (ing. lit.: batida) 1. GOLPE. 2. BATIMENTO.
beat box Música de dança baseada na percussão de bateria eletrônica sintetizada.
beats per minute (ing.) Ver BPM.
bebop (ing.) Estilo jazzístico surgido nos EUA dos anos 1940 cuja maior estrela foi o saxofonista Charlie Parker, caracterizava-se por melodias rápidas e complexas, frases geralmente curtas, estruturas harmônicas sofisticadas e improvisos de contornos virtuosísticos. Surgiu em Nova York, espalhando-se rapidamente pela costa leste norte-americana graças a nomes como Parker e Dizzy Gillespie. O trompetista Miles Davis e o pianista Thelonious Monk, com o baterista Max Roach e o trompetista Clifford Brown, enfatizaram nos ritmos marcados a influência africana, à frente do chamado *hard bop*. O *bebop* disseminou-se de tal forma na cena musical de vários países que o compositor baiano Jackson do Pandeiro chegou a satirizar a influência do gênero sobre a música brasileira: "só ponho *bebop* no meu samba quando o Tio Sam pegar no tamborim..." [var.: *be-bop*, *bop*].
Bebung (al.) Efeito obtido com a vibração do dedos sobre a tecla ainda pressionada, após tocada a nota, em instrumentos como o piano.
bec (fr. lit.: bico) BOQUILHA.
becco (it.) BOQUILHA.
bocchino (it.) BOQUILHA.
becarre (fr.) BEQUADRO.
Becken (al.) Pratos a dois [var.: al. *Beckenpaar*].
Becken auf gehänte (al.) Pratos suspensos.
Becken auf ständer (al.) Pratos suspensos [var.: al. *Becken auf gehängte*].
Becken mit Schellen (al.) PRATO CHUVEIRO.
bedon (fr.) **1.** Designação antiga para diversos tambores. **2.** TÍMPANOS.
bedon de biscaye (fr.; it. *tamburello*) Pandeiro.
begleiten (al.) Acompanhar.
Begleiter (al.) Ver PIANISTA ACOMPANHADOR.
Begleitung (al.) ACOMPANHAMENTO.
beguine Música e dança da Martinica em COMPASSO QUATERNÁRIO em cuja coreografia os dançarinos mantêm a parte superior do tronco estático enquanto fazem movimentos bruscos com os quadris e pernas.
behind the bridge (ing.) Ver BACK OF THE BRIDGE.
behind the scene (ing.) Ver OFF-STAGE.
behind the stage (ing.) Ver OFF-STAGE.
Beiaard (al.) Espécie de GLOCKENSPIEL.
beija-flor Ver RANCHO.
beiroa Ver BANDURRA.
Bel Unidade básica de medida sonora abreviada por [B]. Cada Bel subdivide-se em dez decibéis [dB].
bel canto (it. *belo canto*) Termo que se acredita ter sido criado por Giulio Cassini em 1610, refere-se a um estilo de canto de floreado e fraseado elegantes. Sobrepondo-se à dramaticidade, esteve em voga na Itália dos séculos XVII a XIX. Alguns dos grandes compositores que adotaram o gênero foram Piccini e Alessandro Scarlatti, além do mais recente Bellini. Conquistou instrumentistas e compositores como Chopin, pois, segundo Mário de Andrade, serão os instrumentos que, grandemente influenciados pelo *bel canto*, cairão no exaspero da virtuosidade, em referência explícita ao compositor polonês, Paganini e Liszt [var.: belcanto].
bell (ing.) **1.** Sino. **2.** CAMPANA (acp. 1).
bell harp (ing.) HARPA DE SINOS.
bellicoso (it.) Belicoso, marcial.
bellows (ing.) Fole (acp. 1), FOLARIA.
bell ring (ing.) Ver RINGER.
bells up (ing. lit.: campanas para cima; it. *campana in alto*, *campana in aria*, *paviglione in alto*; fr. *pavillons en l'air*; al. *auf Schalltriether*) Indicação para as trompas, na orquestra (e eventualmente trompetes e trombones), levantarem suas CAMPANAS (acp. 1), quando se requer maior volume, brilho e precisão de ataque.
belly (ing. lit.: barriga) TAMPO HARMÔNICO de instrumentos de cordas como o violino.

below the bridge (ing.) Ver BACK OF THE BRIDGE.
beluruski tanietz Música e dança da Bielorússia caracterizadas pela exaltação à alegria do povo eslavo.
bemol (it. *bemolle*; fr. *bémol*; ing. *flat*; al. *B*, *Erniedrigungszeichen*) **1.** Sinal característico [*b*] da notação musical que indica que a nota deve ser tocada um SEMITOM abaixo (ex.: a nota si, semitom abaixo, resultando si bemol). Dois bemóis ou dobrado bemol [*bb*] indicam que a nota deve ser tocada dois semitons abaixo (ex.: nota si, abaixada dois semitons, resultando si dobrado bemol). **2.** TONALIDADE de uma peça, como em Concerto em ré bemol maior para piano e orquestra, *Sinfonia nº 9* em ré menor, de Beethoven.
bemolizar Ver ABEMOLAR.
bemollizare (it.) ABEMOLAR.
bemolle (it.) BEMOL.
bem temperado Diz-se do instrumento afinado em TEMPERAMENTO igual.
bend (ing. lit.: dobrar) Efeito jazzístico que sugere "curvar" a afinação.
bendenguê Variante do JONGO do estado do Rio de Janeiro.
bender Aparelho eletrônico que, acoplado ao cabo de sinal de instrumentos como a guitarra elétrica, produz efeitos de "curvatura" (*bend*) na afinação. Ver também BEND.
bendito 1. Cântico religioso usado principalmente em cerimônias funerais, baseia-se na liturgia católica e é impregnado de influências dos costumes africanos da Bahia. **2.** Canto RESPONSÓRIO do ritual litúrgico, consiste em uma LADAINHA entoada entre solista e coro.
Benedicite Canto RESPONSÓRIO do ritual anglicano característico da Quaresma, baseia-se na Apocrifa de Daniel.
Benedictus (lat. lit.: bendito) No rito romano, parte do Sanctus entre os dois Hosana, consistindo na frase "Benedictus qui venit in nomine Domini".
Beneventino Canto MONOFÔNICO de poucas notas surgido na Itália do século X e que antecedeu o CANTO GREGORIANO.
bentside spinet (ing.) Espécie de ESPINETA cuja cauda se inclina para o lado direito, com as cordas dispostas diagonalmente ao teclado.
benzedor Na gíria dos músicos, REGENTE.
benzer Na gíria dos músicos, reger.
Benzifass (al.) STEEL DRUMS.
benzinho Dança ligada ao FANDANGO (acp. 3) da região Sul do Brasil.
bequadro (al. *Auflösungszeichen*; fr. *bécarre*, *quadrat, naturel*; ing. *natural*) Sinal que colocado antes da nota na partitura indica um som natural, serve também para cancelar um acidente.
berceuse (fr.; ing. *lullaby*; ing. *cradle song*; it. *ninna-nanna*; al. *Wiegenlied*) Canção de ninar. Na música para piano, costuma designar peças simples e suaves com características de ACALANTO. Chopin compôs uma famosa *berceuse*, a *Op. 57, em Ré bemol maior*.
bergamasca (it.) Ver BERGAMASQUE.
Bergamaskertanz (al.) BERGAMASQUE.
bergamasque (fr.; it.: *bergamasca*; ing. *bergomask*; al. *Bergamaskertanz*) Palavra surgida em meados do século XVI para designar uma dança originária de Bergamo, na Itália. As seqüências harmônicas simples e padronizadas da música serviam com facilidade para sustentar improvisações.
bergerette (fr. lit.: pequena pastora) Dança francesa movimentada do século XIV, semelhante aos ritmos campestres italianos. Ressurge na música instrumental de diversos compositores no século XVIII [var.: *bergerie*].
bergerie (fr.) BERGERETTE.
berimbau (al. *Musikbogen*; fr. *arc sonore*, *arc musical*; it. *arco sonoro*, *arco musicale*; ing. *musical bow*) Instrumento trazido da África para o Brasil pelos escravos, consiste em um arco de madeira (verga) com uma CABAÇA na extremidade inferior e uma única corda de arame, que é percutida com uma vareta (vaqueta) pela mão direita, cujos movimentos também sacodem um CAXIXI, suspenso pelos dedos mínimo e anelar do executante por uma alça. A mão esquerda pressiona e relaxa a abertura da cabaça (que serve de caixa de ressonância) contra o abdome do executante ao mesmo tempo em que segura uma moeda chamada DOBRÃO, que ao tocar a corda interfere na vibração, pontuando o ritmo com timbres diferentes. O berimbau sinfônico, quando requisitado pela partitura, utiliza uma corda de piano. O berimbau de lata, instrumento comum na Bahia, emprega um galão de lata como caixa de ressonância e

tem som peculiar [var.: arcicongo, aricongo, berimbau-de-barriga, bucumbumba, caramba, gobo, guimbarda, gunga, macungo, marimbau, matunga, mutungo, oricungo, orucungo, ricungo, rucungo, umcunga, urucunga e uma infinidade de outros nomes].

berimbau-de-boca Pequeno artefato de PALHETA vibratória pinçada com o dedo, é colocado entre os dentes do executante, utilizando a boca como caixa de ressonância, movimentando os lábios para modificar o timbre. O berimbau-de-boca conhecido no Brasil e na África é feito de latão, cobre ou ferro, enquanto os mais antigos, encontrados na Ásia, eram feitos de bambu ou osso [var.: guimbarda]. Ver também JEW'S HARP.

berimbau de lata Ver BERIMBAU.

berimbau sinfônico Instrumento de percussão utilizado modernamente em orquestras sinfônicas, é na verdade um BERIMBAU mais sofisticado que emprega uma corda de piano.

berra-boi Instrumento de percussão que consiste em um objeto como um pedaço de madeira atado à ponta de um fio. Quando girado no ar, produz uma espécie de zumbido.

berrante (it. *corno di toro*; fr. *cor de vache*; ing. *cow horn*; al. *Stierhorn*; port. *corno de vaca*) Instrumento feito de chifre animal, semelhante a uma corneta, era empregado na Roma antiga e soprado pelo executante como em um instrumento de METAL (acp. 2) através de uma abertura cortada na ponta mais estreita. Atualmente o berrante pode ser metálico, e quando utilizado na orquestra é freqüentemente acionado por PALHETA DUPLA interna movida por meio de uma bomba de borracha pressionada pelo instrumentista. Imita o mugir do gado para atraí-lo e conduzi-lo. Wagner reserva ao instrumento algumas intervenções no *Anel dos Nibelungos*, quando é executado fora de cena, atrás do palco, simbolizando o toque de convocação dos soldados [var.: chifre, corno, buzina].

beuschleunigend (al.) ACCELERANDO.

beschleunigt (al.) ALLA STRETTA.

Besetzung (al.) ORQUESTRAÇÃO.

Betont (al.) Acentuação. Ver também ACENTO.

Betonung (al.) ACENTO.

bewegt (al.) Agitado, com movimento.

Bewegung (al.) MOVIMENTO.

Bezaichnung (al.) SEGNO.

Bezieferung (al.) CIFRAGEM.

bezifferter Bass (al.) BAIXO CONTÍNUO.

Bezug (al.) CORDOAMENTO.

bécarre (fr.) Bequadro, NATURAL (acp. 2).

B flat (ing.) Si bemol.

bhajan Na MÚSICA INDIANA, canção religiosa.

bharat natyan MÚSICA INDIANA associada a certo tipo de dança clássica.

bhaya Tambor esquerdo da TABLA indiana. Ver também MÚSICA INDIANA.

bhumika Na MÚSICA INDIANA, frase de abertura musical da TABLA.

bicinum (lat.) Na Antiguidade, designava composições em duas partes.

bico-de-pena No CRAVO, a ponta do PLECTRO, que no passado era feita com a ponta da pena de uma ave. Serve para pinçar a corda quando a tecla é acionada.

bico e tacão (it. *punta e taco*) Tipo de moda popular originária da POLCA que é comum na Salóia portuguesa. Os dançarinos batem pontas dos pés (bicos) e calcanhares ("tacões") no chão, em uma espécie de sapateado.

bicorde (ing. *double stop*; al. *Doppelgrif*) Em instrumentos de corda e arco, refere-se à execução simultânea de duas notas em cordas adjacentes [var.: CORDA DUPLA].

Bierbass (al.) BASSET.

bifásica Ver MONOFÁSICA.

big-band (ing.) Conjunto orquestral clássico do *jazz* norte-americano, inclui flautas, CLARINETAS, SAXOFONES, TROMPETES, TROMBONES, TUBA, COZINHA e às vezes um CROONER. As *big-bands*, também chamadas ORCHESTRAS (acp. 2), consagraram nomes como Glenn Miller, Duke Ellington e Tommy Dorsey, e no Brasil, principalmente na época de ouro dos cassinos, conjuntos como a Orquestra Tabajara, de Severino Araújo.

bigorna (it. *incudine*, *bigornia*; fr. *ambosse*, *enclume*; ing. *anvil*; al. *Amboss*) Ferramenta metálica empregada como instrumento, quando percutida com um martelo ou outro objeto de metal provoca sons agudos penetrantes. Na orquestra, pode ser substituída por canos ou barras de metal de dimensões diversas, possibilitando tornar os sons razoavelmente definidos. Wagner empregou a bigorna como instrumento na ópera *Das Rheingold* (O ouro do Reno).

biguela (it.) VIHUELA.
bimbalhar O ressoar dos sinos de uma igreja.
bimbonifono (it.) TROMBONE.
Bindebogen (al.) LIGADURA [var.: *Bogen*].
biniou (fr.) **1.** CORNAMUSA. **2.** Espécie de GAITA-DE-FOLES francesa do Renascimento. **3.** Tipo de GAITA-DE-FOLES bretã afinada uma oitava acima do instrumento convencional.
biqueiro ARRASTA-PÉ.
bird stop (ing.) NACHTIGALLENZUG.
biritador Ver GUZUNGA.
birro Nome que se dá à BAQUETA de tambores no interior de Pernambuco.
bis (ing. *encore*; al. *Zugabe*) Grito da platéia, solicita repetição de uma peça muito aplaudida.
bisbigliando (it.) Efeito obtido na harpa, lembra um TREMOLO discreto.
bischero (it.) CRAVELHA.
biscroma (it.) FUSA.
bisel Bocal de certo tipo de instrumentos da família das madeiras. Na flauta doce, uma aresta chanfrada divide a coluna de ar quando o executante sopra na extremidade, produzindo som como em um apito.
bisina (it. *duina*; fr. *duolet*, *couplet*; ing. *duplet*, *couplet*; al. *Duole*) Duas notas de igual duração executadas na duração de três [var.: duasquiáltera, duína, dois-quiáltera, quiáltera de dois].
bit (ing. *binary digit*, lit.: dígito binário) A menor unidade de informação, expressa pelos algarismos 0 ou 1 e empregada em *chips* de SINTETIZADORES e outros dispositivos digitais.
bite (ing. lit.: mordida) Na gíria do *rap*, diz-se de uma letra plagiada.
bitemática Forma que emprega dois temas, como nas SONATAS de Beethoven.
bitonal Composição que emprega a técnica da BITONALIDADE.
bitonalidade (ing. *bitonality*; al. *Bitonalität*) Emprego simultâneo de duas tonalidades distintas em uma mesma passagem ou peça, é freqüente na música de Ives e Stravinsky. Ver também POLITONALIDADE.
bit-player (ing.) No jargão inglês, músico com parte insignificante na apresentação.
biucolo (it.) CLARIM.
biwa Instrumento japonês de cordas pinçadas de origem chinesa, é executado em posição vertical com uma pequena PALHETA (acp. 2), e apoiado sobre o colo do executante.
black spiritual Ver SPIRITUAL.
black-bottom (ing. lit.: traseiro preto) Dança de negros norte-americanos do início do século XX.
blackburst (ing.) Sinal negro de vídeo empregado para sincronização entre MIDI e vídeo.
bladder pipe (ing.; fr. *vèze*; al. *Platerpiel*) Ver CORNAMUSA.
blanchir (fr.) Voz de cantor branco.
Blaselbag (al.) FOLE (acp. 1).
Bläser (al.) SOPROS.
Blasinstrumente (al.) **1.** INSTRUMENTOS DE SOPRO. **2.** A seção de SOPRO da orquestra.
blast (ing.) No jargão norte-americano, tocar (som de automóvel ou equipamento doméstico) em altíssimo volume.
Blaterpfife (al.) CORNAMUSA.
Blech (al.) METAIS.
Blechbläser (al.) **1.** INSTRUMENTOS DE METAL (acp. 1) [var.: *Blechinstrumente*]. **2.** Seção de METAIS (acp. 1) da orquestra [var.: *Blech*].
blocchi (it.) WOOD BLOCKS.
blocchi di carta vetrata (it.) BLOCO DE LIXA.
blocchi di legno (it.) WOOD BLOCKS.
blocco de legno TEMPLE BLOCKS.
bloc de bois cylindrique (fr.) Espécie de WOOD BLOCKS de formato cilíndrico.
bloc de métal (fr.) Bloco de metal empregado na percussão de orquestra.
Blockflötte (al.) FLAUTA DOCE.
block flute (ing. lit.: flauta de bocal) FLAUTA DOCE.
blocking (ing.) Movimentação do pessoal de uma companhia ao redor do palco, para recebimento de instruções do diretor de cena sobre a apresentação de uma ópera.
bloco 1. Grupo de carnaval de rua acompanhado por instrumentos de percussão cujos integrantes se organizam e desfilam sobre determinado tema escolhido. **2.** Bocal da FLAUTA DOCE.
bloco de metal Artefato empregado na percussão da orquestra.
blocos chineses (it. *ceppi chinosi*; fr. *blocs chinois*; ing. *chinese blocks*) Blocos de madeira escavados em seu interior, produzem um som oco quando percutidos com uma BAQUETA ou bastão. Costumam ser empregados

aos pares ou em pequenos jogos de tamanhos e sonoridades diversas. Foram utilizados por Samuel Barber em sua *Segunda sinfonia*, Britten, em *The burning fiery furnace*, Cage, em *Amores*, e Prokofiev, em suas *Quinta* e *Sexta sinfonias* [var.: caixa chinesa].

blocos de lixa (it. *blocchi di carta vetrata, ceppi di carta vetro vetro*; fr. *blocs à papier de verre*; ing. *sandpaper blocks*) Instrumento de percussão constituído por um par de blocos de madeira cobertos com lixas de papel, que produzem um som característico quando friccionados um contra o outro. Muito empregado em bandinhas de musicalização de crianças, foi agregado à percussão orquestral por Aaron Copland em *Music for a great city*.

blocos do templo Ver TEMPLE BLOCKS.

blocs à papier de verre (fr.) BLOCOS DE LIXA.

blocs chinois (fr.) BLOCOS CHINESES.

blocs de bois (fr.) WOOD BLOCKS.

blousée (fr.) Entre instrumentos de percussão de membrana tocados com BAQUETAS, indicação de que se deve percutir contra o aro do FUSTE.

blow (ing.) Soprar.

blue beat (ing.) Ver ROCK STEADY.

blue notes (ing. lit.: notas *blue*) A palavra *blue*, que define sentimentos melancólicos, deu origem ao gênero musical homônimo. Sons característicos do *blues* norte-americano, as *blue notes* consistem em certo desvio descendente na afinação de determinadas notas da escala, como a terça, a quinta e a sétima, expressando tristeza. Ver BLUES.

bluebeat (ing.) Música jamaicana que teve influência do *rock*, associa-se ao *ska* nas origens do REGGAE.

bluegrass (ing. lit.: mato azul) Música interiorana típica dos EUA, teve origem nos anos 1940. Os grupos de *bluegrass* são pequenos, comportando geralmente violões, BANJO, violino, CONTRABAIXO ACÚSTICO (tocado com *slapping*, batidas da mão direita sobre o espelho do instrumento) e percussão, como o WASHBOARD.

blues (ing.) Música norte-americana que deve sua origem aos NEGRO SPIRITUALS, surgiu como manifestação de espírito lamentoso e de sofrimento entre os escravos do Sul do país, especialmente nas plantações de algodão. Freqüentemente associado a canções de ninar (como na clássica *Summertime*, imortalizada por Billie Holiday), o *blues* refere-se, antes de tudo, a um estado melancólico e freqüentemente depressivo (o período pós-parto da mulher é chamado, com propriedade, *blues period*). Harmonicamente, o *blues* se baseia em progressões predefinidas de acordes, sobre as quais os músicos também improvisam. O gênero passou gradativamente a adotar andamentos mais movidos, evoluindo para o RHYTHM'N'BLUES, que por sua vez abriu caminho para o surgimento do ROCK'N'ROLL. O *blues* é um estilo tipicamente negro, cujos maiores expoentes foram as cantoras Billie Holiday e Bessie Smith, e guitarristas como B. B. King e Buddy Guy. Em uma elite de maioria absoluta negra, tiveram destaque cantores e instrumentistas brancos como Janis Joplin, Johnny Mayall e Eric Clapton. A característica melódica mais marcante do *blues* é o abaixamento ornamental da afinação de determinadas notas dos ACORDES, notadamente a terça, a quinta e a sétima, chamadas BLUE NOTES. Os antigos *habitués* do *blues* eram freqüentemente associados ao consumo excessivo de álcool e heroína, droga que vitimou diversos de seus maiores nomes. O Brasil também teve seus nomes, em épocas mais recentes, ressaltando os de Celso Blues Boy, André Christovam e o grupo Blues Etílicos. Ver também CHICAGO BLUES e CLASSIC BLUES.

blues de doze compassos (ing. *twelve bar blues*) Forma do BLUES norte-americano que emprega uma estrutura harmônica de doze compassos baseada nos acordes de TÔNICA, SUBDOMINANTE e DOMINANTE, seqüência que serve de base para improvisação ou interpretação de caráter improvisatório, e constitui a base harmônica do *rock'n'roll*. Exemplo básico é: I (tônica), 4 compassos - IV (subdominante), 2 compassos - I (tônica), 2 compassos - V (dominante), 1 compasso - IV (subdominante), 1 compasso - I (tônica), 2 compassos. Uma forma mais complexa de *blues* de doze compassos, na cifragem do *jazz* e na tonalidade de dó maior, seria C/F7/C/C7 F/F7/C/C7 Dm/G7/C/C.

blues de oito compassos (ing. *eight bar blues*) Forma do BLUES norte-americano que emprega uma estrutura harmônica padrão de oito compassos.

blues harp (ing.) Harmônica de BLUES. Pequena GAITA-DE-BOCA cuja escala é preparada para execução de *blues* [var. ing.: *blues harmonica*].

bluesman (ing. lit.: homem do *blues*) Músico de BLUES [plural *bluesmen*].

blues progression (ing.) Ver PROGRESSÃO HARMÔNICA.

blues scale (ing.) Ver ESCALA DE BLUES.

blueseiro No jargão do músico brasileiro, BLUESMAN.

bluette (fr.) Certo tipo de peça francesa curta e jovial.

BM (ing.) Abreviatura de *Bachelor of Music* (bacharel em Música).

boate (do fr. *boîte*: caixa) Casa noturna de classes média e alta, com música ao vivo ou gravações.

bobil (port.) BUMBASS.

boca (it. *bocca*; fr. *bouche*; ing. *mouth*; al. *Mund*) Boca.

boca de cena No teatro de ópera, o espaço da caixa cênica cujas dimensões podem ser controladas por REGULADORES e pela BAMBOLINA.

boca fechada Ver BOCCA CHIUSA.

bocal 1. Nos INSTRUMENTO DE METAL, peça onde o músico assopra, utilizando os lábios como PALHETAS (acp. 1) vibratórias. O bocal dos INSTRUMENTOS DE METAL (acp. 1) é formado pela taça, onde os lábios do músico se acomodam para a execução, a garganta, espaço onde o ar produz o som, e o duto, ou tubo, que encaminha o som produzido para o corpo do instrumento. **2.** (fr.) TUDEL.

bocca (it.) Boca.

bocca chiusa (it. lit.: boca fechada; fr. *bouche fermée*; ing. *closed mouth*; al. *Brummstimme*) Técnica de cantar com os lábios cerrados, sem letra, em verdadeiro murmúrio. Villa-Lobos utilizou o recurso na reexposição do tema do primeiro movimento da *Bachiana brasileira nº 5*, para SOPRANO e orquestra de violoncelos.

bocchino (it.) Ver EMBOCADURA (acp. 2).

bochinche ARRASTA-PÉ.

bochincho 1. ARRASTA-PÉ. **2.** Dança violenta de homens nas zonas de meretrício do Rio Grande do Sul.

Boden (al.) COSTAS.

bodhran 1. Espécie enorme de pandeiro de origem celta, tocado com uma BAQUETA acolchoada em ambas extremidades. **2.** Tambor irlandês de membrana única que emprega um sistema de cordas, arames ou varetas na extremidade aberta.

body (ing.) **1.** Corpo dos instrumentos de cordas. **2.** FUSTE.

body lenght (ing. lit.: comprimento de corpo) Medida de comprimento do corpo dos instrumentos.

body-popping (ing.) Ver HIP-HOP.

boef-gras (fr.) Antigo folguedo de rua de cidadezinhas interioranas da França, divide características das origens mouriscas com o BUMBA-MEU-BOI brasileiro.

Boehm Sistema de chaves para a flauta moderna, foi inventado pelo flautista e ourives Theobald Böhm em 1832 e aperfeiçoado em 1847. O sistema estendeu-se a outros instrumentos e revolucionou a família das madeiras, possibilitando novos recursos técnicos, maior velocidade e afinação mais precisa.

Boehmflötte (al.) Flauta de chaves criada por Theobald Böhm no século XIX. Ver BOEHM.

Bogen (al.) **1.** Arco. **2.** Indica retorno ao uso do arco, após passagem em *pizzicato*. Usado também nas expressões *an der spitze des (gestrichen) Bogen*; *auf der mitte des Bogen*; *ganzer Bogen*, *lange Bogen*; *mit ganzem Bogen*; *mit halben Bogen*; *mit wenig Bogen*.

Bogengitarre (al.) ARPEGGIONE.

Bogenhaare (al.) CRINA.

bogenmitte (al.) Ver COL MEZZO D'ARCO.

Böhm (al.) Ver BOEHM.

boiadeira Afinação da VIOLA DE ARAME semelhante ao cebolão, utiliza a seqüência ré-lá-fá sustenido-ré-sol.

boi barroso Tipo de ROMANCE (acp. 2) rural em que o boi é personagem.

boi-bumbá Ver BUMBA-MEU-BOI.

boi-calemba BUMBA-MEU-BOI recifense [var.: bumba, cavalo-marinho].

boi com abóbora No jargão dos carnavalescos, samba malfeito.

boi de carnaval Certo tipo de BUMBA-MEU-BOI.

boi espácio Tipo de ROMANCE (acp. 2) rural em que o boi é personagem.

boi-de-jacá Espécie de BUMBA-MEU-BOI encontrada no interior paulista em que a fantasia do animal é armada com um grande cesto, chamado jacá.

boi-de-mamão Variante do BUMBA-MEU-BOI encontrada na costa sul do Brasil.

boi-de-reis Ver BUMBA-MEU-BOI (var.: boi-de reses).

boi-de-reses Ver BUMBA-MEU-BOI.

boi-surubim **1.** Tipo de ROMANCE (acp. 2) rural em que o boi é personagem. **2.** Variante cearense do BUMBA-MEU-BOI.

boîte à clous (fr.) MARACAS.

boîte à musique (fr.) CAIXA DE MÚSICA.

bol Na MÚSICA INDIANA, sigla mnemônica da TABLA.

bol paran Na MÚSICA INDIANA, composição silábica com palavras.

bolacha **1.** No jargão do músico, as notas brancas, vazias, como semibreves e mínimas, tidas como de fácil execução. **2.** Na linguagem popular, DISCO de vinil [var.: bolachão].

bolachão Ver BOLACHA (acp. 2).

bole-bole Variante do samba baiano em que os dançarinos agitam o corpo freneticamente.

bolero Dança espanhola que se tornou muito popular a partir do século XVII, era embalada por suaves melodias em um cadenciado COMPASSO TERNÁRIO. Levada para Cuba, foi sendo gradualmente modificada até adaptar-se ao COMPASSO BINÁRIO, característico da ilha, disseminando-se a partir daí como gênero popular por toda a América Latina e influenciando a música de diversos países. Escreveram boleros também, ou obras nitidamente inspiradas no estilo, compositores como Beethoven, Chopin e Maurice Ravel.

bolha Na gíria do samba, o mau dançarino.

bolo (esp.) No jargão do músico espanhol, CACHÊ.

bombarda (it. *calamello, caramello, chirimia, cialamella, ciaramella*; fr. *bombart*; ing. *pumhart, schalmey, shawn*; al. *Bomhart, Rauschpfiffe, Schalmel*) **1.** Instrumento renascentista de PALHETA DUPLA que antecedeu o OBOÉ, surgiu no Oriente Médio. Podia ser encontrado nos REGISTROS (acp. 1) soprano, alto, tenor e baixo. **2.** Instrumento da família das madeiras de PALHETA DUPLA, foi muito usado na Europa a partir do século XIII. Derivado do SHAWM, tinha atribuições cerimoniais. Por atuar no registro grave, a partir do século XVII passou a dividir com o FAGOTE e o BAIXÃO as preferências de músicos e compositores [var.: charamela baixo]. **3.** Um dos teclados (manuais) do órgão de tubos.

bombardão Contrabaixo de BOMBARDA, instrumento que caiu em desuso.

bombarde (fr.) **1.** BOMBARDA. **2.** RECITATIVO (acp. 2).

bombardino Espécie de trombone de pistões da família da TUBA. Abreviatura [bombno].

bombart (fr.) BOMBARDA.

bombatura (it.) ARCHING.

bombno Abreviatura de BOMBARDINO.

bombo (it. *gran cassa*; fr. *grosse caisse*; ing. *bass drum*; al. *grosse Trommel*) Grande tambor construído com um FUSTE cilíndrico de madeira de aproximadamente um metro de diâmetro, podendo atingir ainda maiores dimensões, utiliza uma pele retesada em cada extremidade e é o maior instrumento de percussão orquestral. No Brasil, surge em diversos tamanhos, e a depender do grupo e do estilo musical recebe diversos nomes, como grande caixa, zé-pereira ou zabumba. Na bateria da música popular e do *jazz*, é o tambor mais grave, cujo fuste é apoiado lateralmente no chão e executado por meio de um pedal com o pé direito. Na orquestra, costuma ser tocado em posição diagonal ou vertical, com uma BAQUETA acolchoada. O bombo teria tido uma de suas primeiras participações na orquestra com Mozart, em *O rapto do serralho* (1782). Papel proeminente para o instrumento também foi reservado por Tchaikovsky, na *Abertura 1812*, Prokofiev, em *Tenente Kije*, Stravinsky, na *Sagração da primavera*, e Orff, em *Antigonae*.

bombos Grupo instrumental da região da Serra da Estrela portuguesa, inclui em sua formação possantes o instrumento homônimo, CAIXAS e FLAUTA TRAVERSAL de REGISTRO (acp. 1) muito agudo.

Bomhart (al.) BOMBARDA.

bon Abreviatura de BONGÔS.

bonang Ver MÚSICA INDONÉSIA.

bone flute (ing.) Flauta de osso.

bones (ing. lit.: ossos) **1.** OSSOS. **2.** Instrumento rudimentar de percussão irlandês que consiste em um par de costelas de boi sacudidas entre as mãos e chacoalhadas entre si.

bonghi (it.) Plural de BONGÔS.

bongô (ing. *bongoe*) Pequeno tambor tocado aos pares com as falanges dos dedos, costuma ser suspenso por um suporte ou firmado entre os joelhos do executante. Teve origem na África e tornou-se popular em Cuba, no século XVIII, terminando por disseminar-se entre os demais países da América Latina. Na música erudita, foi utilizado por diversos compositores, entre os quais Boulez, Orff e o brasileiro Francisco Mignone. Abreviatura [bon] [var.: bongo, bongoes].

bongoe (ing.) BONGÔS.

bongosero Na música popular latino-americana, aquele que toca BONGÔ.

boogaloo Dança e música norte-americana, tornou-se bastante populares nos salões daquele país durante os anos 1960 [var.: bugalu].

boogie-woogie Estilo pianístico norte-americano que derivou do BLUES em meados dos anos 1920. Caracteriza-se por padrões repetidos de oitavas na mão esquerda, enquanto a direita improvisa em seqüências ritmadas sobre a estrutura harmônica básica de *blues* de doze compassos. Surgiu nas chamadas *barrel houses* (lit.: casas de barril), clubes de consumo de bebidas alcoólicas dos negros segregados. Alguns grandes nomes do *boogie* foram Pete Johnson e Jimmy Yancey.

boom Tambor baixo da STEEL BAND.

booster Aparelho eletrônico para reforço do nível de intensidade do sinal de áudio.

booster cable (ing.) Em eletrônica, certo tipo de cabo conectado a um *booster*, que em longas distâncias serve para compensar eventuais perdas de sinal.

boot up (ing.; *to boot*, no jargão da informática, dar a partida) Acoplamento e conexão de um *software* em um instrumento eletrônico computadorizado.

bop Ver BEBOP.

boquilha (it. *becco*, *bocchino*; fr. *bec*; ing. *mouthpiece*; al. *Schnabel*) Bocal de instrumentos de sopro de PALHETA simples, como a CLARINETA e o SAXOFONE. Adapta-se à extremidade superior do tubo e usa uma braçadeira ajustável para fixar a palheta, por meio de um parafuso tipo borboleta. A BOQUILHA pode ser feita de madeira, galalite, plástico ou fibra de vidro de cor ou transparente.

borá Tipo de instrumento de sopro improvisado pelas mãos em concha. Tem origem entre as tribos dos povos primitivos e imita o som da coruja, além de emitir notas musicais [var.: boré].

borboleta Dança baiana com características de roda trazida pelos escravos, sofreu forte influência da tradição africana.

bord (fr.) BORDA.

borda (it. *bordo*) Aresta do tampo de instrumentos como o violino.

bordadura Ver ORNAMENTO.

bordão (ing. *drone*) **1.** Nota ou som continuado, geralmente no REGISTRO (acp. 1) grave. **2.** No violão, e demais instrumentos de cordas dedilhadas da família da TIORBA ou ALAÚDE, as notas tocadas nas cordas inferiores pelo polegar. **3.** Cordas graves do piano (fios de aço recobertos por uma camada de cobre). **4.** Nos instrumentos de percussão como a CAIXA-CLARA, espécie de fio de metal, náilon ou tripa que compõe a ESTEIRA de cordas, presa junto à parte inferior do aro, junto à membrana, e que vibra quando a pele superior é percutida. **5.** Tubo ou corda que emite sons longos e graves. **6.** Tubo para emissão de sons graves em GAITAS-DE-FOLES.

bordellotto (it.) GUITARRA (acp. 1).

bordereau (fr.) Ver BORDERÔ.

borderô (fr. *bordereau*) Relatório de contabilidade das bilheterias de casas de espetáculos.

bordo (it. *borda*; fr. *érable*) Árvore da família das aceráceas (*accer sacharum*) encontrada no Norte dos EUA e no Canadá, é empregada na construção de instrumentos de cordas.

boré **1.** TORÉ (acp. 2). **2.** BORÁ.

bossa-nova A palavra surgiu como gíria já nos anos 1930, quando Noel Rosa inovou com *São coisas nossas* ("... e outras bossas, são coisas nossas..."). Bossa significava charme, humor, e surgiu com Noel pela primeira vez na música popular brasileira. A partir de aproximadamente 1955, o samba urbano carioca passou a incorporar as modernas conquistas do *jazz*, notadamente o COOL e o BOP. Jovens de classe média do Rio de Janeiro (como se dizia, gente bonita, cheia de "bossa"), confinados nos apartamentos de Copacabana e de Ipanema, principalmente, desenvolveram uma música popular intimista, cuja HARMONIA dissonante foi também bastante influenciada pelo impressionismo francês. Eram tempos em que o *jazz* norte-americano contagiava jovens músicos brasileiros como Johnny Alf, Dick Farney e Tito Madi, fazendo amálgama com o samba nas casas noturnas cariocas. O marco inicial da bossa-nova parece ter sido o LP *Canção do amor demais* (1958), de Elizeth Cardoso, mas foi o célebre *Desafinado*, musicado por Tom Jobim em 1959, que estabeleceu as bases do gênero. Entre os maiores expoentes da bossa-nova encontram-se Roberto Menescal, Carlos Lira, João Donato, Leny Eversong, Luís Eça, Astrud Gilberto, Elis Regina, João Gilberto, Ronaldo Bôscoli, Nara Leão, Vinícius de Moraes, os conjuntos Zimbo Trio, Tamba Trio e Os Cariocas e muitos outros artistas, que criaram obras-primas como *Lobo bobo*, *Garota de Ipanema*, *Corcovado*, *A felicidade*, *O barquinho*, *Samba de uma nota só* e uma infinidade de outras. Surgiram na bossa-nova alguns dos melhores instrumentistas brasileiros, além dos já citados compositores; entre eles, Bola Sete, Dom Um Romão, Edison Machado, Luís Eça, Milton Banana, Tião Neto e Noveli. Em 1962, houve uma apresentação histórica de bossa-nova no Carneggie Hall de Nova York, evento que abriu os caminhos da América para a nova música popular brasileira nos EUA e na Europa. Aderiu prontamente ao grupo brasileiro o grande saxofonista norte-americano Stan Getz, e a bossa brasileira passou a influenciar definitivamente a nova música popular mundial.

bossanovista Diz-se do músico ou da música associada ao movimento da BOSSA-NOVA ou às suas influências.

bossed gong (ing.) Tipo de GONGO de altura definida.

boston (ing.) VALSA em tempo arrastado da região norte-americana de New England.

botão (ing. *endbutton*) Pino de madeira afixado na faixa inferior do violino e da VIOLA (acp. 1), é a peça onde se prende o cordão do ESTANDARTE.

botão deslizante Controle de aparelhos eletrônicos que desliza em linha reta, junto a uma escala de gradação numérica, e não em sentido giratório como nos botões convencionais de potenciômetros. É freqüente em dispositivos como equalizadores [var.: deslizador].

botija Instrumento de percussão improvisado com um vaso de barro ou cerâmica em cujo interior são jogados objetos como moedas ou pedras. Trazido pelos escravos africanos no século XIX, acompanha diversas manifestações ligadas ao CAMDOMBLÉ [var.: botijão].

bottleneck (ing. lit.: gargalo) Pequeno cilindro metálico ou de vidro em cujo interior se insere um dos dedos da mão esquerda, como em um anel. Deslizando-o sobre a corda na região do braço do instrumento, é possível produzir sons GLISSANDI, como em uma GUITARRA HAVAIANA ou uma SLIDE GUITAR.

bottone et tirante (fr.) PUXADOR E TIRANTE.

bouché Refere-se ao timbre extraído quando o executante coloca a mão direita no interior da CAMPANA (acp. 1) da TROMPA [var.: *son bouché*].

bouche fermée (fr.) BOCCACHIUSA.

bouffe (fr.) Cômico.

bounce (ing. lit.: saltar) **1.** Na MÚSICA ELETRÔNICA, processo que consiste em mesclar determinadas faixas e gravar a combinação resultante. **2.** Gênero de música e dança como o do grupo Mystikal, de New Orleans, EUA.

bouncing bow (ing. *to bounce*: saltar) Ver SAUTILLÉ.

bounce cymbals (ing.) PRATO SUSPENSO.

bourdon (fr.) **1.** Cada um dos grandes tubos de som mais grave do ÓRGÃO de igreja. **2.** O som mais grave, OSTINATO, produzido pelo REALEJO.

bourée Movimentada dança francesa em COMPASSO BINÁRIO do século XVII, foi bastante utilizada nas SUÍTES (seguindo uma SARABANDE), ÓPERAS e BALÉS.

bouton de registre (fr.) MANÚBRIO.

bouton et tirant (fr.) PUXADOR E TIRANTE.

bouzouki Tipo de ALAÚDE originário da Grécia, assemelhava-se a um BANDOLIM. Dispunha de três ou quatro ORDENS de cordas e ainda pode ser encontrado na Escandinávia.

bow (ing. lit.: arco) Entre os instrumentos de cordas da orquestra, indica retorno ao modo natural, com arco. Aparece na partitura após trechos em golpes como PIZZICATO.

bowed guitar (ing. lit.: guitarra tocada com arco) ARPEGGIONE.

bow-hair (ing.) CRINA.

bowed lyre (ing.) LIRA DE ARCO.

bow-finger tremolo (ing. it.; lit.: trêmulo de dedo e arco) Entre os instrumentos de cordas da orquestra, espécie de TREMOLO executado entre duas notas dedilhadas alternadamente pela mão esquerda [var.: fr. ing. *détaché-trill*].

bow hair (ing.) CRINA.

bow stroke Ver GOLPE DE ARCO.

box-bass (ing. lit.: baixo de caixa) Versão caribenha do THUMB PIANO.

boys band (ing. lit.: banda de garotos) Neologismo surgido no final de 2000 para designar grupos de meninos e adolescentes, como o Backstreet Boys.

bpm (ing.) Abreviatura de *beats per minute* (batidas por minuto).

Br Abreviatura de BARÍTONO (voz).

braçadeira 1. Aro de metal que, ajustado por um parafuso tipo borboleta, prende a PALHETA à BOQUILHA de instrumentos da família das MADEIRAS como a clarineta e o saxofone [var.: ligadura]. **2.** Ver CAPOTASTO (acp. 2).

braccio (it. lit.: braço) Ver VIOLA DA BRACCIO.

braço (it. *manico*; al. *Hals*; ing. *neck*; fr. *manche*) Nos instrumentos das famílias do violino, ALAÚDE, BANDOLIM, CAVAQUINHO, BANJO, guitarras elétricas e demais instrumentos de cordas e arco ou cordas dedilhadas, é a peça sobre a qual corre o ESPELHO e se estendem as cordas, ao longo de cuja extensão os sons são definidos pela mão esquerda (nos indivíduos destros). Na extremidade do braço encontra-se a caixa da VOLUTA, peça que é freqüentemente decorada de forma artesanal, com volteios, rendilhados ou arabescos (os violinos de Jacob Steiner e de alguns mestres italianos chegam a trazer reproduções de cabeças humanas ou de leões ou outros animais), onde se prendem as CRAVELHAS, que servem para retesar e afinar as cordas. O espelho (ou escala) do braço de instrumentos como o violino não possui TRASTES, enquanto uma variedade deles pode ser encontrada desde o violão à antiga cítara.

braço de vibrato Ver ALAVANCA DE VIBRATO.

braguinha (da cidade portuguesa de Braga) Na Ilha da Madeira e em certas regiões portuguesas, instrumento semelhante ao CAVAQUINHO.

brando (it.) BRANLE.

brangill (ing.) Tipo de BRANLE inglês.

branle Dança francesa em COMPASSO BINÁRIO do final da Idade Média cujos dançarinos se organizam em círculos, caracteriza-se por motivos musicais repetitivos e movimentos oscilantes [var.: *bransle*]. Ver também FARANDOLE.

brass band (ing.) Banda de instrumentos de METAL (acp. 1) típica dos EUA.

brass ensemble (ing.) Conjunto de METAIS.

brassy Ver CUIVRÉ.

Bratsche (al.) VIOLA (acp. 1).

bravissimo (it.) Ver BRAVO.

bravo (it. lit.: bravo) Manifestação ruidosa da platéia quando a apresentação agrada muito [var.: *bravissimo*].

Bravourarie (al.) Ver ARIA DI BRAVURA.

bravura Música de exibição virtuosística vocal ou instrumental, como uma difícil ARIA DI BRAVURA.

bravura aria (ing.) Ver ARIA DI BRAVURA.

brawl (ing.) Tipo de BRANLE inglês.

break 1. Dança da cultura HIP-HOP, como o *body-popping*. **2.** Pausa ou interrupção em trecho musical. No Brasil, criou-se o SAMBA DE BREQUE, ou *break*, cuja característica principal é a pausa no acompanhamento para uma intervenção declamatória do intérprete, estilo consagrado por Moreira da Silva, o "Kid Morengueira".

break boy B-BOY.

breaking Ver BREAK (acp. 2).

Brechung (al.) ARPEJO.

breque Ver BREAK (acp. 2).

Brettl (al.) Tipo de SALTÉRIO.

Brettzither (al.) Espécie de CÍTARA DE MESA.

breu (it. *colofonia*; fr. *colophone*; ing. *rosin*, *colophony*; al. *Kolophonium*, *Kolophon*, *Geigenharz*) Resina obtida como subproduto da destilação de terebentina. Esfregada na CRINA antes de se tocar, serve para provocar o necessário atrito com as cordas dos instrumentos de arco [var.: colofônio; port. colófono].

breve (lat. *brevis*) **1.** (it.; fr. *brève*, *brevis*, *carré*; ing. *double whole-note*; al. *Doppelganze*, *Doppeltaktnote*) Nota cuja duração equivale ao dobro de uma SEMIBREVE. **2.** Na música antiga, o mais curto dos três valores básicos.

brevis (fr.) BREVE.

breviarium (lat.) Ver LIVRO LITÚRGICO.

bridge (ing. lit.: ponte) **1.** CAVALETE de instrumentos de cordas (guitarra, violino, contrabaixo, banjo). Peça feita de madeira, metal, osso ou outro material, serve de apoio às cordas sobre o tampo do instrumento. **2.** Na partitura, ponte entre seções. **3.** Pequeno trecho da forma musical que na música popular e no *jazz* serve para conduzir de uma seção a outra.

bright (ing.) Diz-se da sonoridade brilhante de um instrumento.

brightness (ing.) Controle de brilho de aparelhos eletrônicos.

brihaddeshi Na MÚSICA INDIANA, antigo texto musical de Matanga (teórico musical da Índia do século X).

brillante (it.) Com brilho [var.: *con brio*].

brindisi (it.) Cena alusiva a brinde festivo, surge em óperas como *La Traviata*, de Verdi.

brio (it. lit.: vigor) Maneira vigorosa de se executar, geralmente indicada pela expressão *con brio*.

brisé (fr. lit.: quebrado) **1.** Entre os instrumentos de corda da orquestra, GOLPE com arcos destacados. **2.** Na técnica da harpa, ARPEJADO com notas destacadas.

broad strokes (ing. *stroke*: golpe; *broad*: largo) Entre os instrumentos de cordas da orquestra, execução com longas arcadas.

broken chord (ing. lit.: acorde quebrado) ARPEJO.

broken consort (ing. lit.: conjunto quebrado) Tipo de conjunto que, na Idade Média, misturava vozes e instrumentos. Ver também CONSORT.

broken octaves (ing.) Oitavas quebradas [var.: *murky*].

brosse (fr.) Ver BROSSE EN FIL DE MÉTAL.

brosse en fil de métal (fr.) ESCOVA.

bruit (fr.) RUÍDO.

Brummeisen (al.) JEW'S HARP.

Brummstimme (al.) BOCCACHIUSA.

Brummtopf (al.) ROMMELPOT.

brunette (fr.) Tipo de canção francesa do século XVII, fazia referências geralmente jocosas às raparigas de pele morena.

Brustregister (al.) VOZ DE PEITO.

Brustwerk (al.) O teclado MANUAL de um órgão de tubos.

B sharp (ing.) Si sustenido.

buá Dança ligada ao MARACATU de Alagoas.

bubblegum music (ing. lit.: música de chiclete) Música comercial de fácil consumo para adolescentes, como a de Britney Spears.

bubbolo (it.) SINOS DE ORQUESTRA.

buccin Instrumento de sopro feito de metal, foi utilizado durante a Revolução Francesa, conforme descrito em registros da época dos conflitos.

buccin trombone (it.) Na Idade Média, espécie de TROMBONE.

buccina (it.) Corruptela de *buisine*. Espécie de trompete semelhante ao CORNU, utilizado por pastores junto aos rebanhos ou para indicar ao povo a hora do dia.

bûche (fr.) ZITHER.

bucium Tipo de ALPENHORN da Romênia.

buckelgong (ing.) GONGO de altura definida.

bucumbumba BERIMBAU.

buffer (ing.) Na MÚSICA ELETRÔNICA, área do computador, instrumento digital ou outro dispositivo, serve para armazenar dados temporariamente.

Buffooper (al.) OPERA BUFFA.

bufo (do it. *buffo*) Burlesco, cômico. Termo aplicado aos papéis cômicos da chamada OPERA BUFFA.

bugalu BOOGALOO.

Bügelhorn (al.) FLÜGELHORN.

bugio Dança de movimentos corporais sensuais e eróticos do Rio Grande do Sul, sofreu influência da POLCA e é acompanhada por SANFONA. Deve o nome à semelhança de seus passos com os movimentos que os macacos bugios da região fazem no acasalamento.

bugle (ing. fr; it. *tromba militare*; al. *Signalhorn*) Antigo TROMPETE (chamado natural) inglês sem válvulas semelhante a um longo CLARIM. O *bugle* ainda é muito utilizado tradicionalmente entre os militares de cavalaria, pois, não dispondo de válvulas, permite ser carregado com apenas uma das mãos, enquanto a outra segura as rédeas do cavalo durante a execução.

bugle basse (fr.) BASSFLÜGELHORN.

bugle de chaves Longo instrumento de sopro

derivado do BUGLE que contava com CHAVES como as da clarineta e emitia um som anasalado bastante peculiar. Começou a cair em desuso em meados dos anos 1860.

bugle ténor (fr.) TENORHORN.

Bühne (al.) Palco. Usa-se também nas expressões *auf der Bühne* e *hinter der Bühne*, significando OFF-STAGE.

Buhnenmusik (al.) MÚSICA INCIDENTAL.

buisine (fr.) Espécie de trompete de metal francês da Idade Média, costumava ser utilizado pelo arauto para anunciar a chegada de nobres, autoridades e visitantes.

bull roarer (ing. lit.: touro berrador) Lâmina de madeira ou osso presa na extremidade de uma corda, produz ruídos exóticos quando girada por uma haste acoplada à outra ponta. Ver também ZUNIDOR.

bumba 1. BOI-CALEMBA. **2.** BUMBA-MEU-BOI. **3.** ZABUMBA.

bumba-meu-boi Auto e dança folclóricos do REISADO característicos do Maranhão, surgiu no país no século XVIII, provavelmente por influência portuguesa, introduzido na Europa pelos mouros durante a ocupação da Península Ibérica. Disseminou-se em outras partes do Brasil e costuma ser representado entre o Natal e o Dia dos Reis. Músicos e cantores animam a apresentação, sem participar da ação teatral. A cena é centrada em um indivíduo vestido com uma fantasia de boi, presa à sua cintura como se estivesse montado no animal. O enredo costuma representar a vida e a morte de uma rês (o animal é morto e um curandeiro é chamado para trazê-lo de volta à vida). No Recife, recebe o nome de boi-calemba ou bumba; em Alagoas, três-pedaços; em Santa Catarina, boi-de-mamão; enquanto no Norte surge no meio do ano como boi-bumbá. Uma versão do litoral fluminense é conhecida como reis-do-boi ou folguedo do boi. A afluência do público às apresentações costuma ser tão grande que em Parintins (AM) foi construído um bumbódromo, local que, a exemplo do templo do samba que é o SAMBÓDROMO carioca, serve para abrigar as apresentações. A festança de rara beleza dura três dias, no final do mês de junho, e agrupa dezenas de milhares de pessoas em torno de dois grandes blocos, o Caprichoso e o Garantido [var.: boi-de-mamão, boi-bumbá, boi-calemba, boi-de-carnaval, boi-de-jacá, boi-de-reis, boi-surubim, bumba, cavalo-marinho, folguedo do boi, rei-do-boi, três pedaços e zé-do-vale]. Ver também ADUFE, BOEF-GRAS, GUERREIROS, PANDEIROLA e REISADO.

Bumbass (al.; it. *basso di flandra*; fr. *basse de Flandres*, *guimbarde à corde*; ing. *bladder and strings*) Instrumento folclórico europeu de som grave que utilizava uma única corda de tripa, retesada sobre uma pele de couro ou bexiga animal. Costumava ser executado friccionando-se uma vareta áspera ou um arco de cerdas ou tripa contra a corda [var.: port. bumbassa, bobil].

bumbassa Ver BUMBASS.

bumbo Nome popular para BOMBO.

bumbódromo Ver BUMBA-MEU-BOI.

Bund (al.) TRASTE.

burden (ing.) BORDÃO (acp. 2).

burlesco BURLESQUE.

burlesque (fr.) Gênero de peça teatral e ópera cômica do século XVIII em diante que parodiava situações reais da época, passou a referir-se também a qualquer espetáculo de esquetes cômicos e música, do gênero revista. Inspirados no espírito da *burlesque*, Bartók e Richard Strauss compuseram um movimento e uma peça para piano e orquestra, respectivamente.

burletta (it.) Espécie de OPERETA humorística com características de farsa da Itália do início do século XIX.

burrinha Dança de REISADO da Bahia acompanhada por VIOLAS DE ARAME e percussão, é protagonizada por um dançarino que personifica um cavaleiro montado sobre um asno.

busker (ing. lit.: *to busk*: apresentar-se na rua) Músico que se apresenta na rua.

butler (ing.) Ver ARCO DRAGONETTI.

buton (fr.) NOCETTA.

button gong (ing.) Tipo de GONGO cujo som tem altura definida.

buzina BERRANTE.

buzina de rabo de tatu Longo instrumento de SOPRO cuja CAMPÂNULA é feita de rabo de tatu, é usada pelos índios tukurinas das regiões fronteiriças do Brasil e Peru.

búzio Grande concha marítima que pode ser

percutida ou assoprada em seu interior, como uma buzina. É bastante utilizado por índios do litoral do Sudeste brasileiro.
buzuki Espécie de ALAÚDE grego.
buzz (ing.) Ver BUZZING.
buzzing Ver RATTLING [var.: *buzz*].
buzz roll (ing. lit.: *buzz*: zumbido) Técnica de tambores que alterna as BAQUETAS em pequenos blocos, com grande velocidade e sem definição de ritmo.
BWV Abreviatura de *Bach-Werke-Verzeichnis*, que antecede o número de catàlogação da obra completa de J. S. Bach, conforme organizada por Schmieder em meados do século XX.
byte Unidade de informática composta de oito *bits*. Ver também BIT.

C

C **1.** Como FÓRMULA DE COMPASSO, C indica COMPASSO QUATERNÁRIO. Um C cortado por um traço vertical indica 2 por 2. **2.** Na CIFRAGEM jazzística, nos EUA e em diversos países da Europa, a letra C maiúscula representa a nota dó. Ver também A.

cabaça (it. ing. *cabasa*; fr. *calebasse*; al. *Cabaza*) **1.** Fruto que, quando seco, adquire consistência de madeira. Seu tamanho varia, podendo chegar ao de uma melancia. Serve como CAIXA DE RESSONÂNCIA para instrumentos de cordas ou material para confecção de chocalhos entre as mais diversas culturas [var.: caqueré; ing. *gourd*] Ver também CABASA. **2.** Música folclórica nordestina que utiliza PÍFAROS e ZABUMBA. **3.** Grupo musical típico pernambucano, geralmente formado por pífaros, zabumbas, TARÓIS e GANZÁS.

cabaça-apito Instrumento dos índios bororós brasileiros, constitui-se de uma CABAÇA (acp. 1) decorada com penas e um pequeno tubo metálico, em forma de apito. Segundo as tradições tribais, o instrumento deve ser mantido longe de crianças, mulheres e idosos, pois relaciona-se com a morte.

cabaçal Conjunto instrumental de percussão e SOPROS do Nordeste brasileiro.

cabaletta (it.) **1.** Tipo de ÁRIA da ópera italiana que geralmente segue uma outra mais solene e por isso mesmo remete a um estado de espírito contraditório. A palavra vem do italiano *cavallo*, pois o acompanhamento geralmente lembra o som do galope daqueles animais. **2.** Espécie de ária curta e popularesca de certas óperas. **3.** Na ópera italiana, certo tipo de conclusão ritmada em STRETTO de algumas árias.

cabaré (fr. *cabaret*) Certo tipo popular de casa de espetáculos e dança onde também se servem bebidas.

cabas Instrumento rudimentar de percussão da MÚSICA INDIANA feito com cocos e contas.

cabasa (esp.) **1.** CABAÇA (acp. 1). **2.** (esp.) Instrumento de percussão construído com uma CABAÇA (acp. 1) envolta em uma espécie de rede de pequenas contas ou sementes. É girada ou sacudida por uma haste afixada em sua parte inferior.

Cabaza (al.) CABAÇA (acp. 1).

cabeça (ing. *head*) **1.** CRAVELHAME. **2.** Entre diversos instrumentos de cordas, a extremidade do braço, onde se fixam as cordas. **3.** Uma das partes da FLAUTA DOCE.

cabeça de gravação Dispositivo de um gravador que serve para registro de sinais de áudio em uma fita magnética.

cabeça de nota A parte arredondada da nota musical que serve para definir a altura do som nas linhas e espaços da pauta.

cabeça de reprodução Peça eletromagnética de um gravador que serve para reproduzir sinais sonoros gravados em fita.

cabeçalho Ver CATIRA.

cabeçote **1.** Peça eletromagnética que capta sinais de áudio gravados em fita. **2.** Parte do AMPLIFICADOR de GUITARRA (acp. 3) e BAIXO ELÉTRICO independente da caixa acústica, contém os circuitos eletrônicos, transístores ou válvulas.

cabinet organ (ing.) HARMÔNIO.

cabo Fio condutor de sinais de áudio.

cabo coaxial Tipo de cabo elétrico composto de um fio fino de cobre, que carrega o sinal positivo e é isolado por plástico rígido, e uma malha metálica encapada com plástico ou borracha que conduz o sinal negativo e cobre o primeiro. Reduz a interferência eletromagnética (e conseqüentemente ruídos) no sinal.

cabocleiro Gênero de dança dramática do Espírito Santo.

caboclinhos Ver CABOCOLINHOS.

caboclo Dança do Sudeste brasileiro acompanhada por conjuntos de VIOLA DE ARAME e executada entre as cantorias.

caboclos Folguedo baiano de origem indígena.

cabocolinhos Grupos de dança do Nordeste brasileiro influenciados pela tradição indígena [var.: caboclinhos].

cabrette (fr.) Tipo de GAITA-DE-FOLES francesa.

cabrocha Mulata que dança o samba.

caçamba Designação popular para a CAIXA DE RESSONÂNCIA de instrumentos de cordas como o violão: "... eu sou a corda e você é a caçamba, palmeira do Mangue não nasce na areia de Copacabana" (Noel Rosa, *Feitiço da vila*).

caccia (it. lit.: caça) Espécie de declamação do século XIV cujo acompanhamento vocal consiste em uma estrutura de CÂNONE em que as vozes parecem se perseguir, caçar-se. Ver também ALLA CACCIA.

cacetão Ver DANÇA-DO-TIPITI.

cacetinho-cruzado Ver DANÇA-DO-TIPITI.

cacetinho-doido Ver DANÇA-DO-TIPITI.

cachê (fr. *cachet*; ing. *fee*, *gig*; esp. *bolo*, *hueso*) **1.** Pagamento para solista ou artista contratado como avulso. **2.** Serviço musical de natureza extraordinária. Fazer um cachê: apresentar-se em *show* ou evento avulso em troca de pagamento.

cachet (fr.) Ver CACHÊ.

cachimbo Dança e canto tradicional sem letra do Norte chileno, geralmente acompanhados por QUENA, METAIS e percussão.

cacho de uva No jargão do músico popular brasileiro, um acorde COMPLEXO, com muitas notas e de difícil leitura.

cachorra No jargão do FUNK CARIOCA, dançarina.

cachucha (esp.) Dança flamenca em COMPASSO TERNÁRIO da Andaluzia, chegou a ser tão popular quanto o BOLERO.

cacofonia (gr. *kakophonia*) Sons cujo choque de ondas chega a ser desagradável ao ouvido.

cadence (fr.) CADÊNCIA (acp. 1).

cadence évitée (fr.) CADÊNCIA INTERROMPIDA.

cadence phrygienne (fr.) CADÊNCIA FRÍGIA.

cadence plagale (fr.) CADÊNCIA PLAGAL.

cadência (lat. *cadentia*; *cadere*: cair; it. *cadenza*; fr. *cadence*; al. *Kadenz*) **1.** Relação harmônica conclusiva de uma frase, que define a tonalidade de um trecho ou aquele que virá a seguir. A cadência perfeita, final ou autêntica consiste na resolução de acorde de dominante para a tônica (V - I). A imperfeita termina no acorde de dominante, a interrompida ou de engano resolve para um grau inesperado da escala (por exemplo, VI), enquanto a plagal termina em um acorde de tônica que é antecedido por uma subdominante [var.: port. *cláusula*]. **2.** Na música popular e em especial no samba, palavra que significa balanço, regularidade no ritmo ("Quero morrer numa batucada de bamba, na cadência bonita do samba"). **3.** (it.) CADENZA.

cadência autêntica CADÊNCIA (acp. 1) cuja resolução se dá do acorde de DOMINANTE para o de TÔNICA [var.: cadência perfeita].

cadência completa CADÊNCIA (acp. 1) que segue a progressão TÔNICA (I) - SUBDOMINANTE (IV) - DOMINANTE (V) - tônica (I).

cadência deceptiva Ver CADÊNCIA INTERROMPIDA.

cadência de engano Ver CADÊNCIA INTERROMPIDA.

cadência do amém Ver CADÊNCIA PLAGAL.

cadência feminina Tipo de CADÊNCIA (acp. 1) em que a resolução no acorde final de tônica se dá no tempo fraco de um compasso, era bastante comum no Classicismo.

cadência frígia (fr. *cadence phrygienne*; ing. *phrygian cadence*; al. *phrygischer Schluss*) CADÊNCIA (acp. 1) cuja resolução se dá por um semitom acima da nota principal (fá, mi).

cadência imperfeita (it. *cadenza sospesa*) Diz-se quando a cadência termina na DOMINANTE [var.: meia cadência].

cadência incompleta Ver CADÊNCIA INTERROMPIDA.

cadência interrompida (it. *cadenza evitata*; fr. *cadence évitée*; ing. *avoided cadence*; al. *Trugschluss*) CADÊNCIA (acp. 1) em que o acorde de DOMINANTE (V), ao invés de resolver no acorde final, da TÔNICA (I), dirige-se para um outro, não-tônico, freqüentemente o VI grau [var.: cadência deceptiva, cadência de engano, cadência incompleta, falsa cadência].

cadência masculina CADÊNCIA (acp. 1) cuja resolução se dá em um acorde final de um compasso forte.

cadência perfeita Ver CADÊNCIA AUTÊNTICA.

cadência plagal (it. *cadenza plagale*; fr. *cadence plagale*; ing. *amen cadence*, *church cadence*; al. *plagale Kadenz*) Também chamada cadência do amém, devido ao seu emprego freqüente nos hinos religiosos, resolve da SUBDOMINANTE (IV) para a TÔNICA (I).

cadenciado No jargão do samba, o mesmo que ritmado. Ver CADÊNCIA (acp. 2).

cadenza (it.) Trecho de ÁRIA ou concerto em que o solista exibe sua virtuosidade. Geralmente desacompanhada, a *cadenza* a partir do Classicismo passou a se relacionar tematicamente com o MOVIMENTO, desenvolvendo-se na DOMINANTE para ao final concluir na TÔNICA.

cadenza evitata (it.) Ver CADÊNCIA INTERROMPIDA.

cadenza piana (it.) TERMINAÇÃO FEMININA.

cadenza sospesa (it.) CADÊNCIA IMPERFEITA.

cadenzato (it.) Cadenciado ritmicamente.

cadenza tronca (it.) TERMINAÇÃO MASCULINA.

cadete Espécie de pequeno ATABAQUE de JONGOS do interior paulista, é tocado com a ponta dos dedos.

caetê Semente de chocalhos como o MAÇAQUAIA.

cafezal Dança de grande lirismo apresentada na colheita do café cujos participantes volteiam com as peneiras em gestos coreográficos.

caiapó Tipo de CABOCOLINHOS que migrou para a região do rio Xingu via Minas Gerais e Goiás e ainda resiste no estado de São Paulo.

cair na folia No popular, entregar-se à festa do carnaval ou do FREVO.

caisse (fr. lit.: caixa ou caixa-clara) Espécie de tambor de membrana dupla percutido com BAQUETAS.

caisse de résonance (fr.) CAIXA DE RESSONÂNCIA.

caisse plate (fr.) Pequeno tambor militar.

caisse roulante (fr.) Pequeno tambor militar.

caisse sourde (fr.) Tambor militar.

caitituagem Na gíria carioca, a peregrinação que fazem cantores e compositores pelas rádios para divulgação de suas músicas e discos. Ver também JABACULÊ.

caiumba Dança do noroeste paulista ligada ao JONGO.

caixa 1. Ver CAIXA ACÚSTICA **2.** Ver CAIXA-CLARA.

caixa acústica Ou apenas parte de um sistema de amplificação que consiste em um móvel de madeira, fibra de vidro ou outro material em cujo interior são dispostos ALTO-FALANTES [var.: caixa].

caixa chinesa Ver BLOCOS CHINESES.

caixa-clara (it. *tamburo militare*, *tamburo piccolo*; fr. *caisse claire*; ing. *snare drum*; al. *Militärtrommel*) Espécie de tambor raso tocado com um par de BAQUETAS e tem o FUSTE rodeado por eixos metálicos verticais que servem para ajustar a tensão das PELES. Esticada sobre a pele inferior, uma ESTEIRA metálica (antigamente, de tripa ou corda) vibra quando a superior é percutida com as baquetas. Nas BANDAS MARCIAIS e nas ESCOLAS DE SAMBA, a caixa costuma ser executada presa à cintura do músico, em posição levemente inclinada para a direita. Na orquestra e na BATERIA (acp. 1) de *jazz*, costuma ser suspensa sobre um tripé metálico. A caixa-de-guerra, ou caixa de rufo, é uma espécia de caixa-clara de maiores dimensões. Destaques do uso do instrumento são o *Bolero* de Ravel, a orquestração do mesmo compositor para *Quadros de uma exposição*, de Moussorgsky, além das *Variações para orquestra*, de Elliot Carter.

caixa de cravelhas (ing. *peg box*) CRAVELHAME.

caixa-de-guerra 1. Ver CAIXA-CLARA. **2.** Pequeno TAROL usado em manifestações folclóricas.

caixa de música (it. *organetto automatico*, *scatola musicale*, *cariglione*; fr. *boîte à musique*; ing. *music boc*; al. *Spieldose*) Artefato metálico surgido no século XVIII, é dotado de uma peça interna (geralmente cilíndrica) que é girada por sistema de corda semelhante ao dos antigos relógios ou mecanicamente por uma manivela. Ao ser colocada em funcionamento, pinos de diferentes dimensões fixados na superfície do cilindro percutem contra lâminas de comprimentos diversos cuja vibração reproduz música ou trecho musical de curta duração.

caixa de ressonância (fr. *caisse de résonance*; ing. *sound box*; al. *Resonanzkörper*) Caixa oca de diversos instrumentos de cordas onde é afixado o braço e que serve, como o nome indica, como ressonador para as vibrações sonoras [var.: pop. caçamba].

caixa de rufo 1. Ver CAIXA-CLARA **2.** Ver CAIXA DE RULO.

caixa de rulo Espécie de CAIXA (acp. 1) sem ESTEIRA de dimensões maiores do que a CAIXA-CLARA [var.: caixa de rufo].

caixa de rufo Ver CAIXA DE RULO.

caixa grande Ver ZABUMBA.

caixa surda Ver SURDO.

caja vallenata (esp.) Tambor de mão colombiano. Ver também VALLETANO.

cajenjera ATABAQUE do CAMDOMBLÉ.

cajun Música folclórica norte-americana acompanhada por SANFONAS e RABECAS, foi introduzida por imigrantes canadenses, em geral colonizadores de origem francesa da Luisiânia. Sofreu grande influência da música sulina branca e daquela dos escravos negros.

cakewalk (ing. lit.: passo do bolo) **1.** Dança satírica de escravos negros norte-americanos do século XIX que ironizava os senhores brancos, foi uma das raízes do *jazz*. De *cakewalk* originou-se a expressão *to take the cake* (ficar com o prêmio). O nome se deve ao doce com que os dançarinos costumavam ser presenteados ao final da apresentação. **2.** *Software* de computador que é usado para criar e reproduzir acompanhamento de música popular por meio de CIFRAS, com ACORDES e ritmos pré-gravados [var.: *cake-walk*].

calabash Chocalho feito de CABAÇA (acp. 1) seca.

calamello (it.) BOMBARDA.

calamus (lat.) PALHETA (acp. 1).

calando Diminuindo progressivamente. Sugere que a música, a partir do ponto indicado, comece a esmorecer, como que calando a voz, o que às vezes também acontece com redução no ANDAMENTO.

calango 1. Música e dança improvisada de casais do Centro-Sudeste do Brasil em COMPASSO QUATERNÁRIO, costuma ser acompanhada por SANFONA ou REGIONAL. **2.** Dança brasileira de raízes africanas de certas regiões de Minas Gerais que lembra o COCO-DE-EMBOLADA alagoano.

calata (it.) Dança da Itália popular entre o século XV e início do século XVII.

calcando (it.) Marcando o tempo.

calebasse (fr.) CABAÇA (acp. 1).

caledonica (it.) FAGOTTINO.

calimiau (fr.) Corruptela de CHALUMEAU.

calipso Música caribenha da ilha de Trinidad, sofreu influência dos ritmos negros africanos e da música das Índias Ocidentais. Costumava acompanhar uma dança sensual cujo texto era geralmente de espírito satírico ou erótico.

call-and-response (ing. lit.: pergunta e resposta) **1.** Estilo vocal de origem africana que influenciou diversas correntes musicais dos negros norte-americanos. Uma seção de instrumentos executa um RIFF e é respondida por outra. **2.** No *jazz*, consiste nos *fours*, grupos de quatro compassos em que instrumentistas alternam solos em uma verdadeira competição. Ver também TAKE FOUR.

calliope Espécie de órgão acionado por um teclado cujo som era produzido por uma coluna de vapor d'água introduzida em seu interior. Inventado em meados do século XIX nos Estados Unidos, era utilizado para animar festas populares ao ar livre e até mesmo nas grandes embarcações de transporte, lazer ou turismo em rios como o Mississippi.

calma (it.) Com calma.

calmando (it.) Acalmando.

calmato (it.) Acalmado.

calore (it. lit.: calor) Na partitura, sugere execução com paixão.

calundu Denominação antiga para CAMDOMBLÉ.

calypso Ver CALIPSO.

camaleão Dança de casais do Rio Grande do Norte.

camalpa (it.) Tipo de BERIMBAU.

câmara Ver MÚSICA DE CÂMARA.

câmara de eco Dispositivo eletromecânico que produz efeitos de eco em sinal de áudio.

cambiare (it. mudar, trocar) **1.** Nas partituras antigas de orquestra, indica que o músico dos METAIS deve trocar uma VOLTA de seu instrumento, ou mesmo mudar para um outro de diferente afinação [var.: it. *muta*]. **2.** Entre SOPROS e percussão, indica que se deve trocar de instrumento.

cambiata (it. lit.: trocada) Na técnica CONTRAPONTÍSTICA do Barroco, uma nota estranha dissonante à harmonia inserida antes da RESOLUÇÃO [var.: nota cambiata].

câmera (it.) Ver MÚSICA DE CÂMARA.

camerata 1. Grupo de apresentações musicais e poéticas da Florença do final do século XVI, reunia-se em saraus artísticos nas residências nobres, como nas reuniões do conde Bardi. Pode ser considerada a precursora da ÓPERA. **2.** Modernamente, ORQUESTRA DE CÂMARA.
camisão Enorme pandeiro empregado às vezes na BATERIA (acp. 2) das ESCOLAS DE SAMBA.
Cammer-ton (al. lit.: tom de câmara) Afinação (aproximadamente 420 HERTZ) do diapasão utilizado na música de câmara barroca. A afinação moderna fica entre 440 e 443 Hz.
camminando (it. lit.: caminhando) Na partitura, sugere andamento calmo.
camp. Abreviatura de CAMPANA (acp. 2).
campa Espécie de MARACÁ duplo de metal do CAMDOMBLÉ baiano [var.: adjá].
campainha (fr. *cloche*; ing. *handbell*; al. *Glocke*) Espécie de sino de mão segurado pelo músico por uma haste ou suspenso por uma corda, é percutido com um pêndulo interno ou BAQUETA. Instrumento de afinação definida não-variável, costuma ser utilizado em jogo, um para cada nota [var.: campânula, campana, sineta, sino].
campainhas de vento (fr. *campanelles au vent*; al. *Messingpendelrassel*) Instrumento de percussão que consiste em uma série de pequenos sinos, tubos metálicos ou outro material, suspensos por fios em uma haste. Balançado ao vento, emite sons misteriosos [var.: sinos da felicidade].
campainhas de altar (it. *campanelli d'altare*; fr. *sonnettes d'autel*; ing. *altar bells*) Pequenos sinos de mão suspensos por uma haste, que são tocados durante a missa pelo celebrante.
campana 1. (it.; fr. *pavillon*; ing. *bell*; al. *Stürze*, *Schallbecher*) Extremidade em forma de sino (daí o nome) ou abóbada do lado oposto ao BOCAL, BOQUILHA ou PALHETA dos INSTRUMENTOS DE SOPRO [var.: pavilhão, campânula; it.: *padiglione*]. Ver também LIEBESFUSS. **2.** Ver CAMPAINHA. **3.** Instrumento de percussão semelhante ao COW-BELLS.
campana in alto (it.) BELLS UP.
campana in aria (it.) BELLS UP.
campane tubulare (it.) SINOS TUBULARES.
campanella (it.) **1.** CAMPANELLE. **2.** (sino) Efeito de ARPEJAR no ALAÚDE, notado em TABLATURA, que deixa soar as diversas notas de um acorde em vez de executá-las seguidamente em uma mesma corda, produzindo, conseqüentemente, um som mais seco.
campanelle (it; fr. *petites clochettes*; ing. *small cup bells*; al. *Schalenglöckchen*) Pequenos sinos [var.: *piccole campane*].
campanelle à vent (fr.) CAMPAINHA DE VENTO.
campanelle di vaca (it.) COW-BELLS.
campanelli (it.) GLOCKENSPIEL.
campanelli d'altar (it.) CAMPAINHAS DE ALTAR.
campanetta (it.) CHIMES.
campanette (fr.) GLOCKENSPIEL.
campaniça Ver BANDURRA.
campanologia Estudo da técnica de execução dos sinos.
campânula 1. CAMPAINHA. **2.** CAMPANA (acp. 1).
cana-do-reino Madeira utilizada na confecção de PALHETAS de instrumentos de sopro.
canal Na MÚSICA ELETRÔNICA, forma de comunicação de dados em linguagem MIDI.
canal de MIDI MÚSICA ELETRÔNICA, trilha para transmissão e recepção de dados.
canal message (ing.) Na MÚSICA ELETRÔNICA, mensagem MIDI empregada em determinado canal, e não na peça inteira.
canale 1. (corruptela de *canon*, gr. *kanon*) Espécie de SALTÉRIO levado para a Europa ocidental durante as Cruzadas. **2.** Ver QANOON.
canária Dança folclórica levada das ilhas Canárias para a Europa, onde se tornou popular no século XVII.
canário No jargão do músico popular brasileiro, cantor.
cana-verde 1. Uma das afinações da VIOLA DE ARAME. Ver também BOIADEIRA, CEBOLÃO, CEBOLINHA, CEBOLINHA-PELO-MEIO, GUITARRA, NATURAL. **2.** Dança de origem portuguesa, comum no Centro-Sul brasileiro até meados do século XX.
cancã Ver CANCAN.
cancan (fr.) Dança francesa em COMPASSO BINÁRIO surgida nos anos 1830, teve origem provável nas quadrilhas da Argélia e se tornou popular na Europa com as composições de Offenbach. Caracterizada por passos eróticos, para a época, como o emprego de movimentos em que as pernas das dançarinas são levantadas ao alto. Indispensável nos *saloons* norte-americanos do século XIX, aparece com enorme freqüência nos filmes de faroeste.

canção Genericamente, refere-se à música breve para canto acompanhado por instrumento, grupo ou mesmo desacompanhada. É encontrada nas mais diversas formas desde a remota Antiguidade. Por volta do século XII e especialmente a partir do século XIV, consolidaram-se na Itália e na França diversas formas de canção com acompanhamento instrumental, notadamente com Josquin des Près. Já no início do período Barroco tornaram-se populares na Inglaterra canções com acompanhamento de ALAÚDE, como as peças de John Dowland, um dos mestres do gênero. As canções do Barroco alemão cederam espaço para o LIED romântico, gênero do período por excelência, do qual Schumann e Schubert, entre outros, foram grandes mestres. A canção também teve seus expoentes entre os românticos russos, a exemplo de Glinka e Tchaikovsky, chegando a Debussy e deixando profundas influências na música do século XX.

canção cigana (it. *musica tzigana*; fr. *musique tzigane*; ing. *gipsy song*; al. Zigeunerlied) Canção de origem cigana, também se refere genericamente às melodias cantadas pelos ciganos ao redor do mundo.

canção de ninar Ver LULLABY.

canção de trabalho (it. *canto di lavoro*; fr. *chanson de travail*; ing. *work song*; al. *Arbeitslied*) Música de ritmo cadenciado e repetitivo com apenas duas ou três notas quase declamadas, servia para acompanhar e mesmo aliviar o fardo da execução de trabalho pesado, tanto na colheita de algodão pelos escravos do Sul dos EUA quanto nas pedreiras e obras de construção de ferrovias no Brasil. Nas casas de engenho, podia ser ouvida nas moendas e usinas de açúcar canções de escravos, a exemplo da conhecida: "... trabalha, trabalha, nego".

canção estrófica Forma de canção construída sobre versos em estrofes cuja melodia e acompanhamento são basicamente a repetição de uma estrofe inicial.

canção pastoril Ver MADRIGAL (acp. 1).

canção popular No Brasil, referência genérica à música popular brasileira.

canção séria Canção para voz acompanhada, de espírito profundo, em oposição à ÁRIA convencional.

cancelamento Extinção de uma alteração (bemol, sustenido etc.). Ver também BEQUADRO.

canción (esp. lit.: canção) Termo surgido no século XV. Ver CANÇÃO.

canción de cuña (esp.) LULLABY.

cancioneiro 1. No Brasil, designa um conjunto de canções populares. Ex.: cancioneiro popular do Nordeste, cancioneiro da Bahia. Ver também CANCIONERO. **2.** (fr. *chansonnier*; it. *canzoniere*; ing. *song-book*; al. *Liederhandschrift*) Livro de canções populares.

cancionero (esp. lit.: cancioneiro) No século XV, antologia poética declamatória ou cantada.

cançoneta CANZONETTA.

cancrizans (lat. *cancer*) Repetição, freqüente em CÂNONES, de determinado SUJEITO em ordem retrógrada, ou seja, com as notas de trás para a frente.

candeeiro 1. FANDANGO (acp. 3). **2.** Brincadeira infantil de canto e roda do Sudeste brasileiro [var.: candieiro].

candombe Dança de umbigada gaúcha.

candomblé Ritual ligado à feitiçaria, foi trazido ao Brasil pelos escravos africanos, mais precisamente os jejê-nagôs baianos, e é fortemente apoiado nos instrumentos de percussão. A partir da segunda metade do século XX, disseminou-se também na classe média urbana, recebendo nomes como macumba, no Rio de Janeiro, e xangô, em Alagoas. Ver também ATABAQUE.

candomblé de rua AFOXÉ (acp. 2).

candongueiro 1. Certo tipo de atabaque de tamanho médio comum no Nordeste brasileiro, costuma ser tocado com as pontas ou nós dos dedos das mãos. **2.** Tipo de atabaque pequeno, com sons agudos, usado em diversas manifestações do JONGO paulista.

cane-shucking song Entre os escravos negros das plantações norte-americanas, certo tipo de HARVEST SONG.

canhão seguidor No teatro de ópera, tipo de holofote de formato semelhante ao de um canhão que é controlado manualmente por um operador para acompanhar e focalizar detalhes da cena.

caninha verde Música de folguedos cariocas influenciada por ritmos africanos, teve origem na tradição folclórica portuguesa.

canivete Festança doméstica semelhante ao FACÃO, surgiu no interior do Recife no século XIX.

canja No jargão do músico popular, apresentação de um músico junto a um conjunto para, improvisadamente e sem receber CACHÊ (acp. 1), demonstrar suas habilidades musicais e instrumentais.

canna (it.) TUBO.

cannone (it.) CÂNONE.

cannons (ing.) (it. *coppo*; fr. *cerveau*; al. *Haube*) Braços que servem para suspender os sinos de igreja.

canon (lat.) **1.** Ver CÂNONE. **2.** Ver QANOON.

canon harmonicus (lat.) Ver MONOCÓRDIO.

canonical hours (ing.) Horas canônicas. Ver OFÍCIO.

cânone (lat. *canon*, sistema, regra; fr. ing. *canon*; al. *Kanon*) Na música, o cânone consiste em uma técnica de imitação a duas ou mais partes cujas origens remontam a meados do século XIII. Uma seção (ou movimento) é elaborada a partir de uma melodia inicial, que é iniciada em COMPASSOS diferentes entre outros instrumentos ou vozes. Um bom exemplo é a brincadeira de crianças sobre a francesa *Frère Jacques*. Pachelbel escreveu um cânone bastante popular. Ver também CÂNONE DUPLO, CÂNONE ESPELHO, CÂNONE ESTRITO, CÂNONE LIVRE, CÂNONE INVERTIDO, CÂNONE PERPÉTUO, CÂNONE POR AUMENTAÇÃO e CÂNONE POR DIMINUIÇÃO.

cânone circular Ver CÂNONE PERPÉTUO.

cânone duplo Tipo de CÂNONE em que as partes caminham aos pares.

cânone espelho Espécie de CÂNONE em que a segunda voz, ou conseqüente, é o retrógrado (ESPELHO, acp. 1) da primeira voz, ou antecedente.

cânone estrito Tipo de CÂNONE em que as partes conservam exatamente os intervalos da melodia original.

cânone invertido Espécie de CÂNONE composto de um tema e variações sobre sua inversão melódica (ESPELHO acp. 1).

cânone livre Tipo de CÂNONE em que as partes não obedecem rigorosamente aos intervalos da melodia original, guardando apenas semelhanças melódicas e harmônicas.

cânone perpétuo Espécie de CÂNONE em que as vozes podem alternar-se indefinidamente, em círculo, sem conclusão obrigatória. Bom exemplo é a brincadeira musical de crianças com o conhecido *Frère Jacques* ("... *dormez-vous, dormez vous...*") [var.: cânone circular].

cânone por aumentação Tipo de CÂNONE em que as vozes imitam o SUJEITO, porém com as durações alteradas, alongadas por aumentação.

cânone por diminuição Tipo de CÂNONE em que as vozes imitam o sujeito por um processo em que as durações das notas são alteradas, diminuídas por subtração.

canônico Relativo a CÂNONE.

cantabile Indica que a passagem deve ser executada pelo instrumento com espírito melodioso, de características cantantes.

cantador Figura popular no Nordeste brasileiro, apresenta-se sozinho ou improvisa embates musicais em dupla chamados desafios, certames em que dois ou mais participantes demonstram suas habilidades de improvisação melódica e poética sobre tema e forma predeterminados, acompanhando-se ao violão ou à VIOLA DE ARAME de dez cordas [var.: violeiro].

cantante (it.) Cantor (acp. 2).

cantar **1.** Entoar, emitir sons de altura definida. **2.** CHANTER (acp. 2).

cantare (it.) CANTAR (acp. 1).

canterellare (it.) Cantarolar.

cantarolar (it. *canterellare*; fr. *fredonner*; ing. *warble*; al. *Trällern*) Cantar distraidamente, sem acompanhamento e sem pretensões musicais.

cantata Gênero essencialmente religioso de música vocal, surgiu no início do período Barroco (principalmente na Igreja Luterana), tornando-se componente fundamental dos serviços religiosos. Teve entre seus grandes mestres Scarlatti, Vivald, Haendel e Bach. Este último, o mais importante cultivador da *cantata da chiesa* (cantata de igreja), distinguiu-se pelas formas mais elaboradas.

cantata coral Ver CORAL.

cantata da camera (it. lit.: cantata de câmera) Forma de CANTATA secular.

cantata da chiesa (it. cantata de igreja) Ver CANTATA.

cantata profana CANTATA não-religiosa. Expressão empregada particularmente com referência a obras como a *Carmina Burana*, de Orff, tida como precursora do gênero.

cantatrice (it.) Cantora.

cantatriz (port.) Cantora.

cante jondo (esp.: canto profundo) Canções tipicamente flamencas executadas com ou sem acompanhamento da região Sul da Espanha. O *cante jondo* possuía forte sotaque mourisco, pleno de características MELISMÁTICAS [var.: *cante profundo*].

cante profundo (esp.) Ver CANTE JONDO.

canti dei falgellanti (it.) GEISSLERLIEDER.

canticle (ing.) CÂNTICO.

cantico (it.) CÂNTICO.

cântico (lat. *canticum*; it. *cantico*; fr. *cantique*; ing. *canticle*) Hino litúrgico do rito da Igreja Romana que utiliza o Benedictus, o Nunc Dimittis e o Magnificat. Entre os anglicanos, pode referir-se a qualquer canto litúrgico.

canticum (lat.) CÂNTICO.

cantiga Na Idade Média, chamava-se cantiga uma melodia simples, MONOFÔNICA. Sua utilização entre espanhóis e portugueses trouxe-a ao Brasil, onde em tempos mais recentes passou a designar CANÇÃO, de forma genérica.

cantiga-de-berço ACALANTO.

cantilação (ing. *cantillation*) **1.** Na tradição judaica, o canto das escrituras. **2.** Certo tipo de cântico com características de RECITATIVO, comum nos ritos da liturgia hebraica.

cantilena (lat. *cantillare*, lit.: cantar em murmúrio) **1.** Canção repetitiva, lenta e monótona. **2.** Durante o século XIII, um tipo de POLIFONIA simples.

cantillation (ing.) CANTILAÇÃO.

cantino (it.) Corda mais aguda de diversos instrumentos (aquela que canta a melodia).

cantione sacræ (lat.) Canção sacra.

canto 1. Qualquer som musical ou de sentido musical emitido pelo homem, pelos pássaros ou outros animais. **2.** A voz mais aguda de uma estrutura musical (aquela que se reconhece como melodia).

canto ambrosiano O canto litúrgico da Igreja Católica medieval dividia-se em ambrosiano, galicano, gregoriano e moçárabe (que deu origem ao cantochão). O canto ambrosiano consolidou-se em Milão e cercanias em meados do século XI, graças à influência do arcebispo Ambrósio a partir do final do século IV. Guardadas as naturais identidades, o canto ambrosiano difere do gregoriano principalmente em virtude de seus atributos silábicos e MELISMÁTICOS [var.: canto milanês].

canto bizantino Música vocal característica da Igreja romana da época de Bizâncio.

canto de guerra Ver WAR SONG.

canto de trabalho Ver CANÇÃO DE TRABALHO.

canto di lavoro (it.) Ver CANÇÃO DE TRABALHO.

canto fermo (it.) CANTUS FIRMUS.

canto gregoriano O canto gregoriano surgiu com São Gregório, no século IX, a partir do CANTO ROMANO. Com a introdução da liturgia católica pelo Império Franco, uma vez implantado levou ao desaparecimento de seu antecessor.

canto milanês Ver CANTO AMBROSIANO.

canto romano Melodias litúrgicas surgidas a partir do século VII, permaneceram até o século IX, quando passaram a ser substituídas pelo CANTO GREGORIANO.

canto tirolês YODEL.

cantochão 1. (lat. *cantus planus*) Na Idade Média, o canto monódico da liturgia cristã, cujo ritmo baseava-se apenas nos contornos das frases e acentuações. **2.** Tipo de canto MONÓDICO utilizado em ritos litúrgicos, como o gregoriano, mais elaborado, e o ambrosiano, geralmente mais simples e A CAPPELA. Sua notação desenvolveu símbolos especiais e NEUMÁTICOS.

cantophone (it.) MIRLITON (acp. 1).

cantor (al. *Kantor*; fr. *chantre*) **1.** Solista nos ritos cristãos e judaicos, fazia as vezes de líder e mestre musical. Entre os luteranos alemães, o *Kantor* era tanto o responsável pela organização e apresentações em sua igreja quanto o professor de música da comunidade local. **2.** (port. fem. *cantatriz*; it. *cantante/cantatrice*; fr. *chanteur/chanteuse*; ing. *singer*; al. *Sänger*) Aquele ou aquela que canta.

cantoria 1. Na música folclórica brasileira, refere-se às manifestações típicas do Nordeste, a exemplo de louvações, emboladas e desafios. **2.** Designação genérica para diversas formas de desafio do Nordeste brasileiro.

cantoris (lat.) Ver DECANI E CANTORIS.

canturiano Ver CURURU.

canturino Ver CURURU.

cantus (lat. canto) Designava a melodia principal (mais aguda) da POLIFONIA. Derivada do gregoriano, a partir do século XII deu origem às primeiras formas polifônicas mais complexas.
cantus firmus (lat. lit.: canto fixo; it. *canto fermo*) No âmbito da POLIFONIA dos séculos XVI e XVII, designava uma melodia de CANTOCHÃO ou uma melodia já existente que era utilizada como base de uma composição polifônica; aparecia em geral na parte do tenor.
cantus mediocris (lat.) Música festiva do Renascimento.
cantus planus (lat.) CANTOCHÃO.
canzá GANZÁ (acp. 1 e 2).
canzona (it. *canzone*) Entre os séculos XVI e XVII, música POLIFÔNICA para conjuntos que teve em Pisano e Gabrielli alguns de seus mais importantes cultores. No período Barroco, foi a tradição da *canzona* que cedeu espaço e elementos para formas mais elaboradas, como a SONATA e a FUGA. Ver também CANZONETTA.
canzone (it. lit.: canção) **1.** Canção lírica curta, possivelmente originária da região de Provença, designa árias desprovidas de espírito narrativo, como *Voi che sapete*, da ópera *Bodas de Fígaro*, de Mozart. **2.** Tipo de canção; à maneira de canção.
canzone guerriera (it.) Canção de guerra.
canzonet (fr.) CANZONETTA.
canzonetta (it. lit.: pequena *canzona*; fr. *canzonet,* fr. al. *chansonnette*; port. cançoneta) **1.** Termo empregado por Mozart para referir-se tanto às ÁRIAS mais curtas e simples quanto às mais longas e sérias. **2.** Melodia POLIFÔNICA razoavelmente simples do final da Idade Média, como um pequeno MADRIGAL (acp. 1).
canzoniere (it.) CANCIONEIRO (acp. 2).
caoine Canto de funerais irlandeses.
capa de disco (ing. *record jack, record cover*) Invólucro de disco 33$^{1/4}$, 45 ou 78 rpm, serve tanto para proteger as trilhas das gravações em vinil ou massa quanto para fornecer na capa e contracapa ilustrações e informações sobre artistas e repertório gravado, assim como créditos de músicos e da produção. Os discos duplos, de dois invólucros, passaram a ser designados álbuns.
capela (it. *capella*) Designa, de maneira específica, conjunto de músicos que se dedicavam a funções litúrgicas e, de forma mais ampla, o local onde se realizavam os cultos. Músicos proeminentes nas comunidades européias do passado ocupavam posições de chefia nas capelas. Ver também A CAPELLA, KANTOR, KAPELLMEISTER.
capelinha de melão Auto do PASTORIL do Rio Grande do Norte, costuma ser acompanhado por VIOLAS DE ARAME, SANFONAS, RABECAS e percussão.
capo (it.; esp. *cejuela*) Início, princípio.
capo d'astro Ver CAPOTASTO.
capoeira Dança e música de origem africana bastante popular no Brasil, foi trazida de Angola pelos escravos bantos. Mescla coreografia e defesa pessoal em espetáculos de rara beleza, e costuma ser acompanhada por BERIMBAUS, CAXIXIS e GANZÁS. A dança prestava-se, inicialmente, para camuflar as lutas dos negros, geralmente realizadas em clareiras abertas no mato (chamadas capoeiras), razão pela qual sua prática foi proibida até o início do século XX. Nos dias de hoje, a capoeira é um esporte nacional com acompanhamento musical.
cappella (it.) Ver A CAPPELA.
capodastre (fr.) CAPOTASTO.
capotasto (it.; var.: it. *capo d'astro*; fr. *capodastre*; ing. *thumb position*; al. *Kapodaster*) **1.** A região mais aguda de instrumentos como o violoncelo e o contrabaixo, em que se faz necessário o emprego do dedo polegar para execução (daí ser conhecido também como posição do polegar). **2.** (al. *Saitenfessel*) Espécie de grampo que funciona como uma pestana ou traste móvel no violão, encurta o comprimento das cordas para facilitar a execução de passagens agudas ou em tonalidades diversas daquela escrita originalmente para a música [var.: braçadeira, pestana móvel].
capriccioso (it.) Caprichoso, com capricho.
caprìccio (it. lit.: capricho; fr. ing. *caprice*) **1.** Certo tipo de composição ou passagem musical geralmente virtuosística, escrita para ser executada com liberdade de interpretação. **2.** Gênero de composição instrumental do final do Renascimento italiano que, juntamente com a CANZONA e o RICERCARE, forneceu os

principais elementos para o desenvolvimento da técnica da FUGA.

caprice (fr.) CAPRICCIO (acp. 1).

capricho Ver CAPRICCIO (acp. 2).

cápsula 1. (fr. *pirouette*) Tipo de bocal onde são embutidas as PALHETAS duplas de instrumentos de sopro como o KRUMMHORN. **2.** Pequena peça de um TOCA-DISCOS, transforma as vibrações da agulha sobre os sulcos em sinais magnéticos, que por sua vez são enviados a um AMPLIFICADOR. **3.** Peça de microfone que funciona como captador.

caqueré CABAÇA (acp. 1).

cará Dança do FANDANGO (acp. 3) do Rio Grande do Sul [var.: caré].

caré Ver CARÁ.

caracaxá 1. Tipo de ganzá baiano. **2.** Tipo de GANZÁ do MARACATU [var.: cara-caxá].

caracol (port.) VOLUTA.

caramba BERIMBAU.

carangano (esp.) MARACA (acp. 1).

caranguejo 1. (lat. *cancer*) Parte que em certo tipo de composição CANÔNICA deve ser executada de trás para a frente. **2.** Dança do FANDANGO (acp. 3) do Sudeste brasileiro.

caraoquê Ver KARAOKÊ.

cardboard mute (ing.) SURDINA (acp. 1) de papelão de instrumentos de METAL (acp. 2) como o trompete.

cardióide (ing. *cardioid*) Tipo de MICROFONE DIRECIONAL que capta apenas os sinais emitidos por fonte próxima de sua CÁPSULA (acp. 3).

caré Ver CARÁ.

cariglione (it.) **1.** CARRILHÃO. **2.** CAIXA DE MÚSICA.

carillon (fr.) CARRILHÃO.

carillon de befroi (fr.) CARRILHÃO DE TORRE.

carillon di campane (it.) GLOCKENSPIEL.

carillon di torre (it.) CARRILHÃO DE TORRE.

carimbó 1. Espécie de ATABAQUE africano feito de tronco oco de árvores que é executado lateralmente, com o músico sentado sobre o FUSTE do instrumento. **2.** Dança do Norte brasileiro (em especial Pará e ilha de Marajó) ligada ao FANDANGO (acp. 3) que é acompanhada basicamente por instrumentos de percussão. Consiste em um desfile de louvor a São Benedito, que é considerado o padroeiro da raça negra. A festa termina com a escalada do pau-de-sebo (mastro do divino). **3.** Certo tipo de atabaque grande do Nordeste brasileiro. **4.** Em algumas regiões, RETUMBÃO.

carmagnole (fr.) Dança surgida durante a Revolução Francesa.

carmen (lat. século XV) Melodia.

carnatic sangeet Sistema musical do Sul da Índia.

carnática Ver MÚSICA INDIANA.

carnaval (lat. *carnelevare*, lit.: retirada da carne) Festa móvel profana que precede o início do jejum católico da Quarta-Feira de Cinzas, assume características próprias a cada local onde se realiza. É famoso o *Mardi-Gras* (terça-feira gorda) de Nova Orleans, celebração de rua de negros norte-americanos oriunda da tradição francesa. No Brasil, o carnaval é um festejo que teve origem no ENTRUDO, brincadeira de rua de características por vezes violentas introduzida pelos portugueses no século XVIII. O carnaval se realiza 40 dias antes da Semana Santa, entre sábado e terça-feira. O folguedo começa três dias antes da Quaresma cristã, e tem como maior atração as ESCOLAS DE SAMBA. Com seu SAMBA-ENREDO, cada escola costuma contar páginas da história do país, de seus personagens e instituições ilustres, ou fazer homenagens sobre temas diversos. Outras manifestações carnavalescas são o FREVO, principalmente no Recife, os TRIOS ELÉTRICOS, que surgiram na Bahia, além dos RANCHOS, BLOCOS e CORDÕES que tomam conta do país durante as comemorações.

carnavalesco Idealizador e diretor-geral do desfile de uma ESCOLA DE SAMBA.

carnavalito (esp.) Dança de origem boliviana acompanhada por CHARANGO, é geralmente executada durante o carnaval.

carol (ing.; fr. *noël*; al. *Weicnachtslieder*) Tipo de canção que teve origem na França, no final da Idade Média, alterna estrofes e BORDÕES com letras na maioria das vezes religiosas. Ver também CHRISTMAS CAROLS.

carole (fr.) Dança medieval muito difundida na Europa do século XIII. No século XIV cedeu lugar a outra dança cortesã, a BASSE-DANSE.

carrée (fr.) BREVE.

carreira 1. Nome popular para grupos de versos rimados, como os DESAFIOS. **2.** Verso empregado no CURURU.

carretilha DESAFIO.
carrilhão (it. *cariglione*; fr. *carillon*) Série de sinos cuja extensão pode chegar a três oitavas, o que permite a execução de melodias. Pode ser tocado manualmente, por meio de teclado ou artefatos mecânicos.
carrilhão de mão Sinos de diversos tamanhos e afinações, são empunhados por uma haste e costumam ser executados em bandas.
carrilhão de orquestra (ing. *bells*) Conjunto de SINOS TUBULARES de comprimentos diversos, são suspensos por uma haste e dispostos da esquerda para a direita do mais grave ao mais agudo.
carrilhão de torre (it. *carillon di torre*; fr. *carillon de befroi*; ing. *tower chimes*; al. *Turmglockenspiel*) CARRILHÃO de sinos de torre de igreja.
carrilhão-tira GLOCKENSPIEL.
carrillon (esp.) GLOCKENSPIEL.
carruscuba Baile de clubes dos subúrbios pobres do Rio de Janeiro.
carta da musica (it.) Papel de música.
carta vetrata (it.) BLOCOS DE LIXA.
casa (fr. *case*) **1.** Espaço entre dois TRASTES, em instrumentos como o violão, sobre o qual os dedos pressionam a corda. **2.** (it. *volta*; ing. *ending*) Indica que dois ou mais compassos assinalados e numerados no final de um trecho com sinal de repetição devem ser tocados da forma exata cada vez, como em casa de primeira (*prima volta*, ou primeira vez), casa de segunda (*seconda volta*, ou segunda vez) e assim sucessivamente.
casa de primeira (it. *prima volta*; ing. *first ending*) COMPASSO ou compassos finais diferenciados de um trecho ou movimento que será repetido com final diferente uma segunda vez.
casa de segunda COMPASSO ou compassos finais diferenciados de uma segunda repetição (após a CASA DE PRIMEIRA).
casabia (it.) CABAÇA.
casaca RECO-RECO do Espírito Santo em cuja haste de madeira costuma ser esculpida uma cabeça humana.
cascar PALITOS.
cascarda Dança agitada que foi muito popular na Europa do século XVI.
case (ing.) **1.** Estojo para instrumentos. **2.** CASA (acp. 1).
casiotone (it.) Tipo de órgão eletrônico.
cassa (it.) CAIXA-CLARA.
cassa armonica (it.) CAIXA DE RESSONÂNCIA dos instrumentos de cordas.
cassa chiara (it.) CAIXA-CLARA.
cassa di mettalo (it. lit.: bloco de metal) Instrumento empregado na percussão da orquestra.
cassa dei bischeri (it.) Caixa de CRAVELHAS [var.: *cassetta dei bischeri*]. Ver CRAVELHEIRA.
cassa rullante (it.) Tambor militar.
cassazione (it.) Gênero de música leve para orquestra do início do Classicismo italiano que era geralmente apresentada ao ar livre.
cassetta (it.) ESTOJO.
casseta dei piroli (it.) CRAVELHAS.
cassetta dei bischeri (it.) [var.: *cassa dei bischeri*] CRAVELHEIRA.
cassette (fr. lit.: pequena caixa) Fita magnética de gravação de tamanho reduzido, é embutida em uma pequena caixa plástica e surgiu comercialmente em meados dos anos 1960. Abreviatura [K7].
cassette recorder (ing.) Gravador de fita CASSETE.
cast Abreviatura de CASTANHOLAS.
castanhetas CASTANHOLAS.
castanholas (esp. *castañuelas*; lit.: pequenas castanhas; fr. *cliquettes*, *nacchere*, *castagnettes*; ing. *castagnets*, *clappern*; al. *Kastagnetten*) Instrumento geralmente identificado com as danças flamencas, deve sua origem ao CRÓTALO grego. Desde 3000 a.C., os egípcios já utilizavam um instrumento que consistia em duas hastes em forma de bumerangue, percutidas entre si. As castanholas são formadas por duas pequenas peças de madeira (geralmente ÉBANO ou pau-rosa) ou marfim, em formato de concha, que são atadas entre si por um cordão que atravessa orifícios abertos na extremidade superior. São suspensas pelo cordão, à volta do polegar, e percutidas aos pares pelos dedos médios e anelares contra as palmas das mãos, alternada ou simultaneamente. O par da mão esquerda é maior, e é chamado macho, enquanto o da mão direita, chamado fêmea, é menor. Na orquestra, emprega-se um tipo de castanhola presa na extremidade de uma haste que, quando sacudida, faz percutir suas conchas contra ambos os lados de uma placa de madeira. Surge na

orquestra na ária Habanera da ópera *Carmen*, de Bizet, no Concerto nº 3 para piano, de Prokofiev, e na *Antigonae*, de Orff. Abreviatura [cast]. Ver também ATABAL (acp. 3).

castelhana (esp. *castellana*) Dança da região de Castella. Ver também SEGUIDILLA.

castilha Diz-se de cada uma das FAIXAS (acp. 1) laterais do violino.

castrado (port.) CASTRATO.

castrat (fr.) CASTRATO.

castrati (it.) Plural de CASTRATO.

castrato (port. castrado; al. *Kastrat*) Voz masculina de REGISTRO (acp. 1) agudo que guarda enorme semelhança com as vozes femininas. Foi muito popular na Europa, especialmente nas igrejas e na ópera italiana dos séculos XVII e XVIII, quando os homens tinham que substituir por imposição os papéis femininos. Os *castrati* eram treinados ainda antes da puberdade, período em que seus genitais (testículos) eram mutilados para impedir o desenvolvimento hormonal e, conseqüentemente, as características vocais de um homem adulto. Um dos grandes virtuoses *castrati* foi Farinelli (1705-82), SOPRANO masculino italiano que alcançou fama ainda jovem. O último verdadeiro *castrato* conhecido foi Alessandro Moreschi, cantor da Capela Sistina romana [var.: it. *sopranista*].

catá PALITOS.

catacá Espécie de RECO-RECO de madeira.

catalán (esp.) Dança da Catalunha espanhola.

catch (ing. lit.: pegar, agarrar) Espécie de CÂNONE de espírito satírico, humorístico ou mesmo obsceno para duas a quatro vozes masculinas A CAPPELA, comum em festejos ingleses do século XVI. Ver também ROUND.

categute (ing. *catgut* lit.: tripa de gato; al. *Darmsaite*) Material, geralmente retirado do intestino de um carneiro, que serve para confeccionar a chamada CORDA DE TRIPA.

catena (it.) BARRA HARMÔNICA.

catene (it.) CORRENTES.

cateretê Dança de origem indígena do Centro, Nordeste e algumas regiões do Sudeste brasileiro. Foi difundida entre os brancos pelos missionários jesuítas, que camuflavam seus cânticos com elementos da tradição nativa com o intuito de atrair os silvícolas para seus cultos. Formada por dois grupos liderados cada um por um VIOLEIRO, era acompanhada por palmas e sapateados. Em algumas regiões, também pode surgir designando de forma genérica danças como o samba. Ver também CATIRA.

catgut strings (ing.) CORDA DE TRIPA.

catimbau Ver CATIMBÓ.

catimbó Canto religioso arrastado (para Mário de Andrade, quase RECITATIVO) de forte influência indígena, mistura elementos da Igreja Católica com crenças tribais e pode ser encontrado no Nordeste e em algumas regiões do Norte brasileiro [var.: catimbau].

catira Dança brasileira de origem indígena acompanhada por palmas, sapateado e instrumentos como a VIOLA DE ARAME. Confunde-se com o CATERETÊ e é dançado por grupos de homens ou de mulheres. A catira tem início com uma introdução dos mestres VIOLEIROS, chamada cabeçalho, e termina com um RECORTADO (acp. 1), cuja letra é geralmente satírica.

catopês Ver CATUPÉS.

catreta Aquele que é "bamba", verdadeiro mestre entre os sambistas.

catuba No interior do Brasil, BOMBO.

catulé Dança recifense de umbigada ligada ao PASTORIL.

catupés Dança de rua semelhante ao MARACATU ligada à tradição dos escravos de Minas Gerais e do Rio de Janeiro [var.: catopês].

cavaco Designação popular no Brasil para CAVAQUINHO.

caval Antigo instrumento de sopro búlgaro de 50 a 80 cm de comprimento.

cavalaria Toque de CAPOEIRA que no passado servia para avisar aos jogadores sobre a aproximação da polícia.

cavalete (it. *ponticello*; fr. *chevalet*; ing. *bridge*; al. *Steg*) Peça de madeira cuja finalidade, além de sustentar as cordas dos instrumentos, é transmitir as vibrações ao tampo. Na família do violino, o cavalete é de madeira, cortado de forma a dispor os VEIOS naturais perpendicularmente ao tampo. No violão e na maioria dos instrumentos de cordas dedilhadas, o cavalete é geralmente confeccionado em madeira com anteparo de osso, marfim ou plástico. Entre os instrumentos de cordas elétricos, o cavalete costuma ser ajustável individualmente para cada corda e feito de aço, latão ou outro metal.

cavalgata Desfile e duelo de lanças e espadas entre cavaleiros vestidos de vermelho e azul, representando as lutas entre cristãos e mouros durante a ocupação da Península Ibérica. Pode ser encontrada tanto no extremo sul do Brasil quanto em Minas Gerais e na Bahia [var.: cavalhada].

cavalhada Ver CAVALGATA.

cavalo-marinho Ver BOI-CALEMBA.

cavaqueiro No jargão popular, aquele que toca CAVAQUINHO [var.: cavaquinista].

cavaquinho 1. Instrumento de quatro cordas (ré-sol-si-ré) pinçadas, originou-se da tradição musical portuguesa, razão pela qual é também conhecido como BRAGUINHA (instrumento português típico do distrito de Braga). Seu formato lembra o de um pequeno violão, e costuma ser executado junto ao peito do músico com uma pequena PALHETA (acp. 2), que serve para pinçar as cordas. É instrumento indispensável nos grupos de CHORO, fazendo parte de destaque no acompanhamento e dividindo freqüentemente com a flauta transversal e o BANDOLIM o papel de solista [var.: port. machete, machinho, rajão, violinha] **2.** Dança ligada ao FANDANGO (acp. 3) paulista conhecida pelo refrão "... trepa Antônio, siri tá no pau, eu também vou tirar o cavaco do pau".

cavaquinista Ver CAVAQUEIRO.

cavata (it. lit.: separada) **1.** Tipo de passagem semelhante a uma pequena ÁRIA, comum no final de RECITATIVOS dos séculos XVII a XIX. **2.** Certo tipo de melodia instrumental lenta.

cavatina (it.) **1.** Tipo de ÁRIA lenta e simples surgida na Itália do final do Classicismo, era geralmente cantada após o RECITATIVO. **2.** Passagem semelhante a uma ária curta, utilizada em algumas óperas na Europa dos séculos XVIII e XIX. Compositores como Beethoven aproveitaram-se do espírito da cavatina em obras instrumentais.

cavidades de ressonância Ver RESSOADORES.

caviglia (it.) CRAVELHA DE PIANO.

caxambu 1. ATABAQUE da tradição afro-brasileira geralmente maior do que o instrumento convencional, é encontrado no Centro-Sudeste e costuma ser tocado em danças como o JONGO e a dança homônima (ver acp. 2). **2.** Dança de roda improvisada e rápida de origem africana do Centro-Sudeste brasileiro e ligada ao JONGO paulista, costuma ser acompanhada por atabaques e tambores como o CANDONGUEIRO, o TAMBU e o CAXAMBU (acp. 1).

caxixi Chocalho feito de vime ou palha trançada, em cujo interior são colocadas sementes. Acompanha diversas manifestações populares, como o COCO e a CAPOEIRA.

CB Ver CBX.

c-bout (ing.) CORTE EM C.

cbx. Abreviatura de CONTRABAIXO [var.: CB].

CD (abreviatura do ing. *Compact Disc,* lit.: disco compacto). Pequeno disco de leitura ótica, criado pela Philips em 1979 e desenvolvido pela Sony, permite gravação e reprodução digitais de altíssima pureza. O surgimento do CD possibilitou não apenas a gravação e reprodução comparáveis a uma apresentação ao vivo, como também a REMASTERIZAÇÃO de gravações antigas, ou seja, a recuperação com eliminação de chiados e ruídos, arranhões e filtragem dos sons de fitas de áudio e LP's para execução nos sistemas digitais modernos.

CD-ROM (ing. *Compact Disc Read Only Memory*, lit.: disco compacto de memória apenas para leitura). Disco com informações digitalizadas de áudio e vídeo para utilização em equipamentos de multimídia.

cebell Dança da Inglaterra barroca em COMPASSO BINÁRIO, semelhante à GAVOTA.

cebolão Afinação da VIOLA DE ARAME comum em algumas regiões de Minas Gerais, São Paulo, Goiás e Paraná. As cordas soltas podem ser afinadas em ACORDES de mi maior (mi-si-sol sustenido-mi-si) ou ré maior (ré-lá-fá sustenido-ré-lá. Ver também BOIADEIRA, CEBOLINHA, RIO-ABAIXO, GUITARRA, NATURAL.

cebolinha Uma das afinações da VIOLA DE ARAME.

cebolinha-pelo-meio Uma das afinações da VIOLA DE ARAME.

cédez (fr. lit.: ceda) Na partitura, sugere redução gradual de andamento.

cegarrega Ver MATRACA (acp. 1).

cego Dança levada para Sergipe pelos portugueses no início do século XIX.

cejuela (esp.) CAPO.

cel. Abreviatura de CELESTA.

celere (it.) Rápido.

celesta (it.; fr. *glockenspiel à clavier*; ing. *dulvitone*) Instrumento de percussão de teclado que se assemelha a um pequeníssimo piano de armário. Foi inventado no final do século XIX pelo francês Auguste Mussel e possui um mecanismo como o do piano. Seus pequenos martelos com pontas de feltro percutem um jogo de lâminas de metal semelhantes às de um GLOCKENSPIEL. Acredita-se que tenha sido empregado pela primeira vez em uma orquestra na *Suíte quebra-nozes* (1892), de Tchaikovsky. Seu emprego merece registro em *Música para percussão, cordas e celesta*, de Bartók, *Concertino*, de Luciano Berio, e na *Sinfonia nº 5*, de Shostakovich [var.: tipofone, piano de vidro]. Abreviatura [cel].

celestina Instrumento de arco e teclado inventado em Londres por Adam Walker por volta de 1770. Quando um conjunto de teclas era pressionado, as cordas correspondentes eram friccionadas por uma faixa de pano por meio de um pedal.

cello Ver VIOLONCELO.

Cellone (al.) Instrumento alemão antigo semelhante ao VIOLONCELO, porém maior e afinado uma quarta abaixo, caiu rapidamente em desuso.

célula O menor segmento de um trecho musical.

celtic harp (ing.) CLARSACH.

cembal d'amour Tipo de CLAVICÓRDIO inventado por Gottfried Silbermann no início do século XVIII. Suas longas cordas eram percutidas por martelos na metade de seu comprimento, duplicando a região de vibração e proporcionando enorme riqueza de HARMÔNICOS.

Cembalo (al., it.) **1.** CRAVO. **2.** Um dos REGISTROS do órgão de tubos.

cembalo a martelli (it. lit.: cravo de martelos) FORTEPIANO.

cembalo traverso (it. lit.: cravo transversal) ESPINETA.

cena 1. Palco de ÓPERA. **2.** Seção de um ATO de ópera.

cenário (it. *scena, scenario*; fr. *décor*; ing. *scenery, décor*; al. *Bühnenbild*) Conjunto de objetos, fundos móveis, dispositivos, telões e demais efeitos que fazem parte da montagem visual da cena de uma ÓPERA.

cencerro (esp.) Grande COW-BELLS cubano. Ver também CINCERRO (acp. 1).

cenografia Técnica de elaboração de CENÁRIOS.

cenógrafo Técnico encarregado da CENOGRAFIA.

center bout (ing.) CORTE EM C.

center detent Espécie de marca ou nó em um botão de dispositivo eletrônico que ajuda o executante a localizar a posição central do controle.

center of bow (ing.) Ver COL MEZZO D'ARCO.

cento 1. Espécie de colagem de peças ou trechos musicais de diversos autores. Ver também CENTONIZAÇÃO. **2.** Subdivisão de $^1/_{100}$ de TOM INTEIRO, unidade de uso comum na música MICROTONAL.

centonização Estilo de composição litúrgica que empregava motivos melódicos e ritmos preexistentes, como no gradual e no RESPONSÓRIO. Ver também CENTO (acp. 1).

centro No jargão do CHORO, o papel desempenhado pelo CAVAQUINHO.

centro tonal O centro que define a tonalidade de uma peça.

cepo (it. *somiere*; fr. *somier des chevilles*; ing. *tuning board*; al. *Stimmstock*) Nos pianos, CRAVOS e instrumentos do gênero, caixa onde são afixadas as CRAVELHAS.

ceppi chinosi (it.) BLOCOS CHINESES.

ceppi di carta vetro vetro (it.) BLOCOS DE LIXA.

cerana Música e dança da fronteira eslovaco-polonesa.

cercar la nota (it.) Artifício empregado por cantores, consiste em emitir uma nota antecipando a sílaba seguinte. É comum na música popular, embora não seja mais aceito no canto erudito.

ceres (al.) Dó dobrado bemol.

cerra-baile Música que encerra os bailes do Sul do país, como a SAIDEIRA [var.: fecha-baile].

cerveau (fr.) CANNONS.

cervelas (fr.) RACKET.

cervelat (fr.) RACKET.

cervellata (it.) RACKET.

cervelatto (it.) Instrumento de sopro de PALHETA (acp. 1) dupla feito de madeira similar ao RACKET inglês, era comum no Renascimento italiano.

cervellata (it.) RACKET.

ces (al.) Dó bemol.

cesura (lat. lit.: *cæsare*: cortar) Silêncio, interrupção súbita ou respiração, costuma ser representada pelos símbolos [´] e [//].
cetera (it. *cettera*) Ver CETRA.
ceterofone Espécie de CISTRE grande dos séculos XVI e XVII, possuía BORDÕES (acp. 2) semelhantes aos da TIORBA.
cetra (it. *cettra*) Instrumento italiano de quatro cordas metálicas derivado da LIRA, presume-se uma variação da *khitara* grega. Vivaldi intitulou *La Cetra* (1728) uma série de doze concertos para instrumentos de cordas [var.: cetera]. Ver também CISTRE.
cettra (it.) CETRA.
cettera (it.) Ver CETRA.
cettra a percussione (it.) TYMPANON.
cetula (it.) Espécie de CITOLE.
C extension (ing.) Ver EXTENSOR.
cfag (it.) Abreviatura de CONTRAFAGOTE.
chacarera (esp.) Dança popular dos Andes.
chace (fr. lit.: caça) Na França do início do século XIV, formas CANÔNICAS a duas e três vozes que representavam freqüentemente sons de pios de pássaros.
chachachá Dança popularizada no mundo inteiro nos anos 1950, originou-se a partir de um gênero lento do mambo cubano associado ao DANZÓN [var.: cha-cha-cha, mambo duplo].
chacoina (port.) CHACONNE.
chacona (port. esp.) CHACONNE [var.: *chacoina*].
chaconne (fr.; it. *ciaccona*; esp. *chacona*; ing. *chacony*) Dança barroca em COMPASSO TERNÁRIO lento. Peça instrumental semelhante à PASSACAGLIA italiana, consiste em variações sobre uma linha de baixo ou sobre uma progressão harmônica predefinida. É muito conhecida a *Chaconne para Violino Solo*, de Bach, peça de extrema dificuldade para o instrumento [var.: chacoina].
chains (ing.) CORRENTES.
chaînes (fr.) CORRENTES.
chala-chala Dança andina dos índios aymará e quíchua em homenagem a Pachamama, a grande mãe.
chalamo (fr.) CHALUMEAU.
chalemelle (fr.) CHALUMEAU.
chalemie (fr.) CHALUMEAU.
chalimio (it.) CHALUMEAU.
chalimo (it.) CHALUMEAU.
chalumeau (it. *chalimio*, *chalimo*; fr. *chalamo*, *chalamelle*, *chalemie*, *schalamaux*; esp. *salmò, salmoè, scahlumò*) **1.** Instrumento de PALHETA (acp. 1) dupla semelhante à moderna CLARINETA, surgiu na França por volta de 1690. Ver também CHARAMELA. **2.** Registro mais grave da clarineta, cuja sonoridade mais aveludada lembra a do antigo CHALUMEAU (acp. 1).
chama Nome popular para ATABAQUE no litoral do Nordeste brasileiro.
chamada e resposta Ver CALL-AND-RESPONSE.
chama-de-puíta Pequeno tambor, do tamanho de uma CUÍCA, utilizado em danças folclóricas do Rio Grande do Norte.
chama-rita CHIMARRITA.
chamois horn (fr.) GEMSHORN.
chance music (ing. lit.: música do acaso) MÚSICA ALEATÓRIA.
changko Espécie de tambor coreano.
chanson (fr. lit.: canção) Termo que a partir de meados do século XII passou a designar certo tipo de música de concepção POLIFÔNICA do Renascimento. Sofreu forte influência do MADRIGAL (acp. 1) italiano no século XVI, época em que também era conhecida como *voix de ville* (voz da cidade), expressão que mais tarde deu origem ao coloquial VAUDEVILLE. Já no Romantismo, a *chanson* surge como forma típica francesa, em contraposição ao LIED alemão, nas obras de Debussy, Fauré e Ravel.
chanson d'amis (fr. lit.: canção de amigos) Tipo de CHANSON DE TOILE.
chanson de femmes (fr. lit.: canções de mulheres) Tipo de CHANSON DE TOILE.
chanson de geste (fr. lit.: canção de gesta) Tipo de CHANSON DE TOILE. Canção francesa de espírito épico do século XII.
chansons dei flagellanti (it.) GEISSLERLIEDER.
chanson de mal marriés (fr. lit.: canções de malcasadas) Tipo de CHANSON DE TOILE.
chanson de toile (fr. lit.: canção de tecido, pano) No século XIII, gênero de canção que descrevia, na maioria das vezes, uma jovem que espera pacientemente, a fiar, o retorno do amado. Esse tipo de canção descritiva também podia ser classificado, conforme o sentido do texto, como *chanson d'histoire*, *de femmes*, *d'amis* ou *de mal marriées*.
chanson de travail (fr.) Ver CANÇÃO DE TRABALHO.

chanson d'histoire (fr. lit.: canções de história) Tipo de CHANSONS DE TOILE.
chansonnette (fr.) CANZONETTA.
chansonnier (fr.) **1.** A partir do século XIII, livro de CHANSONS. **2.** Músico que compunha e cantava chansons no século XIII. **3.** CANCIONEIRO (acp. 2).
chanson royale (fr.) Ver SERVENTOIS.
chant (fr.) Canto.
chant de guerre (fr.) Canto de guerra.
chant du départ (fr. lit.: canto da partida) Gênero vocal de espírito épico surgido durante a Revolução Francesa.
chant du ritour (fr. lit.: canto do retorno) Gênero vocal de espírito épico surgido durante a Revolução Francesa.
chante-avant (fr.) Espécie de líder de REFRÃO de coros na França da Idade Média.
chanter (fr. lit.: cantar) Tubo metálico da GAITA-DE-FOLES que, soprado, enche o FOLE do instrumento.
chantey Ver SHANTY.
chantre (fr.)Ver CANTOR.
chants d'Auvergne (fr.) Canções francesas da região de Auvergne.
chanty Ver SHANTY.
chapaka tal Na MÚSICA INDIANA, um TAL incomum de oito batidas.
chapecao (de *chapecar*, que entre os indígenas do Chile significa fazer tranças) Dança tradicional chilena.
chapel (ing.) KAPELLE.
chapelle (fr.) KAPELLE.
chapel-master (ing.) KAPELLMEISTER.
chapéu Dança variante do SARANDI de Goiás.
character piece (ing.) PEÇA CARACTERÍSTICA.
Charakterstück (al.) PEÇA CARACTERÍSTICA.
charamela Família de instrumentos de sopro que inclui a BOMBARDA e o CHALUMEAU.
charan Na MÚSICA INDIANA, tema e variação sobre ritmo SINCOPADO.
charanga 1. Conjunto de instrumentos de SOPRO da Festa do Divino do folclore brasileiro. **2.** Instrumento andino de cordas dedilhadas que utiliza uma carcaça de tatu como CAIXA DE RESSONÂNCIA. **3.** Grupo de MAMBO cubano.
charivari (fr. lit.: bagunça) **1.** Brincadeira musical de festas de casamento que homenageia os noivos, utiliza qualquer objeto que possa produzir ruído, acompanhando cantos freqüentemente indistintos e de sentido irônico, em geral sem tonalidade definida. **2.** (al. *Katzenmusik*) Cantoria ou música de sons desagradáveis e desafinados.
charleston (ing.) **1.** Dança de ritmo sincopado popular entre os norte-americanos da Carolina do Sul, deriva do FOXTROT e surgiu na primeira metade do século XX, possivelmente na cidade homônima. **2.** CONTRATEMPO (acp. 2).
charrango Antigo instrumento folclórico rudimentar de percussão da região central do Chile, faz as vezes de violão. Consiste em duas garrafas deitadas nas extremidades de uma prancha de madeira que funcionam à guisa de CAVALETES, entre as quais se esticam quatro cordas de arame.
chasing (ing. lit.: caçando) Busca de sincronização entre um gravador ou SEQÜENCIADOR e a máquina principal (*master machine*).
chave 1. Na notação musical tradicional, o símbolo [{], que une duas ou mais pautas e delimita o sistema que compõe a escrita da pauta do piano, quarteto, orquestra ou outros grupos. **2.** (fr. *clef*; it. *chiave*; al. *Klappe*) Entre os instrumentos de sopro da família das MADEIRAS, peça de um mecanismo composto de um jogo de alavancas que acionam pequenas tampas com SAPATILHAS, cobrindo e descobrindo os orifícios do tubo em combinações próprias, produzindo as diferentes notas. A partir da metade do século XIX, o sistema de chaves desenvolvido por BOEHM, na Alemanha, revolucionou a execução e possibilitou o apuramento do sentido de afinação das madeiras e a ampliação da extensão desses instrumentos.
chave de afinador (it. *chiave per accordare*; fr. *accordoir*; ing. *tuning key*; al. *Stimmeisen*) Ferramenta usada pelo afinador de harpa, piano e cravo, entre outros instrumentos.
chave do polegar (it. *foro del pollice*; fr. *clef du pouce*; ing. *thumb hole*; al. *Daumenklappe*) Chave dos instrumentos da família das MADEIRAS que é acionada pelo polegar da mão esquerda.
chaveamento Sistema de CHAVES de um instrumento de sopro, como a clarineta e a flauta. Ver BOEHM.
chazanim Ver MÚSICA JUDAICA.
cheerful (ing.) Ver ALLEGRO.

chef (fr) Chefe, líder, maestro.
chef d'attaque (fr. lit.: chefe de ataque) SPALLA.
chef de choeur (fr. lit.: chefe de coro) REGENTE de coro.
chef de fanfare (fr.) Regente de bandas e FANFARRAS.
chef d'orquestre (fr. lit.: chefe de orquestra) REGENTE de orquestra.
chegança 1. Dança sensual do FANDANGO (acp. 1) português não relacionada à CHEGANÇA brasileira, foi proibida por D. João V em 1745, por considerá-la imoral. **2.** Dança e canto da região Nordeste e Centro-Sudeste brasileira, costuma ser acompanhada por tambores e TARÓIS plenos de RUFOS de espírito militar. A chegança de marujos, primeira parte do AUTO, é embalada por cantos melodiosos. Na encenação, uma luta sangrenta entre cristãos e mouros termina com a rendição desses últimos, que, sitiados e vencidos, são finalmente batizados. **3.** Dança folclórica de origem portuguesa ligada às festividades natalinas, arraiga-se às tradições das lutas contra os mouros na Península Ibérica, durante a ocupação. Costuma fazer-se acompanhar por instrumentos como violões, VIOLAS (acp. 3), PÍFAROS, tambores, pandeiros e às vezes METAIS.
chegança de marujos Ver CHEGANÇA e MARUJADA.
chegun Na MÚSICA INDIANA, padrão rítmico de seis batidas por tempo.
chekker (ing.) Instrumento de teclado do século XIV, como o CLAVICÓRDIO.
chelys Ver MÚSICA GREGA.
cheng 1. Instrumento de cordas dedilhadas da China antiga, assemelha-se ao SITAR indiano e possui pequenos CAVALETES independentes para cada uma de suas 12 ou 16 cordas. **2.** Instrumento de sopro chinês, é uma espécie de GAITA-DE-BOCA construída com uma cumbuca à qual são afixados tubos de bambu [var.: *sheng*].
chere XERE.
chest of viols (ing.) Grupo de instrumentos ingleses da família das antigas VIOLAS (acp. 2) de arco, é formado geralmente por duas VIOLAS (acp. 2) sopranos, duas tenores e duas VIOLAS DA GAMBA.
cheville (fr.) Ver CRAVELHA. Ver também CRAVELHA DE PIANO.
cheville à vis (fr.) MICROAFINADOR.
chevillier (fr.) CRAVELHEIRA.
chiamata (it.) Tipo de FANFARRA de caçadores.
chiarentana (it.) Dança popular italiana [var.: *chiarenzana*].
chiarenzana (it.) Ver CHIARENTANA.
chiaroscuro (it.) CLARO-ESCURO.
chiave (it. lit.: chave) **1.** CHAVE (acp. 1). **2.** CLAVE.
chiave de basse (it.) CLAVE DE FÁ [var.: *chiave de fa*].
chiave de contralto (it.) CLAVE DE DÓ na terceira linha.
chiave de fa (it.) CLAVE DE FÁ [var.: *chiave de basse*].
chiave del police (it.) CHAVE DO POLEGAR.
chiave de sol (it.) CLAVE DE SOL.
chiave de tenore (it.) CLAVE DE DÓ na quarta linha.
chiave de violino (it.) CLAVE DE SOL.
chiave per accordare (it.) Ver CHAVE DE AFINADOR.
chiavette (it.) Na notação musical, SISTEMA que combina as quatro claves utilizadas na escrita POLIFÔNICA.
chiavetti (it.: pequenas chaves) A segunda das claves da POLIFONIA vocal. As demais se chamam *chiavi naturali* (claves naturais) e *chiavetta bassa* (de registro mais grave).
chiavi naturali Ver CHIAVETTI.
chicago blues Gênero de BLUES de contornos melódicos e rítmicos agressivos. Deriva das tradições do Mississippi norte-americano e teve em Muddy Waters um de seus grandes expoentes.
chicka-chung Ver SON.
chico 1. Dança de roda de casais ligada ao FANDANGO (acp. 3) do Sul-Sudeste brasileiro, costuma ser acompanhada por VIOLEIROS e sapateado dos dançarinos. **2.** Ver FLAMENCO (acp. 1).
chico-do-porrete Dança do Rio Grande do Sul semelhante ao MOÇAMBIQUE, cujos participantes empregam porretes, simulando lutas de espadas. Costuma ser acompanhada por palmas, sapateado e às vezes AGOGÔS e tambores. Na Bahia, chama-se MACULELÊ.
chicote (ing. *slapstick* ou *whip*; fr. *fouet*; al. *Peitsche*) Instrumento de percussão cujo efeito passou a ser empregado na orquestra sinfônica a partir do final do século XIX, con-

siste em duas placas de madeira que, presas à extremidade de uma haste, são percutidas com vigor uma contra a outra, produzindo o efeito de um forte estalido.

chiesa (it.: igreja) Música instrumental religiosa (da *chiesa*) em contraposição a da *camera* (de salão).

chifre Ver BERRANTE.

chifre de vaca Instrumento suplementar de percussão da orquestra sinfônica.

chihn Na MÚSICA INDIANA, elementos de notação.

chikari Na MÚSICA INDIANA, as notas tocadas nas cordas inferiores (*drone*) do SITAR.

chilena Dança de roda de forte influência gaúcha do FANDANGO (acp. 3) do estado do Rio de Janeiro cujos participantes usam botas e esporas.

chimarenga Ver CHIMURANGA.

chimarrete Ver CHIMARRITA (acp. 1).

chimarrita 1. Certa coreografia de valsas do interior brasileiro. **2.** Espécie de FANDANGO (acp. 3) tradicional do Rio Grande do Sul e Sul-Sudeste brasileiro influenciada pela POLCA, foi introduzida no Brasil por portugueses vindos da Ilha da Madeira. Costuma ser acompanhada por VIOLAS DE ARAME [var.: chimarrete, chama-rita, limpa-banco, limpa-branco].

chimes (ing.; de *chime-bells*; fr. *clochettes*; it. *campanetta*) **1.** Conjunto de sinos. **2.** Pequenos sinos de mão. **3.** GLOCKENSPIEL.

chiming clock (ing.) RELÓGIO DE MÚSICA.

chimarenga CHIMURANGA.

chimuranga Música criada durante a luta pela independência do Zimbabwe, empreendida pelos ativistas liderados por Thomas Mapfumo. É permeada de mensagens políticas e de contestação ao regime político da época, e absorveu fortemente influências do REGGAE jamaicano [var.: chimarenga].

chin Ver QIN.

chinchin Ver MARACA (acp. 1).

chin music (ing. lit.: música de queixo) PAROLAGEM, música falada como o TALKING BLUES.

chinese blocks (ing.) BLOCOS CHINESES.

chinese gong GONGO.

chinese wind chimes (ing.) SINOS DE VENTO chineses.

chinfrim 1. Dança popular dos subúrbios pobres cariocas do início do século XX, tal qual o MAXIXE. **2.** Local onde era dançado o chinfrim. **3.** ARRASTA-PÉ.

ching-ching Antiga dança paraense ligada à Folia do Divino, era acompanhada por VIOLAS DE ARAME e chocalhos amarrados aos tornozelos dos dançarinos.

chin rest (ing. lit.: descanso de queixo) ESPALEIRA.

chiocciola (it.) VOLUTA.

chiphonie (fr.) VIELA DE RODA.

chique-chique Tipo de GANZÁ do MOÇAMBIQUE mineiro.

chirimia 1. (esp.) SHAWM. **2.** (it.) BOMBARDA.

chironomie (fr.) QUIRONOMIA.

chirula (it.) GALUBÉ.

chistu Pequena flauta de origem basca.

chitarra (it.) GUITARRA (acp. 1).

chitarra bassa elettric (it. lit.: guitarra baixo elétrica) BAIXO ELÉTRICO.

chitarra battente (it.) Espécie de guitarra italiana barroca de cinco cordas.

chitarra elettrica (it.) GUITARRA ELÉTRICA.

chitarra francese (it.) QUINTERNE. Ver GITTERN.

chitarra hawaïenne (fr.) GUITARRA HAVAIANA.

chitarrone (it., homenagem à *kithara* grega; fr. *theorbè*) Instrumento de cordas pulsadas. BAIXO da família do ALAÚDE. Surgiu na Itália ao redor de 1580, tocado por um dos membros da Camerata Fiorentina, advindo do ideal de acompanhamento da monodia, no chamado estilo recitativo. Devido à grande extensão de baixos, dava sustentação harmônica à voz. Em *Le nueve musiche* (1602) Giulio Caccini afirma ter sido o inventor do instrumento, entretanto Cavaliere em *Rappresentatime de anima e di corpo* (1600) atribui sua invenção a Antonio Naldi, il Bardella, em Florença (1592). O *chitarrone* e a TIORBA eram sinônimos e designavam o mesmo instrumento que possuía dois CRAVELHAMES, contendo 14 cordas, 6 na escala, ou seja dedilháveis com a prima e a segunda cordas com afinação reentrante, e oito baixos soltos formando uma escala diamétrica. A afinação era a seguinte: lá-mi-si-sol-ré-lá sol-fá-mi-ré-dó-si-lá-sol. O intrumento tornou-se importante com o desenvolvimento do baixo-contínuo, entrando para a orquestra barroca.

chitata Ver M'BIRA.

chiuso (it. lit.: fechado) Na execução da TROM-

PA, técnica que exige o emprego da mão direita dentro da CAMPANA (acp. 1) para abafar as notas. Ver também BOCCACHIUSA.

chô Ver MÚSICA JAPONESA.

choc Abreviatura de chocalho.

chocaio Corruptela de chocalho.

chocalho (it. *raganella*, *chocolo*; fr. *crécelle*; ing. *ratchet*, *rattle*; al. *Klapper*, *Knasse*, *Ratsche*, *Schüttenrohr*) Termo genérico para artefatos metálicos, de madeira, palha ou plástico em cujo interior são colocados grãos de arroz, pequenas pedras, bolas de metal ou sementes. Toca-se sacudindo-o ou percutindo-o no ar, contra uma das mãos, pernas ou qualquer objeto. Ver também AFOXÉ (acp. 1), AGUÊ, CABAÇA (acp. 1), CAETÊ, CALABASH, CAXIXI, CHOCALHO-DE-VARA, CINTO-CHOCALHO, CONGUINHO, CUCUMBI, DZO, GANZÁ, GOURD, GRANZAL, GUAIÁ, MAÇAQUAIA, MACAXÁ, MARACA, MARACÁ (acp. 1), MATUNGA (acp. 2), PAIA, PAU-DE-SEMENTE, PENERIA, PERNANGUMA, SHEKERE [var.: chocaio, xocalho, xocaio]. Abreviatura [choc.].

chocalho-de-vara Instrumento dos índios tukunas brasileiros, também pode ser encontrado em formato semelhante no Paraguai e na Califórnia norte-americana. É feito de um longo bambu ou madeira oca, cheia de sementes ou pedras, e costuma ser percutido contra o chão.

choeur (fr.) Coro.

chofar Ver SHOFAR.

choir (ing) Coro de música sacra. O termo *chorus*, em inglês, é empregado preferencialmente com referência à música secular.

choir organ (ing.) ÓRGÃO DE CORO.

choked (ing. lit.: sufocado) Entre os instrumentos de percussão, indica que o som deve ser abafado.

chops (ing. lit.: golpes fortes, como pancadas ou machadadas) **1.** Ataques violentos. **2.** Na gíria norte-americana, destreza técnica, como na frase *He has chops* (ele tem domínio técnico, tem ótima técnica).

choquella Espécie de quena de maiores dimensões.

Chor (al.) Coro. Usado em expressões como *gemischter Chor* (coro de vozes mistas).

chor (fr.) Coro.

chorado Tipo de LUNDU paraense dançado com fortes batidas dos pés no chão.

chorale Na liturgia luterana, hino.

chorale figurado (it.) Certo tipo de obra coral que faz uso recorrente de uma mesma figura musical.

choral prelude (ing.) PRELÚDIO CORAL.

Choralvorspiel (al.) PRELÚDIO CORAL.

chorão Músico de CHORO.

choraula Flautista de coro.

chord (ing.) **1.** ACORDE. **2.** Entre os instrumentos de cordas da orquestra, ACCORDI.

chord change (ing.) Mudança de ACORDE.

chord flute (ing.) FLAGEOLET.

chording (ing.) POSIÇÃO (acp. 3).

chord progression (ing.) PROGRESSÃO HARMÔNICA.

chordè (gr.) CORDA.

chorea (lat.) Certa dança medieval.

chorean blocks (ing.) TEMPLE BLOCKS.

Choreographie (al.) COREOGRAFIA.

Chorgesang (al.) Canto coral.

chorinho Tipo de choro de melodia suave. Ver também CHORO.

choris Instrumento de cordas inventado pelo suíço naturalizado brasileiro Walter Smetak, consiste em um longo braço afixado em uma CABAÇA (acp. 1), por sua vez interna a outra, que juntas servem de dupla CAIXA DE RESSONÂNCIA.

Chorknabe (al.) Cantor infantil.

Chormitglied (al.) Cantor de coro.

choro Música popular urbana brasileira de espírito melancólico (daí o nome) que mesclou estilos europeus como SCHOTTISCHES e POLCAS ao samba; é essencialmente improvisada, e exige certo grau de proficiência técnica dos instrumentistas. No Rio de Janeiro do final do século XIX, músicos de choro tocavam em salões, festas e residências, trazendo as novidades da Europa e misturando-as aos ritmos brasileiros de origem africana que levaram à nova música popular. A tradição chorona, que permanece nos dias de hoje, emprega instrumentos como FLAUTA TRANSVERSAL, CAVAQUINHO, BANDOLIM, OFICLEIDE, violões de seis e sete cordas, BAIXO DE PAU, TROMBONE, CLARINETA, SAXOFONE, PANDEIRO, SURDO e eventualmente voz. Alguns dos grandes intérpretes e compositores do choro foram Pixinguinha, Waldir Azevedo, Jacó do Bandolim, Dinho Sete Cordas, Altamiro Carrilho,

Anacleto de Medeiros, Ademilde Fonseca e grupos como os recentes Galo Preto e As Choronas, entre inúmeros outros.

choro-canção CHORO cantado de caráter melodioso, suave [var.: choro cantado].

choro cantado CHORO-CANÇÃO. Ver também SAMBA-CHORO.

choro de rua Samba de rua.

Chor (al.) REFRÃO [var.: *Kehrreim*].

chor-ton (al.; ing. *cornett-ton*) Afinação mais alta (aproximadamente um SEMITOM acima) de diapasão empregada nos órgãos da Alemanha a partir do século XVIII. Visava facilitar a execução junto a outros instrumentos por meio de um de timbre mais brilhante.

chorus 1. (fr.) Coro. **2.** (ing.) Na linguagem do *jazz*, a estrutura formal de uma música, sobre cuja seqüência harmônica o instrumentista improvisa. *(to) Take a chorus*: improvisar uma vez sobre toda a extensão do TEMA. **3.** Em MÚSICA ELETRÔNICA identifica um recurso que simula efeito de coro aplicando-se uma repetição com um mínimo de atraso. **4.** (al.) REFRÃO.

chotiça Variante portuguesa do SCHOTTISCH, é na verdade uma espécie de POLCA em andamento menos movido.

chótis Ver XÓTIS.

Christmas carols (ing. lit.: canções de Natal) Melodias com versos (estâncias) e refrão simples, associadas às festividades natalinas. Ver também CAROL.

chouwai bwa Ritmo nativo das ilhas de Martinica e Guadalupe.

chromatic (ing.) CROMÁTICO.

chromatic bass-horn (ing.) SERPENTÃO.

chromatic gong (ing. lit.: gongo cromático) GONGO de altura definida.

chromaticism (ing) CROMATISMO.

chromatik (al.) CROMÁTICO [var.: al. *chromatische(s)*].

chromatisches Basshorn (al. lit.: *basshorn* cromático) SERPENTÃO.

chromatisme (fr.) CROMATISMO.

chronomètre (fr.) Aparelho criado por Loulié no século XVII para marcar o tempo musical. Ver também METRÔNOMO.

Chrotta (al.; it. *crotta*) CROWTH.

chula 1. Gênero de música vocal e instrumental e dança de origem árabe do Noroeste português, assemelha-se à RUSGA e pode ser encontrado especialmente nas regiões dos rios Douro e Tâmega. Emprega a VIOLA AMARANTINA e a RABECA CHULEIRA, um instrumento de braço muito curto e registro agudo, que acompanham o desafio de cantador e cantadeira. **2.** Canto introdutório da CAPOEIRA que segue a LADAINHA (acp. 2). **3.** Dança de influência portuguesa como o FANDANGO (acp. 3) do Sul brasileiro, mesclou-se ao LUNDU e à UMBIGADA no século XIX. Costuma ser acompanhada por VIOLAS (acp. 3), violões, castanholas e GANZÁS. **4.** Dança e música de escravos dos engenhos de açúcar da região do Recôncavo baiano, do século XVII ao final do século XVIII. A tradição da chula baiana está ligada à luta pela sobrevivência física e espiritual, mas não se esquiva de introduzir elementos de rara sensualidade.

church cadence (ing.) CADÊNCIA PLAGAL.

chûte (fr. lit.: queda) No período Barroco, ornamentos como a APPOGGIATURA, ou ainda a antecipação em um ACORDE.

chutta Na MÚSICA INDIANA, os aros acolchoados do FUSTE de uma TABLA.

ciaccona (it.) CHACONNE.

cialamella (it.) BOMBARDA.

ciarda (port.) CSÁRDÁS.

cibell Tipo de música inglesa do século XVIII que deve sua origem a um modelo de canção cunhado em homenagem à deusa Cibelle.

cíclico Circular. Diz-de formas como o CÂNONE ou, no século XIX, de um mesmo tema que ressurge em diversos movimentos. Ver também FORMA CÍCLICA.

ciclo 1. Programa centrado na obra de um compositor ou estilo de época: ciclo Beethoven, ciclo Bach, ciclo romântico. **2.** Em ACÚSTICA (acp. 1), a volta completa de determinada onda sonora no espaço de tempo de um segundo.

ciclo de quintas (ing. *circle of fifths*) dó-sol-ré-lá-mi-si-fá sustenido-dó sustenido-sol sustenido-ré sustenido-lá sustenido-mi sustenido-si sustenido.

cielito (esp. lit.: pequeno céu) Dança de música declamada do Rio Grande do Sul que mescla influências do samba interiorano. Costuma ser acompanhada por um REGIONAL.

cierre (esp.) Tipo de BREQUE da SALSA cubana.

cifra 1. Na partitura barroca, números e sinais que, dispostos junto às notas da linha do baixo, indicavam a ordenação dos sons dos acordes. Ver também BAIXO CIFRADO e BAIXO-CONTÍNUO. **2.** Na música jazzística e na teoria aplicada à música popular, símbolos que, representados por letras de A a G, acidentes e algarismos junto às palavras ou notas escritas, definem os acordes.

cifrado Que foi harmonizado por meio de CIFRAS.

cifragem (al. *Bezieferung*) Seqüência de CIFRAS.

cifrar Dotar de cifras, harmonizar por CIFRAS.

cimbali (it.) Pratos.

cimbali antichi (it. lit.: pratos antigos) CRÓTALOS.

címbalo (it. *cinelli*; ing. *cymbal*) Nome genérico para pratos.

címbalo condutor Ver PRATO CONDUTOR.

cimbalom Instrumento da tradição folclórica húngara originário do DULCIMER. Compõe-se de uma base de madeira que serve de CAIXA DE RESSONÂNCIA como na CÍTARA, e um número freqüentemente grande de cordas que são percutidas com pequenos martelos ou BAQUETAS. Kodály empregou o *cimbalom* na suíte *Hári János*.

címbalos de dedos (ing. *finger cymbals*) Instrumento de percussão originário de regiões como Marrocos e Oriente Médio. Consiste em pequenos pratos metálicos (geralmente de latão ou bronze), presos entre os dedos indicador e polegar ou polegar e médio, que são percutidos um contra o outro. Ver também TESTOS.

cimpoi Espécie de GAITA-DE-FOLES.

cincerro (esp. *cencerro*) **1.** Espécie de sino feito de material metálico que costuma ser amarrado ao pescoço da rês, é percutido por um badalo suspenso em seu interior conforme a movimentação do animal. Toca à medida que o gado anda, facilitando a localização da rês. **2.** Tipo de sino desprovido de badalo, geralmente percutido com um bastão de madeira ou metal. Richard Strauss emprega instrumento semelhante em sua *Sinfonia alpina*, para evocar ambiente pastoril.

cinelli (it.) CÍMBALO.

cinque pas (fr.) Dança de cinco passos.

cinto-chocalho Espécie de chocalho feito de conchas, caramujos e pequenos búzios dos índios tukunas brasileiros. É amarrado na cintura e emite sons durante os rituais de dança.

cintura (fr. *gorge*; ing. *waist*; al. *Hals*) Parte média dos instrumentos de cordas onde o corpo se estreita, como no violino e no violão.

ciranda Dança de crianças, que de mãos dadas formam pequenos ou grandes círculos. Alterna no centro da roda um participante por vez, que canta e dança sozinho.

cirandinha Pequena CIRANDA.

circle breathing (ing.) RESPIRAÇÃO CIRCULAR.

círculo de quintas Modo gráfico de visualizar as doze tonalidades da ESCALA CROMÁTICA, em seqüência que obedece a uma progressão em intervalos de quinta justa (dó-sol-ré-lá-mi etc.).

cis (al.) Dó sustenido.

cisco Conjunto de acompanhamento da FOLIA DE REIS em algumas regiões do Nordeste brasileiro.

cisis (al.) Dó dobrado sustenido.

cístola Um tipo antigo de CISTRE.

cistre (fr., ing., al.; it. *cetra*) Instrumento PIRIFORME semelhante ao ALAÚDE, foi utilizado na Europa a partir do século XVI. Costumava ser executado com um PLECTRO e possuía até nove cordas e dimensões diversas, que variavam com a tradição de cada região. Era geralmente dotado de TRASTES, e na região média do braço havia uma espécie de corte por onde deslizava o polegar esquerdo, visando facilitar a execução. Ver também ORFEOREON, PANDORA e POLYPHANT.

cistre basse (fr.) ARQUICISTRE.

cítara (gr. *kithara*; ing. *cithara*) Instrumento de cordas feito de madeira mais importante da Antiguidade greco-romana, distinguia-se pela ausência de escala (local fixo onde se encontram as notas) e, invés desta, dois braços em forma de U (ver LIRA) que subiam verticalmente desde a base. Uma trave cruzava transversalmente o instrumento perto de sua extremidade superior, onde eram atadas as cordas. A caixa de ressonância da cítara podia ter duas variantes: retangular (a mais comum), tocada somente pelos homens, um pouco menor que a primeira, com fundo arredondado, referida como cítara de berço e tocada somente pelas mulheres. Aplicava-se a mesma técnica na cítara e na lira, a mão esquerda por detrás das cordas, permitindo ao executante pulsá-las arpejando ou abafando as notas, sendo a função da mão direita tocar com o auxílio de uma palheta, ou PLECTRUM, que também podiam escorregar levemente por todas as cordas, fazendo o efeito de GLISSANDO. Ao redor do século IV a.C., tornou-se o instrumento preferido dos profissionais, instituindo-se uma nova arte de solo.

cítara-harpa Instrumento renascentista que mesclava características da CÍTARA e do SALTÉRIO.

cítera Ver CÍTARA.

citerna GITTERN.

cithara (ing.) CÍTARA.

Cithrinchen (al.) Espécie de CISTRE em formato de sino, criado na Alemanha do século XVII.

citole Instrumento renascentista que antecedeu o CISTRE e a CISTERNA. O termo surge da mesma raiz latina, *cetera* ou *cetra*. O primeiro registro data provavelmente de 1487, em um tratado de Jean Tinctoris.

cittern Instrumento renascentista de formato PIRIFORME com trastes e fundo chato cujas cordas metálicas eram beliscadas ou pinçadas.

ciufolo (it.) **1.** PICCOLO. **2.** FLAUTA DE PÃ.

cl Abreviatura de CLARINETA.

clachette (it.) SAPATEADO (acp. 1).

claquetes (fr.) SAPATEADO (acp. 1).

clair (fr. lit.: claro) Na técnica do canto, uma voz aberta, de dicção compreensível.

clair-obscur (fr.) CLARO-ESCURO.

clairon (fr.; ing. *clarion*; al. *hohe Trompete*; port. *clarino*, *claro*) Pequeno CLARIM [var.: *clarion*].

clam (ing. lit.: ostra) No jargão dos músicos norte-americanos, uma nota errada, que entra em choque com o restante do conjunto.

clap (ing.) Bater. O termo é também encontrado em expressões como *to clap hands* (bater palmas).

clapper (ing.) BADALO.

clappern (ing.) CASTANHOLAS.

claquebois (fr.) XILOFONE.

claquer (fr. lit.: estalar) Entre os instrumentos de cordas da orquestra, efeito percussivo do arco.

clarabella (it.) FLAUTA DOCE.

clarichord (ing.) CLAVICÓRDIO.

clarim (it. *biucolo*; fr. *clarien*) Instrumento de METAL (acp. 2) semelhante ao TROMPETE, porém de tubo um pouco mais delgado. Não possui VÁLVULAS e é soprado através de um BOCAL em forma de taça. A extensão do clarim depende da habilidade do executante, mas os sons possíveis de serem extraídos pelo sopro natural são limitados apenas à FUNDAMENTAL (acp. 2) e alguns parciais. É empregado nos dias de hoje em toques solenes de atividades militares. Ver também CLARION.

clarinet (ing.) CLARINETA.

clarineta (it. *clarinetto*; fr. *clarinette*; ing. *clarinet*; al. *Klarinette*) Instrumento criado por volta de 1690 por Johann Christoph Denner, possuía inicialmente apenas duas ou três chaves e alguns orifícios. De tubo cônico e PALHETA (acp. 1) única, é construído em madeira, tem os orifícios abertos e cobertos por meio de CHAVES e é geralmente afinado em si bemol, dó, lá ou ré. Evoluiu do antigo CHALUMEAU, instrumento precursor cujo nome atualmente serve para designar o REGISTRO (acp. 1) mais grave e suave do instrumento moderno. Assim como a flauta, sofreu uma grande modificação quando Klosé, professor do Conservatório de Paris, juntamente com o construtor Auguste Buffet, incorporou o sistema de chaves desenvolvido por BOEHM em meados do século XIX e introduziu uma pequena peça intermediária chamada barrilete. Outros instrumentos da família são o BASSET HORN (de formato curvado, foi empregado em algumas obras de Mozart), o CLARONE (clarineta baixo, o mais grave, cujo formato é semelhante ao de um SAXOFONE), e a REQUINTA (mais agudo). Passou a integrar permanentemente a orquestra sinfônica a partir do Classicismo, e consagrou-se também como instrumento solista de importância nos conjuntos de *jazz* e CHORO. O repertório para o instrumento é razoavelmente amplo, citando destaques como o *Concertino para clarinete, fagote e orquestra*, de Richard Strauss, a *Rapsódia*, de Débussy, as *Variações*, de Hindemith, e peças diversas de Berg, Brahms, Milhaud, Schumann, Weber e Saint-Saëns, entre diversos outros. Na BANDA SINFÔNICA, a clarineta é utilizada em grande número para fazer o papel das cordas de uma orquestra. Benny Goodman foi um dos grandes virtuoses do *jazz*, enquanto na cena orquestral brasileira destacam-se Sérgio Burgani, Edmilson Nery, Montanha e José Botelho [var.: clarinete]. Ver também CLARINETE ALTO, CLARONE e CLARINETE CONTRABAIXO. Abreviatura [cl].

clarineta baixo Ver CLARONE.

clarinete (fr. *clarinette*) CLARINETA.

clarinete alto (it. *clarinetto alto*; fr. *clarinette alto*; ing. *alto clarinet*; al. *Altklarinette*) Instrumento de sopro de PALHETA (acp. 1) simples da família das CLARINETAS, é afinado em mi bemol e foi criado por Müller no final do século XVIII. Na prática, é utilizado quase somente em BANDAS MARCIAIS [var.: requinta].

clarinete baixo Ver CLARONE.

clarinete contrabaixo (it. *clarinetto contrabbasso*; fr. *contrebasse clarinette*; ing. *contrabass clarinet*, *double bass clarinet*, *bathyphone*; al. *Kontrabassklarinetten*) Instrumento criado por Fontaine-Besson em Paris, no final do século XIX, e registrado com o nome de *clarinette-pédale*. Dificilmente é usado nos conjuntos sinfônicos, exceção feita a algumas raras peças como o *Concerto nº 2 para orquestra*, de Gunther Schüller.

clarinette (it.) CLARINETA.

clarinette alto (fr.) CLARINETE ALTO.

clarinette-pédale (fr.) Ver CLARINETA.

clarinetto basso (it). Ver CLARONE. Abreviatura [cl-b].

clarinetto (it.) CLARINETA.

clarinetto alto (it.) CLARINETE ALTO.

clarinetto basso (it.) CLARONE.

clarinetto contrabbasso (it.) CLARONE.

clarino (it.) **1.** O REGISTRO (acp. 1) agudo da TROMPA. **2.** O registro agudo da clarineta. **3.** Na Itália do século XVIII, CLARINETA. **4.** CLARION.

clarion (ing.) Espécie de TROMPETE curto medieval [var.: it. *clarino*, *claro*].

claro 1. CLARION. **2.** Na técnica do canto, timbre aberto, oposto ao SOMBRA.

claro-escuro (it. *chiaroscuro*; fr. *clair-obscur*) Na técnica vocal, diz-se da voz que alia de maneira ideal o controle de formas opostas de emissão, como a VOZ DE PEITO e a VOZ DE CABEÇA.

clarone (it. *clarinetto basso*; fr. *clarinette basse*, *basse guerrière*; ing. *bass clarinet*; al. *Bassklarinette*) Instrumento de voz grave da família das CLARINETAS, é afinado em si bemol ou lá, e possui uma silhueta semelhante à do SAXOFONE, embora seja construído em madeira. Em 1971, um exemplar elaborado de forma semelhante a um BASSE-TUBE foi apresentado por Gilles Lot. No final do século XVIII o clarone foi introduzido nas bandas marciais no lugar do FAGOTE, uma vez que possuía toque mais potente. Foi empregado por Wagner, em *Tristão e Isolda* (1857-59), Tchaikovsky, na *Suíte quebra-nozes* (1892), Stravinsky, em *Petrouchka* (1911) e Richard Strauss, em *Dom Quixote* (1897) [var.: clarineta baixo]. Abreviatura [cl-b].

clàrsach (ing. esc.; it. *arpa celtica*, *arpa irlandesa*; fr. *harpe celtique*; ing. *clarserth*; al. *keltische Harfe*) HARPA CELTA primitiva. Ver também HARPA [var.: *clarserth*].

clarserth (ing.) CLÀRSACH.

classical music (ing.) MÚSICA CLÁSSICA.

classic blues BLUES clássico surgido nos auditórios de Nova York e Chicago.

clássico 1. Ver MÚSICA CLÁSSICA 1. **2.** Popularmente, diz-se da qualidade de determinado compositor ou música, eruditos ou não, cujos atributos artísticos e estéticos fazem autor ou obra adquirir uma relativa permanência na memória dos ouvintes através das gerações. Tom Jobim é considerado um clássico, *Summertime* é um clássico do *blues* e a *Aquarela do Brasil* é um clássico do samba.

classique (fr.) Clássica, clássico.

cláusula (lat. *clausula*) Na Idade Média, a conclusão de uma passagem. Ver também CADÊNCIA (acp. 1).

clavas Instrumento de percussão que consiste em um par de bastões de madeira, foi utilizado na orquestra sinfônica em obras como *Circles*, de Luciano Berio.

clave (it. *chiave*, lit.: chave; ing. *key*; fr. *clef*) Símbolo que, colocado no início de cada pauta (e às vezes no meio de uma peça ou movimento, antes de uma modulação), indica as notas que cada uma das linhas e espaços representarão na leitura musical de determinada obra. As principais claves são as de sol na segunda linha (clave de soprano), dó na terceira (de tenor) e quarta (de alto) linhas, e fá na quarta linha (clave de baixo) (ing. *soprano clef, tenor clef, alto clef* e *bass clef*). Há também claves menos comuns nos dias de hoje, como a de sol na primeira linha.

clavecin (fr.) CRAVO.

clave de sol (ing. *treble clef, G clef*; al. *G-Schlüssel, Violinschlüssel*; fr. *clef de sol*; it. *chiave de sol, chiave de violino*) CLAVE empregada na partitura para as vozes soprano e contralto e instrumentos de registro mais agudo.

clave de alto Ver CLAVE DE DÓ.

clave de dó 1. (al. *Altschlüssel*; ing. *alto clef*; it. *chiave di contralto*; fr. *clef d'ut, troisième ligne*) Quando na terceira linha da pauta, representa a clave de alto, própria de instrumentos como a viola orquestral. **2.** (al. *Tenorschlüssel*; ing. *tenor clef*; it. *chiave de tenore*; fr. *clef d'ut, quatrième ligne*) Na quarta linha da pauta, clave de tenor, própria de instrumentos como o violoncelo.

clave de fá (it. *chiave de fa, chiave di basse*; ing. *bass clef*; fr. *clef de fa*; al. *Bass-Schlüssel*) A chamada CLAVE de baixo, para vozes e instrumentos de REGISTRO (acp. 1) mais grave.

clave de sol (ing. *treble cle*; al. *G-Schlüssel, Violinschlüssel*) CLAVE de soprano ou clave de *tiple*, para vozes e instrumentos de REGISTRO (acp. 1) agudo.

clave de soprano Ver CLAVE DE SOL.

clave de tenor Ver CLAVE DE DÓ.

clave de tiple Ver CLAVE DE SOL.

clavecin (fr.) CRAVO.

clavecin vertical (fr.) CLAVICÍTERO.

claves (fr. *baguettes*) Instrumento de percussão que consiste em um par de bastões de madeira, que são batidos um contra o outro.

clavicembalo (it.; do lat. *clavicembalum*) CRAVO.

clavicembalo enarmonico (it.) Ver ARCICEMBALO.

clavichord (ing.) CLAVICÓRDIO.

clavicítero (lat. *clavicytherium*; it. *clavicitero*; fr. *clavecin vertical*; ing. *upright harpsichord*; al. *Claviziterium*) Espécie de CRAVO cujas cordas são dispostas verticalmente.

clavicor (fr.) Ver FLÜGELHORN.

clavicor (fr.) No século XIX, espécie de ALTHORN usado em substituição ao OFICLEIDE alto.

clavicórdio (lat. *clavis*; ing. *clarichord, clavichord*) Nome genérico para instrumentos de teclados dos séculos XV e XVIII, referia-se mais especificamente a certo instrumento que foi muito apreciado pelos músicos do período, por possibilitar o controle de timbre e volume por meio das teclas, que por sua vez acionavam pequenas peças chamadas tangentes, as quais percutiam as cordas. Com o surgimento do PIANOFORTE e do piano, o clavicórdio foi sendo gradativamente esquecido, até cair em desuso.

clavicordio da spinetta (it.) ESPINETA.

clavicorne (ing. *tenor cor*) Instrumento de metal dotado de VÁLVULAS, assemelhava-se à TROMPA. Criado em meados do século XIX, foi empregado em bandas militares, mas logo caiu em desuso.

clavi-harp (ing.) CLAVIHARPA.

claviharpa (it. *arpa a clavicembalo*; fr. *harpe à clavecin*; ing. *clavi-harp*; al. *Harfenklavier*) Espécie de harpa que utiliza um teclado.

clavicylinder (ing.) HARMÔNICA DE VIDRO.

clavier 1. (fr.; al. *Klavier*) Qualquer instrumento de teclado como o piano ou o CRAVO. **2.** TECLADO (acp. 1).

clavier manuel (fr.) MANUAL.

Clavierubüng (al.) KLAVIERÜBUNG.

clavietta (it.) Instrumento de SOPRO com teclado semelhante ao do piano.

clavi-lame CELESTA.

clavinet (fr.) Instrumento eletrônico cujo som se assemelha ao de um CLAVICÓRDIO.

claviorgano (it.) CLAVIÓRGÃO.

claviórgão (it. *claviorgano*; fr. *piano organisé*; ing. *organo piano*; al. *Orgelklavizimbal*) Instrumento surgido na Idade Média, empregava tanto tubos quanto cordas.

claviphone (fr.) Espécie de HARMÔNIO.

clavis (lat.) TECLA.

claviziterium (al.) CLAVICÍTERO.

clawhammer (ing. lit.: martelo de garra) Técnica do dedilhado de instrumentos de cordas como o BANJO, alterna o polegar e o indicador da mão direita armados em forma de gancho.

cl-b Abreviatura de CLARINETA baixo. Ver CLARONE.

clef (fr.) **1.** CHAVE (acp. 2). **2.** CLAVE.

clef de sol (fr.) CLAVE DE SOL.

clef d'ut (fr.) **1.** CLAVE DE DÓ. **2.** *Clef d'ut, troi-*

sième ligne: clave de dó na terceira linha. **3.** *Clef d'ut, quatrième ligne*: clave de dó na quarta linha.

clef du pouce (fr.) CHAVE DO POLEGAR.

climacus (lat.) Ver NEUMAS.

clip (ing.) Nome popular para VIDEOCLIP [var.: port. clipe].

clipe (port.) Ver CLIP.

cliquettes (fr.) CASTANHOLAS.

clivis Figura da notação musical antiga, corresponde ao movimento entre duas notas ligadas, sendo a segunda mais grave. Ver NEUMAS.

cloche (fr.) CAMPAINHA.

cloche de vache (fr. lit.: sinos de vaca) COWBELLS.

cloches de coquille (fr.) Espécie de SINOS DE VENTO.

cloches tubulaires SINOS TUBULARES.

clochettes (fr.) CHIMES.

clock (ing. lit.: relógio) Em MÚSICA ELETRÔNICA, pulso estável de um gerador que serve para sincronizar seqüências diversas.

clog box (ing.) BLOCOS.

clog dance (ing.) Espécie de sapateado.

clokarde Conjunto de CHIME BELLS medieval.

close miking (ing.) Recurso de gravação que emprega microfones muito próximos à fonte de áudio, como forma de evitar reverberação e VAZAMENTOS.

closed harmony (ing.) HARMONIA FECHADA.

closed mouth (ing.) BOCCACHIUSA.

closed roll (ing. lit.: rolo fechado) Técnica de rolo em tambores que exige a alternância de BAQUETAS em grande velocidade e sem definição de ritmo.

close to the bridge (ing.) [var.: ing. *near the bridge*]. SUL PONTICELLO.

close to the rim (ing.) Entre instrumentos de percussão de membrana tocados com BAQUETAS, indicação de que se deve percutir contra o aro do FUSTE.

clôture vélopharingé (fr.) Na técnica vocal, suspensão de comunicação interna entre as fossas nasais e a nasofaringe. Ver também ANASALAMENTO anterior e posterior.

cl-picc (it.) Abreviatura de *clarinetto piccolo*. Ver REQUINTA.

cluster (ing. lit.: cacho; fr. *grappe*; al. *Tonballung*) Grupo de notas vizinhas (geralmente tons e semitons) executadas em bloco como um acorde, provocando efeito de grande dissonância. Bastante empregado na música do século XX, a exemplo de composições como os norte-americanos Charles Ives e Henry Cowell, o francês Varèse e vários expoentes do *jazz* moderno. O *cluster* também pode ser executado com as mãos fechadas ou o antebraço sobre o teclado do piano, e tornou-se comum entre músicos e arranjadores de *jazz* pelo seu efeito altamente dissonante e por suas características percussivas.

coach (ing.) Instrutor, orientador de música, ensaiador de música de câmera.

coach horn (ing.) CORNETA DE POSTILHÃO.

cobra Dança típica do FANDANGO (acp. 3) paulista em que homens e mulheres formam uma fila (cobra), costuma ser acompanhada por VIOLAS DE ARAME e violões.

cobrinha Passo jocoso da dança do MAXIXE.

cobza Espécie de pequeno ALAÚDE romeno de 8 a 12 cordas.

cocho Espécie de RABECA de até cinco cordas que existiu no Centro, Sudeste e Centro-Sul do Brasil [var.: cotcho].

coco Dança e música folclórica essencialmente coral do Norte-Nordeste do Brasil, mescla ritmos trazidos da África pelos escravos no início do século XVIII a elementos indígenas. De letra e melodia freqüentemente improvisadas, o folguedo é liderado pelo PUXADOR-DE-COCO e respondido pelo coro, e costuma ser acompanhado por palmas ou instrumentos de percussão como o GANZÁ [var.: coqueiro].

coco-de-embolada Dança de raízes africanas do sertão alagoano.

coco-de-praia Ver BAMBELÔ.

coco-de-zambê Ver BAMBELÔ.

coda (it. lit.: cauda; al. *Koda*) Seção ou trecho que encerra um movimento ou peça. Na FORMA SONATA é o trecho conclusivo, disposto logo após a RECAPITULAÇÃO, que reafirma a tonalidade e imprime a idéia de final.

code (ing.) Código.

codeta (port.) CODETTA.

codetta (it. lit.: pequena cauda; it. *conclusione*; fr. *crochet*; ing. *tail*; al. *Notenfahne*, *Fahne*; port. *codeta*) Curta passagem final em uma seção. Ver também CODA.

codex (lat. *códice*) Manuscrito da Idade Média.

código Em um programa de computador, conjunto de elementos musicais reunidos sob uma mesma linguagem, como por exemplo o código MIDI.

coeficiente de absorção (ing. *absorption coefficient*) Medida acústica da capacidade de absorção de um auditório.

coffee house (ing. lit.: casa de café) Certo tipo de bar, nos EUA, onde freqüentemente se apresentam pequenos conjuntos.

cofre (fr.) CORPO de um instrumento.

coice de burro Ver FREVO.

coimbrão Ver FADO.

coin (fr. lit.: canto) O canto pontiagudo da lateral na CINTURA de instrumentos como o violino.

col (it.) Com.

colachão (port.) Ver COLASCIONE.

colachon (fr.) Ver COLASCIONE.

colascioncino Ver COLASCIONE.

colascione Instrumento semelhante ao ALAÚDE, foi utilizado no século XVII e possuía apenas duas ou três cordas, pinçadas com uma PALHETA (acp. 2). Alguns instrumentos semelhantes, com maior ou menor número de cordas, são o *colascioncino* (pequeno *colascione*), o *gallichone* e o *colachon* [var.: port. colachão].

col canto (it.) Na partitura, indica que se deve acompanhar o canto.

colcheia (it. *croma*; fr. *croche*; ing. *eight note* [EUA], *quaver*, *crotchet* [Ing.]; al. *Achtel* ou *Achtelnote*) Na notação musical, figura rítmica que corresponde a um oitoavos de uma SEMIBREVE, um quarto de uma MÍNIMA e metade de uma SEMÍNIMA.

colchete Na escrita musical, linha que, ligada à haste de uma nota, serve para determinar-lhe a duração [var.: bandeirola].

colenda Ver KOLEDA.

colheres Instrumento de percussão improvisado com talheres. Comum nas rodas de samba, pode ser encontrado nas regiões mais longínquas, como a Rússia, onde é conhecido como *lojki*.

coll (it.) Com o.

collier de grelots (fr.) GUIZEIRA.

coll ottava (it.) Na partitura, indica que o intérprete deve executar sua parte como a da oitava superior.

colla (it.) Com a.

colla parte (it. lit.: com a parte; var.: it. *colla voce*) Indicação de que o intérprete deve executar conforme a parte principal.

colla punta (it.) Ver À LA POINTE.

coll'arco (it.) Com o arco.

colla voce Indicação de que o acompanhamento deve seguir a execução da voz principal.

collé Técnica do violino. Galamian sugere que para este GOLPE, semelhante ao MARTELÉ OFF-STRING, o arco deve atingir a corda a partir do ar. No momento de contato, deve-se desferir um tipo de ataque a que ele se refere como um beliscão. A crina, em seguida ao contato, adere à corda desempenhando movimentos que podem ser pensados como semicirculares. As notas são atacadas alternadamente para cima e para baixo, o arco levantado ao final de cada movimento, preparando o golpe seguinte. O *collé* deve ser executado na metade inferior do arco, sendo que a duração de cada nota pode variar consideravelmente. Com freqüência, o *collé* é alternado com o SPICCATO, tanto como recurso técnico quanto para realce de certas notas ou dinâmica.

college-rock (ing. lit.: *rock* universitário) Expressão criada para designar o gênero que tomou conta das universidades e rádios universitárias norte-americanas desde o final dos anos 1980, especialmente na cidade de Athens. Um dos expoentes do gênero é o grupo REM (Rapid Eye Movements).

collegium musicum (lat.) **1.** No século XVI e principalmente no século XVII, na Alemanha, associação de músicos amadores que saíram dos círculos particulares para apresentações em espaços públicos. São famosos os grupos dirigidos por J. S. Bach, em Leipzig, e por Telemann, em Hamburgo. **2.** Modernamente, grupo de uma instituição acadêmica que se dedica à execução de música antiga, buscando aproximar-se do estilo da época.

col legno (it. *legno*: madeira; fr. *avec le bois*, *avec le dos de l'archet*) Entre os instrumentos de cordas da orquestra, indica que o músico deve percutir a corda com a vareta [var.: it. *battuto col legno*, *con la bacchetta*].

col legno gestrichen (al. it.) Entre os instrumentos de cordas da orquestra, indica que o músico deve tocar raspando a corda com a crina e a vareta do arco.

col legno tremolo (it.) Entre os instrumentos de cordas da orquestra, indica que a vareta do arco deve ser friccionada contra a corda sem que haja contato com a CRINA, em movimento de *tremolo*.

col mezzo d'arco (it.; fr. *au milieu, du milieu*; ing. *at the middle, center of bow*; al. *auf der mitte des Bogen, bogenmitte, mit halben Bogen*) Entre os instrumentos de cordas da orquestra, indica execução na parte média do arco [var.: it. *a metà d'arco*].

colofonia (it.) BREU.

colofônio (al. *Kolophonium*; it. *colofonia*) [var.: port. colofónio]. BREU.

colonna (it.) Ver COLONNE.

colonne (fr.; it. *colonna*; ing. *front pillar*; al. *Vorderstange*) Coluna da harpa.

colofónia (port.) BREU.

colophone (fr.) BREU.

colophony (ing.) BREU [var.: *rosin*].

color (lat. lit.: *cor*) Indicação que sugere ornamentação por meio de efeitos, alterações ou repetições.

coloração Na notação musical antiga, recurso que consistia em utilizar cores diferentes para melhor identificar o valor das notas.

coloratura (it.; al. *Koloratur*e) Ornamentação do fraseado no canto. Durante o Classicismo e boa parte do período romântico, referia-se à voz soprano de contornos virtuosísticos e grande alcance nos agudos, como nos papéis de Violetta, da *Traviata* de Verdi, da Rainha da noite, da *Flauta mágica* de Mozart e a Canção judaica de Margarida, do *Fausto* de Gounod. Glière escreveu um dificílimo *Concerto para soprano coloratura e orquestra*, apresentado diversas vezes no Brasil por Niza de Castro Tank. Alguns expoentes internacionais da voz *coloratura* são Beverly Sills, Lily Pons, Joan Sutherland e Roberta Peters.

colorido Cor, timbre.

colpo (it.) GOLPE.

colpo del battaglio (it.) Badalada.

colpo de lingua (it.) FRULLATO.

col polso (it.; fr. *du poignet*) Entre os instrumentos de cordas da orquestra, indica que o golpe de arco deve ser executado com o pulso.

coluna (port.) Ver COLONNE.

coluna de ar Espaço interno que nos instrumentos de sopro define o volume de ar, elemento determinante da altura e do timbre do som emitido.

coma (do lat. *comma*; al. *Komma*) Respiração em uma frase musical. Costuma ser representado pelo sinal [ʹ]. Ver também CESURA. Ver COMA PITAGÓRICA.

coma pitagórica Fração de intervalo resultante da diferença entre a primeira nota de um CICLO DE QUINTAS completo e seu som ENARMÔNICO, como por exemplo si sustenido em um ciclo iniciado na nota dó (dó-sol-ré-lá-mi-si-fá sustenido-dó sustenido-sol sustenido-ré sustenido-lá sustenido-mi sustenido-si sustenido), notas que após o TEMPERAMENTO IGUAL passaram a designar sons idênticos).

combo (ing.) Corruptela de *combination*, nos EUA designa pequeno conjunto de música popular ou *jazz*.

comédia madrigalesca Composição vocal renascentista ambientada em tramas da época. Apesar de não ser encenada, contribuiu para o surgimento da ÓPERA.

comédia musical Ver MUSICAL.

comédie ballet (fr.) Encenação da França do período Barroco que misturava comédia, dança e música.

comédie melée de chants (fr.) Comédia mesclada com certas cantigas da ÓPERA CÔMICA.

come guitarra (it.) Ver PRÈS DE LA TABLE.

come prima (it.) Na partitura, indica execução como da primeira vez, como antes. A passagem deve ser executada da mesma maneira que anteriormente.

come richiamo (it.; fr. *comme une voix oiseau*) Na partitura, sugere que o instrumento deve imitar o som de um pássaro.

comes (lat.) **1.** CONSEQÜENTE (parte complementar ao ANTECEDENTE). **2.** Frase conseqüente de um CÂNONE.

come sopra (it. lit.: como acima) Indica execução conforme na passagem anterior.

come stá (it.) Indica que o trecho deve ser executado exatamente como se encontra escrito.

come un eco (it.) Efeito que simula um eco nos instrumentos de sopro.

comissão de frente Sambistas (em média, doze) não fantasiados de uma ESCOLA DE SAM-

BA, constitui a representação da diretoria da agremiação. Usam em geral ternos de corte elegante (freqüentemente brancos) e chapéus.

comma (it.) Ver COMA (acp. 1).

comme une voix oiseau (fr.) Ver COMO RICHIAMO.

commedia dell'arte (it.) Encenação cômica italiana essencialmente improvisada, surgiu no século XVI.

commedia per musica ÓPERA CÔMICA italiana do século XVIII.

comodo (it. lit.: comodamente) Sugere andamento confortável.

comp (ing.) No jargão do *jazz*, refere-se ao acompanhamento, em geral por ACORDES.

compact disc Disco gravado digitalmente que pode ser reproduzido por aparelho de leitura ótica (*laser*). Abreviatura [CD].

compacto Ver COMPACTO SIMPLES.

compacto duplo Antigo disco no formato de um compacto simples, freqüentemente em 45 rpm, trazia duas faixas de cada lado.

compacto simples Disco de vinil de tamanho reduzido, que trazia geralmente apenas uma faixa por lado. Inicialmente em 45 RPM, o compacto passou a ser gravado também em 33 rpm nos anos 1960. O termo se contrapõe a LONG PLAYING [LP].

companhia (ing. *company*) Equipe de profissionais dedicada a montagens de ÓPERAS ou BALÉS.

companhia de ópera Equipe de profissionais dedicada a montagens de ÓPERAS.

comparsa Músico de percussão, em alguns países da América Latina.

compasso (it. *misura*; fr. *mésure*; ing. *measure*, *bar*; al. *Takt*) Unidade métrica musical formada por grupos de tempos em porções iguais. Na partitura, delimita um trecho compreendido entre duas barras verticais (barras de compasso). Pode ser binário (dois tempos), ternário (três), quaternário (quatro), quinário (cinco), setenário (sete), nonário (nove) etc.

compasso binário (fr. *mesure à deux temps*; al. *Zweiertakt*; ing. *duple time*) Compasso de dois tempos.

compasso composto (it. *battuta composta*; fr. *mesure composée*; ing. *compound time*; al. *Taktarten mit dreizeitigen Takteteilen*) COMPASSO cuja unidade de tempo é uma figura composta, divisível por três ($^6/_8$, $^9/_4$, $^{12}/_8$).

compasso ímpar Compasso com número ímpar de tempos, como $^7/_8$ e $^5/_4$.

compasso quaternário (it. *tempo quaternário*; fr. *mesure à quatre temps*; ing. *quadruple time*; al. *Viertakt*) Compasso de quatro tempos.

compasso simples COMPASSO cuja UNIDADE DE TEMPO é uma figura simples, divisível por dois, como em $^2/_4$ ou $^4/_4$.

compasso ternário (it. *misure dispare*; fr. *mesure ternaire*; ing. *triple time*; al. *Dreiertakt*) COMPASSO de três tempos.

compianto (it.) COMPLAINTE.

complaint (ing.) COMPLAINTE.

complainte (fr.; it. *compianto*; ing. *complaint*, *lament*; al. *eine Art Klagelied*) Canção de lamento.

complesso di ottoni (it.) Conjunto de INSTRUMENTOS DE METAL.

completa (it.) COMPLETAS.

completas (it. *completa*; fr. *complies*; ing. *complin*; al. *Komplet*) Ver OFÍCIO.

complies (fr.) COMPLETAS.

complin (ing.) COMPLETAS.

compor (it. *comporre*; fr. *composer*; ing. *compose*; al. *komponieren*) Ato de criar uma obra musical.

comporre (it.) Compor.

comporta Dança portuguesa de salão do século XVIII, foi introduzida no Brasil durante o Império e sofreu forte influência do LUNDU.

compose (ing.) Compor.

composed through (ing. lit.: composto através) Tipo de composição em que cada passo difere do anterior.

composer 1. (fr.) Compor. **2.** (ing.) Compositor.

composição (it. *composizione*; fr., ing. *composition*; al. *Komposition*) Obra musical.

composition (ing., fr.) COMPOSIÇÃO.

composizione (it.) COMPOSIÇÃO.

compound time (ing.) COMPASSO COMPOSTO.

compressão Na eletrônica aplicada à música, consiste na redução do espectro entre os sons mais graves e os mais agudos de qualquer sinal de áudio.

comprimario Voz masculina de papel secundário que na ópera italiana é reservada ao cantor coadjuvante.

comprimento de onda (it. *lunghezza d'onda*; fr. *longueur d'onde*; ing. *wave-lenght*; al. *Wellenläng*) Em ACÚSTICA (acp. 1), a duração de uma onda completa.

con alcuna licenza (it. lit.: com alguma licença) Na partitura, sugere certa liberdade de execução.

con amore (it.) Na partitura, sugere execução com paixão.

con anima (it.) Na partitura, sugere execução com espírito.

con brio (it.) Na partitura, sugere execução com brilho.

concept albun (ing. lit.: álbum de conceito) Certo tipo de disco do gênero POP que lembra um poema sinfônico. Evoca temas heróicos e apoteóticos, como a *Viagem ao centro da Terra*, de Rick Wakeman (Yes), ou *In the wake of Poseidon*, do grupo inglês King Krimson.

concert (ing.) **1.** Concerto erudito. **2.** *Show*.

concert hall (ing.) AUDITÓRIO.

concert piano (ing.) Piano de concerto.

concert piece (ing.) Peça de concerto.

concert pitch (ing.) Afinação de concerto (lá 440 Hz) [var.: *standard pitch*].

concertante (fr. *concertant*) Composição orquestral em que mais de um instrumento executa a parte solo ou tem papel proeminente, como na *Sinfonia concertante para violino e viola*, de Mozart.

concertato (it.) **1.** Indicação de que a peça ou trecho devem ser executados à maneira de um concerto. **2.** Execução de certo tipo de hino em que se alternam versos entre o coro e a congregação.

concerti grossi (it.) Plural de CONCERTO GROSSO.

concertina Instrumento DIATÔNICO gaulês de espírito palaciano cuja construção é semelhante à de um ACORDEÃO. Possui um FOLE em cujas extremidades há duas caixas de formato hexagonal ou retangular que dispõem de teclas em forma de botões. Conforme a fabricação, a concertina pode emitir sons diferentes, quando o fole é comprimido ou distendido (concertina alemã), ou iguais, independentemente da direção em que o fole é movimentado (concertina inglesa).

concertino **1.** Na música barroca, conjunto de solistas de um CONCERTO GROSSO do qual geralmente participava o CRAVISTA, responsável pela liderança do grupo. Ver também RIPIENO. **2.** Na atualidade, o assistente do SPALLA de naipe ou do conjunto geral das cordas da orquestra sinfônica.

concertmaster (ing. lit.: mestre de concerto) O SPALLA da orquestra.

concerto (it.; fr., ing. *concert*; al. *Konzert*; esp. *concierto*) **1.** No século XVII, referia-se genericamente à música para instrumentos e vozes. A partir do século seguinte, passou a designar a composição, geralmente em três movimentos, em que solista ou solistas se apresentam com uma orquestra. **2.** De forma genérica, qualquer apresentação pública de maiores dimensões. As apresentações em ambientes menores são geralmente chamadas recitais. **3.** *Show* de música popular, *jazz* ou *rock*.

concerto duplo Concerto para dois instrumentos solistas.

concerto grosso (it.) Gênero orquestral do período Barroco em que um pequeno conjunto de solistas, *concertino*, atua à frente do TUTTI de uma orquestra, *ripieno*.

concerto triplo Concerto para três instrumentos solistas.

concert pitch (ing.) Afinação de concerto (Lá 440 Hz).

concierto (esp.) Concerto.

concrete music (ing.) MÚSICA CONCRETA.

concretismo Movimento estético mundial, liderado principalmente pelas artes plásticas, que na música contemporânea resultou na MÚSICA CONCRETA.

condução Regência.

condução de vozes (al. *Stimmfürung*; ing. *voice leading*) Expressão surgida com a POLIFONIA, designa primordialmente a técnica de tratar com independência cada uma das vozes no contexto harmônico.

conduct (ing.) Reger.

conducti (lat.) Peça a duas vozes que costumava ser executada nas igrejas enquanto o celebrante se encaminhava para o altar.

conductor (ing.) Regente.

conductor's jacket (ing. lit.: casaca de regente) Sistema computadorizado que integra um dispositivo de 16 sensores e eletrodos que, colados ao corpo em pontos estratégicos, detectam gestos e sensações, além da pulsação cardíaca e respiração, resultando em uma música baseada no estado de espírito e nos movimentos do músico.

conductor's score (ing.) A partitura geral do regente.

conductus (lat. lit.: conduzir) Certo tipo de hino de fundo sacro com texto estrófico da Idade Média, comum nas procissões dos séculos XII e XIII.

conduit vocal (fr.) Duto vocal.

condutor Regente.

conectée (fr.) Conectada. Ver também CONNEXION.

con fuoco (it. lit.: com fogo) Indicativo de execução vibrante, fogosa.

conga 1. Dança cubana de forte influência africana, era caracterizada pela repetição de pequenas células rítmicas e harmônicas. **2.** Certo tipo de tambor africano. **3.** (it. *tumba*; fr. *conga*; ing. *conga drum*; al. *Conga-Trommel*) Tambor de mão de origem africana da música latino-americana, é geralmente tocado em jogo de três: *quito*, *conga* e *tumba* (do mais agudo ao mais grave, respectivamente). É empregado com certa freqüência na orquestra.

congada Música dançada brasileira de espírito épico que no Norte do Brasil é mais conhecida como CONGO, mistura influências ibéricas com ritmos africanos. Representa a coroação do Rei do Congo (à maneira da monarquia portuguesa) no dia 26 de dezembro, às vezes também homenageando a padroeira dos negros, N. S. do Rosário. Costuma ser acompanhada por VIOLAS (acp. 3), chocalhos e tambores diversos. Na Bahia, é conhecida como cucumby ou cucumbi.

congadeiro Aquele que participa da CONGADA.

congo Ver CONGADA.

congolesa Dança originária do Zaire (antigo Congo Belga), mistura ritmos latinos e elementos de diversas origens à música africana.

congregação Público fiel da missa. Coro.

conguinho Tipo de chocalho como o PAIÁ.

con gusto (it.) Na partitura, sugere execução: com gosto, com afeto.

conjunto Designação genérica para grupo de JAZZ, ROCK, MPB, banda ou orquestra.

conjunto regional Ver REGIONAL.

con la bacchetta (it. *bachetta*: vareta) Ver COL LEGNO.

con lancio (it.) Na partitura, indicativo de execução: com verve.

con larga arcata (it.) TUTTO L'ARCO.

con molto arco (it.) Entre os instrumentos de cordas da orquestra, execução com longas arcadas.

connexion (fr. lit.: conexão) Na técnica vocal, diz-se que uma voz *soutenue* (sustentada) é uma voz *connectée* (conectada).

con poco arco (it.; fr. *avec peu d'archet*; al. *mit wenig Bogen*) Entre os instrumentos de cordas da orquestra, execução com pouco arco.

conséquant (fr.) CONSEQÜENTE.

consecutive fifths (ing.) QUINTAS PARALELAS.

conseguente (it.) CONSEQÜENTE.

consequent (ing.) CONSEQÜENTE.

conseqüente (it. *conseguente*; fr. *conséquant*; al. *Comes*) Enunciado musical que se complementa rítmica e harmonicamente com o ANTECEDENTE. Segundo Schönberg, em um período o conseqüente é uma espécie de repetição que completa o sentido da primeira [var.: port. resposta].

conservatoire (fr.) CONSERVATÓRIO.

conservatório (fr. *conservatoire*; it. *conservatorio*; ing. *conservatory*; al. *Konservatorium*) Instituição dedicada ao ensino da música. No princípio, os conservatórios eram escolas de nível básico, nos moldes italianos medievais, mas inúmeras instituições do gênero no mundo inteiro têm adquirido *status* de nível profissionalizante e superior. Tornaram-se populares a partir do século XVIII, quando foram estabelecidos conservatórios na França, como o de Paris, que estimularam o surgimento de instituições semelhantes em Praga, Londres, Viena e outras cidades européias. Outros conservatórios importantes são os de Milão, na Itália, e o New England Conservatory of Music, de Boston.

conservatory (ing.) CONSERVATÓRIO.

consola 1. Parte do órgão de onde o músico controla e toca o instrumento. Compõe-se de botões de registro, pistões, pedais, plaquetas e teclado. **2.** Piano vertical de meia altura, um pouco mais baixo do que o PIANO DE ARMÁRIO convencional.

console **1.** Ver CONSOLA (acp. 1). **2.** Ver HARPA.
console de mixagem Ver MESA DE MIXAGEM.
consonance (ing., fr.) CONSONÂNCIA.
consonância (it. *consonanza*; ing., fr. *consonance*; al. *konsonanz*) Vibrações sonoras concordantes, portanto aceitas como mais confortáveis ao ouvido, em oposição às DISSONÂNCIAS. Em sentido mais amplo, o termo é subjetivo e envolve aspectos culturais e históricos.
consonante Característica do acorde ou intervalo construído por CONSONÂNCIAS.
consonanza (it.) CONSONÂNCIA.
con sordini (it.) **1.** Entre os instrumentos de cordas ou METAIS, indica que os músicos devem colocar SURDINAS (acp. 1) para executar determinada passagem ou trecho. **2.** Indicação para que o pianista pressione o pedal de SURDINA (acp. 2) no ponto assinalado.
consort (ing.) **1.** Na Inglaterra renascentista, pequeno grupo instrumental (e às vezes vocal) de câmara. **2.** Gênero de música que era tocada pelos *consorts*.
consort song Espécie de canção inglesa dos séculos XVI e XVII para vozes e instrumentos dos CONSORTS.
con spirito Ver SPIRITOSO.
contador (ing. *counter*) Nome genérico para equipamentos de contagem e minutagem, como, por exemplo, os dispositivos que determinam o tempo de gravação.
contínuo Ver BAIXO-CONTÍNUO.
continuous controllers (ing. lit.: controladores contínuos) Dispositivos que na música eletrônica trabalham sinais MIDI pré-gravados, utilizando pedais e outros recursos mecânicos.
contrabaixo (it. *contrabasso*; fr. *contrebasse*; ing. *bass fiddle*, *double bass*, *bass viol*; al. *Kontrabass*, *Bassgeige*) Instrumento de som mais grave da família dos violinos, presumivelmente concebido por Garparo da Salò, em meados do século XVI, deve sua origem ao VIOLONE, uma espécie de VIOLA DA GAMBA BAIXO. O modelo italiano possui formato que lembra a *viola da gamba*, com seus cantos arredondados e fundo chato, enquanto os franceses ou instrumentos neles inspirados (mesmo italianos) apresentam fundo ABAULADO (*bombé*) e cantos pontiagudos, como o violino. No passado, o instrumento possuía apenas três cordas, afinadas ora em quartas, ora em quintas ou SCORDATURAS diversas. Modernamente, emprega quatro cordas afinadas em quartas (mi², lá², ré², sol²), podendo ser adicionada uma quinta corda mais grave, a dó². Existem hoje outras afinações, como o *high solo tuning*, que emprega uma primeira corda mais aguda, afinada em dó. Para atingir sons ainda mais graves, o contrabaixo sinfônico também utiliza, principalmente nos EUA, um mecanismo chamado EXTENSOR, jogo de chaves semelhante ao de uma FLAUTA TRANSVERSAL que é acoplado à CRAVELHEIRA. Quando acionada, a extensão possibilita atingir as notas abaixo do mi grave, até o dó². Escreveram concertos e sonatas para contrabaixo solo compositores como Sperger, Dittersdorf, Dragonetti, Hindemith, Bottesini e Koussevitzky, além de Henze e Gunther Schüller, entre muitos outros. Os grandes solistas da história são, além dos já citados compositores Bottesini, Dragonetti e Koussevitzky, os tchecos Frantisek Posta e Frantisek Hertl, o austríaco Ludwig Streicher, o italiano Francesco Petracchi, o alemão Klaus Stoll, o francês Jean-Marc Rollez e os norte-americanos Gary Karr, Lawrence Wolfe e Edwin Barker, entre diversos outros. O Brasil também produziu contrabaixistas de destaque, como Sandrino Santoro, Milton Masciadri e o francês Tibô Delor (arco francês), e Pedro Gadelha e Marco Brucoli (arco *dragonetti*), entre outros. No *jazz* e na música popular destacaram-se Ray Brown, Niels-Henning Oersted Pedersen, Cecil Mc Bee, Charlie Mingus, George Mraz, Miroslav Vitous, Eddie Gomez e Stanley Clarke, além dos brasileiros Tião Neto, Novelli, Célio Barros e Nico Assumpção [var.: rabecão] Abreviatura [CB, cbx].
contrabaixo ½ tamanho Ver BAIXO PICCOLO.
contrabaixo acústico CONTRABAIXO SINFÔNICO.
contrabaixo elétrico BAIXO ELÉTRICO.
contrabaixo piccolo BAIXO PICCOLO.
contrabaixo sinfônico CONTRABAIXO.
contrabajon (esp.) CONTRAFAGOTE.
contrabass clarinet CLARINETE CONTRABAIXO.
contrabasso (it.) CONTRABAIXO.
contrabassoon (ing.) CONTRAFAGOTE.

contracanto Melodia secundária que dialoga com a primeira voz.
contradança (ing. *country dance*) Qualquer dança popular interiorana, como a QUADRILHA.
contradanza (it.) CONTREDANSE.
contra-exposição Na técnica da FUGA, a segunda EXPOSIÇÃO do TEMA.
contrafactum (lat.) Na música vocal da Antiguidade, troca de texto sem alteração melódica.
contrafagote (it. *controfagotto*; fr. *contrebasson*; ing. *contrabasson*; esp. *contrabajon*) Instrumento de voz mais grave da família dos FAGOTES.
contrafaixa (it. *controfascia*; fr. *contre-éclisse*; ing. *lining*) Tira estreita de madeira para reforço das laterais do CONTRABAIXO, colada na junção das laterais do tampo e do fundo, é geralmente empregada por LUTHIERS alemães e tchecos.
contrafuga Em geral, refere-se à exposição invertida do tema, em resposta ao primeiro SUJEITO.
contra-ilharga Ver FAIXA (acp. 1).
contralto (al. *Alstimme*, *Altistin*) **1.** Voz feminina de raro REGISTRO (acp. 1) grave (contralto real), é a segunda voz (mais grave do que o soprano) feminina na classificação geral. Na Antiguidade, era freqüentemente substituída pela voz masculina de CASTRATO ou FALSETE. Contraltos lendários são Marian Anderson e Maureen Forrester [var.: alto]. **2.** VIOLA SINFÔNICA. **3.** Instrumento cuja voz pode ser classificada relativamente ao REGISTRO contralto feminino [var.: alto].
contramestre VIOLEIRO-cantador que faz a segunda voz nas cantorias, geralmente uma terça acima da principal. Ver também MESTRE.
contrapontístico Qualidade de trecho ou obra musical caracterizada pelo emprego do CONTRAPONTO. Relativo a contraponto.
contraponto (lat. *punctus*, *contra punctus*, lit.: nota contra nota; it. *contrappunto*; fr. *contrepoint*; ing. *counterpoint*; al. *Kontrapunkt*) Termo usado pela primeira vez no século XIV para descrever a combinação de linhas melódicas soando simultaneamente, de acordo com um sistema de regras preestabelecidas. Foi usado também para designar uma voz ou mesmo uma composição inteira (cf. Vicenzo Galilei, *Il Fiorino*, 1584: *Contrapunti a due voci*). O primeiro tratado sobre a arte do contraponto foi escrito por Johannis Tinctoris, *De contrapuncto*, em 1477. Em 1725 Johann Joseph Fuse escreveu seu *Gradus ad Parnassum*, estabelecendo um método de ensino de contraponto através de um *cantus firmus* (melodia básica) e algumas espécies (1ª nota contra nota; 2ª duas notas contra uma; 3ª quatro notas contra uma; 4ª síncopa contra um *cantus firmus* e, 5ª contraponto florido ou espécie de variação rítmica contra um *cantus firmus*). Seu ensino era baseado no contraponto modal de Palestrina. Entretanto Johann Sebastian Bach mantinha outra prática contrapontística baseada na harmonia tonal. Estas duas correntes, a do contraponto modal e a do contraponto tonal, são estudadas pelos compositores e estudantes de música até hoje.
contraponto duplo CONTRAPONTO INVERTÍVEL.
contraponto em espécies Ver CONTRAPONTO.
contraponto estrito Tipo de CONTRAPONTO baseado em regras simples e rígidas que se apóia em intervalos consonantes e não permite recursos por vezes consentidos, como a FALSA RELAÇÃO.
contraponto invertível Técnica CONTRAPONTÍSTICA em que a posição das vozes pode ser alterada sem prejuízo do resultado [var.: contraponto duplo].
contrapunctus (lat.) **1.** CONTRAPONTO. **2.** No período Barroco, outra designação para FUGA.
contrappunto (it.) CONTRAPONTO.
contra-sujeito Tema secundário que na FUGA pode acompanhar as diversas entradas do principal.
contratador Pessoa encarregada de contratar músicos para uma apresentação.
contratema Ver CONTRA-SUJEITO.
contratempo **1.** (ing. *up-beat*) Tempo(s) fraco(s) de um COMPASSO. **2.** (ing. *hi-hat*, *charleston*, *foot cymbals*) Par de pratos da BATERIA (acp. 1) de *jazz* e da música popular que é acionado pelo pé esquerdo por meio de um mecanismo. O nome teria surgido em virtude de sua função na bateria, uma vez que é usado freqüentemente para marcar os CONTRATEMPOS (acp. 1) da música.

contratenor (ing. *countertenor*; al. *Männeralttist*) Voz de homem correspondente ao REGISTRO (acp. 1) grave feminino (contralto). Alguns entendem que contratenor é a continuação da voz TENOR em registro agudo, enquanto outros incluem o registro de FALSETE (falsetista) ou acham que o termo se refere a ambas. É comum, nos dias de hoje, o emprego da voz contratenor nos papéis reservados aos *castrati* no passado. Abreviatura [cT].
contrebasse clarinette (fr.) CLARINETE CONTRABAIXO.
contrebasse d'harmonie (fr. lit.: contrabaixo de harmonia) OFICLEIDE.
contrebasson (fr.) CONTRAFAGOTE.
contredanse (fr. ing. *country dance*; it. *contradanza*; al. *Kontratanz*) Dança muito popular na França do século XVIII [var.: fr. *contredanse*].
contre-éclisse (fr.) CONTRAFAIXA.
contrepoint (fr.) CONTRAPONTO.
controfagotto (it.) CONTRAFAGOTE.
controfascia (it.) CONTRAFAIXA.
controlador CONTROLLER.
controladores contínuos CONTINUOUS CONTROLLERS.
controladores de MIDI Ver CONTINUOUS CONTROLLERS.
controle de voltagem Em equipamentos como os primeiros SINTETIZADORES de som, dispositivo que habilitava modificar a entrada de voltagem, alterando a freqüência do sinal.
controller (ing. lit.: controlador) Teclado ou mixer MIDI que remete informações ao computador.
con tutto l'arco (it.) Ver TUTTO L'ARCO.
conversor digital para analógico DIGITAL TO ANALOG CONVERTER.
convivia musica (lat.) No final do século XVI, corais de música sacra.
cool (ing. lit.: na gíria, legal) O *cool jazz* é um gênero de espírito intimista, sóbrio e intelectualizado, surgido na Califórnia norte-americana para rivalizar com o BEBOP nova-iorquino. Influenciou fortemente e foi influenciado pela BOSSA-NOVA. brasileira. Alguns dos principais expoentes do *cool* foram Dave Brubeck, Bill Evans e Miles Davis (em uma de suas primeiras fases).
cool jazz (ing.) Ver COOL.
coon song (ing.) Canção romântica de negros norte-americanos.
copla (fr. *couplet*: lit.: verso) **1.** Gênero de canção em que as diferentes estrofes são entoadas com a mesma melodia. **2.** Na música espanhola, estrofe simples de quatro versos.
coplas (esp.) Ver SEGUIDILLLA.
copofone Classe de instrumentos que utilizam cálices, copos ou taças metálicas, de vidro, de cristal ou porcelana, como a HARMÔNICA DE VIDRO.
copologo (it.) HARMÔNICA DE VIDRO.
coppo (it.) CANNONS.
copula (lat.; it. *accoppiamento*; fr. *accouplement*; ing. *coupler*; al. *Koppel*) Na Idade Média, técnica de acoplamento de notas que cria um contorno melódico ou de vozes, para posteriormente organizá-las em uma composição [var.: *copulatio*].
copulatio (lat.) Ver COPULA.
copyright (ing. lit.: direito de cópia) Na música, qualquer direito autoral ou conexo de gravações, marcas ou partituras.
coqueiro 1. COCO. **2.** O tirador de COCO, ou seja, o líder, puxador da cantoria. **3.** Aquele que dança ou canta coco.
coquille (fr.) VOLUTA [var.: *volute*].
cor 1. (it.) Abreviatura de CORNO. **2.** (fr.) TROMPA.
cor anglais (fr.) CORNE INGLÊS.
cor d'auto (fr.) AUTO HORN.
cor de basset (fr.) BASSET HORN.
cor de chasse (fr.) TROMPA DE CAÇA.
cor des Alpes (fr. lit.: trompa dos Alpes) CORNE ALPINO.
cor de vache (fr.) BERRANTE.
cor naturel (fr.) TROMPA NATURAL.
cor sarrazinois (fr.) TROMPA SARRACENA.
coral 1. Designação comum de coro, termo genérico para conjunto de vozes. Corais podem ser infantis, masculinos, femininos ou mistos. **2.** Cantata coral é uma composição sobre texto coral, enquanto prelúdio coral pode designar uma peça curta para órgão. A fantasia coral é uma peça mais extensa para órgão, a partita coral é um conjunto de variações para órgão sobre tema coral, e a fuga coral é uma composição para órgão sobre uma melodia coral que utiliza a técnica da FUGA. **3.** Hino, escrito geralmente para quatro vo-

zes (S, C, T, B), da tradição protestante. Os exemplos mais importantes são compostos por J. S. Bach.

coralista Cantor de coral.

coral lírico Coral completo (SATB), cuja função primordial é trabalhar o repertório lírico, principalmente o material operístico.

coral sinfônico Coral completo (SATB), cuja função primordial é trabalhar o repertório sinfônico.

corda (it., fr. *corde*; ing. *string*; al. *Saite*) Tira de tripa animal, náilon, aço ou liga de metal que, uma vez retesada, pode ser dedilhada, pinçada, percutida, friccionada ou posta a vibrar por qualquer outro meio, produzindo sons. As cordas atingem REGISTROS (acp. 1) mais graves ou agudos, dependendo de sua espessura e tensão. Quanto mais finas ou tensas, mais alto o registro; quanto maior a espessura e menor a tensão, mais grave o som. De modo geral, quanto maior a massa a ser deslocada, mais grave o som; quanto menor a massa, mais aguda resulta a nota produzida.

corda aberta Ver CORDA SOLTA.

corda de polegar Ver THUMB STRING.

corda de minugia (it.) Corda de tripa.

corda de tripa (it. *corda de minugia*; fr. *corde de boyau*; ing. *gut string*; al. *Darmsaite*) Ver também CATEGUTE.

corda dupla BICORDE.

cordão Grupo carnavalesco informal cujos participantes empregam fantasias uniformizadas ou inspiradas no mesmo tema.

cordão-de-bichos Ver PÁSSARO.

corda presa Entre os instrumentos de cordas, refere-se à execução de uma nota com a corda pressionada pelo dedo da mão esquerda, determinando-lhe o comprimento de vibração. Ver também CORDA SOLTA.

cordas cruzadas Diz-se quando as cordas de um instrumento de teclado são dispostas em dois planos paralelos transversais, como nos PIANOS DE ARMÁRIO.

cordas dedilhadas Cordas executadas com os dedos. Ver também DEDILHADO.

corda simpática Em intrumentos antigos, como a *viola d'amore*, a corda que vibra por simpatia, ou seja, por ressonância, quando as outras, principais, são tangidas ou dedilhadas.

cordas (it. *archi*; fr. *cordes*; ing. *strings*; al. *Streiche*) **1.** Seção ou NAIPE de cordas de uma orquestra. **2.** Grupo formado por quaisquer instrumentos de cordas.

corda solta A corda que vibra livremente em toda sua extensão, sem que o dedo do executante a pressione.

cordas vocais (it. *corde vocale*; fr. *cordes vocales*; ing. *vocal cords*; al. *Stimmbänder*) Quatro pregas cartilaginosas da cavidade bucal responsáveis pela emissão dos sons.

corde (fr.) CORDA.

corde de boyau (fr.) CORDA DE TRIPA. Ver também CATEGUTE.

cordes (fr.) Ver CORDAS (acp. 1).

corde de attaché (fr.) RABICHO.

corde vocale (it.) CORDAS VOCAIS.

cordes vocales (fr.) CORDAS VOCAIS.

cordier (fr.) ESTANDARTE.

cordiera (it.) ESTANDARTE.

cordoamento **1.** Corda utilizada para a suspensão dos cenários de uma ópera. **2.** (it. *incoradatura*; fr. *jeu de cordes*; ing. *string set, stringing*; al. *Saitenbezung*) Jogo de cordas de um instrumento.

cordofone (it. *cordofono*; al. *Cordophon*) Designação genérica para a classe de instrumentos musicais cujo som é produzido pela vibração de uma corda dedilhada, percutida, pinçada ou friccionada [var.: port. *cordófono*]. Ver também AEROFONE, IDIOFONE e MEMBRANOFONE.

cordofono (it.) CORDOFONE.

Cordophon (al.) CORDOFONE.

coreto (it. *palco*; fr. *kiosque à musique*; al. *Musikpavillon*; ing. *bandstand*) Pequeno palco elevado e coberto de parques e jardins.

corimá Ver JONGO.

corimbó Em algumas regiões do Norte-Nordeste brasileiro, RETUMBÃO.

cori spezzati (it. lit.: coro quebrado) Distribuição de coros duplos (como na *Paixão segundo São Mateus*, de Bach) ou múltiplos sobre um palco ou diferentes partes do recinto da platéia.

corista Cantor de coro.

coriste (fr.) **1.** Corista. **2.** DIAPASÃO (acp. 1).

cornamusa (it. lat. medieval *cornamusa*; fr. *cornemuse*; ing. *bladder pipe*; al. *Blaterpfife, Dudelsack*) Instrumento renascentista de tubo estreito, sem chaves e com PALHETA (acp.

1) dupla encapsulada como o BASSANELLO. Soa como um KRUMMHORN mais suave.

corne alpino (it. *corno delle Alpi*; fr. *cor des Alpes*, ing. *alpine horn*; al. *Alpenhorn*; *Tiba*, *Holztrompete*) Instrumento de sopro sem válvulas utilizado por pastores dos Alpes suíços, tinha o formato de uma trombeta de madeira com a CAMPANA (acp. 1) curvada para cima e chegava a medir quatro metros de comprimento. Era executado apoiado no solo, e servia tanto para orientar o gado quanto para funções sociais, como comunicação nas montanhas e vales.

corne inglês (it. *corno inglese*; fr. *cor anglais*; ing. *english horn*, al. *englishes Horn*, *Althoboe*) Instrumento de PALHETA (acp. 1) dupla como os demais da família do OBOÉ, soa uma quinta abaixo do modelo soprano. Tem a CAMPANA (acp. 1) em forma de pêra e um longo TUDEL curvado. Teve origem no século XVIII, a partir do oboé contralto, e também era conhecido como *oboé da caccia*.

córner (ing.; fr. *coin*) O canto da lateral de instrumentos como o violino. Ver também VIOLIN CORNERS.

cornet 1. (ing.; it. *cornetta*) Instrumento de METAL (acp. 2) de três VÁLVULAS, como o TROMPETE moderno. **2.** (fr.) Um dos REGISTROS (acp. 1) do órgão, possui entre três e cinco tubos.

corneta Em português, nome genérico para instrumentos de metal de REGISTRO (acp. 1) médio ou agudo, com ou sem VÁLVULAS.

cornet à bouquin CORNETO.

cornet à pistons (fr. lit.: corneta de pistons) Instrumento de sopro dotado de VÁLVULAS criado no início do século XIX na França, logo cedeu lugar ao TROMPETE na orquestra.

corneta de pistões Ver CORNET À PISTONS [var.: corneta de pistons].

corneta de pistons CORNETA DE PISTÕES.

corneta de postilhão (ing. *coach-horn*; al. *Posthorn*) Pequena trombeta utilizada por mensageiros e guardas na Alemanha no século XVIII. Seu som foi evocado na música orquestral por compositores de Bach a Mozart e Beethoven.

cornetim Instrumento de METAL (acp. 2) semelhante ao TROMPETE que deve sua origem à corneta.

cornettino (it.) CORNETA DE PISTÕES em mi bemol.

corneto (it. *cornetto*; al. *Zink*; fr. *cornet à bouquin*; ing. *cornett*) Instrumento de sopro de corpo afunilado dos séculos XVI e XVII, era geralmente feito de madeira, porém assoprado em um bocal semelhante ao dos INSTRUMENTOS DE METAL. Embora de difícil afinação, possibilitava ao músico volteios melódicos de contornos virtuosísticos.

cornett (ing.) CORNETO.

cornetta (it.) CORNET (acp. 1).

cornetto (it.) Ver CORNETO.

cornett-ton CHOR-TON.

corno (it.) Chifre, TROMPA. Ver também BERRANTE.

corno da caccia (it.) TROMPA DE CAÇA.

corno delle alpi (it. lit.: trompa dos Alpes) CORNE ALPINO.

corno de vaca (port.) BERRANTE.

corno di automobile (it.) AUTO HORN.

corno di basseto (it.) BASSET HORN.

corno di basso (it.) SERPENTÃO.

corno di toro (it.) BERRANTE.

corno di vacca (it.) BERRANTE.

corno inglese (it.) CORNE INGLÊS.

corno medioevale (it.) OLIFANTE.

corno naturale (it.) TROMPA NATURAL.

corn-shucking song (ing. lit.: canção da debulha do milho) Entre os escravos negros das plantações norte-americanas, espécie de *harvest song* (canção de colheita) do milho.

cornu Instrumento de METAL de tubo longo da Roma antiga, tinha o formato circular e era utilizado em cerimônias e cortejos. Ver também BUCCINA.

coro 1. (it.; fr. *choeur*; ing. *choir*, *chor*, *chorus*; al. *Chor*) Conjunto de vozes organizadas em NAIPES. Na formação moderna, compõe-se de sopranos, contraltos, tenores e baixos (SATB). Existem ainda coros de vozes iguais, ou seja, masculinos, femininos e infantis, e também coros mistos, entre outros, a depender da formação e finalidade. A expressão coro misto (ou coro para vozes mistas) refere-se genericamente a qualquer coro de vozes masculinas e femininas [var.: coral]. **2.** Refrão de uma música. **3.** (ing. *chorus*) Na MÚSICA ELETRÔNICA, refere-se ao efeito que um determinado sinal simula

a execução de mais de um som ao mesmo tempo.
corona (it. lit.: coroa) FERMATA.
corpo (lat. *corpus*; fr. *cofre*; ing. *body*, *corps*) Parte de instrumentos de cordas formada pela CAIXA DE RESSONÂNCIA (tampo, fundo e laterais). Ver também FLAUTA DOCE.
corpo de recâmbio Ver FLAUTA TRANSVERSAL.
corpo de reserva Ver FLAUTA TRANSVERSAL.
corporação Associação de músicos. Organização conhecida na Antiguidade por guilda, tinha objetivos que variavam da defesa de interesses comuns até a distribuição de trabalhos musicais em ofícios religiosos e cerimônias como casamentos e festas nas cidades entre seus integrantes. Ver também MÁFIA.
corporation style (ing.) Ver CORPS STYLE.
corpo sólido (ing. *solid body*) Corpo de GUITARRA ou BAIXO ELÉTRICO feito de madeira maciça.
corps (ing.) CORPO.
corps de rechange Ver FLAUTA TRANSVERSAL.
corps style (ing. *corporation style*, lit.: estilo de corporação) Gênero de música marcial.
corrente Dança italiana em COMPASSO TERNÁRIO e semelhante à COURANTE francesa, porém ANDAMENTO movido, foi incorporada à suíte.
correntes (it. *catene*; fr. *chaînes*; ing. chains; al. *Ketten*) Correntes de metal empregadas na percussão de orquestra.
corridinho Rancho folclórico do Alentejo, Ribatejo e Estremadura portugueses.
corrido **1.** Espécie de canção em forma de pergunta e resposta da CAPOEIRA. **2.** Gênero de BALADA (acp. 1) mexicana do século XIX.
corriola Brincadeira musical do FANDANGO (acp. 3) paulista, é liderada por um VIOLEIRO-cantador.
corroboree Antiga dança de nativos australianos.
cortada Ver FANDANGO (acp. 3).
corta-jaca Dança conhecida no Centro-Sul e na região meridional do Nordeste brasileiro. Os dançarinos se exibem em volteios individuais e espontâneos, sendo o ritmo marcado com passos percussivos ou sapateado. Chiquinha Gonzaga, inspirada no gênero, compôs em 1897 um TANGO BRASILEIRO, *Gaúcho*, cujo subtítulo é *Dança do corta-jaca*.
corte Ver CUT.
corte em C (ing. *center bout*, *c bout*) Cortes laterais em forma de "C" do tampo e do fundo de instrumentos de arco como o violino, a RABECA, o CONTRABAIXO e a VIOLA DA GAMBA, forma a CINTURA desses instrumentos.
corte em *f* (fr. *crans*, *tacche*, *trou d'f*; ing. *f hole*) Abertura sinuosa em forma de "*f*" em ambos os lados da parte central do tampo de instrumentos de arco como o violino e o CONTRABAIXO.
cortina corta-fogo No teatro de ópera, enorme cortina ou porta metálica contra incêndio disposta entre a caixa cênica, a platéia e demais partes do teatro ou casa de concerto por razões de segurança.
cossaca (it. *cossacca*; fr. *cossaque*; al. *Kosakisch*) Dança de cossacos.
cossacca (it.) Ver COSSACA.
cossaque (fr.) Ver COSSACA.
costas (it. *fondo*; ing. *back*; fr. *fond*; al. *Boden*) Peça do fundo de instrumentos como o violino e o violão.
costilhas (it. *fascie*; fr. *éclisses*; ing. *ribs*; al. *Zarfgen*) Tiras de madeira que compõem as laterais e o fundo de instrumentos como o ALAÚDE. Ver também FAIXA (acp. 1).
costillar Dança de roda chilena em que o círculo formado por dançarinos vai se fechando gradativamente em torno de uma garrafa, sem derrubá-la.
cotcho COCHO.
cotillon (fr.) Certo tipo de vestimenta de baixo feminina, que durante o século XIX denominava uma dança alegre, organizada em pares e grupos.
cottage piano (ing.) Pequeno piano vertical.
coule (fr.) PORTAMENTO.
coulé (fr. *couler*: lit.: deslizar) Ornamento barroco que consiste em uma APPOGGIATURA distante uma terça da nota principal.
coulisse (fr.) OFF-STAGE.
counter (ing.) CONTADOR.
counterpoint (ing.) CONTRAPONTO.
countertenor (ing.) CONTRATENOR.
country dance (ing.: dança do campo) Expressão que em meados do século XVII designava certa dança que, levada à França, adquiriu personalidade própria com o nome de CONTREDANSE.
country music (do ing. *Country & Western*)

Gênero de música rústica e ritmada do interior norte-americano, foi criada a partir da música folclórica do gênero HILLBILLY, e costuma ser acompanhada por instrumentos como guitarra, BANJO, WASHBOARD, contrabaixo e RABECA ou violino. A interiorana Nashville foi eleita capital do gênero; os temas das letras convergem sempre para assuntos como o amor e a nostalgia dos velhos tempos. A partir do final dos anos 1950, com o progresso tecnológico trazido pelo advento dos aparelhos de gravação e reprodução, além da revolução da TV, o *country* tornou-se extremamente comercial, mas ainda conserva os traços característicos de suas origens. Alguns do grandes nomes do *country* tradicional são Dolly Parton e Willie Nelson.

country rock Gênero COUNTRY MUSIC que sofreu forte influência do *rock*, incorporou instrumentos eletrônicos modernos aos tradicionais do sertanejo norte-americano, a exemplo da música de Garth Brooks.

Country & Western Ver COUNTRY MUSIC.

coup (fr.) Golpe.

coup d'archet (fr. lit.: golpe de arco) Entre os instrumentos de cordas da orquestra, a maneira de se articular uma única nota ou grupo de notas em determinada célula musical por meio de um gesto técnico específico, passível de ser denominado por uma expressão particular. *Spiccato*, *jeté*, *flying staccato* e *détaché collé* são alguns golpes conhecidos.

coup de battant (fr.) Badalada.

couplet (fr.) **1.** Seção intermediária de caráter diferente do refrão, na forma RONDÓ dos séculos XVII e XVIII. **2.** BISINA.

courante (fr.; it. *corrente*, *coranto*, *corant*) Dança francesa do período Barroco que alcançou popularidade no século XVII e chegou até a Itália, onde passou a ser chamada de CORRENTE. Divide-se em duas sessões (AB) de andamento moderado. A CORRENTE possui andamento mais rápido, em compasso ternário ($^3/_4$ e $^3/_8$). Na SUÍTE, em compasso $^3/_2$, vinha a seguir a ALLEMANDE. Os compositores escolhiam indistintamente uma ou outra forma para as suas suítes.

courbe inférieure (fr.) CURVATURA INFERIOR.

courbe supérieure (fr.) OMBRO.

courtaut (fr.) CURTAL.

couverture (fr. lit.: cobertura) Na técnica vocal, modificação da produção da voz que permite o reordenamento dos sons parciais, possibilitando uma melhor colocação.

cover (ing.) No jargão norte-americano, regravação de uma música de cantor ou conjunto famoso por artista ou grupo em geral pouco conhecido. Significa basicamente imitação, como em *cover* dos Beatles ou de Elvis Presley.

cow-bells (ing. lit.: sinos de vaca; it. *campanelle di vaca*; fr. *grelots*; al. *Heerdenglocken*) Instrumento utilizado na percussão da orquestra.

cow horn (ing. lit.: chifre de vaca; al. *Kchühorn*) Espécie de TROMPETE primitivo, com apenas três orifícios, feito de chifre bovino.

coxias No teatro de ópera, corredores formados ao redor do palco (fundo e laterais) onde se movimentam cantores, bailarinos, figurantes e elementos da CENOGRAFIA.

cozinha (ing. *rhythm section*) No jargão brasileiro, seção de acompanhamento dos conjuntos de música popular, geralmente formado por piano, guitarra, baixo, BATERIA (acp. 1) e percussão.

cracaxá Corruptela de CARACAXÁ.

cracoviana Dança polonesa em COMPASSO BINÁRIO da região da Cracóvia. Chegou a ser conhecida em diversos países, inclusive o Brasil do final do século XIX, onde foi introduzida no Sul pelos imigrantes europeus.

cradle song (ing.) BERCEUSE.

crans (fr.) CORTE EM *f*.

crans d'*f* (fr.) CORTE EM *f*.

crapaud (fr.) Nome popular francês para PIANO QUARTO DE CAUDA.

craquer (fr. lit.: estalar) GOLPE DE ARCO em que uma série de notas é articulada individualmente, em uma mesma direção. Pode ser representado por pontos junto às cabeças das notas, unidos por um traço que indica o número de golpes a serem desferidos em cada direção.

crash (ing. *to crash*: despedaçar, colidir) Pequeno prato de BATERIA (acp. 1) empregado em ataques ocasionais [var.: *crash cymbal*].

cravar (ing. *nail*) No jargão do músico, acertar com precisão uma nota difícil.

cravelha (it. *bischero* e *pirolo*; fr. *cheville*; ing.

tuning peg; al. *Wirbel*) Peça afixada na extremidade do braço de certos instrumentos de cordas, aciona o mecanismo que serve para controlar sua tensão. As cravelhas do violino, da VIOLA (acp. 1) e do violoncelo são geralmente feitas de madeira (ébano) e costumam ser chamadas TARRAXAS. Na parte interna à CAIXA DA VOLUTA, a corda presa a um pino é retesada ou relaxada conforme a afinação pretendida. Já no contrabaixo, nos instrumentos eletrônicos de cordas, no violão, no cavaquinho e outros, a cravelha geralmente possui um mecanismo dotado de um pinhão que gira uma coroa dentada, afixada na extremidade de um eixo de metal ou madeira ao redor do qual é enrolada a corda a partir de sua extremidade, regulando-lhe a tensão (caso em que é denominada cravelha mecânica). Ver também CRAVELHA DE PIANO.

cravelha de piano (it. *caviglia*; fr. *cheville*; ing. *wrest-pin*; al. *Stimmnagel*) Pino de metal afixado em um dos orifícios dispostos no CEPO, serve para retesar as cordas por meio de uma chave especial, que permite ajustar a afinação do instrumento.

cravelhal Ver CRAVELHEIRA.

cravelhame Ver CRAVELHEIRA.

cravelha mecânica Ver CRAVELHA.

cravelheira (it. *cassetta dei bischeri*; fr. *chevillier*, *accordière*; ing. *pegbox*; al. *Wilberkasten*) Caixa na extremidade do braço dos instrumentos de cordas onde ficam as CRAVELHAS. Nos instrumentos de cordas como os da família do violino, um prolongamento ornamental da caixa chama-se VOLUTA [var.: cravelhal, cravelhame, caixa de cravelhas].

cravista Músico que toca CRAVO.

cravo Instrumento antigo de teclado de cordas beliscadas. A origem do cravo remonta ao início do século XV, na Itália, a partir do CLAVICEMBALO. Em meados do período clássico, o cravo foi sendo gradativamente substituído por instrumentos como o CLAVICÓRDIO e o PIANOFORTE, e chegou a voltar à cena musical no final do século XIX. O mecanismo interno do cravo consiste em uma pequena peça de madeira, o SALTARELLO (acp. 2), em cuja extremidade se fixa um PLECTRO, que no passado era feito de bico de pena de corvo e nos exemplares modernos de hoje, alguns excelentes cópias, é substituído por plástico ou outro material sintético. Ao ser pressionada uma tecla do instrumento, o plectro pinça a corda até que ela escape, vibre e produza o som. Entre os cravistas brasileiros destacam-se Rosana Lanzelotti, Edmundo Hora, Roberto de Regina e Marcelo Fagerlande.

cravo-alaúde Espécie de CRAVO de cordas de tripa, possuía o som semelhante ao de um ALAÚDE. Compositores do período Barroco dedicaram ao instrumento diversas obras [var.: cravo de alaúde].

cravo de alaúde CRAVO ALAÚDE.

cravo-piano Instrumento que resulta da adaptação do SALTARELLO (acp. 2) do CRAVO ao mecanismo do piano. No século XVIII, foram realizadas diversas experiências que combinavam mecanismos dos dois instrumentos.

crécelle (fr.) **1.** Chocalho. **2.** MATRACA.

créditos Textos informativos de capas ou encartes de discos ou programas de concertos, relacionam as equipes de artistas, produção, organização, patrocínios e divulgação.

credo (lat. *creio*) Confissão de fé da liturgia latina. Terceira parte do Ordinário da missa, que geralmente é entoada entre o Evangelho e o Ofertório.

crefar Falhar tecnicamente, emitindo nota errada na execução da TROMPA ou outro instrumento de METAL (acp. 2).

crepúsculo Ver OFÍCIO.

cresc. Abreviatura de CRESCENDO.

crescendo Termo de DINÂMICA musical que indica aumento gradual de intensidade, em determinada nota ou passagem musical. Pode ser representado na partitura por extenso ou abreviado [cresc.] ou ainda graficamente, por um grampo com o vértice à esquerda. Ver também DECRESCENDO.

crina (it. *crini*; fr. *crins*; ing. *bow-hair*, *hair*; al. *Bogenhaare*) Cerdas de crina de égua empregadas no arco de instrumentos de cordas como o violino [var.: port. sedas].

crini (it.) Crinas. Ver CRINA.

crins (fr.) CRINA.

criolla (esp.) Canção semelhante à MODINHA, é comum na América Central, especialmente em Cuba. De caráter lamentoso e melancólico, costuma ser executada em ANDAMENTO moderado ou lento.

cristalofone Qualquer instrumento cujo som é produzido por cristais, vidro ou materiais semelhantes. Ver também HARMÔNICA DE VIDRO.

crítica Aplicada à música, é a apreciação e julgamento de aspectos, trechos, obras escritas ou registradas por quaisquer meios, assim como apresentações musicais, por profissionais especializados.

crivador Tambor de tronco de árvore da festa maranhense de São Benedito.

croche (fr.) COLCHEIA.

crochet (ing.) **1.** COLCHEIA. **2.** CODETTA.

crom (it.) Abreviatura de CROMORNO.

croma (it.) COLCHEIA.

cromaticamente Por CROMATISMO.

cromático (do gr. *chrôma*, lit.: cor) Som resultante da divisão da oitava em 12 partes iguais. Uma escala cromática é formada por SEMITONS, em oposição àquela DIATÔNICA tradicional. Os instrumentos cromáticos são aqueles que podem executar todos os doze semitons de uma ou mais oitavas. O cromatismo abriu os caminhos da música para as técnicas atonais, que originaram diversas outras novas correntes, como o SERIALISMO e o DODECAFONISMO.

cromatismo (ing. *chromaticism*; fr. *chromatism*; al. *Chromatic*) Técnica musical que emprega notas em seqüência de SEMITONS.

cromorne (fr.; it. *cromorno*) Instrumento de sopro de identidade incerta, era fabricado em quatro tamanhos. Apesar do nome, não era um Krummhorn, mas possivelmente um tipo de FAGOTE ou BOMBARDA baixo. Foi usado na corte da França no século XVII e início do XVIII. Abreviatura [crom].

croon Ver CROONING.

crooner (ing.) Cantor, no sentido popular, em especial o que se dedica a apresentações em casas noturnas. Ver também CROONING.

crooning (ing. lit.: *to croon*: cantar em voz baixa) Maneira suave e sentimental de interpretar que surgiu nos EUA com o advento do microfone e consagrou-se a partir dos anos 1920, especialmente com Bing Crosby. O *crooner*, cuja interpretação era propositalmente sensual e intimista, consegue ser ouvido mesmo em seus sussurros. Coloquialmente, no Brasil, chama-se *crooner* qualquer cantor de boates; Milton Nascimento lançou em 1999 um disco de título homônimo, lembrança de seus tempos de cantor da noite.

cross fading (ing.) Recurso que faz um som esmorecer (*fade-out*) enquanto outro surge simultânea e gradualmente (*fade-in*).

cross flute (ing.) FLAUTA TRANSVERSAL.

cross relation (ing.) FALSA RELAÇÃO.

crot (fr.) CROWTH.

crótalo (do gr. *krotalon*; ing. *antique cymbals*; al. *antike Zimbeln*) Instrumento da Antiguidade constituído por pequenos címbalos de mão de altura determinada que são geralmente tocados aos pares entre os dedos, como CASTANHOLAS.

crotchet (ing.) COLCHEIA.

crotta (it.) CROWTH.

crouthe (fr.; var.: fr. *croude*) CROWTH.

crowd (ing.) CROWTH.

crowth (celta *crwth*; it. *crotta*; fr. *crouthe*, *croude*; ing. *crowd*) Entres os galeses, certo tipo de LIRA medieval executada com os dedos e arco. Ver também ROTTE.

cruit Tipo de HARPA CELTA primitiva. Ver também CROWTH.

crumhorn Ver KRUMMHORN.

crump-horn (ing.) Certo tipo de TROMPA de tubo retorcido.

cruzamento de voz Na música POLIFÔNICA, diz-se quando uma voz superior alcança notas abaixo de uma voz inferior (ou vice-versa), cruzando-as.

crwth Palavra celta para CROWTH.

csárdás (húng.) CZARDAS.

cT Abreviatura de CONTRATENOR.

cuatro (it.) **1.** VIHUELA. **2.** (esp.) Instrumento da família das GUITARRAS (acp. 1) encontrado na América Latina e nas Índias ocidentais. O modelo venezuelano lembra um UQUELELE e possui quatro cordas, enquanto no interior cubano o instrumento possui cinco ORDENS duplas de cordas. A versão porto-riquenha tem dez cordas e lembra o TRES cubano.

cucumbi 1. Folguedo brasileiro que mescla influências africanas e indígenas. Costuma ser acompanhado por CUCUMBIS (acp. 2), GANZÁS, chocalhos, pandeiros e AGOGÔS. **2.** Instrumento folclórico afro-brasileiro semelhante a um chocalho, é empregado junto aos ganzás na percussão da dança homônima.

cucumby Ver CONGADA.

cue (ing.) No jargão dos músicos, uma deixa. Sinal manual, entrada de um regente.
cueca (esp.) Dança chilena acompanhada por harpas e GUITARRAS (acp. 1), surgiu no primeiro quarto do século XIX. A *cueca* adquire feições próprias em cada região, destacando-se os gêneros *campesina*, *chilota*, *cómica*, *criolla*, *larga*, *porteña*, *robada* e *valseada*.
cueca campesina (esp.) Variação chilena de CUECA.
cueca chapaca (esp.) Dança e música animadas do folclore boliviano em que rapazes tentam conquistar as moças.
cueca chilota (esp.) Variação chilena da CUECA.
cueca cómica (esp.) Variação chilena da CUECA.
cueca criolla (esp.) Variação chilena da CUECA.
cueca larga (esp.) Variação chilena da CUECA.
cueca nortina (esp.) Dança e música sem letra em tonalidade menor do Norte chileno, é geralmente acompanhada por instrumentos de METAL (acp. 2), como TROMPETE e TUBA, além da percussão de BOMBO e CAIXA.
cueca porteña (esp.) Variação chilena da CUECA.
cueca robada (esp.) Variação chilena de CUECA.
cueca valseada (esp.) Variação chilena da CUECA.
cuíca Espécie de tambor de FUSTE cilíndrico e membrana única de origem africana, veio provavelmente do Congo e de Angola. Possui uma vareta interna cuja extremidade se prende ao centro de uma PELE, esticada sobre a boca do instrumento. A pele, umedecida, produz um som ora esganiçado, ora rouco, quando a vareta é friccionada [var.: adufe, adufo, fungador, guíca, onça, porca, puíta, ronca, roncador, ronca-ronca, socador e tambor-onça]. Ver também ROMMELPOT.
cuietê Outra designação para o GANZÁ friccionado.
cuiqueiro Tocador de CUÍCA.
cuivre (fr. lit.: cobre) Qualquer instrumento da família dos METAIS.
cuivré (fr. *cuivre*: cobre; it. *metallizzato*; ing. *brassy*; al. *schmetternd*) Som cobreado, metálico, produzido pelos lábios no bocal de uma TROMPA. Técnica cujo efeito pode ser descrito como rachado.
cuivres (fr. lit.: cobres) NAIPE de METAIS da orquestra.
cullakas Dança chilena que teve origem provável nas tradições rituais dos Andes. Reverencia os *llamos* (lhamas), animal que os povos andinos utilizam para seu trabalho e sustento.
cult Diz-se de música cultuada, da moda; modismo.
cultrim Espécie de tambor chileno de mão de origem indígena, tem o FUSTE feito de armação de madeira e couro.
cumbe Dança africana para casais em cuja coreografia as mulheres fazem evoluções ao redor do parceiro. Ver também CUMBIA.
cumbia Dança de casais que finca raízes no CUMBE, pode ser encontrada no Panamá e na Colômbia. Também é bastante difundida em Cuba e nos guetos latinos norte-americanos.
cumbia-jazz Expresão cunhada pelo compositor e contrabaixista de *jazz* Charlie Mingus, nos anos 1970, que incorporou à sua banda uma seção rítmica colombiana.
cunha 1. Peça de madeira embutida nos orifícios do TALÃO e da ponta do arco dos instrumentos de cordas como o violino, serve para fixar a CRINA na vareta. **2.** Pequeno pedaço de madeira empregado em reparos de instrumentos de cordas como o violino.
cup mute (ing. lit.: surdina de copo) Entre instrumentos de metal (acp. 2) como o TROMPETE, espécie de SURDINA (acp. 1) metálica que, inserida na campana do instrumento, produz um efeito anasalado.
cura Ver SAZ.
curimbó Em algumas regiões do Norte-Nordeste, RETUMBÃO.
curitibano Espécie de QUADRILHA do FANDANGO (acp. 3) paranaense, é dançada por casais ao som de TOADAS.
curtail (ing.) CURTAL.
curtain tune (ing. lit.: melodia ou canção da cortina) No Barroco inglês, música executada durante a abertura da cortina dos teatros de ópera.
curtal (lat. *curtus*: curto; fr. *courtaut*; ing. *curtail*, *curtall*, *curtol*) Espécie de FAGOTE inglês do final da Idade Média, como a CHARAMELA [var.: curtol].

curtol Ver CURTAL.
curtição Ver CURTIR.
curtir No popular, fruir. Curtir um som: fruir de uma música.
curtol (ing.) CURTAL.
cururu Dança masculina que teve origem entre os índios tupis-guaranis do Sudeste e Centro-Norte brasileiro. Assimilou elementos religiosos e tradições musicais portuguesas introduzidas por missionários jesuítas (os versos, chamados carreiras, com seus trovos, ou rimas, têm conteúdo religioso), e faz parte de um tradicional DESAFIO de violeiros, que costuma ser acompanhado por reco-recos e pandeiros. O cantor é chamado cururuzeiro (canturino é o principiante e canturiano é o mais experiente), e o músico, instrumentalista. A VIOLA (acp. 3) empregada no cururu possui cinco ORDENS duplas de cordas, sendo que a principal delas é a quarta, que serve de pedal para os rasqueados.
cururuzeiro Ver CURURU.
curvatura Ver CURVING.
curvatura inferior (it. *volta inferiore*; fr. *courbe inférieure*; ing. *lower bout*; al. *Unterbügel*) Curva inferior de instrumentos como o violino.
curving (ing. lit.: curvando) Efeito obtido em instrumentos como a guitarra elétrica e o SINTETIZADOR, consiste em baixar a afinação de uma nota e retornar à altura original.
custos (lat.) Sinal colocado após o último COMPASSO de uma página ou trecho, indicativo de nota inicial da página seguinte.
cut (ing. lit.: corte) **1.** Faixa gravada de um disco. Corresponde a uma tomada (*take*) na linguagem cinematográfica. **2.** (ing. lit.: cortar) No jargão dos DJS, som arranhado que é produzido girando-se o prato do TOCA-DISCOS em sentido contrário. Também é usada a expressão *to cut the wax* (ing. lit.: cortar a cera). **3.** No jargão dos estúdios norte-americanos, gravar uma música.
cutilada Grupo coral acompanhado por pífaros e zabumba do Nordeste brasileiro.
cutoff frequency (ing. lit.: freqüência de corte) Em MÚSICA ELETRÔNICA, nível de freqüência a partir do qual um sinal de áudio deve ser atenuado. Abreviatura [CF].
C & W Abreviatura de *Country and Western*. Ver COUNTRY MUSIC.
cycle (ing.) Ciclo.
cymbal (ing.) Ver CÍMBALO e PRATO (acp. 1).
cymbale (fr.) Prato.
cymbale com grelots (fr.) PRATO CHUVEIRO.
czardas (húng. *csárdás*) Dança da Hungria do final do século XIX, costumava ser construída sobre ritmos simples e temas recorrentes. Constava de duas seções: uma lenta, introdutória, chamada *lassú*, e outra mais movida e acelerada, chamada *friss* [var.: port. *ciarda*].

D

D 1. CIFRA que na música dos países de cultura alemã e inglesa designa a nota ré. Ver também A (acp. 2). **2.** Indicador de *opus* no trabalho de catalogação das composições de Schubert, feito em 1951 pelo alemão Otto Deutsch. **3.** Catalogação da obra violinística de Tartini, segundo Dounias.

dabke Dança e música do folclore libanês.

DAC (ing.) Abreviatura de DIGITAL TO ANALOGIC CONVERTER.

da camera (it.) Expressão que durante o período Barroco designava freqüentemente movimentos de dança, em contraposição a *da chiesa*, de igreja.

da capo (it. lit.: do início) Expressão indicativa de retorno ao início do movimento ou da peça. Pode ser representada pelas iniciais [DC].

da capo al coda (it.: do início à *coda*) Indica que a passagem deve ser repetida do início até o ponto especificado [símbolo ∏], saltando para a CODA.

da capo al fine (it. lit.: do início ao fim) Indica repetição de um trecho, do início ao local assinalado *fine*.

da capo al segno (it. lit.: do início ao sinal) Indica que o executante deve retornar ao início e então repetir o trecho até o *segno* [§] da partitura) Abreviatura [DC al §].

da chiesa (it. lit.: de igreja) Referência à SONATA da forma estabelecida por Corelli (lento-rápido-lento), em contraposição à sonata DA CAMERA.

dadra Na MÚSICA INDIANA, um estilo semiclássico de cantar.

dadra tal Na MÚSICA INDIANA, um TAL semiclássico de seis batidas.

dadu MARACA (acp. 1).

daduk Pequena flauta búlgara.

daff Ver DUFF.

DC (it.) Abreviatura de DA CAPO.

DC al § (it.) Ver DA CAPO AL SEGNO.

Drahtbürste (al.) ESCOVA.

Drahtgeige (al.) VIOLINO DE FERRO.

daina Ver DAYAN.

daire Tambor de membrana única do Sudeste europeu e Oeste asiático.

dal segno (it. lit.: do sinal) Na partitura, indica que o executante deve retornar ao trecho onde se encontra o sinal [§]. Abreviatura: [DS] [var.: dal seguro].

dal segno al coda (it. lit.: a cada ao sinal) Na partitura, indica que o músico deve retornar ao ponto identificado pelo *segno* [§] e saltar para a CODA no ponto indicado [∏].

dal segno al fine (it. lit.: do sinal ao final) Na partitura, indica retorno ao ponto identificado pelo sinal [§], e repetição do trecho até a indicação *fine*.

dal seguro (it.) Ver DAL SEGNO.

dam (hindustani lit.: respiração) Na MÚSICA INDIANA, pausa.

damaru Na MÚSICA INDIANA, um pequeno tambor em forma de ampulheta associado à divindade Shiva.

damodar tal Na MÚSICA INDIANA, um TAL pouco comum de oito batidas.

d'amore (it., fr. *d'amour*) Expressão que no passado servia para designar certos instrumentos de sonoridade mais velada e registro mais grave do que aqueles que lhes dão o nome, como o oboé *d'amore*, a *guitarra d'amore* e a *viola d'amore*.

damp (ing.) Entre os instrumentos de percussão, indica que o som deve ser abafado.

damper (ing.) PEDAL DO ABAFADOR.

dämpfen (al. lit.: abafar) Entre os instrumentos de percussão, indica que o som deve ser abafado ou a SURDINA (acp. 1) colocada.

Dämpfer (al.) SURDINA (acp. 1). A expressão *ab Dämpfer* indica que as surdinas dos instrumentos devem ser retiradas. A expressão *mit Dämpfer* indica que as surdinas devem ser colocadas.

dança (it. *ballo, danza*; fr. *danse*; ing. *dance*; al. *Tanz*) Forma de expressão artística que emprega movimentos do corpo, organizadamente ou não. Costuma ser associada à música, muito embora eventualmente dela independa, pois pode ser praticada no silêncio, apesar de conservar fortes componentes rítmicos e de frase. A arte dos movimentos corporais perde-se na história mais longínqua da humanidade, tendo servido como linguagem poderosa de religiões e feitiçaria, além das atividades pastoris e agrícolas, entre as mais diferentes culturas. Aparece também como simples diversão e consolida-se como forma consagrada de arte. Ver também BALÉ.

dança da garrafa Modismo brasileiro do chamado axé *music* que surgiu com o HIT *Boquinha da garrafa*, do grupo É o Tchan, no final dos anos 1990. Caracteriza-se por movimentos eróticos da pélvis das dançarinas, que requebram abaixando-se sobre o gargalo de uma garrafa. Ver também MAXIXE.

dança das cadeiras 1. Dança tradicional de salão em que homens e mulheres giram ao redor de um grupo de cadeiras (que somam uma a menos do que os participantes) e, quando a música é interrompida, sentam-se na que estiver mais próxima. Sai da brincadeira aquele que não conseguiu lugar, mais uma cadeira é retirada e assim por diante. **2.** Dança erótica derivada da DANÇA DAS CADEIRAS (acp. 1) que surgiu nos bailes de FUNK CARIOCA dos subúrbios do Rio de Janeiro no final do ano 2000. Garotas revezam-se à frente de rapazes sentados até a interrupção da música, quando devem sentar-se no colo de quem ocupa a cadeira à sua frente.

dança das genebres Dança portuguesa das Beiras Interiores em que predominava a VIOLA BEIROA.

dança de almofadas (it. *danza degli cussini*; fr. *danse des coussins*; ing. *cushion dance*; al. *Kissentanz, Polstertanz*) Dança de brincadeiras que emprega almofadas.

dança de apache Dança popular da França do início do século XX.

dança de celeiro BARN DANCE.

dança de roda Dança em que os participantes se organizam de mãos dadas em círculo, como na CIRANDA. Corresponde a certo tipo de CONTREDANSE.

dança de São Gonçalo 1. Dança do interior paulista. **2.** Folguedo que louva a São Gonçalo, é precedido por uma parte religiosa e costuma ser encomendado por uma graça recebida.

dança do castiçal Dança do folclore libanês.

dança-do-tipiti Espécie de AUTO da região Amazônica em que os figurantes se vestem como índios [var.: cacetão, cacetinho-cruzado, cacetinho-doido].

dança do ventre Dança originária de rituais sagrados do Egito antigo, onde se acredita ter surgido entre 7000 e 5000 a.C., sendo posteriormente introduzida nos países de cultura árabe. Costumava ser realizada sem público, e sua sinuosidade, que lembra uma serpente a par da música característica, revela ligações entre espírito e corpo, celebrando a fertilidade feminina. Atualmente, a dança do ventre reveste-se de características exageradamente sensuais, em relação às suas origens, tornando-se objeto de consumo exótico, razão pela qual foi banida de diversos países árabes onde a cultura é dominada por tradições excessivamente conservadoras.

dança-da-santa-cruz Dança de roda do interior paulista, tem origem portuguesa e costuma ser acompanhada por VIOLAS DE ARAME e ADUFES.

dança-da-trança Variante mineira do PAU-DE-FITA.

dança-de-beriba Entre os mineiros, pejorativamente, dança de paulista.

dança-do-balainho Ver BALAINHA.

dança-do-mastro Variante mineira do PAU-DE-FITA.

dança-dos-tapuias Dança mineira de inspiração indígena acompanhada por SANFONA, tambores e PÍFAROS.

dança-de-velhos Ver QUEBRA-BUNDA (acp. 1).
dança-do-tambor Ver PUNGA.
dança-do-trancelim Ver TRANÇA.
dance (ing.) Dança.
dance hall (ing. lit.: salão de dança) Estilo de REGGAE comum em meados dos anos 1980, baseia-se em ritmos pré-gravados eletronicamente e suas letras têm conteúdo de forte apelo sexual.
dance music Gênero musical de ritmo fortemente marcado que teve origem na DISCO MUSIC e surgiu nos anos 1980 com os grupos Bomb the Bass e S'Express.
dancing (ing. lit.: dançante) **1.** Clube de *jazz* da época da Depressão norte-americana. **2.** No Brasil, até meados do século XX, GAFIEIRA.
dancing club Salão de *dancing*.
dandão Dança de origem africana do Sul-Sudeste brasileiro, sofreu influência da POLCA e costuma ser acompanhada por VIOLAS DE ARAME.
danse (fr.) Dança.
danse des coussins (fr.) DANÇA DAS ALMOFADAS.
danza (it.) Dança.
danza degli cuscini (it.) DANÇA DAS ALMOFADAS.
danzón Dança de salão cubana surgida no final do século XIX, originou-se da CONTREDANSE.
darabukka (al. *arabische Trommel*) Instrumento de percussão de membrana única de origem árabe, difundiu-se por todo o Oriente Médio [var.: *Darabukke*, *tarabonka*, *tarabuka*, *tarbourka*, *tunbuk*). Ver também DUMBEG e TARAMBUKA.
darbari kanada Na MÚSICA INDIANA, uma RAGA noturna convencional.
darbuk Instrumento de percussão eslavo de membrana dupla, executado como um tambor.
dark (ing. lit.: escuro) Qualidade aveludada do som de um instrumento ou voz.
Darmsaite (al.) CORDA DE TRIPA.
DAT (ing.) Abreviatura de *digital audio tape* (fita de áudio digital). Microfita para gravação digital ESTEREOFÔNICA de alta qualidade, surgida no final dos anos 1990.
data entry (ing.) Na MÚSICA ELETRÔNICA, um dispositivo que remete a informação musical a um computador.
Dauer (al.) Duração.
Daumenklappe (al.) CHAVE DO POLEGAR.
Daumenloch (al.) ORIFÍCIO DO POLEGAR.
dayan Na MÚSICA INDIANA, o tambor direito da TABLA [var.: daina].
dB Abreviatura de DECIBEL.
de No sistema DÓ MÓVEL, o primeiro ou oitavo grau abaixado da ESCALA DIATÔNICA, correspondente ao dó bemol.
dead wood (ing. lit.: madeira morta) No jargão norte-americano, refere-se pejorativamente aos músicos, geralmente mais velhos, que se sentam no fundo dos NAIPES das orquestras e freqüentemente têm dificuldade de executar as passagens musicais mais complexas, alusão de lenhadores aos troncos de madeira velha que descem mais lentamente rio abaixo.
death metal Tipo radical de música TRASH que é caracterizado pela apologia obsessiva da morte, do estupro, do seqüestro e da mutilação. O ritmo é rápido, o ambiente caótico e o canto permeado de murmúrios, grunhidos e gritos confusos.
debrum (fr.) DEBRUN.
debrun Decoração entalhada nas bordas do tampo ou fundo de alguns instrumentos de cordas [var.: debrun].
début (fr.) PRIMEIRA AUDIÇÃO de um artista, ou de um artista em determinado lugar.
decani e cantoris No culto anglicano do passado, grupos que alternavam os trechos principal e secundário a partir de diferentes posições na igreja.
decay (ing.) Na MÚSICA ELETRÔNICA, o segundo estágio de um gerador de ENVELOPE do tipo ADSR.
deceptive cadence (ing. lit.: cadência deceptiva) Ver CADÊNCIA INTERROMPIDA.
decibel (al. *dezibel*) Unidade de medida de intensidade sonora que equivale a um décimo de um Bel. A unidade de um decibel é a menor alteração de intensidade passível de ser reconhecida pelo ouvido humano médio. Abreviatura [dB].
décima (it. *decima*; fr. *dixième*; ing. *tenth*; al. *Dezime*) Intervalo de dez graus em uma ESCALA DIATÔNICA (do°-mi¹).
décima primeira (al. *Undezime*) Intervalo de onze graus em uma ESCALA DIATÔNICA (dó°-fá¹).

décima primeira aumentada Intervalo de DÉCIMA alterado ascendentemente (dó°-fá sustenido[1]).
décima segunda Intervalo de doze graus em uma ESCALA DIATÔNICA (dó[1]-sol[2]).
deciso (it.) Na partitura, sugere decididamente.
décor (fr.) CENÁRIO.
declamação (al. *Deklamation*) Entonação de um texto com nuances e acentuações de contorno melódico.
de cor (fr. *coeur*: coração; ing. *by heart*; al. *auswendig*) Tocar de memória, sem ler partitura [var.: ing. *by memory*].
decresc. (it.) Abreviatura de DECRESCENDO.
decrescendo (it.) Gradualmente mais suave. Abreviatura [decresc.].
dedal Utensílio colocado em um dedo (geralmente o médio) da mão esquerda do guitarrista para obtenção de efeito similar ao do BOTTLENECK.
dedeira **1.** Peça adaptada a um dedo (ou dedos) da mão direita do executante para execução de instrumentos de cordas como o SITAR indiano ou o KOTO japonês. **2.** Peça de osso ou plástico que envolve o dedo polegar e auxilia na execução e projeção do som dos BORDÕES (acp. 2) de instrumentos como o VIOLÃO DE SETE CORDAS, típico do CHORO brasileiro.
dedilhação (it. *diteggiatura*; fr. *doigté*; al. *Fingersatz*, *Applikatur*) Notação de DEDILHADO.
dedilhada Executada com os dedos.
dedilhado (it. *digitazzione*, *dittegiatura*; fr. *doigté*; al. *Fingersatz Applikatur*) Prática de origem medieval de sistemas de organização dos movimentos dos dedos sobre o teclado, ou da mão direita, nos instrumentos de cordas, que facilita e padroniza a compreensão dos movimentos necessários à execução. Para a mão esquerda, é preferível o termo digitação (do italiano *digitazzione*). No violão, as cordas são dedilhadas pela mão esquerda e digitadas pela direita. Entre os INSTRUMENTOS DE SOPRO, refere-se a padrões de alternância entre os dedos de ambas as mãos para a obtenção das diversas notas.
deep house Estilo de HOUSE MUSIC que emprega trechos pré-gravados de cantoras de SOUL como Adeva, Caron Wheeler e Kynn Mazelle.
deep soul Música SOUL de interpretação dramática e exagerada, sofreu influência do GOSPEL e do BLUES nos anos 1960.
def jam No jargão do RAP, um excelente disco.
defectiva Diz-se de escala ou modo que, como na ESCALA PENTATÔNICA, emprega um intervalo de terça menor, e não apenas graus conjuntos.
definição vocal (fr. *définition vocalique*) Caracterização acústica de determinada vogal que permite distingui-la de outra com clareza.
définition vocalique (fr.) DEFINIÇÃO VOCAL.
degrau Diz-se de cada grau conjunto da seqüência de subida ou descida de uma melodia.
deixa (ing. *cue*) **1.** Indicação verbal ou sinalização de um músico no ponto de entrada de determinado instrumentista. **2.** Na partitura, indicação de entrada de um músico.
delay (ing. lit.: atraso) Na MÚSICA ELETRÔNICA, técnica que permite programar o atraso da entrada de determinado sinal de áudio.
delicato (it.) Delicado, suave.
demi (fr.) Metade.
demisemiquaver (ing. brit.) FUSA.
demi-ton (fr.) SEMITOM.
demo (ing. *demonstration*) Disco, CD, fita ou outro meio de reprodução de curta duração, serve para apresentar o trabalho de um grupo ou cantor para produtores, gravadoras, empresários ou divulgadores. Apresenta-se nas formas *demo tape* (fita), *demo record* (disco) e *demo CD* (*compact disc*).
de ouvido Ver DE COR.
déploration (fr.) No Renascimento, certo tipo de composição MODAL escrita em homenagem a um músico morto.
depth (ing. lit.: profundidade) Ver AWIMI.
derbacki (ár.) DERBAKI.
derbaki Pequeno tambor árabe [var.: *derbacki*, *dirbakka*, *dunbug*].
derrière la scène Ver OFF-STAGE.
des (al.) Ré bemol.
désaccorder (fr.) Desafinar.
desafinar (it. *stonare*; fr. *détonner*, *désacorder*; ing. *(to) play/to sing out of tune*; al. *detonieren*, *verstimmen*) Tocar ou cantar fora do DIAPASÃO.
desafio Espécie de duelo musical de provável origem portuguesa, comum entre VIOLEIROS

do Nordeste brasileiro. Os participantes improvisam letra e música sobre formas métricas predeterminadas e freqüentemente estruturadas sobre um único ACORDE. A fórmula do desafio não é exclusiva do Brasil, e menos ainda contemporânea: no *jeu-parti*, TROVADORES franceses alternavam poesia e canto, improvisadamente e em duplas [var.: carretilha, peleja].

descante 1. Linha escrita ou improvisada acrescida à melodia de um hino. **2.** Na POLIFONIA, voz mais aguda feminina ou masculina, como um soprano ou tenor. **3.** Espécie de cantochão da Idade Média construído sobre uma linha principal, ou *cantus firmus* [var.: discante].

descant viol (ing.) Instrumento como o DESSUS DE VIOLE, VIOLA (acp. 2) soprano, ou o PARDESSUS DE VIOLE.

descarga No jargão latino-americano, JAM SESSION.

desenvolvimento (it. *sviluppo*, *elaboratione*; fr. *développement*; ing. *development*; al. *Durchführung*) Na FORMA SONATA, seção onde o material temático, harmônico e rítmico exposto anteriormente recebe nova elaboração.

deses (al.) Ré dobrado bemol.

desfeiteira Dança de influência indígena (acp. 3) do Norte brasileiro, costuma ser acompanhada por um conjunto formado por violões, flautas, CAVAQUINHOS e, às vezes, TROMPETES e TROMBONES.

desk (ing. lit.: escrivaninha) **1.** Nos estúdios de gravação, MESA DE MIXAGEM. **2.** (ing.) ESTANTE [var.: ing. *music stand*].

deslizador Ver BOTÃO DESLIZANTE.

deslizamento 1. PORTAMENTO. **2.** (ing. *slide*) Movimento da VARA do trombone. **3.** Tipo de ornamento que consiste em duas notas curtas que resolvem na nota principal.

deslocamento (ing. *shifting*: mudança) Entre os instrumentos de cordas, o movimento da mão esquerda durante uma mudança de posição.

dessus (fr. lit.: a parte superior) A voz mais aguda de um conjunto.

dessus de viole (fr.) Ou VIOLA (acp. 2) soprano, a voz mais aguda das violas no período Barroco.

destra (it.) Direita.

détaché 1. Destacado. **2.** (fr.: *sur chaque note*; ing. *detached*; al. *Strich für Strich*) Entre os instrumentos de cordas da orquestra, indica GOLPE DE ARCO em que determinado grupo de notas deve ser executado destacadamente, com os sons separados. Pode, também, ser executado fora da corda, chamando-se DÉTACHÉ OFF-STRING, ou DÉTACHÉ COLLÉ. O pai da chamada escola russa do violino, Leopold Auer, entende que o *détaché* é uma seqüência de golpes executados continuamente, com a mínima interrupção no vaivém do arco. Segundo ele, o *détaché* pode ser curto, entre o meio e a ponta do arco, largo, quando emprega ao menos a metade da crina, ou ainda *grand détaché*, que utiliza um arco inteiro para cada nota. Carl Flesch, de maneira particular, interpreta que o *détaché* difere do LEGATO apenas pelo fato de que no primeiro há um movimento do arco para cada nota. Rolland chama atenção para o *singing détaché*, ou *german détaché*, articulado suavemente sobre notas curtas, cada movimento em uma direção.

détaché chanté (fr. *détaché* cantado) SINGING DÉTACHÉ.

détaché collé (fr.) Entre os instrumentos de cordas da orquestra, golpe semelhante ao BALZATO. O arco é carregado para cada nota, pousando e afastando-se da corda. Deve ser executado próximo ao TALÃO.

détaché lancé (fr.) Entre os instrumentos de cordas da orquestra, GOLPE mais curto do que o *détaché* simples, freqüentemente representado por um ponto junto a um traço sobre ou sob a nota. Requer grande velocidade inicial do arco e espaçamento entre as notas, que devem ser executadas sem acento e sem o que o jargão musical chama barriga (ing. *swell*). Ivan Galamian entende que este golpe deve ser executado aplicando-se grande quantidade de arco no início de cada nota, seguindo-se uma redução da velocidade no final. Segundo ele, o *lancé* pode ser utilizado em combinação com o DÉTACHÉ PORTÉ, realçando certas notas ou mesmo servindo para recuperar arco após sons de maior duração.

détaché off-string (fr., ing.) Ver DÉTACHÉ COLLÉ.

détaché porté (fr.) GOLPE DE ARCO executado com uma "barriga" que antecipa uma redução na pressão do arco em cada movimento.

Produz sonoridade como a do LOURÉ e costuma ser empregado quando há representação de um traço sobre ou sob cada nota. Ivan Galamian sugere uma leve separação entre as notas e entende que este golpe implica um "inchamento" no início de cada movimento do arco, seguindo-se uma queda na pressão, o que resulta em um efeito semelhante ao PORTATO, com a diferença de que neste último golpe diversas notas são desferidas em uma mesma direção.

détaché trill (fr., ing.) Ver BOW-FINGER TREMOLO.

detentor de centro Ver CENTER DETENT.

détoner (fr.) DESAFINAR.

detonieren (al.) DESAFINAR.

deung-tchum Dança e música infantil da Coréia cuja coreografia emprega lampiões a óleo e canta em louvor à esperança por um futuro próspero.

deutsche (al.) Em meados do século XVIII, uma tradicional dança popular alemã cujos participantes organizavam-se em pares. No início do século XIX, cedeu lugar ao LÄNDLER campesino, que por sua vez teria dado origem à VALSA.

devant (fr. lit.: adiante) Na técnica vocal, localização das sensações vibratórias internas entre o palato e o perfil exterior da face. Ver também MASQUE.

development (ing.) DESENVOLVIMENTO.

développement (fr.) DESENVOLVIMENTO.

devisenarie (al.) Tipo de ÁRIA do período Barroco que sofria intervenção instrumental após a introdução do cantor.

Dezime (al.) DÉCIMA.

dez mais (ing. *top ten*: lit.: dez primeiras) As dez músicas mais solicitadas pelo público e executadas pelas rádios ou TVs.

dez-pés-em-quadrão Uma das modalidades do DESAFIO.

d-funk Estilo do FUNK tocado em Detroit (conhecida como *D-town*), EUA.

dha Ver SARGHAM.

dhai (hind.) Ver DHAIVAT.

dhaivat Na MÚSICA INDIANA, a sexta nota da escala [var.: *dhai*].

dhol (hind.) Ver DHOLAK.

dholak Na MÚSICA INDIANA, um tambor metálico primitivo de MEMBRANA dupla [var.: *dhol*, b].

dholki Na MÚSICA INDIANA, pequeno tambor folclórico de Maharashtra.

dhrupa Antigo estilo clássico de MÚSICA INDIANA.

dhun Na MÚSICA INDIANA, um solo instrumental suave, de origem religiosa.

di No sistema DÓ MÓVEL, o primeiro grau aumentado da ESCALA DIATÔNICA, correspondente ao dó sustenido.

diabolus in musica (it. lit.: demônio na música) Na Idade Média, referia-se ao TRÍTONO, intervalo de quarta aumentada de difícil tratamento, cuja utilização chegou a ser proibida pela Igreja em razão de sua DISSONÂNCIA.

diafonia (gr. *diaphonia*: dissonância) **1.** Na Antiguidade, os intervalos não consonantes (todos aqueles que não o uníssono, a quarta, a quinta e a oitava) para a época. **2.** Na música medieval, certo tipo de ORGANUM simples escrito para duas vozes.

diálogo Tipo de peça sacra que remonta à Itália do século XVI, para cuja execução demandava-se a alternância de dois ou mais cantores. No século XVIII, contribuiu para dar origem à CANTATA.

diana (it.) RÉVEILLE.

diapasão 1. (it. *alamire*, *corista*; fr. *diapason*; ing. *tuning fork*; al. *Stimmgabel*, *Stimmpfeife*) Pequeno artefato metálico semelhante a um garfo com duas pontas que, quando percutido contra uma das mãos ou objeto, produz som de altura predeterminada, estabelecendo um padrão de afinação (muito embora por convenção a freqüência do lá universal esteja fixada em 440 HERTZ, a maioria das orquestras afinam entre 442 e 445 Hz). O som produzido pelo diapasão pode ser mais bem ouvido pelo instrumentista quando este encosta a haste que serve de suporte na base em um de seus ouvidos, um anteparo de madeira (como o tampo de um piano ou violão) ou outro material. Modernamente, existem diapasões de construções variadas, como pequenos tubos de PALHETA (acp. 1) dupla (ing. *pitch pipes*), ou ainda os mais recentes DIAPASÕES ELETRÔNICOS, aparelhos digitais que possibilitam afinar os instrumentos com precisão de centésimos de tom. **2.** Comprimento da extensão vibrante de uma corda solta. O contrabaixo ∫ tem um diapasão médio entre 104 e

109 cm. **3.** REGISTRO (acp. 1) principal de um órgão. **4.** Altura (freqüência) de afinação.
diapasão de orquestra (ing. *concert pitch*, *standard pitch*) Afinação em Lá 440 Hz.
diapason (fr.) **1.** Voz original, ou REGISTRO (acp. 1) principal do órgão. **2.** Extensão de um instrumento ou voz de um cantor.
diatonic (ing.) DIATÔNICO.
diatônico (it. *diatonico*, *diatonisch*; fr. *diatonique*; ing. *diatonic*; al. *diatonik*) Relativo à escala que segue a ordem de sucessão natural de TONS e SEMITONS.
diatonik (al.) DIATÔNICO.
diatonique (fr.) DIATÔNICO.
diatonish (al.) DIATÔNICO.
diatonismo Divisão de uma oitava em uma ESCALA DIATÔNICA. Ver DIATÔNICO.
Dichtung (al) Poema. Ver também POEMA SINFÔNICO.
didjeridu Espécie de longo TROMPETE australiano utilizado em ritos e festas aborígines. É construído com um pedaço oco de eucalipto (geralmente escavado pela ação de cupins) e soprado como um instrumento de METAL (acp 1).
didley beat (ing.) BATIDA de GUITARRA (acp. 3) do *rock* tradicional criada por Bo Didley, tornou-se a marca registrada do músico. A batida de Didley realça o segundo e o quarto tempos do compasso.
didley bow (ing. lit.: arco de Didley) Instrumento doméstico MONOCÓRDICO que consiste em um arame atado a um móvel ou parede em uma das extremidades e tensionado por uma das mãos na outra.
Dies irae (lat. lit.: dia de ira) A segunda parte do RÉQUIEM, que chegou a influenciar composições profanas como a *Sinfonia fantástica*, de Hector Berlioz.
dièse (fr. lat. *diesis*) SUSTENIDO.
diesis (it.) SUSTENIDO.
dietro il ponticello (it.) Ver SUL PONTICELLO.
dietro la scena (it.) Ver OFF-STAGE.
diferencia (esp.; it. *differenza*; fr. *différence*; ing. *difference*; al. *Differenz*) Certo tipo de VARIAÇÃO do século XVI. No plural, *diferencias*, podia designar também as subdivisões rítmicas das notas musicais.
difference (ing.) DIFERENCIA.
différence (fr.) DIFERENCIA.
Differenz (al.) DIFERENCIA.
differenza (it.) DIFERENCIA.
digitação (it. *digitazzione*; al. *Applikatur*; ing. *fingering*) DEDILHADO da mão esquerda dos instrumentos de cordas.
digital Sinal sonoro codificado em dígitos binários (0 e 1). A conversão em sinais analógicos possibilita a tradução da leitura digital em som.
digital to analog converter (ing.) Na MÚSICA ELETRÔNICA, conversor de sinal digital em análogo. Abreviatura [DAC].
digitorium (lat.) Equipamento portátil usado por pianistas para exercitar os dedos. Ver também PIANO MUDO.
dilli baj Na MÚSICA INDIANA, estilo de tocar TABLA típico de Nova Délhi.
dilruba Na MÚSICA INDIANA, pequeno instrumento de arco com TRASTES, semelhante ao SITAR.
diluendo (it.) Diluindo.
dim. Abreviatura de DIMINUENDO.
diminished (ing.) DIMINUTA, diminuída.
diminished seventh (ing.) **1.** Intervalo de SÉTIMA DIMINUTA (dó°-Si^{bb}). **2.** Acorde de SÉTIMA DA DIMINUTA.
diminué (fr.) DIMINUTO.
diminuendo (it. lit.: diminuindo ou decrescendo; al. *verhallend*) Indica redução gradativa da intensidade do som. Costuma também ser representado abreviadamente [dim.] ou por meio de um grampo.
diminuição (al. *Diminution*) Técnica de composição que consiste na redução da duração de certa seqüência de notas ou trecho musical a valores proporcionalmente iguais de menor (freqüentemente a metade) duração.
diminuta Ver DIMINUTO.
diminuito (it.) DIMINUTO.
diminuto (it. *diminuito*; fr. *diminué*; ing. *diminished*; al. *vermindert*) Diz-se do intervalo menor ou justo (3ª menor, 5ª justa ou 7ª menor, por exemplo), alterado um SEMITOM descendentemente. Ver também ACORDE DE DIMINUTA, ACORDE DE SÉTIMA DA DIMINUTA e ACORDE DE MEIA DIMINUTA.
dinâmica (it. *dinamica*; fr. *dynamique*; ing. *dynamics*; al. *Dynamik*) De forma geral, refere-se à organização da intensidade dos sons na música. No início do período Barroco,

quando passou a ser necessário contrastar trechos ou frases, algumas indicações genéricas de dinâmica, como *piano* e forte, passaram a ser introduzidas. Arte de contrastes, a música barroca utilizava essas indicações genéricas que cederam lugar a variações gradativas de dinâmica com o advento do período clássico, quando passaram a ser sistematizadas e estabelecidas séries de sinais indicativos e se consolidaram expressões como *crescendo* e *diminuendo*. As gradações de dinâmica podem ser, *grosso modo*, subdivididas em [*pppp*] a [*pp*] pianississímos, [*pp*] *pianissimo*, [*p*] *piano*, [*mp*] *mezzo-piano*, [*mf*] *mezzo*-forte, [*f*] forte, [*ff*] fortíssimo, e [*fff*] a [*ffff* ou mais] fortississímos.

dynamics (ing.) DINÂMICA.

Dynamik (al.) DINÂMICA.

dynamique (fr.) DINÂMICA.

diodo de emissão luminosa Ver LED.

dipak Na MÚSICA INDIANA, uma RAGA à qual se atribui o poder de criar fogo.

dirbakka Ver DERBAKI.

Direct Memory Address Ver DMA.

direitos conexos Direitos relativos ao intérprete e à execução musical, estabelecidos em lei.

dirge (ing. canto ou hino fúnebre) Ver NÊNIA.

dirigieren (al.) Reger.

di rimbalzo (it. *rimbalzare*: saltar) Entre os instrumentos de cordas da orquestra, ricocheteando. Ver RICOCHET.

dis (al.) Ré sustenido.

disc-jockey (ing. lit.: discotecário) Aquele que pilota toca-discos em casas noturnas. A palavra *jockey* designa o montador de cavalos de corrida, e teria se originado de *jock*, popular para Joe, um antigo cavaleiro inglês. Abreviatura [DJ].

discante Ver DESCANTE.

discman (ing.) Aparelho para escuta portátil de CD de áudio.

disco 1. (it.; fr. *disque*; al. *Schallplatte*, *Platte*; ing. *record*) Gravação em vinil ou massa que gira em em 78, $33^{1/4}$ ou 45 rpm. Ver também CD. **2.** Casa noturna onde se dança o gênero DISCO MUSIC. Discoteca. **3.** DISCO MUSIC.

disco de ouro Troféu com que uma gravadora premia o artista que completa a marca de 100 mil cópias vendidas de um disco ou CD.

disco de platina Troféu com que uma gravadora premia o artista que completa a marca de 250 mil cópias vendidas de um disco ou CD.

disco de som [var.: disco de tom] Ver TONE WHEEL.

disco de tom Ver TONE WHEEL.

disco music (ing.) Gênero musical dos anos 1970 que mesclava ingredientes do SOUL e do *rock'n'roll*, surgiu possivelmente após o disco *Soul Makossa*, do africano Manu Dibango. A gravação teria cativado os músicos do grupo inglês Bee Gees, abrindo caminho para o sucesso do gênero. Basicamente, é uma música de *rock* com pouca ou nenhuma letra, ritmo batido e muito repetitivo, para ser tocado em alto volume e dançado em discotecas.

discografia (fr. *discographie*; ing. *discography*; al. *Diskographie*) Estudo e organização de gravações da obra de um artista, grupo, orquestra ou conjunto registradas por quaisquer meios mecânicos ou eletrônicos sobre um artista ou grupo. De forma mais ampla, pode abranger um movimento, tendência ou período musical registrado.

discographie (fr.) DISCOGRAFIA.

discordância Combinação harmônica que resulta em sons desagradáveis.

discoteca (fr. *discothèque*; al. *Diskothek*) Ver DISCO (acp. 2).

discotecário Ver DISK-JOCKEY.

disinvolto (it.) Desenvolto, com desenvoltura.

disis (al.) Ré dobrado sustenido.

disjunta Diz-se de seqüência de notas em intervalos não-conjuntos, ou seja, maiores do que tons e meios-tons.

Diskantschlüssel (al.) CLAVE de DESCANTE. Ver CLAVE DE SOL.

disklavier Instrumento criado pela Yamaha do Japão no final dos anos 1990, permite a reprodução em tempo real, por meio de um sistema MIDI endereçado a um computador, da execução de um *piano* para outro instrumento distante, também conectado.

Diskographie (al.) DISCOGRAFIA.

Diskordanz (al.) DISSONÂNCIA.

display (ing. lit.: mostrador) Na música eletrônica, dispositivo que possibilita visualizar um sinal de áudio ou programação.

disque (fr.) DISCO (acp. 1).

dissonance (fr. ing.) DISSONÂNCIA.

dissonância (it. *dissonanza*; fr., ing. *dissonance*; al. *Dissonanz, Diskordanz*) **1.** DISCORDÂNCIA. **2.** Na harmonia tradicional, grupo de duas ou mais notas de um acorde que criam forte tensão e se tornam instáveis ao ouvido humano, que por natureza busca predominantemente a sua resolução em acordes consonantes. Com a ruptura dos conceitos rígidos do TONALISMO e ao sabor das correntes de composição que se seguiram, passou-se a entender que a tensão da dissonância não precisa ser obrigatoriamente resolvida.

Dissonanz (al.) DISSONÂNCIA.

dissonanza (it.) DISSONÂNCIA.

distant miking (ing.) Técnica de gravação e captação de som que emprega microfones distantes da fonte de áudio, produzindo REVERBERAÇÃO.

distorção (ing. *distortion*) **1.** Efeito acústico que resulta do choque entre sons refletidos e seus originais, gerando uma terceira freqüência. **2.** Efeito acidental ou proposital de alteração eletrônica e inserção de RUÍDO em um sinal sonoro. Ver também DISTORCEDOR.

distorcedor Aparelho que, conectado a um instrumento como a guitarra elétrica, distorce o sinal de saída, criando efeitos diversos. Ver também DISTORÇÃO (acp. 2).

ditado musical Exercício de treinamento que é realizado por meio da audição de trechos musicais e anotação em partitura, sem conferência junto ao piano ou outro instrumento.

ditals Chaves da HARPA-ALAÚDE.

diteggiatura (it.) DEDILHADO.

ditirambo Gênero de canção grega que na Antiguidade servia para cultuar deuses como Dioniso ou Baco. A partir do final do século XIX, foi referência freqüente para obras que evocam aquelas divindades.

dittegiatura (it.) DEDILHADO.

div Abreviatura de DIVISI.

diva (lat. lit.: deusa) Cantora notável, esplendorosa.

divan O maior dos ALAÚDES turcos da família SAZ, chega a medir 1,5 m.

divertimento Forma musical de até nove movimentos curtos, foi muito utilizada durante o Classicismo em obras para teclados ou grupos de câmera.

divertissement (fr. lit.: divertimento) **1.** No Barroco, dança incluída em apresentações, como óperas e obras teatrais, à guisa de variação ou música de ENTREATO. **2.** Música de festas e diversões, como as SERENATAS (acp. 1) italianas.

divisão Estudo prático da leitura rítmica em notação musical.

divisi (it. lit.: divididos) Na partitura que é lida por mais de um instrumento, como acontece nos NAIPES de orquestra, indica que a partir do ponto demarcado devem ser executadas duas linhas separadas. Na orquestra, quando o *divisi* é indicado na parte, o músico que se senta mais próximo à área central do palco toca a voz mais grave, enquanto seu par, que se senta à mesma estante e mais se aproxima da platéia, executa a superior. Algumas vezes, na orquestra, os *divisi* podem ser distribuídos por ESTANTES. Abreviatura [div].

division (ing.) Técnica CONTRAPONTÍSTICA que no período Barroco subdividia improvisadamente ou por notação as notas de um CANTUS FIRMUS, por exemplo. Ver também DIVISÃO.

division viol (ing. lit.: viola de divisão) Espécie de VIOLA DA GAMBA semelhante à VIOLA BASTARDA, comum na Inglaterra do período Barroco. Instrumento solista de voz grave cujo instrumentista costumava ornamentar improvisadamente melodias preestabelecidas.

dixie (ing.) Popular para DIXIELAND.

dixieland (ing.) Gênero jazzístico criado por músicos brancos de Nova Orleans cuja execução era caracterizada principalmente por pequenos conjuntos ou COMBOS. De maneira genérica, refere-se ao estilo de *jazz* inspirado naquele estilo, executado em toda a região sulina e até os dias de hoje cultivado entre aficionados nos EUA e no mundo inteiro. A palavra teve origem na música Dixie, de Daniel Emmett, precursor dos NEGRO MINSTRELS (menestréis negros) norte-americanos, cujo tema foi adotado como verdadeiro hino na Guerra de Secessão.

dixième (fr.) DÉCIMA.

dizer uma letra Na gíria do morro carioca, cantar um samba.

dizi Tipo de FLAUTA TRANSVERSAL da dinastia Han chinesa.

DJ (Pronuncia-se *didjei*) Abreviatura de DISC-JOCKEY.

djembe Tambor em formato de cogumelo da costa oeste africana.

DJing (do ing. DJ, *disk jocking*). Ver HIP-HOP.

DJ virtual Ver MP3J.

DM (ing.) Abreviatura de DOCTOR OF MUSIC.

DMA (ing.) Abreviatura de *direct memory address* (endereço de memória direta). Pode ser alto ou baixo, devendo ser assinalado ao *soundcard* do computador para executar arquivos WAVE.

dó (fr. *ut*) A primeira nota da escala diatônica e do modo eclesiástico jônico, representada nos países de língua inglesa e alemã por C, deu origem ao modo maior do sistema tonal ocidental.

doblados (esp.) DOPPIONE.

dobradiça pontilhado Um dos passos do FREVO.

dobrado 1. Designação genérica para música de bandas militares ou sinfônicas, como a MARCHA. **2.** Tipo de música para bandas e FANFARRAS que adquiriu essa denominação em virtude da utilização do DOBRAMENTO, recurso que consiste na execução de cada parte do ARRANJO por mais de um instrumento, visando a melhor projeção do som do conjunto.

dobrado bemol (ing. *double flat*; al. *Doppel-b*) Nota abemolada duplamente, ou seja, alterada descendentemente dois semitons. Exemplo: si dobrado bemol corresponde à nota si, abaixada dois semitons. O dobrado bemol é grafado por sinal característico [*bb*] junto à nota.

dobrado sustenido (it. *doppio diesis*; fr. *double dièse*; ing. *double sharp*; al. *Doppelkreuz*) Nota alterada ascendentemente duas vezes, ou seja, dois semitons. Exemplo: sol dobrado sustenido. Símbolo [X]. Colocado antes da cabeça da nota.

dobramento Execução de uma parte por instrumentos iguais ou diferentes (dois oboés ou um fagote e violinos, por exemplo), em uma mesma voz uníssona ou oitavada, durante um trecho, peça ou movimento. Ver DOBRAR.

dobrando Ver DOBRAR (acp. 1).

dobrão Pequeno disco metálico com que se toca o DOBRÃO, alude à moeda corrente no final do Império.

dobrar 1. Fazer instrumento ou voz executar a parte de um outro, em uníssono ou oitava. **2.** DUBLAR. **3.** Em estúdios de gravação, execução de um segundo instrumento ou voz sobre um trecho pré-gravado.

dobro Violão em cujo tampo há discos metálicos de ressonância [var.: obrão, violão dobro].

dó central Nota (C^4) situada na região média do piano. É assim chamado porque, como nos demais instrumentos de teclado, é escrita em uma linha suplementar exatamente entre as CLAVES de sol e fá da partitura. Serve de referência geral e é afinado em aproximadamente 261 Hz, em um piano cujo lá padrão (A^4) vibra em 440 Hz.

Docke (al.) MARTINETE (acp. 1).

Doctor of Music (ing. lit.: doutor em música). Músico que defendeu tese de doutorado na área de música (MUSICOLOGIA ou *performance*). Abreviatura [DM].

dodecafônico Relativo ao DODECAFONISMO.

dodecafonismo (gr. *dódeka*: doze) Técnica composicional baseada na elaboração de séries de doze sons construídas a partir da ESCALA CROMÁTICA, é uma organização mais sistemática do conceito de SERIALISMO. Cada uma das onze séries elaboradas por transposição cromática a partir da série inicial pode ser rearranjada em outras novas séries, chamadas invertidas (que como o nome diz emprega a inversão dos intervalos), RETRÓGRADAS e ainda retrógradas invertidas, combinação de ambas. Sendo doze as séries iniciais, incluída a série original, são 48 possibilidades de construção de séries invertidas, retrógradas e retrógradas invertidas, elaboráveis a partir da principal. Muito embora a idéia de série já houvesse sido apresentada anteriormente (do 1º recitativo da ópera *Don Giovanni*, de Mozart, à fuga de *Also Sprach Zaratustra*, de Richard Strauss, por exemplo), o sistema foi consolidado por Arnold Schönberg (possivelmente com sua *Serenata Op. 24*, de 1923) no início dos anos 1920, influenciando decisivamente diversos de seus discípulos e seguidores. A chamada Segunda Escola de Viena (que teve como discípulos de Schönberg Webern e Alban Berg) deixou sementes para Stravinsky, Dallapiccola e uma legião de seguidores. A técnica dodecafônica foi praticamente introduzida no Brasil pelo alemão Hans Joachim Köllreutter, que a divulgou entre seus discípulos Guerra Peixe, Aylton Escobar, Marlos Nobre, Edino Krieger e diversos outros, provocando grande polêmica, na época, entre seus seguidores e os nacionalistas mais conservadores.

dodekaphonisch (al.) Dodecafônico. Ver DODECAFONISMO.

Dodekaphonisten (al.) Dodecafonistas. Ver DODECAFONISMO.

dó-de-peito O dó agudo de um TENOR.

dodorom Música e dança baianas de fundo religioso cantada originalmente em louvor a São Gonçalo, cujos participantes se organizam em fileiras e alternam passos com novenas.

dó fixo Sistema tradicional de SOLFEJO que consiste na entoação da nota com o nome real em sua altura absoluta. Ver também DÓ MÓVEL.

dohattu Na MÚSICA INDIANA, certo estilo de tocar instrumentos de percussão.

dohollah Tipo de TABLA metálica.

doigté DEDILHADO.

doina Ver HORA LUNGA.

dois em branco Ver FOR NOTHING.

doisquiáltera Ver BISINA.

doit (fr. lit.: dedo) Na linguagem do *jazz*, tipo de ataque que curva o som, alterando sua afinação de forma indeterminada, entre uma quarta e uma quinta justa. Representado por uma linha curvada para cima, a partir da nota.

dolby (ing.) Sistema de filtragem de som, nos gravadores de fita magnética, é empregado para reduzir a interferência de ruídos durante a reprodução.

dolce (it. lit.: doce) Sugere interpretação ligeiramente expressiva, suave, tranqüila.

dolcesuono (it.) DULCIANA.

dolcissimo (it.) Na partitura, indica expressão: muito docemente. Abreviatura [*dolciss*].

dolente (it.) Na partitura, indica expressão: tristemente.

dolore (it.) Na partitura, indica expressão: com tristeza, compaixão.

Dolzflöten (al.) Instrumentos renascentistas descritos por Praetorius, eram uma espécie de FLAUTAS DOCES de corpo e execução semelhantes ao instrumento TRAVERSO, que ainda pode ser encontrado no Paquistão e na Índia.

dolzone (it.) DULCIANA.

dom Na MÚSICA INDIANA, comunidade de músicos de casta inferior.

dombra DOMRA.

Domchor (al.) Coro de igreja [var.: *Kirchenchor*].

Dominantakkord (al.) Acorde de DOMINANTE.

dominante Acorde que no sistema tonal é construído sobre o quinto grau das escalas maiores e menores. Constitui o momento de tensão que tende a se resolver no acorde de tônica ou principal (ex.: sol, dominante na tonalidade de dó maior ou menor).

dominante secundária 1. Literalmente, dominante da dominante. **2.** (al. *Wechseldominat*) Acorde de dominante construído sobre qualquer grau que não o tônico (primeiro) de uma tonalidade. Por exemplo, B^7, dominante de mi menor, na tonalidade de dó maior.

Dominantseptimeakkord (al.) Acorde de SÉTIMA DA DOMINANTE.

dó móvel (ing. *moveable do*) Sistema que emprega o nome da nota dó como referência relativa móvel, pode ser transportado para qualquer tonalidade. No sistema dó móvel, melodias em diversas tonalidades são solfejadas em suas alturas corretas, porém nomeadas sempre conforme a tonalidade de dó maior ou menor. A ESCALA CROMÁTICA ascendente em dó móvel é do-di-re-ri-mi-fa-fi-sol-si-la-li-te-ti-do, e a descendente do-ti-te-la-le-sol-se-fa-mi-me-re-rê-dó.

domra Instrumento eslavo rústico geralmente dotado de três cordas e de construção semelhante à da BALALAICA [var.: dombra].

Donnermaschine (al.) MÁQUINA DE TROVÃO.

do not roll (ing. lit.: não-arpejado) Indica que as notas de um ACORDE devem soar simultaneamente.

doo wop Estilo de POP negro norte-americano lançado pela gravadora Tamla Motown, fundada em 1960 por Berry Gordy a partir de experiências realizadas em meados dos anos 1950 por grupos como The Platters. Muito embora *rock'n'roll*, a música era impregnada do espírito GOSPEL. O acompanhamento vocal era harmonizado com acordes DISSONANTES e o solista empregava freqüentemente palavras e sons onomatopaicos.

Doppel-b (al.) DOBRADO BEMOL.

Doppelchor (al.) Coro duplo.
Doppelfagott (al.) Um antigo BASSON de REGISTRO (acp. 1) grave.
Doppelfuge (al.) FUGA DUPLA.
Doppelganze (al.) BREVE (acp. 1).
Doppelgrif (al.) BICORDE.
Doppelkanon (al.) CÂNONE DUPLO.
Doppelkreuz (al.) DOBRADO SUSTENIDO.
Doppelorchester (al.) Orquestra dupla.
Doppelposaune (al. lit.: trombone duplo) TROMBONE contrabaixo.
Doppelpunkt (al.) PONTO DUPLO.
Doppelrohrblatt (al.) PALHETA DUPLA.
Doppelschlag GRUPPETTO.
Doppeltdämpfer (al.) SURDINA (acp. 1) dupla dos instrumentos de METAL (acp. 2).
Doppelzunge (al.) DUPLE TONGUING.
doppini (it.) Pequeno instrumento de sopro de madeira do período pré-Barroco italiano.
doppio (it.) Duplo, duas vezes. Usado em expressões como *doppio movimento*: duas vezes mais rápido.
doppio colpo di lingua (it.) DUPLE TONGUING.
doppio diesis (it.) DOBRADO SUSTENIDO.
doppione (esp. *doblados*) Antigo instrumento de PALHETA dupla encapsulada.
doppio sordino (it.) SURDINA (acp. 1) dupla dos instrumentos de METAL (acp. 2).
dórico (al. *dorisch*; ing. *dorian*) Segundo MODO ECLESIÁSTICO, derivado dos MODOS GREGOS, corresponde à escala de ré a ré executada nas teclas brancas do piano. Ver também MODO (acp. 1).
dot (ing.) PONTO (acp. 2).
dotar Na MÚSICA INDIANA, instrumento folclórico rudimentar de apenas duas cordas.
dotted note (ing.) Nota pontuada.
double 1. (ing., fr.) Duplo. **2.** (fr.) No período Barroco, certo tipo de variação para teclado. **3.** (ing.) Instrumento maior (e conseqüentemente de som mais grave) da família das cordas (como em *double bass*, contrabaixo) ou dos sopros (*double bassooon*, contrafagote). **4.** No Barroco francês, tema ou seção de um MOVIMENTO com ornamentações.
doublé (fr.) Ornamento como o GRUPPETTO.
double bass (ing.) CONTRABAIXO.
double bass tuba (ing.) TUBA contrabaixo.
double coup de langue (fr.) DUPLE TONGUING.
double croche (fr.) SEMICOLCHEIA.
double crotchet (fr. lit.: colcheia dupla) SEMICOLCHEIA [var.: *double croche*].
double dièse (fr.) DOBRADO SUSTENIDO.
double dot (ing.) PONTO DUPLO.
double flat (ing.) DOBRADO BEMOL.
double horn (ing.) TROMPA DUPLA.
double mailoche (fr.) DOUBLE STICK.
double mambo (ing. lit.: mambo duplo) Ver CHACHACHÁ.
double mute (ing.) SURDINA (acp. 1) dupla dos INSTRUMENTOS DE METAL.
double reed PALHETA (acp. 1) dupla, como em oboés e fagotes.
double sharp (ing.) DOBRADO SUSTENIDO.
double sourdine (fr.) DOUBLE MUTE.
double stick (ing.) Entre os instrumentos de percussão, BAQUETA de duas cabeças.
double stop (ing.) BICORDE.
double-string (ing.) Entre os instrumentos de cordas da orquestra, diz-se quando a mesma nota é tocada em duas cordas, simultaneamente. Efeito que aproveita as diferentes características timbrísticas de cada corda.
double-thumbing (ing.) Na técnica de *slapping* do baixo elétrico, golpe duplo do polegar (para cima e para baixo) em um único movimento.
double-tonguing (ing.; it. *doppio colpo di lingua*; fr. *double coup de langue*; al. *Doppelzunge*) Técnica de instrumentos da família das MADEIRAS, como a flauta transversal, que emprega rápidos movimentos da língua para articular dois sons repetidos sobre uma mesma nota. Utiliza as consoantes t e k, em duplas repetidas: tk-tk.
double whole-note (ing.) BREVE.
doubling (ing.) Dobramento. Ver DOBRAR.
douçaine (fr.; esp. *dulçema*) Instrumento espanhol de PALHETA (acp. 1) dupla dos séculos XIII a XV [var.: fr. *douceinne*, *douchaine*].
douceinne (fr.) Ver DOUÇAINE.
douchaine (fr.) Ver DOUÇAINE.
doutorado em música Curso de pós-graduação em música para cuja conclusão o candidato defende tese ou apresenta recital (*performance*), é geralmente realizado após o mestrado.
doutor em música (ing. *Doctor of Music*) Aquele que concluiu o curso de pós-graduação em Música em nível de doutorado.

downbeat (ing.; al. *Abschlag*) **1.** O TEMPO FORTE do compasso, em contraposição a *upbeat*, tempo mais fraco e último. **2.** A mais importante publicação periódica norte-americana do mundo jazzístico.

down-bow (ing. lit.: arco para baixo; al. *Niederstrich*) Entre os instrumentos de cordas da orquestra, indica que o arco deve ser movido descendentemente, do TALÃO para a ponta.

dowsemere (ing.) Antiga corruptela inglesa de DULCIMER.

doxologia Canto litúrgico de louvação que serve para conclusão de SALMOS e outros cânticos.

doze avos de tom Intervalo MICROTONAL que equivale a um sexto de um SEMITOM. Ver também MICROTOM.

drag (ing.) **1.** No sentido pejorativo, arrastar, atrasar o ritmo. **2.** No estudo moderno dos instrumentos de percussão, faz parte dos chamados rudimentos e se refere às combinações de possibilidades de alternâncias entre as duas baquetas, assim como *paradiddles* e *flam*.

dragonetti (it.) Ver ARCO DRAGONETTI.

dragon's mouth (ing. lit.: boca do dragão) Ver TEMPLE BLOCKS.

Drahtbürste (al.) ESCOVA.

drama lírico Ver ÓPERA.

drama musical Expressão que se refere às óperas wagnerianas, como o ciclo *O anel dos nibelungos*, *Parsifal* e *Tristão e Isolda*, nas quais componentes dramáticos e musicais se complementam e se materializam em obra de arte única, conforme escritos do próprio Wagner (*Ópera e drama*) de 1851. Ver também GESAMTKUNSTWERK.

dramatischer Tenor (al. lit.: tenor dramático) HELDENTENOR.

drame lyrique (fr.) Gênero de ópera como as de Massenet, popularizadas na França do início do século XX.

dramma giocoso (it. lit.: drama jocoso) Estilo utilizado a partir do período Barroco como referência a óperas em que campesinos contracenam com personagens da nobreza. Um célebre exemplo é *Don Giovanni*, de Mozart. Ver também OPERA SEMISERIA.

dramma per musica (it.) Libreto italiano típico do período Barroco. Ver também OPERA SERIA.

draw-stop and rod (ing.) PUXADOR E TIRANTE.

draw trumpet (ing.) TROMPETE DE VARA.

draw with the stick (ing. lit.: puxe com a vareta) Entre os instrumentos de cordas da orquestra, golpe semelhante ao COL LEGNO GESTRICHEN. Também pode indicar simplesmente COL LEGNO.

drefada Efeito de CREFAR.

Drehklavier (al.) PIANO MECÂNICO.

Drehleier (al.) VIELA DE RODA.

Dreiertakt (al.) COMPASSO TERNÁRIO.

Dreiklang (al.) TRÍADE.

Dreiviertelgeige (al.) VIOLINO TRÊS QUARTOS.

dreizeitig (al.) TERCINA.

dress rehearsal (ing. lit.: ensaio de roupa) ENSAIO GERAL.

dressing-room (ing.) Camarim.

dritte Stufe (al.) MEDIANTE.

driving (ing.) Designação pré-barroca para SÍNCOPE.

drone (ing.) BORDÃO. Ver também GAITA-DE-FOLES.

drum-head (ing.) Membrana, PELE.

drum roll (ing.) RUFO [var.: *roll*].

drum set (ing.) BATERIA (acp. 1) de *jazz* ou *rock*.

drum stick (ing. lit.: vareta de tambor) BAQUETA.

drum'n'bass (ing. lit.: bateria e baixo) Estilo de TECHNO POP que integra a batida do bumbo da BATERIA (acp. 1) com o baixo elétrico, com certa influência do REGGAE e de maneira fortemente percussiva. Teria advindo da chamada HOUSE MUSIC, e no princípio dos anos 1990 chegou a ser conhecido como *jungle* (selva), transição entre os gêneros cujo responsável teria sido o DJ norte-americano Don Fabio. O brasileiro DJ Marky consagrou-se como um dos expoentes mundiais do estilo.

drumka Música folclórica de países eslavos.

drummer (ing.) Baterista. Aquele que toca BATERIA (acp. 1).

drut Na MÚSICA INDIANA, tempo movido.

dry (ing. lit.: seco) Entre os instrumentos de percussão, indica que o som deve ser abafado.

dry recitative (ing.) RECITATIVO SECCO.

D sharp (ing.) Ré sustenido.

duasquiáltera Ver BISINA.

dub (ing.) **1.** Jargão de estúdio que significa tanto a uma cópia de gravação original quanto o registro sobre uma gravação anterior feito em fita MASTER. **2.** Estilo de REGGAE do final dos anos 1970 que emprega efeitos pré-gravados e MIXES.

dub plate (ing.) No jargão do REGGAE, disco de promoção.

dubbing (ing.) DUB (acp. 1).

dublagem (fr. *doubler*) Apresentação de um cantor ou grupo em *playback*, ou seja, simulação de canto ou canto real junto a uma gravação preexistente [var.: ing. *lip synching*].

dublar Realizar uma DUBLAGEM.

ductia Termo medieval associado a uma dança de época, costumava referir-se a certo tipo de canção infantil.

Dudelsack (al.) **1.** CORNAMUSA. **2.** Tipo de GAITA-DE-FOLES alemã.

Dudelsackmusik (al.) Música para GAITA-DE-FOLES.

Dudelsackpfeifer (al.) Gaiteiro. Aquele que toca GAITA-DE-FOLES.

duduk Flauta búlgara de tamanho variável (20 a 100 cm) com seis orifícios.

due corde (it.) Na interpretação pianística, som que resulta do acionamento parcial do pedal ABAFADOR do instrumento. Proporciona um efeito que se encontra entre o som da corda única (*una corda*) e o da região média do piano três cordas (*tre corde*), para cada tecla.

dueto (it. *duetto*; al. *Duett*) Peça para duas vozes ou instrumentos A CAPPELA ou acompanhados [var.: duo].

duff Tipo de tambor de uma só membrana de pele de cabra semelhante ao pandeiro, geralmente traz GUIZOS, e costuma ser encontrado no Oriente Médio, na Ásia central, na Europa meridional e em algumas regiões da África e Ásia meridional. Ver também ADUFE e MÚSICA ÁRABE [var.: *daff*].

dugun Na MÚSICA INDIANA, tempo duplo.

duina (it.) Ver BISINA.

dulçema (esp.) DOUÇAINE.

dulce melos (it.) DULCIMER.

dulciana (it. *dolcesuono*) Instrumento de sopro medieval de PALHETA (acp. 1) dupla, assemelha-se ao moderno FAGOTE. Não possuía CHAVES, e para emissão das notas os dedos cobriam e descobriam orifícios simples [var.: *dolzone*, *dulcina*].

dulcimer (lat. *dulce melos*: doce canção) Instrumento inglês originário do SANTIR persa medieval. Semelhante à CÍTARA, tinha CAIXA DE RESSONÂNCIA em formato trapezoidal, mas não portava TRASTES; as cordas eram percutidas com BAQUETAS, pequenos martelos e eventualmente PLECTROS. Variantes do instrumento podiam ser encontradas no Irã e na Índia, assim como na China e no Oriente Médio. O dulcimer também deu origem ao CIMBALOM, instrumento ainda bastante popular na música folclórica da Hungria [var.: *dulcoemel*].

dulcina Ver DULCIANA.

dulcoemel Corruptela de DULCIMER.

dulvitone (ing.) CELESTA.

dulzaina Tipo de SHAWM sem orifícios que ressurgiu no Norte da Espanha no século XIX.

dulzan Espécie de CURTAL alemão.

dumbeck Ver DUMBEG.

dumbeg Tambor em forma de ampulheta semelhante à DARABUKKA [var.: *dumbeck*].

dumbra Espécie de ALAÚDE tártaro.

du milieu (fr. *milieu*: meio) COL MEZZO D'ARCO.

dumka Canção do folclore eslavo. Dvorák empregou o termo diversas vezes, como no trio com piano *Dumky* (plural de *dumka*), evocando sentimentos que vão da tristeza ao épico.

dumky Ver DUMKA.

dump (ing.) Espécie de ELEGIA inglesa para teclado ou alaúde do final da Idade Média.

dunbug Ver DERBAKI.

duo Peça escrita para dois instrumentos. Ver também DUETO.

Duole (al.) BISINA.

duolet (fr.) BISINA.

duodrama Tipo de MELODRAMA em DUETO.

dupla sertaneja Duo vocal e instrumental de MÚSICA SERTANEJA.

duple time (ing.) COMPASSO BINÁRIO [var.: *duple meter*].

duple tonguing (ing.; it. *doppio colpo di lingua*; fr. *double coup de langue*; al. *Doppelzunge*) Ver DOUBLE TONGUING.

duple meter (ing.) COMPASSO BINÁRIO.

duplet (ing.) BISINA.

duplum (lat. lit.: duplo) Freqüentemente indica POLIFONIA a duas vozes ou a segunda voz de obra polifônica. Ver também MOTETO.

du poignet (fr.) COL POLSO.

dur (al. lit.: duro) TONALIDADE maior, como em A *dur*, lá maior. Ver também HEXACORDE.
duração O tempo de determinada nota ou pausa no contexto rítmico.
Durchführung (al.) DESENVOLVIMENTO.
Durchgangsnote (al.) NOTA DE PASSAGEM.
Durgeschlecht (al.) Maior.
Durtonart (al.) TONALIDADE maior.
Durtonleiter (al.) Escala maior.
duto Tubo dos INSTRUMENTOS DE SOPRO.
duto vocal (fr.) Na técnica do canto, espaço situado entre as cordas vocais e os lábios, delimitado pela faringe e pela boca.
dux (lat.) Em um CÂNONE, designa a frase ANTECEDENTE. Ver também COMES.
DV Catalogação da obra de Schubert, segundo Deutsch.
dvojnice Pequena flauta medieval de madeira e tubo duplo.
dvoyanka Flauta búlgara de tubo duplo.
Dwars-fluit (al.) Uma das designações renascentistas para FLAUTA TRANSVERSAL.
dynamic microphone MICROFONE DINÂMICO.
dynamics (ing.) DINÂMICA.
Dynamik (al.) DINÂMICA.
dynamique (fr.) DINÂMICA.
dynamophone Ver TELHARMONIUM.
dzo Chocalho dos índios xavantes, possui formato globular e é construído com uma CABAÇA (acp. 1).

E

E Nota mi, nos países de tradição anglo-saxônica. Ver também A (acp. 2).
ear training (ing. lit.: treinamento de ouvido) PERCEPÇÃO.
east coast Ver JAZZ.
easy listening (ing.) Música leve, de fácil audição. Ver também MÚSICA DE ELEVADOR.
ébano Madeira negra (*Diospyros tesselaria*) de extrema resistência, costuma ser empregada na confecção de ESPELHOS, ESTANDARTES, PESTANAS e TARRAXAS de instrumentos de cordas como o violino e o contrabaixo.
ebollimento (it.) Na partitura, sugere expressão: súbita paixão.
echapée (fr. lit.: escapada) Ornamento melódico que consiste em uma nota estranha ao acorde e fora do contexto harmônico, que é levada à RESOLUÇÃO.
echelette (fr.) XILOFONE.
échelle (fr.) ESCALA.
échelle majeur (fr.) ESCALA MAIOR.
échelle mineur (fr.) ESCALA MENOR.
écho (fr.) Ver ECO
echoe (ing.) Ver ECO.
echo-tone (ing.; al. *Echoton*) Efeito que simula eco nos instrumentos de sopro.
eclesiástico Ver MODO e MODO ECLESIÁSTICO.
éclisse (fr.) FAIXA (acp. 1).
écloga Música barroca de espírito pastoril para teclados.
ecnofonética Ver NOTAÇÃO MUSICAL.
eco (fr. *écho*; ing. *echoe*) **1.** Repetição de um som por reflexão acústica sobre determinado obstáculo. **2.** Na música, diz-se da repetição em uníssono ou oitava (superior ou inferior) de uma célula ou frase, literalmente ou utilizando contrastes de timbre ou dinâmica. **3.** Dispositivo que provoca efeito de eco por meios eletrônicos. Ver também CÂMARA DE ECO.
ecofonética Tipo de notação musical da Idade Média que facilitava a entoação dos textos litúrgicos.
ecos Um dos MANUAIS do órgão.
écossaise (fr. lit.: escocesa; it. *scozzese*; al. *Ecossaise*) **1.** Rápida CONTRADANÇA escocesa de provável ascendência húngara. **2.** Execução musical à maneira dos escoceses.
écouter (fr.) Ouvir.
edgy (ing.) No jargão do músico norte-americano, sonoridade rasgada (agressiva) de um instrumento.
editor de patches Ver PATCH EDITOR.
efeito proximidade (ing. *proximity effect*) Efeito obtido pela aproximação máxima de um microfone cardióide de uma fonte sonora, fazendo reforçar seus sons graves.
E flat (ing) Mi bemol.
E flat clarinet (ing.) REQUINTA [var.: *high clarinet, high E flat clarinet*].
egbaglama Ver SAZ.
egg-head (ing. lit.: cabeça de ovo) No jargão do músico norte-americano, pejorativamente, um músico erudito.
eh (ing.) Abreviatura de ENGLISH HORN.
eight bar blues Ver BLUES DE OITO COMPASSOS.
eight note (ing. EUA) COLCHEIA.
Einakter (al.) Ópera em um ato.
Einlage (al.) FILETE.
eine Art Klagelied (al.) COMPLAINTE.
Einhalt (al.) Pausa.
Einleintung (al.) PRELÚDIO.

Einsatz (al.) Ataque.
einthemig (al.) MONOTEMÁTICO.
Ein wenig (al.) Um pouco.
eis (al.) Mi sustenido.
eisis (al.) Mi dobrado sustenido.
Eisteddfod (ing.) Espécie de competição poética e musical galesa.
ekaki vadan Solo instrumental da MÚSICA INDIANA.
ekgun Na MÚSICA INDIANA, tempo simples.
ekhattu Na MÚSICA INDIANA, tipo de composição simples que pode ser executada com apenas uma das mãos.
ekòn Tipo de AGOGÔ.
ektar Na MÚSICA INDIANA, pequeno instrumento de corda única.
elaborazione (it.) DESENVOLVIMENTO.
electone (it.) Variedade de órgão eletrônico.
electric bass (ing.) Baixo elétrico.
electro (ing.) Gênero da chamada (equivocadamente) música eletrônica dos *clubbers*, surgiu em 2001 e representa uma fusão de estilos TECHNO dos últimos vinte anos, porém de maneira mais leve e sofisticada. Tem entre seus ícones a DJ francesa Miss Kittin, DJ Hell e Ladytron.
electronic music (ing.) MÚSICA ELETRÔNICA.
elegia (lat.) Versos de cinco e seis pés da Roma e Grécia antigas. Em música refere-se à canção lírica, lenta e melancólica que evoca uma personalidade falecida. Inspirou Giovanni Bottesini em sua *Elegia em ré menor para contrabaixo e piano*, e Berlioz, em *Elegia em prosa* (1830). Ver também DUMP e NÊNIA.
Elegiezither (al.) Um tipo de ZITHER.
Elektrocello (al.) Espécie de VIOLONCELO eletrônico, amplificado.
Elektronenrechengerät (al.) Na música eletrônica, computador.
eletreto (ing. *electret*) Diminuto microfone dielétrico de polarização constante, como os que são embutidos nos modernos aparelhos de HEADPHONE sem fio dos cantores da atualidade.
Elektrovioline (al.) Espécie de violino eletrônico, amplificado.
eletroacústica Disciplina da física que aborda a transformação de impulsos elétricos em sons.
eletroblues (ing.) BLUES tocado por instrumentos elétricos.
eletrofones Designação genérica para aparelhos musicais eletroacústicos ou eletromecânicos que produzem som por meio de altofalantes.
eletrola Antiga designação brasileira para TOCA-DISCOS [var.: vitrola].
eletromecânica Disciplina que aborda a transformação de comandos mecânicos em elétricos (ou vice-versa).
elevação Obra organística que faz parte da Missa de Consagração.
eliocordo (it.) HARPA EÓLIA.
elu Pequeno tambor do Norte brasileiro.
el-ud (ár.) Ver UD e ALAÚDE.
électrophone (fr.) Toca-discos.
embelishment (ing. lit.: embelezamento) ORNAMENTO.
embigada Ver UMBIGADA.
embocadura 1. (it. *bocchino*; fr. *embouchure-bec*; ing. *mouthpiece*; al. *Mundstück Schnabel*) BOCAL de instrumentos de sopro como a FLAUTA TRANSVERSAL. **2.** (al. *ansatz*; it. *imboccatura*) Maneira de posicionar os lábios no bocal para produção de som em instrumentos como a flauta transversal.
embolada Gênero declamatório de DESAFIOS e COCOS cujas estrofes o EMBOLADEIRO canta acompanhando-se ao pandeiro.
emboladeiro Cantor de EMBOLADA, como os INTEGRANTES do duo Caju e Castanha.
emele abo Ver BATÁ
empresário (it. *impresario*) Profissional que representa artistas e recebe como honorários porcentagem fixa ou valor previamente acordado sobre o CACHÊ (acp. 1) artístico [var.: agente].
empunhadura (ing. *grip*) Entre os instrumentos de cordas da orquestra, diz-se da maneira de segurar o arco.
ému (fr.) Com emoção.
emular Processo de programação que faz um dispositivo eletrônico atuar como outro, utilizando entradas e saídas comuns e habilitando um aparelho a reproduzir o sinal produzido por outro.
enarmonia 1. No sistema de afinação temperado, duas notas de nomes diferentes que soam exatamente iguais (dó sustenido-ré bemol). **2.** Na Grécia antiga, tipo de escala construída com intervalos de QUARTO DE TOM.

en arrière du chevalet (fr. *arrière*: atrás) BACK OF THE BRIDGE.

encapsulado(a) Diz-se de instrumentos como o KRUMMHORN e o KORTHOLT, cuja PALHETA (acp. 1) é embutida em uma cápsula.

enchaînez (fr. lit.: encadeie) Termo que indica que os movimentos ou seções de uma obra devem ser executados seguidamente, sem interrupção.

enclûme (fr.) BIGORNA.

encordatura (it.) INCORDATURA.

encordoamento Jogo completo de cordas de qualquer instrumento.

encore (fr. lit.: novamente) **1.** Nos países de língua francesa ou inglesa, pode tanto referir-se à repetição da última peça quanto a uma outra obra executada graciosamente pelo músico a pedido do público, após a última peça do programa. Ver também BIS. **2.** *Software* de computador que serve para escrever, compor, arranjar, gravar e ouvir música no sistema MIDI.

en cuivrant (fr.) Indicação que sugere coloração metálica para o som da TROMPA. Ver também CUIVRÉ.

end-blown flute (ing.) Os primeiros GRAVADORES DE ROLO domésticos.

endbutton (ing.) BOTÃO.

endpin (ing.) ESPIGÃO.

enfiado Espécie de FANDANGO (acp. 3) paulista dançado em rodas separadas de homens e mulheres. Costuma ser acompanhado por um VIOLEIRO.

engenheiro de gravação (ing. *sound engineer*) Técnico especializado em gravação que trabalha no aquário dos estúdios, no comando da MESA DE MIXAGEM.

engenho-novo Música do COCO nordestino, chegou ao Sudeste do Brasil via FANDANGO (acp. 3).

english flute (ing.) Antiga designação inglesa para FLAUTA DOCE.

english bass-horne (ing.) SERPENTÃO.

english horn (ing.; al. *englisches Horn*) CORNE INGLÊS. Abreviatura [eh].

english violet (ing.; it. *violetta marina*) Instrumento da família das VIOLAS DA BRACCIO semelhante à VIOLA D'AMORE.

engoma Espécie de ATABAQUE.

engono Ver INGONO.

engorgé (fr. *gorge*: garganta) Na técnica vocal, tipo de sonoridade retida pela garganta.

en jétant l'archet (fr. *jeter*: lançar, atirar) Entre os instrumentos de cordas da orquestra, golpe como o GETTATO.

enlevez la sourdine (fr.) Indica que a SURDINA (acp. 1) do instrumento deve ser retirada.

en pressant (fr.) Indica que o tempo deve ser apressado.

en retardant (fr.) RITARDANDO.

ensaio 1. Dança do Rio Grande do Sul de influência africana acompanhada pela percussão de RECO-RECOS, ATABAQUES e pandeiros. **2.** (it. *prova*; ing. *rehearsal*; fr. *répétition*; al. *probe*) Sessão preparatória para concerto, *show* ou gravação.

ensaio geral (it. *prova generale*; ing. *dress rehearsal*; al. *Generalprobe*, *Hauptprobe*) Ensaio final de uma apresentação, geralmente com vestimentas, no caso de óperas.

ensalada (esp.) Ver QUODLIBET.

ensedadura (port.) CRINA [var.: sedas].

ensemble (fr., ing. lit.: junto) **1.** Grupo musical de formações diversas; conjunto. **2.** Qualidade de entrosamento musical de um conjunto.

ensemble de cuivres (fr.) Conjunto de INSTRUMENTOS DE METAL.

entendre (fr.) Ouvir.

entoação 1. Ato de entoar, cantar. **2.** No CANTOCHÃO, trecho que antecede as demais vozes e é cantado pelo líder.

entonação (ing. *intonation*) **1.** ENTOAÇÃO (acp. 1). **2.** Nos instrumentos como o piano ou o CRAVO, ou ainda guitarras e baixos elétricos, ajuste fino mecânico que possibilita precisão de afinação e timbre. **3.** Qualidade de afinação.

entonação justa (ing. *just intonation*) Sistema de afinação em que todos os intervalos são JUSTOS, NÃO-TEMPERADOS [var.: afinação justa].

entr'acte (fr.) (it. *interludio*; ing. *act tune*; port. entr'acto) Peça curta, como o INTERMEZZO (acp. 1), que costuma ser inserida entre movimentos ou atos de balé ou ÓPERA. Ver também ENTREMÉS.

entr'acto (port.) Ver ENTR'ACTE.

entrada 1. Ponto na partitura em que um ou mais instrumentos devem iniciar a execução de parte ou trecho a seu encargo, na orquestra geralmente indicado por gesto específico do regente. **2.** Ver INPUT.

entreato Ver ENTR'ACTE [var.: port. *entr'acto*].

entrée (fr. lit.: entrada) **1.** Entre alguns dos grandes compositores barrocos, como Lully e Rameau, tipo de música que nas óperas servia para apresentar um ou mais personagens importantes. Em *Les Indes Galantes*, de Rameau, cada ato é chamado *entrée*. **2.** Música de abertura de ópera, balé ou encenação. **3.** Peça ou conjunto de peças ritmicamente marcadas, como marchas, organizadas nas danças cortesãs por semelhança melódica ou temática.

entremés (esp.; fr. *entremez*) No teatro barroco espanhol, quadro cômico cuja música tem caráter geralmente jocoso, assemelha-se ao INTERMEZZO e é inserido entre as partes de uma representação maior.

entremez (fr.) Ver ENTREMÉS.

entrudeiro Participante de ENTRUDO.

entrudo (lat. *introitus*) Festejo calcado nas tradições greco-romanas da Antiguidade, surgiu nas comemorações pagãs da Quaresma e chegou ao Brasil nos primórdios da colonização. Trazido por navegantes vindos dos Açores, os entrudos costumavam acontecer entre dezembro e janeiro. Os entrudeiros do final do século XIX vestiam-se com fantasias e máscaras, embriagavam-se, cheiravam éter e faziam brincadeiras às vezes violentas, como arremessar bexigas com água suja, farinha e até mesmo urina nos passantes. As preocupações das famílias abastadas e autoridades com as manifestações agressivas do entrudo forçaram seus aficcionados a se comedirem, além de disciplinar e organizar sua música, aspecto com cuja qualidade não demonstravam muita preocupação. Substituindo o entrudo, no início do século XX surgiram os cordões, que mais tarde vieram dar origem ao carnaval de rua.

envelope 1. Na música eletrônica, interação entre elementos sonoros como timbre ou volume, em relação a um tempo determinado. **2.** Dispositivo como um pedal eletrônico, altera o sinal de instrumentos como a guitarra elétrica, convertendo-o em efeitos de áudio.

envelope generator (ing.) Ver GERADOR DE ENVELOPE.

eolifono (it.) MÁQUINA DE VENTO.

eólio (ing. *aeolian*; al. *äolisch*) MODO ECLESIÁSTICO derivado do sexto MODO GREGO, corresponde à escala que vai de lá a lá, nas teclas brancas do piano. Ver também MODO [var.: aeólio].

eoliphone (fr.) MÁQUINA DE VENTO.

epicédio (gr. *Epikédeios*; lat. *epicedium*: fúnebre) Um tipo de música fúnebre.

epicedium (lat.) EPICÉDIO.

epifania (gr. aparecimento) O período que entre os católicos se inicia no Natal e termina com a Quaresma.

épinette (fr.) ESPINETA.

épinette de Vosges (fr. lit.: espineta do Vosges) Espécie de CÍTARA francesa medieval de cinco cordas que pode ser encontrada até hoje nas montanhas do Vosges.

epiphonus (lat.) Ver NEUMA.

episódio 1. Na ópera, ação que acontece sobre aquela principal. **2.** Na composição de uma FUGA, é o trecho em que o tema não aparece (ou, eventualmente, ouve-se apenas alguns trechos dele). **3.** Parte intermediária de formas como o RONDÓ em que o tema não aparece.

epístola Na liturgia cristã, leitura cantada das epístolas do Novo Testamento.

epitalâmio (lat. *epithalamiu*) Música nupcial.

EQ No jargão da música eletrônica, abreviatura de EQUALIZADOR.

equale (it. lit.: igual) Música composta para instrumentos ou vozes iguais.

equalização (ing. *equalization*) Processo que visa minimizar a distorção de sinais eletrônicos por intermédio de um dispositivo que reforça ou atenua as freqüências selecionadas.

equalizador (ing. *equalizer*) Dispositivo eletrônico empregado na equalização, estimula ou atenua determinadas freqüências do espectro auditivo. Os equalizadores são geralmente dotados de controles deslizantes independentes, distribuídos por faixas de freqüência. Abreviatura [EQ].

equal temperament (ing.) TEMPERAMENTO IGUAL.

érable (fr.) BORDO.

erhu Tipo de RABECA chinesa de apenas duas cordas.
Erleichterte (al.) Ornamentação ou interpretação simplificada.
erniedrigen (al.) ABEMOLAR.
Erniedrigungszeichen (al.) Bemol.
Ernstemusik (al.) Música clássica [var.: *E-Musik*].
Erstausgabe (al.) A primeira edição de uma obra.
Erstdruck (al.) A primeira impressão de uma obra musical.
erudito (do lat. *eruditus*: sábio) Músico ou música de qualidades eruditas. Genericamente, diz-se da música conhecida como clássica.
Erzlaute (al.) ARQUIALAÚDE. Ver também CHITARRONE.
Erzcister (al.) ARQUICISTRE.
es (al.) Mi bemol.
esacordo (it.) HEXACORDE.
escala (it. *scala*; fr. *échelle*, *gamme*; al. *Skala*, *Tonleiter*) **1.** (lat. *scala*: escada) Genericamente, qualquer seqüência de notas organizadas ascendente ou descendentemente por tons, semitons ou mesmo microtons. Ver também ESCALA CIGANA, ESCALA CROMÁTICA, ESCALA DIATÔNICA, ESCALA HEXATÔNICA, ESCALA MAIOR, ESCALA MENOR, ESCALA PITAGÓRICA e ESCALA PENTATÔNICA. **2.** ESPELHO (acp. 2). **3.** Medida de comprimento dos tubos do órgão. **4.** Medida de comprimento de livre vibração das cordas de instrumentos como a guitarra elétrica ou o contrabaixo acústico. Ver DIAPASÃO (acp. 2).
escala cigana (al. *Zigeunertonleiter*) Escala menor da música tradicional de países como a Hungria, corresponde à ESCALA MENOR HARMÔNICA com o quarto grau alterado ascendentemente: dó-ré-mi bemol-fá sustenido-sol-láb-si. Ver também ESCALA CIGANA MAIOR.
escala cigana maior ESCALA MAIOR com o segundo e sexto graus: dó-ré bemol-mi-fá-sol-lab-si.
escala cromática Escala construída por SEMITONS. Na extensão de uma oitava, compõe-se de 12 sons: dó-dó sustenido-ré-ré sustenido-mi-fá-fá sustenido-sol-sol sustenido-lá-lá sustenido-si. Ver CROMATISMO.
escala de blues Variedade de escalas empregadas pelos BLUESMEN, cuja origem provavelmente finca raízes na África, cuja forma mais comum correspondente à ESCALA PENTATÔNICA com o terceiro grau alterado ascendentemente: dó-mi bemol-fá sustenido-sol-si bemol. Ver também BLUE NOTES.
escala de doze tons (ing. *twelve tone scale*, *twelve tone row*) Série construída a partir da escala CROMÁTICA, organiza os sons em seqüência predeterminada. Ver também DODECAFONISMO.
escala defectiva Ver DEFECTIVA.
escala de tons (al.) ESCALA DE TONS INTEIROS.
escala de tons inteiros (ing. *whole tone* scale; al. *Ganztonleiter*) Escala HEXATÔNICA construída apenas com tons inteiros, ou seja, sem semitons: dó-ré-mi-fá sustenido-sol sustenido-lá sustenido. Foi bastante empregada na chamada música impressionista, por compositores como Debussy.
escala de tons médios Ver TEMPERAMENTO DESIGUAL.
escala diatônica Escala formada por graus conjuntos.
escalas exóticas ESCALA DE BLUES, ESCALA PENTATÔNICA, ESCALA HEXATÔNICA, ESCALA CIGANA MAIOR, ESCALA CIGANA MENOR.
escala hexatônica Escala de seis sons, como a ESCALA DE TONS INTEIROS.
escala maior (it. *scala màggiore*; fr. *échelle majeur*; ing. *major scale*; al. *Durtonleiter*) ESCALA DIATÔNICA em que os intervalos são de um tom do primeiro para o segundo grau, deste para o terceiro, do quarto ao quinto e do sexto ao sétimo graus, e de um semitom entre o terceiro e o quarto, e o sétimo e oitavo graus (mi-fá e si-dó).
escala menor (it. *scala minore*; fr. *échelle mineur*; ing. *minor scale*) ESCALA DIATÔNICA cujo terceiro grau é menor (mi bemol, na tonalidade de dó menor).
escala menor harmônica ESCALA MENOR cujos sexto e sétimo graus são, respectivamente, menor e maior tanto ascendente quanto descendentemente (lá bemol e si natural, em dó menor).
escala menor húngara Escala menor que tem o quarto grau aumentado, o sexto abaixado e a sétima alterada ascendentemente (fá sustenido, lá bemol e si natural, em dó menor).
escala menor melódica Escala menor em que

o sexto e o sétimo graus são maiores em direção ascendente e menores descendentemente (lá e si naturais, ascendentemente, e lá e si bemóis, descendentemente, em dó menor).

escala pentatônica (ing. *pentatonic scale*; al. *fünfstufige Tonleiter*) Escala de cinco sons, muito comum na música folclórica de diversas regiões do mundo. A escala pentatônica mais conhecida é a que corresponde às teclas negras do piano. Uma escala pentatônica de dó maior pode ser definida como uma escala diatônica maior sem o quarto e sétimo graus (dó-ré-mi-sol-lá).

escala pitagórica Escala formada por sons cujas alturas foram determinadas conforme os cálculos do físico e educador grego Pitágoras.

escapada ECHAPÉE.

escape Dispositivo do mecanismo do piano que, a partir de certa posição do mecanismo durante o pressionamento da tecla, libera o MARTELO (acp. 1) após o ataque na corda.

eschiquier (fr.) Certo CLAVICÓRDIO do século XIV.

esclamazione (it.) Um crescendo seguido de um decrescendo.

escocesa SCHOTTISCH.

escodatura Ver SCORDATURA.

escola Corrente estilística musical que agrega seguidores de um sistema ou técnica, como a escola de Mannheim, a segunda Escola de Viena ou a escola Franco-Belga do violino.

escola copacabana Forma pejorativa com que os músicos das boates do Rio de Janeiro se referem à maneira incorreta tecnicamente de se tocar.

escola de samba Agremiação popular de desfiles de carnaval, congrega PASSISTAS, casais de MESTRE-SALA e PORTA-BANDEIRA, PUXADOR (cantor líder), COMISSÃO DE FRENTE, carros alegóricos, BAIANAS (geralmente senhoras idosas), crianças e uma BATERIA (acp. 2) freqüentemente muito numerosa. É organizada em alas e surgiu no Rio de Janeiro em 1922, com a veterana Estácio de Sá. As grandes escolas de samba da atualidade possuem mais de 5 mil integrantes, e suas baterias, compostas principalmente por SURDOS, TAMBORINS, AGOGÔS, chocalhos, REPENIQUES, pandeiros e outros instrumentos, chegam a incluir centenas de instrumentistas, além do CAVAQUINHO líder e do violão. Os integrantes das escolas cantam SAMBAS-ENREDOS, que geralmente versam sobre personagens, assuntos históricos ou da atualidade. Outras escolas de samba de destaque são as cariocas Portela, Mangueira, Beija-Flor, Salgueiro, Unidos da Tijuca, Mocidade Independente de Padre Miguel e as paulistas Vai-Vai, Gaviões, Nenê da Vila Matilde e X-9. Ver também SAMBÓDROMO.

escorregar (ing. *to slide*) Ver GLISSANDO.

escova (it. *spazzolino metallico*; fr. *brosse*; ing. *wire-bush*; al. *Drahtbürste*; *Stahlbürste*) Tipo de BAQUETA de BATERIA (acp. 1) empregada em ambientes intimistas por grupos de *jazz* e BOSSA-NOVA. Tem um feixe de fios de aço afixado na extremidade, cujas pontas servem para ser esfregadas ou percutidas contra a membrana da CAIXA-CLARA, dos tambores ou pratos [var.: port. vassoura de *jazz*].

escultura sonora (fr. *structure sonore*) Estrutura que pode ser construída a partir de materiais diversos, produz efeitos sonoros ALEATÓRIOS quando manipulada pelo público, pela ação do vento, da água ou outro mecanismo ou elemento.

esercizio (it.) Exercício. Ver ESTUDO.

eses (al.) Mi dobrado bemol.

espaçamento Distância entre as notas de um ACORDE do ponto de vista vertical.

espaço (al. *Zwischenraum*) O claro entre as linhas de uma pauta musical. Um PENTAGRAMA tem cinco linhas e quatro espaços.

espaleira (ing. *chin rest*) Peça de madeira ou plástico que, presa no lado esquerdo junto ao fundo dos violinos e violas, serve para apoiar o instrumento sobre o ombro do executante.

espécie (it. *specie*; fr. *espèce*; ing. *species*; al. *Gattung*) Cada um dos cinco processos (espécies) do exercício CONTRAPONTÍSTICO.

especificação Na descrição técnica de um órgão de tubos, a disposição dos REGISTROS (acp. 2).

espelho 1. Na técnica CONTRAPONTÍSTICA, assim como na MÚSICA SERIAL e DODECAFÔNICA, a inversão RETRÓGRADA de uma frase (tal como uma imagem refletida). **2.** (it. *tastiera*; fr. *touche*; ing. *fingerboard*; al. *Griffbret*) Peça de madeira (geralmente ÉBANO) de instrumentos de cordas sobre a qual trabalham os dedos da mão esquerda, que pressionam as cordas em posições específicas e determinam a altura dos sons [var.: escala (acp. 2)].

espelho-d'água Espécie de piscina construída sob o tablado do palco de um teatro para melhorar as qualidades acústicas.

espigão (it. *puntale*; fr. *pied*, *pique*; ing. *endpin*; al. *Stachel*) Pino metálico (no passado, freqüentemente de madeira) ajustável por um parafuso lateral tipo borboleta, é inserido na base de instrumentos que são executados apoiados no chão, como o violoncelo e o contrabaixo. Ver também REBAB e ESPIGÃO TORTELIER.

espigão tortelier Modelo de ESPIGÃO de violoncelo idealizado pelo instrumentista francês Tortelier, tem a ponta curvada para trás, o que faz elevar o tampo do instrumento, facilitando a execução e o alcance das notas mais distantes do CAPOTASTO (acp. 1). Foi e continua sendo adotado por uma geração de violoncelistas, entre eles o virtuose russo naturalizado norte-americano Mstislav Rostropovich.

espineta (it. *clavicordio da spinetta*; fr. *épinette*; ing. *spinet*; al. *Spinett, Querflügel*) Instrumento barroco de teclado originário do VIRGINAL, tem as cordas dispostas diagonalmente e foi muito popular até o século XVIII. O termo deriva de espinha, referência ao plectro feito de bico de pena de pássaro que, quando acionado pelo teclado, servia para beliscar as cordas [var.: *arpicordo*, *spinetta*].

espineta do Vosges ÉPINETTE DE VOSGES.

espinho Ponta de pena de corvo que no mecanismo do cravo antigo servia de plectro.

espontão Dança de conotação religiosa de negros brasileiros. Deve o nome a uma arma de ponta, semelhante a um facão, que é carregada pelos dançarinos. O espontão acontece no último dia de cada ano e é acompanhado apenas por percussão.

esquenta-mulher Conjunto de cabaçal do Nordeste brasileiro formado por flautas de bambu, ZABUMBA, SURDOS e TARÓIS [var.: terno-de-zabumba].

esquisse (fr.) Esboço musical.

esraj Na MÚSICA INDIANA, um instrumento de arco similar ao SARANGI.

esse (it.) TUDEL.

estampie (fr.; it. *istampita*, *stampita*) Certa melodia instrumental e dança do final da Idade Média composta por diversas seções e caracterizada por constantes repetições [var.: fr. *estampe*; provençal, estampita].

estampita (fr. provençal) ESTAMPIE.

estância (it. *stanza*) Verso, estrofe.

estandarte (it. *cordiera*; fr. *cordier*; ing. *tailpiece*; al. *Saitenhalter*) Peça oblonga de madeira (geralmente ébano) cuja extremidade inferior é amarrada ao BOTÃO ou ESPIGÃO de instrumentos de cordas como o violino, a viola, o violoncelo e o contrabaixo por um arame, fio de náilon ou tripa. Os orifícios da extremidade superior do estandarte servem para segurar as cordas do instrumento.

estante (it. *leggio*; fr. *pupitre*; ing. *music stand*, *desk*; al. *Notenständer*) Suporte para partituras.

esteira Feixe de tripa ou metal que é retesado junto à pele inferior de uma CAIXA-CLARA ou TAROL e reverbera quando a membrana superior é percutida com BAQUETAS. Nas caixas modernas, a esteira é ajustável e removível.

estéreo Ver ESTEREOFONIA.

estereofonia (gr. *stereós+fonia*; it. *stereofonia*; fr. *stéréophonie*; ing. *stereophony*; al. *Stereophonie*) Efeito de envolvimento espacial dos sons na reprodução eletrônica (toca-discos, CD, rádio) caracterizada pela divisão em dois canais. Ver também MULTICANAL.

estereofônico Qualidade do aparelho que grava ou reproduz em ESTEREOFONIA.

esticador (port.) MICROAFINADOR.

estilo (it. *stile*; ing. *style*; al. *Stil*) **1.** Estilo de época (barroco, romântico, clássico) **2.** Maneira particular de se compor e tocar, associada a um compositor, intérprete ou lugar (estilo alemão, estilo napolitano, estilo mozartiano, estilo rococó).

estilo agitado Ver STILE CONCITTATO.

estilo antigo Ver STILE ANTICO.

estilo galante Ver GALANT.

estilo representativo Ver STILE RAPPRESENTATIVO.

estinto (it.) Suave.

estiva Pequena flauta primitiva.

estocástica Ver MÚSICA ESTOCÁSTICA.

estoura-peito No jargão popular, diz-se de voz potente, projetada.

estrela (ing. *star*) Ver SUPERSTAR.

estribilho (esp. *estribillo*) Versos que são repetidos após cada ESTROFE de uma música.

estribillo (esp.) Ver ESTRIBILHO.

estrofe (gr. *Strophé*; it. *strofa*; fr., ing. *strophe*, *stanza*; al. *Strophe*) Determinado número de versos, rimados ou não, como uma ESTÂNCIA.

estrófica 1. Diz-se de música cujos versos são organizados em ESTROFES que empregam sempre a mesma melodia. **2.** Referente à forma estrutural (AAB), que teve origem na Grécia Antiga e chegou aos *Meistersingers* alemães.

estruturalismo Corrente científica que observa como fundamental o conceito de estrutura e pressupõe que a metodologia de análise é mais relevante do que a própria interpretação dos fenômenos. Essa corrente observa a fenomenologia humana como estruturas complexas não isoladas e propõe o estudo integrado de suas relações. No campo da análise musical e da musicologia, algumas correntes aplicam o estruturalismo por intermédio da semiologia (ciência dos signos).

estruturas sonoras (fr. *structures sonores*) Espécies de instalações sonoras que surgiram em meados do século XX.

estudiantina (esp.) Música colegial de espírito simples e alegre.

estudo (fr. *étude*; al. *Etüde*, *Etüden*, *Studie*) Peça geralmente curta e sem grandes pretensões musicais cujo objetivo básico é o aprimoramento técnico do instrumentista. Geralmente o estudo propõe dificuldades técnicas progressivas, e geralmente transportadas em seqüência para diversas tonalidades.

eterofone (it. *eterofono*; ing. *eterophone*; al. *Ätherophon*) THÉREMIN.

eterofono (it.) Eterofone. Ver THÉREMIN.

eterophone (ing.) Eterofone. Ver THÉREMIN.

ethos (gr.) O caráter e o espírito de cada uma das escalas.

etiqueta 1. Identificação de autoria de instrumento de cordas como o violino, costuma ser colada no interior, sendo visível através do CORTE EM *f* esquerdo do tampo. Geralmente indica o autor, a data e o local de fabricação, e costuma ser escrita em latim. Uma etiqueta do LUTHIER Amati traz a seguinte inscrição: *Sanctus Seraphinus Nicolai Amati Cremonensis fecit Venetiae. Anno 1739.* **2.** (ing. *label*) No jargão de músicos e técnicos da área popular, a fábrica ou produtora responsável por uma gravação em disco ou CD.

etnomusicologia Disciplina da MUSICOLOGIA que aborda a música em seu contexto histórico, social e cultural, combinando abordagens estéticas e antropológicas. O termo foi cunhado por Jaap Kunst no início dos anos 1930 para designar certo enfoque musicológico cujos princípios já se esboçavam no final do século XIX.

etnopop Gênero da WORLD MUSIC que se refere à música POP das diversas etnias.

étouffé (fr. lit.: abafado) Entre os instrumentos de percussão, indicação de que o som deve ser abafado. Ver também ÉTOUFFER.

étouffer (fr. lit.: abafar) Indica que o som das cordas, pratos ou membranas de determinado instrumento deve ser amortecido com a mão pelo executante.

étouffoir (fr.) PEDAL DO ABAFADOR.

etto ou **etta** (it.) Sufixo designativo de pequeno(a), diminuto, como em GRUPPETTO e CODETTA.

Etüde (al.; var.: al. *Etüden*) ESTUDO.

Etui (al.) ESTOJO.

étui (fr.) ESTOJO.

etwas (al.) Um pouco, alguma coisa. *Etwas langsamer*: um pouco mais lento.

euf Abreviatura de EUFÔNIO.

eufonia (ing. *euphony*; al. *Wohlklang*; fr. *euphonie*) Combinação de sons consoantes, agradáveis ao ouvido.

eufônio (do lat. *euphonium*; al., ing., fr. *euphonium*; al. *Baryton*, *Bassflugelhorn*, *Kaiserbaryton*, *Kaiserbass*, *Phonikon*, *Tenorbasshorn*; fr. *basse à pistons*, *basse impériale*; ing. *hellhorn*) Espécie de TUBA tenor um pouco maior do que o SAXHOEN tenor, foi criado em meados do século XIX. Abreviatura [euf].

Eunuch (al.) MIRLITON (acp. 1).

euphon (ing.; fr. *euphone*; it. *eufonio*) Espécie de HERMÔNICA que utiliza tubos de vidro friccionados por lâminas metálicas.

euphone (fr.) EUPHON.

euphonie (fr.) EUFONIA.

euphonio (it.) EUPHON.

euphonium (ing., al., fr.) EUFÔNIO.

euphony (ing.) EUFONIA.

euphotine (fr.) Espécie de piano cujo som é produzido por FOLES que ventilam pequenas forquilhas vibratórias.

eurítmico Sistema de ensino de rítmica que emprega movimentos do corpo humano.

evangelho Na liturgia cristã, é a parte principal da Eucaristia, entoada de forma simples e quase como RECITATIVO pelo celebrante.

evento (lat. *eventus*: acontecimento) *Show* ou espetáculo público esporádico, único ou de natureza eventual.

evolução Integração entre música e dança nas ESCOLAS DE SAMBA. Ver também BALÉ (acp. 2).

exabeba Pequena flauta árabe.

exaquier CLAVICÓRDIO, segundo denominação do século XIV.

excelência Ver INCELÊNCIA [var.: incelença].

excerto (ing. *excerpt*) Trecho extraído de uma obra musical para fim de demonstração ou estudo.

exercice (fr.) Exercício. Ver ESTUDO.

exercício (it. *esercizio*; fr. *exercice*; al. *Übung*) Ver ESTUDO.

exposição (al. *Exposition*) **1.** Na FORMA SONATA, a apresentação do material temático que progride geralmente na direção tônica-dominante. **2.** Na técnica da FUGA, a seção inicial em que as diversas vozes apresentam o tema alternadamente.

expressionismo Estilo musical cuja designação surgiu da pintura (especialmente Kandinsky), que lhe exerceu forte influência, além da literatura e do cinema. O próprio nome já sugere o forte conteúdo emocional do estilo de composição que se esboçava no início do século XX. O termo apareceu com as primeiras obras de Schönberg (do período anterior ao DODECAFONISMO).

extensão (ing. *extension*) **1.** O espectro das notas de possível execução por uma voz ou instrumento em seu próprio REGISTRO (acp. 1), da mais aguda à mais grave. **2.** Nos instrumentos de cordas como o violoncelo e, principalmente, o contrabaixo, a abertura dos dedos além da posição normal, possibilitando a execução de maior número de notas em uma mesma posição. Ver também EXTENSOR.

extensor (ing. *C extension*) Dispositivo que alonga a quarta corda dos CONTRABAIXOS SINFÔNICOS além de sua EXTENSÃO normal e possibilita o alcance de notas mais graves, é bastante utilizado nas orquestras norte-americanas. Há um modelo simples (*fingered extension*, ing. lit.: extensão digitada), em que os dedos pressionam a corda sobre um prolongamento do ESPELHO que se apóia sobre a CAIXA DA VOLUTA e um sistema mais complexo, que aciona as notas mais graves por meio de um mecanismo de chaves semelhante ao do SAXOFONE ou da CLARINETA.

extranumerário (ing. *extranumerary*) Na ópera, o pessoal de cena não-cantor, como um mensageiro ou criado em cena.

eye (ing. lit.: olho) Pequena peça de latão interna à vareta onde se insere o parafuso de ajuste do TALÃO do arco de instrumentos como o violino.

eyemusic (ing. lit.: música para os olhos) Tipo de escrita de significado simbólico que emprega cores e outros artifícios visuais que possam sugerir elementos musicais para o executante.

F

F 1. (al., ing.) Letra que designa a nota fá. Ver também A. **2.** Na catalogação da obra de Antonio Vivaldi, feita por Fanna em 1968, é a letra que precede o número de *opus* da peça.

f Na partitura, indicação de forte. Ver também DINÂMICA.

f f Indicação de fortíssimo.

f f f Indicação de fortississímo.

fá 1. No sistema tonal, corresponde ao quarto grau da escala de dó maior. Oscila em aproximadamente 349 HERTZ quando o diapasão é fixado em 440 Hz para o lá. **2.** Nota principal, ou FUNDAMENTAL, do acorde de subdominante, na tonalidade de dó maior, corresponde também à primeira nota do modo autêntico lídio eclesiástico.

fã Admirador incondicional e exaltado; tiete. Ver também GROUPIE.

Fa'atete Tambor de membrana única e REGISTRO (acp. 1) agudo do Taiti que é geralmente tocado com RULOS.

fabordão FAUXBORDON.

faburden (ing.) Gênero de música inglesa improvisada (geralmente a três vozes) de caráter POLIFÔNICO do final da Idade Média. Corresponde de certa forma ao que o FAUXBORDON registrava em partitura na França.

faca no prato Diz-se do samba de forte marcação, como o das batucadas de facas em pratos e panelas.

facão 1. Na gíria carioca, o músico pouco competente de uma ESCOLA DE SAMBA (serve para encorpar a ala da bateria). **2.** Antiga dança de roda do Recife em COMPASSO TERNÁRIO ligada ao LUNDU.

Fach Nos teatros de ópera alemães, a classificação vocal.

facile (it.) Indicação de fácil, suave.

fã-clube (ing. *fan club*) Associação que congrega fãs de artistas e conjuntos, como o The Beatles Official Fan Club e o The Elvis Presley Fan Club.

fade-in (ing.) Iniciar um som no volume mínimo, aumentando-o volume gradualmente.

fade-out (ing.) Esmorecer, desmanchar gradualmente um som.

fado (port.; lat. *fatu*: destino) Típica canção urbana portuguesa das rodas da boemia e dos cabarés. A origem do fado, apesar das fortes influências (evidente nos MEILISMAS e ornamentos improvisados), não é mourisca: teria derivado do próprio LUNDU brasileiro, levado pela família real de D. João VI quando abandonou o Brasil (1831). Costuma ser cantado, acompanhado por violões, guitarras portuguesas e eventualmente CONCERTINAS. Entre as principais variantes, o fado-canção e o fado-corrido, de Lisboa, e a vertente de Coimbra, por isso mesmo apelidada coimbrão. O maior nome do fado foi a cantora Amália Rodrigues.

fado-batido Dança portuguesa (Lisboa) que sofreu forte influência do LUNDU brasileiro, também pode ser encontrado em algumas regiões do Brasil, onde foi introduzido durante o período imperial [var.: fado-corrido].

fado-canção Ver FADO.

fado-corrido Ver FADO.

fag Abreviatura de FAGOTTO.

fagote (it. *fagotto*: feixe de varas; al. *Fagott*;

esp. *bajon*; fr. *basson*; ing. *bassoon* ou *faggot*) Instrumento de sopro de PALHETA DUPLA que corresponde ao baixo das madeiras na orquestra. Já no início do século XVI, Afranio di Ferrara criou um instrumento com um tubo em forma de "U" e palheta única, chamando-o *phagotum*, diferindo portanto do CURTAL, que possuía PALHETA DUPLA. Muito embora a família dos fagotes tivesse exemplares de sonoridades, tamanhos e registros diferentes, restam hoje apenas o fagote propriamente dito e o CONTRAFAGOTE, afinado uma oitava abaixo do principal, enorme instrumento que é tocado apoiado no chão. O fagote do século XVI possuía apenas duas CHAVES (Kortholt), à qual foi acrescida uma terceira e finalmente uma quarta por volta de 1730. Passou pela modernização de Almenraeder, que adaptou ao tubo cônico do instrumento o sistema de chaves que BOEHM havia criado para as flautas. O fagote passou a ser montado por meio de encaixes metálicos ao redor do próprio corpo. A sonoridade do instrumento na região mais aguda é surpreendentemente melódica, tendo sido diversas vezes aproveitado por compositores até mesmo no registro tenor (a exemplo do famosíssimo solo da introdução da *Sagração da primavera*, de Stravinsky). Na música barroca, o fagote representava papel de importância como reforço à linha do baixo, somando-se ao contínuo, e foi passando gradativamente a adquirir maior independência até surgir definitivamente como solista com Vivaldi (a quem se atribui a composição de 37 concertos para o instrumento). No período clássico, Mozart e Weber escreveram para o fagote peças já incorporadas ao repertório das grandes obras para solistas; o século XX não foi menos profícuo, e revelou obras de compositores como Richard Strauss e Villa-Lobos. Até hoje coexistem dois sistemas de chaveamento e construção: o francês, instrumento conhecido como *basson*, cujo autor mais famoso foi Buffet, e o alemão, consolidado por Heckel, que proporciona maior facilidade de execução e afinação. Modernamente, existem fagotes para estudantes confeccionados em galalite, plástico ou fibra de vidro. Alguns dos grandes nomes internacionais são Archie Camden, Daniel Smith, Kim Walker, William Waterhouse, Maurice Alard e Klaus Thuneman. No Brasil, alguns dos fagotistas mais representativos são o francês naturalizado Noël Devos e o virtuose brasileiro Fábio Cury. Ver também CONTRAFAGOTE e FAGOTILHO.

fagote russo Longo instrumento de formato semelhante ao do FAGOTE que emprega bocal semelhante aos dos METAIS.

fagotilho Pequeno e raro FAGOTE afinado em fá, ainda é encontrado em algumas regiões de Portugal.

Fagott (al.) FAGOTE.

Fagottgeige (al.) Espécie de VIOLA BASTARDA.

fagottino (it.; var.: it. *caledonica*; fr. *bassequinte*; ing. *tenoroon*; al. *Tenorfagott*) Instrumento de voz tenor da família do FAGOTE, era afinado uma quarta acima (fá) e caiu em desuso durante o Classicismo.

fagotto (it.) **1.** FAGOTE. **2.** Um REGISTRO (acp. 2) do órgão.

Fahne (al.) **1.** CODETTA. **2.** Cauda.

fair-ground organ (ing.) REALEJO DE FEIRA.

fairy bells (ing. lit.: sinos de fadas) Espécie de SALTÉRIO bastante popular no século XVIII cujo grande número de cordas soavam como sinos misteriosos.

faixa 1. (al. *Zarge*; fr. *éclisse*; ing. *side*; it. *fascia*) Iharga, contra-ilharga (respectivamente faixas superiores e inferiores), ou costilha, é a ripa de madeira lateral de instrumentos de cordas como o violino. Ver também COSTILHAS. **2.** (ing. *track*) Diz-se de um setor do disco onde é gravada uma música ou movimento completo.

faixa de freqüência Ver BAND (acp. 2).

faixa-título Faixa do disco que dá nome ao álbum, como o *Vapor barato*, de Gal Costa, *Construção* e *Gota d'água*, de Chico Buarque.

fake (ing. lit.: fingir, brincar) No jargão do *jazz*, improvisar.

fakebook (ing. lit.: livro de improvisação; var.: ing. *songbook*) Publicação que contém melodias populares ou temas de *jazz* e cifras para acompanhamento, como o *Real book*.

falsa cadência Ver CADÊNCIA INTERROMPIDA.

falsa harmônica A voz mais grave do acompanhamento das MODINHAS, segundo expressão trazida de Portugal para o Brasil. Teve origem na técnica do FAUXBORDON.

falsa relação (ing. *false relation, cross relation*; fr. *fausse relation*; it. *falsa relazione*; ing. *false relation*; al. *Querstand*) Relação CROMÁTICA não-harmônica entre notas de um acorde ou entre acordes vizinhos, causando uma aparente contradição. Foi empregada musicalmente como elemento enriquecedor da melodia por alguns compositores do período barroco, como Purcell, mas o procedimento passou a ser geralmente evitado na harmonia tradicional.

falsa relazione (it.) FALSA RELAÇÃO.

false relation (ing.) FALSA RELAÇÃO.

falseta Ver FLAMENCO.

falsete (it. *falsetto*; al. *Falsett*; fr. *fausset*) Técnica também conhecida como VOZ DE CABEÇA, consiste no emprego de um modo de vibração reduzido das cordas vocais e simula, principalmente no canto adulto masculino, vozes tipicamente femininas. O falsete já era comum na Itália da Idade Média, período em que homens substituíam com essa técnica o CONTRALTO, voz feminina mais grave e rara. Recurso bastante usado por CONTRATENORES, ainda nos dias de hoje o falsete tem sido empregado com freqüência também na música popular (Beatles, Milton Nascimento, Earth, Wind and Fire, Edson Cordeiro, Mutantes, Bobby McFerrin, Bee Gees).

falsetista (al. *Falsettist*) Ver CONTRATENOR.

falsobordone (it.) Estilo italiano dos períodos renascentista e barroco relacionado ao FAUXBORDON francês, consistia em uma espécie de RECITATIVO sobre tríades simples que sofreu influência do CANTO GREGORIANO.

falso somiere (it.) Tábua do SOMEIRO.

fan (ing.; port. fã) Corruptela de *fanatic*, o admirador extremado, que idolatra seu astro preferido. A palavra também sugere abanador (ing. *fan*), peça com que os escravos abanavam seus senhores na Antiguidade. Ver também GROUPIE e TIETE.

fan-club FÃ-CLUBE.

fancy (ing.) Ver FANFARRA (acp. 3).

fandango 1. Dança em COMPASSO TERNÁRIO ou BINÁRIO composto caracterizada por ritmos enérgicos, súbitas paradas e ACCELLERANDI, é popular em regiões da Espanha. **2.** Tipo de canção lenta de inspiração flamenca. Compositores como Boccherini, Rimsky-Korsakov (*Capricho espanhol*) e Mozart (*As bodas de Figaro*) escreveram, utilizaram ou inspiraram-se em fandangos nas suas peças. Em tempos mais recentes, Albéniz e Granados também aproveitaram o caráter folclórico do fandango em algumas obras. **3.** No Brasil, genericamente, certas danças de roda ou sapateado que devem sua origem ao fandango do Ribatejo português, que por sua vez foi influenciado pela dança espanhola. Executada com acompanhamento de SANFONA, seus festejos costumam homenagear os marinheiros, por exemplo, como tantos eventos que acontecem no período natalino no Norte e Nordeste brasileiros e entre pescadores e matutos do litoral de Santa Catarina. A dança conhece uma diversidade de outros nomes, conforme a região: anubalaio, bambaquerê, candeeiro, chegança, chimarrita, cortada, meia-canha puxado, pega-fogo, recortada, serrana, tatutira, entre muitos outros.

fandango-auto Coletânea de canções brasileiras e portuguesas apresentadas em jornadas.

fandango-baile Festa de fandango (acp. 1) das Américas do Sul e Central.

fandango-dança FANDANGO (acp. 3) em COMPASSO TERNÁRIO do Norte de Portugal, é acompanhado por CASTANHOLAS.

fandangueiro Aquele que toca ou dança FANDANGO (acp. 3).

fandanguilla (esp.) Dança de FANDANGO (acp. 3).

fanfara (it.) FANFARRA.

fanfarra (ing.; fr. *fanfarre*; it. *fanfara*) **1.** Nas diversas regiões do Brasil, certo tipo de banda formada por instrumentos de sopro, como METAIS, SAXOFONES e MADEIRAS, além de percussão, é comum em cidades do interior e na prática musical de algumas escolas públicas. **2.** Conjunto que acompanha o FREVO. **3.** Espécie de abertura festiva ou música cerimonial para instrumentos de METAL (acp. 1) e percussão, utilizada em homenagens, coroações, desfiles e procissões, porém sem espírito militar, o que a diferencia das BANDAS MARCIAIS. Surgiu na Idade Média, e durante o Barroco francês passou também a designar peças de características rítmicas marcantes e melodia simples. Stravinsky e Copland (*Fanfarre for a common man*), entre outros compositores, escreveram peças baseadas no gênero. Verdi, por sua vez, na ópera *Aída* apresenta em cena uma *Grande marcha*, que é na verdade uma fanfarra de metais. **4.** Peça simples da Inglaterra barroca também conhecida por *fansie* (corruptela do inglês *fancy*), costumava ser executada em teclado como o ALAÚDE, com ou sem acompanhamento.

fantasia (fr. *fantaisie*; ing. *fantasy*) Gênero de peça instrumental de caráter livre em que a rigidez formal cede lugar à imaginação do compositor, ou seja, à sua própria fantasia ou imaginação. No final da Idade Média, eram comuns as fantasias para instrumentos de cordas dedilhadas, como o ALAÚDE e a VIHUELA. Logo depois, surgiram fantasias para teclados, e, no Barroco, especialmente para ÓRGÃO ou CLAVICÓRDIO. Durante o Classicismo, compositores como Mozart escreveram fantasias, enquanto no Romantismo a forma serviu para que se extrapolasse os limites mais restritivos da SONATA. Beethoven, Chopin e Schubert, entre outros, escreveram fantasias ou evocaram seu espírito em diversas composições, enquanto no século XX compositores como Schönberg nelas se inspiraram para elaborar várias obras.

fantasia coral Ver CORAL.

fantasia-suíte Espécie de FANTASIA em forma de MOVIMENTO para órgão e instrumentos de cordas do Barroco inglês, precedia danças como a GALHARDA.

fantasieren (al.) Improvisar.

Fantasiestück (al. lit.: peça de fantasia) Peça geralmente para piano ligada à FANTASIA do Romantismo, porém mais curta.

fantinella (it.) Dança italiana dos séculos XVI e XVII com o mesmo padrão da ROMANESCA.

fanzine (ing. *fan+zine*, de *magazine*) Revista de música popular.

fanzoca Familiar (geralmente depreciativo) de fã. Ver também GROUPIE e TIETE.

farandole (fr.; port. farândola) Dança em COMPASSO COMPOSTO, originária do sul da França e associada à BRANLE. Costuma ser acompanhada por madeiras, gaitas e percussão. Bizet incluiu uma *farandole* na suíte *l'Arlésienne*.

farmaish Na MÚSICA INDIANA, o mesmo que BIS.

farrabaio Ver SARRABALHO.

farra-de-caixa Ver BAMBAÊ.

farruca Rápida dança cigana da Andaluzia espanhola.

farsa Gênero de música de espírito cômico do Barroco italiano que era utilizado em ENTREATOS ou conclusão de peças teatrais [var.: *farsetta*].

farsetta (it. lit.: pequena farsa) Ver FARSA.

fascia (it.) Ver FAIXA (acp. 1).

fasola Termo que surgiu de fá-sol-lá, designa um sistema de iniciação ao ensino do SOLFEJO bastante popular nos países de língua inglesa.

Fassung (al.) Versão.

fast forward (ing.) Avançar a fita em velocidade rápida.

fastoso (it.) Indicativo de expressão com pompa.

fauisse relation (fr.) FALSA RELAÇÃO.

fausset (fr.) FALSETE.

Faustfagott (al.) Rackett.

fauxbordon (fr.; var.: fr. *faux-bordon*) Falsobordão ou fabordão. Estilo de canto improvisado sobre notação simplificada no qual o BORDÃO (acp. 1) sai dos graves para surgir nas partes superiores, teve origem no CANTOCHÃO renascentista.

favola in musica (it. lit.: fábula em música) Expressão encontrada em algumas partituras de óperas do período barroco.

favorita Dança italiana dos séculos XVI e XVII com o mesmo padrão da ROMANESCA.

fazer vênia Ver VOLTEAMENTO.

Fc Abreviatura de CUTOFF FREQUENCY.

fe No sistema DÓ MÓVEL, o quarto grau diminuto da escala diatônica. Corresponde ao fá bemol na tonalidade de dó maior.

fecha-baile Ver CERRA-BAILE.

fee (ing.) CACHÊ (acp. 1).

feedback (ing. lit.: retroalimentação ou realimentação) Efeito geralmente indesejável, popularmente chamado microfonia. O som da saída de um ou mais alto-falantes retorna para o microfone, retroalimentando-o, o que provoca um zumbido agudo. Costumava ser empregado em instrumentos como a guitarra elétrica, por instrumentistas como Jimi Hendrix, como efeito especial.

feeling (ing.: sentimento) Na gíria, refere-se às qualidades expressivas do intérprete.

feierlich (al. *Feier*: feriado) Solene, festivo.

Feinstimmer (al.; it. *accordatore di precisione*;

fr. *cheville à vis*; ing. *stringtuner, fine tuner*; port. *esticador*) MICROAFINADOR.

Feldflötte (al.) Flauta do campo [var.: *Feldpfeife*].

Feldmusik (al. lit.: música do campo). Designa genericamente certo tipo de FANFARRA de características militares do século XVIII. Os conjuntos eram formados essencialmente por oboés, razão pela qual também eram conhecidos como *Oboisten*.

Feldparthie (al.; var.: al. *Feldstüke, Feldsonate*) Partita do campo, peça para ser tocada ao ar livre por metais, integrando a partita e a *Feldmusik*.

Feldpfeife (al. lit.: flauta campestre) Certo tipo de flauta transversal pastoril do Renascimento [var.: *Feldflötte*].

Feldsonate (al. lit.: sonata do campo) Ver FELDPARTHIE.

Feldstücke Ver FELDPARTHIE.

Fell (al. lit.: pele) MEMBRANA.

Felles (al.) Na expressão *am Rand des Felles*, aplicada a instrumentos de percussão de membrana tocados com BAQUETAS, indica que se deve bater no aro do FUSTE.

felt stick (ing.) Entre os instrumentos de percussão, BAQUETA de ponta de feltro.

fêmea Ver CASTANHOLAS.

feminine cadence (ing.) TERMINAÇÃO FEMININA.

fermata (it. lit.: parada; var.: it. *corona*; al. *Fermate*; fr. *fermate*; ing. *hold*) Prolongamento de uma nota ou pausa a critério do intérprete. Simbolizada por um semicírculo com a curva voltada para cima sobre um ponto, também pode indicar uma CADENZA.

fermée (fr. lit.: fechada) Na música vocal, diz-se da técnica bucal de emissão de vogais fechadas.

Ferne (al.) Na expressão *auf der Ferne*, designa OFF-STAGE.

ferrabaio SARRABALHO.

Fernflötte (al.; it. *flauto lontano*; fr. *flûte d'echo*) Flauta de eco.

ferrinhos Instrumento de percussão que tanto pode ser um par de bastões de metal quanto um TRIÂNGULO.

ferrolho translado Ver FREVO.

fervo Na gíria do peão sertanejo, festa muito boa.

fes (al.) Fá bemol.

feses (al.) Fá dobrado bemol.

festa teatrale (it.) Espécie de alegoria barroca de espírito OPERÍSTICO.

festoso (it.) Festivo.

Festspiel (al.) Festival.

***f* holes** (ing.) Cortes em forma de *f* em ambos os lados do tampo dos instrumentos da família do violino.

fi No sistema dó móvel, o quarto grau aumentado da escala diatônica. Na tonalidade de dó maior, corresponde ao fá sustenido. Ver DÓ MÓVEL.

fiati (it.) SOPROS.

fibre (ing.) Ver FIBERDÄMPFER.

Fiberdämpfer (al.; ing. *fibre*) SURDINA de fibra dos INSTRUMENTOS DE METAL.

fiddle (ing. lat. *vitulu*: bezerro; al. *Fiedel*) Termo relacionado ao espírito de festejo e regozijo, passou a designar um instrumento semelhante à RABECA. De modo geral, pode também referir-se a qualquer instrumento de cordas e arco, como os da família do violino [var.: tidle, fídula (acp. 2)].

fiddler (ing.) Rabequeiro, violinista. Ver também FIDDLE.

fidella (it.) VIELA.

fídula 1. Um dos ancestrais da VIOLA DE ARAME. **2.** (it.) Um dos nomes antigos para FIDLE.

fieble (ing.) Melancólico.

Fiedel (al.) FIDDLE.

fiel Diz-se do ponto de equilíbrio da vareta do arco de instrumentos como o violino.

field drum (ing.) TAMBOURIN DE PROVENCE.

field holler (ing. lit.: grito do campo) Certo tipo de canção de trabalho de espírito melancólico, comum até o final do século XIX entre os negros que trabalhavam nas colheitas de algodão do Sul dos Estados Unidos.

fiero (it.) Intrépido.

fiesta gauchesca con baile (esp.) Certo FANDANGO (acp. 1) gaúcho de influências castelhanas da bacia do Prata.

fifari (it.) Em partituras como o *Magnificat de certa véspera* (1610), de Monteverdi, designa FLAUTA DOCE.

fifre (fr.) PÍFARO.

fifht (ing.) Intervalo de quinta.

figle (ing.) OFICLEIDE.

figura 1. Grupo de notas; frase. **2.** Designa tanto elementos (colcheia, semibreve) quanto motivos rítmicos.

figuração **1.** (ing., fr., al. *figuration*; it. *figurazione*) Emprego recorrente de determinada figura. **2.** Tipo de ornamentação formada por figuras regulares.
figurado Ver FLOREADO.
figuration (fr., ing., al.) FIGURAÇÃO (acp. 1).
figurazione (it.) FIGURAÇÃO (acp. 1).
figured chorale (ing.) CHORALE FIGURADO.
fila **1.** Músico que se senta atrás da primeira estante, principalmente entre as cordas da orquestra. **2.** Músico não-solista. **3.** Ver FILEIRA.
filar il suono (it) Ver SON FILÉ.
filarmônica (gr. *philo*: amante + *harmonikos*: junto) No passado, servia para designar certo tipo de orquestra cuja organização era essencialmente amadora, ou de amantes da música, seja em sua constituição ou origem. Atualmente, com a transformação de algumas filarmônicas em orquestras profissionais classificadas entre as melhores do mundo (Berlim, Nova York, Viena), perdeu-se a conotação amadorística da palavra. Emprega-se indiferentemente, nos dias de hoje, os termos filarmônica ou sinfônica para designar orquestras completas de qualquer origem, tamanho ou constituição.
fileira Cada grupo de tubos controlados por puxadores dos REGISTROS (acp. 2) do ÓRGÃO [var.: fila].
filet (fr.) FILETE.
filete (fr. *filet*; ing. *purfling*; it. *filet*, *filetto*; al. *Einlage*) Fina tira de madeira enxertada ao longo da borda do fundo e do tampo de instrumentos de cordas como o violino, serve como decoração e para facilitar a vibração daquelas peças (entendendo-as como membranas).
filetto (it.) FILETE.
fillet (fr.) FILETE.
filmi Tradição popular da MÚSICA INDIANA.
film music (ing.) Música para cinema.
Filmmusik (al.; ing. *film music*) Música para cinema.
filtro (ing. *filter*) Dispositivo eletrônico que altera a estrutura harmônica de um som, removendo freqüências indesejáveis.
Filzschlägel (al.) Entre os instrumentos de percussão, baqueta de ponta de feltro.
finale (it.) Último MOVIMENTO de uma sonata, ópera ou sinfonia.
Finalmusik (al.) Espécie de DIVERTIMENTO que servia para encerrar apresentações ao ar livre, eventos de formatura ou cerimônias de conclusão de curso nas universidades.
fine (it. lit.: fim) Conclusão de movimento ou peça.
fine tuner (ing.) Ver MICROAFINADOR.
fine tuning (ing. lit.: afinação fina) PARAFUSO DE AJUSTE.
finger cymbals CÍMBALOS DE DEDOS.
fingerboard (ing.) **1.** ESPELHO (acp. 2). **2.** SUL TASTO.
fingered extension (ing.) Ver EXTENSOR.
fingering (ing.) DIGITAÇÃO, DEDILHADO.
fingerpick (ing.) PALHETA (acp. 2).
Fingersatz applikatur (al.) Ver DEDILHADO e DIGITAÇÃO.
fioratura (it. *fiore*: flor) Ornamentação vocal em uma ÁRIA. Sopranos COLORATURAS empregam a *fioratura* freqüentemente. Soprano *fioratura* é uma voz feminina virtuosística, na qual a ornamentação atinge seu ápice.
fioritura (it. *fiore*: flor) Floreio, ornamentação escrita na partitura ou improvisada pelo músico.
firula Floreio. Ver também PASSO.
first performance (ing.) PRIMEIRA AUDIÇÃO.
fis (al.) Fá sustenido.
fisarmonica (it.; al. *Physharmonika*, *Harmonieflûte*) Instrumento como a CONCERTINA [var.: aeolina].
fischietto (it.) Assovio, apito.
fisis (al.) Fá dobrado sustenido.
fistola (it.) Instrumento como a FLAUTA DE PÃ.
fístula (it.) Espécie de flauta de BISEL campestre.
fistula panis (it.) Espécie de FLAUTA DE PÃ de grandes dimensões e vários tubos.
fita magnética Ver TAPE.
fit-up (ing.) Palco armável, para pequena companhia de ópera ou *show*.
fl Abreviatura de FLAUTA TRANSVERSAL.
fl-a Abreviatura de FLAUTA TRANSVERSAL contralto.
flá (port.) FLAM.
flabiol (it.) GALOUBÉ [var.: flaviol].
flagellant songs (ing.) GEISSLERLIEDER.
flageolet (fr.; it. *flagioletto*, *flaiol*, *flautino*; ing. *chord flute*; esp. *flajolé*) **1.** Pequena FLAUTA DOCE surgida no final da Idade Média, pos-

suía apenas seis orifícios e era utilizada, em seus primórdios, para imitar pios de pássaros [var.: *flûte d'accord*, *larigot*]. **2.** Som harmônico natural obtido nos instrumentos de cordas. **3.** Um dos REGISTRO (acp. 2) do órgão. Abreviatura: [flag].

flajol Pequena flauta primitiva.

flajolé (esp.) FLAGEOLET.

flajolet FLAGEOLET.

flam Entre instrumentos de percussão tocados com BAQUETAS, certa batida de apoio articulada antes da nota, como um ornamento. O *flam* é um dos tipos de combinações de alternâncias entre as baquetas que, junto aos PARADIDDLES e DRAG, faz parte dos chamados rudimentos [var.: flá].

flamenco 1. Dança e música MODAL da Andaluzia espanhola cuja origem remonta à tradição flamenca medieval. Recebeu forte influência da música árabe e é executada virtuosisticamente por GUITARRAS (acp. 1) e o bater ritmado dos saltos dos sapatos dos dançarinos em uma espécie de sapateado. Na execução do flamenco, as guitarras utilizam técnicas como o *paseo*, trechos melódicos extremamente ornamentados, e *falsetas*, seções intermediárias improvisadas. Chama-se *chico* o estilo flamenco alegre, vivo, enquanto o melancólico é conhecido como *grande* [var.: flamengo, flamingo]. **2.** VIRGINAL de teclado duplo.

flamengo FLAMENCO (acp. 1).

flamingo FLAMENCO (acp. 1).

flange (ing.) Técnica que consiste no empilhamento de freqüências idênticas com um mínimo atraso entre os sons.

flanger (ing.) Aparelho eletrônico que altera o som de instrumentos como a guitarra elétrica. Ver também FLANGING.

flanging (ing.) Em música eletrônica, espécie de efeito distorcido que produz sons curtos e metálicos.

flarmonica (it.) SARRUSOFONE.

flat (ing.; it. *bemolle*; fr. *bémol*; al. *Erniedrigungszeichen*) BEMOL.

flat back (ing. lit.: fundo chato) Entre instrumentos como o CONTRABAIXO ACÚSTICO e a VIOLA DA GAMBA, fundo chato e não-abaulado.

flatement (fr. *flater*: acariciar) Ornamento do período barroco que consistia em baixar a afinação de uma nota longa para retornar imediatamente ao ponto inicial. Presume-se que pode ter dado origem ao VIBRATO.

flatpick (ing.) PALHETA (acp. 1) com que o músico pinça as cordas de instrumentos como a guitarra elétrica ou bandolim.

flatté (fr.) Espécie de MORDENTE.

flatten (ing.) ABEMOLAR.

Flatterzunge (al.; it. *frullato*; fr. *trémolo dental*; ing. *flutter-tonguing*) Na técnica da FLAUTA TRANSVERSAL, efeito produzido pela vibração da língua ao se assoprar no bocal [var.: *Zungenstoss*].

flat trumpet (ing. lit.: trompete liso; it. *tromba naturale*; fr. *trompette naturelle*; al. *Naturtrompete*) Instrumento como o TROMPETE moderno, porém executado com o auxílio de uma VARA deslizante como a do trombone. Acredita-se que o termo *flat*, que em inglês também significa bemol, pode ainda aludir à facilidade de adequação do instrumento às tonalidades menores (caracterizadas pelas terças menores), o que torna a sonoridade especialmente melancólica e pode explicar a razão de seu emprego freqüente na música de funeral do passado [var.: *natural trumpet*].

flatwound (ing. *flat*: lisa e *wound*: enrolado) Tipo de revestimento liso da corda metálica de alguns instrumentos como o contrabaixo, a guitarra e o baixo elétricos. Ver também ROUNDWOUND.

flauste (fr. antigo) FLAUTA DOCE.

flauste traversaine (fr.) FLAUTA TRANSVERSAL, conforme Machaut.

flausteur (fr. antigo) Flautista.

flauta (al. *Flöte*; fr. *flûte*) Nome genérico de uma enorme diversidade de instrumentos. De modo geral, a flauta é um instrumento com ou sem CHAVES feito de um tubo cilíndrico de osso, madeira, metal, galalite, plástico, lata ou outro material. O som é produzido basicamente pela vibração do ar dentro de um BISEL (flauta doce e congêneres) ou lateralmente a um orifício, junto a uma aresta (modelo transversal). As flautas são instrumentos conhecidos das mais diversas culturas e longínquas civilizações, partindo das mais primitivas de osso ou bambu até chegar às modernas transversais, de liga metálica com prata ou ouro. Ver também FLAUTA DOCE e FLAUTA TRANSVERSAL.

flauta alto Ver FLAUTA TRANSVERSAL.

flauta baixo (it. *flautone*) Instrumento pouco comum da família das flautas transversais, possui voz baixo, corpo em U e dimensões avantajadas.

flauta basca Espécie de FLAUTA DOCE da tradição basca.

flauta-bengala Instrumento de sopro de corpo único utilizado no século XVIII para execuções ao ar livre.

flauta-cabaça Instrumento xavante que consiste em uma CABAÇA com apenas três orifícios abertos a fogo, sendo um deles o BOCAL e os dois restantes responsáveis pela emissão das notas.

flauta de apito Nome genérico para instrumentos de BISEL, como as flautas primitivas ou as flautas doces.

flauta de bisel Ver FLAUTA DOCE.

flauta de eco FERNFLÖTTE.

flauta de êmbolo (fr. *flûte à coulisse*; ing. *slide flute*) Espécie de flauta que consiste em um apito (bisel) acoplado a um tubo no qual é inserido um êmbolo que, movido nas duas direções, proporciona uma infinidade de sons e efeitos especiais.

flauta de nariz Ver FLAUTA NASAL.

flauta de osso (it. *flauto d'osso*; fr. *flûte en os*; ing. *bone flute*; al. *Knochenflötte*) Flauta cujo corpo é feito de osso animal.

flauta de Pã Instrumento cujo nome remete à lenda de Pã, que com sua flauta buscava conquistar o amor da ninfa Syrinx. Consiste em uma série de tubos em posição vertical que são soprados lateralmente pela abertura superior. Os tubos, em número variável, não possuem orifícios laterais, são dispostos lado a lado, fechados ou abertos na extremidade inferior e têm comprimentos diferentes que possibilitam a emissão de seqüências de notas ou escalas. Há registros pictóricos de flautas de Pã que datam de 2000 a.C., na Ucrânia. Foi usada desde a China, passando pelos etruscos e outras civilizações, até a Austrália e diversos países dos Andes latinos, onde ainda sobrevive há mais de 200 anos, no Peru. No Brasil, uma versão dos índios tucanos é dada às crianças, que à medida que crescem vão adquirindo tubos longos e maiores. Mozart utilizou a flauta de Pã na ópera *A flauta mágica*. Debussy homenageou o instrumento dando título a uma famosa peça virtuosística de para FLAUTA TRANSVERSAL solo. A flauta de Pã foi assimilada pela música de diversos países, como a Grécia (*policalamus*, *syrinx*), Inglaterra (*pandean pipes*, *panpipe*), Itália (*ciufolo*, *fistola*, *flauto pastorale*, *flauto policalamo*, *siringa*), Espanha (*zampoña*), Equador (*ronador*), Romênia (*nar*), Portugal (*siringe*) e Alemanha (*Panflöte*, *Panpfeiffe*).

flautado 1. Nos países da península Ibérica, um dos registros do órgão. **2.** (it. *flautato*, *suoni flautati*; ing. *flute-like*) Entre os instrumentos de cordas da orquestra, golpe de arco que resulta da utilização de pouca pressão e maior velocidade da crina sobre a corda, técnica que produz uma sonoridade semelhante à de um instrumento de sopro [var.: flautando].

flauta doce (fr. *flûte douce*; it. *flauto*, *flauto a becco*, *flauto diritto*, *clarabella*; ing. *block flute*, *english flute*; al. *Blokflötte*, *Langsflöte*, *Schnabelflöte*, *Zartflöte*) Devido à sua sonoridade aveludada e facilidade de construção, o instrumento tornou-se popular no Ocidente a partir da Idade Média, floresceu no Renascimento e alcançou seu apogeu durante o período barroco. O instrumento atual consiste em um tubo quase cilíndrico, dividido em peças chamadas cabeça, corpo e pé, e é executado por meio de combinações entre os dedos das duas mãos em até dez orifícios distribuídos ao longo de seu corpo. O instrumentista sopra diretamente dentro de um bocal semelhante a um apito (bisel). Por causa disto também chamada flauta de bisel, passou a integrar manifestações artísticas no pré-Renascimento; durante esse período, assumiu posição nos diversos conjuntos até afinal alcançar *status* de solista no período barroco. A flauta doce foi sendo gradativamente substituída nos conjuntos pela moderna flauta transversal, e nos dias de hoje serve basicamente para execução da chamada música antiga, além de ser instrumento especialmente útil para o início do aprendizado musical. Apesar de ter sido explorada à exaustão desde Purcell, passando por Bach, Telemann, Haendel e uma infinidade de outros, a flauta doce ainda ressurge como instrumento de novas potencialidades entre compositores mais recentes, como Britten. A família das flautas doces é bastante ampla e sobrevive até hoje, da mais aguda à mais grave, nos seguintes modelos principais: sopranino, soprano, contralto, tenor, baixo e contrabaixo. Ver também FLAUTA, FLAUTA PROVENÇAL, FLAUTINO, HAND-FLUIT, PLOCKFLÖTE, RUSSPFEIFE, SCHWEGEL E TONETTE [var.: fr. *flauste*, *flûte à bec*]. Entre os grandes nomes internacionais, figura o brasileiro Ricardo Kanji.

flauta inglesa Designação do século XVIII para FLAUTA DOCE.

flauta jakui Longo instrumento relacionado à flauta uruá dos índios do rio Xingu, é tocado verticalmente em cerimônias religiosas em que se supõe dispor de poder mediúnico sobre os peixes. Assim como a flauta uruá, a flauta jakui não pode ser ouvida por mulheres.

flauta nasal (fr. *flûte nasale*; ing. *nasal flute*, *nose flute*; al. *Nasenflötte*) Instrumento em forma de forquilha cuja haste consiste em um tubo cilíndrico com orifícios, é soprado na extremidade dupla pelas narinas do executante. Comum na região Polinésia, no Pacífico e na Ásia, relaciona-se a cultos e rituais místicos e chegou a ser utilizado no *jazz* por Rolland Kirk, às vezes simultaneamente ao saxofone. Uma variante empregada pelos índios botocudos brasileiros é transversal, e possui apenas um orifício para produção das notas, enquanto a flauta nasal dos nhambiquaras é feita com duas calotas de cabaça recortadas e coladas em forma de disco, apresentando apenas dois orifícios [var.: flauta de nariz, nasoflauta].

flautando (it.) Ver FLAUTADO (acp. 2).

flauta provençal Tipo de flauta doce primitiva empregada na região de Provença.

flautato (it) Ver FLAUTADO (acp. 2).

flauta transversal ou **transversa** (it. *flauto da traversiere*, *flauto traverso*, *traverso*; fr. *flauste traversaine*, *flûte traversière*; ing. *cross flute*, *german flute*; al. *Traversflöte*) Instrumento construído a partir de um tubo cilíndrico de metal (e às vezes madeira) dividido em três peças: porta-lábios, corpo (onde se encontram quase todas as chaves) e pé, peça onde pequenas chaves são acionadas pelo dedo mínimo da mão direita. O som é produzido quando o executante sopra com o lábio inferior de forma adjacente ao orifício do porta-lábios, com o instrumento disposto transversalmente. O flautim, pequena flauta também chamada *piccolo* (it. lit.: pequeno), soa uma oitava acima do modelo soprano, e também faz parte da orquestra sinfônica. A flauta alto é afinada em sol, seu tubo é mais longo e de maior diâmetro do que a soprano, e produz um som mais grave. Foi utilizada por Ravel, em *Daphnis et Cloë*, e Gustave Holz, em *Os planetas*. A flauta baixo, menos comum, é ainda maior e soa uma oitava abaixo da soprano. Na metade do século XVIII, Quantz escreveu estudos sobre a flauta transversal e um importantíssimo tratado sobre a execução do instrumento, além de criar um sistema deslizante que permitia ajustar a afinação sem o incômodo de um mecanismo de troca chamado *corps de rechange* (fr.: corpo de reserva, de recâmbio). Naquela época, as flautas transversais eram feitas de marfim, ébano ou outra madeira, e combinavam orifícios e CHAVES. No início do século XIX, Theobald Böehm criou um mecanismo complexo de chaves que abriu novos horizontes para o instrumento, ampliando as possibilidades técnicas e colocando sua sonoridade e projeção de som à altura dos demais instrumentos de sopros. Händel, Bach, Telemann, Vivaldi, Mozart, Haydn, Debussy, Dvorák, Hindemith e inúmeros outros compositores escreveram concertos para a flauta transversal, peças de música de câmera e importantes solos orquestrais. Entre alguns dos mais importantes flautistas modernos, o irlandês James Galway e os franceses Aurèle Nicolet e Jean-Pierre Rampal. No Brasil, têm importância para a história do instrumento Carlos Ratto, Celso Woltzenlogel, Altamiro Carrilho, Laura Rònai, Jean Nöel Saghaard, Renato Axelrud, Norton Morozowicz, José Ananias Lopes e Rogério Wolf. Ver também ALBISIFONE, DIZI, DWARS-FLUIT, EMBOCADURA, FLAUTA-BENGALA, FELDPFEIFE, FLATTERZUNGE, GEMSHORN e RYUTEKI. Abreviatura [fl].

flauta travessa Instrumento de sopro português de seis orifícios. Pode ser feito de bambu (região do Minho e Algarve) ou sabugueiro (interior e Beira Baixa).

flauta uruá Instrumento de tubo duplo geralmente feito de bambu característico de cerimônias religiosas de indígenas brasileiros, cujo som, segundo a tradição, não pode ser ouvido por mulheres.
flauta-vaso (ing. *sweet potato*) Instrumento de sopro de formato arredondado ou ovalado, é feito de um pequeno coco ou moldado em cerâmica ou barro. É soprado pelo executante em uma extremidade em forma de apito e dedilhado em número variável de orifícios [var.: ocarina ou batata-doce].
flautilla (esp.) GALUBÉ.
flautim (al. Pickelflöte) Ver PICCOLO.
flautino (it.) **1.** FLAGEOLET. **2.** FLAUTA DOCE soprano ou sopranino.
flauto (it.) Termo empregado pela primeira vez por Ganassi como referência genérica a diversos tipos de flauta, mais especificamente à flauta doce.
flauto a becco (it.) FLAUTA DOCE.
flauto albisi (it.) Flauta baixo. Ver também ALBISIFONE.
flauto basso (it.) FLAUTA BAIXO.
flauto d'amore (it.) Espécie de FLAUTA DOCE afinada uma terça menor abaixo.
flauto da traversiere (it.) FLAUTA TRANSVERSAL.
flauto diritto (it.) FLAUTA DOCE.
flauto d'osso (it.) Flauta de osso.
flauto lontano (it.) FERNFLÖTTE.
flauto pastorale (it.) FLAUTA DE PÃ.
flauto policalamo (it.) FLAUTA DE PÃ.
flauto silvestre (it.) FLAUTA SILVESTRE.
flauto traverso (it.) FLAUTA TRANSVERSAL.
flautone (it.) FLAUTA BAIXO.
flaviol GALUBÉ.
flebile (it.) Indicação de lamentoso.
fletsella (it.) Uma pequena flauta primitiva.
flexatone Instrumento de percussão surgido no primeiro quarto do século XX, é construído com uma folha-de-flandres presa a hastes de metal que servem para controlar sua tensão quando sacudida, percutida ou tangida por um arco pelo executante. Foi utilizado por Honneger, em *Antigonœ*, Katchaturian, em seu *Concerto nº 2* para piano, e Schönberg, nas *Variações para orquestra* e *Moses und Aron*.
Flickoper (al.) PASTICHO.
flicorno (it.; fr. *fliscorne*; ing. *flugelhorn*; al. *Flügelhorn*)Ver FLÜGELHORN.
flicorno tenore (it.) TENORHORN.
flip (ing. virar, como em *to flip the coin*: rodar ou girar a moeda) Na linguagem do *jazz*, entre os instrumentos de metal, atacar certa nota e escorregar (*slide into*) até uma nota inferior.
fliscorne (it. *flicorno*) Ver FLÜGELHORN.
F-Loch (al.) CORTE EM *f*.
floiot de saus (fr.) Flauta de osso, segundo Machaut.
floppy shoulders (ing. lit.: ombros moles) Diz-se de um instrumento como o contrabaixo, quando este possui OMBROS caídos.
floreada 1. Música breve para METAIS, geralmente de caráter introdutório. **2.** Trecho musical com floreios.
floreado 1. No período barroco, trechos virtuosísticos da música vocal. **2.** Atualmente, designa de forma genérica recursos ornamentais [var.: figurado].
Flötbass (al.) Flauta baixo.
Flöte (al.) Flauta.
Flötenuhr (al.; it. *carigglione*; fr. *horloge à carillon*; ing. *chiming clock*) RELÓGIO DE MÚSICA [var.: *Flöttenwerk*, *Laufwerk*].
Flötenwerk (al.) Ver FLÖTENUHR.
Flötist (al.) Flautista.
flourish (ing.) Música executada por instrumentos de METAL (acp. 1) no período elisabetano. No Barroco inglês, designava peças introdutórias em forma de estudo que serviam para aquecimento e afinação dos instrumentos.
floyle (ing.) Na Inglaterra antiga, uma pequena flauta primitiva.
Flügel (al. lit.: asa) **1.** Piano de cauda, devido à semelhança do instrumento com uma asa. **2.** FLÜGELHORN.
Flügelhorn (al. lit.: trompa de asa) Fliscorne, instrumento de METAL (acp. 2) dotado de válvulas e largo PAVILHÃO, semelhante ao TENORHORN, ao SAXHORN, ao FLICORNO, ao *saxtromba* italiano, ao BARITONE inglês, ao *clavicor* ou *arméeposaune* francês e ao *Althorn* ou o *Bügelhorn* alemão. Utilizado com freqüência na orquestra, no *jazz* e nas bandas militares da Europa. Ver também TROMPETE.
flûte (fr.) Flauta.
flûte à bec (fr. lit.: flauta de bico) FLAUTA DOCE.
flûte à coulisse (fr.) FLAUTA DE ÊMBOLO.
flûte à l'oignon (fr.) Certo tipo de MIRLITON.

flûte d'accord (fr.) O mesmo que FLAGEOLET.
flûte d'echo (fr.) FERNFLÖTTE.
flûte douce (fr.) FLAUTA DOCE
flûte en os (fr.) Flauta de osso.
flûte eunuque (fr. lit.: flauta eunuca) Espécie de MIRLITON (acp. 2).
flûte nasale (fr.) Flauta nasal.
flûte sylvestre (fr.) FLAUTA SILVESTRE.
flûte traversière FLAUTA TRANSVERSAL.
flute-like (ing. lit.: como flauta) FLAUTADO (acp. 2).
flutophone Flauta de madeira rudimentar e sem precisão com o corpo dotado de orifícios.
flutter-tonguing (ing.) FRULLATO.
fluviol GALUBÉ.
flying spiccato (ing. *flying*: lit.: voador e it. *spiccare*: destacar, separar) Entre os instrumentos de cordas da orquestra, GOLPE DE ARCO que consiste em uma sucessão de notas em *spiccato* executadas em uma mesma direção, difere do *flying staccato* por utilizar basicamente a flexibilidade da vareta. Para este golpe, Leopold Auer entende que o arco deve ser levantado de forma elástica após cada nota, enquanto para Galamian o arco deve saltar após a articulação de cada som. Galamian ainda sugere que existe um tipo de *recovered* (retomado) *spiccato volante*, articulado sempre na mesma direção, porém retornando seguidamente a um mesmo ponto do arco. Rolland entende que *flying spiccato* é uma sucessão de duas ou mais notas articuladas fora da corda em uma mesma direção. O ponto do arco onde o golpe deve ser executado depende da dinâmica exigida. Os efeitos virtuosísticos do *flying spiccato* costumam ser aplicados em obras de compositores como Vieuxtemps, Beriot, Paganini, Saint-Säens e Sarasate [var.: it. *spiccato volante*]. Ver também VIOTTI STROKE.
flying staccato (ing. *flying*: lit.: voador e it. *staccato*; it. *staccato volante*) Entre os instrumentos de cordas da orquestra, GOLPE DE ARCO que é uma combinação de STACCATO MARTELÉ com o salto natural do arco, que deve deixar a corda após cada nota.
FM Abreviatura de freqüência modulada.
FM sinthesizer (ing.) Ver SINTETIZADOR DE ONDAS FM.
fobó 1. Em algumas regiões do Brasil, samba. **2.** ARRASTA-PÉ.
fofa Dança de origem portuguesa ligada à dança de São Gonçalo.
folaria (it. *insufflazione*; fr. *soufflerie*; ing. *bellows*; al. *Gebläse*) Sistema de FOLES, os pulmões do órgão.
folclore (ing. *folk*: povo, *lore*: saber; al. *Folklüre*) Em música, o conjunto das canções populares, danças e instrumentos tradicionais de uma região.
folcmúsica MÚSICA FOLCLÓRICA.
fole 1. (it. *mantice*; fr. *soufflet*; ing. *bag*, *bellows*; al. *Balg*, *Blaselblag*) Dispositivo elástico que, comprimido e expandido, fornece o volume de ar necessário para a produção do som em instrumentos como o HARMÔNIO, o ACORDEÃO, certos tipos de órgão (órgão de fole), o BANDONEON, a CONCERTINA e a GAITA-DE-FOLES escocesa. **2.** No jargão do músico popular brasileiro, SANFONA.
fole de oito baixos Pequena SANFONA de apenas oito baixos do Nordeste brasileiro [var.: gaita de oito baixos].
foleiro Pessoa que no passado pressionava o FOLE de um órgão, enquanto o músico tocava ao teclado.
folgazão Aquele que dança o FANDANGO (acp. 3).
folguedo-do-boi Ver BUMBA-MEU-BOI.
folha-de-flandres Instrumento de percussão de afinação indeterminada, consiste em uma placa fina de ferro estanhado (flandres) que, quando sacudida, produz sons de efeito especial.
folia 1. Forma musical espanhola do período barroco, aproxima-se da CHACONA e da PASSACAGLIA, prestando-se facilmente a variações instrumentais. **2.** Rápida dança cantada da península Ibérica, é geralmente acompanhada por pandeiro e ADUFE e surgiu no final do Renascimento, recebendo forte influência mourisca tanto em Portugal quanto na Espanha (*fóliá*). **3.** Conjunto de festas do Carnaval brasileiro e suas manifestações. **4.** Dança de moças vestidas de branco que pedem donativos nas festas do Divino Espírito Santo ou dos Reis, costuma ser acompanhada por CAVAQUINHO, violão, pandeiro, TROMPETE e TANTÃ (acp. 1). **5.** Dança com improvisação

de ALAÚDE e teclado do século XVI. **6.** (fr. *follie*) Festa, festejo.

folia-de-reis Tradicional folguedo brasileiro que acontece entre o Natal e o Dia de Reis, representa a trajetória dos Reis Magos a caminho de Belém, à procura do menino Jesus. Participam músicos (que acompanham as toadas de versos improvisados com violão, CAVAQUINHO, TAROL, BUMBO, SURDO e pandeiro), cantores e palhaços — estes últimos, presume-se, representando os soldados de Herodes, à caça do Deus-menino. O canto é liderado pelo tirador de folia e respondido pelo coro [var.: santos reis].

folia-do-divino Festividade tradicional goiana que acontece em meados do ano em louvor ao Espírito Santo, tem a música cantada ao som de TRIÂNGULOS, TARÓIS e VIOLAS DE ARAME. Guarda semelhanças com a FOLIA-DE-REIS e expandiu-se por São Paulo, Mato Grosso e Minas Gerais. As danças e demais atividades variam de região para região, e costumam incluir a CATIRA, a CAVALHADA, a CONGADA, o CURURU, o FANDANGO (acp. 3) e o MOÇAMBIQUE.

fólio Livro de música popular como os FAKEBOOKS ou *songbooks*.

folk music (ing.; var.: ing. *folk-music*) Música folclórica.

folk rock (ing.; var.: ing. *folk-rock*) Gênero de *rock* baseado nas tradições da FOLK MUSIC.

folk song (ingl.; var.: ing. *folk-song*) Canção folclórica.

Folklüre (al.) FOLCORE.

follie (fr., ing.) Folia, festa.

fono Ver SON.

fond (fr.) Ver COSTAS.

fondo (it.) Ver COSTAS.

fones de ouvido (ing. *headphones*) Dispositivo geralmente em forma de arco que é colocado sobre a cabeça do ouvinte, possui nas duas extremidades um par de pequenos ALTO-FALANTES para escuta individual de aparelhos de reprodução como rádios e CDS *players* ou RETORNO de som em gravações, *shows*, entre outras aplicações.

fonógrafo Aparelho de reprodução de áudio inventado nos EUA por Thomas Edison, consistia em um cilindro de não mais do que cinco polegadas de diâmetro revestido com uma fina lâmina de metal, que era girado por meio de uma manivela. Uma pequena agulha reproduzia e amplificava por intermédio de um cone de papelão ou corneta os sons previamente gravados na superfície metálica do cilindro. Ver também GRAMOFONE.

foot cymbals (ing. lit.: pratos de pé) CONTRATEMPO (acp. 2).

fora da corda OFF-STRING.

for free (ing. lit.: de graça) Ver FOR NOTHING.

fórmula de compasso (al. *Taktart*) Sinal ou sinais colocados no PENTAGRAMA logo após a ARMADURA DE CLAVE, no início da obra ou movimento, é geralmente indicada por dois pequenos algarismos e serve para indicar a métrica musical do trecho que se lhe segue. Também pode ser inserida em qualquer parte de uma peça, quando há mudança de fórmula. O algarismo superior determina o número de UNIDADES DE TEMPO do compasso e o inferior se refere à duração da unidade em relação ao padrão (p. ex.: $^2/_8$ e $^2/_4$, compassos binários, $^3/_8$ e $^3/_4$, compassos ternários, e $^4/_4$ e $^4/_8$, compassos quaternários).

for nothing (ing. lit.: por nada; var.: ing. *for free*) No jargão do músico popular, indica que o líder do conjunto irá contar em preparação um COMPASSO, dois ou três tempos antes de a música começar. Costuma formar expressões como *two for nothing* ou *three for nothing* (dois ou três por nada, respectivamente), e também pode referir-se especificamente, como em *two bars for nothing*, ou seja, dois compassos em branco.

fora de tom (ing. *out of tune*) Na linguagem popular, desafinado.

forlana Ver FURLANA.

forlane Ver FURLANA.

forma Estrutura ou plano musical de uma composição. Princípio de organização de uma obra em seus elementos musicais, como tonalidade, tema, repetições, variações. Designa, de modo específico, a organização dos elementos de construção de SONATAS ou RONDÓS, por exemplo.

forma AB Ver FORMA BINÁRIA.

forma aberta Forma que permite ao executante escolher tanto onde iniciar a leitura quanto onde terminar a obra. Geralmente a partitura da forma aberta possui um formato redondo ou elíptico, de maneira que o músico (ou grupo de músicos dispostos ao seu redor) possa melhor usufruir da liberdade de escolha. Bom exemplo é *Zyclos*, de Karlheinz Stockhausen, composta em 1939.

forma binária (ing. *two part form*) Também chamada forma AB ou forma de duas partes, é composta por duas seções distintas e contrastantes (porém relacionadas e geralmente repetidas), como em AABB.

forma binária redonda Forma de origem medieval, compõe-se de duas seções seguidas da repetição da primeira, como em ABA.

forma cíclica Diz-se da forma cujas diversas partes empregam o mesmo material temático. Surgiu no Renascimento em obras como a *Missa Caput*, de Dufay, e permaneceu alvo do interesse de diversos compositores em obras instrumentais até o Romantismo.

forma de duas partes Ver FORMA BINÁRIA.

forma de pera Ver PIRIFORME.

forma de três partes Ver FORMA TERNÁRIA.

forma sonata (ing. *sonata form*; al. *Sonatenform*) Estrutura consolidada no Classicismo, aplica-se a um movimento ou peça como uma FORMA TERNÁRIA evoluída. Consiste, basicamente, de três seções (exposição, desenvolvimento e recapitulação), à qual podem ser acrescentados elementos introdutórios e conclusivos (introdução e CODA, respectivamente). O modelo da forma sonata consolidou-se de tal maneira na música ocidental que, mesmo com o advento do ATONALISMO e das técnicas modernas, continuou a ser freqüentemente empregado durante o século XX entre compositores como Hindemith e Schönberg, por exemplo). Ver também SONATA.

forma ternária (ing. *three party form*) Forma em três seções independentes (ABA), na qual a última freqüentemente apresenta apenas uma repetição ornamentada da primeira, como no MINUETO-TRIO.

formant (fr. lit.: formante, formador) Na técnica vocal, diz-se do reagrupamento e estímulo de certos sons parciais, utilizando a laringe como ressonador.

formant vocalique (fr.) Na técnica vocal, um dos primeiros formadores da voz humana, permite distinguir uma vogal de outra.

formas de canção Sistemas de organização das partes de uma obra musical representados por combinações de letras como AB, ABA e AABA.

formes fixes (fr. lit.: formas fixas) Designa formas como o RONDÓ.

foro armonico (it. lit.: furo harmônico) CORTE EM *f*.

foro del police (it.) ORIFÍCIO DO POLEGAR.

foro di rissonanza (it.) ROSETA.

forró Segundo alguns, do ing. *for all,* para todos, referência a certas festas dos técnicos e engenheiros britânicos que construíam estradas de ferro no Brasil, nas quais excepcionalmente era permitida a entrada dos peões. Na verdade, a palavra forró, que significa festança, é muito mais antiga e veio de FORROBODÓ (acp. 2). Nos dias de hoje, o termo também identifica o local de festas das comunidades nordestinas de todo o Brasil, com seus característicos BAIÕES, XOTES e XAXADOS.

forró mauricinho Ver FORRÓ UNIVERSITÁRIO.

forró universitário Gênero surgido no circuito universitário paulistano — mais precisamente, consolidado em São Paulo a partir de apresentações na Universidade Mackenzie, no final dos anos 1990 — alia letras picantes a ritmos de FORRÓ como BAIÃO, XOTE e XAXADO a influências ao MANGUE BEAT, POP e MPB, a exemplo do grupo Mastruz com Leite, que também emprega instrumentos eletrificados e eletrônicos [var.: forró mauricinho, forró vulgar].

forró vulgar Ver FORRÓ UNIVERSITÁRIO.

forrobodança Baile improvisado de MAXIXE, nos subúrbios cariocas do início do século XX, cujo nome deriva do forro que cobria a quadra ou terreno, no fundo de quintal ou espaço próprio. Ver também FORROBODÓ.

forrobodó **1.** Baile de carnaval popular desorganizado e desencontrado. **2.** Danças dos subúrbios pobres cariocas, como o MAXIXE, e o local onde as festas se realizavam. Ver também FORROBODANÇA.

forrozeiro Aquele que dança e toca FORRÓ.

forte Gradação de dinâmica indicativa de grande intensidade sonora. Abreviatura [*f*].

fortepiano (al. *Hammerflügel*, *Hammerklavier*) Instrumento de teclado surgido em meados do período barroco que chegou ao Classicismo, deu origem ao piano moderno.

forte-piano Nota executada em dinâmica FOR-

TE que é alterada subitamente para *piano*. Também pode surgir em grupos de duas notas, em que a primeira é *forte* e a segunda *piano*. Símbolo [*Fp*].

fortissimo (it.) Gradação de dinâmica musical que designa intensidade acima de forte. Abrevia-se [*ff*].

fortississimo (it.) Gradação de dinâmica musical que designa intensidade ainda maior do que fortíssimo. Abreviatura [de *fff* a *fffff*].

Fortspinnung (al.) Técnica de composição empregada no período barroco. Modernamente, consiste na expansão de um trecho, por meio de alteração na seqüência de intervalos e durações.

forward (ing.) Avançar a fita magnética. Corresponde ao botão *play*, em aparelhos como gravadores. Ver também FAST FORWARD.

forzando (it. lit.: forçando) Ver SFORZANDO. Abreviatura [fz].

forzato (it. lit.: forçado) Ver SFORZANDO.

fosso No teatro de ÓPERA, local onde fica alojada a orquestra, abaixo do nível do palco. Quando em uso para outras atividades, como concertos sinfônicos, pode ser coberto por quarteladas ou erguido por elevadores hidráulicos.

fouetté (fr. de *fouet*: chicote) Entre os instrumentos de cordas da orquestra, GOLPE derivado do DÉTACHÉ, designação provavelmente evocada pela primeira vez por Louis Spohr. É executado levantando-se o arco rapidamente após a nota inicial, que é desferida na ponta do arco e para cima, e atacando-se a nota ou grupo de notas seguintes para baixo, próximo ao TALÃO, com grande energia. Pode ser representado por um traço diagonal sobre a nota curta. Muito embora seja executado para cima, o *fouetté* pode ser também dominado com resultados satisfatórios para baixo. Galamian lembra que, para este golpe, o arco deve ser levantado imediatamente após o ataque da primeira nota, para que a seqüência seguinte seja executada com energia.

four (ing.) Ver SWING TIME.

fourniture (fr.) MIXTURA.

four-part harmony (ing.) Ver HARMONIA EM QUATRO PARTES.

foxtrot (ing. lit.: passo da raposa; var.: ing. *fox-trot*) Variada e alegre dança norte-americana de salão para casais em COMPASSO BINÁRIO e às vezes QUATERNÁRIO, surgiu no início do século XX. Originou-se do RAGTIME e é caracterizado por ritmos sincopados e passos corridos.

Fp Abreviatura de FORTE-PIANO.

FPS Abreviatura de *frames per second* (quadros por segundo), expressão usada na produção de áudio e vídeo.

frailich (iídiche) Movimentada dança folclórica em COMPASSO BINÁRIO, comum entre diversos povos judaicos da Europa.

française (fr. lit.: francesa) Dança em COMPASSO TERNÁRIO do interior da França do início do século XIX.

frappé avec l'archet (fr. *frapper*: bater, *archet*: arco) Entre os instrumentos de cordas da orquestra, golpe similar a COL LEGNO GESTRICHEN.

frase (ing. *phrase*; al. *Phrase*) Compreendida na música de forma similar à gramática, consiste em unidade maior do que o MOTIVO, e equivale a uma idéia musical definida de uma melodia. Schönberg define o termo frase da maneira mais simples: o trecho musical que se pode cantar em um só fôlego.

fraseado (al. *Phrasierung*) Em música popular, a habilidade de frasear, de relevar o contorno interpretativo das frases.

Frauenchor (al.) Coro de vozes femininas.

freak (ing. lit.: louco) No jargão dos RAPPERS, dançar de maneira provocativa.

free bop Título com que o pianista Keith Jarret define seu próprio estilo musical.

fredoner (fr.) Cantarolar.

free-form jazz (ing. lit.: *jazz* de forma livre) Estilo improvisatório cuja forma evolui à medida que a música é tocada.

free-funk-fusion (ing.) Criado pelo saxofonista Ornette Coleman, designa um gênero que mescla FREE JAZZ e FUNK.

free jazz (ing. lit.: *jazz* livre) Corrente liderada pelo saxofonista norte-americano Ornette Coleman, nos anos 1970, que também criou o gênero chamado *free-funk-fusion*.

freelancer (ing.) O músico autônomo, que trabalha sem vínculo.

freestyle (ing. lit.: estilo livre) No jargão do RAP, diz-se quando o cantor improvisa a letra.

Freiheit (al.) LICENZA.

Freimauerermusik (al.) Música maçônica.

french bow (ing.) ARCO FRANCÊS.
french détaché (fr.) Entre os instrumentos de cordas da orquestra, GOLPE executado com arcos curtos e ênfase especial nos acentos.
french dot (ing.) Ver PONTO DUPLO.
french horn (ing. lit.: corne francês) TROMPA.
fréquence (fr.) FREQÜÊNCIA (acp. 1).
freqüência (it. *frequenza*; fr. *fréquence*; ing. *frequency*; al. *Frequenz*) **1.** Medida de altura que define o número de ciclos por segundo de determinado som (f = $^1/_T$). A unidade é estabelecida em HERTZ. O DIAPASÃO (acp. 1) padrão vibra na freqüência de 440 Hz. As notas musicais guardam proporcionalidade entre suas freqüências, como por exemplo 3:2 para a quinta justa e 2:1 para a oitava, em relação à tônica (lá^4 para lá^5, ou seja, lá 880 para lá 440 Hz, por exemplo). **2.** Em música eletrônica, a interação entre alterações de voltagem e o deslocamento do ar em seus aspectos acústicos.
frequency (ing.) FREQÜÊNCIA (acp. 1).
Frequenz (al.) FREQÜÊNCIA (acp. 1).
frequenza (it.) FREQÜÊNCIA (acp. 1).
freqüência de corte Ver CUTOFF FREQUENCY.
fret (ing.) TRASTE.
fretless (ing. lit.: sem trastes) Baixo elétrico cujo braço não é TEMPERADO, isto é, cujo ESPELHO não possui TRASTES que delimitam divisões cromáticas.
frette (fr.) TRASTE.
fretted (ing.) Com TRASTES.
frevança Animação dos grupos de FREVO [var.: frevolência].
frevioca FREVO de rua animado por um caminhão decorado, surgiu no Recife por volta dos anos 1950.
frevo (Termo que teria se originado de "frever", corruptela de ferver, em alusão à agitação de uma dança de folia.) Dança do Nordeste do Brasil, particularmente do Recife, surgiu no final do século XIX por influência da POLCA-MARCHA. O frevo agregou passos de CAPOEIRA misturados pelos músicos das bandas militares de Pernambuco à agitação de seus rápidos DOBRADOS, POLCAS, MARCHAS e CHOROS. O gênero é tocado por FANFARRAS, formadas principalmente por clarinetas e REQUINTAS, saxofones, trompetes, trombones, tubas e percussão. A música do frevo tem caráter rítmico enérgico, caracterizado por acentuações nos CONTRATEMPOS (acp. 1) e SÍNCOPAS. O frevo é dançado por multidões, e inclui entre seus passos a capoeira, o coice de burro, a dobradiça pontilhada, o ferrolho translado, o parafuso, a pernada e a tesoura. Um dos maiores nomes do frevo foi o compositor pernambucano Capiba.
frevo baiano FREVO de rua baiano que substituiu os trombones da formação recifense por guitarras e contrabaixos elétricos.
frevo-canção Inovação de características híbridas criada a partir da MARCHA (acp. 2) pelos grupos de FREVO pernambucanos e popularizada pelos mestres Capiba e Nélson Ferreira nos anos 1930. Chegou a ser muito combatido pelos puristas, pois se dizia que a partir dali seria possível transformar em frevo qualquer música da moda.
frevo de bloco Gênero de FREVO cantado nas ruas por blocos carnavalescos, teria surgido nos anos 1930.
frevo de regresso FREVO mais lento, cansado, executado pelos foliões do Recife que retornam às suas casas na madrugada da Quarta-Feira de Cinzas.
frevolência VER FREVANÇA.
frevolente Diz-se do folião que está contagiado pelo ritmo do FREVO.
frevoxé Gênero híbrido entre o FREVO e o AFOXÉ (acp. 2) que surgiu com os trios elétricos baianos dos últimos carnavais dos anos 1990.
fricassé (fr.) QUODLIBET.
frigideira Utensílio de cozinha que, percutido com uma colher, tornou-se um instrumento de samba nos anos 1930 e foi introduzido nas ESCOLAS DE SAMBA uma década depois.
frígio Terceiro MODO AUTÊNTICO eclesiástico, construído sobre a nota mi (mi^0 a mi^1, por exemplo, nas teclas brancas do piano).
frila No jargão brasileiro, *freelancer*.
friss Dança húngara. Ver CZARDAS e VERBUNKOS.
frog (ing. lit.: rã) TALÃO.
Frosch (al.) TALÃO.
frolie Ver AMUSEMENT.
from memory (ing.) DE COR.
front pillar (ing.) COLUNA da harpa.
frost (ing.) No jargão dos músicos, uma apresentação desastrosa.
frótola (it. *frottola*) Certo gênero do Norte da

Itália do final do Renascimento, é uma canção para três ou quatro de vozes que pode ser construída tanto sobre ritmos simples como a BARZELETTA, ou mesmo os mais complexos, como o STRAMBOTTO. Era freqüentemente composta para vozes e acompanhamento de ALAÚDE.

fruir (lat. *fruere*: gozar, desfrutar) Curtir.

frullato (it.; fr. *trémolo avec la langue, trémolo em roulant la langue, trémolo roulé*; ing. *trill tongue*) Técnica utilizada modernamente entre os instrumentistas de SOPRO, consiste na vibração da ponta da língua para produzir sonoridade aproximada à de um "R" [var.: it. *colpo de lingua, vibrato linguale, rullato, tremolo dental, vibrando*].

Frülingslied (al.) Canção de celebração da primavera.

F-Schlüssel (al.) CLAVE DE FÁ.

fuga (al. *Fuge*; ing. *fugue*) Técnica composicional que consiste em elaborar por imitação temas entre diversas vozes. Teve origem em formas simples como o RICERCARE e a CANZONA, e tem como seções principais a abertura, a resposta (segunda voz) e o contra-sujeito (ou contratema). Antes da consolidação da fuga como técnica, na Idade Média, o termo referia-se genericamente a diversos procedimentos imitativos. *A arte da fuga*, obra em que Bach desenvolve nada menos do que 14 delas sobre um tema principal, pode ser considerada o grande marco dessa técnica, cujos princípios têm sido utilizados até em composições mais recentes, como o *Ludus tonalis*, de Paul Hindemith.

fuga coral Ver CORAL.

fuga dupla FUGA em que se alternam dois temas principais.

fuga em espelho Técnica da FUGA que utiliza inversões do tema em ESPELHO (acp. 1).

fugatto (it.) Trecho com espírito de FUGA inserido em obra de técnica diversa.

fughetta (it.) Pequena FUGA.

full bow (ing. *full*: completo e *bow*: arco) TUTTO L'ARCO.

full lenght (ing. *full*: completo e *lenght*: comprimento) TUTTO L'ARCO.

full size (ing. lit.: tamanho inteiro) Expressão empregada em termos como *full size bass*. Abreviatura [$^4/_4$].

função 1. Em harmonia, papel desempenhado por um ACORDE em relação a determinado contexto harmônico, como os de dominante, subdominante e dominante secundária. **2.** Antiga denominação brasileira das festividades religiosas e familiares como batizados, casamentos e aniversários.

fundamental 1. A nota principal de um ACORDE. Quando a fundamental de um acorde é sua nota mais grave, diz-se que está em posição fundamental. Quando não, o acorde está invertido. **2.** O som principal e primeiro e de uma SÉRIE HARMÔNICA, dá origem aos SONS PARCIAIS. **3.** Acorde básico, principal, de uma progressão harmônica ou trecho musical.

Fundamentaltafel (al.) Parte de baixo do SOMEIRO do órgão de tubos onde fica e RÉGUA DE REGISTROS.

fundo Tampo posterior de instrumentos como o violino.

funeral march (ing.) MARCHA FÚNEBRE.

Fünfklang (al.) ACORDE de cinco sons.

fünfstufige Tonleiter (al.) ESCALA PENTATÔNICA.

fungador Designação popular para CUÍCA.

funil Espécie de MEGAFONE primitivo que consiste em uma corneta através de cuja extremidade mais estreita o líder do FREVO de rua dá as ordens de comando à folia e orienta dança e música.

funk (ing. *funky*) Nos anos 1950, referia-se a certo tipo de *jazz* basicamente negro, em contraposição ao COOL JAZZ, gênero de músicos brancos. Na gíria norte-americana, *funk* define um estado de grande nervosismo, e nos anos 1970 passou a designar música e dança típicas da cultura negra dos Estados Unidos que teve origem em meados dos anos 1960, a partir do RHYTHM'N'BLUES. Um dos precursores do gênero foi Sly Stone, que como James Brown (com o grupo vocal The Famous Flame) mesclou o ROCK'N'ROLL branco com a música SOUL. Seguiram-se George Clinton e o grupo Earth, Wind and Fire, abrindo caminho para uma legião de conjuntos. O *funk* reflete um estado de espírito de liberação da mente e do corpo, sintetizado no lema *free your mind and your ass will follow* (lit.: libere sua mente e seu traseiro [*sic*] seguirá). A música é caracterizada por progressões harmônicas extremamente simples, forte acompanhamento percussivo e alto volume de amplificação, geralmente com uma seção de METAIS (acp. 1) e saxofones. No Brasil, especialmente no Rio de Janeiro, o *funk* é popular nos bailes de subúrbios e da periferia em que "ondas" de dançarinos comprimem-se e se agridem, empregando movimentos e golpes violentos. Com o ingresso da classe média carioca no gênero, o *funk* carioca lançou na mídia nomes como Lady Lu (do *hit Soca checa*) e o duo MC Naldinho e Bella (*Tapinha não dói*), quase fez entrarem em colapso o SERTANEJO comercial e o AXÉ MUSIC, e já no Carnaval do ano 2001 foi o grande fenômeno e a marca registrada dos bailes de clubes e rua de inúmeras outras capitais, como São Paulo e Salvador. O chamado *funk* carioca é caracterizado por uma batida repetitiva e constante, pouca ou nenhuma harmonia, melodia com pouquíssimas notas (e uma clara despreocupação com aspectos técnicos como afinação) e letra de poucas palavras. Após curto período de sucesso na mídia, permanece nos locais de origem, fenômeno que é essencialmente social adaptado aos subúrbios do Rio de Janeiro, onde remanesce basicamente como subproduto bastante pobre do original norte-americano.

funkado No jargão brasileiro, diz-se do ritmo acentuado por batida FUNK.

funkaxé Gênero de FUNK carioca mesclado ao AXÉ MUSIC, como o do grupo As Meninas, que surgiu no final do ano 2000.

funkeiro Neologismo brasileiro, aquele que toca ou dança FUNK.

funky (ing.) Tocado em ritmo de FUNK.

furlana (fr. *furiana, forlane*) Rápida dança de rua italiana do final do século XVII que influenciou compositores de diversas épocas, de Bach a Ravel [var.: forlana].

furiant (fr.) Rápida dança em COMPASSO TERNÁRIO do folclore da Boêmia.

furioso (it.) Sugere execução com fúria.

fusa (it. *biscroma*; *32nd ou thirty-second note, demisemiquaver* (brit.); al. *Zweiunddreissigstelnote*) Nota cuja duração é a metade de uma SEMICOLCHEIA, a quarta parte de uma COLCHEIA e a oitava parte de uma SEMÍNIMA. Representada por uma nota cheia, em cuja haste há três colchetes com ganchos.

fusion (ing. *fusion*) Genericamente, mesclagem de estilos musicais, especialmente entre o *rock* e o *jazz* dos anos 1970, como nas últimas fases de Miles Davis e, do lado do *rock*, nomes como Blood, Sweat & Tears, Frank Zappa e Chicago Transit Authority.

fusion music (ing.) Gênero surgido nos EUA nos anos 1970 que mesclava *jazz*, ritmos latinos, batidas africanas, *rock* e influências diversas e incorporava instrumentos da música POP. Os pianistas Herbie Hancock e Chick Corea são dois dos maiores expoentes da *fusion music*.

fuste (it. *fascia*: corpo; fr. *fût*; ing. *body*, *shell*; al. *Zarge*) Corpo (geralmente cilíndrico) de instrumentos de percussão, feito de folha de madeira, tronco oco, fibra de vidro, alumínio, zinco, acrílico ou plástico. Serve para sustentar MEMBRANAS vibratórias, como nos tambores e tímpanos, funcionando também como CAIXA DE RESSONÂNCIA.

fût (fr.) FUSTE.

futurismo Movimento estético do início do século XX inspirado em seu equivalente na literatura, buscava adequar as manifestações artísticas às conquistas da Revolução Industrial. Recebeu declarado apoio oficial na Itália fascista, que via no gênero exemplo de espírito desenvolvimentista a ser seguido. Preconizado por Marinetti nos anos 1910, surgiu quase em forma de manifesto em meados daquela década utilizando toda sorte de equipamentos, aparelhos, sons e ruídos. Chegou a influenciar Varèse, e compositores de correntes mais modernas, como o Concretismo e a música eletrônica.

fuzo ARRASTA-PÉ.

fuzz pedal (ing.) Pedal de efeito para instrumentos como a guitarra elétrica, altera o sinal eletrônico enviado pelo CAPTADOR, causando certo tipo de distorção sustentada.

fuzz tone (ing.) Dispositivo eletrônico de efeitos, como o FUZZ PEDAL, que é empregado com instrumentos como a guitarra elétrica.

fythèle (fr.) VIELA.

fz Abreviatura de *forzando* ou *sforzando*.

G

G (al. ing.) **1.** Letra que representa a nota sol. Ver também A. **2.** Letra que precede o número de catalogação da obra de Boccherini, segundo Gérard.

ga Ver SARGHAM.

gã Designação popular para AGOGÔ.

gadulka Espécie de RABECA búlgara de três ou quatro cordas que costuma ser tocada verticalmente, sobre os joelhos.

gaff (ing.) No jargão dos músicos, auditório barato e mal-ajambrado.

gafieira Salão onde se dança samba, comum na zona boêmia do Rio de Janeiro. Também costumava ser chamado DANCING ou *dancing club*.

gagaku Música do Japão medieval de origem chinesa, combinava instrumentos de sopro, cordas pinçadas e percussão.

gage (ing.) Calibre, espessura de uma corda, como em *medium gage* (ing.: espessura média).

gagliarda (it.) GALHARDA.

gai (fr.; ing. *gay*) Indicativo de andamento movido, alegre. Ver ALLEGRO.

gaida **1.** (Slovenia *gajdy*) Espécie de instrumento de sopro de oito orifícios usado por pastores búlgaros. **2.** Tipo de GAITA-DE-FOLES.

gaillard (fr.) GALHARDA [var.: fr. *gaillarde*].

gaillarde (fr.) GALHARDA [var.: *gaillard*].

gaita **1.** (godo *gait*: cabra) Espécie de GAITA-DE-FOLES do Oriente Médio para cuja construção era utilizada pele de cabra. O instrumento difundiu-se pela Europa e de lá para alguns países da América Latina. **2.** Em diversas regiões do Norte e Nordeste brasileiro, qualquer tipo de sanfona. **3.** Ver GAITA-DE-BOCA. **4.** Espécie de PÍFARO de metal que é usado como instrumento solista em alguns conjuntos de REISADO do Nordeste brasileiro.

gaita cromática Ver GAITA-DE-BOCA [var.: harmônica cromática].

gaita de blues Ver BLUES HARP.

gaita-de-boca (it. *armonica di boca*, *armonica a boca*; fr. *harmonica à bouche*; ing. *harmonica*, *mouth organ*) Instrumento de sopro que pode ser descrito como um pequeno órgão, é construído na forma de uma pequena caixa retangular em cujo interior são dispostos jogos de PALHETAS (acp. 1) presas em uma das extremidades a uma série de ranhuras abertas na madeira. É soprada e aspirada pelo executante através de uma série orifícios abertos em uma das laterais. Foi adaptada do antigo *cheng*, instrumento conhecido pelos chineses há 3.800 anos, na Alemanha do início do século XIX e cedo tornou-se popular devido à sua portabilidade. O modelo DIATÔNICO, do princípio do século XX, deu lugar ao CROMÁTICO, e o instrumento passou a oferecer, após a adaptação de uma chave lateral, toda a gama de notas dentro de sua EXTENSÃO. A gaita-de-boca logo foi adotada pelo *jazz* e pelo RHYTHM'N'BLUES, assim como mais tarde por artistas e grupos de POP e ROCK'N'ROLL, como Bob Dylan e os Rolling Stones. Era o apogeu da *blues* harmônica, ou GAITA DE BLUES, instrumento de dimensões bastante reduzidas e escalas limitadas às progressões harmônicas simples do *blues*. Entre os maiores virtuoses do instrumento, destacam-se Larry Adler e

Tooths Thielemans. No Brasil, Edu da Gaita, Dario e Maurício Einhorn [var.: harmônica de boca, órgão de boca, piano de boca].

gaita-de-foles **1.** (al. *Sackpfeife*) Instrumento de sopro que consiste em um odre, espécie de FOLE de pele animal, um *chanter*, tubo dotado de PALHETAS (acp. 1) e orifícios semelhante a uma flauta, e um outro superior, que serve para se encher de ar o fole, onde uma válvula não permite o escape do ar (também podem ser adicionados dois *drones*, ou tubos bordões). Como o ar que faz o instrumento produzir as notas é enviado ao *chanter* pelo fole, e não pelo tubo superior (que serve para manter a bolsa permanentemente cheia), as interrupções na respiração do executante não interferem na continuidade do som porque o músico continua a pressionar a bolsa mesmo sem expirar. Instrumento marcial da Escócia desde a Idade Média, apresenta também variações irlandesas: *war pipe* e *union pipe*. Existem ainda a gaita francesa, ou MUSSETTE, e aquelas utilizadas na península Ibérica, sem fole e sopradas diretamente com a boca. **2.** No Rio Grande do Sul, SANFONA.

gaita de oito baixos Ver FOLE DE OITO BAIXOS.

gaita diatônica Ver GAITA-DE-BOCA [var.: harmônica diatônica].

gaita francesa Ver MUSETA.

gaiteiro **1.** Conjunto instrumental com GAITA-DE-FOLES da região portuguesa do Trás-os-Montes. **2.** Tocador de GAITA.

gaitinho Designação popular para PÍFARO.

gajdy Ver GAIDA.

galant (fr.; port. *galante*) Estilo de música de características leves e graciosas do período clássico, avesso à complexidade do CONTRAPONTO barroco.

galante Ver GALANT.

galanterie (fr.) **1.** Danças francesas barrocas como o MINUETO e a GAVOTA. **2.** Peça no estilo GALANT, geralmente escrita para instrumentos de teclado.

galharda (it. *gagliarda*; fr. *gaillard, gaillarde*) Dança viva, original da Itália ao redor do século XV, ou ainda antes, em compasso ternário, contendo um grupo de cinco passos, foi, portanto, chamada também de *cinque passe* (it.), *cinque pas* (fr.) e *cinque pace* ou *sink-a-pace* (ing.). Normalmente vinha após a PAVANA.

galicano Termo associado a não-romano, refere-se à música litúrgica dos ritos gálicos pré-gregorianos.

gallichone Ver COLASCIONE.

galop Rápida dança em COMPASSO BINÁRIO executada nos salões europeus a partir do final do Classicismo [var.: galope].

galopado Ver MARTELO AGALOPADO.

galope **1.** GALOP. **2.** Tipo de desafio do Nordeste brasileiro. Ver também MARTELO (acp. 2).

galoubet (fr.) GALUBÉ.

galubé (it. *chirula, flautilla, flabiol, flaviol, fluviol*; fr. *galoubet*; ing. *holler, holre*; al. *Holefloyte, Schwegel*; esp. *flautilla, flabiol, flaviol, fluviol*) Primitivo instrumento medieval de sopro semelhante ao PÍFARO, costumava ser tocado junto com o TAMBORIL. Ver também PIPE, TAMBORIL e TAMBOURIN.

gama dinâmica Leque de freqüências, da mais grave à mais aguda, audível pela média dos indivíduos. Ver também AUDIBILIDADE.

gambá **1.** Certo tipo de ATABAQUE amazônico coberto com pele de boi. **2.** Dança de índios que sofreu forte influência do LUNDU, costuma ser acompanhada por GAMBÁS (acp. 1), sapateado e castanholas.

gamba (it. lit.: perna) **1.** Forma abreviada de referência à VIOLA DA GAMBA. **2.** Dança do século XVI com improvisação de ALAÚDE e TECLADO (acp. 1).

gambo (it.) Haste (de nota musical).

gamelão Conjunto cerimonial da Indonésia e do Sudeste asiático que utiliza cantores, toda sorte de instrumentos de percussão e alguns sopros e cordas. Baseia-se em sistemas de MODOS de cinco ou sete notas, chamados respectivamente *slendro* e *pelog*. Por seu aspecto exótico, o gamelão chegou a influenciar compositores como Debussy.

gamelan (ing., fr., it., al.) GAMELÃO.

gamut (lat. *gamma ut*: gama dó) EXTENSÃO de um instrumento ou voz.

gancho (ing. *hook*) No jargão popular, certo tipo de passagem recorrente, de fácil memorização pelo público, que acompanha o título de algumas canções populares.

gandhara Na MÚSICA INDIANA, a terceira nota da escala (*gha*).

gang (ing.) No jargão inglês do *rock*, equipe, banda.

gangan Tambor nigeriano que é carregado sob os braços do músico.
gangsa Espécie de XILOFONE melódico tradicional da ilha de Bali.
gangsta rap (ing.) Forma de RAP marginal dos subúrbios das grandes cidades norte-americanas cuja letra apresenta mensagens violentas e de apologia ao crime. Teria surgido no centro-sul de Los Angeles, EUA.
ganho 1. Fator de aumento na amplitude de um sinal. Ganho negativo é a atenuação de um sinal. **2.** Proporção entre força e corrente de saída.
ganzá 1. Instrumento de percussão metálico friccionado como o RECO-RECO, é comum no samba e na música folclórica brasileira em geral [var.: pau-de-semente, porongo]. **2.** Instrumento de percussão similar a um chocalho, consiste em um cilindro de folha-de-flandres ou alumínio em cujo interior são colocadas pequenas pedras, pregos ou bolinhas de chumbo [var.: amelê, canzá, caracaxá, chique-chique, cuietê, maracás, penegomem, porongo, prananguma, xeque-xeque e xique-xique].
ganzer Bogen (al.) TUTTO L'ARCO. Abreviatura [G.B.].
Ganzton (al.) Tom inteiro.
Ganztonleiter (al.) ESCALA DE TONS INTEIROS.
gapped scale (ing.) Escala cujos intervalos são maiores do que um tom inteiro.
garage (ing.) Gênero de HOUSE MUSIC.
garganta Parte do BOCAL em forma de taça dos instrumentos de METAL (acp. 2), funciona como uma câmara e serve para acomodar o ar que será projetado no corpo do instrumento.
garranchê (corruptela do fr. *grande chaîne*: grande cadeia) **1.** Em certas danças populares brasileiras, desfile de pares em forma de meia-lua [var.: granchê]. **2.** Em algumas regiões do Brasil, SANFONA.
gaspeado Uma das afinações da VIOLA DE ARAME. Ver também BOIADEIRA, CEBOLÃO, CEBOLINHA, GUITARRA, NATURAL e RIO-ABAIXO.
Gassenhauer (al.) **1.** Espécie de MADRIGAL (acp. 1) do século XVI que costumava ser cantado ao ar livre. **2.** Canção popular de rua.
gasta-sola Dança sulina do Brasil como a POLQUINHA.
gatamboria (fr.) Espécie de PANDEIRO.
Gatung (al.) ESPÉCIE.
gavota (fr. *gavotte*) Antiga dança francesa original do Pays de Gap, onde seus habitantes eram chamados de *gavots*. Popularizou-se durante o reinado de Luís XIV, em cuja corte Lully compôs diversos exemplos. Tornou-se um movimento opcional na SUÍTE barroca. Em COMPASSO BINÁRIO, com espírito alegre e elegante, podia ter dois movimentos, o primeiro em modo maior e o segundo em modo menor com um RITORNELLO ao primeiro, sempre em forma AB.
gavotte (fr.) GAVOTA.
gay (ing.; fr. *gai*) Sugestivo de interpretação e andamento alegre.
gayda Espécie de GAITA húngara sem FOLE, é soprada pelo executante em uma PALHETA (acp. 1) dupla.
gazal Na MÚSICA INDIANA, tipo canção com características de RECITATIVO.
gazooka Espécie de MIRLITON.
GB 1. Abreviatura de GENERAL BUSINESS. **2.** Abreviatura de GANZER BOGEN.
gc Abreviatura do italiano GRAN CASSA.
gebläse (al.) FOLARIA.
Gebrauchsmusik (al.) Música funcional de objetivos didáticos.
gebrochener Akkord (al.) ARPEGGIO.
gedämpft (al.) Com SURDINA (acp. 1).
Gedanke (al.) MOTIVO.
geet Na MÚSICA INDIANA, canção.
Gefässflöte (al.) OCARINA [var.: Okarina].
Gegenbewegung (al.) MOVIMENTO CONTRÁRIO.
Gegenfuge (al.) FUGA que emprega MOVIMENTOS CONTRÁRIOS.
Gehör (al. lit.: ouvido) Usado nas expressões *absolutes Gehör* (ouvido absoluto) e *relatives Gehör* (ouvido relativo).
Geige (al.) **1.** Violino. **2.** No período medieval, designava genericamente instrumentos de cordas e arco como a GIGHE italiana.
Geigenbauer (al.) LUTHIER.
Geigenharz (al.) BREU.
Geisslerlieder (al.) Música folclórica medieval alemã de caráter religioso, evoca sentimentos de lamento e penitência.
geistliches Konzert (al.; it. *canti dei flagellanti*; fr. *chansons des flagelants*; ing. *flagellant songs*) No Barroco alemão, denomi-

nação genérica para peças vocais religiosas de caráter suplicante.

gekkin Instrumento oriental de cordas dedilhadas encontrado principalmente no Japão.

gemendo (it.) Indicativo de expressão: lamentoso.

gemischte Stimmen (al.) Vozes mistas. Ver CORO.

Gemshorn (al.; fr. *chamois horn*) Tipo de flauta transversal da Idade Média de tubo cônico feito de chifre animal, costumava ser dotada de seis orifícios e, pelo formato do instrumento, deveria possuir sonoridade semelhante à da OCARINA.

gendang Tambor africano de pele dupla, geralmente tocado em posição horizontal [var.: *kendang*].

gender 1. (ing.) Gênero. **2.** Ver MÚSICA INDONÉSIA.

general business (ing.) Tipo de repertório STANDARD, genérico e eclético de bailes de salão. Abreviatura [GB].

general MIDI Um dos sistemas de padronização dos sons e timbres digitalizados da linguagem MIDI, nos instrumentos eletrônicos e computadores.

Generalpause (al.) Ver GP.

general pause (ing.) Ver GP.

Generalbass (al. lit.: baixo-contínuo) Inicialmente a linha mais grave da partitura, tornou-se depois o fundamento do BAIXO CIFRADO e, por conseguinte, de toda a harmonia barroca.

Generalmusikdirektor (al.) Título do cargo de diretor-geral de música de um teatro ou casa de ópera.

Generalprobe (al. *Probe*: prova) Ensaio geral final de uma ópera.

gênero (fr. *gendre*; ing. *genre*) De forma geral, designa formas consolidadas de composição como o *rock*, o *jazz*, o lírico ou o sinfônico. De maneira mais restrita, pode indicar uma variedade de estilos e correntes musicais que comungam de certa identidade entre si.

gerador de envelope (ing. *envelope generator*) Na MÚSICA ELETRÔNICA, refere-se a um circuito, acionado por uma tecla, que produz uma mudança de voltagem em intervalos definidos de tempo e que serve para configurar intensidade, filtros, timbres e harmônicos em um sinal sonoro.

Geräusch (al.) RUÍDO.

german bow (ing.) Ver ARCO DRAGONETTI.

german détaché (ing., fr.) Entre os instrumentos de cordas da orquestra, SINGING DÉTACHÉ.

german flute (ing.) Designação antiga para FLAUTA TRANVERSAL, servia para distingui-la da FLAUTA DOCE, conhecida como *english flute*.

ges (al.) Sol bemol.

Gesamtausgabe (al.) Edição completa de uma partitura.

Gesamtkunstwerk (al. lit.: obra de arte total) Expressão criada por Wagner em seus escritos de 1851 (*Ópera e drama*) como referência aos seus próprios dramas musicais, obras em que fundia diversas formas de arte.

ges (al.) Sol bemol.

Gesäng (al.) Canto, canção, cantar.

geschwind (al.) Indica ANDAMENTO rápido.

geses (al.) Sol dobrado bemol.

gestimmtes Gong (al.) GONGO cujo som tem altura definida.

Gestopft (al.) Técnica da TROMPA que emprega a mão direita dentro da CAMPANA (acp. 1) do instrumento, serve tanto para modificar ou abafar o som quanto como recurso para correção da afinação das notas.

gestossen (al.) Entre os instrumentos de cordas da orquestra, GOLPE DE ARCO similar ao JETÉ.

gestrichen (al.) Entre os instrumentos de cordas da orquestra, GOLPE DE ARCO similar ao DÉTACHÉ. Surge também nas expressões *kurz Gestrichen*, *détaché* curto, e *lang Gestrichen*, *legato*.

geterne (ing.) GITTERN.

gettando l'arco (it.) GETTATO.

gettato (it.) Entre os instrumentos de cordas da orquestra, refere-se na maioria das vezes a qualquer GOLPE DE ARCO rápido fora da corda. Especificamente, pode indicar uma forma de articulação semelhante ao SPICCATO, executada próximo à ponta do arco com grande velocidade. A vareta deve saltar o número de vezes solicitado pela partitura, podendo chegar a uma seqüência de dez ou doze em cada direção [var.: it. *gettando l'arco*].

gewonlich (al.) Entre os instrumentos de cordas da orquestra, MODO ORDINARIO.

geworfenes staccato (al., it.) Entre os instrumentos de cordas da orquestra, PICCHETTATO BALZATO.

gezogen (al.) Entre os instrumentos de cordas da orquestra, LEGATO [var.: *lang gezogen*].

G flat (ing.) Sol bemol.

g-funk No jargão norte-americano, estilo FUNK do GANGSTA RAP, como o do grupo Snoop Doggy Dogg.

gha Ver GANDHARA.

ghan Na MÚSICA INDIANA, instrumentos de percussão que não utilizam membranas, como os sinos.

ghandharva veda Entre os hindus, a ciência musical.

ghatam Instrumento da percussão da música clássica do Sul da Índia, é construído com uma cumbuca de barro.

ghironda (it.; al. *Leier*, *Klaviergamba*) Instrumento como a VIELA DE RODA; às vezes, uma espécie de TIORBA [var.: organistro ou rotata].

ghisterne (it.) Ver GITTERN.

ghost bend (ing. lit.: curva fantasma) No jargão do *jazz*, técnica de instrumentos como a guitarra elétrica que consiste em pressionar a corda para cima, com o dedo da mão esquerda, para depois relaxá-la até a tensão normal.

ghost note (ing. lit.: nota fantasma) Na notação moderna de instrumentos do *jazz* e do *rock*, refere-se a um som abafado e pouco distinto, de caráter percussivo, geralmente indicado na partitura por um [x] no lugar da cabeça da nota. Quando a ALTURA é aproximada, também pode ser representada com a nota entre parêntesis.

gig 1. No jargão do músico norte-americano, CACHÊ (acp. 2). **2.** Instrumento semelhante ao PEIXE.

giga (it.; ing. *jig*; fr. *gigue*) **1.** Dança viva e rústica de origem inglesa, escocesa e irlandesa. Introduzida no continente europeu por Froberger (1649). Última dança da suíte barroca em compasso binário composto em forma AB, de andamento rápido e VIVO. **2.** Instrumento de corda e arco medieval da família dos GEIGE alemão.

Gigelyra (al.) Tipo de XILOFONE.

gilo stones (ing.) Música das ilhas Salomão do Pacífico, é tocada com uma "chuva" de pequenas pedras atiradas sobre pedaços de bambus de vários comprimentos. O efeito é semelhante ao som de um XILOFONE.

gimel Ver GYMEL.

ginga 1. Movimento ritmado do jogador de capoeira que, mantendo os pés no chão, agita o corpo buscando iludir o parceiro. **2.** Na linguagem popular, andar ritmado de sambista malandro.

giocoso (it. lit.: jocoso) Trecho musical ou peça de espírito brincalhão.

gioioso (it.) JOYEUX.

gipsy music (ing.) MÚSICA CIGANA.

giradischi (it.) TOCA-DISCOS.

girafa PEDESTAL de microfone cuja haste é articulada para ajuste horizontal ou diagonal. Costuma ser empregada para amplificação ou gravação de instrumentos acústicos como o violão, ou ainda para facilitar o acesso a locais como o interior de um piano, por exemplo.

Giraffenklavier (al.) PIANO GIRAFA.

giraffe piano (fr.) PIANO GIRAFA.

gis (al.) Sol sustenido.

gisis (al.) Sol dobrado sustenido.

gitana (fr. *gitane*: cigana) **1.** Dança espanhola de origem cigana. **2.** Música executada com espírito cigano.

Gitarre (al.) Violão ou GUITARRA (acp. 1).

Gitarrenbauer (al.) LUTHIER.

Gitarrenvioloncello (al.) ARPEGGIONE.

giterna (it.) Uma das grafias empregadas na Idade Média para GITTERN.

gittern (ing.; it. *citerna*, *ghisterne*, *giterna*; fr. *guisterne*, *guiterne*, *kitaire*, *quinterne*) Instrumento inglês associado aos antigos FIDDLES que antecedeu a CITOLE, tinha fundo plano, cintura arredondada e CAVALETE móvel. De forma semelhante, alguns *gitterns* possuíam TRASTES, enquanto outros não. Benjamin Britten, já no século XX, escreveu para o instrumento uma participação no palco em sua ópera *Gloriana* [var.: *geterne*, *ghythorn*, *gythern* ou *gyttern*].

giustiniana Ver VILLANELLA.

giusto (it. lit.: justo) **1.** Indicativo de andamento preciso, moderado. **2.** JUSTO.

G clef (ing.) CLAVE DE DÓ.

glam rock (ing. *glamour rock*) Gênero associado a grupos como o Alice Cooper, principalmente na Inglaterra.

glanzend (al.) Brilhante.
glass Glocken (al.) SINOS DE VENTO.
glass harmonica (ing.; al. *Glassharmonika*) HARMÔNICA DE VIDRO.
Glasstäbchen (al.) SINOS DE VENTO.
glee Música vocal do Barroco inglês cujas letras versavam sobre temas cotidianos em forma de poesia musicada, era cantada A CAPPELA por três ou quatro vozes masculinas. O *glee* foi popular no período e propiciou o surgimento dos *glee clubs*, locais onde o gênero era apreciado e cujo estilo ainda pode ser encontrado nos coros de certos *campi* universitários norte-americanos.
glee club Local onde se cantava o GLEE. Grupo de *glee*.
gleiche Stimmen (al.) Vozes iguais. Ver CORO.
gleichschwebende Temperatur (al.) TEMPERAMENTO IGUAL.
glesa (esp.) Nos séculos XV e XVI, a arte da TRANSCRIÇÃO.
glicibarigono BASSE-TUBE.
gliss. Abreviatura de GLISSANDO.
glissando (fr. *glisser*: deslizar, escorregar; it. *striscia*, *strisciando* e *strisciata*; ing. *slide*) Efeito obtido por instrumento de cordas, sopro, teclado ou no canto, consiste em saltar de uma nota a outra com pouca ou nenhuma distinção dos sons intermediários, em uma espécie de longo PORTAMENTO. Entre os instrumentos de cordas, o efeito é obtido pelo deslizar do dedo, partindo da nota inicial até aquela final indicada pelo salto. Também são comuns os *glissandi* de trombone, voz ou outros instrumentos, como a clarineta (responsável por uma difícil passagem solo da *Rhapsody in blue*, de Gershwin). O glissando costuma ser representado por um traço reto sobre as notas a serem ligadas ou ainda pela abreviatura [*gliss*]. Ver também PEDAL GLISSANDO, TREMOLO GLISSANDO, BOTTLENECK, GLISSANDO AVEC LE LEVIER, GLISSANDO MIT PEDAL e GLISSANDO COLLA PEDALE.
glissando avec le levier (fr.; it. *glissando colla pedale*) Ver GLISSANDO COM O PEDAL.
glissando colla pedale (it.) Ver GLISSANDO COM O PEDAL.
glissando com o pedal (it. *glissando colla pedale*; fr. *glissando avec le levier*; al. *glissando mit Pedal*) Na técnica da HARPA, GLISSANDO realizado com os pedais do instrumento.
glissando mit Pedal (al.) Ver GLISSANDO COM O PEDAL.
glitter-rock (ing. lit.: *rock* brilhante) Gênero de grupos como o Alice Cooper [var.: *rock* purpurina, *rock* andrógino].
Glock Abreviatura de GLOCKENSPIEL.
Glocke (al.) Sino, campainha.
Glockenspiel (al. lit.: toque do sino; it. *campanelli*, *carrilon di campane*, *instrumento d'glock acciaio*, *metallino*; fr. *jeu de cloches*, *carrillon*, *campanette*, *jeu de timbres*; ing. *orchestra bells*, *chimes*; esp. *carrillon*; port. *carrilhão-tira*) Instrumento de percussão orquestral cujo teclado metálico é semelhante ao do XILOFONE ou do VIBRAFONE, porém com menor extensão. A série que corresponde às notas pretas do piano é disposta acima da que corresponde às brancas do piano. Comum em orquestras e bandas, é tocado com um par de BAQUETAS, apesar de invenções que no passado buscavam empregar mecanismos de teclas semelhantes aos do piano [var.: al. *Klokkenspiel*, *Stabspiel*, *Stahlspiel*]. Ver também CELESTA e SISTRO (acp. 1).
glockenspiel à clavier (fr.) CELESTA.
Gloria Na liturgia romana, a segunda parte do Ordinário da missa, cantada logo após o Kyrie.
glosa No espanhol medieval, ornamentações e variações sobre temas religiosos.
gnacara (it.) NACARA.
gobo BERIMBAU.
gogó No jargão popular, a garganta do cantor. "Ter gogó" significa ter boa voz.
goianão Uma das afinações (*scordatura*) da VIOLA DE ARAME.
goianinho Uma das afinações (*scordatura*) da VIOLA DE ARAME.
golpe (it. *colpo*; fr. *coup*; ing. *beat*, *stroke*; al. *Schlag*) BATIDA de instrumento de percussão.
golpes de arco (fr. *coup d'archet*; ing. *bow stroke*) Entre os instrumentos de cordas da orquestra, constituem o repertório de maneiras de se articular uma nota ou grupo de notas por meio de gestos específicos, passíveis de identificação e denominação por uma expressão em particular. São exemplos de golpes de arco SPICCATO, MARTELÉ OFF-STRING, SALTELLATO e GETTATO.

golpe de glote (fr. *coup de glote*, *glote*: garganta; al. *Glottisschlag*) Na música vocal, designa o som bruscamente interrompido por um corte súbito no movimento expiratório.
gong Abreviatura de GONGO.
gong accordé (fr.) GONGO cujo som tem altura definida.
gong drum (ing.) BOMBO.
gong intonato (it.) GONGO cujo som tem altura definida.
gongo (javanês; ing. *chinese gong*) Instrumento cujos primeiros registros datam do século VII, tem forma de disco (como um grande prato) e é fabricado com liga de latão com cobre e percutido com uma BAQUETA, MACETE ou MALHO acolchoado. O som tem altura definida e teve papel proeminente na música chinesa. O carrilhão de gongos, comum no Oriente, consiste em uma série de gongos suspensos e organizados em função de suas alturas. É utilizado na orquestra com relativa freqüência. Abreviatura: [gong].
gongom Espécie de AGOGÔ africano.
gonguê 1. Em alguns estados do Nordeste brasileiro, instrumento de percussão semelhante ao AGOGÔ, porém dotado de uma única CAMPANA (acp. 1) [var.: gongué, do angolês *ngonge*]. **2.** Pequeno ATABAQUE da região Centro-Oeste do Brasil.
Gongspiel (al.) Jogo de GONGOS.
gopak Dança agitada do folclore da Ucrânia [var.: *hopak*].
gora Pequeno instrumento africano, é uma espécie de M'BIRA percutido com um dos dedos dentro da cavidade bucal, que funciona como CAIXA DE RESSONÂNCIA.
gorge (fr.) **1.** Garganta. **2.** CINTURA.
gòrgia (it. lit.: garganta) Improvisação vocal baseada em ornamentações melódicas.
gospel (corruptela do ing. *God Spell*, lit.: palavra de Deus, ou Evangelho) Surgiu na música dos EUA por volta de 1890 em forma de canções populares de cunho religioso e hinos cantados principalmente nos cultos protestantes dos negros norte-americanos, sucedendo aos SPIRITUALS.
goth Popular para gótico. Ver também PUNK.
gótico Ver PUNK.
goura Ver KORA.
gourd (al.) **1.** CABAÇA (acp. 1). **2.** Fruto da planta africana *calabash* que, após secar ao sol com as sementes em seu interior, funciona como um chocalho quando sacudido.
gousli Harpa russa tradicional de 16 cordas metálicas.
GP (it. *pausa generale*; fr. *pause générale*; ing. *general pause*; al. *Generalpause*) Abreviatura de *grande pausa*, designa um compasso de silêncio para o conjunto da orquestra.
gracé (fr.) GÜIRO.
grace note (ing. lit.: nota de ornamentação) APPOGGIATURA.
grade Palavra surgida em Portugal para designar a partitura do regente, representa todos os instrumentos do conjunto ou da orquestra em uma composição. No Brasil, o termo é mais freqüente na música popular.
gradual 1. Livro que traz cânticos variáveis da liturgia católica como o Gradual, o Intróito, o Ofertório e o Post-Comunio. **2.** Canto de RESPONSO (acp. 1) da liturgia romana usado para a leitura da epístola, surgido no início da Idade Média.
graduale Ver LIVRO LITÚRGICO.
grah Na MÚSICA INDIANA antiga, o início de uma composição.
gramofone (fr. ing. *gramophone*; al. *Grammophone*) Aparelho que utilizava um disco de cera para registrar e reproduzir sons, ao contrário de seu antecessor, o FONÓGRAFO, que girava um cilindro metálico. Além de proporcionar melhor qualidade de reprodução, o gramofone passou a possibilitar a extração de um grande número de cópias a partir de uma mesma matriz. Ver também GRAMOFONE.
grampos Símbolos usados para indicações de dinâmica, como crescendo e diminuendo.
gran (it.) Grande.
gran arco (it.) Entre os instrumentos de cordas da orquestra, TUTTO L'ARCO.
gran cassa (it. lit.: grande caixa) BOMBO de orquestra [var.: it. *grancassa*].
granchê Ver GARRANCHÊ.
grand piano (ing.) PIANO DE CAUDA.
grande Ver FLAMENCO.
grande arcata (it.) Entre os instrumentos de cordas da orquestra, TUTTO L'ARCO.
grande órgão (it. *organo primo*; fr. *grand orgue*; ing. *great organ*; al. *Hauptwerk*) **1.** Órgão de tubos completo, cujo nome serve para

distingui-lo de modelos menores como o órgão de coro. **2.** Um dos MANUAIS do órgão.

grande pausa Ver GP.

gran détaché (fr., it.) Entre os instrumentos de cordas da orquestra, um DÉTACHÉ vigoroso, executado com um arco inteiro para cada nota.

grand jeu (fr. lit.: grande jogo) REGISTRO (acp. 2) de órgão que corresponde ao TUTTI.

grand opéra (fr.) Forma de ópera como *Os huguenotes* (1836), de Meyerbeer, surgiu em Paris no início do século XIX e foi criada para cativar o público menos preparado. O gênero chegou ao início do Romantismo do século XX como OPERA SERIA, com Rossini e Verdi.

grand piano (fr.) Piano de concerto.

grand pianoforte (ing.) PIANO DE CAUDA.

gran finale (it.) Grande final.

grant uomo (it.) O cantor principal de uma ópera, equivalente masculino de PRIMA-DONA.

granzal Tipo de chocalho de algumas variedades da dança do COCO brasileiro, é geralmente feito de alumínio e tem em seu interior pequenas bolas de chumbo.

grappe (fr.) CLUSTER.

grau (al. *Stuffe*) Cada nota da ESCALA DIATÔNICA, em relação à principal (tônica). Os graus são, do segundo ao sétimo: supertônica (II), mediante (III), subdominante (IV), dominante (V), superdominante (VI) e sensível (VII).

grau conjunto Indica movimentação melódica por tons inteiros e semitons.

grau disjunto Indica movimentação melódica por intervalos maiores do que tons e semitons.

graus adjacentes GRAUS cujos acordes sobre eles construídos guardam determinada relação harmônica entre si, como os TONS RELATIVOS maiores e menores.

gravação Conversão de sons em sinais elétricos para registro material temporário ou permanente. Surgida após experiências do francês Léon Scott, na metade do século XIX, a gravação de sons foi aperfeiçoada por Thomas Edison, criador do fonógrafo (1877). O aparelho consistia em um cilindro de estanho girado por meio de uma manivela, sobre cuja superfície uma agulha gravava sulcos permanentes. No final do mesmo século, surgiram os primeiros discos, invenção atribuída a Berliner, que possibilitava reproduzir várias vezes um mesmo original. Para padronizar gravação e reprodução, ficou convencionada a velocidade de 78 rpm, perfazendo até três minutos e meio de música por lado. A partir de 1950, os frágeis discos de massa foram substituídos pelos de vinil (LPS ou *long playings*) que, empregando sulcos mais estreitos, chegavam a comportar mais de 25 minutos de música por lado. A partir de 1957, começaram a surgir os primeiros discos ESTEREOFÔNICOS, que possibilitavam reproduzir informações diferentes em ambas as paredes dos sulcos, e podiam distribuir vozes e instrumentos diversos em duas caixas acústicas separadas. Com o advento da fita magnética regravável, o registro, que anteriormente era feito de uma única vez sem correções, foi aperfeiçoado e passou a permitir a divisão do original por canais e por tomadas, ou *takes*, como na indústria cinematográfica. Em 1980, o sistema analógico cedeu espaço à gravação digital, que registra em unidades binárias lidas por um *laser* infravermelho todos os elementos que compõem a informação sonora. Pouco tempo depois, o processo alcançou o próprio disco, com a criação do CD, ou *compact disc*, que com apenas 12 cm de diâmetro comporta até 74 minutos de música. No final dos anos 1990 surgiram os *mini-discs,* discos ainda menores com maior capacidade de armazenamento e pureza de reprodução. Com a explosão dos novos meios criados pela indústria da informática, os sinais de áudio passaram a ser gravados digitalmente em outros sistemas, como *wave*, MIDI e outros protocolos digitais de computadores. Mais recentemente, um protocolo criado e desenvolvido em universidades norte-americanas, chamado MP3, passou a oferecer um sistema de gravação em discos rígidos de computador ou reprodução em pequenos aparelhos portáteis, os MP3 *players*, baseados em um *software* que chega a comprimir a informação de um CD convencional até doze vezes: um *compact disk* gravado em MP3 pode comportar até 14 horas de música. Com essas e outras tecnologias, encontra-se aberto um sem-número de caminhos para novas possibilidades.

gravador de fita Ver GRAVADOR DE ROLO.

gravador de rolo (ing. *reel recorder*) Aparelho doméstico que emprega rolos de fita magnética para gravação e reprodução [var.: gravador de fita].

grave 1. Som de REGISTRO (acp. 1) baixo ou de baixa freqüência (até aproximadamente 150 Hz). **2.** (fr. lit.: sério) Um andamento bastante lento, comum na música barroca.

gravicembalo (it.) CRAVO.

gravina No jargão do músico brasileiro, sessão de gravação em estúdio.

grazioso (it. lit.: gracioso) Indicação de execução: com graça, leveza.

great organ GRANDE ÓRGÃO.

greek modes (ing.) MODOS GREGOS.

greghesca Ver VILLANELLA.

gregoriano Ver CANTO GREGORIANO.

grelha No teatro de ópera, armação de madeira ou metal que limita a parte inferior do urdimento.

grelots (fr.) COW-BELLS.

griechische Tonarten (al.) MODOS GREGOS.

Griffbret (al.; it. *tastiera*) **1.** ESPELHO dos instrumentos de cordas. **2.** Entre os instrumentos de cordas da orquestra, SUL TASTO [var.: *am Griffbret*].

Griffbrettsaite (al.) Corda presa.

grindcore Ver PUNK.

groove (ing. lit.: ranhura; na gíria, curtição) No jargão do *jazz*, certo estado de espírito entre artistas e público em que interagem execução e fruição.

groppo (it. lit.: grupo) Ornamento que inclui uma nota de antecipação, como a ACCIACATURA e o NASCHSLAG. Ver também GRUPPETTO.

grosbois (fr. lit.: oboé grave) Um dos antepassados do FAGOTE.

grosse caisse (fr. lit.: grande caixa) BOMBO orquestral.

grosse Rebebn (al. lit.: grande rebec) Instrumento de voz grave da família do REBEC, era provavelmente executado entre as pernas do músico, como a VIOLA DA GAMBA.

grosse Strich (al.) Entre os instrumentos de cordas da orquestra, TUTTO L'ARCO.

grosse Trommel (al. lit.: grande tambor) BOMBO.

ground (ing. *ground bass*: lit.: baixo do chão) Voz de BAIXO (acp. 1) que é repetida enquanto as demais desenvolvem variações. Teve origem no Renascimento e prosseguiu no período Barroco, encontrando na música de Henry Purcell alguns de seus melhores exemplos. Ver também BASSO OSTINATO.

ground loop (ing.; de *ground*: terra, fio terra) Tipo de HUM causado pelo aterramento mútuo de dispositivos de diferentes voltagens.

groupie (ing. *group*: grupo, conjunto) Na gíria do *jazz* e do *rock*, *groupies*, personagens que de certa forma equivalem às TIETES, são garotas que bajulam, acompanham e avançam histericamente sobre os artistas em *shows* e turnês, às vezes buscando aproximar-se deles para relacionamento íntimo.

growl (ing.) No *jazz*, efeito sonoro parecido com o rosnar de animais.

Grundtonart (al.) TONALIDADE principal.

grunge Estilo de *rock* pós-PUNK mais palatável, surgiu no início dos anos 1990, em Seattle, cidade do estado de Washington, EUA (cujo marco inicial presumivelmente foi o álbum *Nevermind*, do grupo Nirvana, lançado em 1991). Caracterizado por GUITARRAS (acp. 3) distorcidas e canto permeado de gritos, envolve costumes como o uso de camisas de flanela folgadas, bermudas longas, *headbangers* e bonés com a aba para trás, à maneira dos adeptos do *skate*, além de cabelos longos. Alguns dos ícones do movimento foram, além do já citado Nirvana, grupos como o Soundgarden, o Mudhoney, o Alice in Chains e o Pearl Jam. Entre os conjuntos do final dos anos 1990, destaca-se o Sonic Youth, inspirado no Velvet Underground.

gruppetto (it. lit.: pequeno grupo; ing. *turn*; al. *Doppelschlag*) Certo tipo de ornamentação que, como o GROPPO, consiste em quatro notas acessórias que circundam a nota principal, podendo a resolução realizar-se tanto pela nota superior quanto pela inferior [var.: *gruppo*].

grupo 1. Conjunto musical. **2.** (it. *gruppo*) Ver GRUPPETTO.

gruppo (it.) Ver GRUPPETTO.

G-Schlüssel (al.) CLAVE DE SOL [var.: *Violinschlüssel*].

guabiroba Certo tipo de FANDANGO (acp. 3) valseado que pode ser encontrado no interior de São Paulo.

guaca Ver PALITOS.

guaguancó Ritmo latino-americano quaternário de raízes africanas, é fortemente ligado à RUMBA cubana.
guaiá Chocalho de origem africana ligado ao JONGO, tem o corpo feito com uma cabaça ou cilindro de alumínio preso a uma haste [var.: angóia, anguaia].
guajeo Espécie de RIFF de violino da CHARANGA (acp. 3) cubana.
guajira Ritmo lento de caráter nostálgico originário dos camponeses *guajiros* cubanos. Costuma ser acompanhado por piano, GUITARRAS (acp. 1), contrabaixo e percussão, como em diversas gravações do contrabaixista e BAND-LEADER Cachao.
guanazamba Certo tipo de ATABAQUE grande do Nordeste brasileiro.
guará Espécie de MARACAS.
guaracha **1.** Canção para voz solista improvisada e coro cuja letra é freqüentemente satírica, teve origem nas grandes mansões cubanas do século XVIII. **2.** Dança SINCOPADA de alguns países da América Latina.
guarachaca Instrumento de cordas colombiano. Ver também VALLETANO.
guarânia Espécie de BALADA (acp. 1) de ritmo suave tradicional do Paraguai, costuma ser tocada e cantada em andamento moderado, na maioria das vezes em TONALIDADE menor.
guayó (esp.) GÜIRO.
guerreiros Dança alagoana de origem ibérica e influências indígenas ligada à tradição do BUMBA-MEU-BOI, costuma ser acompanhada por pandeiros e SANFONAS.
guerreiros de Alagoas AUTO de REISADO típico do estado de Alagoas.
guerro CABAÇA.
guíca CUÍCA.
güicharo (esp.) Instrumento porto-riquenho de percussão friccionada, um pouco menor do que a GÜIRA cubana.
guidonische Hand (al.) MÃO GUIDONIANA.
guilda Espécie de sociedade de músicos surgida na Idade Média, funcionava como verdadeira máfia profissional.
guimbarda (fr. *guimbarde*) Ver BERIMBAU-DE-BOCA.
guimbarde à corde (fr.) BUMBASS.
guincho (ing. *skirl*) Som agudo, estridente e raspado. No jargão do músico, ruído obtido involuntariamente pelo clarinetista durante a execução.
guir Abreviatura de GÜIRO.
güira Instrumento cubano metálico de fricção que é usado principalmente no MERENGUE.
güiro (fr. *gracé*, *râpe*; ing. *rasper*; al. *Raspel*; esp. *guayó*, *güayo*) Instrumento de percussão que consiste em uma cabaça comprida friccionada com uma vareta, é encontrado em certas ilhas do Caribe e alguns países da América Latina [var.: güira, guirra, jiruquía, sapo]. Abreviatura [guir].
guisterne (fr.) GITTERN.
guitar (ing.) GUITARRA.
guitare (fr.) **1.** GUITARRA. Pode designar também instrumentos como BANDOLIM. **2.** Certo tipo de ESTRIBILHO.
guitare d'amour (fr. lit.: *guitarra d'amore*) Ver ARPEGGIONE.
guitare hawaienne (fr.) GUITARRA HAVAIANA.
guitare-violoncello (fr.) ARPEGGIONE.
guitarra (it. *chitarra*, *bordellotto*; fr. *guitare*, ing. *guitar*, al. *Gitarre*, *Klange*, *Terzguitarre*) **1.** Ver VIOLÃO. **2.** Certo tipo de afinação da VIOLA DE ARAME (ré-si-sol-ré-dó) que é muito pouco empregada atualmente. **3.** GUITARRA ELÉTRICA.
guitarra baiana Pequena GUITARRA ELÉTRICA do tamanho aproximado de um CAVAQUINHO, surgiu na Bahia e integra os TRIOS ELÉTRICOS.
guitarra baixo (ing. *bass guitar*) BAIXO ELÉTRICO.
guitarra-baixo elétrico (it. *chitarra bassa elettric*; ing. *electric bass guitar*) BAIXO ELÉTRICO.
guitarra base Na MPB e no *rock*, GUITARRA ELÉTRICA que conduz a harmonia, criando com ACORDES a sustentação para a guitarra solista.
guitarra batente Ver CHITARRA BATENTE.
guitarra d'amore (it.) Ver ARPEGGIONE.
guitarra de aço (ing. *steel guitar*) GUITARRA ELÉTRICA de cordas de aço tocada horizontalmente sobre a perna do executante. Suas cordas são geralmente pinçadas com PALHETA (acp. 2), enquanto o indicador da mão esquerda emprega uma espécie de dedal, como na GUITARRA HAVAIANA.
guitarra do flamenco Ver GUITARRA FLAMENCA.
guitarra elétrica (it. *chitarra elettric*; ing. *electric guitar*; al. *E-Gitarre*) Instrumento que

evoluiu de um violão amplificado, foi patenteado pelo norte-americano Les Paul nos anos 1950 para a fábrica Gibson como um modelo semi-acústico, que é muito adotado até hoje pela clareza de som e nuances por músicos como Eric Clapton. Já os modelos de corpo sólido, como a *stratocaster* da Fender, têm sido preferidos por artistas e grupos como Jimi Hendrix, Led Zeppellin e Deep Purple, exatamente pelo som essencialmente eletrônico, enquanto as *telecaster* são preferidas pelos BLUESMEN. Na guitarra, captadores magnéticos transformam a vibração da corda em sinais eletrônicos e os transmitem por fiação interna aos botões de graves, agudos, volume e balanço, além de eventuais equalizadores. A partir desses controles e filtros, os sinais eletrônicos são enviados por um cabo (ou, modernamente, por onda de FM) ao amplificador, que os decodifica em sons. A guitarra elétrica passou a integrar conjuntos de *jazz*, lançando nomes como Django Reinhardt e Joe Pass, abriu fronteiras para o *rock'n'roll* nas mãos dos primeiros pilotos do instrumento, como Chuck Berry e Bill Halley, logo ganhando espaço nas BIG-BANDS e formações diversas dos mais variados gêneros da música popular mundial. Passado o preconceito contra o ingresso da eletrônica na música chamada pura, mesmo no Brasil já não se vê a guitarra elétrica como subproduto tardio da BOSSA-NOVA consolidado na MPB a partir da JOVEM GUARDA via TROPICALISMO: ela já faz parte, virtualmente, de qualquer formação musical, tendo tido lugar de destaque até em apresentações essencialmente sinfônicas. No Brasil, despontaram nomes como Pepeu Gomes, Herbert Vianna, Gaetano Galifi, Victor Biglione, Ricardo Silveira e Hélio Delmiro, entre muitos outros. Ver também HOLLOW BODY, SOLID BODY.

guitarra espanhola Instrumento de cinco cordas, afinadas sol-dó-fá-lá-ré. A guitarra moderna transpôs a afinação da guitarra espanhola antiga um tom acima, na segunda metade do século XVII, e acrescentou uma sexta corda (mi), em meados do século XVIII. Ver também VIOLÃO.

guitarra flamenca Instrumento semelhante, mas um pouco mais leve do que o violão clássico, foi padrão na Espanha do século XX [var.: guitarra do flamenco].

guitarra havaiana (it. *chitarra havayana*; fr. *guitare hawaienne*; ing. *Hawaiian guitar*, *Hawayann guitar*; al. *hawaiigitarre*) Instrumento de cordas sem TRASTES da tradição havaiana, é construído a partir da técnica da guitarra flamenca. Executada em posição horizontal, foi introduzida no Havaí pelos norte-americanos na primeira metade do século XIX. A mão direita utiliza uma PALHETA (acp. 2) para pinçar as cordas, enquanto a esquerda emprega uma vareta, bastão, gargalo de garrafa (*bottleneck*), isqueiro ou outro objeto para produzir efeitos de GLISSANDO. Atualmente, o instrumento é eletrificado e continua a participar dos conjuntos típicos e diversas outras formações do Havaí. Ver GUITARRA DE AÇO.

guitarra inglesa Instrumento como o CISTRE, tinha seis cordas afinadas como duas TRÍADES superpostas e foi popular na Inglaterra clássica.

guitarra latina Um dos nomes da guitarra na Idade Média.

guitarra mourisca Espécie de guitarra de origem islâmica da Idade Média.

guitarra portuguesa Instrumento de seis ORDENS duplas de cordas metálicas dedilhadas, tem o formato semelhante ao de um BANDOLIM e é típico do FADO português [var.: raia-viola].

guitarra russa Instrumento de sete cordas que se tornou popular na Rússia a partir do início do século XX.

guitarra-violocelo ARPEGGIONE.

guitarrico (esp.) Pequena guitarra.

guiterna (fr. *guiterne*) Espécie de pequeno ALAÚDE medieval de origem árabe cujas três ou quatro ordens duplas de CORDAS DE TRIPA eram pinçadas com um PLECTRO. Foi popular no Renascimento e deu origem à MANDORA, porém logo foi substituída pela guitarra, instrumento mais versátil.

guiterne (fr.) GISTERN.

guiternão (port.) CHITARRONE [var.: guiterrão].

guiterne (fr.) GITERN.

guiterrão (port.) CHITARRONE.

guizeira (it. *sonaliera*; fr. *collier de grelots*; ing. *wrist bells*; al. *Schellenband*) PULSEIRA DE GUIZOS.

guizos (al. *Schlittenschnellen*) Pequenas esferas metálicas ocas que contêm em seu interior bolas ou pedras e costumam ser presas a uma tira de pano ou couro. Quando sacudidas, funcionam como espécies de sinos. Surgem na orquestra em obras como as *Danças alemãs* (K 605), de Mozart, *Cockaigne*, de Edward Elgar, *The perfect fool*, de Gustav Holz, a *Quarta sinfonia,* de Mahler, e *A London symphony*, de Vaughn Williams.

guizos de pulso (al. *Schellenband*) Instrumento que utiliza uma tira de GUIZOS amarrado no pulso do executante ou dançarino.

Gummischlägel (al.) Entre os instrumentos de percussão, BAQUETA de ponta de borracha.

gun Na MÚSICA INDIANA, tempo.

gunga 1. Berimbau. **2.** Tipo de chocalho como O PAIÁ.

guoqin Espécie de harpa chinesa de sete cordas.

gusla Ver GUSLI.

gusle GUZLI.

gusli (rus.) Espécie de SALTÉRIO em forma de trapézio, utiliza entre 12 e 32 cordas e é tocado com um PLECTRO. Ainda pode ser encontrado em algumas regiões da Rússia [var.: gusla, guzle].

gusto (it. lit.: gosto) Estilo.

gut string (ing.) CORDA DE TRIPA.

guzle Instrumento de corda única da Iugoslávia cuja caixa é coberta com pele animal, lembra um BANJO e costuma ser tocado entre os joelhos com um arco.

guzunga Atabaque carregado a tiracolo, comum no JONGO paulista [var.: biritador].

gymel (ing. do lat. *gemellus*: gêmeo) Termo que surgiu no Renascimento, designava certas composições vocais para duas vozes de REGISTRO (acp. 1) igual, como, por exemplo, dois tenores ou dois sopranos. As vozes progridem em intervalos de sexta e terça, permitindo-se eventuais cruzamentos [var.: gimel].

gythorn (ing.) GITTERN.

gyttern (ing.) GITTERN.

H

H 1. Ver HAUPTSTIMME. **2.** Sistema de catalogação da obra de Carl Philip Emmanuel Bach criado por Eugene Helm. **3.** Sistema de catalogação das obras não publicadas de Beethoven, segundo Hess. **4.** Nas partituras dos países de língua alemã, simboliza o si natural.

habanera (esp. lit.: natural de Havana) Dança urbana tradicional da capital cubana em COMPASSO BINÁRIO moderado, caracteriza-se por ritmos fortemente pontuados e sincopados. Introduzida na Espanha, popularizou-se na Europa, tendo sido utilizada por Ravel e Bizet, este último na ópera *Carmen*. Acredita-se que tenha sido a precursora do MAXIXE e do TANGO.

Hachbratt (al.) Espécie de SALTÉRIO. Ver HACKBRETT.

Hackbrett (al. lit.: tábua de cortar carne; it. *salterio tedesco*) Tipo de DULCIMER de cordas dedilhadas da Antiguidade cuja CAIXA DE RESSONÂNCIA, que lembra o utensílio culinário, era comum nos Alpes austríacos e suíços, além de algumas regiões da Alemanha.

hair (ing.) CRINA.

hairpins (ing. lit.: grampos de cabelo) GRAMPOS.

Hakenharfe (al.) Tipo de harpa que emprega grampos para obtenção de SEMITONS.

Halbass (al.) BASSET.

Halbe (al.) MÍNIMA.

halbe Geige (al.) VIOLINO MEIO TAMANHO.

halbe Note (al.) MÍNIMA.

Halbton (al.) SEMITOM.

half diminished (ing.) ACORDE DE MEIA DIMINUTA.

half size (ing.) Meio tamanho, como em *half size violin*. Abreviatura [$^1/_2$].

half step (ing.) SEMITOM.

halil Ver MÚSICA JUDAICA.

hall (ing.) Sala de concertos, auditório.

hallam Instrumento africano cujas cordas são retesadas em uma pele animal esticada sobre a extremidade de um FUSTE; deu origem ao BANJO.

hallelujah (hebr. lit.: salve Javé) ALELUIA.

halling Gênero de dança rápida em COMPASSO BINÁRIO da cidade de Hallingdall, Noruega.

Hals (al.) **1.** O BRAÇO dos instrumentos de cordas. **2.** CINTURA.

hammer (ing.) MARTELO (acp. 1).

hammered (ing. lit.: martelado) Entre os instrumentos de cordas da orquestra, MARTELÉ.

hammered stroke (ing. lit.: golpe martelado) Entre os instrumentos de cordas da orquestra, MARTELÉ.

Hammerklavier (al. lit.: cravo de martelo; var.: al. *Hammerflügel*) **1.** FORTEPIANO. **2.** Título da *Sonata para piano*, nº29, op. 106, de Beethoven.

hammer-on (ing.) Em instrumentos como a guitarra e baixo elétricos, técnica de articulação que consiste em bater as pontas dos dedos sobre as cordas, percutindo-as. Ver também PULL-OF.

handbell (ing.) CAMPAINHA.

Hand-Fluit (al.) Uma das designações renascentistas para FLAUTA DOCE.

Handgelenk (al.) **1.** Pulso. **2.** Entre os instrumentos do NAIPE de cordas da orquestra, usado na expressão *mit dem Handgelenk*, refere-se a um tipo de GOLPE DE ARCO que implica movimento do arco empregando o pulso. Ver COL POLSO.

Handkreuzung (al.) Cruzamento de mãos.

Handtrommel (al. lit.: tambor de mão) Tamborim ou pandeiro.

hardangerfelle Certo tipo de VIOLA (acp. 2) norueguesa.

hardanger fiddle Espécie de violino de braço curto e até nove cordas tangidas por um arco e quatro cordas SIMPÁTICAS, típico do folclore antigo do Oeste norueguês.

hard bop Ver BEBOP.

hard case (ing.) Caixa de material rígido para transporte seguro de instrumentos como guitarras, violões, violoncelos e contrabaixos. Estojo.

hard rock (ing. lit.: *rock* pesado) Termo que nos anos 1960 designava alguns gêneros de *rock* agressivo e menos comercial de bandas como o do Cream e o do MC5. As músicas incorporavam elementos do BLUES, do ROCK'N'ROLL e do POP, e fugiam do padrão de três minutos das rádios, chegando a incluir alguns solos instrumentais mais longos do que o *rock* tradicional. Alguns grupos mais conhecidos de *hard rock* são o The Who, o The Faces e o AC/DC.

hardcore (ing.) Forma radical de PUNK ROCK de conteúdo político, teve o instrumental gradativamente metalizado, tornando-o mais acessível ao grande público. São grupos representativos de *hardcore* os Dead Kennedys, The Stupids e The Hard Ones.

hardware (ing. lit.: ferragem) Componentes físicos como placas e *chips* de um computador ou equipamento musical computadorizado.

Harfenclavier (al.) CLAVIHARPA.

Harfenett (al.) ARPANETTA.

Harfenierend (al.) Ruído indesejável que às vezes surge das cordas de uma harpa. Ver também RATTLING.

Harfenzither (al.) CÍTARA-HARPA.

harmonia (gr. ajustamento, donde junção, acordo, montagem, justa proporção; proporção entre as partes de um todo) **1.** Em termos musicais a harmonia é a combinação de notas musicais soando simultaneamente, para produzir acordes (formados por tríades dó-mi-sol ou tetrades dó-mi-sol-si) e, logo, para produzir progressões de acordes. O termo é usado para indicar notas e acordes combinados e, também para determinar um sistema estrutural de princípios que governam suas combinações. A harmonia possui seu próprio corpo de literatura, sendo que o primeiro tratado foi escrito por Rameau. **2.** No Brasil, entre os integrantes das ESCOLAS DE SAMBA, quesito que se refere à sincronia entre dança e música nos desfiles e constitui um item de grande importância para a avaliação dos jurados.

harmonia aberta (ing. *spread harmony*, *open harmony*) Em HARMONIA, acorde cujas notas não se encontram em sua posição mais próxima, ou seja, guardam entre si um ou mais intervalos mais distantes, como quintas ou sextas.

harmonia em quartas Técnica em que INVERSÕES dos acordes favorecem o aparecimento de intervalos paralelos de quartas justas, ao contrário das seqüências tradicionais.

harmonia em quatro partes (ing. *four part voicing*) Estrutura consolidada no final do período Barroco, refere-se genericamente aos modelos de construção musical que empregam quatro vozes que se desenvolvem melodicamente na horizontal, formando ACORDES de quatro sons no aspecto vertical.

harmonia em quintas Técnica em que INVERSÕES dos acordes favorecem SEQÜÊNCIAS de intervalos paralelos de quintas.

harmonia em terças Forma tradicional de HARMONIA em que as vozes caminham preferencialmente em intervalos de terças maiores e menores, e por TRÍADES do ponto de vista vertical. Técnica comum no período Barroco, contrapõe-se à HARMONIA EM QUARTAS medieval.

harmonia fechada Técnica em que as notas que compõem os ACORDES de uma seqüência harmônica encontram-se em posição fechada, ou seja, em sua relação mais próxima, os acordes na maioria das vezes guardando intervalos menores do que uma oitava entre a nota mais grave e a mais aguda.

harmonia funcional Sistema que compreende a HARMONIA por meio das relações de função dos acordes. Ver também HARMONIA TRADICIONAL.

harmonia quartal Ver HARMONIA EM QUARTAS.

harmonia tradicional Sistema que utiliza algarismos romanos e aborda a harmonia do ponto de vista da tônica, continuou a ser empregada nos ensinamentos de teóricos mais recentes, como Schönberg e Hindemith.

harmonic (ing.) Ver HARMONICS.

harmônica 1. GAITA-DE-BOCA. **2.** Em algumas regiões do Brasil, SANFONA.

harmonica à bouche (fr.) GAITA-DE-BOCA.

harmônica cromática Gaita com um botão lateral que, quando pressionado, altera ascendentemente em um semitom as notas da ESCALA DIATÔNICA do instrumento, possibilitando a execução de todos os sons CROMÁTICOS [var.: gaita cromática]. Ver também GAITA-DE-BOCA.

harmônica de blues Ver BLUES HARP.

harmônica de boca Ver GAITA-DE-BOCA.

harmônica de vidro (it. *armonica*, *copologo*; fr. *xylosistron*; ing. *clavicylinder*, *xylomelodichord*; al. *Glassharmonika*, *Xylharmonicon*) Instrumento de percussão que teria sido inventado pelo norte-americano Benjamin Franklin em 1762, baseia-se na sonoridade extraída de copos ou cálices de vidro ou cristal percutidos ou friccionados. Há registros anteriores de experimentos semelhantes em tempos tão longínquos quanto o século XI, na Ásia. Em meados do século XVIII, Richard Pockrich também utilizou a fricção de seus dedos contra as bordas de cálices com diferentes quantidades de água para produzir sons diversos. Pouco depois, entusiasmado com o experimento, Gluck apresentou um concerto para mais de duas dúzias de copos. Benjamin Franklin criou um instrumento que utilizava cálices cujas bases eram afixadas a um cilindro girado por uma manivela ou pedal; os cálices eram alternadamente molhados em um recipiente com água, fundamental à produção do som pelos dedos. Cálices de cristal produzem sons tão misteriosos que inspiraram Mozart no *Adagio* K 356, que também incluía flauta, oboé, viola e violoncelo, e Beethoven, no melodrama *Leonora Prohaska* [var.: harpa de vidro].

harmônica diatônica GAITA-DE-BOCA que executa apenas os sons de uma ESCALA DIATÔNICA.

Harmonicello (al.) Espécie de violoncelo com cinco cordas de tripa e dez de metal do final do século XVIII.

harmônico Ver HARMÔNICOS.

harmônico aberto (ing. *open harmonic*) Ver HARMÔNICO NATURAL.

harmônico artificial Entre os instrumentos de arco, som HARMÔNICO obtido quando um dedo da mão esquerda pressiona determinado ponto de uma corda, enquanto um outro a toca levemente em certo ponto superior, geralmente onde se localizaria a quarta acima da nota principal. Dependendo do espaçamento entre os dedos, produz intervalos duas oitavas ou mais acima do ponto inferior pressionado.

harmônico natural Som harmônico que é obtido quando um dedo da mão esquerda toca levemente determinado ponto de uma corda solta, ao mesmo tempo em que ela é tangida, pinçada ou percutida.

harmônicos (it. *suono harmonico*; fr. *son harmonique*; ing. *harmonic*, *overtone*; al. *Oberton*) Sons que compõem as notas musicais, múltiplos da onda básica de um som FUNDAMENTAL (acp. 2) — razão pela qual são também chamados sobretons ou parciais. Qualquer corpo, seja ele uma membrana, uma corda, tubo metálico, de madeira ou outro material, vibra não apenas em sua totalidade, mas também em seções menores, como metade, um terço ou dois terços de sua dimensão. A maior ou menor presença de certos harmônicos em uma nota musical determina seu timbre e outros atributos, como projeção. São chamados harmônicos naturais os sons produzidos pelo músico ao empregar maior intensidade de sopro, alcançando uma oitava, quinta ou outro intervalo da série harmônica. Entre os instrumentos de cordas, os sons naturais são obtidos tocando-se a corda levemente com um dedo da mão esquerda, enquanto a outra dedilha, percute a nota ou a tange o arco. São harmônicos artificiais aqueles que não constituem parciais da SÉRIE HARMÔNICA, sendo obtidos de forma não natural. Entre os instrumentos de cordas, os harmônicos artificiais são obtidos pressionando-se a corda em determinado ponto com um dos dedos da mão esquerda e tocando-a levemente, ao mesmo tempo, com outro dedo em um ponto acima do primeiro.

harmônicos superiores Ver SONS PARCIAIS.

harmonic series (ing.) SÉRIE HARMÔNICA.

harmonie (fr.) Durante o Classicismo, designava conjuntos de instrumentos de sopros, como os grupos que participavam de eventos e cerimônias sociais.

Harmonieflûte (al.) FISARMONICA.

Harmoniekontrabass (al.) OFICLEIDE.

Harmonielehre (al.) HARMONIA.

Harmoniemusik (al.) Música escrita para HARMONIE, como diversas SERENATAS (acp. 1) de Mozart.

harmônio (it. *armonio, harmonio, aerophon*; fr. *piano-chanteur, séraphine*; ing. *organ, cabinet organ, lap organ*; al. *amerikanisches Organ, Äolsklavier, Harmonium, Kunstharmonium*) Pequeno órgão cujo FOLE era movido por meio de pedais, utilizava PALHETAS (acp. 1) como as do acordeão e apenas alguns REGISTROS (acp. 1). A partir do século XIX, um motor elétrico foi adaptado em alguns modelos, e era empregado nas duas formas em substituição ao grande órgão. Na Alemanha, alguns harmônios de maior porte são chamados *Kunstharmonium*. Ver também ORCHESTRION.

harmonique (fr.) HARMÔNICO.

harmonicor (fr.) Instrumento de sopro que utiliza PALHETAS e TECLAS.

Harmonikon (al.) Espécie de HARMÔNICA de teclados.

Harmoniumklavier (al.) Instrumento de teclado similar a um piano, porém com som semelhante ao de um HARMÔNIO.

harmonização Arte da organização dos sons em uma estrutura harmônica, como a organização em seqüências de acordes de uma melodia na música popular, denominando-os segundo uma nomenclatura ou sistema específico de CIFRAS.

harmonizador Na MÚSICA ELETRÔNICA, circuito que altera a freqüência de determinado sinal.

harmon mute (ing.) SURDINA (acp. 1) de efeito dos INSTRUMENTOS DE METAL (acp. 2).

harp way (ing. lit.: modo de harpa) Nas partituras barrocas, indicação de que certa afinação específica (SCORDATURA) deve ser empregada pelo músico.

harpa (it. *arpa*; fr. *harpe*; ing. *harp*; al. *Harfe*) Instrumento de origem muito antiga cujas cordas, presas diagonalmente entre a CAIXA DE RESSONÂNCIA e o braço (também chamado console), são dedilhadas com as duas mãos. Existe uma infinidade de harpas de diversas origens, dimensões, afinações e formas de construção. A harpa arqueada possuía o corpo curvado como um arco, enquanto a harpa angular dispunha suas cordas entre duas hastes em ângulo. A harpa de moldura do século XI deu origem à harpa celta, ou *clàrsach*, que ainda é popular na Irlanda. No instrumento orquestral moderno, as cordas são presas a um console superior a cravelhas ajustáveis, e na inferior à *table* (fr.: mesa), ou tábua de harmonia, peça oca que serve também como CAIXA DE RESSONÂNCIA. Representações encontradas em achados arqueológicos demonstram que a harpa já era um instrumento utilizado entre os sumérios, mais de 2 mil anos antes de Cristo. O formato primitivo assemelhava-se a uma concha, que funcionava como caixa de ressonância para suas seis cordas. Os celtas já utilizavam harpas no século XIV, e no início do século XV o instrumento chegou a ter a extensão de até três oitavas completas. Em busca da possibilidade de se dispor de maior número de sons, durante o Renascimento, chegaram a ser construídas harpas com duas fileiras independentes de cordas, dispostas de forma cruzada — a *arpa doppia*, ou harpa dupla, requerida pela partitura do *Orfeo* (1607) de Monteverdi. No século XVII, a harpa era dotada de uma única fileira de cordas, e um sistema de ganchos servia para modificar o comprimento das cordas, alterando sua afinação (sendo na época, por isso, chamada harpa de ganchos). A pedaleira surgiu no século XVIII, e serve para alterar ascendente ou descendentemente o comprimento de cada uma cordas, possibilitando a execução de todas as notas da extensão do instrumento; no século XIX, a harpa foi aperfeiçoada por Sébastien Érard, que possibilitou o ingresso do instrumento na orquestra sinfônica, inovação creditada a Hector Berlioz, em sua *Sinfonia fantástica*. O instrumento moderno, CROMÁTICO e afinado em si maior, teria sido patenteado por Gustave Lyon (1894), da firma Pleyel, Wolff et Cie, e possui 76 cordas. O som de qualidades mágicas da harpa foi explorado por compositores como Mozart (*Concerto para flau-*

ta e harpa, K 299), Debussy (*Danse sacrée et profane*, de 1904), Fauré, Richard Strauss, Villa-Lobos, Luciano Berio e outros. Diversos modelos de harpas também fazem parte da música folclórica de países como o Paraguai, Peru e México, além de culturas de algumas regiões africanas, para onde foram levadas pelos egípcios. Nicanor Zabaletta é considerado o maior nome da história do instrumento. No Brasil, destaca-se tanto na área erudita quanto popular a carioca Cristina Braga. Abreviatura [arp].

harpa-alaúde A harpa-alaúde era um instrumento doméstico do início do século XIX dotado de chaves (*ditals*) que, acionadas com os dedos, possibilitavam modificar a altura dos sons. Instrumento similar, com braço semelhante ao do ALAÚDE, também ainda pode ser encontrado em alguns países africanos.

harpa celta (irl. *cláirseach*, *clàrsach*) Conhecida na Irlanda até o início do século XIX, era tocada sobre o ombro do executante, cada mão em um REGISTRO (acp. 1) grave ou agudo [var.: harpa irlandesa]. Ver também HARPA.

harpa de caixilho Pequena harpa utilizada na Europa dos séculos VIII a X.

harpa de ganchos Ver HARPA.

harpa de vidro Ver HARMÔNICA DE VIDRO.

harpa eólia (grego *Éolo*: deus do vento; it. *eliocordo*; fr. *harpe éolienne*; ing. *wind-harp*; al. *Äolsharfe*, *Windharfe*) **1.** Instrumento antiguíssimo da família da harpa cujas cordas são tangidas pela ação do vento [var.: harpa eólica]. **2.** (it. *anemocordo*; fr. *anémocorde*; ing., al. *Anemochord*) Espécie de HARMÔNIO cujas teclas liberam cordas que vibram pela pressão do ar.

harpa eólica Ver HARPA EÓLIA.

harpa irlandesa Ver HARPA CELTA.

harpa israelita Ver HARPA JUDAICA.

harpa judaica (ing. *jew's harp*, *jaw's harp*; fr. *rebube*, *guimbarde*; al. *Trumpel*) Instrumento de boca bastante popular na Antiguidade na Europa e na Ásia. Consiste em uma armação de metal, aberta no fim, na qual se encaixa uma tira de metal vibrante. A armação que o executante prende entre suas arcadas dentárias, a cavidade bucal funcionando como CAIXA DE RESSONÂNCIA, é percutida pelos dedos, produzindo somente uma nota, mas com harmônicos ressonantes, possibilitando produzir pequenas melodias.

harpa paraguaia (ing. *paraguayan harp*) Instrumento de 36 cordas típico da tradição guarani do Paraguai. A tradição reza que a madeira empregada no corpo deve ser guardada e maturada durante pelo menos duas gerações.

harpa-saltério (ing. *harp psaltery*) Ver ARPANETTA.

harpe (fr.) HARPA.

harpe à clavecin (fr.) CLAVIHARPA.

harpe celtique (fr.) Harpa celta. CLARSACH.

harpeggiert (al.) Entre os instrumentos de cordas da orquestra, ARPEGGIO.

Harpfe (al.) HARPA.

harpsichord (ing.) CRAVO.

Harpolyre (al.) Espécie de guitarra semelhante a uma LIRA.

harvest song Canção de colheita dos escravos negros das plantações norte-americanas do final do século XIX.

hasora Espécie de TROMPETE da tradição musical judaica.

haste (it. *gambo*; fr. *queue*; ing. *stem*; al. *Notenstiel*) **1.** Linha colocada verticalmente sobre ou sob a cabeça de notas como a mínima, a semínima, a colcheia, a semicolcheia, a fusa e suas subdivisões. **2.** Bastão para suporte de instrumentos como as MARACAS.

hastig (al.) Rápido.

Haube (al.) CANNONS.

Hauptmanual (al.) O MANUAL principal do ORGÃO de tubos.

Hauptprobe (al.) ENSAIO GERAL.

Hauptstimme (al.) **1.** Indica na partitura o material musical de maior importância em uma composição. Nas óperas do início do século XX, especialmente as de Berg e Schönberg, as melodias principais costumavam ser assinaladas com a letra H. **2.** (fr. *haut-dessus*) Voz principal. Ver também NEBENSTIMME.

Hauptwerk (al.) GRANDE ÓRGÃO.

Hausmusik (al.) Música doméstica.

Hausse (al.) TALÃO [var.: *Frosch*].

haut (fr.) **1.** Alto. **2.** Agudo.

hautbois (fr.) OBOÉ.

hautbois baryton (fr.) Ver BASSETTOBOE.

hautbois de poiton (fr.) Espécie de SHAWM de PALHETA DUPLA encapsulada do Renascimento francês.

hautboy (ing.) OBOÉ.
hautboys Anglicismo para o francês HAUTBOIS.
haut-dessus Nas partituras barrocas francesas, a primeira voz, ou mais aguda. A segunda voz é chamada *bas-dessus*.
haute (fr.) Alta.
haute-contre (fr. lit.: alto-contra) Voz masculina especialmente aguda do REGISTRO (acp. 1) de tenor. Comum na França barroca, aproxima-se do CONTRATENOR.
haute fidelité (fr.) ALTA-FIDELIDADE.
hauteur (fr.) ALTURA (acp. 1).
havaneira Dança brasileira derivada da HABANERA cubana, contribuiu para o surgimento do MAXIXE.
Hawaiigitarre (al.) GUITARRA HAVAIANA.
hawaiian guitar (ing.) GUITARRA HAVAIANA.
hazan O KANTOR da tradição religiosa judaica.
hazanut Ver MÚSICA JUDAICA.
hazozra Ver MÚSICA JUDAICA.
head (ing.) **1.** CABEÇA. **2.** MEMBRANA.
head-motif (ing.) Motivo musical que surge entre diversos movimentos de uma peça, servindo-lhe de princípio unificador.
headphone (ing.) Fone de ouvido [var.: ing. *headset*].
head register (ing.) VOZ DE CABEÇA.
headset (ing.) Ver HEADPHONE.
hearing (ing.) AUDIÇÃO (acp. 3).
heavy metal (ing. lit.: metal pesado) Gênero de *rock* agressivo, sustentado por guitarras em altíssimo volume e cantado com gritos e uivos, cujas letras abordam temas violentos, drogas e sexo. Entre os expoentes precursores do *heavy metal*, Jimi Hendrix, Cream, The Who, Led Zeppelin, que abriram caminho para uma legião de seguidores, como o brasileiro Sepultura, conhecido internacionalmente.
heavy rock (ing.) *Rock* pesado. Ver também HEAVY METAL.
heckelclarina (al. *Heckelclarinette*) Instrumento de PALHETA (acp. 1) semelhante ao SAXOFONE, foi criado no final do século XIX na fábrica de Johann Adam Heckel.
Heckelclarinette (al.) HECKELCLARINA.
heckelfone (ing., fr. *heckelphone*; al. *Heckelphon*) Instrumento de sopro de PALHETA (acp. 1) dupla e voz baixo da família dos OBOÉS cujo formato se assemelha ao de um CORNE INGLÊS. Foi criado por Johann Adam Heckel no final do século XIX por encomenda de Richard Wagner, e foi também utilizado por Delius, na *Rapsódia de danças*, por Holst, em *Os planetas*, e por Richard Strauss, na *Sinfonia alpina*.
heel (ing. lit.: calcanhar) TALÃO.
Heckelphon (al.) HECKELFONE.
heckelphone (ing., fr.) HECKELFONE.
Heerdenglocken (al.) COW-BELLS.
Heerpauken (al.) TÍMPANOS.
held back (ing.) RITENUTO.
Heldentenor (al. lit.: tenor heróico) Voz tenor que remete à era gloriosa do canto wagneriano, é caracterizada por um REGISTRO (acp. 1) agudo brilhante e graves plenos, como os de um BARÍTONO, a exemplo das qualidades requeridas pelos papéis de Siegfried e Tristão. O maior *Heldentenor* do século XX foi Lauritz Melchior [var.: al. *dramatischer Tenor*].
helicon Instrumento da família da TUBA, tem o tubo circular como na TROMPA, o que possibilita ao músico levá-la tiracolo, andando ou marchando enquanto toca [var.: hélicon].
hellhorn (ing.) EUFÔNIO.
hembra O maior dos tambores do BONGÔ cubano.
Hemidemisemiquaver (ing.) SEMIFUSA.
hemíola (gr.) Figura de proporção rítmica (3:2). Artifício que simula três COMPASSOS BINÁRIOS em dois ternários, comum em danças barrocas como a SARABANDA e a COURANTE [var.: hemiólia, hemiola].
hemiólia Ver HEMÍOLA.
hemitone (ing.) SEMITOM.
heptacorde Escala de sete sons.
Herstrich (al.) ARCADA DESCENDENTE.
Hertz Unidade de medida de freqüência das ondas periódicas, correspondente a um ciclo por segundo. O termo advém do nome do físico Heinrich Hertz, descobridor das ondas a que se chama hertzianas. Abreviatura [Hz].
Herunterstrich (al.) Entre os instrumentos de cordas da orquestra, ARCO PARA BAIXO.
Hervortrend (al.) Na partitura, indica que determinada parte deve sobressair-se no TUTTI orquestral.
heses (al.) Si dobrado bemol.
heteródino Diz-se de certo processo de síntese

eletrônica que produz um único sinal de áudio a partir de dois sinais de radiofreqüência.

heterofonia 1. Diz-se quando duas ou mais vozes apresentam uma mesma melodia, porém com diferenças entre si. **2.** Execução simultânea de variações entre diversas vozes, bastante comum na música oriental.

heures canoniques (fr.) Horas canônicas. Ver OFÍCIO.

hexachord (ing. al.) HEXACORDE (acp. 1).

hexacorde 1. (it. *esacordo*; ing., al. *hexachord*) Escala ou acorde de seis sons. **2.** Série de seis notas utilizada na Idade Média, sistematizada por Guido d'Arezzo e que sobreviveu na música MODAL até o início do período Barroco. Os complementos dos hexacordes *dur* e *moll* passaram a identificar, em alemão, maior e menor, respectivamente.

Hexenscheit (al.) Certo tipo de ZITHER.

hibernicon (fr.) SERPENTÃO.

hiccup (ing. lit.: soluço) HOCKET.

hichiriki Instrumento de PALHETA (acp. 1) dupla utilizado na corte japonesa.

hidden octaves (ing.) OITAVAS OCULTAS.

hi-fi (ing.) Abreviatura de HIGH FIDELITY.

high clarinet (ing.) REQUINTA [var.: *high E flat clarinet*].

high E flat clarinet (ing.) Ver HIGH CLARINET.

high fidelity (ingl. lit.: alta-fidelidade; it. *alta fedeltà*; fr. *haute fidelité*). Sistema de gravação e reprodução que na década de 1940 revolucionou enormemente o mundo da música, possibilitando o registro de uma faixa com amplitude de freqüências e qualidade sonora até então nunca imaginadas. Abreviatura [hi-fi].

high solo tuning (ing.) Sistema de afinação empregado por alguns solistas de CONTRABAIXO ACÚSTICO. O instrumento passa a contar com uma primeira corda mais aguda (geralmente um dó, uma quarta acima da segunda corda, um sol), alterando a afinação geral do instrumento, a partir da 4ª corda, para lá-ré-sol-dó. Este sistema facilita a execução das notas agudas e agudíssimas, mas não costuma ser muito empregado, pois o repertório geralmente exige afinação solo simples (fá#-si-mi-lá).

highlife (ing.) Gênero urbano da moderna música africana semelhante ao CALIPSO, é encontrado na Nigéria, em Gana e na África Ocidental. Tem perdido terreno, em diversas regiões, para uma versão mais moderna, chamada Ju-Ju, que se baseia na música ioruba.

Hilfslinie (al.) LINHA SUPLEMENTAR.

hillbilly (ing. *hill*: montanha, *billy*: apelido familiar para William) Tipo de COUNTHY MUSIC norte-americana dos anos 1920/30 executada por instrumentos acústicos como guitarra, BANJO, RABECA ou violino e WASHBOARD.

hinário (it. *libro di canto*; fr. *livre de cantiques*; ing. *hymn book*, *hymnal*; al. *Hymnar*) Livro de litúrgico de cânticos e hinos.

hinaufstrich (al.) Entre os instrumentos de cordas da orquestra, ARCO PARA CIMA.

hinch Na MÚSICA INDIANA, gênero folclórico de quatro tempos da região de Gujarat.

hindustani sangeet. Gênero de música popular no Norte da Índia.

hino (it. *inno*; fr. *hymne*; ing. *hymn*, *anthem*; al. *Hymn*, *Hymnus*) Palavra de amplo significado tanto no sentido religioso, quando se refere à música para louvação de deuses e entidades divinas, quanto à homenagem a heróis e grandes vultos históricos, símbolos pátrios e de clubes, estados, times e associações diversas. Na Igreja Cristã, o hino teve suas formas estabelecidas por Ambrósio, na Milão do século IV. Com a Reforma, os hinos foram incorporados à tradição dos ritos luteranos, mas os calvinistas negaram sua adoção. Foi apenas em meados do século XVI que os protestantes adotaram o hino em forma coral. Entre os hinos religiosos mais expressivos da atualidade estão aqueles entoados nas comunidades negras pelos evangélicos nos EUA, destacando-se especialmente os NEGRO SPIRITUALS e o GOSPEL, que influenciaram a música dos ritos de protestantes de todo o mundo.

hino nacional (grego *anthem*, antífona; it. *inno nazionale*; fr. *hymne national*; ing. *national anthem*; al. *Nationalhymn*) Palavra que nos países de língua inglesa conserva a grafia grega (*National Anthem*), é o símbolo nacional de cada país, cuja primeira versão teria surgido com o inglês *God Save the Queen* (Deus salve a rainha), da metade do século XVIII. O hino nacional do Brasil foi composto em 1822-23 por Joaquim Osório Duque Estrada (letra) e Francisco Manoel da Silva (música). Foi oficialmente adotado pela República já com a letra de J. O. D. Estrada em 6 de setembro de 1922.

Hinstrich (al.) Entre os instrumentos de cordas da orquestra, ARCO PARA CIMA.

hinter dem Orchester (al.) OFF-STAGE.

hinter dem Steg (al.) Entre os instrumentos de cordas da orquestra, BACK OF THE BRIDGE.

hinter der Scene OFF-STAGE.

hipertons Ver SONS PARCIAIS.

hip-hop (ing. lit.: pulo de quadril) Importante movimento cultural de negros norte-americanos surgido na região nova-iorquina do South Bronx nos anos 1970, originou-se do RAP e espalhou-se pelo mundo. O movimento *hip-hop* tem conotações políticas e de contestação à sociedade moderna e pode ser dividido em quatro atividades: *graffiti*, *b-boying* (dança como o *breaking* e o *body-popping*), *MCing* e *DJing*. Um dos pioneiros do gênero foi o africano Afrika Bambaataa.

hipo (gr.: abaixo) Segundo Aristoxeno (músico grego do século IV a.C.) em seu *Elementos harmônicos*, havia três categorias modais, apresentando os tons em agrupamentos simétricos de cinco graves, cinco médios e cinco agudos, o primeiro grupo distinguindo-se pelo prefixo hipo e o último pelo prefixo hiper. A atribuição de nomes étnicos para as espécies de oitava e seus derivados é encontrada em escritores da escola de Aristoxeno, porém posteriores. Com Boécio (teórico romano do século V d.C.), em seu *Istitutione musica*, encontramos a ordem modal utilizada na música ocidental, ou seja, DÓRICO (modo de ré, frígio para os gregos), FRÍGIO (modo de mi, dórico para os gregos), LÍDIO (modo de fá), MIXOLÍDIO (modo de sol) e seus derivados ou plagais. Somente com Glareanus, em seu *Dodecachordon*, 1547, os modos EÓLIO (de lá) e jônico (de dó) foram agregados, apesar de fazerem parte da prática musical.

hipodórico Segundo Glareanus, século XVI, o segundo modo, de lá a lá e nota final ré, com a cofinalis (pólo em torno do qual a melodia gira) em fá. Ver MODO (acp. 1).

hipoeólio Segundo Glareanus, o décimo modo, de mi a mi e nota final lá, com a cofinalis em sol. Ver MODO (acp. 1).

hipofrígio Segundo Glareanus, o quarto modo), de si a si e nota final mi, com a cofinalis em lá. Ver MODO (acp. 1).

hipojônico Segundo Glareanus, o décimo segundo modo, de sol a sol e nota final dó, com a cofinalis em mi. Ver MODO (acp. 1).

hipolídio Segundo Glareanus, o décimo modo, de dó a dó e nota final fá, com a cofinalis em lá. Ver MODO (acp. 1).

Hirtenweise (al.) RANZ.

his (al.) Si sustenido.

hishabh Na MÚSICA INDIANA, a segunda nota da escala.

hisis (al.) Si dobrado sustenido.

história (lat.) Na Alemanha dos séculos XVII e XVIII, certo tipo de composição de caráter histórico sobre tema bíblico.

hit (ing.) **1.** Bater, percutir instrumento ou nota. **2.** Música popular de grande sucesso.

hit parade (ing.) PARADA DE SUCESSOS.

hit with the bow (ing.) Entre os instrumentos de cordas da orquestra, COL LEGNO.

hive (ing. lit.: colméia, agrupamento de pessoas) No jargão norte-americano, o estado de espírito de freqüentadores dos bons clubes de *jazz* (em contraposição aos *shows* chamados JIVE, *jazz* fuleiro dos anos 1940), onde é comum o anúncio *all hive, no jive* (na gíria norte-americana, lit.: "só curtição, sem papo-furado").

Hob Catalogação da obra de Haydn, conforme organizada pelo holandês Van Hoboken.

Hoboe (al.) Grafia antiga para OBOÉ.

hoboy (ing.) OBOÉ.

Hoch (al.) Agudo.

Hochzeitsmarsch (al.) MARCHA NUPCIAL.

hocket (fr. *hoquet* do lat. *hoquetus*; ing. *hiccup*: soluço; port. *hoqueto*) Certo tipo de composição da Idade Média que combinava com equilíbrio sons e silêncio.

Hofkapelle (al.) Coro da corte.

hold (ing.) FERMATA.

hold hig (ing.) BELLS UP.

holding back (ing.) RITARDANDO.

holefloyte (ing. arcaico) GALOUBÉ.

holler (ing.) GALOUBÉ.

hollow body (ing. lit.: corpo oco) GUITARRA ELÉTRICA de construção semi-acústica, como a Les Paul, da Gibson. Expressão empregada em contraposição a SOLID BODY (corpo sólido).

holre GALOUBÉ.
Holz (al.) A seção das MADEIRAS da orquestra.
Holzbläser (al.) MADEIRAS
Holzblasinstrument (al.) Instrumento de sopro da família das MADEIRAS.
Holzblasinstrumente (al.) MADEIRAS.
Holzblock (al.; var.: al. *Holzkasten*, *Holzton*, *Holztrommel*) WOOD BLOCKS.
hölzernes Gelächter (al.) XILOFONE.
Holzharmonika (al. lit.: harmônica de madeira) XILOFONE.
Holzkasten (al.) WOOD BLOCKS.
Holzspiel (al.) XILOFONE.
Holzstäbe (al.) CLAVAS.
Holzton (al.) WOOD BLOCKS.
Holztrommel (al.) WOOD BLOCKS.
Holztrompete (al.) ALPHORN.
Hommel (sueco, al. *Hummel*) Instrumento de cordas dedilhadas como o DULCIMER.
homofonia (gr. *homophonia*; it. *omofonia*; fr. *homophonie*; ing. *homophony*; al., fr. *Homophonie*) **1.** Música executada em uníssono, sem independência melódica ou rítmica e com ou sem acompanhamento orquestral, como certos hinos. **2.** Música de escrita acordal, como os corais da tradição protestante.
Homophonie (al., fr.) HOMOFONIA.
homophony (ing.) HOMOFONIA.
homorrítmica Diz-se de música em que todas as vozes se desenvolvem sobre a mesma estrutura rítmica.
honky-tonk **1.** No jargão norte-americano, técnica de piano primitiva dos negros norte-americanos, originou-se da batida da guitarra do BLUES, antecipando o gênero BOOGIE-WOOGIE. **2.** No jargão norte-americano, referia-se originalmente a casas noturnas de baixo nível, que apresentavam músicas típicas do *bas-fond* urbano dos EUA, como o RAGTIME (vide o sucesso *honky-tonk woman*, dos Rolling Stones).
hook (ing. lit.: gancho) GANCHO.
hop (ing.) Ver HIP-HOP.
hopak Ver GOPAK.
hopping staccato (ing. *hopping*: saltador e it. *staccato*) Entre os instrumentos de cordas da orquestra, PICCHETTATO SALTELLATO.
Hopser (al.) Dança alemã de passos saltados.
hoquet (fr.; port. *hoqueto*; lat *hoquetus*; it. *ochetto*; ing. *hocket*; al. *Hoquetus*) Ver HOCKET.
Hoquetus (al.) HOCKET.
hora Movimentada dança judaica comum em Israel.
hora lunga Gênero de música do folclore da Romênia cuja melodia é improvisada com profusão de ornamentos [var.: doina].
horas canônicas (it. *ore canoniche*; fr. *heures canoniques*; ing. *canonical hours*; al. *Stundenoffizien*) Ver OFÍCIO.
hörbar (al.) AUDÍVEL.
Hören (al.) AUDIÇÃO (acp. 3).
horloge à carillon (fr.) RELÓGIO DE MÚSICA.
horn (ing. lit.: chifre) Designação genérica para *French horn* (TROMPA) ou ENGLISH HORN (corne inglês). Ver também AUTO HORN.
hornpipe (ing. lit.: tubo de chifre) **1.** Instrumento de sopro inglês que teve origem no *aulus* de origem frígia, ainda pode ser encontrado em forma semelhante ao original na música folclórica grega ou russa. Possuía PALHETA (acp. 1) simples e utilizava um chifre como bocal, corpo e CAMPÂNULA de ressonância. Existem ainda registros pictóricos de *hornpipes* de tubo duplo [var.: *pibcorn*, *pibgorn*] **2.** No Renascimento inglês, dança em COMPASSOS TERNÁRIO um pouco menos movida do que a GIGA.
Hornwerk Tipo de órgão bastante rudimentar dos países de língua alemã do período renascentista.
horse-hair (ing. lit.: crina de cavalo) CRINA.
Hosana (lat. *hosanna*) Interjeição hebraica de exultação e glorificação que posteriormente foi introduzida na liturgia católica. Uma das partes essenciais da missa, é sempre cantada após o Sanctus e o Benedictus, na frase *Hosana in excelsis*.
house music (ing. lit.: música da casa) Gênero tocado em DISCOTECAS e casas noturnas a partir do final dos anos 1980. Surgiu nos EUA e foi influenciado pelo FUNK, o RAP e a DISCO MUSIC, podendo ser classificado como um DISCO futurista. Elaborada com SAMPLERS, emprega geralmente inserções vocais e uma variedade enorme de efeitos aliados a intervenções de INSTRUMENTOS DE METAL (acp. 2). Um dos nomes de maior evidência da *house music* é H. Foundation.
howboie (ing.; var.: ing. *hoyboye*) Grafia arcaica para OBOÉ.

huachitorrito Tipo de VILLANCICO chileno acompanhado por guitarras, violinos, acordeons e percussão de BOMBO e CAIXA.
huada Certo tipo de MARACAS.
huchet Certo tipo de TROMPA antiga.
hueso Na gíria mexicana, CACHÊ (acp. 1).
Hufnagelschrift (al.) Notação alemã de música GREGORIANA.
hula-hula Dança e música nativa havaiana.
hully-gully (ing. lit.: sarjeta) Gênero de dança e música dos anos 1960.
Hülze glechter (al.) XILOFONE.
hum Ver HUMMLING.
humle (fr.) Ver ZITHER.
Hummel (al) Ver HOMMEL.
hummling Ruído eletrônico indesejável [var.: HUM].
humoresque (fr.; al. *Humoreske*) Gênero de música instrumental gracioso e divertido. Schumann e Dvorák escreveram saborosas *humoresques*.
humstrum Espécie de RABECA inglesa primitiva, era construída rusticamente com uma lata fazendo de CAIXA DE RESSONÂNCIA e arames como cordas.
hunting horn (ing.) TROMPA DE CAÇA.
hurdy-gurdy (ing.) VIELA DE RODA.
huruk Instrumento de percussão da música tradicional indiana, compõe-se de dois FUSTES semi-ovalados superpostos invertidamente como em uma ampulheta.
husla Instrumento inglês de apenas três cordas afinadas em quintas, assemelhava-se a uma RABECA e costumava ser tocado com um arco, a base do corpo apoiada no peito do executante [var.: *husle*].
husle (ing.) Ver HUSLA.
HWV Abreviatura de *Haendel Werke Verseichnis*, catalogação da obra de Haendel segundo Baselt.
hydraulis (gr. *hydor*: água, *aulos*: tubo ou flauta; it. *organo idarulico*; fr. *orgue hydraulique*; ing. *water organ*; al. *Wasserorgel*) Espécie de ÓRGÃO HIDRÁULICO da Grécia e Roma antigas que chegou a ser utilizado na Idade Média. Empregava a pressão da água para deslocamento do ar, que era armazenado em uma espécie de FOLE. Possuía um mecanismo que se pode dizer precursor do teclado [var.: *hydraulos*, hidraulo]. Ver também ÓRGÃO.
hidraulo (port.) HYDRAULIS.
hymn (ing.) HINO religioso.
hymnal (ing.) HINÁRIO.
Hymnar (al.) HINÁRIO.
hymne national (fr.) HINO NACIONAL.
Hymnus (al.) HINO.
hypoäolische Tonart (al.) (modo) HIPOEÓLIO.
hypodorische Tonart (al) (modo) HIPODÓRICO.
hypoionische Tonart (al.) (modo) HIPOJÔNICO.
hypolokrische Tonart (al.) (modo) HIPOLÓCRIO.
hypolydische Tonart (al.) (modo) HIPOLÍDIO.
hypomixolidische Tonart (al.) (modo) HIPOMIXOLÍDIO.
hypophrygische Tonart (al.) (modo) HIPOFRÍGIO.
Hz Abreviatura de HERTZ.

I

iâmbico Em métrica musical ou poética grega, nota ou sílaba longa seguida por uma uma curta, ou ainda nota ou sílaba tônica que segue uma átona.
ibiraputã Ver PAU-BRASIL.
ictus (lat.) Em música, refere-se a acento ou TÔNICA.
idée fixe (fr. lit.: idéia fixa) Expressão empregada por Hector Berlioz para designar determinados temas recorrentes em movimentos de algumas de suas composições, como a *Sinfonia fantástica*.
idílio (it. *idillio*; fr. *idylle*; al., ing. *idyll*) Breve canção poética de estilo pastoril.
idillio (it.) IDÍLIO.
idiofone Classe de instrumentos que emprega o próprio corpo em vibração para a produção de som, como bastões, MARIMBA, pratos e sinos.
Idyll (al. ing.) IDÍLIO.
idylle (fr.) IDÍLIO.
iê-iê-iê (ing. *yeah, yeah, yeah*) Designação popular para o *rock* brasileiro dos anos 1960/70.
ignotum cantum (lat.) Nunca ouvido, inédito.
iguana (esp.) Guitarra mexicana que usa cinco ORDENS duplas de cordas metálicas.
ilharga Ver FAIXA (acp. 1).
iluminismo (ing. *enlightenment*; al. *Aufklärung*) Corrente filosófica amparada no racionalismo, surgiu no período clássico, abrindo espaço para manifestações musicais em que a graciosidade e a elegância predominavam, a exemplo do ESTILO GALANTE.
imbroglio (it. lit.: intriga) Cena comum na OPERA BUFFA setecentista na qual o elenco e figurantes estabelecem uma enorme confusão no palco. Na maioria das vezes, cantam e correm agitadamente, acompanhados na música por passagens rápidas e enérgicas.
image musicale (fr.) TONE PAINTING.
imitação (it. *imitazione*; ing. *imitation*; al. *Imitation*, *Nachahmung*) Técnica contrapontística que consiste na repetição literal de um trecho durante ou logo após sua apresentação. A imitação é a base tanto para formas simples, como o CÂNONE, quanto para outras mais complexas, como a FUGA.
Imitation (al., ing.) Imitação [var.: al. *Nachahmung*].
imitazione (it.) IMITAÇÃO.
immer (al.) Sempre.
Immer ungerbrochen (al.) NÃO-ARPEJADO.
impedância (lat. *impedire*; fr. *impédance*; ing. *impedance*) **1.** Medida expressa em ohms que determina a amplitude de corrente em um terminal bipolar. ALTO-FALANTES costumam ter impedância de 8 ou 16 ohms. **2.** Na técnica vocal, resistência física que o aparelho fonador oferece à condução do som. Uma voz aberta possui pouca impedância, uma voz fechada muita impedância.
impedância acústica Quociente entre pressão e fluxo de velocidade de uma onda SENOIDAL em dada superfície.
impressionism (ing.) IMPRESSIONISMO.
Impressionisme (fr.) IMPRESSIONISMO.
impressionismo (fr. *impressionisme*; ing. *imprecionism*; al. *Impressionismus*) Termo surgido no século XIX, referia-se inicialmente à pintura de franceses como Renoir e Monet. Chegou a ser usado na música de forma pejorativa, mas após o *Prelúdio à tarde de um*

fauno, de Debussy, a idéia acabou associada à obra do compositor, estendendo-se igualmente a alguns de seus contemporâneos, como De Falla, Ravel e Dukas. Algumas das características musicais do movimento foram O PARALELISMO, as ESCALAS DE TONS INTEIROS, O MODALISMO, as DISSONÂNCIAS e a não-resolução harmônica de seqüências de acordes.

Impressionismus (al.) IMPRESSIONISMO.

impromptu (lat.; fr. lit.: improviso) Gênero de composição curta de caráter improvisatório do Romantismo, serviu de título para obras de compositores como Chopin.

improperia Cânticos latinos para a Sexta-Feira da Paixão.

improvisação (it. *improvvisazione*; ing., al., fr. *improvisation*) Base de toda a música, consiste na criação (1) de ritmo, acompanhamento e melodia, livremente, à medida que se desenvolve (MÚSICA ALEATÓRIA e FREE-JAZZ) (2) sobre bases fixas preestabelecidas entre os executantes, como no *jazz*, ou ainda (3) por tradição musical. Alguns dos maiores compositores foram grandes improvisadores, a exemplo de Bach, Mozart, Beethoven e Liszt. A grande maioria dos concertos para instrumentos solistas possui CADENZAS, seções em que o músico improvisa ou executa livremente um trecho escrito pelo compositor ou pelo intérprete (como a famosa *cadenza* do concerto para violino de Brahms escrita pelo virtuose violinista Joachim). Na música popular, a improvisação é parte fundamental: o BLUES, o RHYTHM'N'BLUES e formas deles derivadas costumam ser improvisadas sobre estruturas harmônicas fixas, de oito a doze compassos, por exemplo. O *jazz* evoluiu a partir do *blues* e é essencialmente improvisatório: a fórmula tradicional apresenta um tema determinado, após cuja exposição um ou mais executantes alternam-se em improvisações sobre a estrutura harmônica, às vezes de grande complexidade. Em culturas não-ocidentais, é comum a improvisação sobre modos, ou RAGAS, como na MÚSICA INDIANA.

improvisar (it. *improvvisare*; ing. *improvise*; fr. *improviser*; al. *improvisieren*) Tocar por IMPROVISAÇÃO.

improvisation (ing., fr., al.) IMPROVISAÇÃO.

improviser (ing.) IMPROVISAÇÃO.

improviser (fr.) IMPROVISAÇÃO.

improvvisare (it.) IMPROVISAR.

improvvisazione (it.) IMPROVISAÇÃO.

improvisieren (al.) IMPROVISAÇÃO.

in altissimo (it.) Indica execução na oitava superior.

inaudible (fr., ing.) INAUDÍVEL.

inaudível (it. *inudibile*; fr., ing. *inaudible*; al. *Unhörbar*) Que não pode ser ouvido, fora do espectro audível humano. Ver também AUDIBILIDADE.

in bàttere (it. lit.: na batida) Diz-se quando a orquestra deve atacar com precisão, ao gesto do regente, o início de um trecho ou MOVIMENTO.

incalzando (it. *incalzare*: apressar) ACCELERANDO.

Incelença Ver INCELÊNCIA.

incelência Música de funeral do Nordeste brasileiro introduzida pela tradição religiosa portuguesa. Os cânticos, em louvor ao defunto, começam na chegada do corpo e terminam na despedida, ao baixar do caixão [var.: excelência, incelença].

incidental music (ing.) MÚSICA INCIDENTAL.

incipit (lat. princípio) Trecho inicial de determinada obra que é disposto em catálogo temático, serve para identificação para fins de pesquisa, documentação ou demonstração para venda.

inciso 1. Parte de um tema que é empregada no DESENVOLVIMENTO. **2.** MOTIVO.

incordatura (it.) CORDOAMENTO.

incudine (it.) BIGORNA.

in der Entfernung (al.) OFF-STAGE.

indeterminação Ver MÚSICA DO ACASO.

indie (ing. *independent*) Corrente alternativa do *rock* surgida no final dos anos 1990.

indri Na MÚSICA INDIANA, suporte de tecido e fibra que serve de apoio para a TABLA [var.: *indwi*].

inégales (fr. lit.: não-iguais) Ver NOTAS INEGUAIS.

inflection (ing.) INFLEXÃO.

inflessione (it.) INFLEXÃO.

inflexão (it. *inflessione*; fr. *inflexion*; ing. *inflection*, *inflexion*; al. *Stimmfall*, *Tonfall*) Alteração na altura de uma nota emitida por voz ou instrumento. A inflexão ornamental é particulamente comum na música popular, a exemplo do *jazz* e do BLUES, gênero em que o músico chega a ABEMOLAR algumas notas, tornando-as às vezes quase irreconhecíveis. Ver também BLUE NOTES.

inflexion (fr., ing.) INFLEXÃO.

ingomba Em algumas regiões do Brasil, SANFONA [var.: ingome].

ingono (congolês *ngomba*) ATABAQUE alto, tocado de pé em folguedos do folclore nordestino [var.: angoma, engoma].

inguaiá Tipo de chocalho como o PAIÁ.

inhá-maruca Ver NHÁ-MARUCA.

innario (it.) hinário [var.: *libro di canto*].

inner stage (ing. lit.: palco interno) Seção do fundo do palco do teatro elisabetano.

inno (it.) HINO.

inno nazionale (it.) HINO NACIONAL.

in nomine (lat.) Tipo de música instrumental inglesa inspirada no CANTO GREGORIANO.

input (ing.) Entrada de sinal eletrônico.

insonore (fr.) MUDO.

insonoro (it.) MUDO.

inspiración (esp.) Na música popular latino-americana, improvisação de cantor ou instrumentista.

instrumentação (ing., al. *instrumentation*) Técnica de escolha, distribuição e organização de uma série de partes na partitura de determinada obra, distribuindo-as entre os instrumentos de uma orquestra ou um conjunto. Ver também ARRANJO e ORQUESTRAÇÃO.

Instrumentalbegleitung (al.) Acompanhamento instrumental.

Instrumentalist (al., ing.) Instrumentista.

instrumentalista Diz-se do músico que participa do CURURU.

Instrumentationslehre (al.) Disciplina que estuda a INSTRUMENTAÇÃO.

instrumenti a percossa (it.) PERCUSSÃO.

instrumenti di tasto (it.) Instrumentos de teclado.

instrumento (it. *instrumento*, *stromento*, *strumento*; fr., ing., al. *Instrument*) Artefato, dispositivo, aparelho ou qualquer objeto construído, adaptado pelo homem ou encontrado na natureza, que é utilizado para produzir sons determinados ou indeterminados, os quais, organizados ou não, são passíveis de serem identificados como música sob o ponto de vista de alguma concepção artística ou social para fins espirituais, comunitários, políticos, bélicos, de comunicação ou entretenimento.

instrumento de autor Instrumento de cordas, como o violino, que foi confeccionado artesanalmente por um LUTHIER, como um violino de Steiner ou Amati, em contraposição ao INSTRUMENTO DE FÁBRICA. O valor de um desses instrumentos é razoavelmente alto e pode superar a casa de 2 milhões de dólares.

instrumento de fábrica Instrumento de cordas, como o violino, para cuja construção são empregadas ferramentas mecânicas, ou mesmo trabalho manual, porém em série, como os violinos da fábrica Mittenwald, os tchecos, alemães e, recentemente, chineses. São instrumentos baratos e adequados ao iniciante. Ver INSTRUMENTO DE AUTOR.

instrumento di porco (it. lit.: instrumento de porco) Designação criada por Praetorius em 1619 para uma espécie de SALTÉRIO cujo corpo lembrava o focinho de um suíno.

instrumentos de cordas Classe de instrumentos cujo som é produzido pela vibração de uma ou mais cordas [var.: cordofones].

instrumentos de percussão (it. *percussione*; fr., ing. *percussion*; al. *Perkussion*; esp. *percusión*) Família de instrumentos cujo som é produzido pela batida, raspagem, agitação ou fricção de diferentes materiais por diversos meios. Os instrumentos de percussão que possuem membrana, tais como tambores, TÍMPANOS e BOMBOS, são chamados membranofones. Os que produzem som pela vibração do próprio corpo, como a FOLHA-DE-FLANDRES e os PRATOS, são chamados idiofones. Os instrumentos de percussão podem ter altura determinada, como a MARIMBA e os tímpanos, ou indeterminada, como chocalhos, tambores, pratos e castanholas.

instrumentos de sopro (it. *fiatti*; fr. *instruments à vent*; ing. *wind instruments*; al. *Bläserinstrumente*) Instrumentos que emitem sons acionados pelo sopro humano, por vento produzido por meios mecânicos ou ainda pela passagem natural do ar. Ver METAIS e MADEIRAS.

instrumentos eletroacústicos Instrumentos que empregam meios mistos para a produção do som (como a guitarra elétrica semi-acústica Les Paul, da Gibson, ou o antigo baixo Vox, de Paul Mc Cartney), e cujas cordas vibram com o auxílio vibração de uma CAIXA DE RESONÂNCIA, ou seja, por fenômeno acústico, cujo som é transformado em sinais eletrônicos por meio de CAPTADORES conectados a um sistema de amplificação.

instrumentos eletromecânicos Instrumentos que empregam meios mistos eletrônicos e mecânicos de produção de som, como alguns órgãos utilizados entre os anos 1950 e 1970 na música POP. Esses instrumentos, criados na segunda década do século XX, empregavam uma série de discos eletromagnéticos para geração de sinais. O modelo Hammond tornou-se popular tanto nas igrejas quanto nas residências, igrejas e salões de festas.

instrumentos eletrônicos Genericamente, diz-se dos instrumentos que utilizam circuitos eletrônicos, como SINTETIZADORES. Com o advento da válvula termiônica, no início do século XX, criada na União Soviética, foram realizadas experiências que resultaram no protótipo de um aparelho a que se chamou *theremin*. O dispositivo era controlado pelo movimento das mãos, e seu inventor, Liev Thermen (Léon Theremin), impressionou Lenin em uma demonstração em 1920. Logo depois, foi criado na França um novo aparelho, o gerador de ondas *martenot*, adaptado a um teclado e baseado nas experiências do *theremin*. A guitarra elétrica popularizou-se a partir do início dos anos 1930 e os sintetizadores analógicos, surgidos nos anos 1960, foram exaustivamente explorados até o surgimento dos sintetizadores digitais, que empregam microprocessadores, *microchips* e circuitos integrados (CIs). Esses aparelhos chegaram a ser miniaturizados e tornaram-se populares como teclados eletrônicos utilizados em todo o mundo.

instrumentos mecânicos Máquinas sonoras de todos os tipos, os instrumentos mecânicos tinham como característica pouca ou nenhuma participação direta do homem para produção dos sons, e começaram a surgir antes mesmo do Renascimento. Desde os sinos de carrilhões comandados por cilindros com pinos, passando por realejos e relógios de música (que extraíam a sorte ou acionavam um mecanismo musical que soava a cada hora ou meia hora) até tentativas mirabolantes de, dando um salto no tempo, reproduzir o som de uma orquestra inteira, como uma espécie de órgão chamada *orchestron*, tentou-se criar meios de executar músicas sem a interferência direta do homem. Durante o Classicismo, tornaram-se populares as CAIXAS DE MÚSICA, e logo após o PIANO DE MANIVELA, que soava quase como um instrumento de percussão de teclado, enquanto no final do século XIX uma espécie de pianola era acionada por uma cartela perfurada, que operava um teclado por meio de um mecanismo complexo. No início do século XX, um complicado violino, chamado *virtuosa*, podia ser executado girando-se uma manivela que rodava um disco, que por sua vez funcionava à guisa de arco, enquanto vários martelos pressionavam as cordas sobre o espelho do instrumento. Nos dias de hoje, é possível adequar ao teclado de um piano um mecanismo de captação digital dos movimentos das teclas que transmite de forma simultânea a execução *real time* e virtualmente perfeita de um recital para qualquer parte do mundo.

instrumentos transpositores (ing. *transposing instruments*; al. *transponierende instrumente*) Ver TRANSPOSITOR.

instruments à clavier (fr.) Instrumentos de teclado.

instruments à vent (fr.) INSTRUMENTOS DE SOPRO.

insufflazione (it.) FOLARIA.

Intabulierung (al.) TABLATURA.

intavolatura (it. lit.: tablatura) TABLATURA.

intensidade (it. *intensità*; fr. *intensité*; ing. *intensity*; al. *Lautstärke*) Parâmetro sonoro que acusticamente está relacionado primariamente à amplitude de vibração de um corpo. Volume.

intensità (it.) Intensidade.

intensité (fr.) Intensidade.

intensity (ing.) Intensidade.

interface Na informática, e conseqüentemente na MÚSICA ELETRÔNICA, dispositivo lógico (*software*) ou físico (*hardware*) que estabelece comunicação entre dois sistemas.

interlude (fr., ing.) INTERLÚDIO.

interlúdio (it. *interludio*; fr., ing. *interlude*; al.

Interludium, Zwischenspiel, Zwischenaktmusik) Seção instrumental ou vocal executada entre movimentos de uma ópera ou obra de grande porte. Na música para órgão do passado, referia-se a uma pequena peça executada entre as seções de um serviço religioso. Ver também INTERMÈDE.

Interludium (al.) INTERLÚDIO.

intermède (fr.) Surgido no Renascimento, o termo chegou ao período Barroco com referência à música que não é necessariamente relacionada com o tema da obra principal e costuma ser dançada entre as partes maiores de um espetáculo completo. Ver também INTERLÚDIO.

intermédio Ver INTERMÈDE.

intermezzo (it.) **1.** No Classicismo, referia-se a pequenos trechos cômicos populares inseridos entre atos de uma ópera não necessariamente cômica. Costumavam ainda ser apresentados quando os personagens não se encontram em cena, a exemplo da *Cavalleria rusticana*, de Mascagni. Com a consolidação da chamada OPERA SERIA, os *intermezzi* também se transformaram, adquirindo novas características, e passaram a ser substituídos por excertos de danças. **2.** Peça instrumental do século XIX geralmente composta para piano, a exemplo de diversas obras de Schumann e Brahms.

interna Ver OFF-STAGE.

interpretação (it. *interpretare*; fr. *interprétation*; ing. *interpretation*; presume-se que tenha se originado do grego *inter petras*, lit.: entre pedras, sugerindo a procura pelos elementos musicais que não se encontram escritos na partitura) *Grosso modo*, implica a expressão da emoção e da concepção artística individual do músico, a partir da idéia estabelecida pelo compositor, segundo preceitos próprios e elementos musicais e históricos.

interval (ing.) INTERVALO (acp. 1 e 2).

intervalle (fr.) INTERVALO (acp. 1).

Intervall (al.) INTERVALO (acp. 1).

intervalo 1. (it. *intervallo*; fr. *intervalle*; ing. *interval*; al. *Intervall*) Basicamente, refere-se à distância por graus entre dois sons. Seguindo a ordem ascendente da ESCALA DIATÔNICA, os intervalos simples são os seguintes: dó-dó, uníssono, dó-ré, segunda maior, dó-mi, terça maior, dó-fá, quarta justa, dó-sol, quinta justa, dó-lá, sexta maior, e dó-si, sétima maior, dó-dó^1, oitava, e os intervalos compostos: dó-ré^1, nona, dó-mi^1, décima, dó-fá^1, décima primeira, dó-sol^1, décima segunda, e assim por diante. Os intervalos maiores podem ser reduzidos se abaixados um semitom, enquanto intervalos como a quarta, a quinta justa e a oitava podem tornar-se aumentadas ou diminutas, se alteradas ascendente ou descendentemente um semitom, respectivamente. Os intervalos menores tornam-se diminutos se alterados descendentemente (dó-ré dobrado bemol, segunda diminuta, ou dó-si dobrado bemol, sétima diminuta), e os maiores aumentados, se alterados ascendentemente um semitom. **2.** (it. *intervallo*; fr. *entr'acte*; ing. *interval*; al. *Pause*) Espaço de tempo entre atos ou obras de um concerto ou *show*, serve para descanso dos músicos e do público, além de preparação de vestuários e cenas seguintes.

intervalo composto INTERVALO maior do que uma oitava, como a décima segunda.

intervalo justo INTERVALO diatônico, a exemplo da quarta, da quinta e da oitava, que produz consonância perfeita.

intervalo simples INTERVALO igual ou menor do que uma oitava. Ver também INTERVALO COMPOSTO.

intonarumori (it. lit.: entoador de ruídos) Instrumento de cordas de inspiração futurista dotado de mecanismo semelhante ao da VIELA DE RODA, foi inventado por Russolo na primeira década do século XX.

intonation (ing.) **1.** AFINAÇÃO. **2.** ENTOAÇÃO. **3.** Ajuste do comprimento de vibração livre das cordas, é feito pela regulagem dos suportes individuais das cordas no CAVALETE de instrumentos como a guitarra e o baixo elétricos.

intonazione (it.) **1.** Peça curta instrumental que, entre alguns compositores renascentistas, serviam para sinalizar para os cantores a tonalidade da obra a ser apresentada. **2.** Ver ALTURA (acp. 1).

intrada (it. lit.: entrada) Durante o Renascimento e o período Barroco, peça que servia de PRELÚDIO para SUÍTES ou abertura para solenidades diversas.

introdução (al. *Introduktion*; esp. *introduction*; fr., ing. *introduction*) Parte em andamento moderado ou lento agregada ao início de obras musicais dos mais diversos gêneros. Com freqüência, a introdução assume importância própria, adquirindo caráter de movimento independente.
intróito (lat. *introit*) **1.** SALMO ou trechos de um salmo entoados como introdução, no culto católico romano. **2.** Primeira parte do CANTO GREGORIANO na missa, foi introduzido na Idade Média e chegou a ser executado instrumentalmente no período Barroco.
inúbia Instrumento de sopro indígena de origem tupi-guarani, era empregado nos preparativos de guerra.
inudibile (it.) INAUDÍVEL.
invenção (lat. *inventiones*; it. *invenzione*; fr. *inventione*; ing. *invention*; al. *Invention*) A partir do Renascimento, obras curtas de espírito contrapontístico para vozes ou instrumentos. Bach utilizou o termo para designar peças para teclado derivadas do RICERCARE.
invention (ing., al.) INVENÇÃO.
inventione (it.) INVENÇÃO.
Inventionshorn (al.) Antigo artefato feito de tubos que era encaixado entre as voltas da TROMPA.
Inventionstrompete (al.) Antigo TROMPETE que utilizava tubos adicionais, como o INVENTIONSHORN.
invenzione (it.) INVENÇÃO.
inversão (it. *iversione*; fr., ing. *inversion*; al. *Umkehrung*) **1.** Alteração da disposição das notas em um ACORDE. A primeira inversão coloca a terça no baixo (em dó maior, mi-sol-dó), a segunda a quinta no baixo (sol-dó-mi) e a terceira inversão, em um acorde de quatro notas, traz a sétima no baixo (fá-sol-si-ré, em dó maior). **2.** Na técnica do contraponto, a troca de posição entre as linhas superior e inferior.
inversão melódica Troca de cada intervalo de determinada melodia por aquele imediatamente inverso, ou seja, a nota encontrada em direção contrária na mesma proporção intervalar. Ex.: o intervalo dó-mi (uma terça maior ascendente) pode ser invertido como uma terça maior descendente, dó-lá bemol.
inversion (ing., fr.) INVERSÃO.
inversione (it.) INVERSÃO.
invitatoire (fr.) INVITATÓRIO.
invitatório (lat. *invitatorium*; it. *invitatorio*; fr. *invitatoire*; ing. *invitatory*; al. *Invitatorium*) Canto inicial da liturgia católica.
invitatory (ing.) INVITATÓRIO.
Invitatorium (al., lat.) INVITATÓRIO.
Inzidenzmusik (al.) MÚSICA INCIDENTAL.
ionian (ing.) Jônico. Ver MODO.
ionische Tonart (al.) MODO jônico.
iqa Modo rítmico da MÚSICA ÁRABE.
ir pro poço No jargão do samba, desafinar, perder o tom.
iron castanets (ing. lit.: castanholas de ferro) CÍMBALOS DE DEDOS.
IRQ Abreviatura de *Interrupt Request Line*. Em MÚSICA ELETRÔNICA, refere-se à forma de comunicação dos vários dispositivos de um sistema com o processador central.
isoliert Postiert (al.) OFF-STAGE.
isometria Na POLIFONIA, a manutenção de determinado padrão rítmico pelas diversas partes.
isometric (ing.) Isométrico. Ver ISOMETRIA.
isométrico (it. *isometrico*; fr. *isométrique*; ing. *isometric*; al. *isometrisch*) Que observa a ISOMETRIA.
isométrique (fr.) ISOMETRIA.
isometrisch (al.) ISOMETRIA.
isorritmia Repetição de células e padrões rítmicos como nos motetos medievais, especialmente na Ars Nova.
isorritmo Ver ISORRITMIA.
isorrítmico (it. *isoritmico*; fr. *isorythmique*; ing. *isorhythmic*; al. *isorhythmisch*) Que observa a ISORRITMIA.
isorythmic (ing.) Isorrítmico. Ver ISORRITMIA.
isorythmique (fr.) Isorrítmico. Ver ISORRITMIA.
isorythmisch (al.) Isorrítmico. Ver ISORRITMIA.
istampita (it.) ESTAMPIE.
ivory (ing.) Marfim. Material utilizado em certos TALÕES de arcos de violino, em substituição ao ébano ou outra madeira, decorando-o de maneira especial e elevando substancialmente o preço.
Ivre Conjunto de manuscritos medievais de compositores como Machaut e Vitry guardados na biblioteca da cidade francesa de Ivre.
iyailu Ver BATÁ.

J

jabaculê No jargão brasileiro, a "caixinha" paga por gravadoras, músicos e compositores para que os DISK-JOCKEYS executem suas músicas nas rádios.

jácara (esp.) Ver XÁCARA.

jack (ing.) **1.** Nos aparelhos e instrumentos eletrônicos, local onde se insere o PLUGUE. **2.** Ver JAQUE. **3.** (ing. *record jack*) Capa de disco. **4.** MARTINETE (acp. 1).

jacundá Dança brasileira como a PIRANHA.

jagd-hautboy Espécie de OBOE DA CACCIA.

Jagdhorn (al.) TROMPA DE CAÇA.

Jagdmusik (al.) Música de caça alemã.

jaïza Em diversos dialetos do Noroeste africano, RUFAR de tambores distantes. Segundo algumas versões, teria sido introduzido nos EUA, dando origem à palavra *jazz*.

jala-jala Ritmo popular cubano.

jaleika Instrumento campestre do Tver russo, é feito com chifre de vaca, cordas e executado com uma PALHETA.

jam Na gíria do RAP, música, disco. Ver também JAM SESSION.

jam-session (ing. *jazz after midnight*: *jazz* após a meia-noite) Expressão que no mundo inteiro desiga encontro de músicos de *jazz* para tocar de improviso, sem pagamento, contrato ou compromisso profissional. Interpretações equivocadas aludem a outros significados da palavra *jam*, como, por exemplo, traduções literais do inglês para geléia (*jam*) ou congestionamento de trânsito (idem), esta última por suposição referindo-se ao grande fluxo de músicos que solicitam vez para tocar [var.: Am. Lat. descarga].

jango Instrumento de percussão coreano. Ver também JANGO-TCHUM.

jango-tchum Dança coreana baseada no ritmo tocado pelo JANGO.

janízaros Conjunto de instrumentos de percussão de origem otomana da música militar da Europa setecentista, foi introduzido na orquestra durante o Classicismo.

jaque (ing. *jack*) Peça do mecanismo do piano à qual é afixado o MARTELO.

jarabe Dança espanhola.

jarana Pequena guitarra mexicana de cinco cordas.

jardineira Dança caipira do Sul brasileiro em que os pares, cantando, desfilam em forma de meia-lua, fazem o GARRANCHÊ e agitam arcos de madeira adornados de flores.

jati Na MÚSICA INDIANA, o número de notas de uma RAGA. O termo aparece em expressões como *audhav jati*, raga de cinco tons, *sampurna jati*, *raga* de sete notas, e *tisra jati*, tercina.

jaw's harp Ver JEW'S HARP.

jawz al-hind Ver AL-JAWZA.

jaz (pronuncia-se jáis, corruptela de *jazz*) No jargão do músico brasileiro, genericamente, bagunça. Ver também QUALQUER NOTA.

jazz (ing.) Gênero criado pelos negros norte-americanos, deriva do BLUES cunhado na tradição dos escravos, mesclado a elementos das tradições européias. A música é essencialmente improvisada e tem como característica melódica, assim como no *blues* que lhe deu origem, as chamadas BLUE NOTES, alterações intervalares e variações MICROTONAIS na altura dos sons. O *jazz* surgiu nos cabarés da Nova Orleans do final do século XIX, sob forte influência das tradições africanas dos escravos das plantações de algodão do sul dos EUA. Nos anos 1920, a Chicago palco do crime organizado viu florescerem talentos como Louis Armstrong e Jelly Roll Morton, figuras de proa do chamado *traditional jazz*. Após a lei seca e a conseqüente perseguição aos *night clubs* de Chicago, o *jazz* conheceu um relativo período de decadência, mas reassumiu papel de destaque apenas por volta de 1940 com o estilo DIXIELAND. Nova York tornou-se, então, centro de formação e divulgação do *jazz*; ali, multiplicaram-se orquestras como as de Count Basie, Benny Goodman e Duke Ellington, adeptos do estilo SWING, ao mesmo tempo em que as formações de câmara, mais intimistas, atingiam seu ápice com Art Tatum, Coleman Hawkins e cantoras como Bessie Smith e Billie Holiday. O BEBOP, ou simplesmente *bop*, tornou-se o *jazz* tipicamente urbano, virtuosístico e agitado, de grandes quebras rítmicas, KICKINGS, acentos e SÍNCOPAS. A influência da música européia impressionista e o universalismo de compositores como Stravinsky, ele próprio influenciado pelo *jazz*, passaram a determinar os traços mais marcantes dos músicos brancos, que assimilaram essa miscigenação estética de forma especial, a exemplo de Dave Brubeck e Bill Evans (além de vanguardistas polivalentes como Miles Davis, oriundo da corrente *bop*), abrindo as fileiras do COOL JAZZ. Na contramão do BEBOP tradicional, surgiu uma forma ainda mais nervosa e radical de execução, o chamado *East Coast Jazz* (*Jazz* da Costa Leste). Essas novas formas, além da tradicional MAINSTREAM (corrente principal), conviveram até o surgimento de novas tendências, como o FREE-JAZZ (*jazz* livre) de Ornette Coleman e o *jazz fusion* (fusão do *jazz* com outros gêneros, a exemplo do *jazz rock*), que congrega características dos dois estilos. Some-se ainda o THIRD STREAM (terceira corrente), que incorpora a linguagem erudita e a vertente de vanguarda que emprega instrumentos eletrônicos, além das incursões inovadoras, como a do pianista Keith Jarret. Se é possível pensar linearmente a evolução do *jazz* em termos de décadas, pode-se descrever o surgimento dos diversos estilos da seguinte forma: 1920, Nova Orleans, o traditional *jazz*; 1930, as BIG-BANDS, a era do SWING; 1940, o *bebop*, que abriu as portas para o novo *jazz*; 1950, o *hard bop* e, contrastantemente, o COOL JAZZ; 1960, o *free form jazz*, o *jazz* progressivo, essencialmente improvisado, e em 1970 as fusões: o *funk jazz* e o *rock jazz*. A palavra *jazz*, entre os negros norte-americanos, possui em suas origens dois significados, bagunça e coito, e é empregada indistintamente para designar a música improvisada de características jazzísticas de diversos países, como *Cuban jazz* e *Brazilian jazz*, que denominam a música popular instrumental dos dois países. O gênero transformou de forma marcante o samba brasileiro, desde o início do século XX, influenciou o CHORO e, em sua forma urbana mais intimista, deu origem à BOSSA-NOVA, conquistando definitivamente espaço na música popular brasileira em geral [var.: jass, jaz].

jazz after midnight Ver JAM SESSION.

Jazz-dämpfer (al.) SURDINA (acp. 1) de efeito dos instrumentos de metal.

jazz-flûte (fr. lit.: flauta-jazz) FLAUTA DE ÊMBOLO.

jazzman (ing. lit.: homem do *jazz*) Músico de JAZZ.

jazz mute (ing.) Surdina de efeito dos INSTRUMENTOS DE METAL.

jazz-poet Título com que o ativista norte-americano Jack Kerouak, pai da *beat generation*, denominava sua atuação no meio musical.

jazz progressivo Ver PROGRESSIVE JAZZ.

jazz trio Ver TRIO (acp. 2).

jeguedé **1.** Espécie de tambor africano. **2.** Dança ligada ao CAMDOMBLÉ.

jeté (fr.) Entre os instrumentos de cordas da orquestra, GOLPE em que o arco é atirado sobre a corda, geralmente a partir da ponta e para cima, produzindo um número quase sempre irregular de notas.

jet whistle (ing.) ASSOBIO A JATO.

jeu (fr.) Ver REGISTRO (acp. 2).

jeu de cloches (fr.) GLOCKENSPIEL.

jeu de cordes (fr.) CORDOAMENTO (acp. 2).

jeu de rossignol (fr.) NACHTIGALLENZUG.

jeu de timbres (fr.) GLOCKENSPIEL.

jeu ordinaire (fr.) Entre os instrumentos de cordas da orquestra, AU NATUREL.

jeu parti (fr.) Espécie de diálogo entre música e poesia que costumava ser empregado na Idade Média por TROVADORES em dupla.

jew's harp (ing.; it. *scacciapensieri*; fr. *guimbarde*; al. *Brummeisen* ou *Maultrommel*) Corruptela do ing. *jaw's harp* (lit.: harpa de boca) [var.: *jew's trump*]. Ver HARPA JUDAICA.

jew's trump (ing. lit.: trompete do judeu) JEW'S HARP.

jibaro Tipo de música do interior cubano.

jig (ing. lit.: jarra) Dança e música em COMPASSO COMPOSTO da tradição popular da inglesa, foi provavelmente precursora da GIGA barroca.

jigg (ing.) Certo tipo de comédia burlesca executada com poucos personagens e música de divertimento.

jingle (ing. *to jingle*: rimar, soar) Música curta para veiculação em comercial em rádio ou TV.

jingles (ing.) Sinos de orquestra; CHIMES (acp. 1).

jiruquía Espécie de GÜIRO.

jitterburg Gênero de música urbana norte-americana cuja dança emprega passos acrobáticos.

jive Na gíria norte-americana, certo tipo de *jazz* e BLUES dos anos 1940 que teria dado origem ao RYTHM'N BLUES. Ver também HIVE.

joana **1.** Pequeno ATABAQUE do jongo paulista [var.: candongueiro, mãe-joana]. **2.** Certo tipo de atabaque de tamanho médio do Nordeste brasileiro.

joão Atabaque grande do jongo paulista [var.: pai-joão].

job (ing.) **1.** Certo tipo de dança popular antiga. **2.** Trabalho com vínculo empregatício, entre músicos de orquestra.

Jodel (al.) YODEL.

Jodler (al.) Cantor de YODEL.

jogo No vocabulário do órgão, REGISTRO.

jogral (fr. *jongleur*; it. *sunoatore ambulante*; ing. *juggler*; al. *Spielmann*) **1.** Artista que transita entre a música instrumental, o canto e a declamação dos MENESTRÉIS medievais. Os jograis eram essencialmente artistas práticos, ao passo que os menestréis eram profissionalizados. **2.** Espécie de apresentação que engloba música, canto, dança, representação e declamação.

jóia No jargão do samba, uma composição exemplar.

jongleur (fr.) JOGRAL (acp. 1).

jongo Dança de roda do Sudeste brasileiro, é uma combinação de UMBIGADA e sapateado violentos de origem africana. Acompanhado por percussão (tambores diversos como o candongueiro, o tambu e chocalhos como o GUAIÁ), o jongo contribuiu para o surgimento do SAMBA [var.: corimá].

jongo-de-praia Ver BAMBELÔ.

jônico MODO da Idade Média que deve sua origem aos MODOS GREGOS, corresponde às notas da escala de dó maior, ou seja, às teclas brancas de dó^4 a dó^5 no piano, por exemplo.

jori Na MÚSICA INDIANA, par de TABLAS.

jornada Apresentação cantada diante dos presépios, nos PASTORIS.

joropo Dança em COMPASSO TERNÁRIO encontrada em diversos países da América Latina.

jota Dança em COMPASSO TERNÁRIO rápido tradicional da região espanhola de Aragão. Teve origem no período Barroco e costumava ser acompanhada por guitarras, castanholas, pandeiros e TRIÂNGULO.

jouhikko Espécie de LIRA de arco finlandesa.

jovem-guarda Título de um programa de TV criado em 1965 pela Record paulistana, era liderado por Roberto Carlos e Erasmo Carlos e deu origem ao movimento do mesmo nome, também conhecido como iê-iê-iê (corruptela do ing. *yeah-yeah-yeah*). O gênero contou com o maciço apoio da mídia da época e criou uma infinidade de ídolos, de Cely (*Estúpido cupido)* e Tony Campelo a Ronnie Von, de Wanderléa a Martinha, de Vanusa a Antônio Marcos, de Agnaldo Rayol a Eduardo Araújo, sem falar nos grupos Renato e seus Blue Caps, The Fevers, The Jordans, Os Vips, Leno e Lílian, Os Incríveis, Golden Boys e muitos outros. Na esteira do sucesso da Record seguiram-se programas como *Crush em hi-fi*, com Carlos Imperial na TV Rio, e *Hoje é dia de rock*, da Rádio Mairynk Veiga, liderado por Jair de Taumaturgo. Entre alguns dos maiores sucessos da jovem-guarda, marcaram época foram *É proibido fumar*, *O calhambeque* e *Negro gato* de Roberto e Erasmo, algumas versões do inglês como *Nossa canção* e *Festa de arromba*, de

Erasmo, e sucessos como *Rua Augusta*, de Hervé Cordovil, entre inúmeras outras.

joyeux (fr.; ing. *joyous*) Na partitura, indicação que sugere interpretação com alegria.

joyous (ing.) Ver JOYEUX.

jubilações (lat. *jubili*) JUBILATE.

jubilate (lat. lit.: jubilosamente) **1.** Salmo latino que no rito anglicano substitui o *Benedictus*. **2.** Hino secular de louvor. Mozart compôs um famoso *Exultate Jubilate*.

jubili (lat.; ing., fr., al., it.) JUBILATE.

jubiloso (it.) Na partitura, indicação de interpretação: com júbilo.

jubilus (lat.) Cântico de louvor e júbilo.

jugalbhandi Na MÚSICA INDIANA, música entre duas vozes ou instrumentos iguais.

jug band (ing. lit.: banda de jarras) Manifestação musical de negros norte-americanos do início do século XX que empregava vozes, gaitas, WASHBOARDS, KAZOOS, RABECAS e violões. O BASSO OSTINATO era executado por uma jarra (*jug*) de *bourbon whiskey* assoprada transversalmente no gargalo.

Jugendchor (al.) Coro juvenil.

juggler (ing.) JOGRAL (acp. 1).

Ju-Ju Ver HIGHLIFE.

jujuka Gênero dos nativos da região montanhosa do Marrocos, influenciou astros do FREE JAZZ como Ornette Coleman nos anos 1970.

juke box (ing.) Máquina para seleção e execução de discos ou CDs em bares e lanchonetes norte-americanos, surgiu por volta de 1945 e é popular até hoje. Funciona com uma moeda e um dispositivo que permite ao freqüentador selecionar a música desejada [var.: *jukebox*]. Ver também VIDEO MUSIC-BOX.

jumps Gênero de BLUES que é tocado por BIG-BANDS em andamento mais acelerado.

jurupari **1.** Deus dos sons e da música entre os indígenas do Norte brasileiro. **2.** Instrumento de sopro utilizado nos rituais místicos de algumas tribos indígenas brasileiras.

just intonation (ing.) ENTONAÇÃO JUSTA.

juste (fr.) JUSTO.

justo (it. *giusto*; ing. *perfect*; fr. *juste*, *parfait*; al. *Rein*) Intervalo perfeito como a quarta, a quinta e a oitava.

K

K 1. [ou KV] Abreviatura de Köchel-Verzeichnis, precede os números de *opus* da catalogação completa das obras de Mozart, conforme organização de Ludwig von Köchel em meados do século XIX. Exemplo: *Concerto para clarineta e orquestra em lá maior*, K.622. **2.** Abreviatura de Kirkpatrich, precede os números de catalogação (1953) da obra de Domenico Scarlatti por R. Kirkpatrich.

K7 Abreviatura de CASSETTE.

kabuki Espécie de teatro musicado japonês que inclui drama e dança. A música é cantada pelos atores em cena e acompanhada nos bastidores por instrumentos de percussão, como GONGOS, sinos e bastões.

kaddish (hebr.: consagração) Oração entoada em cerimônias fúnebres.

Kadenzen (al.) CADENZA.

Kadenzieren (al.) Realizar uma CADENZA.

kaida Na MÚSICA INDIANA, refere-se ao estilo formal de executação da TABLA [var.: *bant*, *banti*].

Kaiserbaryton (al. lit.: barítono do Kaiser) EUFÔNIO.

Kaiserbass (al. lit.: baixo do Kaiser) EUFÔNIO.

kaithaar (ár.) CÍTARA

kaithros Espécie de lira da MÚSICA JUDAICA.

kakko Pequeno tambor da MÚSICA JAPONESA.

kak-si, kok-du Dança infantil coreana de crianças que imita movimentos de bonecos.

kal Na MÚSICA INDIANA, o conceito de tempo musical.

kala Na MÚSICA INDIANA, uma antiga unidade de tempo.

kalamaulos (gr.) Instrumento de PALHETA (acp. 1) da Grécia antiga.

kalevala Canção folclórica de certas regiões da Finlândia, inspirou Sibelius em sua peça *O cisne de tuonella*.

kali Na MÚSICA INDIANA, estilo rápido de execução.

kalimba M'BIRA.

kamanche Instrumento iraniano que dispõe de três a cinco cordas e é tocado com arco, em posição vertical. Utiliza um longo braço e CAIXA DE RESSONÂNCIA arredondada.

Kammerbass (al. lit.: contrabaixo de câmera) Tipo de BASSETO.

Kammerchor (al.) Coro de câmera.

Kammerkonzert (al.) Concerto de câmera.

Kammermusik (al.) Música de câmera.

Kammerorchester (al.) Orquestra de câmera.

Kammersänger (al.) Cantor de câmera.

Kammersonate (al.) Sonata de câmera.

Kammerton (al.) DIAPASÃO (acp. 1) de afinação padrão.

kanjira Pequeno tamborim folclórico da MÚSICA INDIANA.

kanon QANUN.

Kanon (al.) CÂNONE.

Kantate (al.) CANTATA.

kantele Instrumento escandinavo de origem medieval semelhante ao SALTÉRIO, tinha forma trapezoidal e dispunha em suas origens de apenas cinco ou seis cordas. Versões mais recentes chegam a alcançar a extensão de duas a quatro oitavas.

Kantilene (al.) CANTILENA.

Kantor (al.) Nas igrejas judaica e cristã primitivas, a pessoa que liderava o canto da congregação. Na tradição luterana, era um cargo de grande importância nas cidades, e entre suas funções estavam liderar coro, solistas e instrumentistas, além de ensinar música e orientar composições de obras sacras para a igreja. Ver também CANTOR e KAPELLMEISTER.

Kantorei Músicos que nas igrejas luteranas trabalhavam sob a liderança do KANTOR.

kanun Espécie de harpa de 72 cordas do Oriente Médio.

Kapelle (al. lit.: capela; fr. *chapelle*; it. *cappella*; ing. *chapel*) Núcleo musical da corte.

Kapellknaben (al.) Menino cantor.

Kapellmeister (al. lit.: mestre-de-capela; it. *maestro di cappella*; fr. *maître de chapelle*; ing. *chapel-master*) Compositor e regente, diretor de música de igreja ou da nobreza, cujas prerrogativas posteriormente estenderam-se para óperas e concertos. Ver também KANTOR.

Kapodaster (al.) CAPOTASTO.

karaokê (jap. *karaoke*: lit.: música vazia) **1.** Sistema eletrônico popularizado nos anos 1980, dispõe de coletâneas de músicas de sucesso para acompanhar em PLAYBACK os amadores que desejam se apresentar. **2.** Casa noturna ou clube onde se promove o KARAOKÊ [var.: caraoquê].

Kartondämpfer (al.) SURDINA (acp. 1) de papelão dos INSTRUMENTOS DE METAL.

kashttarang Na MÚSICA INDIANA, instrumento como o XILOFONE, mas de construção semelhante à da MARIMBA.

Kastagnetten (al.) CASTANHOLAS.

Kasten (al.) Caixa, estojo [var.: *Etui*].

Kastrat (al.) CASTRATO.

kathak Estilo de dança clássica do norte da Índia.

kathodi Na MÚSICA INDIANA, pequeno martelo utilizado para afinar a TABLA.

Katzenmusik (al.) CHARIVARI.

kaval Longa flauta búlgara.

kawala Espécie de flauta de bambu egípcia usada em festividades religiosas.

kazoo Pequeno instrumento rudimentar de sopro norte-americano que surgiu em meados do século XIX, consiste em um tubo de madeira ou metal em cuja extremidade se canta de forma quase gritada. Possui uma membrana retesada sobre uma abertura superior que é coberta e descoberta intermitentemente por um dedo, criando efeito semelhante ao som de um TROMPETE.

Kchühorn (al.) COWHORN.

Kehrreim (al.) REFRÃO [var.: *Chor*].

kemanche Antigo instrumento de arco dos beduínos, possuía geralmente apenas duas cordas.

kemby Dança japonesa de samurais.

kendang Ver GENDANG.

kent bugle (ing.) BUGLE DE CHAVES.

Kerb Longo baile da tradição alemã do Rio Grande do Sul, dura às vezes mais de dois dias e é dançado ao som de RANCHEIRAS e XÓTES mesclados a danças de origem germânica.

Ketten (al.) CORRENTES.

kettledrums (ing. lit.: tambores de tachos; al. *Kettledrum*) Os *kettledrums* originaram-se de grandes tambores de FUSTE de cobre medieval chamados TYMPANA, que na Antiguidade eram executados aos pares por cavaleiros, um de cada lado do animal. Ver TÍMPANOS.

key (ing.) **1.** CHAVE (acp. 2). **2.** TONALIDADE.

keyb Abreviatura de KEYBOARD.

keyboard (ing.) TECLADO (acp. 1).

keyed fiddle (ing.) NYCKELHARPA.

key signature (ing.) ARMADURA DE CLAVE.

kheyal Na MÚSICA INDIANA, o mais popular estilo vocal moderno. Usado na expressão *chota kheyal*: estilo musical de andamento movido.

khitara Antiga espécie de LIRA grega semelhante à CÍTARA, foi popular entre os assírios desde sete séculos antes de Cristo.

khol Pequeno tambor do Nordeste da Índia.

khorovod Dança cênica eslava cujos conjuntos eram formados por grande número de figurantes, deu origem à FARANDOLE e à BRANLE. Stravinsky descreve uma *khorovod* em sua *Firebird Suite*.

khula (lit.: aberto) Na MÚSICA INDIANA, batidas ressonantes da TABLA.

kick (ing. chute) Ver KICKING.

kicking (ing. *kick*: chutar) No jargão da música popular norte-americana, diz-se dos ataques dos instrumentos da COZINHA que são realizados fora da acentuação natural dos COMPASSOS.

Kieferknochen (al.) VIBRASLAP.

Kielflügel (al.) CLAVICÓRDIO.

Kielflügel (al.) CRAVO.

kilisma Ver NEUMA.

kin Instrumento milenar japonês, é uma espécie de KOTO de tamanho reduzido.

Kinderlied (al.) Canção infantil.
Kinnhalter (al.) QUEIXEIRA.
kinnor (hebr.) **1.** Espécie de LIRA judaica semelhante à CÍTARA, encontra referências no Antigo Testamento (Davi). Ver também MÚSICA JUDAICA. **2.** Em hebraico, nos dias de hoje, refere-se genericamente a instrumentos de cordas como o violino.
Kinnteller (al.) QUEIXEIRA.
kioske à musique (fr.) CORETO.
Kirchenchor (al.) CORETO.
Kirchentöne (al. lit.: tons eclesiásticos) Ver MODOS ECLESIÁSTICOS.
Kirmesorgel (al.) REALEJO DE FEIRA.
kirtan Estilo religioso da MÚSICA INDIANA.
Kissentanz (al.) DANÇA DE ALMOFADAS [var.: *Polstertanz*].
kit (ing.) **1.** POCHETTE. **2.** Entre os instrumentos de percussão, jogo de tambores como os ROTO-TOMS ou a BATERIA (acp. 1).
kitaire (fr.) GITTERN.
Kithara CÍTARA.
Klage (al.) Ver LAMENTAÇÕES.
Klagend (al.) Na partitura, sugere que a música seja executada com espírito de lamento.
Klang (al.) Som.
Klange (al.) GUITARRA.
Klangfarbenmelodie (al.) Melodia de timbres, segundo Schönberg.
Klanglichkeit (al.) Sonoridade.
Klappe (al.) CHAVE (acp. 2).
Klappentrompete (al.) TROMPETE de CHAVES alemão do início do século XIX.
Klapper (al.) Chocalho.
Klarinette (al.) CLARINETA.
Klarinettenbass (al.) BASSE-TUBE.
Klassich (al.) Clássico, clássica.
Klausel (al.) CLÁUSULA.
Klaviatur (al.) TECLADO (acp. 1).
Klavichord (al.) CLAVICÓRDIO.
Klavier (al.) Refere-se genericamente a qualquer instrumento de teclado e, modernamente, ao piano.
Klavierauszug (al.) Redução de partitura de orquestra para execução no piano.
Klavierbau (al.) A construção do piano.
Klaviergamba (al. lit.: gamba de teclado) Instrumento como a GHIRONDA.
Klavierkonzert (al.) Concerto para piano.
Klavierschule (al.) Escola de teclados.
klavierubüng (al.; var.: al. *Clavierübung*) Exercícios para piano ou teclado.
Klavier zu vier Händen (al.) PIANO A QUATRO MÃOS.
Klavizymbel (al.) CLAVICÓRDIO. Ver também CRAVO.
Klein (al.) Pequeno, *piccolo*.
Kleine (al.) Pequena, como na famosa *Kleinenachtmusic* (Pequena serenata noturna), de Mozart.
kleine Flöte (al.) FLAUTIM.
kleine Tanz-Becken (al.) CRÓTALOS.
kleine Trommel (al. lit.: pequeno tambor) CAIXA-CLARA.
klezmer (hebr.) Ver KLEZMERIN.
Klezmer band (hebr., ing.) Ver KLEZMERIN.
klezmerin Música folclórica da tradição judaica, tocada por grupos *klezmers* a partir do século XV, ressurgiu nos EUA no final dos anos 1970 entre as comunidades israelitas.
Klokkenspiel (al.) GLOCKENSPIEL.
Klöppel (al.) Badalo.
Knarre (al.) Chocalho.
Kniegeige (al.) VIOLA DA GAMBA.
Kniegitarre (al.) ARPEGGIONE.
knob (ing.) Botão como os de controles de volume, graves e agudos de um amplificador.
Knollhorn (al.) Instrumento de metal semelhante à trompa, podia ser encontrado até o início do século XX no interior dos EUA.
kobsa **1.** Espécie de guitarra ucraniana. **2.** Espécie de RABECA húngara.
Koda (al.) CODA [var.: *Abschlüss*].
Kodály Método de aprendizado musical aperfeiçoado pelo compositor húngaro Zoltan Kodàly (pronuncia-se "codái"). Baseado no folclore húngaro, emprega de forma didática melodias de complexidade crescente de forma semelhante ao sistema DÓ MÓVEL.
Kol Nidrei (aramaico, lit.: todos os votos) Gênero de canção de lamento da liturgia judaica. Foi aproveitada em peças instrumentais de Schönberg e Bruch [var.: *Kol Nidre*].
koleda Gênero de música natalina do folclore polonês [var.: colenda].
Kolophon (al.) BREU.
Kolophonium (al.) BREU [var.: *Kolophon*, *Geigenharz*].
Koloratur (al.) COLORATURA.
Koloratursopran (al.) Soprano COLORATURA.

komal Na MÚSICA INDIANA, uma nota ABEMOLADA.
Komplet (al.) COMPLETAS.
Komponieren (al.) Compor.
Komponist (al.) Compositor.
Komposition (al.; var.: al. *Kompositionslehre*) Composição.
konghou Harpa tradicional chinesa.
Konkrete Musik (al.) MÚSICA CONCRETA.
Konservatorium (al.) CONSERVATÓRIO.
konsonant (al.) CONSONANTE.
konsonanz (al.) CONSONÂNCIA.
kontra Fagott (al.; var.: al. *Kontrafagott*) CONTRAFAGOTE.
Kontrabass (al.) CONTRABAIXO.
Kontrabassklarinetten CLARINETE contrabaixo.
Kontrabassposaune (al.) TROMBONE contrabaixo.
Kontrabasstuba (al.) TUBA contrabaixo.
Kontrapunkt (al.) CONTRAPONTO. Também pode ser encontrado nas expressões *doppelter Kontrapunk*, contraponto duplo, e *figurierter Kontrapunkt*, contraponto figurado.
Kontrasubjekt (al.) CONTRA-SUJEITO.
Kontratanz (al.) CONTREDANSE.
konzertante (al.) CONCERTANTE.
Konzertflügel (al.) Piano de concerto.
Konzerthalle (al.) AUDITÓRIO.
Konzerthorn (al.) TROMPA.
Konzertina (al.) CONCERTINA.
Konzertmeister (al. lit.: mestre de concerto) O primeiro violino SPALLA.
Konzertsaal (al.) Sala de concertos.
Konzertstück (al. lit.: peça de concerto) Concerto, peça ou movimento único em forma concertante.
kool jazz Variante de KOOL JAZZ. Ver também COOL.
Koppel (al.) COPULA.
Kopfregister (al.) KOPFSTIMME. Ver VOZ DE CABEÇA.
Kopfstimme (al.) VOZ DE CABEÇA [var.: *Kopfregister*].
kora Espécie de LIRA popular no ocidente africano, é executada como harpa, especialmente entre povos do Senegal e em Gâmbia. A caixa do instrumento é recoberta com pele animal, onde cordas de linha de pesca de tripa ou náilon estendem-se até a extremidade de um braço de madeira [var.: goura].
Kornett (al.) CORNET (acp. 1).
Kortholt (al. *kurz Holz*: madeira curta) Genericamente, refere-se a instrumentos de PALHETA (acp. 1) dupla encapsulada e tubo cilíndrico reto do final do período renascentista; assemelha-se ao CURTAL e ao SORDUN e antecedeu o FAGOTE e a DULCIANA.
Kosakisch (al.) Ver COSSACA.
koto Família de instrumentos de cordas semelhantes à cítara, foi introduzida no Japão do século VIII pelos chineses, a partir do QIN. Suas sete a treze cordas de seda são afinadas em modos PENTATÔNICOS e pinçadas com dedeiras. Costuma ser tocado sobre cavaletes móveis ou sobre o chão.
kotsuzumi Instrumento de percussão do teatro Nô japonês.
Kounterpoint (al.) CONTRAPONTO.
kräftig (al.) Sugere interpretação com vigor.
krahô Espécie de MARACÁ de formato globular dos índios da bacia do rio Tocantins, em Goiás.
krakowiak Dança do folclore da Cracóvia, tornou-se popular em diversas regiões da Polônia.
krantan Na MÚSICA INDIANA, certo tipo de ornamento produzido pela percussão da mão esquerda sobre o braço do SITAR.
Krebsgäng (al.) Movimento RETRÓGRADO.
Krebsgängig (al.) RETRÓGRADO [var.: *Krebsgäng*].
Krebskanon (al.) Cânone RETRÓGRADO.
Kreuz (al.) SUSTENIDO.
Kriegslied (al.) Canto de guerra.
kronchong Música indonésia de origem portuguesa, foi levada para as ilhas de Java e Bali na Idade Média.
krotalon (gr.) CRÓTALOS.
Krummhorn (al.; it. *cromorne*, *piva torta*, *storto*; fr. *cromorne*, *tournebout*) Família de instrumentos de sopro construídos em madeira cujas vozes estendem-se do soprano ao baixo profundo. Emprega PALHETA (acp. 1) dupla inserida em uma cápsula e tem a extremidade do corpo curvada em "J", como uma bengala. Acredita-se que tenha surgido na Itália medieval, de onde migrou para a Alemanha para tornar-se um dos principais instrumentos de bandas e grupos de câmera [var.: al. *Crummhorn*, *Krumb Horn*, *Pfiffenhorn*]. Ver também PIROUETTE e ORLO.

kshan Na MÚSICA INDIANA, antiga unidade de tempo equivalente a uma fração de segundo.
kuchipudi Música e dança clássicas do Sul indiano.
Kuhglocken (al.) Chocalhos.
Kuhreigen (al.) Ver RANZ DES VACHES.
Kuhreihen (al.) RANZ DES VACHES [var.: *Kuhreigen*].
kujawiak Música folclórica da região polonesa de Kujawy, é dançada aos pares de maneira semelhante à MAZURKA.
kulintang Instrumento de percussão filipino que consiste em uma série de gongos dispostos em carrilhão que são executados com BAQUETAS em diversas cerimônias. Também pode ser encontrado em alguns países do Sudeste asiático.
kum Instrumento coreano semelhante ao KOTO japonês.
Kunst (al.) Arte.
Kunstharmonium (al.) HARMÔNIO.
Kunstwerk (al.) Obra de arte.
Kurbisrassel (al.) CABAÇA.
Kurrende (al.) Na Alemanha da metade do século XVII à metade do XVIII, coral de amadores remunerado para festas e celebrações.
kurz (al. lit.: curto) Entre os instrumentos de cordas da orquestra, STACCATO.
kurz Gestrichenkurz (al.) Entre os instrumentos de cordas da orquestra, DÉTACHÉ curto.
KV Ver K.
kwela Palavra de origem africana que designa um gênero moderno de música zulu. Costuma ser executada por violões, flautas, percussão e BAIXO DE ARAME.
Kymbalon (al.) Tipo de SALTÉRIO.
kyriale (gr. *Kyrie*) Palavra latina, refere-se ao conjunto de cânticos do Ordinário da missa romana. Ver também LIVRO LITÚRGICO.
Kyrie (gr. lit.: senhor) A primeira parte do Ordinário da liturgia católica.
Kyrie eleison (gr. lit.: Senhor, tende piedade) Parte da missa que é cantada após o intróito. O texto repete alternadamente as expressões *Kyrie eleison* e *Christe eleison* (Senhor, tende piedade e Cristo, tende piedade). No ritual da Igreja Luterana, permanecem apenas o *Gloria* e o *Kyrie*.

L

L No sistema de catalogação de Lesuré, letra que precede a numeração de *opus* da obra de Debussy.

lá Sexta nota da escala de dó maior, corresponde ao primeiro grau do MODO EÓLIO.

lá 440 Ver LÁ PADRÃO.

lá bemol (it. *la bemole*; fr. *la bémol*; ing. *A flat*; al. *as*) Lá alterado um SEMITOM descendentemente.

la bemole (it.) LÁ BEMOL.

lacrimoso (it.) Choroso, melancólico, triste.

ladainha **1.** Oração cantada em louvor a um santo. **2.** Canto solo do mestre, serve de introdução ao jogo da CAPOEIRA.

la dièse (fr.) LÁ SUSTENIDO.

la diesis (it.) LÁ SUSTENIDO.

Lage (al.) POSIÇÃO.

lahara Na MÚSICA INDIANA, acompanhamento em padrões repetitivos para solos de TABLA.

lai (fr. do al. *Leich*) Canção de doze estrofes comum entre os TROVADORES medievais.

Laienmusik (al.) Música de amadores.

laissez vibrer (fr. lit.: deixe vibrar; ing. *let ring*) Na partitura, indica que o som, principalmente entre os instrumentos de percussão, deve vibrar livremente, sem que seja abafado ou interrompido. Abreviatura [l.v.].

lakadi Na MÚSICA INDIANA, a concha de madeira da TABLA.

lali Instrumento de percussão do Pacífico que é construído a partir de dois troncos de árvore escavados.

la matchiche Designação francesa para MAXIXE, quando a dança foi introduzida no início do século XX pelas jovens dançarinas brasileiras que iam para a Europa em turnês artísticas.

lambada Música em COMPASSO BINÁRIO que acompanhava dança de corpos colados e movimentos eróticos, em voga no Brasil do início dos anos 1990. De ritmo SINCOPADO e influenciada por ritmos caribenhos, foi modismo amplamente cortejado pela mídia, mas teve vida efêmera. Ver também MAXIXE.

lamela O SALTARELLO (acp. 2) do CRAVO.

lamelifones Instrumentos de percussão que produzem som pela vibração de lâminas.

lament (ing.) COMPLAINTE. Ver também LAMENTAÇÕES.

lamentação das almas Cantoria de algumas regiões do Nordeste brasileiro, serve para encomendar o corpo dos defuntos.

lamentações (it. *lamentazione*; fr. *lamentation*, *complainte*, *plainte*; ing. *lament*, *lamentation*; al. *Lamentation*, *Klage*) Entoações bíblicas de caráter RECITATIVO de origem gregoriana da Idade Média, tiveram em Lassus e Byrd (e, posteriormente, Scarlatti) alguns de seus mais conhecidos compositores. Ver também LAMENTATIONE (acp. 2).

lamentation (ing., al.) LAMENTAÇÕES [var.: *lament*].

lamentatione (lat.) **1.** LAMENTAÇÕES. **2.** Música de espírito lamentoso. **3.** Subtítulo da *Sinfonia em ré menor nº 26*, de Franz Joseph Haydn, referência à evocação que alguns de seus motivos fazem ao CANTOCHÃO.

lamentazione (it.) LAMENTAÇÕES.

lamento Genericamente, refere-se a uma infinidade de formas musicais simples, direta ou indiretamente associadas a certo tipo de celebrações de caráter fúnebre. Lamentos surgiram na ópera do período Barroco em formas de episódios para canto que precediam o desfecho da obra. A tendência atravessou o Classicismo e o Romantismo, chegando a perpetuar-se como forma de expressão consagrada através dos tempos, entre os mais diversos gêneros. São exemplos de lamentos a APOTHÉOSE, a ELEGIA e o PLANCTUS.

lamentoso (it.) Na partitura, sugere execução com espírito de lamento.

laminated (ing. lit.: laminado; var.: ing. *plywood*) Madeira compensada de instrumentos baratos, como certos violões e contrabaixos.

lamiré (port.) ALAMIRÉE.

laminofone Classe de instrumentos de percussão de lâminas percutidas ou friccionadas, como a MARIMBA e o GLOCKENSPIEL.

la morenada Dança boliviana de inspiração africana que satiriza o domínio espanhol na América Latina.

lancieri (it.) LANCERS. Ver também QUADRILLE DES LANCIERS.

lanciers (fr.) LANCERS. Ver também QUADRILLE DES LANCIERS.

lancers (ing.) Espécie de QUADRILHA inglesa do século XIX. Ver também QUADRILLE DES LANCIERS.

lanceiros (fr. *lanciers*; it. *lancieri*; al., ing. *Lancer*) Dançarino de QUADRILLE. Ver também QUADRILLE DES LANCIERS.

Ländler Dança campestre austríaca de origem folclórica em ANDAMENTO moderado, foi popular desde o início do século XIX. Surgiu na região alpina de Ländl, onde era geralmente executada por instrumentos de cordas como o violino e o contrabaixo, os dançarinos acompanhando o ritmo com palmas. Disseminou-se rapidamente pelos países vizinhos de língua germânica, mas logo cedeu lugar à VALSA, dança um pouco mais rápida que, supõe-se, lhe deve a origem e é bastante popular até os dias de hoje em todos os países. Compositores como Mozart, Beethoven, Schubert, Bruckner, Berg (*Wozzek e concerto para violino*) e Mahler (*Sinfonia nº 1*, *Titan*) evocaram o *Ländler* em diversas obras [var.: *Schleifer*]. Ver também TIROLESA.

ländler alla tirolesa (it.) TIROLESA.

landu ou **landum** Ver LUNDU.

lange Bogen (al.) TUTTO L'ARCO.

langeleik Espécie de CÍTARA medieval trasteada da Escandinávia, era tocada com um PLECTRO e dispunha de uma corda principal e diversos bordões graves.

lang Gestrichen (al.) Entre os instrumentos de cordas da orquestra, LEGATO.

lang Gezogen (al.) Entre os instrumentos de cordas da orquestra, LEGATO.

langsam (al.) Na partitura, indica execução em andamento lento. Lentamente.

Langsflöte (al.) FLAUTA DOCE.

Langspiel (al.) Instrumento de cordas e arco semelhante à CÍTARA que teria surgido na Islândia medieval. Sobreviveu em manifestações folclóricas até o início do século XX.

lá padrão Som cuja freqüência é fixada em 400 Hz, é o parâmetro para afinação geral dos instrumentos, isoladamente ou em conjunto. Muito embora o estabelecimento desse padrão esteja fixado na freqüência de 400 Hz por acordo internacional, a maioria das orquestras costuma afinar entre 442 e 445 Hz.

lapinha Em certas regiões do Nordeste brasileiro, espécie de PASTORIL (acp. 2) das tradições natalinas.

lap organ (ing. lit.: órgão de colo) HARMÔNIO.

largamente (it.) Na partitura, indica execução em andamento lento, largo, solene. Com passos largos.

largando (it.) Ver RALLENTANDO.

larghetto (it. lit.: pequeno largo) Na partitura, indica um largo de andamento um pouco mais movido.

largo (it.) Na partitura, indica um ANDAMENTO entre o GRAVE e o LENTO.

larigot (fr.; al. *Schärfenflötte*) [var.: *arigot*]. Ver FLAGEOLET (acp. 1).

lassú Na música húngara, parte lenta que serve de introdução para VERBUNKOS e CZARDAS.

lá sustenido (it. *la diesis*; fr. *la dièse*; ing. *A sharp*; al. *aisis*). Lá alterado ascendentemente um SEMITOM [A#].

latin rock *Rock* latino, como o do guitarrista Carlos Santana.

laud (port. *laúde*) Espécie de ALAÚDE espanhol piriforme de fundo chato, utiliza seis ORDENS duplas de cordas.

laúde (port.) Ver LAUD.

lauda spirituale Manifestação religiosa não-litúrgica comum na Alemanha e Itália medievais.

Lauden (al.) LAUDES.

laudes (lat.; it. *laudi*; ing. *lauds*; al. *Lauden*) Ofício.

laudi (it.) LAUDES.

lauds (ing.) LAUDES.

launeddas Instrumento de sopro de PALHETA simples da Sardenha medieval. Consistia em três tubos, o do meio servindo de pedal, como um BORDÃO (acp. 1).

Lauf (al.) Trecho rápido.

Laufwerk (al.) RELÓGIO DE MÚSICA.

Laute (al.) ALAÚDE.

Lautenmacher (al.) LUTHIER.

Lautentabulatur (al.) TABLATURA para ALAÚDE.

lauto (it.) ALAÚDE.

Lautsprecher (al.) ALTO-FALANTE.

Lautstärke (al.) Intensidade.

Lautverstärker (al.) AMPLIFICADOR.

lay Na MÚSICA INDIANA, tempo.

layering (ing. *layer*: camada) Na MÚSICA ELETRÔNICA, técnica que consiste no empilhamento de sons para obtenção de maior densidade.

LCD (ing.) Abreviatura de *liquid cristal display* (lit.: mostrador de cristal líquido). Em alguns aparelhos e instrumentos eletrônicos, visor semelhante ao dos relógios digitais que serve para ilustrar precisamente, com símbolos, letras e números, os ajustes configurados.

le No sistema DÓ MÓVEL, o sexto grau abaixado da ESCALA DIATÔNICA, correspondente ao lá bemol.

lé O menor dos ATABAQUES usados no CAMDOMBLÉ.

lead (ing.) **1.** Conduzir (vozes em uma harmoniza). **2.** Dirigir, reger.

leader (ing. lit.: líder) *Concertmaster*, *spalla* ou regente. Ver também BAND-LEADER.

leading note (ing. *to lead*: liderar, dirigir) Nota que resolve harmonicamente na tônica SENSÍVEL [var.: *leading tone*].

leading tone (ing.) SENSÍVEL.

leap (ing.) SALTO (acp. 2).

lebending (al.) Na partitura, indica ANDAMENTO vivo.

lebhaft (al.) Na partitura, indica ANDAMENTO agitado, animado, ALLEGRO.

LED (ing.) Abreviatura de *light emitting diode* (diodo de emissão luminosa) Pequena luz, geralmente de cor vermelha ou verde, serve para indicar o funcionamento (*power on*) ou posição STANDBY de um aparelho, acessório ou circuito eletrônico.

left hand (ing.) Mão esquerda. Abreviatura [l.h.].

legatissimo (it. derivado de *legato*) Na partitura, indica que as notas devem ser executadas unidamente, sem a mínima separação. O final de cada som deve penetrar no início daquele que se lhe segue.

legato (it. lit.: ligado; al. *gezogen*, *lang gezogen*) [var. it.: *ligato*] **1.** Na partitura, indica que as notas devem ser tocadas sem interrupção, diferentemente do DÉTACHÉ (notas destacadas) e contrariamente ao STACCATO (notas curtas). **2.** Entre os instrumentos de cordas da orquestra, refere-se a um GOLPE que, em princípio, utiliza um movimento uniforme e constante do arco. Duas ou mais notas são executadas com suavidade e movimentos uniformes do arco, para cima e para baixo. As mudanças de direção devem ser praticamente imperceptíveis, e para isso é fundamental que cada dedo da mão esquerda permaneça em posição até a nota seguinte. De modo geral, compreende-se que *legato* é um golpe para cuja execução deve-se evitar gestos bruscos do braço direito. Para tanto, convém evitar movimentos angulosos; ao contrário, são preferidos os deslocamentos quase semicirculares e relaxamento do pulso do braço direito nas mudanças de direção do arco, técnica que favorece as qualidades cantantes dos instrumentos de cordas. Nas mudanças de cordas, é fundamental que todos os dedos da mão esquerda sejam mantidos em seu lugar, o que também colabora para evitar interrupções. Ivan Galamian ressalta que a mão direita, ao conduzir o arco, não deve ser perturbada ou influenciada pela movimentação da esquerda. A mudança entre cordas deve ser sutil, e a aproximação da crina com a corda para a qual se pretende mudar deve ser preparada com antecedência. As trocas de direção na ponta do arco implicam maior movimentação da mão direita, tornando-se mais difíceis à medida que o arco se aproxima do talão. Boa parte dos problemas enfrentados na execução do *legato* advém de uma coordenação defeituosa entre braço direito e mão esquerda; por exemplo, na mudança de corda, o arco pode ser levantado muito cedo, ou ainda o dedo que deve pressionar a corda para a qual se vai mudar pode não ter sido preparado com a devida antecedência. Galamian sugere ainda que as dificuldades na execução de um perfeito *legato* sejam estudadas em cordas soltas, concentrando o estudo do arco nas mudanças entre as cordas pela eliminação de qualquer movimento da mão esquerda. Paul Rolland sugere que o *legato* deve ser iniciado com um ataque do arco articulado a consoantes pouco incisivas, como "la" ou "ma", evitando-se movimentos do braço que geram articulações mais agressivas, como em "ba", "ta" ou "ca". Ele explica que o *legato* deve começar como um movimento respiratório, e enumera cinco diferentes tipos de sonoridades possíveis: (1) o *son filé*, ou *spun tone*, que é um som sustentado, perfeitamente homogêneo; (2) o *legato* ligado, duas ou mais notas executadas em um mesmo arco; (3) o *legato* articulado, que enfatiza as notas de forma individual; (4) o *détaché* cantado, ou *détaché* alemão, um movimento do arco para cada nota, e, finalmente, (5) o *portato*, ou *louré*, que articula levemente as notas em uma mesma direção. O *legato* se consolidou no Classicismo, porém conquistou amplo espaço durante o Romantismo, período em que termos como *espressivo*, *cantabile*, *dolce* e *amabile* eram associados com freqüência ao texto musical. **3.** Na técnica vocal, efeito obtido pelo alongamento das vogais e atenuação das consoantes.

legato slide (it., ing.) Entre instrumentos de cordas como a guitarra ou contrabaixo elétricos, técnica que consiste em deslizar (ing.: *to slide*) o dedo de um TRASTE a outro, produzindo efeito semelhante ao PORTAMENTO.

légende (fr. lit.: lenda) Entre compositores do período romântico, música relacionada a diversas lendas.

léger (fr. lit.: leve) Sugestivo de execução: com leveza. Ver também VOZ MISTA.

légèrement (fr.) Entre os instrumentos de cordas da orquestra, levemente.

leggero (it. lit.: ligeiro: separado, leve) Na partitura, indica execução com notas separadas, NÃO-LEGATO, tocadas de forma levemente articulada [var. it.: *leggiero*].

leggiadro (it.) Gracioso.

leggiero (it.) LEGGEGO.

legni (it.) MADEIRAS.

legnofono (it.) XILOFONE.

Lehrstück (al. lit.: peça didática) Termo empregado por compositores engajados politicamente, como Eisler e Weill, para designar obras teatrais de caráter nitidamente panfletário.

Leich (al. lit.: luz; fr. *lai*) Certo tipo de música cantada medieval.

leicht (al.) Leve, fácil.

Leier (al.) GHIRONDA.

Leise (al.) Na partitura, indica execução com suavidade. Surgiu possivelmente de *eleison*, do grego *Kyrie eleison*.

Leiser (al.) PIANO (acp. 2).

Leitmotiv (al. lit.: motivo condutor) No século XIX, o termo designava elementos recorrentes nos textos literários. Surgiu na música provavelmente em obras de Weber, consolidando-se em Wagner como uma das características mais marcantes de sua música, associado a personagens ou eventos específicos. O recurso é comumente empregado em filmes e peças teatrais [var. al.: *Leitmotif*].

Leitton (al.) SENSÍVEL.

leitura à primeira vista Primeira leitura que um intérprete faz a uma obra que não lhe é de conhecimento prévio.

Lektionston (al.) Tom de leitura.

lekwon Instrumento de cordas dedilhadas, era construído com dois ou três braços e costumava ser encontrado em diversas regiões da África.

lençol No jargão do samba, composição exageradamente longa.

leno (it.) Fraco.

lento (it.: lento, lentamente; fr. *lent*) Andamento um pouco mais movido do que o LARGO, e um pouco mais lento do que o ADÁGIO (acp. 1).

Les Paul Modelo de guitarra elétrica semiacústica (*hollow body*) fabricada pela Gibson, elaborada a partir de sugestões do músico que lhe deu o nome e que se tornou padrão de sonoridade em diversas outras marcas. Durante muito tempo, foi a preferida de guitarristas como o próprio Les Paul e o BLUESMAN Eric Clapton.

leslie (ing. *leslie speaker*: caixa leslie) Sistema criado por Don Leslie nos anos 1960, produzia efeitos especiais nos órgãos eletrônicos do tipo Hammond. Consistia em uma CAIXA ACÚSTICA em cujo interior havia dois, quatro ou mais ALTO-FALANTES presos em um eixo e girados mecanicamente.

lesson (fr., ing. lit.: lição) Gênero de peças para teclado da Itália medieval, chegou a ser conhecido como forma primitiva de SONATA.

lesto (it.) Rápido.

let ring (ing. *to let*: deixar, *to ring*: vibrar) LAISEZ VIBRER. Abreviatura [l.r.].

letra (ing. *lyrics*) A poesia, o texto poético da música.

letrista Na música popular, aquele que escreve a letra, o texto de uma música, como Aldir Blanc, parceiro de João Bosco, Vítor Martins, de Ivan Lins, e Vinicius de Morais, de Tom Jobim e Toquinho.

leu (fr.) Tipo de ALAÚDE primitivo surgido em meados no século XIII.

levar o samba No jargão dos sambistas, "puxar" o samba, liderar o coro. Ver PUXADOR DE SAMBA.

levare (it.; fr. *levé*; ing. *upbeat*; al. *Aufschlag*) O gesto do regente que antecede e serve para preparar o tempo forte seguinte.

levato (it.) Ver BELLS UP.

levé (fr.) LEVARE.

lever (fr.) Controle de volume ou balanço; BOTÃO DESLIZANTE.

LFO (ing.) Abreviatura de *low frequency oscilator* (ing. oscilador de baixa freqüência). Dispositivo que em MÚSICA ELETRÔNICA altera a composição de um sinal, produzindo um efeito sonoro semelhante ao VIBRATO natural dos instrumentos.

l.h. Abreviatura para o ing. LEFT HAND (mão esquerda).

li No sistema DÓ MÓVEL, o sexto grau aumentado da ESCALA DIATÔNICA, correspondente ao lá sustenido.

liberamente (it.) Livremente.

liber usualis (lat. lit.: livro usual) Publicação do final do século XIX que se referia às diversas partes do rito da Igreja romana.

libretista (ing. *librettist*) Autor de um LIBRETO.

libreto (it. *libretto* lit.: pequeno livro) Texto cantado de ÓPERAS, ORATÓRIOS, CANTATAS ou MUSICAIS, cuja cópia impressa é às vezes oferecida ao público para acompanhamento da cena. Alguns compositores associavam-se aos seus libretistas favoritos, formando duplas como Mozart e Da Ponte ou Verdi e Boito. Outros, como Wagner em seu *Anel dos Nibelungos*, preferiam redigir seus próprios textos. Nas modernas casas de ópera, o texto das apresentações é mostrado em letreiros digitais, geralmente no idioma do público.

libro di canto (it.) HINÁRIO [var.: *innario*].

lição 1. Peça curta para exercícios técnicos de instrumento. **2.** Pequeno estudo para teclado do período Barroco.

licence (fr. ing.) LICENZA.

licenza (it. no contexto musical, liberdade; ing., fr. *licence*; al. *Freiheit*) No período Barroco, referia-se a um trecho cujo ritmo era interpretado com certa liberdade pelo intérprete, quase como na CADENZA. Surge com freqüência na expressão *con alcuna licenza* (com alguma liberdade).

lick (ing. lit.: lambida) No jargão norte-americano do *jazz* e da música popular, trechos curtos ou padrões melódicos que, a título de improvisação ou marcação em determinada música, são repetidos ou se desenvolvem de maneira recorrente.

lídio Quarto MODO ECLESIÁSTICO, é construído sobre a nota fá do MODO JÔNICO (quarto grau da escala diatônica de dó maior), que corresponde à SUBDOMINANTE.

Liebesflötte (al.) Flauta do amor, afinada em lá.

Liebesfuss (al.) CAMPÂNULA em forma de pêra de instrumentos como o CORNE INGLÊS e o OBOE D'AMORE.

Liebesgeige (al.) VIOLA D'AMORE.

Liebeslied (al.) Canção de amor.

liebes-Oboe (al.) OBOE D'AMORE.

liebevoll (al.) Amoroso.

lieblich (al.) Na partitura, sugere execução suave, melodiosa.

lied (al. pl. *Lieder*) De maneira genérica, canção; remete particularmente à música romântica para canto, em especial a de câmera. Surgiu na Idade Média, como forma MONÓDICA, tornou-se POLIFÔNICA no Renascimento, transformou-se em canção solo com acompanhamento de teclado no Barroco e consolidou-se em pleno Romantismo após Beethoven, inspirando inúmeras obras de Schumann e Schubert, e depois Liszt e Wagner, para chegar a Alban Berg e Arnold Schönberg.

Liedchen (al.) Pequena ÁRIA.

Lieder (al.) Ver LIED.

Liederbuch (al. lit.: livro de canções, cancioneiro) Coletânea de músicas medievais.

Liederhandschrift (al.) CANCIONEIRO (acp. 2).

Liederkreis (al. lit.: círculo de canções) No Romantismo, designava conjuntos que tocavam, cantavam e trocavam entre si obras do gênero LIED [var.: *Liederzyklus*].

Liederspiel Gênero de canção alemã medieval construída sobre poesias preexistentes.

Liedertafel (al. lit.: mesa de canções) Música da tradição alemã surgida no final do período clássico, constituía-se em sua maior parte de vozes masculinas e servia principalmente à diversão informal ao redor das mesas das tabernas.

Liederzyklus (al.) Ver LIEDERKREIS.

Liedform (al.; ing. *song form*) Forma *lied*. Expressão que se aplica à música instrumental ou vocal em forma ternária ou binária.

lieto fine (it.; *lieto*: alegre e *fine*: final) Na ÓPERA clássica, final feliz.

lift (ing.: levantar, suspender) Na técnica do *jazz*, especialmente entre INSTRUMENTOS DE METAL, ataque de determinada nota que é antecedido pela rápida execução de um grupo de notas diatônicas ou cromáticas, de altura não necessariamente definida.

ligado Na técnica de instrumentos de cordas dedilhadas como o violão ou a guitarra espanhola, certa articulação de um grupo de notas que emprega exclusivamente os dedos da mão esquerda, após um único ataque da mão direita sobre a corda. Ver LEGATO (acp. 1).

ligadura 1. (ing. *slur*, *tie*; al. *Bindebogen*, *Bogen*) Indica tanto a união dos sons de notas diferentes, em termos de articulação (nos instrumentos de arco, implica movimentos levemente articulados em uma mesma direção), quanto na soma de durações, quando se trata de notas diferentes. Simbolicamente, é representado no PENTAGRAMA por um semicírculo, cobrindo ou sublinhando duas ou mais notas. **2.** BRAÇADEIRA (acp. 1).

ligadura de arco Entre os instrumentos de cordas, indica que a execução de diversas notas deve ser feita com o arco em uma mesma direção, porém articulando-as uma por vez, de forma a soarem como se fossem separadas. Ver também LIGADURA DE EFEITO.

ligadura de efeito Entre os instrumentos de cordas, LIGADURA (acp. 1) real, em contraposição à LIGADURA DE ARCO.

ligato (it.) Entre os instrumentos de cordas da orquestra, LEGATO.

ligeira Em algumas regiões do Nordeste brasileiro, DESAFIO.

light emitting diode Ver LED.

ligina VIOLA DE ARAME de dez cordas de algumas regiões da Bahia.

ligne (fr.) Linha do PENTAGRAMA.

like a bird-call (ing.) Na partitura, sugere que a execução evoque um pássaro.

like a guitar (ing.) Na técnica da harpa, PRÈS DE LA TABLE.

Lima Na gíria do músico popular brasileiro, "mandar o Lima" significa não comparecer a compromisso artístico. Diz-se: "fulano mandou o Lima" (faltou).

limitação Na MÚSICA ELETRÔNICA e na técnica de gravação, é o corte de excessos no nível de um sinal de áudio, por meio de um dispositivo chamado limitador.

limitador Ver LIMITAÇÃO.

limma (lat.) SEMITOM DIATÔNICO.

limpa-banco ou **limpa-branco** Ver CHIMARRITA (acp. 2).

limpa-goela Na gíria popular, música cantada à guisa de aquecimento.

lindy (ing.) Agitada dança surgida nos guetos da contracultura negra de Nova York, notadamente no distrito do Harlem. Associada ao *rock'n'roll* tradicional, é também conhecida entre os negros como *lindy hop*.

lindy hop Ver LINDY.

line (ing.) LINHA (acp. 1) ou voz.

língua-de-sogra Espécie instrumento de sopro rudimentar, consiste em um apito com TUDEL ou PALHETA (acp. 1) dupla acoplado a um tubo de papel de seda que permanece enrolado graças à pressão de uma mola de relógio. Quando assoprada, a língua-de-sogra se desenrola por quase um metro, produzindo ruídos exóticos. Surgiu no carnaval de rua do final do século XIX, e persiste nos dias de hoje como brinquedo de festas ou brinde para crianças em aniversários.

lingüeta Ver MARTINETE (acp. 1).

linha (fr. *ligne*; ing. *line*; al. *Linie*) **1.** Um dos componentes da pauta musical. Um PENTAGRAMA tem cinco linhas e quatro espaços. **2.** VOZ (acp. 4).

linha de baixo Parte mais grave de voz baixo, contrabaixo ou outro instrumento que faz a base de sustentação de uma música.

Linha(s) suplementar(s) Pequeno(s) segmento(s) de linha acrescentado(s) acima ou abaixo da quinta ou primeira linha do PENTAGRAMA. Serve para a escrita de notas cuja altura se encontra acima ou abaixo das cinco linhas convencionais.

Linie (al.) LINHA (acp. 1).

Liniensystem (al.) PENTAGRAMA.

lining (ing.) CONTRAFAIXA.

lining-out Na liturgia inglesa, refere-se à música que alterna o canto do solista com o do coro.

linke Hand (al.) Mão esquerda.

linóleo No balé, espécie de cobertura sintética sobre a qual os bailarinos dançam no palco.

lion roar (ing. lit.: rugido de leão) Tambor com ESTEIRA.

lip (ing.) **1.** Lábio. **2.** Entre os instrumentos de sopro, BOCAL.

lip synching (ing. lit.: sincronia de lábios) Simulação de canto sobre uma gravação preexistente, como em uma DUBLAGEM.

lip trill (ing. lit.: trinado de lábio) Entre os instrumentos da família dos metais, efeito de TRINADO obtido pela rápida vibração dos lábios do executante no interior da taça do BOCAL.

liquescens (lat.) Ver NEUMAS.

liquid cristal display Ver LCD.

lira 1. Instrumento de cordas dedilhadas. Segundo a tradição literária arcaica, foi introduzida na Grécia pela Trácia. Cerca de 3000 a.C. já se encontrava na Mesopotâmia. No segundo milênio já fazia parte do Antigo Egito. No século XV a.C. espalhava-se, chegando a Creta, desta à Assíria, Fenícia, e através de Chipre aporta à Grécia. Era feita com materiais naturais, carapaça de tartaruga ou cabaça, chifre ou madeira, servindo de CAIXA DE RESSONÂNCIA. Seus braços eram dispostos em forma de U, portavam três a quatro cordas de tripa, chegando ao número de sete na Grécia. O executante tocava sentado e mantinha o instrumento em seu colo. A mão esquerda pulsava as cordas com a polpa dos dedos, enquanto a direita acionava as cordas com auxílio de palheta. Isto deve-se à sua função musical, cada mão exercendo papel diverso. A mão esquerda acompanhava o canto, enquanto a direita executava prelúdios, interlúdios ou poslúdios. O canto jamais era acompanhado pelo som emitido pela palheta. **2.** Diversos instrumentos de cordas e arco do final da Idade Média. **3.** Instrumento que lembra uma pequena harpa de corpo arredondado e cordas dedilhadas da Grécia antiga. **4.** No interior do Brasil, e em especial em Minas Gerais, pequena orquestra cuja tradição teve início no período colonial brasileiro. Um dos conjuntos mais antigos do gênero é a Lira Sanjoanense, de São João del Rey, MG, fundada em 1776, considerada por muitos a orquestra mais antiga ainda em atividade no mundo.

lira baixo Ver LIRONE.

lira-chitarra (it.) LIRA GUITARRA.

lira da braccio (it.) Instrumento renascentista de cordas (geralmente cinco, acrescidas de dois BORDÕES [acp. 2]) e arco que o músico executava apoiado sobre o antebraço. Semelhante à VIOLA DA BRACCIO, deixou de existir no início do período Barroco para ceder lugar ao violino.

lira da gamba (it.) Ver LIRONE.

lira da spalla (it. lit.: lira de ombro) Instrumento como a LIRA DA BRACCIO.

lira de arco Designação de uma série de instrumentos de arco medievais.

lira guitarra (it. *lira-chitarra*; fr. *lyre-guitare*; ing. *lyre-guitar*; al. *Lyragitarre*) Espécie de guitarra cujo formato lembra o de uma LIRA.

lira organizatta (it.) Espécie de VIELA DE RODA híbrida do período clássico que empregava simultaneamente tubos e FOLES.

lire organizée (fr.) Ver VIELA DE RODA.

liric (ing.) LÍRICO.

lírico (it. *lirico*; fr. *lyrique*; al. *lyrish*; ing. *liric*) **1.** Na música para canto, tipo de voz de soprano (e às vezes tenor) de características mais leves, em oposição ao chamado SOPRANO DRAMÁTICO. **2.** Originalmente, referia-se à voz acompanhada de uma LIRA, mas gradualmente passou a designar de maneira genérica qualquer canto de caráter melodioso. **3.** Sonhador, sentimental.

lirico spinto (it.) Ver SPINTO.

lirics (ing.) LETRA.

Lirofono (it.) LYROPHON.

lirone (it.) Espécie de LIRA baixo medieval que era usada freqüentemente em procissões. Também conhecida como *lira da gamba*, possuía até 14 cordas no braço e dois BORDÕES (acp. 2), e era tocada de forma semelhante ao moderno violoncelo, apoiada entre as pernas do executante [var. it.: *arceviolyra*].

liscio (it.) Na partitura, sugere execução com suavidade.

l'istesso (it.) O mesmo.

l'istesso tempo (it. lit.: o mesmo tempo) Indica que o ANDAMENTO deve ser mantido através de mudanças de compasso ($^2/_4$ para $^3/_4$, por exemplo).

lit Abreviatura de LITOFONE.

Litanei (al.) LITANIA.

litania (it.; gr. *litaneîa*: súplica; fr. *litanie*; ing. *litany*; al. *Litanei*) Oração em versos entoada em forma de perguntas alternadas com respostas fixas do coro, à maneira de um RESPONSÓRIO.

litanie (fr.) LITANIA.

litany (ing.) LITANIA.

litofone (gr. *litos*: pedra; al. *Steinharmonika*, *Steinspiel*; chin. *pien jing* ou *bian jing*) Instrumento de percussão de origem chinesa construído com lâminas de pedras, chegou a ser empregado por Carl Orff em diversas peças de caráter didático. Abreviatura: [lit].

liturgia (fr. *liturgie*; ing. *Liturgy*; al. *Liturgie*) Organização seqüencial de trabalho dos cultos religiosos e respectivos cânticos, como a missa católica.

Liturgie (al. fr.) LITURGIA.

liturgy (ing.) LITURGIA.

lituus Instrumento de METAL (acp. 2) da Roma antiga semelhante a uma trombeta, tinha o tubo curvado e costumava ser empregado em cerimônias e eventos militares.

liutaio (it.) LUTHIER.

liuto (it.) ALAÚDE.

liuto attiorbato (it.) CHITARRONE.

liuto romano (it.) BANDOLIM.

liutto attorbiato (it.) Certo tipo de TIORBA.

lively (ing.) Ver ALLEGRO.

livre de cantiques (fr.) HINÁRIO.

livro de mesa Tipo de manuscrito medieval cuja disposição circular ou elíptica das notas buscava facilitar a leitura musical por conjuntos cujos músicos costumavam organizar-se ao redor de uma mesa.

livro litúrgico Publicação que serve para organizar a seqüência dos ritos litúrgicos, como o *Missale*, o *Graduale*, o *Breviarium*, o *Antiphonale*, o *Martirologium*, o *Pontificale* e o *Rituale*, além de hinos mais recentes como o *Kyriale* e o *Vesperale*.

loa Espécie de TOADA de barqueiros de certas regiões do rio São Francisco. A música é cantada de forma sincronizada entre o ritmo da música e o movimento dos remos.

loas 1. Cântico de louvação da tradição católica brasileira. **2.** Poema de CABOCLINHOS do carnaval de rua.

Lobgesang (al.) Canto de louvor.

lobo Ver WOLF.

loco (lat. lit.: lugar) Na partitura, determina retorno ao modo original de execução, após trecho SUL PONTICELLO ou COL LEGNO, por exemplo.

locraniano Ver LÓCRIO.

lócrio (ing. *locrian*) Designa o sétimo e último MODO ECLESIÁSTICO, de si a si [var.: locriano]. Ver também MODO.

lointain (fr.) OFF-STAGE.

loitsus Canções finlandesas a que se atribuem qualidades mágicas, como estancar o sofrimento enviado por Kivutar, deusa da dor.

lojki Par de colheres utilizadas na Rússia como instrumento de percussão.

Lökkelje (al.) NYCKELHARPA.

lokrische Tonart (al.) MODO LÓCRIO.

londum Ver LUNDU.

longa Figura rítmica cuja duração, na Antiguidade e Idade Média, equivalia aproximadamente à metade de uma máxima, o dobro de uma BREVE.

long bow (ing.) Entre os instrumentos de cordas da orquestra, TUTTO L'ARCO.

long play (ing.) Ver LP.

long playing (ing.) Ver LP [var.: *long play*].

long roll (ing. lit.: rolo longo) Na técnica de instrumentos de percussão como a CAIXA-CLARA, um ROLO prolongado, de batidas rápidas e alternadas entre as BAQUETAS.

longueur d'onde (fr.) COMPRIMENTO DE ONDA.

lontano (it.) OFF-STAGE.

loop (ing. lit.: volta, curva) Na MÚSICA CONCRETA, alça de fita magnética que repete indefinidamente o trecho recortado.

l'ordinaire (fr.) Entre os instrumentos de cordas da orquestra, AU NATUREL.

LP (Abreviatura do ing. LONG PLAY, ou *long playing*, lit.: longa execução) Disco fonográfico de longa duração, gravado e reproduzido na velocidade de 33 rotações por segundo.

los caporales Dança e música bolivianas de influência africana da região de Yungas, La Paz.

loud speaker (ing.) ALTO-FALANTE.

loudness (ing.) Nos aparelhos eletrônicos amplificados, dispositivo de controle do nível de AUDIBILIDADE (volume).

loudum Ver LUNDU.

lounge (ing. *to lounge*: vadiar, encostar-se) Gênero de DANCE MUSIC eletrônica da década de 1990.

loup (fr.) Ver WOLF.

lourd (fr. lit.: pesado) Ver VOZ MISTA.

loure (fr.) **1.** Dança francesa em compasso $^6/_4$ semelhante à GIGA, costumava ser acompanhada por uma espécie de GAITA-DE-FOLES homônima. Freqüente em representações teatrais da França barroca, era utilizada às vezes como ABERTURA. **2.** Espécie de GAITA-DE-FOLES normanda [var.: *louré*].

Louré (fr.) **1.** Entre os instrumentos de cordas da orquestra, golpe executado com um pequeno decrescendo após o início de cada nota. Entre os instrumentos de cordas, pode também designar um GOLPE DE ARCO semelhante ao PORTATO, em que seqüências de notas DÉTACHÉ são articuladas em uma mesma direção. **2.** Ver LOURE.

louvação Canto popular brasileiro que louva os feitos de personalidades, parentes e pessoas da comunidade.

lover's rock (ing.) Espécie de REGGAE romântico surgido na Inglaterra dos anos 1970, mesclava elementos do RYTHM'N'BLUES e do SOUL.

low C (ing.) O dó grave (C^1), inferior à corda solta (E^1) da extensão natural do contrabaixo, pode obtido por uma quinta corda agregada ao instrumento ou através de um EXTENSOR.

low frequency oscilator (ing.) Ver LFO.

low on strings (ing.) Na técnica da harpa, PRÈS DE LA TABLE.

Löwengebrüll (al.) Tambor com ESTEIRA.

lower (ing.) **1.** Inferior. **2.** ABEMOLAR.

lower bout (ing.) CURVATURA INFERIOR. Ver também OMBRO.

lower part (ing.) VOZ INFERIOR.

ludus tonalis (lat. lit.: jogo tonal) Trabalho de Paul Hindemith concluído em meados do século XX, serve tanto ao estudo do piano quanto ao exercício do CONTRAPONTO.

Luftpause (al. lit.: pausa aérea) CESURA.

lullaby (ing. lit.: canção de ninar; fr. *berceuse*; al. *Wenliedieg*; esp. *canción de cuña*) A *lullaby* é geralmente cantada em COMPASSO TERNÁRIO, de forma suave, para acalentar e embalar o sono de crianças. Também designa composições de diversos gêneros inspiradas no espírito original, como a popular *Lullaby* de Brahms.

lundu Dança de roda e UMBIGADA brasileira, teve origem no batuque dos bantos africanos, provavelmente trazida de Angola pelos escravos na segunda metade do século XVIII, e posteriormente introduzida nos salões das cortes do Brasil e Portugal, assimilando no Brasil influências da MODINHA portuguesa e do FANDANGO (acp. 1) espanhol. Costuma ser acompanhado por uma simples VIOLA DE ARAME e palmeado, mas pode empregar uma variedade de instrumentos, como TARÓIS, CAVAQUINHOS, pandeiros, RABECAS e BANDOLINS [var.: landu, landum, londum, loudum, lundum].

lundu-do-marruá (corruptela do francês *lundu du mon Roy*: lundu do meu rei) LUNDU mesclado com danças portuguesas do século XIX trazida ao Brasil pela corte, sofreu influências das tradições lusitanas, além da VALSA e da música francesa, de onde o nome da dança.

lundum Ver LUNDU.

lunga (it. lit.: longa) Termo colocado sobre uma FERMATA para indicar que o tempo de suspensão deve ser mais longo do que o usual.

lunghezza d'onda (it.) COMPRIMENTO DE ONDA.

lupo Ver WOLF.

lur (dinam. *lurer*) **1.** Espécie de TROMPA de tubo sinuoso da Idade do Bronze, surgiu cerca de mil anos a.C. **2.** Enorme trombeta de madeira de tubo sinuoso que costumava ser empregada nos campos da Escandinávia medieval para chamar o gado, prestava-se também à comunicação entre os camponeses, à maneira do CORNE ALPINO.

lute (ing.) ALAÚDE.

luteria (it. *liuteria*; fr. *lutherie*; al. *Geigenbau*) Originalmente, referia-se à oficina especializada na fabricação de ALAÚDES. Com o tempo, passou a designar de forma genérica o local de trabalho do *liutaio*, ou LUTHIER, abrangendo todos os instrumentos de cordas. Atualmente, designa também o artesão que trabalha com os instrumentos da família de sopro das MADEIRAS, violões, CRAVOS e mesmo guitarras e baixos elétricos.

luth (fr.) ALAÚDE.

luthier (fr.; it. *liutaio*; al. *Geigenbauer*, *Lautenmacher*, *Gitarrenbauer*; port. guitarreiro, violeiro) Artesão especializado na construção e reparos dos instrumentos de cordas. Ver também LUTERIA.

L.V. Abreviatura da expressão francesa *laissez vibrer* (deixe vibrar). Indica que deve ser evitado o abafamento da corda, do prato ou ainda da membrana de um instrumento de percussão.

LWV Precede o número de *opus* na catalogação da obra de Lully, segundo Schneider.

lydian (ing.; al. *Lydisch*) LÍDIO, um dos modos gregos. Ver também MODO.

lydische Tonart (al.) MODO LÍDIO.

lyra bastarda (it.) VIOLA DA GAMBA.

Lyraflügel (al.) PIANO-LIRA.

Lyragitarre (al.) LIRA GUITARRA.

lyra viol (ing.; it. *viola lira*) Pequena VIOLA DA GAMBA baixo que utilizava várias SCORDATURAS, era comum na Inglaterra do século XVII e costumava ser notada em TABLATURA.

lyre-guitar (ing.) LIRA GUITARRA.

lyre-guitare (fr.) LIRA GUITARRA.

lyricist (ing.) LETRISTA.

lyrics (ing.) LETRA.

lyrische (al.) Lírico. Alban Berg escreveu um importante quarteto de cordas intitulado *Lyrische Suite* (Suíte Lírica) [1926].

lyrique (fr.) LÍRICO (acp. 1).

Lyrophon (al.; it. *lirofono*; fr., ing. *lyrophone*) Espécie de TROMBONE duplo da Alemanha do final do século XIX.

lyrophone (fr. ing.) LYROPHON.

lysarden (ing.) Termo que teve origem presumível na palavra *lyzard* (ing. lit.: lagarto), refere-se a um instrumento de madeira que é soprado em bocal semelhante ao dos METAIS; teria sido o antecessor do SERPENTÃO barroco.

M

M Letra que precede a numeração de *opus* da obra de Vivaldi, segundo a catalogação de Malipiero.

ma (it. lit.: mas) **1.** Usado em expressões como *allegro ma non troppo*: *allegro*, mas não muito. **2.** Ver MADHYAM e SARGHAM.

macacos Agitada dança de roda de casais do interior do estado do Rio de Janeiro aparentada do FANDANGO (acp. 3).

maçambiques FOLIA-DE-REIS do Rio Grande do Sul.

maçaneta Espécie de BAQUETA curvada de ponta redonda de couro da ZABUMBA do MARACATU pernambucano cujo nome advém da semelhança com maçanetas de portas antigas [var.: massa, massaneta].

maçanico Espécie de dança da região Sul brasileira, influenciada pelos FANDANGOS (acp. 3) locais.

maçaquaia Pequeno chocalho feito de palha trançada, semelhante ao CAXIXI. Teve origem na África, principalmente em Angola e Moçambique, onde as moçoilas dançavam com o instrumento amarrado nos tornozelos. Ver também PAIA.

macaquice Ver MICO.

macaxá Pequeno chocalho de vime ou bambu trançado, como a MAÇAQUAIA.

macaxixi Ver CAXIXI.

maceta (it. *mazza*) Grande BAQUETA de ponta acolchoada que costuma ser utilizada em instrumentos como o BOMBO orquestral [var.: macete].

macete Ver MACETA.

machacá Espécie de chocalho como a MAÇAQUAIA.

machete Instrumento de cordas dedilhadas de origem portuguesa, é conhecido no Brasil, entre inúmeros outros nomes, como VIOLA DE ARAME ou VIOLA CAIPIRA. É pouco maior do que um CAVAQUINHO e possui cinco ORDENS de cordas duplas afinadas aos pares em uníssonos.

machiche Ver MAXIXE.

machicotage (fr.) Tipo de ornamentação empregada no CANTOCHÃO medieval.

machim Uma das denominações da VIOLA DE ARAME.

machina di tuono (it.) MÁQUINA DE TROVÃO.

machine à tonnerre (fr.) MÁQUINA DE TROVÃO.

machine à vent (fr.) MÁQUINA DE TROVÃO.

machinho 1. Tipo de VIOLA DE ARAME. **2.** (port.) CAVAQUINHO.

macho 1. O menor dos tambores do BONGÔ cubano. **2.** Ver CASTANHOLAS.

machucadinho Espécie de SAMBA DE PARTIDO-ALTO de espírito jocoso.

maçonaria Ver MÚSICA MAÇÔNICA.

maculelê Dança baiana similar ao CHICO-DO-PORRETE.

maculelê de bastão Dança guerreira baiana comum nas ruas de Salvador. Músicos percutem fortemente atabaques, enquanto os dançarinos se movimentam batendo bastões uns contra os outros, como em uma luta de espadas.

maculelê de carnaval Dança de origem africana do carnaval baiano como o MACULELÊ DE BASTÃO, utiliza tochas de fogo em uma das mãos.

macumba 1. Designação genérica para as práticas de ritos religiosos fetichistas trazidos da

África pelos escravos negros, como o CANDOMBLÉ, cantados em PONTOS (acp. 3) e acompanhados por ritmos hipnotizantes de percussão de ATABAQUES. **2.** Tipo de RECO-RECO de origem africana associado aos ritos do candomblé.

macungo BERIMBAU.

madarkion (gr.) Instrumento semelhante a uma SANFONA, foi introduzido nos EUA pelos imigrantes de origem grega.

Madeiras (it. *legni*; ing. *woodwinds*; al. *Holzblasinstrumente*, *Holzbläse*) Seção de instrumentos da família dos sopros que costumam ser feitos de madeira, mas podem ser encontrados também em osso, marfim, liga metálicas (SAXOFONE e FLAUTA TRANSVERSAL) e atualmente galalite ou plástico, modelos baratos adequados ao estudo de iniciantes. Atualmente, por razões históricas, instrumentos como a flauta transversal e o saxofone, embora feitos de ligas de metal, ainda são membros da seção das madeiras. Os instrumentos, classificados por categoria, dividem-se entre os que produzem som (1) pela vibração de PALHETA única, como o saxofone e a clarineta, (2) de uma palheta dupla, como o oboé e o fagote (incluindo-se aí os de palheta encapsulada, como o KRUMMHORN), e (3) aqueles que, como as flautas, produzem som pela vibração do ar assoprado contra algum tipo de anteparo. As diferentes notas dos instrumentos da família das madeiras são obtidas pela alteração do comprimento da coluna de ar por meio de orifícios abertos e fechados combinadamente pelos dedos do executante, por um mecanismo de CHAVES ou ainda pela combinação de ambos os sistemas.

madhya spatak Na MÚSICA INDIANA, a oitava média.

madhyam Na MÚSICA INDIANA, a quarta nota da escala (ma).

madrigal (it. *mandrigale*, originalmente *matricale-pastoril*) **1.** Composição vocal de origem italiana para várias vozes, geralmente sem acompanhamento. O texto era secular (amoroso, satírico ou alegórico), mas havia também os MADRIGALE SPIRITUALE. Surgiu durante o século XVI, foi uma forma usada por compositores italianos e franco-flamengos, e no século XVII também por Monteverdi. Chegou à Inglaterra tornando-se um dos gêneros vocais favoritos da corte elisabetana. **2.** Pequeno coro.

madrigale (it.) Ver MADRIGAL (acp. 1).

madrigale spirituale (it.) Tipo de MADRIGAL (acp. 1) secular surgido na Contra-Reforma italiana.

mãe-joana Ver JOANA (acp. 1).

maelzel Escala numérica de ANDAMENTOS em um METRÔNOMO.

maestoso (it. lit.: majestoso) Na partitura, indicação que sugere o caráter musical de uma obra ou trecho.

maestro (it. lit.: mestre) Pode designar tanto o regente de orquestra, coral ou outro conjunto quanto, genericamente, um professor ou solista. Ver também REGENTE.

maestro al cembalo (it. lit.: maestro ao teclado) Músico que rege a partir do CRAVO, prática comum no Barroco.

maestro cantore (it.) MEISTERSINGER.

maestro di banda (it.) Regente de bandas e FANFARRAS.

maestro di cappella (it.) Maestro de CAPELA. KAPELLMEISTER.

máfia No jargão brasileiro, agrupamento não-oficial de músicos profissionais, como as antigas GUILDAS, que monopolizam ou dividem geograficamente ou por locais de apresentação trabalhos como gravações, festas e casamentos com outras sociedades. Em geral, cada "máfia" arregimenta sempre os mesmos integrantes, não invade o espaço de outra e expulsa o músico que não se adapta à convivência com os colegas, falta a um cachê marcado para atender solicitação de terceiros, infringe normas estabelecidas por consenso, ou ainda a disciplina interna da sociedade. Ver também GUILDA.

magadis Certo tipo de CÍTARA empregada na Antiguidade pelos gregos cujas cordas duplas são afinadas por oitavas em cada ORDEM.

magadize (ing.; gr. *magadizein*) Canto em OITAVAS PARALELAS. O termo é provavelmente associado à afinação do MAGADIS.

maggiore (it.) Modo maior. Ver também MAIOR.

maglio (it.) MALHO, martelo.

magnetic tape (ing.) Fita magnética.

magnificat Canto litúrgico surgido na Idade Média a partir de um texto de Lucas Evangelista (1:46-55), desenvolveu-se no Renascimento entre compositores como Dufay e Palestrina para consolidar-se como forma POLIFÔNICA no Barroco pelas mãos de Schütz e Bach, principalmente, em extensas obras vocais. Foi empregado também no Classicismo por compositores como Carl Philip Emmanuel Bach e Mozart, e chegou a inspirar Penderecki no século XX, entre outros.

magonguê Ver MANGONGUÊ.

mahfil Na MÚSICA INDIANA, espécie de SARAU de músicos e poetas.

maidan Na MÚSICA INDIANA, a principal membrana de ressonância da TABLA.

main **1.** (fr.) Mão. **2.** (ing.) Principal.

main droite (fr.) Mão direita.

main gauche (fr.) Mão esquerda.

mainstream (ing. lit.: corrente principal) Diz-se da vertente predominante de um gênero da música popular em determinada época. Ver também JAZZ.

maior (it. *maggiore*; fr. *majeur*; ing. *major*; al. *dur*) **1.** Denominação dos intervalos de segundo, terceiro, sexto e sétimo graus de uma escala maior, em relação à tônica (dó-ré, dó-mi, dó-lá e dó-si da escala de dó maior, por exemplo). **2.** Designa uma escala cujo terceiro grau observa um intervalo de terça maior em relação à tônica, como na escala de dó maior. Ver também TRÍADE maior.

maître chanteur (fr.) MEISTERSINGER.

maître de chapelle (fr. lit.: mestre de capela) Ver KAPELLMEISTER.

maîtrises (fr.) Na França do século XV, certo tipo de música cortesã profana.

maj. (ing.) Abreviatura de MAJOR (acp. 1).

majeur (fr.) MAIOR.

major (ing. lit.: maior) **1.** Maior, como em *C major*. **2.** Sétima maior, como C *major seventh*, dó com sétima maior (C maj7). Abreviatura [maj.]. **3.** Área de concentração de estudos universitários, como *Performance major* (apresentação) ou *Composition major* (composição).

major key (ing.) TONALIDADE maior.

makossa Ritmo tradicional de Camarões, no final dos anos 1970. Teve entre seus grande inovadores Manu Dibango, que mesclou as tradições nativas com o SOUL e a DISCO MUSIC.

malacacheta Ver MARACAXETA.

malagueña Dança e música de FANDANGO (acp. 1) de melodia improvisada do folclore espanhol. Teve origem em províncias do Sul da Espanha como Málaga, e influenciou compositores do século XX, como Albéniz e Ravel.

malagueta No teatro de ÓPERA, série de varetas de madeira da VARANDA DE MANOBRA onde são amarrados os cordoamentos do CENÁRIO.

malaguetas de afinação Ver MALAGUETA.

malho (it. *maglio*; ing. *mallet*) Pesada BAQUETA aconchoada de instrumentos como o GONGO [var.: maceta, macete].

malincolico (it.) Melancólico [var.: *malinconico*].

malinconico (it.) Ver MALINCOLICO.

mallet (ing. lit.: macete) Ver MALHO.

mambo Dança de salão tipicamente cubana em COMPASSO QUATERNÁRIO. Executada nos bailes da Havana do final da primeira metade do século XX, era dançada com requebros e rápidos volteios e foi largamente exportada para todo o mundo como produto característico da ilha. O acompanhamento era feito por COMBOS que incluíam voz, piano, contrabaixo, violão, BONGÔS e MARACAS, além de outros instrumentos, como saxofones e METAIS.

mambo duplo Ver CHACHACHÁ.

mammoth (ing.) BOMBO.

mana-chica Dança de QUADRILHA do litoral fluminense e capixaba que mescla influências portuguesas e francesas, costuma ser acompanhada por pandeiros e VIOLAS DE ARAME.

manager (ing. lit.: chefe) Agente artístico, empresário.

mana-joana Dança do litoral fluminense semelhante à MANA-CHICA

mancando (it.) Ver CALANDO.

manche (fr.) O BRAÇO dos instrumentos de cordas.

mandado Espécie de dança de QUADRILHA semelhante ao FANDANGO (acp. 3) do interior paulista.

mandar o Lima Ver LIMA.

madhya lay Na MÚSICA INDIANA, tempo médio.

mandoire (fr.) BANDOLIM.

mandola (it.) Ver MANDORA.

mandole (it., fr.) MANDORA.

mandolin (ing.; it. *mandolino*; fr., al. *Mandoline*) BANDOLIM. Ver também MANDORA.

mandoline (fr.) MANDOLIN.

mandoline basse (fr.) BANDOLIM baixo.
mandolino (it.) MANDOLIN.
mandolone (it. *mandoline basse*; port. *bandolão*) BANDOLIM baixo.
mandora (it; fr. *mandore, mandole*; ing. *mandola, mandore*) Família de instrumentos de cordas dedilhadas semelhantes ao BANDOLIM, era popular no final do Renascimento. Os instrumentos maiores eram denominados *mandore* ou *mandola*, e os menores *mandolin* ou *mandolino.*
mandore (it. fr.) MANDORA.
mandra saptak Na MÚSICA INDIANA, a oitava inferior.
mandrialis (it.) MADRIGAL (acp. 1).
manduria [var. esp.: *mandurria*] Ver BANDURRA.
maneirismo (it. manierismo; ing. *manierism*; al. *Manieren, Mannierismus*) Em música, denominação de estilos de época típicos da transição, como o ROCOCÓ.
maneiro-pau Dança de roda masculina de algumas regiões do Nordeste brasileiro, emprega bastões e ritmos e é influenciada pela CAPOEIRA. Ver também MACULELÊ DE BASTÃO.
mangonguê Pequeno ATABAQUE que era utilizado por escravos brasileiros, ainda pode ser encontrado em regiões como o Nordeste e o Centro-Oeste do Brasil [var.: magonguê].
mangue beat Neologismo criado para definir o gênero idealizado por Chico Science a partir de 1994. À frente do grupo Nação Zumbi, Science liderou uma corrente da vanguarda popular brasileira que inclui Mestre Ambrósio e Mundo Livre S/A. Os ritmos são uma mescla de POP, MERENGUE, XOTE, REGGAE e MARACATU.
manichord (ing.; it. *manicordio*) MONOCÓRDIO.
manico (it.) O BRAÇO dos instrumentos de cordas.
manicorde (fr.) CLAVICÓRDIO.
manicordio (it.) CLAVICÓRDIO [var.: it. *manicordo*].
manicordo (it.) MANICORDIO.
Manieren (al.) MANEIRISMO.
mannierism (ing.) MANEIRISMO.
Mannierismus (al.) MANEIRISMO.
manjericão Dança de casais que empresta passos de valsa ao FANDANGO (acp. 3) do interior paulista.
manjira Na MÚSICA INDIANA, pequenos CÍMBALOS.
Männeraltist (al.) CONTRATENOR.
männliche Endung (al.) TERMINAÇÃO MASCULINA.
mano destra (it.; fr. *main droite*; ing. *right hand*) Mão direita. Abreviatura [m.d.].
mano ferma (it.) Mão fechada.
mano sinistra (it.; fr. *main gauche*; ing. *left hand*) Mão esquerda. Abreviatura [m.s.].
manossolfa Sistema de estudo de solfejo auxiliado pelo uso dos dedos das mãos. Ver também QUIRONOMIA.
mantice (it.) FOLE (acp. 1).
mantiquira Certo tipo de FANDANGO (acp. 3) do litoral paulista acompanhado por VIOLA DE ARAME, sapateado e palmas.
manuais Ver MANUAL.
manual (it., ing. *manual*; fr. *manuel, clavier manuel*) Na música de instrumentos como o CRAVO e o ÓRGÃO, teclado (ou conjunto de teclados) executado com as mãos, em contraposição a pedal (no caso do órgão, com os pés).
manuale (it.) MANUAL.
Manualiter (al.) Música ou trecho de peça para órgão a ser executada pelas mãos, sem o emprego de pedais.
manúbrio (port.; lat. *manubrium*; it. *bottone*; *pomello di registro*; fr. *bouton, pomette de régistre*; ing. *knob*; al. *Registerknöpfe*) Botão de REGISTRO (acp. 2) do órgão.
manubrium (lat.) Ver MANÚBRIO.
manuductor (lat.) Diz-se da regência batida com as mãos.
manuel (fr.) MANUAL.
mão direita (it. *mano destra*; ing. *right hand*; fr. *main droite*; al. *rechte Hand*) Abreviatura [m.d.].
mão guildoniana Ver NOTAÇÃO MUSICAL.
maple (ing.) BORDO.
maqan Na música árabe, modo que emprega freqüentemente variações MICROTONAIS desenvolvidas nas improvisações. Ver MÚSICA ÁRABE.
máquina de trovão (it. *machina di tuono*; fr. *machine à tonerre*; ing. *thunder-machine*; al. *Donnermaschine*) Espécie de tambor cheio de pedras e peças metálicas que quando atirado contra o chão evoca o som de uma tempestade. Emprega-se ainda, para a obtenção de efeito similar, uma FOLHA-DE-FLANDRES ou

chapa de outro metal, contra a qual se atiram pedras e objetos [var.: trovão].

máquina de vento (it. *eolifono*; fr. *machine à vent, eoliphone*; ing. *wind-machine*; al. *Windmaschine*) Instrumento do arsenal de percussão da orquestra que imita o ruído do vento. Foi empregado por De Falla, em *Atlantida*, Milhaud, em *Les choéphores*, Ravel, em *Daphnis et Cloé*, Schönberg, em *Jacob's Ladder*, Richard Strauss, em *Don Quixote*, e Vaughn Williams, na *Sinfonia antártica*.

mar Abreviatura de MARIMBA.

marabacho (port. corruptela de mar-abaixo) Dança cantada e de passos improvisados do extremo Norte brasileiro, é acompanhada por pequenos ATABAQUES e lembra a CAPOEIRA baiana [var.: marabaixo, mar-abaixo].

maraca 1. (it. *alfandoque, nasisi*; fr. *asson, boîte à clous, marache*; esp. *carangano, chinchin, dadoo, geraza, maracca, maruga, marraga, tcha-tcha*; haitiano *sonajas*) Espécie de chocalho latino-americano tocado aos pares. Consiste em duas peças ocas de formato oval em cujo interior são colocadas pedras ou sementes. Cada maraca é sacudida alternadamente pelo músico por meio de uma haste afixada em sua base. Foi utilizada por Bernstein em sua *Jeremiah Symphony* [var.: bapo, dadu, guará, huada]. Abreviatura [mrc]. **2.** Um tipo de GANZÁ.

maracá Espécie de chocalho de origem indígena feito de palha ou tiras de bambu trançadas em cujo interior são colocadas sementes, pedras ou outros objetos.

maracatu Cortejo folclórico e folguedo pernambucano, teve origem nas tradições das nações negras (por meio dos descendentes diretos dos escravos africanos) e se relaciona com a CONGADA, fazendo parte da tradição musical do Recife. Um cantor lidera coro e dançarinos à frente de um conjunto que pode incluir trompete, trombone e saxofones, além de instrumentos de percussão como a CUÍCA, O GANZÁ, O GONGUÊ, O SURDO, O TAROL e a ZABUMBA. Os participantes desfilam em alas que simbolizam as diferentes nações negras da África. Há dois tipos de maracatu: o africano, também chamado nação, e o rural [var.: baque].

maracatu africano Também conhecido por nação, contrapõe-se ao MARACATU chamado baque solto. Ver também MARACATU.

maracatu elefante Folguedo pernambucano comandado por uma rainha.

maracatu rural Tipo de MARACATU também chamado baque virado.

maracaxeta Pequeno SURDO introduzido nas escolas de samba pelos carnavalescos paulistanos [var.: malacacheta].

maracca (esp.) MARACA.

marache (fr.) MARACA.

marcador Ver SURDÃO.

marcante ZABUMBA maior e mais grave do conjunto de MARACATU. Geralmente emprega uma pele de carneiro sem raspagem dos pêlos, proporcionando um som rouco característico [var.: zabumba-mestre]. Ver também MEIÃO.

marcantista Músico do MARACATU que toca o MARCANTE.

marcato (it. lit.: marcado; fr. *marqué*; ing. *marked*; al. *markiert*) Tipo de articulação comum entre os diversos instrumentos, é realizada por meio de ataque no sopro (madeiras e metais) ou golpe de arco (instrumentos de cordas da orquestra).

marcha (it. *marcia*; fr. *marche*; ing. *march*) **1.** Música para marchar. Peça instrumental em COMPASSO BINÁRIO OU QUATERNÁRIO fortemente acentuado, em andamento compatível com o passo militar, cujo acompanhamento rítmico é feito por instrumentos de percussão como tambores, BOMBOS e CAIXAS. A partir do Classicismo, a marcha passou a servir de introdução a SERENATAS (acp. 1), porém o gênero veio a consolidar-se definitivamente apenas no período Barroco, entre os franceses, tradicionalmente seus grandes cultores. Lully introduziu a marcha definitivamente na ópera, e com a Revolução Francesa o militarismo dominante na Europa (vide a *Marseillaise*, que não é exatamente um hino, mas uma marcha) abriu caminho para compositores como Cherubini e até mesmo Beethoven criarem música marcial ou inspirada nos desfiles militares (como a *Marcha fúnebre* que dá título ao segundo movimento da Sinfonia nº 3, *Eroica*, de Beethoven). A marcha é parte comum em óperas de compositores como Mozart (*A flauta mágica*) e Verdi (*Aída*). Compositores como Chopin escreveram marchas para piano, inspirando-se na pompa militar, e os grandiloqüentes Berlioz e Wagner (este último, na abertura de *Os mestres-cantores de Nuremberg*) também cederam aos seus encantos, empregando-as ou nelas se inspirando em suas obras sinfônicas e óperas, tal qual o inglês Elgar, com sua célebre *Pompa e circunstância*. **2.** Música instrumental típica da folia carnavalesca urbana brasileira, teve origem nos RANCHOS natalinos. O andamento da marcha de carnaval é moderado, em COMPASSO BINÁRIO bem marcado, e é fortemente acentuado nos tempos fracos. Outros gêneros de marchas populares brasileiras são a MARCHA-RANCHO e MARCHINHA.

marcha-de-rancho Ver MARCHA-RANCHO.

marcha-frevo Gênero de características híbridas que foi criado a partir da marcha carnavalesca pelos grupos de FREVO pernambucanos.

marcha fúnebre (it. *marcia funebre*; fr. *marche funèbre*; ing. *funeral march*; al. *Totenmarsch*, *Trauermarsch*) Marcha em andamento arrastado, própria de desfiles ou cerimônias fúnebres solenes. Entre os inúmeros compositores que escreveram marchas fúnebres, destacam-se Beethoven (*Sinfonia n° 3, Eroica*), Chopin (*Sonata para piano em si bemol menor*, *Marcha fúnebre*) e Wagner, com sua gloriosa homenagem a Sigfried, na ópera *O crepúsculo dos deuses*. Ver também MARCHA.

marcha militar (it. *marcia militare*; fr. *marche militaire*; ing. *military march*; al. *Armeemarsh*, *militärmarsh*). Marcha de caráter militar, geralmente tocada em desfiles.

marcha-rancho Marcha carnavalesca brasileira de andamento mais contido e contornos rítmicos mais suaves do que a marcha propriamente dita. A letra é geralmente irônica, influenciada pela tradição dos antigos RANCHOS, a exemplo da imortal *As pastorinhas* (1938), de Noel Rosa e João de Barro, a famosa *A jardineira*, originária da tradição dos pastoris nordestinos e adaptada como MARCHA-RANCHO por Benedito Lacerda e Humberto Porto para o carnaval carioca de 1939, além do mais recente *Rancho da Praça Onze*, de João Roberto Kelly (1965) [var.: marcha-de-rancho].

marcha-regresso FREVO lento que é tocado durante as madrugadas de carnaval do Recife pelos músicos e passistas que regressam às suas casas após longas noitadas de danças exaustivas.

marcha triunfal (it. *marcia trionfale*; fr. *marche triomphale*; ing. *triumphal march*; al. *Triumphmarsch*) Marcha tocada em homenagem à vitória.

marche (fr.) Marcha.

marche fuinèbre (fr.) MARCHA FÚNEBRE.

marche militaire (fr.) MARCHA MILITAR.

marche nuptiale (fr.) MARCHA NUPCIAL.

marche triomphale (fr.) MARCHA TRIUNFAL.

marchinha MARCHA (acp. 2) em COMPASSO BINÁRIO e andamento rápido tipicamente brasileira, é bastante popular nos folguedos carnavalescos.

marchinha-de-rancho Gênero carioca de MARCHA-RANCHO lançado com *Vem aos meus braços* (1934), de Joubert de Carvalho.

marcia (it.) MARCHA.

marcia funebre (it.) MARCHA FÚNEBRE.

marcia militare (it.) MARCHA MILITAR.

marcia nuziale (it.) MARCHA NUPCIAL.

marcia trionfale (it.) MARCHA TRIUNFAL.

mardi-gras (fr. lit.: terça-feira gorda) Evento popular de rua como o carnaval, próprio da tradição de Nova Orleans, EUA.

marfim Ver IVORY.

marg Na MÚSICA INDIANA, a arte das entidades celestiais.

mariacchi (it.; fr. *mariage*: casamento) Grupo de músicos semiprofissionais mexicano liderado por um trompetista, é freqüentemente contratado ou convidado para apresentar-se em cerimônias nupciais [var. esp.: *mariachi*].

mariachi Conjunto típico do folclore mexicano inspirado no MARIACCHI, cuja formação inclui principalmente violões, violinos e percussão.

maribao Ver M'BIRA.

maribondo Ver MARIMBONDO.

Marientrompete (al.) TROMBA MARINA.

marimba (ing. *marimbaphone*; al. *Marimbaphon*) Instrumento de percussão de teclado como o XILOFONE, consolidou-se provavelmente no início do século XX. A marimba deriva do SANZA de certas tribos africanas, possui teclado de três a cinco oitavas que utiliza placas de madeira ou fibra de vidro afinadas, que são dispostas sobre ressonadores metálicos e percutidas com duas ou quatro BAQUETAS. Um modelo de extensão maior, combinando a marimba com características do XILOFONE, era chamado XILORIMBA e chegou a ser utilizado por diversos compositores do século XX, mas não logrou ser incorporado à orquestra. Algumas das peças mais importantes são a suíte do filme *The red poney*, composta por Aaron Copland, e o *Capriccio*, de Gustav Holst.

marimba de congada Instrumento de percussão brasileiro de origem africana, consiste em uma série de teclas de madeira dispostas sobre pequenas CABAÇAS que servem de ressonadores.

marimba de vidro Espécie de MARIMBA cujas teclas são feitas de vidro. Foi inventada pelos integrantes do grupo mineiro Uakti e possui uma sonoridade rica e bastante característica.

marimbafone Espécie de MARIMBA de teclas metálicas criada nos EUA no início do século XX, teve existência bastante curta.

Marimbaphon (al.) MARIMBA.

marimbaphone (ing.) Outra designação de MARIMBA.

marimbau **1.** Tipo de MARIMBA primitiva do litoral paulista. **2.** BERIMBAU.

marimbola Instrumento latino-americano como o THUMB-PIANO.

marimbondo Dança de roda da região central brasileira que costuma ser acompanhada por pandeiros e reco-recos. Os movimentos dos dançarinos simbolizam os gestos dos escravos defendendo-se dos ataques de marimbondos [var.: maribondo].

marimbula Instrumento primitivo de VOZ BAIXO (acp. 1) encontrado em Cuba e na República Dominicana, consiste em um arame cujas pontas são atadas, respectivamente, a uma caixa e à extremidade de uma vara, cujo movimento regula sua tensão, gerando notas de alturas razoavelmente distintas. Ver também M'BIRA.

marinera norteña Música e dança do Norte do Peru.

marionetes Gênero de ópera de conteúdo jocoso ou irônico, emprega bonecos de marionetes e foi bastante popular no período Barroco, tanto na Itália quanto na França e na Inglaterra.

mark tree (ing.) Instrumento de sopro que consiste em uma série de tubos metálicos unidos por soldagem e afinados em MICROTONS.

marked (ing.) MARCATO.

markiert (al.) MARCATO.

markig (al.) Vigoroso.

marqué (fr.) MARCATO.

marrafa Tipo de FANDANGO (acp. 3) de roda dupla (masculina e feminina) do litoral norte paulista, costuma ser acompanhado por VIOLAS DE ARAME.

marraga (esp.) MARACAS.

marrá-paiá (corruptela de "amarrar paiá") Dança de MOÇAMBIQUE do litoral sul fluminense cujos participantes, liderados por um cantor, amarram chocalhos em suas canelas. Ver também PAIÁ.

marreca Dança como a MANA-CHICA.

marteau (fr.) MARTELO (acp. 1).

martelão Passo largo do sapateado masculino do Rio Grande do Sul.

martelé (fr. lit.: martelado; it. *martellato*, *martello*; ing. *hammered*, *hammered stroke*) Entre os instrumentos de cordas da orquestra, GOLPE percussivo com acento consoante que deve ser executado com movimentos rápidos e curtos sobre a corda. Ivan Galamian sugere uma espécie de "beliscão" no início de cada nota. Indica ainda que, após cada golpe em mudanças de cordas, o arco deve apoiar-se antecipadamente na corda que deverá ser tocada em seguida, devido à necessidade de se acentuar fortemente cada nota. O *martelé* também pode ser executado em movimentos simultâneos em uma mesma direção, de forma similar ao PICHETTATO, porém com maior movimento do arco entre as notas. Galamian entende que existem duas técnicas que resultam em sonoridades diferentes: (1) simples, com ataque e imediata redução para o grau desejado, e (2) sustentado. Segundo o mestre da escola norte-americana, do ponto de vista da mecânica de sua execução o *martelé* compõe-se de duas ações básicas: apoio do arco e ataque, com energia, para cima e para baixo, com um movimento quase retilíneo da crina. Ele sugere ainda que o *martelé* sustentado (*sustained martelé*) é uma espécie de DÉTACHÉ expressivo que recebe um acento *martelé* no início de cada nota. Segundo Rolland, o arco na execução deste golpe deve parar repentinamente, no final de cada nota, e preparar o ataque à nota seguinte. Ainda segundo Galamian, quando o som não termina de forma abrupta, como sugere o nome do golpe, pode-se chamá-lo *martelé chanté* (*martelé* cantado).

martelé chanté (fr.) Ver MARTELÉ.

martelé off-string (fr., ing.) Entre os instrumentos de cordas da orquestra, golpes pesados, articulados com velocidade moderada e fora da corda, quase que verticalmente. Similar ao COLÉ.

martelé sustained (fr., ing.) Ver MARTELÉ.

martelinho Passo curto do sapateado masculino do Rio Grande do Sul.

martellato (it.) MARTELÉ.

martello (it.) MARTELÉ.

martellone (it.) Martelo.

martelo 1. (it. *martellone*; esp. *martillo*) Haste de madeira com ponta oval recoberta de feltro, faz parte do mecanismo do piano e serve para percutir as cordas quando acionado pela tecla. **2.** Forma de DESAFIO dos cantadores do Nordeste brasileiro que serve de base para improvisações de letras e músicas. É bastante usado para versos de temas heróicos. Os martelos mais empregados são o gabinete e o agalopado. **3.** Em instrumentos de cordas como o violão, é um efeito percussivo que permite conduzir um dedo da mão esquerda de determinada nota a outra, fazendo esta última soar sem uma nova articulação da mão direita.

martelo agalopado Forma de MARTELO (acp. 2) rápido do desafio nordestino cujas estrofes são geralmente decassilábicas [var.: martelo de seis pés]. Ver também MARTELO (acp. 2).

martelo alagoano Espécie de MARTELO (acp. 2) agalopado do Alagoas cujas estrofes geralmente terminam com os versos: "nos déis péis do martelo alagoano...".

martelo de seis pés MARTELO AGALOPADO.

martelo gabinete Forma de MARTELO (acp. 2) dos desafios dos cantadores do Nordeste brasileiro, cujos versos são indiferentemente irônicos ou heróicos.

martelo miudinho Espécie de MARTELO (acp. 2) agalopado que termina com os versos: "nos déis péis do martelo miudinho".

martillo (esp.) MARTELO.

martinete 1. (it. *saltarello*; fr. *sauterau*; ing. *jack*; al. *Docke*) Peça do CRAVO semelhante ao MARTELO (acp. 1) do piano, tem afixada em sua extremidade um PLECTRO de pena animal ou plástico que serve para pinçar as cordas do instrumento [var.: lingüeta, saltador]. **2.** Tipo de canção flamenca sem acompanhamento.

martirologium Ver LIVROS LITÚRGICOS.

maruga MARACA.

marujada Ver CHEGANÇA (acp. 2).

máscara 1. Na técnica do canto, diz-se da região do aparelho vocal onde o cantor sente melhor as vibrações sonoras. **2.** Ver MASQUE.

mascarada Ver MASQUE.

mascaramento Ver MASKING.

mascella d'asino (it.) VIBRASLAP.

mascherata (it.) Folia do gênero da VILLANELLA.

masculine cadence (ing.) TERMINAÇÃO MASCULINA.

Maskenspiel (al.) MASQUE.

masking (ing. lit.: mascaramento) Em acústica, um som audível que é encoberto quando um outro som, de intensidade muito maior, é produzido simultaneamente.

masque (fr. lit.: máscara; al. *Maskenspiel*) Espécie de diversão da corte inglesa do final do Renascimento, teve origem na Itália e na França e unia declamação, encenação e música. No período Barroco, a palavra passou a designar genericamente pequenas óperas. No século XX, a *masque* chegou a influenciar compositores como Elgar [var.: máscara, mascarada].

massa Ver MAÇANETA.

massaneta Ver MAÇANETA.

mässig (al.) Moderado.

master (ing. lit.: mestre) **1.** Fita magnética onde são gravados diretamente os sinais de áudio originais das músicas em um estúdio, para posterior prensagem em discos ou registro em outros meios. **2.** Na MÚSICA ELETRÔNICA, dispositivo que controla um outro, secundário, chamado *slave* (escravo). **3.** Aquele que concluiu pós-graduação em Música (*Master of Music*) em nível mestrado.

master-class (ing. lit.: aula de mestre) OFICINA musical de um mestre ou especialista em determinada especialidade.

master of ceremony (ing.) Abreviatura de MC.

Master of Music (ing.) MESTRE EM MÚSICA.

mastersinger (ing.) Ver MEISTERSINGER.

master tape Ver MASTER (acp. 1).

masterwork (ing. lit.: trabalho de mestre) Obra-prima.

matachin (esp.) Dança mexicana do período Barroco de provável origem árabe. Caracterizava-se pelo espírito bélico, passos fortes, gestos violentos e golpes de espadas.

matching folio (ing.) Espécie de livro onde são impressos partituras, letras e fotos de determinado álbum de música popular.

matinas (it. *mattutino*; fr. *matins*, *matines*; ing. *matins*; al. *Matutin*) Primeiro ofício da manhã da liturgia católica.

matinê (fr. *matinée*) Espetáculo realizado durante o dia, geralmente à tarde.

matines (fr.) MATINAS [var.: *matins*].

matins (fr. lit.: manhãs) MATINAS [var.: *matines*].

matra Na MÚSICA INDIANA, BATIDA.

matraca 1. (popular metralhadora; it. *raganella*; fr. *crécelle*; ing. *rattle*; al. *Ratsche*) Instrumento de percussão que consiste em um jogo de lâminas plásticas ou de madeira afixadas em uma das extremidades internas de uma pequena caixa vazada retangular. Ao se girar a caixa por meio de uma haste, as lâminas estalam seguidamente sobre uma espécie de roda dentada, fazendo produzir estalidos que lembram os tiros de uma metralhadora. A matraca foi utilizada por Richard Strauss em *Till Eulenspiegels lustige Streiche* [var.: cegarrega]. **2.** Instrumento de percussão que consiste em duas placas de madeira que, presas por argolas em uma haste plana, produzem estalos intensos e penetrantes quando percutidas uma contra a outra. Ver também CHICOTE.

matrioshka (rus. lit.: boneca de madeira) dança e música que exaltam o vigor da mulher camponesa da região central da Rússia.

mattinata (it.) Ver AUBADE.

matunga 1. BERIMBAU. **2.** Pequeno chocalho como o PAIÁ. **3.** Pulseira de GUIZOS ligada ao MOÇAMBIQUE.

matungo Instrumento de percussão trazido pelos escravos africanos, consiste em uma espécie de concha ou CABAÇA em cujo interior são colocadas pedras ou peças de metal.

Matutin (al.) MATINAS.

mattutino (it.) MATINAS.

Maultrommel (al. lit.: tambor de boca) Ver BERIMBAU-DE-BOCA e HARPA JUDAICA.

maxabomba Uma das afinações da VIOLA DE ARAME.

máxima No sistema de notação da Idade Média antiga, a nota de mais longa duração, equivalente a duas (e às vezes três) LONGAS.

maxixa Variante portuguesa do MAXIXE.

maxixe (termo que o maestro Batista Siqueira acredita ser corruptela de "macho, viche", de "sou macho, Virgem" — e que, portanto, segundo ele, deveria ser grafado machiche). Dança urbana em COMPASSO BINÁRIO surgida no Rio de Janeiro do final do século XIX. O nome, acreditava-se na época, seria alusão a uma pequena fruta que brotava junto ao capim dos piores recantos cariocas, como a zona de baixo meretrício do Mangue do Rio de Janeiro (certamente porque a dança era considerada maldita e condenada pela sociedade local, assim como os bordéis cariocas). Naquela época, o maxixe era visto como modismo indecente das classes baixas, imoral como o LUNDU. Com elementos da HABANERA e do TANGO BRASILEIRO, a dança sofreu influência da POLCA e chegou a surgir travestida de européia em bailes da classe média como polca-tango. O maxixe assumiu-se verdadeiramente nacional graças aos ritmos SINCOPADOS trazidos pelos negros africanos, e abriu caminho para o surgimento do samba urbano, alguns anos depois, bem como antecedeu em mais de um século algumas danças sensuais brasileiras mais recentes, como as já extintas DANÇA DA GARRAFA e LAMBADA, versões pasteurizadas e mediocrizadas pela mídia do erotismo introduzido quase 120 anos antes na música e dança brasileiras pelo velho maxixe.

mazamorra Dança da zona central do Chile.

mazhar Espécie de grande TAMBORIM da Europa Oriental.

mazurca (pol. *mazurka*) Dança folclórica polonesa de casais em COMPASSO TERNÁRIO moderado do século XVII, fortemente acentuada no segundo tempo. Costumava ser acompanhada por uma espécie de GAITA-DE-FOLES e foi popular na região da Varsóvia. Durante o período Barroco, seu espírito alegre contagiou outras partes da Europa, avançou Classicismo e Romantismo adentro e inspirou as célebres, intricadas e virtuosísticas *55 mazurkas para piano* de Chopin.

mazurka (pol.) Ver MAZURCA.

mazza (it.) MACETA.

mbalax Música do Senegal que emprega grande arsenal eletrônico e de estúdio em detrimento do antigo KORA, instrumento tradicional do país.

mbanza Instrumento africano. Ver também BANZA.

m'bira Instrumento de mão de origem africana. Consiste em uma pequena placa à qual são presas tiras de madeira ou metal cujas pontas são dispostas como em um teclado e dedilhadas pelo executante [var.: chitata, maribao, sansa].

MC Na linguagem do HIP-HOP, abreviatura de *master of ceremony* (mestre-de-cerimônias), referindo-se ao líder, aquele que dialoga com os dançarinos.

MCing Relativo a MC, ato de desempenhar o papel de um MC. Ver também HIP-HOP.

m.d. 1. (it.) Abreviatura de *mano destra* (mão esquerda). **2.** (fr.) Abreviatura de *main droite* (mão direita).

me No sistema DÓ MÓVEL, o terceiro grau abaixado da ESCALA DIATÔNICA, correspondente ao mi bemol.

meane (ing. *mean*: meio) Voz intermediária em contraponto a três vozes. No Renascimento, em virtude dessa posição intermediária entre soprano e baixo, o *meane* costumava ser designado a vozes de CONTRALTO ou CONTRATENOR.

meão Corruptela de MEIÃO.

measure (ing. lit.: medida) Originalmente, a partir do final do século XVI o termo designava seções ou seqüências rítmicas aplicadas aos passos de algumas danças, padronizando-as. Com o desenvolvimento da teoria musical, passou a referir-se a COMPASSO [var.: bar].

mécanisme léger (fr. lit.: mecanismo leve) Na técnica vocal, certo modo de produção do som na laringe.

media-caña Dança como a MEIA-CANA sulina, cujo nome tem origem provável na bacia do Prata.

mediant (ing.) MEDIANTE.

médiante (fr.) MEDIANTE.

mediante (it. *terzo grado*; fr. *médiante*; ing. *mediant*; al. *dritte Stufe, Mittelton*) O terceiro GRAU de uma escala, corresponde à nota mi na tonalidade de dó maior.

medida Ver MÉSURE.

medley (ing. lit.: miscelânea; fr. *mélange*) **1.** Termo que se originou no período Barroco para designar um bloco de temas apresentado na parte introdutória de uma obra, a ser desenvolvido posteriormente. **2.** Na música POP, apanhado geral de trechos significativos de diversas músicas que são geralmente gravados para demonstração promocional [var.: *medley ouverture*]. Ver também POT-POURRI.

megadis Ver MÚSICA GREGA.

megafone ou **megafono** Ver PORTA-VOZ.

megastar (ing.) No jargão POP, estrela de primeiríssima grandeza.

meg malhar Na MÚSICA INDIANA, tipo de RAGA associada à chuva.

meia cadência Ver CADÊNCIA IMPERFEITA.

meia diminuta Ver ACORDE DE MEIA DIMINUTA.

meia-cana Dança e canto da região Sul do Brasil baseados no FANDANGO (acp. 3) e influenciados por ritmos europeus (notadamente espanhóis e portugueses) e a POLCA.

meia-canha 1. No interior paulista, festa como o ARRASTA-PÉ [var.: meiacanha] Ver também MEIA-CANA e MEDIA CAÑA.

meiacanha Dança como a MEIA-CANHA. Ver FANDANGO (acp. 3).

meia diminuta (ing. *half diminished*). Ver DIMINUTO.

meião Espécie de ZABUMBA de som grave coberta com pele não aparada de carneiro, é um pouco menor do que o MARCANTE e costuma ser utilizado no MARACATU.

meio-soprano MEZZO-SOPRANO.

meio-tom SEMITOM.

Meistergesang (al.) Da Idade Média ao início do período Barroco, espécie de congregação de cantores e compositores alemães como os

Meistersingers (mestres cantores), agrupados em GUILDAS. Os *Meistergesang* estabeleciam sua próprias regras, a partir da música dos TROVADORES medievais. Algumas guildas sobreviveram até o final do século XIX, tendo sido representadas magistralmente por Richard Wagner na ópera *Os mestres cantores de Nuremberg*.

Meistersinger (al.; fr. *maître chanteur*; it. *maestro cantore*; ing. *mastersinger*) Mestre cantor. Ver também MEISTERGESANG.

mela-mela Espécie de ENTRUDO do carnaval do Recife.

mélange (fr. lit.: mistura) MEDLEY (acp. 1).

melisma (gr. lit.: canção ou melodia) Conjunto de normas de interpretação da tradição GREGORIANA, consistia em princípios que norteavam as regras para acréscimo de notas ou grupos de notas a uma estrutura predefinida. Também designa, genericamente, qualquer abordagem improvisatória de espírito oscilante e sinuoso (melismático), característica da música das culturas árabe e judaica. De forma geral, entende-se que há um melisma quando uma mesma sílaba do texto é entoada com diversas notas.

melismático Característica da música que utiliza MELISMAS.

mellophone (ing.) TENORHORN.

melodeon Pequeno órgão de PALHETAS (acp. 1) que surgiu nos EUA no final do século XVIII, é uma variante menor da SANFONA, semelhante à CONCERTINA.

melodia (gr. *meloidia*: canto ritmado; fr. *mélodie*; ing. *melody*; al. *Melodie*) **1.** De forma genérica, certa seqüência de notas organizada sobre uma estrutura rítmica que encerra algum sentido musical. Certamente, os conceitos de melodia advieram da observação do cantos das aves, prática que remete à pré-história das civilizações. Inicialmente, surgia sob a forma de combinação repetitiva de dois ou três sons sobre ritmos simples, ampliando-se depois para as formas PENTATÔNICAS encontráveis nas mais diversas culturas, e multiplicando-se em formas HEXATÔNICAS, HEPTATÔNICAS ou OCTATÔNICAS (como em certas obras de Bartók, por exemplo). Os princípios fundamentais da música, como a conhecemos hoje, são o ritmo, a melodia e a HARMONIA. A partir do final do século XIX, principalmente com Wagner, e em especial com as inovações trazidas por sua revolucionária ópera *Tristão e Isolda*, que já apontava para os caminhos do ATONALISMO, conceitos CROMÁTICOS e intervalos mais amplos, em seqüências fora dos padrões estéticos anteriores e passando por experiências como a chamada MÚSICA ALEATÓRIA, baseada na improvisação de um ou mais elementos (como ritmo e melodia) e a MÚSICA ELETROACÚSTICA, por exemplo, foram abertos novos horizontes que reformularam o conceito de melodia. **2.** No século XIX, certo tipo de obra instrumental de forma variável, como a *Melodia em fá* de A. Rubinstein. **3.** REGISTRO (acp. 2) do ÓRGÃO DE TUBOS cujo timbre se situa entre o da flauta e o da trompa. **4.** Na música popular, canção.

melodia de timbres Ver KLANGFARBENMELODIE.

melodia tenor O CANTUS FIRMUS da música GREGORIANA.

melodica Instrumento de sopro de PALHETA (acp. 1) embutida que utiliza um teclado similar ao do piano.

melódica Relativa a MELODIA.

melódica menor Escala menor que em direção ascendente que possui a sexta e a sétima maiores (dó-ré-mi bemol-fá-sol-lá-si-dó), e alteradas descendentemente em direção inversa (dó-si bemol-lá bemol-sol-fá-mi bemol-ré-dó).

melódico (it. *melodico*; fr. *mélodique*; ing. *melodic*; al. *melodisch*) Em sucessão organizada de sons. Que tem caráter de MELODIA.

melodicon (it., ing.) MELODIKON.

Melodie (al.) MELODIA.

mélodie (fr. lit.: melodia) **1.** No pós-Romantismo francês, referia-se um gênero de canção camerística, na maioria das vezes uma simples voz era acompanhada ao piano. O gênero buscava características românticas francesas com o intuito de disputar espaço na Europa, dominada pelo o LIED alemão. Algumas obras do chamado Grupo dos Seis (Poulenc, Massenet, Debussy, Fauré e outros) são consideradas *mélodies*. **2.** MELODIA (acp. 1).

Melodikon (al.; it., ing. *melodicon*; fr. *mélodicon*) Instrumento controlado por um teclado que aciona um cilindro giratório metálico sobre palhetas vibratórias em forma de forquilha.

melodina (fr.) Espécie de HARMÔNIO francês do século XIX.

melódio (port.) MELODION.

Melodion (fr., ing., it.) Instrumento de teclado alemão do início do século XIX, assemelhava-se ao HARMÔNIO e empregava barras de fricção.

melodioso (ing. *melodious*) Suave, agradável, melodioso.

mélodique (fr.) MELÓDICO.

melodisch (al.) MELÓDICO.

melodista **1.** No jargão popular, compositor de MELODIA (acp. 4). **2.** Tendência composicional que observa a melodia como o componente primordial da música.

melódio Ver MELODIUM.

Melodium (al.) Espécie de pequeno HARMÔNIO [var.: port. melódio].

melodrama Espécie de declamação alternada com trechos musicais, ou ainda representação com música de fundo. Sua origem remonta à Grécia antiga, mas o gênero consolidou-se na Europa na França do século XVIII, com o dramaturgo italiano Piero Metastasio, e cativou a Mozart, Beethoven, Schumann, Liszt e diversos outros compositores clássicos e românticos. Algumas experiências mais recentes relacionam-se de certa maneira com o melodrama, como o SPRECHGESANG e o SPRECHSTIMME do *Pierrot lunaire* (1912) de Schönberg.

melodramaturgo Criador de MELODRAMAS.

melodramma (it.) LIBRETO da ópera culta da Itália barroca.

melody (ing.) MELODIA.

melofone **1.** Instrumento marcial norte-americano da família dos METAIS, tinha construção similar à da TROMPA e era dotado de VÁLVULAS. **2.** Instrumento francês da primeira metade do século XIX cujo formato lembra um violão ou uma RABECA, possuía PALHETAS (acp. 1) internas que eram acionadas por meio de um FOLE pela mão direita, enquanto a esquerda dedilhava uma espécie BRAÇO em forma de teclado. **3.** Espécie de sanfona de dois FOLES.

melografia Técnica e arte de registro da música em partitura.

melógrafo (it. *melografo*; fr. *mélographe*; ing., al. *Melograph*) **1.** Aparelho para escrita musical inventado no final do século XIX. **2.** Aparelho eletrônico do princípio do século XX, captava e registrava em papel, com o auxílio de uma agulha, os contornos e oscilações de determinada melodia, independentemente da tonalidade ou afinação.

melograph (ing., it) MELÓGRAFO (acp. 1).

melographe (fr.) MELÓGRAFO (acp. 1).

meloidia (gr.) MELODIA.

meloman (al.) MELÔMANO.

mélomane (fr.) MELÔMANO.

melomania Mania por música.

melomaniac (ing.) MELÔMANO.

melomaníaco MELÔMANO.

melômano (it. *melomane*; fr. *mélomane*; ing. *melomaniac*; al. *meloman*) Maníaco, louco por música [var.: melomaníaco].

melopea (it.) MELOPÉIA.

melopée (fr.) MELOPÉIA.

melopéia (gr.; it. *melopea*; fr. *melopée*; ing. *melopoeia*; al. *Melopöie*) **1.** Na Grécia antiga, referia-se à arte de criar música, observando todos os seus elementos. **2.** Conjunto de regras vigentes na Grécia antiga para a elaboração de MELODIAS. **3.** No jargão popular, CANTILENA monótona.

mélophone (fr.) Tipo de HARMÔNIO em forma de GUITARRA (acp. 1).

melopiano (it.) Piano adaptado para efeitos sonoros especiais.

melopoeia (ing.) MELOPÉIA.

Melopöie (al.) MELOPÉIA.

meloterapia Técnica de tratamento psicoterápico que emprega música como elemento terapêutico.

membrana (it. *pelle, membrana*; fr. *peau, membrane*; ing. *skin, head, membrane, drum-head*; al. *Membrane, Fell, Paukenfell, Trommelfell*) Pele ou couro animal ou de náilon que serve para cobrir a abertura superior (às vezes, também a inferior) do FUSTE de instrumentos de percussão, como TÍMPANOS, CUÍCA e outros tambores [var.: pele].

membranofone (fr., ing. *membranophone*; al. *Schlagfell*) Classe de instrumentos cujo som é gerado pela vibração de uma MEMBRANA. Os membranofones podem ser percutidos, como os tambores, cantantes, quando se fala ou se canta em sua proximidade (KAZOO), ou dedilhados, como o pandeiro e a TABLA.

membranophone (fr., ing.) MEMBRANOFONE.

menestrel (lat. *ministerium*: serviço; fr. *ménestrel*) Poeta e músico medieval, verdadeiro animador de rua que tocava, cantava, declamava e representava. Os menestréis, andarilhos cuja tradição era essencialmente oral, deram lugar no início do período Barroco a cultores de formas artísticas mais elaboradas, em geral instrumentais e registradas em partitura.

meno (it. lit.: menos) Termo empregado em expressões como *poco meno mosso* (um pouco menos movido).

menor (it. *minore*; fr. *mineur*; ing. *minor*) **1.** Terceiro, sexto e sétimo graus de uma ESCALA DIATÔNICA alterado descendentemente um semitom (ré bemol, mi bemol, lá bemol e si bemol, na tonalidade de dó maior). **2.** Designa as escalas menores definidas pelo intervalo de terça menor, como os MODOS ECLESIÁSTICOS dórico, frígio, eólio e lócrio, e as escalas menores harmônica, melódica e natural, entre outras. **3.** Ver TRÍADE menor.

menor natural Escala menor (como a escala de lá, tocada nas teclas brancas do piano na tonalidade de dó maior), corresponde ao MODO EÓLIO.

mensagem de canal Ver CANAL MESSAGE.

mensura Nos instrumentos de teclado, relação proporcional entre o comprimento de vibração livre de uma corda e a altura do som.

mensuração Regra medieval básica que buscava estabelecer proporcionalidade entre as durações das notas.

mentoniera (it.) QUEIXEIRA.

mentonnière (fr.) QUEIXEIRA.

menuet (fr.) Elegante dança em COMPASSO TERNÁRIO da corte barroca francesa, como o MINUETO.

menuetto (it.) Termo que teve origem no francês *menuet*, referia-se a certo tipo de dança do período clássico, mas com o passar do tempo passou a referir-se ao antigo MINUETO.

merengue Música e dança viva e SINCOPADA de vários países da América Latina originária da República Dominicana. Com ritmo contagiante e dançarinos cujos passos acentuam os movimentos dos quadris, o merengue assumiu características próprias às mais diversas regiões onde ressurgiu, de Cuba e El Salvador à Bahia brasileira.

merge (ing.) Em MÚSICA ELETRÔNICA, refere-se ao processo de unir e combinar sinais de áudio, MIDI, seqüências etc.

merrymaking (ing.) AMUSEMENT.

mesa 1. Ver MESA DE MIXAGEM **2.** Ver MESA DE SOM. **3.** Ver HARPA.

mesa de mixagem Equipamento do AQUÁRIO de um estúdio que o técnico ou engenheiro de gravação utiliza para preparar, mixar, equalizar, montar e registrar em fita magnética uma execução musical. A mesa é composta de canais (8, 16, 24 ou mais), cada um reservado para um instrumento ou voz, e possui controles individuais para equalização e filtragem dos sinais de áudio [var.: mesa].

mesa de som Nas apresentações ao vivo, equipamento com controle de canais para equalização e filtragem dos sons de instrumentos, aparelhos ou microfones que são recebidos via cabo e endereçados a um sistema de amplificação. Ver PA. Ver também MESA DE MIXAGEM.

messa di voce (it. lit.: colocação da voz) Entre cantores e, por analogia, instrumentistas de cordas e de sopros, uma nota longa cujo início é suave, adquire gradativamente maior intensidade e cede à dinâmica inicial. Ver também MEZZA-VOCE.

messa d'organo (it.) Missa escrita para órgão.

Messingpendelrassel (al.) CAMPAINHAS DE VENTO.

mesto (it.) Na partitura, sugere expressão de melancolia.

mestoso (it.) Triste.

mestrado em música Curso de pós-graduação em Música para cuja conclusão o candidato apresenta dissertação escrita (musicologia) ou recital (*performance*).

mestre O VIOLEIRO principal, puxador e primeira voz de diversas manifestações do folclore brasileiro. Ver também CONTRAMESTRE.

mestre cantor MEISTERSINGER.

mestre das toadas O ensaiador das mulheres, em certas manifestações do MARACATU.

mestre-de-bateria Ver APITADOR.

mestre-de-canto Na ESCOLA DE SAMBA, diz-se daquele que ensaia os cantores.

mestre-de-capela (it. *maestro di cappella*; fr. *maître de chapelle*; al. *Kapellmeister*) Ver KAPELLMEISTER.

mestre-de-cerimônias Ver MC.

mestre em música Título em nível de pós-graduação que é recebido após a conclusão do curso de mestrado em Música.

mestre-sala Figurante indispensável na ESCOLA DE SAMBA, veste-se à maneira da corte de Luís XIV, com peruca, e faz reverências garbosas em redor da PORTA-BANDEIRA.

mestres-cantores Ver MEISTERGESANG e MEISTERSINGERS.

mesure (fr.) COMPASSO.

mesure à deux temps (fr.) COMPASSO BINÁRIO.

mesure à quatre temps (fr.) COMPASSO QUATERNÁRIO.

mesure ternaire (fr.) COMPASSO TERNÁRIO.

metais (it. *ottoni*; ing. *brasses*; fr. *cuivres*; al. *Blech, Blechbläser*) Família de instrumentos de sopro (aerofones) que produzem som pela vibração dos lábios dentro de um BOCAL em forma de taça. Por analogia, também costumam ser considerados integrantes dos metais os instrumentos feitos de chifre, madeira ou outro material cujo som é produzido de forma similar (assim como, inversamente, devido às suas origens históricas, alguns instrumentos construídos com ligas metálicas, como a FLAUTA TRANSVERSAL moderna e o SAXOFONE, pertencem à família das madeiras). Os instrumentos de METAL (acp. 2) executam séries de sons baseadas em seus HARMÔNICOS naturais. O volume da coluna de ar dentro do tubo é aumentado ou reduzido por meio de uma VARA (trombone), VÁLVULAS ou PISTÕES (trompetes, trompas e tubas) ou, como entre alguns instrumentos antigos como o SERPENTÃO, cobrindo ou abrindo com os dedos determinado número de orifícios. Ver também VÁLVULA.

metal (ing.) **1.** Ver HEAVY METAL. **2.** Ver METAIS.

metal mestiço Tipo de *rock* cubano como o da banda Tendencia, que mescla ritmos afro-caribenhos com o HEAVY METAL norte-americano.

metal mute (ing.) SURDINA (acp. 1) metálica de efeito dos METAIS.

metal stick (ing.; al. *Metallschlägel*) Entre os instrumentos de percussão, BAQUETA de metal.

metaleira 1. No jargão do *rock*, HEAVY METAL. **2.** No jargão do músico de orquestra, depreciativamente, a seção dos METAIS.

metaleiro Aquele que cultiva ou toca HEAVY METAL.

metalizado 1. Diz-se do som de características metálicas de qualquer instrumento. **2.** Que tem características de HEAVY METAL.

Metalldämpfer (al.) Ver METAL MUTE.

metallino (it.) GLOCKENSPIEL.

metallizzato (it.) CUIVRÉ.

Metallkassen (al.) Blocos de metal empregados na percussão de orquestra.

metallophone (fr. ing.) Ver METALOFONE.

Metallschlägel (al.) Ver METAL STICK.

metalofone (it. *metalofono*; fr., ing. *metallophone*; al. *Metallophon*) **1.** Instrumento de percussão que consiste em uma série de tubos metálicos de comprimentos diferentes. **2.** Instrumento de percussão semelhante ao XILOFONE cuja origem remonta ao século XVIII, no Oriente. Foi adotado por Orff em seu método de musicalização e consiste em uma caixa sobre cuja abertura são assentadas placas de metal dispostas em fileira (a partir da esquerda, da maior à menor e, conseqüentemente, da mais grave à mais aguda) [var.: port. metalófono].

metalofono (it.) METALOFONE.

metalófono (port.) METALOFONE.

Metalophon (al.) METALOFONE.

metallophone (fr.) METALOFONE.

metamorfose Técnica de composição surgida no Romantismo, a partir de Liszt, baseia-se na transformação dos elementos musicais para a expressão de diferentes estados de espírito, como na *Sinfonia fantástica*, de Berlioz.

meter (ing.) MÉTRICA.

méthode (fr.) MÉTODO.

método (it. *metodo*; fr. *méthode*; ing. *method*) Sistema de exercícios organizado para estudo de instrumento, voz, matérias teóricas, solfejo ou ritmo.

mètre (fr.) MÉTRICA.

métrica (fr. *mètre*; it. *metro*; ing. *meter*; al. *Metrum*) **1.** Sistema de organização rítmica de sons e pausas, comprendidas de forma identificável sob determinado ANDAMENTO. **2.** Na poesia, e por conseguinte nas letras de música, a organização das sílabas de acordo com suas durações.

métrica dupla COMPASSO de dois tempos.
métrica quádrupla COMPASSO de quatro tempos.
métrica sêxtupla COMPASSO de seis tempos.
métrica tripla COMPASSO de três tempos.
metro (it.) MÉTRICA.
Metronom (al.) METRÔNOMO.
metronome (ing.) METRÔNOMO.
métronome (fr.) METRÔNOMO.
metrônomo (it. *metronomo*; fr. *métronome*; ing. *metronome*; al. *Takmesser*, *Metronom*) Genericamente, qualquer artefato ou aparelho construído para marcar o pulso rítmico. O metrônomo comum consiste em uma caixa de madeira de formato trapezoidal em cuja base é colocado um pêndulo e sua oscilação é acionada por um mecanismo de mola semelhante ao de um relógio. Na parte superior do pêndulo é acoplado um pequeno peso, que pode ser fixado em gradações variadas, cada uma determinante das subdivisões do minuto (ex.: 40, 52, 60, 86, 120). Para efeito prático, essas subdivisões situam-se geralmente entre 40 e 208 batidas por minuto (bpm) e servem para determinar o pulso dentro de uma classificação mais ampla de andamentos (*largo*, *larghetto*, *adagio*, *andante*, *moderato*, *allegro*, *presto*, *prestissimo* e suas variantes). O primeiro metrônomo foi patenteado pelo inventor e compositor Maelzel, entre 1814 e 1815, inspirado no *chronomètre* de Loulié, criado ainda no século XVII. Em meados do século XX, a caixa de madeira do metrônomo foi substituída por um estojo de plástico, e o aparelho passou a ter o tamanho gradativamente reduzido, aumentando sua portabilidade. Finalmente, com o advento do transístor, não tardaram a surgir os metrônomos eletrônicos, muito mais precisos, e logo aqueles miniaturizados, que utilizam baterias ou fontes de alimentação. Os modernos *chips* eletrônicos possibilitaram aumentar ainda mais a portabilidade desses aparelhos, que hoje chegam a ser menores do que um maço de cigarros, com espessura menor do que três milímetros. Quando de seu surgimento, muitos atribuíram ao metrônomo a imposição de excessiva rigidez rítmica ao estudo, controvérsia que chegou a provocar na imprensa alemã manifesto favorável ao invento de Maelzel subscrito por ninguém menos do que Beethoven e Salieri. Foi em meados do século XIX que o metrônomo passou estabelecer referências numéricas mais precisas quanto à unidade de tempo: 60, 80 ou 126 batidas por minuto, por exemplo. Antes do surgimento do aparelho, era comum a utilização do batimento médio cardíaco (80 pulsações por minuto) e seus múltiplos como parâmetro rítmico, conforme tratados como o de Quantz. Com grande ironia, os músicos do sarcástico *O ensaio de orquestra*, filme do italiano Federico Fellini, substituem simbolicamente a rigidez e o autoritarismo do maestro por um gigantesco e impassível metrônomo. Compositores como Villa-Lobos e Ravel chegaram a empregar metrônomos à guisa de instrumentos de percussão.
Metrum (al.) MÉTRICA.
metteur-en-scène (fr.) Diretor de cena de uma ópera.
mezza voce (it. lit.: meia voz) Na técnica vocal, canto sustentado que emprega nuance dinâmica de piano e sugere intensidade contida. Abreviatura [m.v.].
mezzo (it. lit.: meio, metade) **1.** Termo geralmente empregado em expressões como *mezzo-forte* (*m.f.*), meio forte. **2.** MEZZO-SOPRANO.
mezzo-contralto (it. lit.: meio-contralto) Voz feminina de CONTRALTO cujo registro é mais agudo, aproximando-se do MEZZO-SOPRANO.
mezzo-forte (it. lit.: meio forte) Indica execução com intensidade um pouco mais suave do que *forte* [var. it.: *mezzoforte*]. Abreviatura [*m.f.*].
mezzo-piano (it. lit.: meio-piano) Indica execução com um pouco mais de intensidade do que *piano*. Abreviatura [*m.p.*].
mezzo-soprano (it. lit.: meio-soprano) Voz feminina entre o SOPRANO e o CONTRALTO. Soprano de REGISTRO (acp. 1) mais grave, cujos papéis na ópera do século XIX costumavam ser entregues a CASTRATI, cantores masculinos que foram sendo gradativamente substituídos por mulheres. Para o *mezzo-soprano*, destacam-se papéis como a *Dalila*, de Saint-Saëns, a *Carmen*, de Bizet (mais poderosa) e a Rosina do *Barbeiro de Sevilha*, de Rossini, voz ágil e elegante. Abreviatura [Mzs] [var.: *mezzo*].

mezzo-trillo (it.; al. *Pralltriller*) Um tipo de TRINADO curto.
m.f. Abreviatura de MEZZO-FORTE.
m.g. (fr.) Abreviatura de *main gauche* (mão esquerda).
mi (ing., al. *E*) Na ESCALA DIATÔNICA de dó maior, o terceiro grau, ou mediante. É também o primeiro grau do MODO ECLESIÁSTICO frígio. Símbolo [E].
miami bass (ing.) Gênero de *funk* da Costa Leste norte-americana, como o do grupo 2 Live Crew, baseado no RAP dos anos 1980.
mi bemol (it. *mi bemolle*; fr. *mi bémol*; ing. *E flat*; al. *es*) Mi alterado um semitom descendentemente.
Mi bemolle (it.) MI BEMOL.
micaelense VIOLA (acp. 3) de cordas dedilhadas e ROSETA dupla em forma de coração da Ilha de Açores. Ver também TERCEIRENSE.
mi-carême (fr. *demi-carême*: meia-quaresma) Expressão associada ao MARDI-GRAS e, conseqüentemente, às origens do CARNAVAL brasileiro, derivou para o termo MICARETA, que atualmente se refere a qualquer folia carnavalesca fora de época.
micareta O carnaval baiano fora da época, culmina com a Aleluia no encerramento da Semana Santa. Atualmente, existem micaretas em diversas épocas do ano, em várias regiões do Brasil. Ver também MI-CARÊME.
mico Dança do FANDANGO (acp. 3) baseada na imitação gestual, também conhecida como macaquice.
microafinador (it. *accordatore di precisione*; fr. *cheville à vis*; ing. *fine tuner*; al. *Stringtuner*) Pequena tarraxa afixada ao ESTANDARTE de instrumentos como o violino e o violoncelo, serve para o ajuste fino individual de cada corda [var.: afinador].
microfone (it. *microfono*; fr., ing. *microphone*; al. *Mikrophon*) Aparelho que converte vibrações sonoras em sinais elétricos pela ação de um campo magnético sobre um condutor.
microfone dinâmico (ing. *dynamic microphone*) Tipo de microfone que emprega um sistema de condensação de som que consiste em um diafragma preso a uma pequena mola, que por sua vez se move proporcionalmente ao deslocamento das ondas sonoras.
microfone multidirecional Tipo de microfone que capta sinais sonoros em ângulo razoavelmente amplo. Ver também MICROFONE UNIDIRECIONAL.
microfone sem fio Microfone que transmite sinais por ondas FM.
microfone unidirecional Tipo de microfone que capta preferencialmente os sons emitidos à sua frente, com o mínimo vazamento de sons externos. Ver também MICROFONE MULTIDIRECIONAL.
microfonia Ver FEEDBACK.
microfono (it.) MICROFONE.
microphone (fr., ing.) MICROFONE.
microphone stand (ing.) Pedestal, suporte de microfone.
Mikrophon (al.) Microfone.
microtom (it. *microtono*; fr. *microton*; ing. *microtone*; al. *Mikrointervall*) Intervalo menor do que o SEMITOM. O microtom comporta subdivisões menores do que os intervalos encontrados na música ocidental (à exceção do BLUES e algumas experiências a partir do final do século XIX). Instrumentos de afinação fixa, como o piano, possibilitaram melhor aplicação de conceitos microtonais à música moderna, pela precisão de afinação, a exemplo de alguns experimentos de Charles Ives, bem como os instrumentos criados por Julián Carrillo. Elementos microtonais também estão presentes em algumas obras de Bloch e Bartók. A aplicação desses princípios, que podem estabelecer intervalos de um quarto, um sexto e até um doze avos de tom, como em trabalhos do tcheco Hába, torna-se extremamente difícil para a maioria dos instrumentos, dada sua construção voltada ao DIATONISMO e o CROMATISMO, a complexidade notacional e a dificuldade de execução, mas vislumbra novos horizontes com a precisão dos equipamentos eletrônicos modernos. A música de países como a Índia e dos povos árabes e muçulmanos, em geral, utiliza-se naturalmente de inflexões microtonais até mesmo como parte do contexto espiritual de suas manifestações musicais. No Brasil, o suíço naturalizado Walter Smetak, que lecionou na Universidade da Bahia, explorou elementos microtonais e criou seu próprio instrumental, inspirado em materiais da cultura local, como CABAÇAS e cocos, dotando-os de precei-

tos filosóficos próprios e chegando a influenciar a vanguarda da MPB dos anos 1970, como Caetano Veloso, Gilberto Gil e Tom Zé.

microton (fr.) MICROTOM.

microtonal Diz-se da música que emprega MICROTONS.

microtonalidade Conceito e técnica da música de MICROTONS.

microtone (it., ing.) MICROTOM.

middle of the bow (ing.) Entre os instrumentos de cordas da orquestra, COL MEZZO D'ARCO.

middle of the road (ing. lit.: meio da estrada) No jargão do *rock* norte-americano, música simples, palatável, para ouvir na estrada. Abreviatura [MOR].

MIDI Abreviatura do inglês *Musical Instruments Digital Interface.* INTERFACE criada por protocolo em 1983, possibilita a troca de informações digitalizadas entre dispositivos, instrumentos eletrônicos e equipamentos das mais diversas tecnologias e marcas. Os dados são codificados numericamente de 0 a 127 e endereçados a 16 canais. Os eventos digitalizados na linguagem MIDI são: *noteon/off* (liga/desliga o som); *velocity* (velocidade de pressão de uma tecla, p. ex., alterando a intensidade); *channel* (canal a que o som é endereçado); os de espectro mais amplo, como *pan* (de *panoramic*, que atua na distribuição estereofônica dos sons); *program change* (que se reflete no timbre e, por conseguinte, na seleção de fatores que determinam a similaridade com instrumentos reais); volume, e as informações endereçadas ao *hardware* para a manipulação dos sons.

MIDI controllers Ver CONTINUOUS CONTROLLERS.

MIDI in Porta eletrônica onde se insere o cabo para recepção de dados em MIDI.

MIDI out Porta eletrônica onde se insere o cabo para transmissão de dados em MIDI.

MIDI thru Porta eletrônica onde se insere o cabo para passagem bidirecional de dados em MIDI.

mídia 1. Meio (inglês *mass media*: comunicação de massa). Refere-se às diversas formas de comunicação, como a escrita, e especialmente a televisão, o rádio, a internet etc. **2.** No jargão musical, disco de CD virgem preparado para gravação de áudio, MP3 ou CD ROM.

mídia-mix Ver MULTIMÍDIA.

midifiles (ing.) Arquivos MIDI gerados para leitura em um equipamento habilitado para MIDI.

migina Uma das denominações da VIOLA DE ARAME.

mike (ing.) No jargão dos músicos norte-americanos, MICROFONE.

Mikroinvtervall (al.) MICROTOM.

Militärmarsch (al.) MARCHA MILITAR.

Militärtrommel (al. lit.: tambor militar) CAIXA-CLARA.

military march (ing.) MARCHA MILITAR.

mimodrama (it. *mimodramma*; fr. *mimodramme*) Pantomima musical.

mimodramma (it.) Ver MIMODRAMA.

mimodramme (fr.) Ver MIMODRAMA.

milonga Gênero musical gaúcho cantado e acompanhado por SANFONA.

mineira Versão da MANA-CHICA encontradiça em Minas Gerais.

mineiro Tipo de JONGO de Minas Gerais.

mineiro-pau Dança folclórica nordestina de roda, ligada ao CATERETÊ.

mineur (fr.) MENOR.

miniature grand piano (ing.) Piano de meia cauda.

miniature score Ver PARTITURA MINIATURA.

minim (ing.) MÍNIMA.

mínima (fr. *minime*; ing. *half-note*, *minim*; al. *Halbe*, *halbe Note*) Figura rítmica representada por um círculo junto à extremidade de uma haste, tem o dobro da duração da SEMÍNIMA e a metade da SEMIBREVE. Na Antiguidade, a mínima era a nota de mais curta duração.

minime (fr.) MÍNIMA.

minimalismo Termo que a partir de 1970 passou a designar técnicas composicionais baseadas na repetição de pequenas células rítmicas e melódicas, freqüentemente sobre harmonias construídas por TRÍADES quase estáticas. Seus mais conhecidos divulgadores foram Steve Reich, Terry Riley e Philip Glass. Conceitualmente, pode-se dizer que há aspectos minimalistas na música da Antiguidade (Índia e Bali), nas obras do francês Éric Satie e até em Webern, da chamada Segunda Escola de Viena. O minimalismo, por afinidade, influenciou e recebeu influência da música POP, aproveitando-se das enormes possibilidades oferecidas pelos modernos sintetizadores e dispositivos digitais chamados SAMPLERS.

minimoog Sintetizador MOOG de dimensões bastante reduzidas, foi largamente empregado por conjuntos de música POP a partir dos anos 1970. Ver também SINTETIZADOR e ARP.

Minnesäng (al.) Na Alemanha medieval, canções que celebravam o amor.

Minnesänger (al.) Certo tipo de cantor-poeta medieval.

Minnesinger (al.) Na corte alemã medieval (século XII a XIV), aristocratas que entoavam canções MONOFÔNICAS e se faziam acompanhar por instrumentos, à maneira dos trovadores. Foram representados na ópera *Tannhäuser*, de Wagner.

minor (ing.) MENOR.

minor key (ing.) TONALIDADE menor.

minore (it.) MENOR.

minstrel (ing.) **1.** MENESTREL. **2.** Gênero de música satírica e provocativa executada por jovens brancos pintados de negros, inspirados nas canções típicas das plantações de algodão norte-americanas do final do século XIX.

minstrel shows (ing.) *Show* de MINSTRELS (acp. 2).

minstrelsy (ing.) A arte do MENESTREL.

minueto (de *pas menu:* pequeno passo, fr. *menuet*; it. *minuetto*) Dança de corte francesa a partir do século XVII, de andamento moderado e compasso ternário que foi introduzida na SUÍTE, eventualmente colocada no lugar da GAVOTTE. Tendo forma AABA, sendo a sessão B contrastante, chamado de TRIO, pois os compositores franceses escreviam uma harmonia a três partes, ou reduziam os executantes a três. Continuou popular até o final do período clássico, quando passou a constituir o terceiro movimento de sonatas e sinfonias: o minueto-trio (minueto-trio-minueto) deriva da prática barroca de execução de dois minuetos seguidos. Beethoven inovou a forma e substituiu o minueto por uma dança mais rápida, o SCHERZO, mantendo no entanto a forma ABA (*scherzo-trio-scherzo*). Entre os compositores românticos, o minueto perdeu importância, mas não deixou de ser evocado até dias recentes em obras de Bartók e Ravel.

minueto-trio Ver MINUETO.

minuetto (it.) MINUETO.

minutagem Cálculo ou contagem eletrônica do tempo de duração de uma música.

mirliton (fr.; it. *cetaphone*; al. *Mirliton*) **1.** Qualquer artifício para modificação das características de timbre de instrumentos e vozes, como por exemplo membranas interpostas entre partes de um instrumento. Ver também KAZOO. **2.** Qualquer tipo de objeto (brinquedo, lata, prego, canudo ou papéis) utilizado improvisadamente como instrumento musical.

miscelaneous (ing. lit.: variados) Instrumentos de percussão da orquestra sinfônica como o TRIÂNGULO, as MARACAS, o RECO-RECO, os chocalhos e uma infinidade de outros.

mise-en-scène (fr.) Encenação.

missa (lat. *Ite missa est*: ide, este é o final) Rito católico romano, responsável pela composição de um enorme volume de obras e pela inspiração de outras tantas. Consiste basicamente no Próprio, parte de textos variáveis (Intróito, Gradual, Trato, Ofertório e Comunhão) e no Ordinário, de textos fixos (*Kyrie eleison*, *Gloria*, *Credo*, *Sanctus Benedictus*, *Agnus Dei* e *Benedicamus Domino*). A forma musical básica de coro e instrumentos transformou-se, sofrendo influência profana principalmente a partir do Renascimento com mestres como Palestrina e Josquin des Près), e adquiriu características de CANTATA no período Barroco — exemplo é a monumental *Missa em si menor*, de Bach (1738). Mesmo quando composta para cumprir funções não-eclesiásticas, a missa adquire personalidade própria, revelando-se como forma musical imponente, como no Classicismo de Mozart e Haydn ou, já entrando no Romantismo, Beethoven, com sua *Missa solemnis* (1823). A missa também foi empregada para finalidades ou inspirações não-religiosas, como a obra de Liszt composta para a coroação de Francisco José, rei da Hungria, além de incursões semelhantes de Gounod e Stravinsky.

missa brevis (lat.) Em meados do século XVI, designava um tipo de serviço religioso mais curto. No período Barroco, a expressão passou a denominar também seções musicadas do ORDINÁRIO, como *Gloria* e *Kyrie*.

missa de órgão Coletânea de seções POLIFÔNICAS tocadas alternadamente entre órgão e coro. A prática consolidou-se no período Barroco, mas foi proibida pelo papa Pio X no início do século XX.

missa de réquiem (lat. *Requiem æternam dona eis, Domine*: Deus, dê-lhes o descanso eterno, que inicia o ofício dos mortos) Missa para funeral, geralmente composta de *Intróito*, *Kyrie*, *Gradual*, *Seqüência*, *Ofertório*, *Sanctus*, *Agnus Dei*, *Comunhão* e *Responsório*. Mozart, Fauré, Berlioz, Brahms e Britten escreveram missas de réquiem ou obras inspiradas no gênero. Ver RÉQUIEM.

missa paródia Música litúrgica cujas seções utilizam uma obra POLIFÔNICA.

missa pro defunctis (lat. lit.: missa para defunto) Missa fúnebre. Ver também MISSA DE RÉQUIEM.

missa solemnis (lat.) **1.** Missa solene. **2.** Título de uma obra monumental de Beethoven.

missa tenor Missa católica em que o tenor, em cada seção, expõe o CANTUS FIRMUS.

missale (it.) Ver LIVROS LITÚRGICOS.

mistérios Parte da dança de São Gonçalo paulista.

misterioso (it.) Na partitura, sugere expressão de mistério.

misticanza (it.) QUODLIBET.

mistura Ver MIXTURA.

misturador SCRAMBLER.

misura (it. lit.: medida) O termo designa COMPASSO, e deu origem a *mésure* e *measure*, em francês e inglês, respectivamente. A expressão *senza misura* (sem medida, sem compasso) indica que o trecho deve ser executado livremente, sem definição de compasso. Ver também MISURATO.

Misurato (it.) Medido, mensurável.

misure dispari (it.) COMPASSO TERNÁRIO.

mit (al.) Com. Surge em expressões como *Mit Dämpfer*: com SURDINA.

mit dem Bogen geschlagen (al. *schlagen*: bater, *Bogen*: arco) BATTUTO COL'ARCO.

mit dem hand schlagen (al. *Hand*: mão; *schlagen*: bater) Entre os instrumentos de cordas da orquestra, indica que o executante deve tocar percutindo as cordas com a mão direita.

mit dem Handgelenk (al. *Handgelenk*: pulso) COL POLSO.

mit halben Bogen (al. *halben*: metade, *Bogen*: arco) COL MEZZO D'ARCO.

mit ganzem Bogen (al.) TUTTO L'ARCO.

mit dem Holz zu Streichen (al. *Holz*: madeira) COL LEGNO GESTRICHEN.

mit der mitte (al. *mitte*: metade) COL MEZZO D'ARCO.

Mitschwingen (al.) Vibração por SIMPATIA.

Mittelpedal (al.) PEDAL DE SUSTENTAÇÃO.

Mittelton (al.) MEDIANTE.

mit wenig Bogen (al.) CON POCO ARCO

miudezas Instrumentos de percussão de pequenas dimensões, como AGOGÔS, MATRACAS e reco-recos.

miudinho 1. Variante do LUNDU que sofreu forte influência da tradição portuguesa, como o MAXIXE do início do século XIX. **2.** Tipo de SAMBA DE PARTIDO-ALTO.

mix (ing. lit.: mesclagem, mistura) **1.** MIXAR. **2.** Seleção de músicas, geralmente em um CD. Ver também POT-POURRI.

mixagem Processo de MIXAR.

mixar Balancear eletronicamente duas ou mais trilhas gravadas.

mixed folio (ing.) Livro ou revista que traz letras, partituras ou tablaturas de música popular ao lado de textos e fotografias de artistas.

mixed media (ing.) MULTIMÍDIA.

mixer (ing. lit.: misturador) **1.** Mesa para MIXAGEM eletrônica de som. **2.** Dispositivo eletrônico misturador de sinais. **3.** Profissional que opera o processo de MIXAGEM.

mixolídio (ing. *mixolydian*) MODO medieval elaborado a partir do quinto grau do modo jônico, traz a sétima alterada descendentemente (sol-lá-si-dó-ré-mi-fá natural-sol). É comum em manifestações folclóricas de diversos países e regiões, a exemplo do baião nordestino brasileiro.

mixtura (it. *ripieno*; fr. *fourniture*; ing. *mixture*; al. *Mixtur*) REGISTRO (acp. 2) do órgão que é composto de diversas fileiras de tubos.

mizmar (ár.) Na tradição árabe, qualquer instrumento de sopro feito de madeira, osso ou outros materiais, e mais especificamente os de PALHETA (acp. 1) e tubo duplo.

mizrab Na MÚSICA INDIANA, DEDEIRA para execução do SITAR.

MM 1. Abreviatura de metrônomo de Maelzel. Na partitura, geralmente precede a indicação numérica de subdivisões do minuto para marcação do ANDAMENTO, como por exemplo em MM = 60, MM = 132. Ver também METRÔNOMO. **2.** (ing.) Abreviatura inglesa de *Master of Music* (mestre em Música).

mnemônica Técnica de memorização e otimização da memória musical.

mobile (it.) Móvel, que muda.

moçambique Dança paulista introduzida pelos escravos, assemelha-se ao MACULELÊ baiano. Os participantes empregam movimentos com bastões, à maneira do BATE-PAU.

moçárabe CANTOCHÃO espanhol típico da ocupação árabe da Península Ibérica, no século VIII. Ainda pode ser ouvido eventualmente em alguns ritos romanos da Espanha.

mochichco Espécie de MACHETE.

mochinho Espécie de VIOLA DE ARAME, como o MACHETE.

mocho Tipo de tamborim usado no SIRIRI do carnaval matogrossense.

mock audition (ing. *mock*: falso, fingido) Simulado de prova prática para treino de músicos que visam ingressar em uma orquestra.

mock trumpet (ing. *mock*: falso, fingido) Instrumento de sopro rústico de PALHETA (acp. 1) do Barroco inglês semelhante ao CHALUMEAU (acp. 1), possuía apenas três ou quatro orifícios.

mod. Abreviatura de MODERATO.

moda Ver MODINHA.

moda de viola Canção regional do Centro-Sudeste ligada à tradição da MODINHA, é a música caipira brasileira por excelência. Em suas variantes, pode surgir mais sofisticada, como em Minas Gerais e São Paulo (com versos escritos e ensaiados), ou livre, improvisadamente como entre os nordestinos. A cantoria é feita por duas vozes em terças paralelas, prática que é uma de suas características marcantes. Alguns dos grandes nomes do gênero foram duplas como Cascatinha e Inhana, Jararaca e Ratinho, Alvarenga e Ranchinho e os célebres Tonico e Tinoco.

moda guarânia Gênero de MODA DE VIOLA do interior paulista associada à GUARÂNIA paraguaia, teria sido introduzida no Brasil nos anos 1930 por Raul Torres. Bom exemplo é o sucesso *Índia*, da dupla Cascatinha e Inhana, dos anos 1950.

modal Diz-se da música construída sobre MODOS.

modalismo Característica da construção musical baseada em modos.

modas novas Ver MODINHA.

mode (fr. ing.) MODO.

moderato (it. lit.: moderado) ANDAMENTO não muito rápido, confortável.

modes grecs (fr.) MODOS GREGOS.

modesimo (it.) O mesmo [var.: it. *l'istesso*].

modi greci (it.) MODOS GREGOS.

modinha Gênero de canção surgida no Brasil entre brancos e mestiços no final do século XVII, assimilou fortes influências da música portuguesa, depois de ter sido lá introduzida em meados do século XVIII. Originalmente, era encontrada apenas em COMPASSO BINÁRIO, mas, por influência da VALSA vienense na Europa, também surgiu em COMPASSO TERNÁRIO. No Brasil, a modinha é bastante permeável a influências das mais diversas, adaptando-se facilmente às tradições regionais [var.: modas novas].

modinha-canção Gênero popular criado no Rio de Janeiro nos anos 1920.

modista No popular, aquele que canta MODAS.

modo (lat. *modus*: maneira; ing. fr. *mode*; al. *Tonart*) **1.** Nome usado para ordenar a escala diatônica organizado numa seqüência de tons e semitons. **2.** Escalas que dominaram a composição musical do Ocidente por aproximadamente 1100 anos (século IV d.C. até o final do século XVI). O conceito de modo foi introduzido na Grécia antiga a partir dos estudos de Pitágoras (século IV a.C.) e, posteriormente, foi desenvolvido pelo músico grego Aristoxeno em seu *Elementos harmônicos*, no qual agrupou-os em três categorias modais, apresentando os tons em cinco graves, cinco médios e cinco agudos; o primeiro grupo distinguindo-se pelo prefixo HIPO, mais grave, e o último pelo prefixo HIPER, mais agudo. A atribuição de nomes étnicos para as espécies de oitava organizadas em tons e semitons é encontrada em escritores da escola de Aristoxeno, porém, posteriores. Com Boécio (teórico romano do século V d.C.), em seu *Istitutione musica*, encontramos a seguinte ordem modal: DÓRICO (modo de ré a ré), FRÍGIO (modo de mi a mi), LÍDIO (modo de fá a fá), MIXOLÍDIO (modo de sol a sol) e seus derivados mais graves (hipo ou PLAGAL): HIPODÓRICO, HIPOFRÍGIO, HIPOLÍDIO e HIPOMIXOLÍDIO, que possuíam o mesmo final, mas tinham uma extensão mais grave 4ªJ abaixo. A Igreja utilizou os modos para fins litúrgicos, destacando-se o papa Ambrósio no século IV e o papa Gregório IX, o Grande, no século VI, ordenador do sistema. No século XVI, Henrique de Glaureanus, em seu *Dodecachordon* (1547) adicionou os modos EÓLIO (de lá) e JÔNICO (de dó) e seus derivados, apesar de já fazerem parte da escala musical. **3.** Em acústica, corresponde ao inglês *node* (nódulo), uma das seções em que subdivide uma membrana ou corda em vibração.

modo autêntico (it. *modo autentico*; fr. *mode authentique*; ing. *authentic mode*; al. *autentische Tonart*) Cada um dos quatro modos básicos (ré-ré, mi-mi, fá-fá, sol-sol), no sistema estabelecido por Santo Ambrósio (século IV).

mode authentique (fr.) MODO AUTÊNTICO.

modo derivado Ver MODO PLAGAL.

modo de tempo real (ing. *real time mode*) Na MÚSICA ELETRÔNICA e na técnica de gravação, designa o tempo mensurável decorrido. Abreviatura [rtm].

modo eclesiástico O conjunto de oito modos formado pelos quatro MODOS AUTÊNTICOS somados aos quatro MODOS PLAGAIS (ou derivados mais graves).

modo grego Ver MODO (acp. 1).

modo ordinario (it. lit.: maneira simples; fr. *jeu ordinaire*; al. *gewonlich*) Entre os instrumentos de cordas da orquestra, indica que a execução deve ser feita à maneira natural, no modo de execução normal, após passagem COL LEGNO, TREMOLO ou SUL PONTICELLO, por exemplo. Entre instrumentos como a harpa, pode indicar, de maneira análoga, o retorno à posição natural, após trecho PRÈS DE LA TABLE, por exemplo.

modo plagal Cada um dos quatro modos secundários, ou modos derivados (lá-lá, si-si, dó-dó, ré-ré), conforme determinados pelo papa Gregório IX (século VI). Ver também MODO (acp. 1).

modo secundário Ver MODO PLAGAL.

modos gregos (it; *modi greci*; fr. *modes grecs*; ing. *greek modes*; *griechische Tonarten*) Ver MODO (acp. 1).

modos rítmicos Na Idade Média, padrões de células rítmicas empregadas nas composições.

modulação 1. Processo de modificação harmônica de um trecho em determinada tonalidade para uma tonalidade próxima (dó maior para sol maior) ou distante (dó maior para si menor, por exemplo). **2.** Alteração de freqüências. Ver MODULAÇÃO DE FREQÜÊNCIA. Ver também MODULATOR.

modulação de freqüência Na MÚSICA ELETRÔNICA, refere-se ao recurso que visa à obtenção de determinado efeito musical por meio do processamento eletrônico da freqüência de um sinal.

modulação por código de pulso Ver PCM.

modulador de ressonância Ver RING MODULATOR.

modulador de vibração Ver RING MODULATOR.

modulation (ing., fr.) **1.** MODULAÇÃO (acp. 1). **2.** Ver MODULATOR.

modulator (ing. lit.: modulador) Dispositivo que na música eletrônica serve para alterar freqüências, como um RING MODULATOR.

moedão Técnica da VIOLA DE ARAME que emprega apenas os dedos polegar e indicador da mão direita, como se o músico estivesse contando moedas.

moirão Ver MOURÃO.

moitié de l'archet (fr. *moitié*: metade, *archet*: arco) COL MEZZO D'ARCO.

moll (al. lit.: mole) Tonalidade menor (B moll: si menor) [var.: *Molltonart*]. Ver também HEXACORDE.

Molltonart (al.) Tonalidade menor.

molto (it. lit.: muito) Termo usado como reforço a uma indicação de expressão ou andamento (*allegro molto*: muito rápido).

mon Abreviatura de MONOCÓRDIO.

monacorde Espécie de MONOCÓRDIO que era usado pelos trovadores.

monada Dança do FANDANGO (acp. 3) paulista influenciada pela valsa e pela música espanhola.

monaural Ver MONO.

monferrina Tipo de dança em COMPASSO COMPOSTO (freqüentemente 6/8), foi introduzida na Inglaterra barroca pelos italianos.

monica Gênero de canção popular do Barroco italiano.
monichord (ing.) MONOCÓRDIO.
monicórdio Tipo de SALTÉRIO.
mono (de monaural) Reprodução em apenas um canal. Ver também ESTÉREO.
monochord (ing.) MONOCÓRDIO.
monochordum (lat.) MONOCÓRDIO.
monocord (fr.) MONOCÓRDIO.
monocorde (port.) MONOCÓRDIO.
monocórdio (gr. *monos*: um, *chordè*: corda; lat. *monochordum, canon harmonicus*; it. *manicordio*; fr. *monocord*; ing. *manichord, monochord*) **1.** Instrumento cuja invenção é creditada ao matemático, educador e físico grego Pitágoras, no século V a.C., teria sido criado para estudos e demonstrações de suas teorias sobre os fenômenos acústicos, muito embora haja registros de artefato semelhante no Egito antigo. Consiste em uma caixa de madeira com uma única corda esticada entre dois cavaletes fixos e apoiada sobre um outro móvel, que servia para ajustar o comprimento de corda vibrante à afinação pretendida. Na Idade Média, chegou a ser empregado como instrumento de conjunto. Ver também TROMBA MARINA. **2.** Instrumento didático semelhante ao criado por Pitágoras, é utilizado basicamente para explicar a série harmônica [var.: port. monocorde, monocordio].
monocórdico Que tem apenas uma corda. Ver também MONOCÓRDIO.
monodia (it.; fr. *monodie*; ing. *monody*; al. *Monodie*) Canção para voz com acompanhamento instrumental da Itália do início do século XVII, podia ser uma ÁRIA simples ou um MADRIGAL (acp. 1) mais elaborado [var.: port. monofonia].
monódico Caracterizado pela MONODIA.
monodie (al. fr.) MONODIA.
monodrama Espécie de MELODRAMA para uma única voz.
monody (ing.) MONODIA.
monofásica Diz-se da voz natural, de peito, em contraposição à bifásica (FALSETE).
monofonia (gr. lit.: som único) Tipo de música para uma única voz, contrapondo-se à POLIFONIA, que emprega duas ou mais vozes. Ver também HOMOFONIA e HETEROFONIA (acp. 1).
monofônico (ing. *monophonic*) **1.** Caracterizado pela MONOFONIA. **2.** Em música eletrônica, dispositivo ou instrumento que emite apenas um som por vez.
monos Ver MONOCÓRDIO.
monotemático (it. *monotematico*; fr. *monothématique*; ing. *monothematic*; al. *einthemig*) Peça ou trecho desenvolvido sobre um único tema.
monothematic (ing.) MONOTEMÁTICO.
monothematique (fr.) MONOTEMÁTICO.
monotônica Diz-se da melodia característica da liturgia católica cantada sobre diversos sons de altura idêntica.
montenelo Dança pernambucana do final do século XIX.
montuno Padrão de três acordes da salsa cubana que são repetidos AD LIBITUM, ideal para os instrumentistas demonstrarem virtuosismo na arte de improvisar.
mood (ing.: humor, atmosfera) Gênero POP que inspirou o grupo Moody Blues em músicas como as do álbum *The dark side of moon* (O lado escuro da Lua, 1973).
moog Aparelho desenvolvido por Robert Moog, pioneiro na fabricação de SINTETIZADORES em larga escala. A partir de 1964, *o moog* substituiu dispositivos já obsoletos, como as fitas perfuradas para registro de informações ou alterações analógicas na voltagem controladas manualmente. Assim como o PC (*personal computer*) revolucionou o mundo da informação digital, o modelo MINIMOOG inaugurou a era dos sintetizadores portáteis, tendo sido muito empregado até meados da década de 1970.
moog sinthetizer Ver MOOG.
moqueguana Dança chilena cantada em castelhano ou aymará pelo guitarrista [var.: zonzo torito].
mor Ver MIDDLE OF THE ROAD.
moravske slovaco Ver PRED MUSIKU.
morceau (fr.: peça) Genericamente, uma obra musical.
morceau de concert (fr.) Peça de concerto.
mordant (fr.) **1.** Na técnica vocal, certo tipo de emissão agressiva, geralmente dotada de uma articulação rápida e precisa das consoantes. **2.** MORDENTE [var.: *battement, pincé, pincement*].

mordent (ing.) MORDENTE.

mordente (fr. *battement*, *pincé*, *pincement*, *mordant*; ing. *mordent*; al. *Mordent*, *Präller*, *Schneller*) Figura de ornamentação melódica surgida no período Barroco que alterna determinada nota um número definido de vezes (uma a três) com aquela que lhe é imediatamente inferior (mordente inferior) ou superior (mordente invertido ou superior).

morendo (it. lit.: morrendo) Na partitura, sugere redução de intensidade.

moresca Dança satírica do Renascimento cujos intérpretes pintavam os rostos de cor escura, aludindo às batalhas entre cristãos e mouros.

moresca (it. *moresco*, *morisco*, *morisca*; ing. *morris dance*; al. *Moreske*, *Moresketanz*) Ver VILLANELLA.

moresco (it.) MORESCA. Ver VILLANELLA.

Moreske (al.) MORESCA [var.: *Moresketanz*]. Ver VILLANELLA.

Moresketanz (al.) MORESCA [var.: *Moreske*]. Ver VILLANELLA.

morinchur Instrumento de cordas de CAIXA DE RESSONÂNCIA quadrada da Mongólia.

morisca [var.: moresca] Ver VILLANELLA.

morna (port.) Dança e música da ilha de Cabo Verde, tem caráter rítmico acentuado e SINCOPADO em compasso $^6/_8$.

morning song (ing.) Ver AUBADE.

morrice (ing.) MORRIS DANCE.

morris dance (ing.) Dança folclórica da Inglaterra, deve sua origem à MORESCA e é protagonizada por homens com sabres, sinos e porretes [var.: *morrice*].

morro-seco Dança típica do FANDANGO (acp. 3) do interior paulista [var.: pica-pau].

mosso (it. lit.: movido) Na partitura, indica execução mais rápida. O termo pode ser utilizado na indicação de um ANDAMENTO um pouco mais acelerado (*poco mosso*), ou, ao contrário, mais contido (*meno mosso*).

mostrador de cristal líquido Ver LCD.

mot Ver MOTETO.

motet (fr., ing.) MOTETO.

moteto (fr. *motet*; *mot*: palavra; it. *motetto*; ing. *motet*; al. *Motette*) Música coral polifônica composta geralmente sobre textos sagrados da Igreja Católica Romana, foi popular até o início do Classicismo, quando consistia basicamente no acréscimo de palavras (*mots*) à voz tenor (*duplum*) das cláusulas. Surgiu com Pérotin em Notre Dame e sobreviveu quase 500 anos, passando por Vitry, Machaud, Josquin des Près, Gabrielli, Scarlatti, Schütz e Lully. Ressurgiu mais tarde em obras de compositores como Mozart, Brahms, Liszt e Bruckner [var.: motete].

motetto (it.) MOTETO.

Motette (al.) MOTETO.

motetus (lat.) Na Idade Média, voz imediatamente superior (*discantus*) àquela do tenor no MOTETO.

mother goose song (ing. lit.: canção da mamãe ganso) Canção infantil.

motif (fr.) MOTIVO.

Motiv (al.) MOTIVO.

motivo (lat. *motivus*; it. *motto*; fr. *motif*; al. *Motiv*, *Gedanke*) Fragmento melódico, harmônico ou rítmico (ou uma combinação entre dois ou todos eles) que representa o princípio da unidade de uma composição, cuja idéia predomina em uma manifestação musical entre os mais diversos gêneros. Ver também LEITMOTIV.

moto (it. lat. *motus*: movimento) Indicativo de ANDAMENTO (*andante com moto*: andante movido).

moto-perpétuo Obra de contornos virtuosísticos que obedece a um padrão melódico ininterrupto e repetitivo. Paganini escreveu um famoso moto-perpétuo para violino.

Motown Estilo de SOUL MUSIC muito popular nos anos 1960 e 1970, era mais palatável e comercial para o ouvinte branco. Deve seu nome à gravadora norte-americana Motown Corporation, de Detroit (cidade conhecida como *motor town*, cidade dos motores), que investiu no gênero.

motto (it.) O MOTIVO de uma obra. Ver também LEITMOTIV.

motus (lat.) Ver MOTO.

mourão Tipo de DESAFIO [var.: moirão].

mourisca Dança mineira de influência ibérica.

moustaches (fr. lit.: bigodes) **1.** Cortes decorativos com finalidades acústicas em peças de instrumentos como o tampo do violino. Ver CORTE EM *f* **2.** Ver COLCHETE.

mouth (ing.) Boca.

mouthpiece (ing.) BOCAL ou BOQUILHA.

mouth music (ing.) Certo tipo de acompanhamento vocal sem letra feito de danças escocesas.
mouvement (fr.) MOVIMENTO.
moveable do (ing.) DÓ MÓVEL.
movement (ing.) MOVIMENTO.
movido típico de la selva Dança e música de diversos festejos da Amazônia peruana.
movie organ ÓRGÃO DE CINEMA.
movimento (it.: tempo, parte; fr. *mouvement*; *partie*; ing. *movement*; al. *Bewegung*, *Satz*) Parte de uma composição musical que encerra em si elementos que a tornam uma entidade musical completa. Concertos, em geral, possuem três movimentos, enquanto sinfonias e sonatas têm geralmente quatro.
movimento contrário Na técnica POLIFÔNICA, a movimentação melódica de duas partes em direções opostas.
movimento direto Na técnica POLIFÔNICA, a movimentação melódica de duas partes em direções iguais.
movimento oblíquo Na técnica POLIFÔNICA a duas vozes, a movimentação melódica de uma das vozes, enquanto a outra permanece estável.
movimento paralelo (fr. *mouvement parallele*; ing. *parallel movement*; al. *Parallelbewegung*) Na técnica POLIFÔNICA, a movimentação melódica de duas partes na mesma direção, observando permanentemente o mesmo intervalo.
movimento retrógrado Na escrita POLIFÔNICA, o movimento em ESPELHO (acp. 1) do tema, em uma das vozes.
movimento similar Na técnica POLIFÔNICA, a movimentação melódica das duas partes em direção igual, porém sem observar os mesmos intervalos.
moxenos Família de flautas de madeira de três tamanhos diferentes que são tocadas simultaneamente.
m.p. Abreviatura de MEZZO-PIANO.
MP3 Abreviatura de *Mpeg Audio Layer 3*. Sistema digital de áudio que comprime as faixas de freqüência, tornando possível o registro de até 14 horas de música em um único CD. Ver também MP3 PLAYER.
MP3J Neologismo para o DJ virtual, que trabalha músicas no computador em formato MP3.
MP3 player (ing.) **1.** Pequeno aparelho como um *walkman*, capaz de reproduzir músicas em MP3 gravadas de um CD ou obtidas via *download* na Internet. **2.** Qualquer *software* para reprodução em computador de músicas gravadas no protocolo MP3.
MPB Abreviatura de MÚSICA POPULAR BRASILEIRA.
mpingo Tipo de jacarandá africano que às vezes é utilizado na fabricação de algumas partes dos instrumentos de cordas.
mrc Abreviatura de MARACAS.
mrdangam (hind.) Pequenos tambores de MEMBRANA dupla tocados com os dedos cuja altura dos sons emitidos é definida com relativa precisão. Constitui o principal instrumento de percussão para acompanhamento da música tradicional da Índia. Ver também MÚSICA INDIANA.
mridang Ver AVANADDH.
m.s. (it.) Abreviatura de *mano sinistra* (mão esquerda). Ver também MANO DESTRA.
mucaxixi Instrumento como o CAXIXI.
mudança Em HARMONIA, o movimento de um ACORDE para outro.
mudança de posição (ing. *shift*) **1.** Entre instrumentos de cordas como o violino ou o violão, o movimento da mão de uma posição para outra. **2.** Em harmonia, a passagem de um acorde em posição fundamental para sua segunda INVERSÃO.
mudang-tchum Dança coreana ligada a rituais de exorcismo.
mudo (it. *insonoro*; fr. *insonore*; ing. *soundless*; al. *tonlos*) **1.** Sem som, afônico. **2.** Instrumento com pouco ou nenhum volume, empregado para fins de exercício.
Mugge (al. pronuncia-se *mucke* — para *Musik gegen Geld,* lit.: música por dinheiro, de conotação pejorativa; ing. *gig*; port. cachê) No jargão do músico alemão, oportunidade musical sem vínculo empregatício.
mugonguê Pequeno tambor de mão ligado ao MANGONGUÊ.
muiñeira (esp.) Dança espanhola [var.: *muñeira*].
mulema Tipo de QUINJENGUE (acp. 1) do jongo paulista [var.: mulemba].
mulemba 1. Batuque paulista. **2.** Ver MULEMA.
multicanal (ing. *multitrack*) Sistema que, em

meados dos anos 1960, tornou possível a gravação em duas bandas ou canais, criando a ESTEREOFONIA, que se desenvolveu na QUADROFONIA e abriu uma enorme gama de novas possibilidades técnicas, como a multifonia.

multifonia **1.** Técnica de instrumentos de sopro, metal ou voz, consiste na emissão de dois ou três sons simultâneos (e freqüentemente estridentes) por um único executante, provavelmente descrita pela primeira vez por Bruno Bartolozzi (*New sounds for woodwinds*, Oxford University Press, 1967). Empregada especialmente na improvisação jazzística e na música contemporânea de vanguarda, constitui efeito vocal comum na tradição musical de países do Oriente e da Ásia. **2.** Ver MULTICANAL.

multifônico Caracterizado pela MULTIFONIA (acp. 1).

multimedia (ing.) MULTIMÍDIA.

multimeios Ver MULTIMÍDIA.

multimídia (ing. *multimedia*) Emprego simultâneo de diferentes meios na música, tais como filmes, vídeos e efeitos especiais [var.: multimeios].

multitimbral Na MÚSICA ELETRÔNICA, capacidade que tem um dispositivo ou instrumento de emitir dois ou mais sons simultaneamente.

multitrack (ing.) MULTICANAL.

multitracking (ing.) Técnica que emprega diversas trilhas para composição em uma única fita gravada.

mulungu Tipo de pandeiro de origem africana sem SOALHAS.

Mund (al.) Boca.

Mundharmonika (al.) GAITA-DE-BOCA.

Mundstück Schnabel (al.) Ver EMBOCADURA (acp. 2).

muñeira (esp.) MUIÑEIRA.

murali Tipo de flauta da MÚSICA INDIANA.

murchana Na MÚSICA INDIANA, MODULAÇÃO.

murchang Na MÚSICA INDIANA, espécie de JEW'S HARP.

murky (ing.) No jargão popular do músico norte-americano, OITAVAS QUEBRADAS (acp. 2).

muscadin Dança inglesa originária da ALLEMANDE francesa.

muse d'Ausay (fr.) Pequena flauta primitiva francesa.

muselar Instrumento de teclado de origem flamenca do século XVII cujas cordas eram pinçadas na região média, produzia sons repletos de HARMÔNICOS de beleza especial.

museta (fr. *musette*) **1.** Espécie de GAITA-DE-FOLES da corte de Luís XIV, usava PALHETA (acp. 1) dupla encapsulada e CHAVES; tinha uma sonoridade de espírito pastoril e lembrava um OBOÉ. **2.** Dança francesa acompanhada pelo instrumento que lhe deu nome.

musette (fr.) MUSETA.

musica di dilletanti (it.) Música de amadores.

musica popolare (it.) Música popular.

música (gr. *mousike*; lat. *musica*) **1.** Arte de exprimir idéias por meio de sons. **2.** Obra musical. **3.** Partitura musical.

música absoluta Tendência estética alemã que buscava uma música virtualmente despojada dos excessos de expressividade ou associações de caráter programático.

música aleatória (gr. *alea*: dados, significando acaso, sorte) Música em que elementos temáticos, rítmicos, estruturais (combinados ou em sua totalidade) são escolhidos ao acaso pelo intérprete. Muito embora haja registro de experiências no passado, desde Rameau e Mozart (*Musikalisches Würspiel*), a música aleatória veio consolidar-se em meados do século XX, especialmente a partir de *Music of changes* (1951), do norte-americano John Cage. Ver MÚSICA DO ACASO.

música antiga (ing. *ancient music*) **1.** Modernamente, designa de forma geral a música da Idade Média e do Renascimento, com freqüência aquela do período Barroco e às vezes até mesmo do início do Classicismo. Os especialistas em música antiga pesquisam instrumentos e assuntos que vão dos sistemas de afinação ao estilo, ornamentação e interpretação da música do passado. **2.** Movimento surgido no século XX, que além de reconstruir partituras e instrumentos originais, a partir de uma intepretação historicamente orientada, ganha muitos adeptos, seja em formações orquestrais, camerísticas, vocais ou solistas.

música árabe Introduzida pelos nômades semitas, alcançou papel de grande importância na cultura árabe a partir do início da Idade Média e das conquistas dos povos islamitas.

Canto, cordas, sopros e percussão eram empregados com maior freqüência, assimilando influências e instrumentos das mais diversas origens, como a PANDORA persa e o *al'ud*, ou *al'oud* (que deu origem ao ALAÚDE), pequenos instrumentos de mão semelhantes a pandeiros, chamados *duff*, um tipo de SALTÉRIO chamado *qanun*, o *rebab*, que daria origem à RABECA, o *arghull*, instrumento de sopro de tubo duplo e PALHETAS (acp. 1) simples, além do *surnay*, de palheta dupla. A melodia árabe consistia basicamente em um tema recorrente que sofria variações improvisatórias, baseadas no modo *asab*, e posteriormente o *maqam* e um padrão rítmico, o *iqa*. Com o domínio dos mouros na Península Ibérica, de 713 a 1492, a música árabe, seus instrumentos e sua cultura passaram a exercer decisiva influência na Europa, dali expandindo-se para diversas outras partes do mundo.

música bizantina Diz-se da música da liturgia ortodoxa oriental, da qual os hinos são a manifestação mais importante. Bizâncio, ou Istambul, fundada como Constantinopla no início do século IV e atualmente capital da Turquia, foi um centro de grande prosperidade no Império Romano.

música brega 1. Qualquer música dita "cafona", *kitsch*. **2.** Designação pejorativa para a música urbana que sofreu influência da BALADA (acp. 2) da JOVEM-GUARDA e do COUNTRY norte-americano, que a mídia cultua como sendo MÚSICA CAIPIRA ou sertaneja.

música caipira Ver MÚSICA SERTANEJA.

música clássica 1. Música de concerto, basicamente a música chamada "séria", erudita, culta, executada fora do contexto popular ou folclórico. **2.** Produção musical do chamado período clássico, que vai aproximadamente de 1750 a 1830. O Classicismo protagonizou a supremacia da música instrumental sobre a vocal, consagrou as regras da forma da SONATA, consolidou a SINFONIA e o quarteto de cordas, entre outras conquistas, e produziu compositores como Haydn, Mozart, Carl Philip Emmanuel Bach, Johann Christian Bach, Luigi Cherubini e Beethoven.

música concreta (fr. *musique concrète*; it. *musica concreta*; ing. *concrete music*; al. *konkrete Musik*) Corrente musical de grande importância na França dos anos 1940, utilizava montagens de sons pré-gravados em fita (sons concretos, como barulhos, ruídos da natureza, trechos de músicas), empregando para isso técnicas de corte e decupagem semelhantes às do cinema, na busca de uma música não-abstrata (aquela feita por sinais que simbolizam sons). Entre os maiores expoentes do gênero estão Pierre Schaeffer e Henry, precursores dos experimentalistas do *Groupe de Recherche de Musique Concrète*. Ver também MÚSICA ELETRÔNICA.

música cromofônica Gênero de música criada e composta pelo brasileiro Jorge Antunes, emprega a teoria do compositor sobre a relação entre cores e sons, baseada em estudos matemáticos e físicos por ele realizados em 1962. Antunes interpreta que as freqüências de sons inaudíveis — valores muito altos — teriam correspondentes em cores, o dó representado por verde, o ré por azul e assim por diante. Em alguns aspectos, tais idéias foram antecipadas pelo compositor russo Skrjaln.

música culta Ver MÚSICA CLÁSSICA (acp. 1).

música da Broadway Música no estilo dos musicais da Broadway.

música das esferas Teoria criada pelo grego Pitágoras em meados do século V a.C., relaciona elementos musicais à ordem cósmica. Durante o Renascimento e até recentemente, alusões a essa teoria pitagórica buscam inserir a música em um contexto conceitual e filosófico.

música de barbeiros Manifestação folclórica dos antigos escravos que, recém-libertados, trabalhavam em barbearias. Eram exímios no corte com tesouras, na aplicação de ventosas e dedicados amantes da música.

música de câmara (al. *Kammermusik*; fr. *musique de chambre, chambre*) Música feita para pequenos ambientes, é executada por conjuntos como trios, quarteto de cordas, octeto de sopros, quinteto de metais ou mesmo uma orquestra de câmara [var.: música de câmera].

música de câmera MÚSICA DE CÂMARA.

música de cena Ver MÚSICA INCIDENTAL.

música de concerto Ver MÚSICA CLÁSSICA (acp. 1).

música de elevador (ing. *easy listening*) Música ambiente, de fácil audição, como a que se ouve em consultórios médicos.

música de programa Ver MÚSICA PROGRAMÁTICA.

música de senzala Música dos negros brasileiros das senzalas, entre os séculos XVII e XIX, era uma das poucas manifestações artísticas permitidas pelos senhores de engenho.

música do acaso (ing. *chance music*) Música do indeterminado, executada livre de qualquer convenção. Ver também MÚSICA ALEATÓRIA.

música eletro-étnica Gênero como o do grupo português Bantu, que se difundiu na Europa a partir do final dos anos 1990 em busca da recuperação das tradições de diversas etnias, porém incorporando instrumental e recursos eletrônicos.

música eletrônica Composição e execução musicais feitas por instrumentos e meios eletrônicos, exigem para sua reprodução meios igualmente eletrônicos. No final do século XIX, Cahill construiu um *thelarmonium*, que abriu caminho para a invenção de uma série de instrumentos, como as ONDAS MARTENOT e O THEREMIN. Oficialmente, o movimento consolidou-se em 1951 em Colônia, Alemanha, com Robert Beyer e Herbert Eimert. Compositores como Messiaen empregaram alguns desses instrumentos, e John Cage produziu seu *Imaginary landscape nº 1* (Paisagem imaginária nº1) baseado na manipulação de materiais sonoros pré-gravados, ou MÚSICA CONCRETA, de estreitas relações com a eletrônica, que atingiu seu apogeu com Pierre Schaeffer, em Paris, em meados do século XX. A idéia de Schaeffer de empregar fitas pré-gravadas, manipulando-as, levou a novos caminhos, novos experimentos. Em 1954, Stockhausen assumiu a direção do estúdio de música eletrônica de Colônia, passando a se dedicar à exploração das mais variadas fontes sonoras, manipulando-as com a interferência de moduladores e filtros. A influência da música eletrônica de laboratório foi marcante até mesmo entre compositores dedicados aos instrumentos tradicionais, como Varèse, Berio e Babbit (com destaque, igualmente, para a produção musical de Boulez, Xenakis, Reich e Luigi Nono). A criação do SINTETIZADOR (baseado no VCO) e dos mini-sintetizadores, como o aparelho MINIMOOG, além do surgimento dos microcomputadores, abriram um enorme leque de novas possibilidades para a música eletrônica. A partir de 1982, aproximadamente, os microcomputadores pessoais (PCs) passaram a possibilitar o acesso a um sem-número de recursos a um custo relativamente baixo, com simplicidade de operação e pouquíssima utilização de espaço. Alguns nomes brasileiros de destaque são Jorge Antunes, Rodolfo Coelho de Souza e José Augusto Mannis. O termo também é empregado equivocadamente para gêneros *clubbers* como o ELECTRO e O TECHNO.

musica enchiriadis (lat.) Tratado de música da Idade Média (final do primeiro milênio), estabeleceu o conceito de TETRACORDE como base da construção melódica.

música erudita Ver MÚSICA CLÁSSICA (acp. 1).

música estocástica (gr. *stochos*: alvo) Gênero de composição que se baseia em cálculos matemáticos (notadamente, a lei das probabilidades) para a organização dos diversos elementos musicais. Um dos expoentes da música estocástica foi o grego Xenakis.

música falsa Ver MUSICA FICTA.

musica ficta (lat. lit.: música falsa) Conjunto de correções feitas pelos editores para consertar certas aparentes omissões em virtude de diferenças entre notações modernas e antigas. Freqüentemente são relacionadas à grafia de determinados acidentes que na Idade Média ou no Renascimento não poderiam ser escritos devido a conjunturas históricas e de estilo. Uma dessas técnicas é a inserção, na música de caráter modal, de acidentes que transformam intervalos dissonantes (para a época) em consonantes, no contexto harmônico. Essa espécie de revisão supostamente ajuda aos intérpretes modernos não especializados, mas é expediente que encontra séria objeção entre os estudiosos mais ortodoxos da música antiga.

música folclórica (ing. *folk music*) Nos lugares onde existe a chamada música culta (música nobre das cortes, igrejas ou burguesia), a expressão surgiu para diferenciar as manifestações populares espontâneas, geralmente de tradição oral, anônima e profundamente enraizada no estilo e nos costumes das mais diversas regiões e povos do mundo [var.: folcmúsica].

música folclórica brasileira O riquíssimo folclore brasileiro inclui um vasto leque de manifestações populares: AUTOS e FOLGUEDOS como os CAIAPÓS, o BUMBA-MEU-BOI, os CONGOS, QUILOMBOS, CABOCOLINHOS e CHEGANÇAS, CANTORIAS como os DESAFIOS, a EMBOLADA, a MODA DE VIOLA, as cantigas de crianças, a CHIMARRITA e o FANDANGO (acp. 3), as LOUVAÇÕES e uma infinidade de outras.

música grega A música grega em seus primórdios servia para ilustrar poemas épicos, cuja declamação era acompanhada por liras, ou ainda as *khitaras* dos tempos de Homero. Na mitologia, acredita-se que Hermes teria criado a *chelys*, construída a partir da carcaça de uma tartaruga, e que Orfeu seria capaz de inebriar até seres inanimados com sua LIRA. Os principais instrumentos de cordas gregos eram a harpa, ou *megadis*, e o ÓRGÃO HIDRÁULICO, ou *hydraulis*. No campo, pastores tocavam a FLAUTA DE PÃ. Entre os sopros, destacavam-se ainda o *aulus*, instrumento de PALHETA (acp. 1) dupla como o oboé, utilizado para reverenciar Dioniso. Os trabalhos de estudiosos gregos como Pitágoras uniram física, matemática, misticismo e música, e estabeleceram algumas das regras musicais observadas até os dias de hoje. Os MODOS GREGOS deram origem aos MODOS ECLESIÁSTICOS, e são os seguintes, do primeiro ao sétimo: jônico, dórico, frígio, lídio, mixolídio, aeólio e flocraniano (ou lócrio), cada um associado a regiões da Grécia e a diferentes estados de espírito.

música gregoriana Ver GREGORIANO.

música incidental (ing. *incidental music*; al. *Buhnenmusik, Incidenzmusik*) Música utilizada em filmes, peças teatrais ou programas de TV. Na Antiguidade, era conhecida como peça musical, sendo freqüente em representações de Shakespeare e composições de Purcell. O poeta e dramaturgo alemão Johann Goethe escreveu peças teatrais com música incidental de Beethoven, assim como fizeram Schubert e Mendellsohn (*Sonho de uma noite de verão*). Sibelius e Stravinsky (*A história do soldado*), entre outros, fizeram música incidental sofisticada, enquanto Eisler e Weill, junto com Bertold Brecht, levaram-na a interessante diálogo com as formas musicais mais populares e engajadas politicamente. Mais recentemente, a simplicidade e o caráter repetitivo das técnicas MINIMALISTAS, que se adequam perfeitamente à música de fundo, fizeram de compositores como o norte-americano Philip Glass um dos expoentes da música incidental.

música indiana As informações que hoje se tem da milenar MÚSICA INDIANA foram trazidas principalmente pela literatura sânscrita e costumam referir-se à arte musical da Índia desde o século I a.C. Em princípio, apesar de sua provável origem única, que é baseada na perfeição da voz humana, a música indiana pode ser dividida entre as tradições sulina, chamada carnática, e a da região norte do país, hindustânica. A raga (*rãga*) é a base da música indiana, e pode ser compreendida como a organização dos sons em certos padrões no âmbito de uma oitava, obedecendo a princípios que ressaltam a individualidade e o espírito de cada modo. Uma vez que inexistem conceitos como HARMONIA, a música indiana pressupõe grande liberdade e extrema valorização de todos os aspectos melódicos, chegando às sutilezas de intervalos MICROTONAIS, enquanto o ritmo pode ser definido em *tãlas* (de *tãl*), espécies de modos que estabelecem o número de pulsações. Entre os instrumentos indianos, destacam-se os de cordas dedilhadas, como o *sarod*, o *sitar* (mais popular) e o *viña*; os de arco, como o *ravanastron*; as flautas e os instrumentos de PALHETA dupla, como o *shahnai* e o *nãgasvaram*, além de instrumentos de percussão como o *mrdangam* carnático, o *huruk*, o *bhaya* e a TABLA hindustânica.

música indonésia A música indonésia sofreu e exerceu fortes influências sobre a música mundial. Elementos chineses, japoneses e indianos mesclaram-se com naturalidade à natural interferência européia, principalmente portuguesa, e o que ali se consolidou é um gênero único, cuja maior característica talvez seja o GAMELÃO, conjunto típico das ilhas do arquipélago. O REBAB, de origem árabe, mescla-se com naturalidade à *suling*, espécie de flauta, aos carrilhões de gongos e bambus, como o *bonang* e o *angklung*, e aos instrumentos de teclados assemelhados ao XILOFONE, como o *saron* e o *gender*. Os gamelões podem ser afinados em MODOS como o *slendro*, vigoroso e masculino, e o *pelog*, delicado e feminino.

música janízara Música para percussão que era executada pelas bandas militares do antigo Império Otomano.

música japonesa As fortes influências religiosas do budismo, do zen-budismo e do xintoísmo, assim como a permeabilidade a outras culturas orientais, como a chinesa, dotaram a música japonesa de características próprias de riqueza especial: a liberdade rítmica, a MONOFONIA e uma improvisação elegante com cores MICROTONAIS. A música xintoísta é um cântico acompanhado por flautas de bambu, chamadas *yamato-bue*, e uma espécie de CÍTARA, a *yamato-goto*. A música nô, da tradição teatral do mesmo nome, deve sua origem às manifestações cênicas do final do século XIV, e alterna seções instrumentais com canto e blocos rítmicos com partes livres. A *gagaku*, ou música elegante, era ouvida na corte desde o século XVIII, e utilizava modos e estruturas próprios. O *kabuki* é uma forma teatral musicada mais recente, desenvolvida entre o século XVII e o XIX, e costuma acompanhar representações e danças com flautas e instrumentos de percussão. Os principais instrumentos japoneses são o *koto*, talvez o mais característico, o *chô*, espécie de gaita, o *hichiriki*, tipo de pequeno oboé, o *samisen* e o *biwa*, de cordas dedilhadas, o *sô*, espécie de sitar, o *ryuteki*, tipo de flauta transversal, o *xoko*, o gongo, e o *kakko* e o *tsuridaiko*, pequenos tambores. Atualmente, a tradição japonesa vem sofrendo forte influência da música comercial do Ocidente, o que tem colaborado para descaracterizá-la.

música judaica O Velho Testamento faz as primeiras referências à música no Gênesis (4:21) e conta que Davi, que também era compositor e dedilhava seu *kinnor*, estabeleceu as regras da música judaica em Jerusalém, quase mil anos antes de Cristo. Com a demolição do Templo, permaneceu apenas a música vocal que era orientada pelos cantores líderes, chamados *chazanim*. Com a criação do Estado de Israel, em 1948, a música judaica encontrou palco para a convivência e aglutinação das mais diversas correntes, desde os asquenazitas e sefaraditas até os *falashas* da Etiópia africana. Entre instrumentos da mais remota origem, o *nevel* (harpa de dez cordas), o já citado *kinnor* e o *kaithros*, espécies de liras, o *halil* (pl. *halilim*), família de instrumentos de madeira, trombetas como o *hazozra* e instrumentos de percussão como o *tof*, além do *shofar*. Hoje, a música judaica folclórica envolve o clarinete, o violino, a harmônica e a percussão. A tradição da música judaica é essencialmente oral e muito raro notada graficamente. Deve em muito sua permanência ao canto religioso, MODAL (organizado em *oktoechos*), improvisado (*hazanut*) e MELISMÁTICO, pleno de influências orientais e árabes. A música ocidental também foi marcada pela tradição judaica, a começar por Mendelssohn, passando por Bruch (que escreveu surpreendentes variações sobre o *Kol Nidrei*, em 1881), Mahler, Gershwin, Copland e Bernstein, sem falar no legado de uma verdadeira legião de instrumentistas, que vai de Horowitz e Heifetz a Perlman, Zuchermann, Gould, Rostropovich, Menuhin, Milstein, Karr e uma infinidade de outros.

musical 1. Expressão inglesa que se tornou popular nos EUA e na Inglaterra a partir do início do século XX, refere-se ao teatro musical, e em especial à música que surgiu da chamada comédia musical, à ÓPERA CÔMICA do final do século XIX. Apesar de originar-se dos ambientes burlescos da Inglaterra, mantinha fortes afinidades com a chamada OPERETA, de estilo leve e palatável. O termo consagrou-se no vocabulário dos amantes da música do mundo inteiro pelas mãos de Cole Porter, Richard Rodgers (*Sound of music*) e Gershwin (*Um americano em Paris*, *Rhapsody in blue*), chegando aos dias de hoje com Andrew Lloyd Weber (*Cats*) e Leonard Bernstein, com sua memorável *West side story*. Alguns musicais da Broadway, como *Evita* e *Cats*, chegam a permanecer em cartaz por décadas, servindo como um dos principais atrativos turísticos de pólos culturais como Nova York. **2.** Gênero de filme em que a música tem papel predominante, como os norte-americanos *A noviça rebelde* (*Sounds of music*), *Singin'in the rain* e *Cabaret*, no estilo dos musicais (acp. 1) da Broadway.

musical bow (ing.) Ver BERIMBAU.

musical box (ing.) CAIXA DE MÚSICA.

musicale (it.) Espécie de encontro social para audição de músicas.

Musical Instruments Digital Interface Ver MIDI.

musical saw (ing.) SERROTE (acp. 2).

música maçônica (al. *Freimauerermusik*) A música dos ritos maçônicos, constituída principalmente de hinos, assumiu papel de grande importância na obra de compositores que, a partir do Classicismo, aderiram às sociedades secretas, como Mozart, Haydn e Puccini. Mozart imbuiu de preceitos maçons sua ópera *A flauta mágica*, a partir do LIBRETO de Schikaneder, embrenhou-se pelos ritos maçônicos em *Trauermusik* (Funeral maçom) e chegou a compor diversas obras para coro ou grupos instrumentais das lojas secretas de Viena.

música morávia Música religiosa da região da Boêmia, em meados do século XV. As comunidades morávias dedicavam-se intensamente à música e produziram vasto repertório no século XVIII. Os morávios estabeleceram-se também em outros países, como os EUA, onde continuaram a dedicar-se proficuamente à arte musical até meados do século XIX.

música para refeições Ver TAFELMUSIK.

música pop (ing. *pop music*) Gênero surgido em meados de 1950, nos EUA, bem mais elaborado do que as formas de ROCK'N'ROLL e RHYTHM'N'BLUES tradicionais e sintonizado com o movimento estético-filosófico que se estendia às artes plásticas, cinema, literatura e outras manifestações, envolvendo a cultura e o estilo de vida de mais de uma geração. Os símbolos musicais do movimento POP foram os grandes festivais, como os da ilha de Wight, Altamond, Monterey e Woodstock. As maiores estrelas do movimento foram astros e grupos como Jimi Hendrix e Janis Joplin, Joe Cocker, Rolling Stones, Canned Heat, Carlos Santana e Jefferson Airplane, entre muitos outros. O amplo ecletismo do gênero abriu as portas do movimento para tendências, artistas e conjuntos tão variados quanto o SOUL de Sly and the Family Stone e a chamada música de protesto de Arlo Guthrie, Joan Baez a Bob Dylan. Os gêneros surgidos nos anos seguintes ao período da ebulição *pop* culminaram em 1968 em conjunção com o psicodelismo, a apologia às drogas e aos cultos orientais e seitas exóticas, revelando clássicos como Gentle Giant, Pink Floyd, Jethro Tull, Emerson, Lake & Palmer e Yes, e os mais pesados Uriah Heep, Black Sabbath, Alice Cooper, U2, Queen e Deep Purple, entre tantos outros, abrindo caminhos para vertentes que vão do ACID ao HEAVY ROCK.

musica popolare (it.) MÚSICA POPULAR.

música popular (it. *musica popolare*; fr. *musique populaire*; ing. *popular music*, *folk music*; al. *Volksmusik*) De forma genérica, refere-se à música que não se classifica no contexto da chamada música pura, mas de forma mais específica também exclui a música folclórica e outras manifestações, servindo para classificar essencialmente a música popular urbana. Ver também MÚSICA POPULAR BRASILEIRA.

música popular brasileira Consensualmente, refere-se à música não-erudita e não-folclórica feita por brasileiros no Brasil ou mesmo no exterior. Na verdade, a expressão refere-se mais à produção pós-bossanovista, passando pelo TROPICALISMO, a JOVEM-GUARDA e outras correntes. As origens da MPB no samba, no CHORO e suas diversas manifestações, anteriormente à BOSSA-NOVA, passam por Dorival Caymmi, Noel Rosa, Cartola, Adoniran Barbosa, Lamartine Babo, Pixinguinha e diversos outros, e rendem-se à revolução causada pela multiplicação das rádios, que produziram mitos como Emilinha Borba, Marlene, Carmen Miranda, Orlando Silva, Sílvio Caldas, Ary Barroso e Francisco Alves. Chega definitivamente à classe média, incorporando as sofisticadas harmonias jazzísticas e influências do IMPRESSIONISMO erudito na bossa-nova, surgida no final dos anos 1950 com Tom Jobim, Vinicius de Morais,

João Gilberto, Carlos Lira e Roberto Menescal, entre muitos outros. A MPB assimila influências do *rock* da JOVEM-GUARDA de mitos como Roberto Carlos, Erasmo Carlos, Wanderléa, Ronnie Von e Renato e seus Blue Caps, foi revitalizada por Caetano, Gilberto Gil, Torquato Neto e seus contemporâneos no TROPICALISMO e rompe definitivamente com barreiras de qualquer natureza com Raul Seixas, Egberto Gismonti, Hermeto Pascoal, Ivan Lins, Edu Lobo, Geraldo Vandré, Walter Franco, Djavan, Cazuza, Cássia Eller e muitos outros. Freqüentemente, foi bandeira de luta do movimento estudantil (que desde o Centro Popular de Cultura da UNE estimulou os bossanovistas e o surgimento das canções de protesto — vide *João da Silva*, ou *O falso nacionalista*, de Billy Blanco), dado o recrudescimento do regime ditatorial instalado pelo golpe militar de 1964. Fundamentais para a MPB foram os festivais, que a partir da iniciativa da TV Excelsior de São Paulo, reproduziram-se nos da TV Record e os Festivais Internacionais da Canção do Rio de Janeiro. Na esteira da vanguarda da MPB, incorporando linguagens que vão do FUNK ao RAP, brotaram nomes como Arrigo Barnabé, Eliete Negreiros, Chico Science, Tetê Espíndola e Itamar Assumpção. Abreviatura [MPB].

música programática No século XIX, Liszt utilizava a expressão para designar a música de programa, ou seja, a composição que tem caráter descritivo de pessoas, coisas, acontecimentos ou objetos. Na realidade, o conceito de programa já existia muito antes de Liszt, em obras como *As quatro estações*, de Vivaldi, ou, mais tarde, a *Sinfonia pastoral* (nº 6) de Beethoven. Com Richard Strauss, em *Assim falou Zaratustra*, *Vida de herói*, *Don Juan* e *Macbeth*, surgiu um tipo de composição programática denominada POEMA SINFÔNICO, associando idéias musicais e conceitos claramente wagnerianos a elementos descritivos.

música romântica Ver ROMANTISMO.

musica sacra Música litúrgica ou de fundo religioso.

música secular Música não-sacra.

música serial (it. *musica seriale*; fr. *musique sérielle*; ing. *serial music*; al. *serielle Musik*) Ver SERIALISMO.

música sertaneja Gênero surgido da MODA DE VIOLA rural, nos anos 1920 e atualmente bastante cortejado (e corrompido) pela mídia, é responsável pela maior parte das vendas de discos, fitas e CDS no país nos últimos anos. Conserva a tradição do canto a duas vozes, a segunda delas no mais da vezes uma terça acima da principal, que é chamada primeira voz. Gênero popularizado por duplas como Alvarenga e Ranchinho, Jararaca e Ratinho, Tonico e Tinoco e outros, com o sucesso de *Índia* (1952), de Cascatinha e Inhana, abre caminho para uma legião de novas duplas e artistas, conquista programas de rádio e posteriormente TV, tendo à frente cantores que se dedicaram à carreira solo, como Inezita Barroso e Sérgio Reis. Apenas algumas poucas duplas (como Pena Branca e Xavantinho, que se conservaram fiéis às origens) resistiram ao apelo e às fortes influências da JOVEM-GUARDA, da música COUNTRY norte-americana (cujas características até mesmo visuais e de costumes passaram a predominar no gênero, por modismo) e dos instrumentos e efeitos eletrônicos, que a partir dos anos 1980 passaram a acompanhar Zezé de Camargo e Luciano, Chitãozinho e Xororó, Christian e Ralph, Leandro e Leonardo e vozes individuais como Roberta e Sula Miranda.

musica tzigana (it.) MÚSICA CIGANA.

music (ing.) Música.

music-hall (ing. lit.: sala de música) **1.** Certo tipo de *show* de variedades popularizado a partir da metade do século XIX. **2.** Na Inglaterra romântica, sala construída especialmente para a audição de música de diversos estilos. As *music-halls* tradicionais misturavam costumes recentes aos antigos, serviam bebidas e alternavam apresentações de todos os tipos. A partir da segunda metade do século XX, tornaram-se templos exclusivos da chamada música culta. **3.** Casa de *shows* (como a Radio City Music Hall, em Nova York).

musichetta (fr.) MUSIQUETA.

musician (ing. fr.) Músico.

musico (it.; fr. *musician*; ing. *musician*; al. *Musikant*, *Musiker*) Termo que surgiu no período Barroco para designar o profissional que trabalha com música.

music theory (ing.) Teoria musical.

músico de estúdio Músico profissional especializado em gravações de estúdios.
musicófilo Aficcionado por música.
musicografia (gr. *mousike*: música e *graphein*: grafia) Trabalho documental sobre música ou músicos.
musicologia (fr. *musicologie*; ing *musicology*; al. *Musikwissenschaft*) Disciplina que se propõe a estudar e pesquisar música de um ponto de vista científico. O termo foi cunhado no século XX para designar o estudo multidisciplinar dos aspectos teóricos da música, notadamente a história, a notação musical, a estética e a bibliografia. Foi na Europa iluminista que pensadores e estudiosos, inspirados no enciclopedismo francês, passaram a interessar-se pelo estudo da história da música. O termo atualmente refere-se de forma primordial ao estudo da música em nível acadêmico, e desmembrou-se em segmentos mais setorizados, a exemplo da ETNOMUSICOLOGIA, disciplina que envolve abordagens antropológicas.
musicologie (fr.) MUSICOLOGIA.
musicologist (ing.) MUSICÓLOGO.
musicologue (fr.) MUSICÓLOGO.
musicology (ing.) MUSICOLOGIA.
musicólogo (gr. *mousike*: música e *logos* tratado; it. *musicologo*; fr. *musicologue*; ing. *musicologist*; al. *Musikwissenschaftler*) Pesquisador que se propõe a abordar a música cientificamente. Ver também MUSICOLOGIA.
musicoterapia (gr. *mousike*: música e *therapeia*: tratamento; it. *musicoterapia*; fr. *musicothérapie*; ing. *music therapy*; al. *Musiktherapie*) Ramo da psicologia que emprega a música como recurso terapêutico. Desde a Antiguidade o homem confere à música e à mágica de seus sons o poder de curar doenças ou mesmo modificar a personalidade das pessoas, conquistar amantes ou dominar animais e povos. Os estudos mais primitivos remontam à Antiguidade, passando por caminhos tão diversos quanto as tradições indígenas, à Itália seiscentista, que creditava à arte musical até mesmo o poder de extrair veneno de animais peçonhentos, e outros experimentos em pleno século XX (às vezes com muito pouco fundamento científico). Há diversas escolas e tendências na musicoterapia, disciplina já consolidada nos dias de hoje, mas os estudiosos concentram-se cada vez mais na sua aplicação para tratar de disfunções da fala, timidez, autismo, doenças e deficiências mentais.
music stand (ing.) ESTANTE de música.
musicothérapie (fr.) MUSICOTERAPIA.
music paper (ing.) Papel de música.
music therapy (ing.) MUSICOTERAPIA.
Musikalienhandel (al.) Loja de música.
musikalische Gelegenheit (al.) Ver MUGGE.
musikalische Kömodie (al.) Comédia musical.
Musikant (al.) Músico.
Musiker (al.) Músico.
Musikbogen (al.) Ver BERIMBAU.
Musikfestspiel (al.) Festival de música.
Musikmeister (al.) Regente de banda.
Musikintrumentenkunde (al.) ORGANOLOGIA.
Musikinstrumentenmacher (al.) Fabricante de instrumentos.
Musikpavillon (al.) CORETO.
Musiktheorie (al.) Teoria musical.
Musiktherapie (al.) MUSICOTERAPIA.
Musikwissenschaft (al.) MUSICOLOGIA.
Musikwissenschaftler (al.) MUSICÓLOGO.
Musikzug (al.) Banda.
musique concrète (fr.) MÚSICA CONCRETA.
musique d'amateurs (fr.) Música de amadores.
musique de chambre (fr.) MÚSICA DE CÂMARA.
musique de table (fr.) TAFELMUSIC.
musique mesurée VERS MESURÉS.
musique populaire (fr.) MÚSICA POPULAR.
musique sérielle (fr.) Música serial. Ver SERIALISMO.
musique tzigane (fr.) MÚSICA CIGANA.
musiqueta (it. *musichetta*; ing. *musak*) **1.** Referência depreciativa a uma música de baixa qualidade. **2.** Música curta e leve.
müssig (al.) MODERADO.
muta (it. lit.: mude) Na partitura, indicação de que o músico deve alterar a afinação do instrumento por meio de artefato mecânico, como os pedais de um TÍMPANO, ou por transposição no ato da leitura, como na técnica da TROMPA moderna. No passado, antes do advento das VÁLVULAS, o trompista era freqüentemente obrigado a trocar VOLTAS, daí a indicação. *Muta in do* (mudar para dó), indica que o músico, no passado, deveria trocar seu

instrumento por outro, na afinação pretendida, ou uma de suas voltas.

mutação REGISTRO (acp. 2) de órgão constituído por uma fileira simples de tubos.

mute (ing.) SURDINA (acp. 1).

muted (ing.) Com SURDINA (acp. 1).

mutes off (ing.) Indicação de que as SURDINAS (acp. 1) dos instrumentos devem ser retiradas.

muting (ing. *to mute*: calar, ficar mudo) Técnica que entre instrumentos de cordas consiste em abafar a corda com a mão, evitando que ela continue a vibrar.

mutungo Ver BERIMBAU.

muvuca Na gíria baiana, grande festa, agito.

muwashshahas Canções árabes da Espanha do século XI.

mu-yu (coreano) TEMPLE BLOCKS.

muzak (ing.; port. musiqueta) Referência pejorativa à música pobre, de baixa qualidade.

m.v. (it.) Abreviatura de MEZZA VOCE.

Mzs Abreviatura de MEZZO-SOPRANO.

N

nacaire (fr.) NACARA.
nacaires (fr.) NAQQĀRA.
nação Grupo recifense de descendentes diretos de africanos que introduziu as tradições da coroação dos reis do Congo no Brasil, dando origem ao MARACATU. Ver também MARACATU AFRICANO.
nacara (it. *gnacara*, *naccheron*; fr. *nacaire*; ing. *naker*; al. *Pauker*) Instrumento de percussão da Inglaterra, Itália e França medievais, deve sua origem aos tambores árabes. Tinha formato de cuia e era tocado com BAQUETAS, servindo para acompanhamento de diversos tipos de atividades [var.: *naccara*, *naqara*]. Ver também NAQQĀRA.
naccara Ver NACARA.
nacchere (fr.) CASTANHOLAS.
naccheron (it.) NACARA.
nach (al.) Após.
Nachhal (al.) REVERBERAÇÃO.
Nachahmung (al.) IMITAÇÃO.
nach Belieben (al.) AD LIBITUM.
Nachschlag (al.; fr. *accent*; ing. *springer*) Designação de certos ORNAMENTOS, mais freqüentemente a ACCIACATURA. Pode também referir-se especificamente a um ornamento que termina em um TRINADO duplo.
Nachspiel (al.) POSLÚDIO.
Nachstücke (al.) NOTURNO.
Nachtanz (al. *Nacht*: noite e *Tanz* dança) Dança alemã dos séculos XV a XVII semelhante ao SALTARELLO. Costumava seguir uma outra dança a ela relacionada tematicamente.
Nachtingallenzug (al.; it. *usignolo*; fr. *jeu de rossignol*; ing. *bird stop*) Passarinhos. REGISTRO (acp. 2) de órgão de tubos.
Nachtmusik (al. *Nacht*: noite e *Musik*: música) Música composta para execução noturna, como a SERENATA. Bom exemplo é *Eine Kleine Nachmusik* (Uma pequena serenata noturna), de Mozart.
nach und nach (al.) Pouco a pouco.
nadaswaram Na MÚSICA INDIANA, longo instrumento de palheta dupla utilizado em cerimônias religiosas.
nāgasvaram Ver MÚSICA INDIANA.
Nagelgeige (al.) VIOLINO DE FERRO [var.: *Nagelharmonica*].
Nagelharmonika (al.) VIOLINO DE FERRO [var.: *Nagelgeige*].
naggāra Ver NAQQĀRA.
nai 1. Certo tipo de flauta de BISEL encontrada no Egito e em outros países do Oriente Médio e da Ásia, é comum entre os povos árabes em geral [var.: *nay*]. **2.** Tipo de FLAUTA DE PÃ romena formada por uma série de 20 tubos de diferentes dimensões, cujas extremidades inferiores são fechadas por uma espécie de rolha afixada com cera para determinar-lhes a afinação.
nail (ing. lit.: pregar) No jargão do músico, "cravar" uma nota, acertar uma nota difícil com precisão.
nail violin Ver VIOLINO DE FERRO.
naipe (ing. *section*) Em um conjunto instrumental ou vocal, grupo de executantes com o mesmo tipo de instrumento (*naipe* de violinos, naipe de trombones) ou classificação vocal (*naipe* de contraltos) [var.: seção].
naker (ing.) NACARA.
Nänie (al.) NÊNIA.
não-arpejado (fr. *non-arpegé*; it. *senza arpeg-*

giare, *non-arpeggiato* al. *nicht arpeggieren, ohne Brechung*; ing. *not arpeggiated*) Indica que as notas de um ACORDE devem soar em bloco, simultaneamente.

não-harmônica Ver NOTA DE PASSAGEM.

não-legato Ver LEGGERO.

não-temperado Que não sofreu TEMPERAMENTO.

napster Sistema disponível em *sites* na Internet, permite que o usuário faça o *download* de músicas no formato MP3. Quando foi lançado, a pesquisa e gravação de músicas eram gratuitas, mas atualmente, por imposição judicial das cortes norte-americanas, é cobrada uma taxa para cobertura de direitos autorais e conexos, muito embora os internautas continuem a trocar títulos entre si gratuitamente.

naqara Ver NACARA.

naqqãra Instrumento de percussão islâmico semelhante ao TÍMPANO, era tocado aos pares e utilizado em danças, serviços religiosos e funções militares [var.: *naggãra*]. Ver também NACARA.

n'arpéger pas (fr.) NON-ARPEGÉ.

nasal Diz-se da qualidade anasalada do som de uma voz ou instrumento musical.

nasalflauta (port.) FLAUTA NASAL.

nasal flute (ing.) FLAUTA NASAL.

nasalité (fr. lit.: nasalidade) Técnica de emissão de voz que emprega as fossas nasais para RESSONÂNCIA.

nasalité antérieure (fr.) ANASALAMENTO ANTERIOR.

nasalité postérieure (fr.) ANASALAMENTO POSTERIOR.

nasard (fr.) Certo REGISTRO (acp. 1) do órgão de tubos comum na França renascentista e barroca [var.: fr. *nazard*].

nasenflötte (al.) FLAUTA NASAL.

nasillement (fr.) Ver ANASALAMENTO ANTERIOR.

nasisi (it.) MARACAS.

nasonnement (fr.) Ver ANASALAMENTO POSTERIOR.

national anthem (ing.) HINO NACIONAL.

Nationalhymne (al.) HINO NACIONAL.

nastro magnetico (it.) Fita magnética. Ver também TAPE.

natural horn (ing.) Ver TROMPA NATURAL.

natural position (ing.) Entre os instrumentos de cordas da orquestra, L'ORDINAIRE.

natural 1. Afinação da VIOLA DE ARAME que emprega os mesmos sons de um violão, da 1ª à 5ª cordas. **2.** (it. *bequadro*; fr. *bécarre*; ing. *natural sign*; al. *Auflöser*) Nota que não sofreu alteração, não-BEMOL e não-SUSTENIDA; BEQUADRO. **3.** (it.) AU NATUREL.

naturally (ing. lit.: naturalmente) AU NATUREL.

natural sign (ing.) Ver NATURAL (acp. 2).

natural trumpet (ing.) Ver FLAT TRUMPET.

naturel (fr. lit.: naturalmente) AU NATUREL.

Naturtoninstrumente (al.) Refere-se à classe de instrumentos que emprega sons da natureza, como o ÓRGÃO HIDRÁULICO e os SINOS DE VENTO.

Naturtrompete (al.) Ver FLAT TRUMPET.

Naturwaldhorn (al.) TROMPA NATURAL.

natürlich (al. lit.: naturalmente) AU NATUREL.

naubat Na MÚSICA INDIANA, grupo tradicional de músicos das cortes palacianas.

nau catarineta 1. Canção portuguesa da 16ª jornada do FANDANGO-AUTO. **2.** CHEGANÇA DE MARUJOS da Paraíba.

nay Flauta de bambu egípcia. Ver também NAI.

nazard (fr.) Ver NASARD.

nc (ing.) Abreviatura de NON-CHORD.

near the bridge (ing. lit.: próximo ao cavalete) SUL PONTICELLO.

near the soundboard (ing.) Na técnica da harpa, PRÈS DE LA TABLE [var.: ing. *near the soundingboard*].

near the soundingboard (ing.) Ver NEAR THE SOUNDBOARD.

nebel (hebr.) SALTÉRIO.

Nebensatz (al.) Segundo tema.

Nebenstimme (al.; fr. *bas-dessus*) Voz secundária. Ver também HAUPTSTIMME (acp. 2).

neck (ing. lit.: pescoço) O BRAÇO dos instrumentos de cordas.

negative gain (ing.) GANHO (acp. 1) negativo.

negrilla Dança espanhola que imita e satiriza os negros africanos.

negro spirituals (ing.) Ver SPIRITUAL.

nella scena lontano (it.) OFF-STAGE.

nênia (it. *nenia*; fr. *nénie*; al. *Nänie*) Canto de natureza fúnebre como a ELEGIA. A idéia, na forma do DIRGE (palavra que em inglês tem significado semelhante), foi aproveitada por Britten, em um dos movimentos de sua *Serenata para tenor, trompa e cordas*, e Stravinsky, em *Funeral dirge*.

nénie (fr.) NÊNIA.

neoclassicismo Corrente musical surgida na metade do século XX como reação à última fase do Romantismo, cujos ideais ainda resistiam entre diversos compositores. O Neoclassicismo buscou recuperar a pureza da forma, da harmonia e dos padrões de beleza em que os compositores do período clássico (século XVIII ao princípio do século XIX, aproximadamente) haviam se inspirado (classicismo greco-romano), a exemplo da *Pulcinella* (1920) de Stravinsky, balé cuja música é baseada no clássico Pergolesi. Entre os compositores que buscaram na pureza formal do passado clássico fonte para revigorar suas partituras, Hindemith, Prokofiev (*Sinfonia clássica*) e o norte-americano Walter Piston.

neoclássico Identificado com o NEOCLASSICISMO.

neogalicano Canto religioso que, muito embora de orientação TONAL, guarda certas semelhanças com o CANTOCHÃO.

neo-punk (ing.) Novo PUNK. Ver também TRASH ROCK.

neo-Romantismo Corrente surgida em decorrência do Neoclassicismo, buscava voltar a revalorizar os ideais românticos, como em diversas obras de compositores como Penderecki.

nervura Qualidade relativa à flexibilidade da vareta de um arco.

neumas (gr. *pneûma*: ar, sopro; ing., fr., al. *neume*) Sistema de sinais da notação medieval (século VII), constituía a indicação para o intérprete acerca da direção melódica do CANTOCHÃO e dos cantos das igrejas ortodoxas. Era formado por pequenos grupos compostos de número variável (entre um e cinco) de notas e possuía características próprias às diferentes tradições que as adotavam. Os neumas latinos são: *apostropha*, *climacus*, *clivis*, *epiphonus*, *liquescens*, *oriscus*, *podatus*, *porrectus*, *pressus*, *punctum*, *quilisma* (ou *kilisma*), *salicus*, *scandicus*, *strophicus*, *torculus*, *tractalus* e *virga*.

neumático Gênero de CANTOCHÃO que emprega NEUMAS, em contraposição ao que emprega MELISMAS ou sílabas (silábicos).

neume (ing., fr., al.) NEUMA.

nevel (hebr.) Espécie de harpa judaica tradicional. Ver também MÚSICA JUDAICA.

neuvièmme (fr.) NONA (acp. 1).

new age (ing. lit.: nova era) Gênero de música instrumental leve, evocava estados de meditação e relaxamento nos anos 1970.

new jack swing Dança de negros norte-americanos, como o BREAK.

new wave (ing. lit.: nova onda) Estilo de música POP simples e bem acabada que surgiu nos EUA dos anos 1970 e popularizou-se a partir de 1980. Acabou determinando o aparecimento de uma outra nova corrente, o *punk-rock*, que, muito embora originária das linhas melódicas singelas e ritmos simplificados do NEW WAVE, passou a mostrar no próprio comportamento e vestimentas de seus cultores a antítese do *rock* do jovem branco bem-comportado norte-americano que deu origem ao novo movimento. O precursor do gênero *new wave* talvez tenha sido o ART ROCK do grupo Velvet Undergroung, liderado pelo cantor Lou Reed e ligado ao artista plástico Andy Warhol. Podem ser citados ainda os grupos Blondie (da loura Debbie Harry), Cars (de Boston) e o B 52's, da Georgia.

ngomba (cong.) INGONO.

ngonge Ver GONGUÊ (acp. 1).

nhã-aninha Dança do FANDANGO (acp. 3) do litoral norte paulista [var.: nhaninha].

nhá-maruca Dança de roda do litoral paulista [var.: inhá-maruca].

nhaninha Ver nhã-aninha.

nhô-chico Dança de roda de FANDANGO (acp. 3) do litoral do Paraná.

ni 1. Ver NISHAD. **2.** Ver SARGHAM.

Nicht arpeggieren (al. lit.: não-arpejado) NON-ARPEGÉ.

nichttonal (al.) ATONAL.

nicht vibrierent (al.) Na partitura, indicação de que o trecho deve ser executado sem VIBRATO.

Niederstrich (al.) ARCADA DESCENDENTE.

niggiero Dança com improvisação de ALAÚDE e teclado do século XVI.

niggumin (hebr.) Entre os seguidores da cabala, espécie de hino tradicional judaico sem letra, cuja origem remonta ao século XVI.

ninfale (it.) Certo tipo de órgão.

ninna (esp.) Música para ninar ou, às vezes, canção de Natal.

ninth (ing.) NONA (acp. 1).

nishad Na MÚSICA INDIANA, a sétima nota da escala (ni).
nisiltayim (hebr.) Espécie de prato tradicional da percussão da música judaica.
nó No DESAFIO, situação em que a proposta do CANTADOR deixa uma questão de difícil resposta para seu contendor.
Nô Forma de teatro japonês cuja música costuma ser acompanhada por uma espécie de flauta (*nokan*) e instrumentos de percussão como o *otsuzumi e o kotsuzumi*.
no bico Ver NO GOGÓ.
nobilmente (it.) Nobremente, majestosamente.
nocetta (it.; fr. *buton*) Região superior do corpo de instrumentos como o violino, entre os ombros, onde se encaixa o bloco do braço [var.: unha].
nocturn (ing.; fr. *nocturne*) NOTURNO.
nodo Ver NÓDULO (acp. 1).
nódulo (fr. *noeud*; ing. *node*; al. *Schwingungsknoten*) **1.** Ponto que divide uma corda em seções que vibram de forma específica. **2.** Em acústica, o ponto de amplitude mínima de uma onda.
noeud (fr.) NÓDULO.
noël (fr. lit.: Natal) Ver CAROL (acp. 1).
no gogó No jargão popular, cantar sem microfone.
noire (fr.) SEMÍNIMA.
noise (ing.) RUÍDO (acp. 1 e 2).
noite No jargão do músico popular brasileiro, a vida noturna das boates e casas de *shows*. Trabalhar na noite: tocar em casas noturnas.
nokan Ver NÔ.
nomos Na Antiguidade grega, melodias cantadas, geralmente acompanhadas por instrumentos como o AULUS e a CÍTARA, às quais eram atribuídas qualidades mágicas.
nomtom Na MÚSICA INDIANA, tipo de introdução rítmica [var.: numtum].
nona (fr. *neuvièmme*; ing. *ninth*; al. *None*) **1.** Intervalo de nove graus em uma ESCALA DIATÔNICA (dó-ré[1], por exemplo). **2.** Acorde que emprega o intervalo (acp. 1) de nona em relação ao baixo (dó-mi-sol-si bemol-ré[1]). **3.** Entre os músicos de orquestra, referência informal à *Nona sinfonia em ré menor*, de Beethoven.
nona da dominante Um acorde de SÉTIMA DA DOMINANTE, acrescido de uma NONA (acp. 1) (na tonalidade de dó maior, por exemplo, sol-si-ré-fá-lá).
nona maior Intervalo de nove graus em uma ESCALA DIATÔNICA (dó-ré[1], por exemplo).
nona menor Intervalo de NONA alterado descendentemente (dó[1]-ré bemol[2], por exemplo).
nonário Ver COMPASSO.
non-arpegé NÃO-ARPEJADO [var.: *non arpegé*].
non-arpeggiato (it.) NON-ARPEGÉ.
nonas Ver OFÍCIO.
non-chord (ing. lit.: não-acorde) ARPEJO. Abreviatura [nc].
none (ing.) NONA (acp. 1).
nonet (fr., ing.) NONETO.
noneto (it. *nonetto*; fr. *nonet*; al. *Nonett*) **1.** Composição para nove vozes ou instrumentos, como o conhecido *Noneto* de Villa-Lobos. **2.** Conjunto de câmara composto de nove instrumentos.
Nonett (al.) NONETO.
nonetto (it.) NONETO.
non-legato (it.) Não-LEGATO. Ver também LEGGERO.
Nonnengeige (al.) TROMBA MARINA.
non-tonal (ing.) ATONAL.
non-tremolo (it.) Entre os instrumentos de cordas da orquestra, MISURATO.
non-vibrant (fr.; it. *non vibrato*) Na partitura, indicação de que o trecho assinalado deve ser executado sem VIBRATO.
normal bowing (ing. lit.: arco normal) AU NATUREL.
northumbrian (ing.) Tipo de GAITA-DE-FOLES.
nose flute (ing.) Flauta nasal, assoprada com as duas narinas através de uma espécie de forquilha adaptada ao tubo.
not arpeggiated (ing.) NON-ARPEGÉ.
nota (al. *Tom*) **1.** Som cuja altura é definida e identificada. **2.** Símbolo gráfico do som na notação musical.
nota aberta **1.** Nota que, entre os instrumentos de metal, pode ser produzida com as válvulas abertas, ou seja, sem que os dedos as pressionem. São os sons da SÉRIE HARMÔNICA, cuja indicação na partitura pode vir pela palavra italiana *aperto*. Ver também CHIUSO. **2.** CORDA SOLTA.
nota acessória A nota mais aguda de um TRINADO.
nota auxiliar ORNAMENTO que consiste em uma

nota de passagem estranha ao acorde e não acentuada, um tom ou semitom acima ou abaixo da nota principal, que em vez de conduzir a um acorde subseqüente retorna ao anterior.

nota cambiata (it. lit.: nota trocada) CAMBIATA.

notação (it. *notazione*; fr., ing. *notation*; al. *Notation*) Escrita musical.

notação de tempo (ing. *time signature*) Indicação de tempo de um COMPASSO (3/4, 4/4, 6/8, por exemplo).

notação musical Sistema de representação gráfica de alturas, durações, intensidade, articulações, dinâmica etc., também conhecido como escrita musical. Considera-se que os NEUMAS foram o prenúncio do surgimento da notação musical, que em seus primórdios, no século X, passou a empregar símbolos distintos para as diversas durações, até que o acréscimo das linhas do PENTAGRAMA, um século depois, estabeleceu uma forma razoavelmente precisa de definir as alturas. A música moderna, a partir do século XX e em especial entre os experimentalistas, passou a criar e empregar novos símbolos que pudessem corresponder às expectativas de representação dos recursos e efeitos da nova música. A simbolização visual dos sons surgiu com a QUIRONOMIA, ou a MANOSSOLFA, sistemas que empregam sinais manuais para simbolizar as notas. Princípios de notação escrita já existiam na Grécia antiga, 500 anos a.C. Entre os hebreus, no século VI d.C., empregava-se a ecnofonética. Na Idade Média, d'Arezzo utilizava a mão guildoniana, espécie de quironomia, e o método de SOLMIZAÇÃO, até que no final do período surgiram as chamadas notas pretas, que passaram a proporcionar maior exatidão à escrita. A partir do século XV, as notas de formato losangular passaram a ser substituídas pelas ovais ou redondas, apesar de as TABLATURAS para teclados e ALAÚDES ainda continuarem sendo usadas. No final do período medieval, surgiram a LIGADURA e as BARRAS DE COMPASSO, assim como as CLAVES. No Barroco, consolidaram-se as notas de curtíssima duração, como a fusa e a semifusa, imperativo para o assombroso desenvolvimento técnico dos músicos e as exigências crescentes das partituras, além do surgimento do pentagrama duplo para escrita da música para teclados. No final do período clássico, antevendo as necessidades de expressão do Romantismo, multiplicaram-se sinais de dinâmica, articulação, acentuação e indicativos de interpretação. Novos sistemas (como os empregados para a música contemporânea) continuam a surgir, freqüentemente indicando maneiras de improvisação como na MÚSICA ALEATÓRIA, além de notações específicas de novas tendências, como a música MICROTONAL. Para as formas tradicionais, entretanto, o sistema de notação consolidado no Classicismo permanece praticamente inalterado.

nota de passagem (it. *nota di passagio*; fr. *note de passage*; ing. *passing note*; al. *Durchgangsnote*) Como a expressão sugere, uma nota não-harmônica, ou seja, estranha ao acorde, que conduz por grau conjunto a linha melódica para uma nota harmônica, servindo-lhe de passagem.

nota di passagio (it.) NOTA DE PASSAGEM.

nota estranha Nota não pertencente ao ACORDE, como a APPOGGIATURA, a NOTA DE PASSAGEM e a ANTECIPAÇÃO.

nota fantasma GHOST NOTE.

nota tônica Primeira nota de uma escala, define a TONALIDADE.

nota vizinha Nota um tom ou semitom acima ou abaixo de uma nota que pertencente a um acorde, dele não fazendo parte.

notas brancas Notas cujas cabeças são vazias, brancas, como SEMIBREVES e MÍNIMAS. No jargão popular, bolacha.

notas enarmônicas Notas de nomes diferentes (sol bemol e fá sustenido ou dó bemol e si, por exemplo) que, no sistema de IGUAL TEMPERAMENTO, resultam no mesmo som.

notas ineguais (fr. *notes inégales*; ing. *unequal notes*) No Barroco francês, conceito de interpretação que proporciona certo balanço às notas (Saint-Lambert), possibilitando melhor fluxo melódico. As primeiras notas de cada grupo de igual duração soam ligeiramente mais longas e devem ser compensadas, encurtando-se ligeiramente a nota ou as notas seguintes. A inegualidade surge tanto da necessidade de se marcar o tempo (que no período Barroco era um conceito menos rígido do que nos dias de hoje) quanto realçar notas harmonicamente importantes, no sentido POLIFÔNICO. O conceito adequou-se naturalmente às características físicas de instrumentos como o ALAÚDE, cujas cordas mais graves podiam ser tocadas pelo polegar em movimentos alternados e rápidos de vaivém para baixo e para cima, sucessivamente, acentuando e alongando ligeiramente as notas tocadas para baixo; os instrumentos de CORDAS, devido às peculiaridades do arco da época, produziam o mesmo efeito nos movimentos PARA BAIXO.

notas negras Ver NOTAS PRETAS.

notas ornamentais (ing. *grace notes*) Grupos de notas escritas em tamanho menor do que as da melodia propriamente dita, devem ser executadas livremente pelo intérprete.

notas pretas Notas das teclas negras do piano ou seus equivalentes ENARMÔNICOS [var.: notas negras].

notation (fr., ing., al.) NOTAÇÃO MUSICAL.

notazione (it.) NOTAÇÃO MUSICAL.

note (ing.) Nota musical.

note de passage (fr.) NOTA DE PASSAGEM.

Notenfahne (al.) CODETTA.

Notenhals (al.) HASTE (de nota musical).

Notenpapier (al.) Papel de música.

Notenstiel (al.) HASTE (de nota musical).

notch (ing.) CORTE EM *f*.

note on/off Ver MIDI.

noturno (it. *notturno*; fr. *nocturne*; ing. *nocturn*; al. *Nachstücke*) Termo empregado a partir do final do Classicismo para designar certo tipo de música tranqüila, associada à serenidade da noite. No Romantismo, passou a denominar diversas formas instrumentais, a exemplo de obras para piano de John Field, os *21 noturnos* de Chopin e os *Nocturnes* de Debussy.

novelette Termo criado por Robert Schumann em 1838, para designar especificamente oito de suas composições para piano.

novelty song (ing. lit.: canção de novidades) Refere-se à música simples de versos divertidos.

novena-do-caju Dança sensual, ironicamente ligada às novenas de Nossa Senhora, do Norte-Nordeste do Brasil. Costuma ser acompanhada por PÍFAROS, ZABUMBA e percussão diversificada.

nowell (ing.) NOËL. Ver CAROL (acp. 1).

noyau (fr.) O centro, a coluna central, o coração da voz. Na técnica vocal, diz-se que a voz é plena, ressonante, centrada, quando o *noyau* está presente.

nrtya (hind.) Dança, entre os hindus.

nuance (fr.) Diferença sutil e de mínimos detalhes de uma interpretação, como variações de timbre, articulação, frase, intensidade ou afinação.

numtum Ver NOMTOM.

Nunc dimittis O canto de Simeão, conforme o Evangelho Segundo São Lucas (Lucas, II: 29-32).

nun's fiddle (ing. lit.: rabeca de freira) TROMBA MARINA.

nursery rhymes (ing.) Canções rimadas infantis.

nut (ing. lit.: noz) **1.** PESTANA (acp. 1). **2.** TALÃO.

NWOBHM Gênero ruidoso de *rock* que deu origem ao TRASH.

nyastaranga (hind.) Instrumento indiano que é inserido na boca e emite sons pela passagem do ar na garganta.

Nyckelharpa (al.; ing. *keyed fiddle*) Instrumento de cordas medieval de origem alemã difundido nos países escandinavos. Tinha formato semelhante ao de uma RABECA e era tocado com um arco. Um sistema de chaves na parte inferior do braço do instrumento possibilitava a execução de sons CROMÁTICOS em até duas oitavas [var. al.: *Lökkelje*].

O

o Sobre uma nota, indica HARMÔNICO NATURAL.

O (zero) Símbolo de CORDA SOLTA.

ob Abreviatura de OBOÉ.

ob-am Abreviatura de OBOÉ D'AMORE.

obbligato (it. lit.: obrigado; fr. *obligé*) Parte subordinada à principal que deve ser necessariamente tocada, não omitida e nem improvisada. Ver BASSO OBLIGATO: a linha do baixo deve necessariamente ser executada da forma que foi escrita.

ober (al.) Acima.

Oberbügel (al.) OMBRO.

oberek Dança do folclore polonês.

Oberstimme (al.) Voz superior.

Oberton (al.) HARMÔNICO.

Oberwerk (al.) SOMEIRO principal de um órgão de tubos e seu respectivo MANUAL que fica colocado à frente do executante, acima do teclado chamado grande órgão.

obligé (fr.) OBBLIGATO.

oblique piano (ing.) PIANO OBLÍQUO.

oboe (ing., it.) Oboé [var.: *hautboy*, *hoboy*].

oboé (it. *oboe*; fr. *hautbois*, *cor*; ing. *hoboy*; al. *Hoboe*) Instrumento de sopro de tubo cônico de madeira e PALHETA (acp. 1) dupla cujo nome originou-se do francês *hautbois* (lit.: madeira alta). O termo chegou a designar um número considerável de instrumentos derivados da família da CHARAMELA francesa medieval. Um oboé inspirado na BOMBARDA, que já se assemelhava ao instrumento moderno, tornou-se popular em meados do século XVII, na França, e logo conquistou a Inglaterra. No início do século XIX, o oboé foi dotado de um sistema rudimentar de CHAVES, mas no final do período clássico um modelo mais avançado de 13 chaves já havia conquistado a preferência dos austríacos; apesar disso, foram os franceses que adaptaram ao instrumento o sistema BOEHM, que prevalece até hoje. O oboé já havia então se tornado uma forte opção de instrumento solista para os compositores, ao lado do violino e da flauta (partituras do Barroco francês já traziam a indicação *cor* ou *violon*, ou seja, oboé ou violino). O oboé tornou-se o líder dos sopros da orquestra, e por causa da precisão da altura de seus sons passou a ser o responsável pela afinação dos instrumentos do conjunto. Entre os inúmeros compositores, Hotteterre, reputado um dos precursores do instrumento barroco, C. P. E. Bach, Couperin, Marcello, Händel, Vivaldi, Albinoni, Beethoven e Brahms, que exploraram o instrumento em solos orquestrais ou concertos, além de Mozart, que assim como Richard Strauss escreveram alguns dos mais importantes concertos para oboé. Outros instrumentos da família, além do modelo-padrão da orquestra, soprano, são o CORNE INGLÊS, que também participa eventualmente do conjunto, o OBOÉ BARÍTONO e o OBOE D'AMORE. O mais renomado oboísta da atualidade é o alemão Heinz Holliger. Entre os instrumentistas brasileiros destaque, Luiz Carlos Justi, Arcádio Minczuk e Alex Klein, primeiro oboé da Sinfônica de Chicago. Abreviatura [ob]. Ver também CORNE INGLÊS e OBOÉ BARÍTONO e OBOE D'AMORE.

oboé barítono Instrumento de PALHETA (acp. 1) dupla afinado uma oitava abaixo do OBOÉ soprano, praticamente caiu em desuso. Quando solicitado pela partitura, costuma ser substituído pelo HECKELFONE.

oboé contralto Ver CORNE INGLÊS.

oboe da caccia (it. lit.: oboé da caça; ing. *hunting horn*; al. *wald Hautbois*;) Instrumento tenor surgido no final do período Barroco, fazia parte do rol de instrumentos de caça da época. Ver também CORNE INGLÊS.

oboe d'amore (it.; al. *Liebes-Oboe*) Instrumento contralto da família do OBOÉ, possui PAVILHÃO em forma de pera e TUDEL curvo, é afinado em lá e foi criado no início dos anos 1720, na Alemanha. Tem voz mais grave (soa uma terça abaixo) e sonoridade mais aveludada do que a do oboé soprano. Abreviatura [ob-am].

Oboisten (al. lit.: oboístas) Ver FELDMUSIK.

obra Composição, peça.

obra de arte total Ver GESAMTKUNSTWERK.

obra-de-nove-por-seis Tipo de DESAFIO.

obra-de-seis-pés Tipo de DESAFIO.

obrão Ver DOBRO.

obra póstuma Ver OP. POST.

obra-prima Obra primeira, mais importante, consumação do ideal de perfeição de um artista ou da humanidade.

ocarina (ing. *sweet potato*; al. *Okarina*, *Gefässflöte*) Instrumento que surgiu na Itália em meados século XIX, era uma espécie de flauta de formato oval feita de cerâmica, assoprada pelo músico através de uma pipeta e dedilhada em orifícios laterais no corpo [var.: batata-doce].

ochetto (it.) HOCKET.

octatônica Refere-se à escala de oito sons, técnica composicional empregada com freqüência por Bela Bartòk.

octave piano (ing.) PIANO OITAVADOR.

octave unison (ing.) Oitava UNÍSSONO.

octet (ing.) OCTETO.

octette (fr.) OCTETO.

octeto (it. *otteto*; ing. *octet*; fr. *octette*, *octuor*; al. *Oktett*) **1.** Obra composta para conjunto de oito instrumentos. Mozart escreveu diversas serenatas para octeto de sopros, na formação clássica de pares de oboés, clarinetas, fagotes e trompas. Outros compositores românticos, como Mendelssohn, escreveram octetos para instrumentos de cordas, enquanto Schubert compôs um octeto misto para sopros (trompa, clarineta e fagote) e cordas (dois violinos, viola, violoncelo e contrabaixo). **2.** Qualquer conjunto de oito instrumentos ou vozes.

octobaixo Ver OCTOBASSE.

octobass (ing.) OCTOBASSE.

octobasse (fr.; ing. *octobass*; port. *octobaixo*) Espécie de contrabaixo de dimensões bastante avantajadas, foi criado em 1849 pelo LUTHIER francês Jean Baptiste Vuillaume praticamente apenas para uma exposição parisiense. Tinha quase quatro metros de altura (duas vezes e meia o tamanho regular), empregava um mecanismo de pedais nas cordas e chaves no braço, e exigia dois instrumentistas para sua execução. Obviamente, nunca se revelou um instrumento prático, razão de sua existência efêmera.

octuor (fr.) OCTETO.

ode Na Grécia antiga, poema com caráter de exaltação geralmente cantado de ritmo e métrica flexíveis. A tradição prosseguiu, e certas odes de Homero continuaram a ser musicadas na Idade Média. Como gênero de exaltação por natureza, destinava-se principalmente às homenagens a soberanos ou entidades divinas. Na Inglaterra barroca e clássica, compositores como Händel (*Ode to saint Cecilia*, de 1739) e Purcell (*Come ye sons of art*, de 1694, composta para Queen Mary), dedicaram odes a celebrações nobres ou religiosas das cortes. Beethoven escreveu a grandiosa *Sinfonia nº 9 em ré menor*, *Ode à alegria* (1824), cujo texto do histórico coral do último movimento foi extraído de um poema de Schiller.

oeuvre (fr.) Obra.

of Abreviatura de OFICLEIDE.

ofertório (lat. *offertorium*; it. *offertorio*; fr. *offertoire*; ing. *offertory*) Canto da liturgia católica entoado durante a oferenda, foi introduzido no início da Idade Média, consolidou-se com o CANTO GREGORIANO, revestiu-se de caráter POLIFÔNICO a partir do Renascimento e alcançou o Classicismo com obras importantes de Haydn e Mozart.

off (ing.) **1.** Entre os instrumentos de percussão, indica que o som deve ser abafado. **2.** Em equipamentos eletrônicos, indica desligado.

off-beat (ing. lit.: fora da batida) **1.** Padrão SINCOPADO da segunda metade de um tempo ou do segundo e quarto tempos de um COMPASSO QUATERNÁRIO. **2.** UP-BEAT. Ver também UP-BEAT.
offertoire (fr.) OFERTÓRIO.
offertorio (it.) OFERTÓRIO.
offertory (ing.) OFERTÓRIO.
Offertorium (al.) OFERTÓRIO.
off-key (ing. lit.: fora de chave) Desafinado [var.: ing. *out of tune*].
off-stage (ing. lit.: fora do palco; it. *a callota, dietro la scena, in distanza, in lotananza ed invisibili, interna, lontano, nella scena lontano*; fr. *coulisse, derrière la scène, lointain*; al. *auf der Bühm, auf der Ferne, auf dem Theater, Entfernung, hinter dem Orchester, hinter der Scene, isoliert Postiert*) Na partitura, indica que a execução do instrumento assinalado deve ser feita fora da vista do público, como o solo de OBOÉ da *Sinfonia fantástica*, de Berlioz, ou o solo de CORNE INGLÊS da introdução do II ato de *Tristão e Isolda*, de Wagner [var.: ing. *backstage, behind the scene, behind the stage, in the distance*].
off-string (ing. lit.: fora da corda). Entre os instrumentos de cordas da orquestra, GOLPES articulados levantando-se o arco da corda, como SPICCATO, GETTATO e BALZATO.
ofibaritono (it.) SERPENTÃO.
oficina (ing. *workshop*) Espécie de palestra musical em que o instrumentista ou compositor discorre didaticamente sobre sua técnica e estilo.
office (ing.) OFÍCIO.
Offizium (al.) OFÍCIO.
Ofício (it. *ufficio*; fr., ing. *office*; al. *Offizium*) Conjunto de cânticos da liturgia católica originário dos ritos judaicos, foi introduzidos no início da Idade Média e consiste em seções específicas para diversas partes do dia, chamadas horas canônicas: *matinas*, *laudes*, *primas*, *terças* ou *tércias*, *sextas*, *nonas*, *vésperas*, *crepúsculo* e *completas*.
oficleide (gr. *ophis*: serpente, *kleide*: chave; lit.: serpente de tampas; it. *basso d'armonia*; fr. *ophicléide, serpentcleide, tuba-dupré, basse à clefs, basse d'harmonie, contrebasse d'harmonie*; ing. *figle, oficlide*; al. *Ophikleide, Harmoniekontrabass*) Instrumento barítono da família dos METAIS, como o BUGLE DE CHAVES, foi criado na França do século XIX por Asté e logo caiu em desuso na orquestra. Tinha formato semicircular e um TUDEL em cuja extremidade havia um bocal em formato de copo, e era tocado em posição vertical. O significado do termo (gr. lit.: serpente com chaves) alude ao formato curvo do tubo e às CHAVES, que chegavam a doze. Verdi, Schumann e Wagner escreveram em algumas de suas obras partes para *oficleide*, que modernamente costumam ser substituídas pela TUBA. No Brasil, o *oficleide* participava eventualmente de conjuntos de choro do início do século, mas ainda pode ser encontrado em bandas e fanfarras [var.: ofleide, omniton]. Abreviatura [of].
oficleide de pistões Ver TUBA.
Oficlide (ing.) OFICLEIDE.
ofleide Ver OFICLEIDE.
ogàn Palavra africana para AGOGÔ.
ohm Ver IMPEDÂNCIA.
ohne Brechung (al.) NON-ARPEGÉ.
oil varnish (ing.) Verniz à base de óleo de instrumentos como o violino e o contrabaixo.
oitava (it. *ottav*; fr. *octave*; al. *Oktav*, *Oktave*) Intervalo de oito graus em uma ESCALA DIATÔNICA (lá^4-lá^5, por exemplo), guardando uma relação de freqüência 1:2 (lá 440 Hz: lá 880 Hz).
oitava uníssona Designa notas de homônimas de alturas diversas, como dó^1 e dó^2. Ver também UNÍSSONO.
oitavado Uma das afinações da VIOLA DE ARAME.
oitavar Na partitura, indica execução de determinada parte oitava acima da melodia principal. Pode referir-se, também, à execução de um trecho uma oitava acima dos sons fundamentais pelo aumento da intensidade do sopro nas madeiras e metais, sem que seja necessário alterar a posição dos dedos nas CHAVES ou VÁLVULAS.
oitavas Ver OITAVAS PARALELAS.
oitavas ocultas Na harmonia tradicional, movimento de vozes que pode ser ouvido como OITAVAS PARALELAS e deve ser evitado.
oitavas paralelas (al. *Oktavparallelen*) Movimentação não permissível na harmonia tradicional, consiste no encadeamento sucessi-

vo de mais de uma oitava entre vozes [var.: oitavas].

oitavas quebradas 1. Na música para teclados do final do período Barroco, referia-se à rápida alternância das notas em oitavas pela mão esquerda, em efeito semelhante ao TREMOLO. **2.** Ataques não simultâneos das notas de uma oitava em instrumentos de cordas e teclados.

oito pés Na técnica do órgão, REGISTRO (acp. 1) de afinação em uníssono e oitavas (outros são quatro pés e dezesseis pés). Abreviatura [8'].

Okarina (al.) OCARINA.

Oktave (al.) OITAVA [var.: *oktav*].

Oktavelage (al.) Posição de oitava.

Oktavflöte (al.) FLAUTIM.

Oktaveklavier (al.) PIANO OITAVADOR.

Oktavparallelen (al.) OITAVAS PARALELAS.

Oktavposaune (al.) TROMBONE CONTRABAIXO.

Oktett (al.) OCTETO.

oktoechos (gr.) Na Antiguidade greco-bizantina, partes da liturgia que eram organizadas de acordo com os oito MODOS ECLESIÁSTICOS, que eram alternados em ciclos de oito semanas.

olé Chamada rítmica dos REPINIQUES da ESCOLA DE SAMBA.

olifant (fr.) OLIFANTE.

olifante (it. *corno medioevale*; fr. *olifant*; ing. *oliphant*; al. *Oliphant*) Espécie de pequena TROMPA da Idade Média italiana esculpida em osso ou marfim (daí o nome, referência ao elefante) e decorada com grande riqueza. Foi introduzida no Ocidente a partir de Bizâncio, e existiu até o Renascimento. Servia basicamente como decoração, presente de luxo ou prêmio, do que à execução musical propriamente dita.

olio (esp. *olla podrida*; lit.: panela podre) Certo POT-POURRI de solos e danças das canções dos MINSTRELS dos EUA do século XIX.

oliphant (al., ing.) OLIFANTE.

olla podrida Ver OLIO. Ver também POT-POURRI.

ombro (it. *volta superiore*; fr. *courbe supérieure*; ing. *shoulders*, *upper bout*) Entre os instrumentos de cordas como o contrabaixo, os contornos superiores arredondados da CAIXA DE RESSONÂNCIA. Ver também CURVATURA INFERIOR.

omelê Instrumento de percussão criado para substituir a CUÍCA na ESCOLA DE SAMBA, não obteve sucesso entre os integrantes das BATERIAS (acp. 2). Em algumas regiões brasileiras é sinônimo de cuíca.

omele Ver BATA.

omniton Ver OFICLEIDE.

omofonia (it.) HOMOFONIA.

on the bridge (ing. lit.: sobre o cavalete) SUL PONTICELLO.

on the edge of skin (ing. lit.: na beirada da pele) Entre instrumentos de percussão de membrana, indica que a BAQUETA deve bater contra o aro do FUSTE.

onça Espécie de CUÍCA do Piauí cujo som lembra um ronco característico, como o rugir do animal.

onda 1. (fr. *onde sonore*; ing. *sound wave*; al. *Schallwelle*) Na física acústica, refere-se às vibrações propagadas pela compressão e expansão do ar, à velocidade de 1.200 km/h. Graficamente, constitui uma vibração completa, ou seja, abaixo e acima da linha média. **2.** Multidão que se agita ao som do FREVO.

onda aperiódica Ver APERIODIC WAVEFORM.

onda senoidal Na MÚSICA ELETRÔNICA, a forma mais pura de ONDA, cujas oscilações acima e abaixo da linha média são idênticas.

ondas martenot Aparelho inventado em 1928 por Maurice Martenot, consiste em uma espécie de teclado amplificado com alto-falantes cujas freqüências são controladas por um oscilador. O instrumento, que é acionado pela mão direita por meio de teclas extremamente sensíveis, emprega osciladores de válvulas e é controlado pela mão esquerda por intermédio de dispositivos eletrônicos. Foi bastante utilizado pela vanguarda francesa em meados do século XX, inclusive por compositores como Honnegger, Boulez e Messiaen.

ondeggiando Ver ONDULÉ.

onde sonore (fr.) ONDA sonora.

ondoline Instrumento eletrônico empregado em composições de Jean-Étienne Marie em meados do século XX.

ondulando Ver ONDEGGIANDO.

ondulé (fr. lit.: ondulado; it. *ondeggiando*, *ondulando*) Entre os instrumentos de cordas da orquestra, GOLPE em que o arco deve articular as notas à expensa de pequenos empurrões, em seqüências em uma mesma direção, produzindo uma sonoridade "ondulada". Praticamente caiu em desuso. Ver também ONDEGGIANDO.

one-drop (ing. lit.: uma gota) Padrão rítmico básico do REGGAE.

one for nothing (ing.) Ver FOR NOTHING.

one-step Dança popular norte-americana em andamento movido e ritmos simples do início do século XX.

onistepe Corruptela brasileira de ONE-STEP.

on-off note Na MÚSICA ELETRÔNICA ou de computadores, sinal em linguagem MIDI que faz um som ser emitido ou suprimido.

oom-pah No jargão do músico popular norte-americano, termo onomatopaico que designa certo tipo de ritmo SINCOPADO, como o padrão da mão esquerda no piano do RAGTIME (*oom-pah, oom-pah*).

Op. Abreviatura de OPUS.

Op. post. Abreviatura do latim *Opus Posthumus* (obra póstuma), composição publicada após o falecimento do autor.

opanijé Ritmo e dança ligados ao CANDOMBLÉ baiano cuja coreografia envolve espadas, emprega atabaques e tambores diversos, é dedicado ao orixá Xangô, nos cultos afro-brasileiros.

open harmonic (ing.) HARMÔNICO ABERTO.

open harmony (ing.) HARMONIA ABERTA.

opening (ing.) **1.** Abertura de *show* ou temporada. **2.** SPOT.

open string (ing.) CORDA SOLTA.

Oper (al.) ÓPERA.

ópera (it., ing. *opera*; *music drama*; fr. *opéra*; al. *Oper*, *Musikdrama*) Obra que combina música, teatro, poesia e artes visuais, cuja origem provável finca raízes no INTERMÈDE e no balé dos anos 1500. *Orfeu* (1607), de Monteverdi, foi possivelmente o marco inicial, e a partir dele quase todos os grandes compositores da história criaram óperas: de Händel a Beethoven, de Lully a Philip Glass, de Gluck a Prokofiev, de Puccini a Stravinsky. Em meados do século XVII, a ópera havia evoluído, e à sua estrutura foi acrescentada a abertura orquestral; à medida que se aproximava o século XVIII, crescia o número de ÁRIAS e a complexidade de enredos e cenas. No início daquele século, compositores como Scarlatti consolidaram a forma da ópera italiana, que consistia em uma ABERTURA, três atos e coro final com o elenco completo. A ópera francesa era menos popular do que a italiana, destinava-se mais à corte, apresentava trama e formas mais sofisticadas e teve em Lully seu mais importante precursor. A Alemanha, que reverenciava a ópera italiana em suas cortes, buscava paralelamente impô-la à língua germânica, tentando romper com a hegemonia da Itália na cena musical européia. Abrindo-se ao gosto popular, formas mais palatáveis de ópera foram surgindo, em contraposição à chamada OPERA SERIA: a OPERA BUFFA (*O barbeiro de Sevilha*, de Rossini), a ÓPERA CÔMICA (*Carmen*, de Bizet) e o SINGSPIEL alemão (*O rapto do Serralho* e *A flauta mágica*, de Mozart). A ópera dramática italiana do século XIX teve em Bellini, Verdi, Rossini e Donizetti alguns de seus principais compositores. A linha evolutiva da ópera romântica alemã foi rompida por Richard Wagner com *Tristão e Isolda*, um grande marco na história do gênero. Os monumentais dramas de Wagner, como a tetralogia *O anel do nibelungo*, faziam interagir diversas formas de arte, processo que o compositor intitulava GESAMTKUNSTWERK, obra de arte total, e introduziram a idéia de motivo principal, o LEITMOTIV, motivo condutor recorrente nas partituras. Wagner rompeu não apenas com a ópera italiana e as formas tradicionais, mas com toda uma linha filosófica e estética da música ocidental do século XIX, ferindo mortalmente o até então intocável conceito de TONALIDADE. A partir daí, e já entrando no século XX, seguiram-se Puccini, com *La Bohéme* (1896) e *Tosca* (1900), Debussy, com *Pelléas et Mélisande* (1902), e Richard Strauss, com *Elektra* (1909), abrindo caminho para novas experiências: a chamada Segunda Escola Vienense produziu obras importantes como *Moses und Aron*, de Schönberg, e *Wozzeck*, de Berg (ambas de 1925). O Brasil, que diante da prosperidade do ciclo da borracha teve construído em Manaus o suntuoso Teatro Amazonas, passou a contar com o Teatro Municipal do Rio na virada do século como escala natural no trajeto das companhias européias que se dirigiam ao Colón portenho. Inconformados, os barões do café paulistanos pressionaram a municipalidade, que inaugurou, em 1911, o também suntuoso Teatro Municipal de São Paulo, obra de Ramos de Azevedo e Domiciano Rossi. O verdiano Carlos Gomes, nascido em Campinas, alcançou notoriedade na Europa e firmou-se como o maior compositor de óperas do Brasil com obras como com *Il Guarany* (1870), *Fosca* (1873) e *Lo Schiavo* (1889). Camargo Guarnieri, paulista da Tietê interiorana, compôs *Pedro Malazarte* (1932), Eleazar de Carvalho escreveu uma precoce *A descoberta do Brasil* (1938) e *Tiradentes* (1940), Villa-Lobos compôs *Yerma* (1958) e praticamente interrompeu a curta vida do gênero no país, cujas mais recentes e esporádicas investidas são creditadas ao petropolitano Ernani Aguiar (*O menino maluquinho*, ópera infantil com libreto de Ziraldo), e Jorge Antunes, com sua ambiciosa *Olga* (composta entre 1987 e 1997, com libreto sobre a vida de Olga Benário Prestes).

opéra ballet (fr.) Ver BALLAD OPERA.

opéra bouffe (fr.) OPERA BUFFA.

opera buffa (it.; fr. *opéra bouffe*; al. *Buffooper*) Gênero de ópera cômica italiana de curta duração e formas simples com não mais de três atos e textos recitativos, surgiu inspirada nos INTERMEZZI apresentados nos intervalos da chamada OPERA SERIA. Bom exemplo é *La serva padrona* (1733), de Pergolesi. A vertente francesa, *opéra-bouffe*, teve em Offenbach (*Orfeu no inferno*) seu mais conhecido autor.

ópera cômica (fr. *opéra cômique*) Gênero francês de textos declamados e cantados com características de farsa e origens cômicas, sobreviveu até o final do século XIX. Exemplos são o *Fausto* (1859), de Gounod, e *Carmen* (1875), de Bizet, compositor que foi seu maior expoente.

opéra comique (fr.) OPERA COMICA.

ópera de câmara Ópera de pequenas proporções com acompanhamento de uma pequena orquestra, de *La serva padrona*, de Pergolesi, no século XVIII, a obras típicas de compositores do século XX, como Britten e Stravinsky (*Mavra et Rénard*, de 1922).

opera semiseria (it.) Ópera de textos declamados de características melodramáticas do Classicismo italiano, teve em Paisiello um de seus principais compositores.

opera seria (it.) Gênero de ópera do Classicismo napolitano cujo enredo abordava temas trágicos e heróicos. Contrapunha-se aos padrões cômicos mais populares e influenciou até mesmo Mozart, em sua *Idomeneo* (1781), Gluck, Rossini, e Donizetti (*Lucia di Lammermoor*, de 1835) [var.: it. *dramma per musica*, *dramma giocoso*].

ópera-balada Ver BALLAD OPERA.

ópera-balé Expressão de origem francesa, refere-se ao gênero cultivado principalmente por Mouret e Monteclair, na França do final do século XVII e início do XVIII, que combinava equilibradamente os dois gêneros.

ópera-oratório **1.** Forma intermediária entre os gêneros ÓPERA e ORATÓRIO. Canto e declamação transcorrem sem cena no palco, como no *Oedipus rex* (1927), de Stravinsky, e a *Carmina Burana*, de Orff. **2.** Modernamente, refere-se à apresentação da parte cantada e instrumental de uma ópera, sem cena ou movimentos sobre o palco [var.: ópera em forma de oratório].

opera-pasticcio (it.) Ver PASTICHO.

opereta (it. *operetta* lit.: pequena ópera) Termo atribuído a Mozart, refere-se ao gênero simplificado, alegre e de curta duração do período Barroco que ressurgiu com a ÓPERA CÔMICA francesa de Offenbach (*A bela Helena*) e as divertidas obras de Von Suppé. Popularizou-se na Viena do final do século XIX, consagrou-se na Inglaterra de Gilbert e Sullivan e abriu caminho para o surgimento do musical no século XX. Ver também OPERETTA.

operístico À maneira de uma ÓPERA, semelhante a uma ÓPERA.

Opernarie (al.) ÁRIA de ÓPERA.

Opernchor (al.) Coro de ÓPERA.

Ophibariton (al.) SERPENTÃO.

Ophibaterion (al.) SERPENTÃO.

ophicléide (fr.) OFICLEIDE.

Ophikleide (al.) OFICLEIDE.

Ophimonocléide SERPENTÃO.

opus (lat. lit.: obra) Denomina a organização

em ordem não necessariamente cronológica de um grupo de composições, dentro do contexto geral da produção de um autor, como por exemplo a *Sinfonia nº 9 em ré menor, opus 165*, de Ludwig van Beethoven. Abreviatura [op.].

orabutã Ver PAU-BRASIL.

oratório (lat. *oratorium*) **1.** Composição para vozes solistas, coro e orquestra sobre textos da Sagrada Escritura, guarda similaridades com óperas de diversas épocas. A apresentação de oratórios não exige figurinos, cenários ou movimentação em palco. A forma teria surgido durante o Renascimento italiano, como exercício espiritual inspirado nas LAUDAS. No período Barroco, surgiram outras formas, o *oratorio vulgare* e o *oratorio latino*, cantados em latim. Vivaldi, Scarlatti e Händel (do monumental *O Messias*, de 1742) escreveram importantes oratórios, forma que então já era popular na Alemanha desde Schütz (*Oratório de Natal*, de 1664) e Bach (também um *Oratório de Natal*, de 1734). No Classicismo, Haydn firmou-se no gênero com obras como *As sete últimas palavras* (1797). Na igreja de Lutero, o oratório teve importante função litúrgica, mas até mesmo compositores como Mendelssohn e outros românticos alemães compuseram obras isoladas de destaque, seguidos por Liszt. As influências do gênero chegaram à música do século XX, a exemplo do *Édipo rei* (1927), de Stravinsky (por ele chamada ópera-oratório) e *O rei Davi*, de Honnegger. **2.** Ver ÓPERA-ORATÓRIO.

oratorio latino (it.) Ver ORATÓRIO.

oratorio vulgare (it.) Ver ORATÓRIO.

oratorium (lat., it., fr., ing., al.) ORATÓRIO.

orch (it.) Abreviatura de ORCHESTRA.

orchar (it.) Abreviatura de ORCHESTRA D'ARCHI.

Orchester (al.) ORQUESTRA.

Orchester stimmung (al.) Afinação de orquestra. Ver também ORCHESTRA STRINGS.

orchestra (ing.) **1.** ORQUESTRA. **2.** Designação popular para BIG-BAND, como em The Duke Ellington Orchestra, The Glenn Miller Orchestra.

orchestra bells (ing.) Ver GLOCKENSPIEL.

orchestra d'archi (it.) Ver ORQUESTRA DE CORDAS. Abreviatura [orchar].

orchestra di fiatti (it.) Orquestra de SOPROS. Abreviatura [orchfi].

orchestra strings (ing. lit.: cordas de orquestra) Cordas de contrabaixo para afinação convencional (mi-lá-ré-sol).

orchestral part (ing.) Partitura individual de cada um dos instrumentos da orquestra.

orchestral score (ing.) PARTITURA DE ORQUESTRA [var.: *score*].

orchestral strings (ing. lit.: cordas da orquestra) Seção que congrega os NAIPES de primeiros e segundos violinos, violas, violoncelos e contrabaixos.

orchestration (ing.) ORQUESTRAÇÃO.

orchestrazione (it.) ORQUESTRAÇÃO.

orchestre (fr.) ORQUESTRA.

orchestrion (it., fr., ing., al.) Órgão inventado por Vogler no final do século XVIII, tinha diversos MANUAIS, PEDALEIRA e REGISTROS (acp. 2) acondicionados em uma única caixa. Dada a aparência semelhante, o *orchestrion* costumava ser confundido com o PIANO MECÂNICO. Ver também PANHARMONICUM.

orchestron Ver INSTRUMENTOS MECÂNICOS.

orchfi (it.) Abreviatura de ORCHESTRA DE FIATTI.

ordem 1. Número variável (entre duas e três) de cordas que, em instrumentos como o BANDOLIM e a VIOLA DE ARAME (com quatro e cinco ordens duplas, respectivamente), é pressionado simultaneamente pelos dedos da mão esquerda, como uma única corda. As cordas de cada ordem são na maioria das vezes afinadas em uníssono, embora oitavas não sejam raras. **2.** Ver ORDRE.

ordem tonal Na técnica DODECAFÔNICA, refere-se à ordem de disposição dos doze sons em uma SÉRIE determinada.

ordinaire (fr.) AU NATUREL.

ordinarium Missae (al.) ORDINÁRIO.

ordinary (ing.) ORDINÁRIO.

ordinário (it. *ordinario*; fr. *ordinaire*; ing. *ordinary*; al. *ordinarium Missae*) Seções fixas da música litúrgica. As partes móveis, que são modificadas diariamente, são do PRÓPRIO.

ordre (fr. lit.: ordem) Durante o período Barroco, conjunto de peças escritas em uma mesma tonalidade, como na suíte.

ore canoniche (it.) Horas canônicas. Ver OFÍCIO.

orela Ver PATEIO.

orfeão (it. *società corale maschile*; fr. *orphéon*; ing. *orpheon*) No passado, conjunto formado por vozes masculinas. Atualmente, serve para denominar qualquer coro. Ver também ORPHÉON.
orfeoreon Instrumento de dimensões maiores da família do CISTRE.
orféorion (fr.) ORPHARION.
org Abreviatura de ÓRGÃO.
organaro (it.) ORGANEIRO.
organ builder (ing.) ORGANEIRO.
organier (fr.) ORGANEIRO.
organ mass (ing.) MESSE D'ORGANO.
organ theater (ing.) ÓRGÃO DE CINEMA.
organeiro (it. *organaro*; fr. *organier*; ing. *organ builder*; al. *Orgelbauer*) Artesão fabricante e reparador de ÓRGÃOS DE TUBOS.
organetto (it.) Pequeno órgão transportável do final da Idade Média, como o ÓRGÃO PORTATIVO.
organetto automatico (it.) CAIXA DE MÚSICA.
Organist (al.) Organista do sexo masculino.
Organistin (al.) Organista do sexo feminino.
organistro (it. lat. *organistrum*) Ver GHIRONDA.
organo (it.) ÓRGÃO.
organo a regale (it.) REGAL.
organo di barberia (it.) ORGUE DE BARBERIE.
organo elettronico (it.) ÓRGÃO ELETRÔNICO.
organo di fiera (it.) REALEJO DE FEIRA.
organo idraulico (it.) HYDRAULIS.
organo piano (ing.) CLAVIÓRGÃO.
organo pleno (it., lat. *organum plenum*, lit.: órgão pleno; fr. *plein jeu*) Coro dos REGISTROS (acp. 2) fundamentais do ÓRGÃO, a critério do executante.
organo portativo (it.) ÓRGÃO PORTATIVO [var.: portativo].
organo primo (it.) GRANDE ÓRGÃO (acp. 1).
organologia (it.; fr. *organologie*; ing. *organology*; al. *Musikintrumentenkunde*) Termo criado em meados do século XX para designar a disciplina voltada ao estudo dos instrumentos musicais e sua classificação conforme períodos históricos e entre as mais diversas culturas.
organologie (fr.) ORGANOLOGIA.
organology (ing.) ORGANOLOGIA.
organum (lat. lit.: órgão) Na Idade Média, o tipo mais antigo de POLIFONIA, conforme descrição do *Musica Enchiriadis*, do século X. Posteriormente, passou a referir-se genericamente a diversos tipos de CANTOCHÃO baseados no conceito da CONSONÂNCIA.
organum triplum (lat.) TRIPLEX (acp. 1).
órgão (lat. *organum*; it. *organo*; fr. *orgue*; al. *Orgel*) Instrumento de sopro cuja origem remonta à mais longínqua Antiguidade. Os tubos do órgão, individuais para cada som, vibram pela pressão do ar produzido por mecanismos como pedais, pressão hidráulica, FOLES ou meios mecânicos, acionados por um ou mais teclados, chamados MANUAIS. No órgão de tubos, uma caixa hermética denominada SOMEIRO acumula o ar produzido pelos foles, e a cada tecla pressionada um mecanismo conduz o ar para um tubo específico em um REGISTRO (acp. 2). Por meio de uma régua de registro, acionada por controles individuais, o executante ainda seleciona os tubos de um mesmo registro a serem abertos ou fechados. Os tubos do órgão, feitos de liga de metal, possuem uma abertura com uma espécie de palheta metálica que vibra quando o ar passa. A altura de cada nota é determinada pela combinação entre diâmetro e altura do tubo correspondente, relação que é determinante do timbre (talhe). Existem diversos tipos de tubos, do principal (*vox organum*) àqueles denominados por afinidade com o nome de instrumentos, como a flauta e a trompa, por exemplo, e as chamadas MIXTURAS, formadas por fileiras de tubos diversos. A técnica de combinar registros é conhecida como registração. Existem teclados acionados pelas mãos, os manuais, e os acionados pelos pés, pedaleiras. Os manuais são o grande órgão, o positivo, o recitativo, o ecos e a bombarda. A origem do órgão de tubos é creditada ao *hydraulis* de Cetesbius, que viveu na Alexandria do século III a.C., instrumento baseado na produção de correntes de ar pelo movimento da água, enquanto os romanos, cinco séculos depois, empregavam um órgão rudimentar em suas instalações militares e arenas. Com Bizâncio, por volta do século X, os foles passaram a produzir o ar necessário à execução, e no final da Idade Média conviviam órgãos de grandes proporções e modelos compactos. A partir do período Barroco, dada a sonoridade grandiosa e

envolvente, o órgão de tubos começa a adaptar-se com perfeição aos ritos religiosos, passando a fazer parte da própria arquitetura e decoração das igrejas, que ofereciam ao instrumento ambientes de qualidades acústicas inigualáveis (muito embora em países como a Inglaterra a construção de órgãos tenha sido paralisada durante a Reforma). O repertório do órgão é monumental: só para falar do período Barroco, praticamente todos os compositores escreveram obras para o instrumento, que encontrou em Buxterhude, Händel e Bach alguns de seus maiores mestres da época. Ver também ÓRGÃO ELETRÔNICO. Abreviatura [org].

órgão americano Pequeno ÓRGÃO DE PALHETA desenvolvido em Boston, EUA, em 1861.

órgão de água Engenho sonoro cujo som é produzido pela passagem de uma corrente de água por tubos ou sulcos, movimento que desloca uma coluna de ar. Teve origem HYDRAULIS da antiga Grécia e servia também como elemento de decoração de palácios e grutas, envolvendo os ambientes em atmosfera de magia e mistério. Ver também ÓRGÃO.

órgão de boca Ver GAITA-DE-BOCA.

órgão de câmara Pequeno órgão para uso doméstico ou em pequenos ambientes, muito popular durante o período Barroco e o Classicismo. Era provido de um ou dois teclados mas não possuía PEDALEIRA. O FOLE era alimentado por um mecanismo acionado por pedais.

órgão de cinema (ing. *movie organ*, *theater organ*) Durante as primeiras décadas do século XX, até o advento da sonorização do cinema, o órgão de cinema era um pequeno instrumento cuja função maior seria reduzir os gastos dos proprietários das salas de projeção, substituindo conjuntos inteiros por um único executante.

órgão de cores Instrumento que surgiu no início do século XX, gerava um espetáculo de cores e luzes quando era tocado e chegou a ser empregado por Scriabin.

órgão de coro (ing. *choir organ*) Formado por um MANUAL e um SOMEIRO ligados ao grande órgão, era uma espécie de órgão acessório que costumava ser colocado atrás do executante para fácil acesso.

órgão de palheta (ing. *reed organ*) Família de órgãos que emprega PALHETAS (acp. 1) no lugar de tubos, como o HARMÔNIO, o órgão americano e o MELODEON. Instrumentos como a sanfona e o ACORDEÃO, acionados com FOLES pelos braços do executante, podem ser considerados órgãos de palhetas. É um instrumento predominantemente amador e para uso religioso, muito embora compositores como Max Réger e César Frank tenham escrito algumas obras consistentes. No início do século XX, órgãos de palheta passaram a empregar um tipo de fole acionado por um motor elétrico.

órgão de teatro Ver ÓRGÃO DE CINEMA.

órgão de tubos ÓRGÃO.

órgão eletrônico Instrumento eletrônico de teclado que visa reproduzir o som de um ÓRGÃO DE TUBOS. Entre os modelos mais conhecidos, o Hammond (eletromagnético), o Wurlitzer (palhetas conectadas a circuitos eletrônicos), o Allen (sintetizado) e o Baldwin (circuitos com osciladores). Abreviatura [org-tron]. Ver também ÓRGÃO HAMMOND.

órgão Hammond Órgão eletromagnético patenteado por Hammond, Co., em 1935. O instrumento, precursor do ORGÃO ELETRÔNICO, produz os sons por meio de um sistema misto de discos rotativos e dispositivos eletromagnéticos.

órgão pleno Ver ORGANO PLENO.

órgão portátil Diz-se do órgão que pode ser transportado pelo próprio executante, como o REGAL e o PORTATIVO.

órgão portativo (it. *organo portativo*, *portativo*; fr. *orgue portatif*; ing. *portative organ*; al. *Portativ*) Pequeno órgão móvel comum no final da Idade Média, era carregado a tiracolo pelo músico, cujo braço esquerdo acionava um FOLE enquanto a mão direita trabalhava sobre um teclado.

órgão positivo (lat. *positum*: posto, colocado; al. *Positiv*) **1.** Pequeno órgão de tubos da Idade Média, era tocado por duas pessoas, sendo uma para acionar o FOLE e outra para o teclado. Credita-se a Carson, nos EUA do final do século XIX, a invenção de um modelo aprimorado e construído especificamente para fins religiosos. **2.** Um dos REGISTROS (acp. 2) do órgão de tubos.

Orgel (al.) ÓRGÃO.
Orgelbauer (al.) ORGANEIRO.
Orgelklavier (al.) CLAVIÓRGÃO.
Orgelmesse (al.) MESSA D'ORGANO.
Orgelmusik (al.) Música para órgão.
Orgelpunkt (al.) POINT D'ORGUE.
Orgelregister (al.) REGISTRO do órgão.
org-tron Abreviatura de ÓRGÃO ELETRÔNICO.
orgue (fr.) ÓRGÃO.
orgue à manivelle (fr.) REALEJO [var.: *orgue de barbarie*].
orgue de barbarie (fr.) Ver ORGUE DE BARBERIE. REALEJO.
orgue de barberie (fr.; it. *organo di barberia*; ing. *barrel organ*; al. *Drehorgel*) REALEJO tradicional, certamente assim conhecido em homenagem a um de seus grandes artesãos, Barberi [var.: *orgue de barberie*].
orgue de bois (fr. lit.: órgão de madeira) XILOFONE [var.: fr. *régal de bois*].
orgue forain (fr.) REALEJO DE FEIRA.
orgue hydraulique (fr.) HYDRAULIS.
orgue portatif (fr.) ÓRGÃO PORTATIVO.
oricungo Ver BERIMBAU.
orifício do polegar Nos instrumentos da família das madeiras como a FLAUTA DOCE, o orifício que é coberto e descoberto pelo polegar da mão esquerda.
original (ing.) No *jazz*, diz-se da composição original, escrita pelo autor.
oriscus (lat.) Ver NEUMAS.
orkestra (gr.) ORQUESTRA.
orlo (it.) Espécie de KRUMMHORN.
ornamentação (al. *Ornamentik*) Processo de ornamentar uma melodia. Ver também ORNAMENTO.
ornamento (ing. *embelishment*; al. *Verzierung*) A ornamentação em música existe tanto em sua forma mais livre, a critério do intérprete, quanto de maneira restrita, grafada, que deve ser lida com rigor variável conforme época e estilo. Basicamente, todos os períodos da história da música foram mais ou menos pródigos em ornamentação, sendo que a prática era comum no final do Renascimento, e passou a ser organizada pelos teóricos do período Barroco. Hotteterre, Couperin, Händel e Bach, entre outros, buscaram sistematizar a ornamentação, mas a contribuição pessoal do intérprete nunca deixou de ser imperativa. Entre os ornamentos mais conhecidos e empregados estão o MORDENTE, o TRINADO, a APPOGGIATURA, a ACCACIATURA, o GRUPPETTO e a VOLTA [var.: bordadura].
orpharion (fr. *orfeórion*) Antigo instrumento como o ALAÚDE, possuía de sete a nove ORDENS de cordas dedilhadas. Guardava também certas semelhanças com a PANDORA, e praticamente desapareceu em meados do período Barroco.
orpheon (ing.) ORFEÃO.
orphéon (fr.) Sociedades corais francesas, surgidas com o início do Romantismo. Ver ORFEÃO.
orpheus Aparelho para reprodução de CDs criado em 2000, emprega sistema de inteligência artificial para determinar o estado de espírito do usuário, detectando assim a música que melhor se adapta ao ouvinte.
Orphika (al.) Na Alemanha do final do século XVIII, piano miniatura com 24 a 48 teclas.
orquestra (gr. *Orkestra*; it. *orchestra*; fr. *orchestre*; al. *Orchester*) No teatro grego da Antiguidade, indicava o local onde o coro deveria dançar e cantar. Em meados do período Barroco francês, orquestra passou a designar o local do palco onde trabalham os músicos. Atualmente, uma orquestra é um conjunto de instrumentos de cordas, ao qual podem ser agregadas madeiras, metais, harpa, percussão, teclados e outros, dependendo da PARTITURA. Costuma-se creditar a Monteverdi a organização de um dos primeiros grupos que poderiam ser definidos como orquestras, da forma que as conhecemos hoje. O número de instrumentistas e formações variaram enormemente até o final do século XX, quando após as instrumentações grandiosas de Wagner, Strauss, Berlioz, Mahler e Bruckner o conjunto terminou por estabilizar-se em uma média de cem instrumentistas. A orquestra sinfônica moderna completa ainda conserva o padrão do final do século XIX: violinos, violas, violoncelos e contrabaixos (em números aproximados: 32, 12, 12 e 8, respectivamente), oboés, flautas, clarinetas e fagotes (em grupos de quatro cada, incluindo músicos que costumam alternar com oboé e corne inglês, flauta e piccolo, clarineta e clarone, e fagote e contrafagote), 4 trompe-

tes, 3 trombones, 5 a 8 trompas, 1 tuba, tímpanos, percussão miscelânea, harpa e piano.

orquestração (it. *orchestrazione*; ing., fr. *orchestration*; al. *Besetzung*) Composição ou instrumentação de uma peça para conjunto de câmara ou orquestral.

orquestra de câmara Conjunto orquestral de dimensões reduzidas. As formações são variáveis, podendo ir da orquestra de cordas (primeiros e segundos violinos, violas, violoncelos e um ou mais contrabaixos) a cordas e sopros (flautas, oboés, clarinetas, fagotes, trompetes e trompas, geralmente aos pares) e tímpanos, modelo que é conhecido como clássico [var.: orquestra de câmera].

orquestra de câmera Ver ORQUESTRA DE CÂMARA.

orquestra de cordas (it. *orchestra d'archi*; ing. *string orchestra*) Orquestra formada exclusivamente por instrumentos de cordas e arco (primeiros e segundos violinos, violas, violoncelos e um ou mais contrabaixos).

orquestra de pau e corda **1.** Grupo de instrumentos de FREVO do carnaval recifense formado principalmente por instrumentos de cordas; como violão e cavaquinho, e percussão; como o pandeiro. **2.** Conjunto de acompanhamento do FANDANGO-AUTO português.

orquestra sinfônica (it. *orchestra sinfonica*; fr. *orchestre symphonique*; ing. *symphony orchestra*; al. *Symphonieorchester*) Ver ORQUESTRA.

ortganum plenum (lat.) Ver ORGANO PLENO.

orucungo Ver BERIMBAU.

os (fr.) OSSOS.

oscilador Na MÚSICA ELETRÔNICA, dispositivo que produz ondulações elétricas.

oscilador de baixa freqüência Ver LFO.

oscillation (fr.) Na técnica vocal, *vibrato lento* e *largo*.

ossi (it.) OSSOS.

ossia (it. *o sia*, lit.: ou seja) Designa opção de execução, simplificando um trecho, modificando uma parte original ou indicando uma alternativa.

ossos (it. *ossi*; fr. *os*; ing. *bones*; al. *Schlagnochen*) Ossos percutidos.

ostinato (it. lit.: obstinado) Repetição sucessiva de determinado padrão na partitura, como no BASSO OSTINATO. Há *ostinatos* (1) melódicos, como o *pizzicato ostinato*, da *Quarta Sinfonia* de Tchaikovsky e a *Pizzicato polca*, de Johann Strauss, (2) rítmicos (o padrão da caixa clara no *Bolero*, de Ravel) e (3) harmônicos, que empregam recorrentemente uma mesma seqüência de acordes.

ototsumi Instrumento de percussão do teatro Nô japonês [var.: *otsuzumi*].

otsuzumi Ver OTOTSUMI.

ottava (it.) OITAVA.

ottava alta (it.) Uma oitava acima.

ottava bassa (it.) Uma oitava abaixo.

ottavino (it.) **1.** Pequeno instrumento de teclado como o VIRGINAL. **2.** (fr. *sifflet*; al. *Sifflöte*) Flauta PICCOLO, flautim.

otteto (it.) OCTETO.

ottoni (it.) METAIS.

oua-oua (fr.) WAH-WAH.

ouïe (fr.) CORTE EM *f*.

ouïr (fr.) Ouvir.

oüïe (fr.) ROSETA.

out of tune (ing. lit.: fora de tom) Desafinado. "*What would you think if I sang out of tune...*" (O que você pensaria se eu cantasse desafinado...), de *With a little help from my friends*, de Lennon e Mc Cartney).

outer stage (ing.) No palco do teatro elisabetano, um grande PROSCÊNIO [var.: port. palco de avental].

output (ing.) Saída de sinal eletrônico.

output channel (ing.: canal de saída) Canal a que, em MÚSICA ELETRÔNICA, é dirigida a porta de saída do som.

overplay (ing.) **1.** Interpretar exageradamente. Ver também UNDERPLAY. **2.** Tocar com muita força.

ouvert (fr. lit.: aberto) **1.** Na técnica vocal, diz-se do som de vogais como "a" e "ó". **2.** Ver IMPEDÂNCIA (acp. 2). **3.** Na música medieval, refere-se às terminações com repetição de um MOVIMENTO.

overtonic (ing.) Ver HARMONICS.

ouverture (fr.) ABERTURA.

Ouvertüre (al.; fr. *ouverture*) ABERTURA.

overture (ing.) ABERTURA.

ouvido absoluto (ing. *perfect pitch*; al. *absolutes Gehör*) Aptidão que tem um indivíduo de determinar a altura de sons sem o auxílio de referências externas, como DIAPASÕES (acp. 1), instrumentos, ou outro meio de referência.

ouvido relativo (ing. *relative pitch*; al. *relati-*

ves Gehör) Capacidade que tem um indivíduo de identificar relações entre intervalos sem necessariamente definir a altura absoluta do som.

ouvidos CORTE EM *f*.

ouvir (it. *ascoltare*, *udire*; fr. *écouter*, *entendre*, *ouïr*; ing. *hear*; al. *hören*) Ouvir (sons e música).

ovcharska svirka Espécie de flauta de pastores búlgaros um pouco menor do que o KAVAL.

overblow (ing.) Volume de sopro excedente, técnica para obtenção de HARMÔNICOS ou oitavas superiores em um instrumentos de sopro.

overblowing (ing. *to blow*: soprar) Técnica de OITAVAR, entre instrumentos de sopro.

over-dotting (ing.) SOBREPONTUAÇÃO.

overdrive (ing.) Na MÚSICA ELETRÔNICA, um tipo de distorção obtida pelo emprego de sinais de intensidade muito elevada.

overdub (ing.) Na técnica de gravação, a superposição de uma trilha sobre outra preexistente.

overhand (ing.) Diz-se do arco empunhado por cima, como o do violino. Ver também UNDERHAND.

overload (ing.) Na síntese eletrônica, distorção causada quando o espectro dinâmico de um circuito é sobrecarregado.

overstrung (ing.) CORDAS CRUZADAS.

overture (ing.) ABERTURA.

P

p Abreviatura de *piano* (it. lit.: suave).

P Precede o número de *opus* na catalogação da obra de Vivaldi, segundo Pincherle.

P.A. (ing. *public address*, lit.: endereçamento público) Equipamento de amplificação de som para *shows*.

pa Ver SARGHAM.

pacato (it.) Calmo.

pachanga Ritmo popular SINCOPADO das CHARANGAS cubanas da Nova York do início dos anos 1960.

pad (ing. lit.: almofada) **1.** Anteparo de borracha que serve para treinar o uso de BAQUETAS, comum no estudo doméstico de bateristas e percussionistas **2.** Diz-se de um acompanhamento suave, para cantores de música popular.

padiglione (it.) CAMPANA (acp. 1).

padoana Dança em compasso binário semelhante à PAVANA [var.: padovana, paduana].

padovana Ver PADOANA.

paduana Ver PADOANA.

pagode Inicialmente, no Brasil, o termo designava um pequeno baile pré-carnavalesco. O termo pagode surgiu dos quintais cobertos (daí o nome, alusão à típica arquitetura oriental) do Rio de Janeiro, que abrigavam rodas de samba e de PARTIDO-ALTO domésticas, geralmente entre músicos amadores. As harmonias e melodias são invariavelmente simples, assim como as letras, que em sua maioria falam de dor-de-cotovelo, paixões e romances. O pagode verdadeiro é mais apegado ao samba genuíno, como o de grupos como Fundo de Quintal e compositores e cantores como Zeca Pagodinho e Lecy Brandão. Um gênero híbrido recente, predominantemente paulista e veiculado à exaustão pela mídia, une bailarinos de vestes geralmente brancas e passos repetitivos a letras românticas calcadas no espírito da JOVEM-GUARDA, cantadas geralmente por vozes em UNÍSSONO, e levou à consagração grupos e cantores como Só pra Contrariar, Raça Negra, Negritude Júnior, Belo e Vavá. Com amplo suporte comercial, o gênero tornou-se um meio sem precedentes de vender discos, CDs e até móveis, eletrodomésticos e fundo musical para campanhas políticas, enriquecendo estreantes da noite para o dia.

pahu Tambor baixo de membrana dupla do Taiti, é geralmente feito com tronco seco de coqueiro.

pahu tupa'I rima Tambor taitiano de membrana única e FUSTE alto.

paia (corruptela de palha) Chocalho feito de palha trançada cujo interior é cheio de pedras ou tampinhas de garrafas. Na dança do MOÇAMBIQUE, costuma ser amarrado no tornozelo dos dançarinos, à maneira de algumas tribos africanas. A tradição do paia é comum em Angola: vale lembrar os versos de Chico Buarque, em Morena de Angola: "Morena de Angola que leva o chocalho amarrado na canela, será que ela mexe o chocalho ou o chocalho é que mexe com ela".

paiá Espécie de bracelete onde são afixados GUIZOS ou sinetes, faz o acompanhamento rítmico quando sacudido pelos dançarinos. Instrumento de percussão de origem indígena, é comum entre as mais diversas culturas e regiões.

pai-joão 1. ATABAQUE grande do Nordeste brasileiro. **2.** JOÃO.

pai-toco Certo tipo de ATABAQUE grande do Nordeste brasileiro, como o PAI-JOÃO e o TAMBU.

Paixão (al. ing. *Passion*; al. *Passionmusik*, *Passionspiel*) Música composta em louvor ao sofrimento e à crucificação de Cristo, conforme as Sagradas Escrituras. Teve origem na época medieval, nos idos do CANTO GREGORIANO, passou por compositores do final do período, como Lassus, chegou ao Barroco, especialmente com a *Paixão de São João* (1723) e a *Paixão de São Mateus* (1729), de Bach, marcando o auge da música luterana alemã; rendeu-se ao Classicismo haydniano em *As sete palavras na Cruz* (1785), conquistando até mesmo compositores do século XX, como Wenzel, Distler e Penderecki (este último, com uma *Paixão segundo São Lucas*).

pajelança Culto fetichista de origem indígena do Norte-Nordeste cujo canto, liderado por um pajé, teria o poder de evocar divindades.

pakhawaj Na MÚSICA INDIANA, certo tipo de tambor de MEMBRANA dupla.

pala Na música popular, refere-se a uma breve participação musical, ou amostragem de trecho de música, cujo objetivo é geralmente ilustrar um depoimento ou entrevista [var.: palinha].

palco (it. *scena*, *palcoscenico*; fr. *scène*; ing. *stage*; al. *Bühne*) Tablado, geralmente de madeira, construído para apresentações. Pode ser móvel, fixo ou giratório, operado por elevador mecânico ou elétrico, colocado em frente ao público (italiano), no meio deste (arena) ou circundando-o.

palco de avental Ver OUTER STAGE.

palco inclinado (ing. *raked stage*) Tipo de palco comum nas casas de ópera européias, tem a parte posterior mais alta, para facilitar a visão geral da cena pela platéia.

palco italiano Palco tradicional, onde o público forma a chamada quarta parede.

palcoscenico (it.) CENÁRIO.

palheta 1. (it. *ancia*; fr. *anche*; ing. *reed*; al. *Rohrblatt*, *Rohr*) Fina lâmina de madeira (geralmente junco ou *arundo donax*, cana-do-reino), metal ou plástico, que vibra pela ação do ar emitido por um FOLE (acp. 1), como no órgão de tubos, pelo sopro do executante, entre os instrumentos de sopro, ou ainda quando é percutida ou dedilhada, como no M'BIRA. **2.** (ing. *guitar pick*, *finger pick*, *pick*) Lâmina de plástico que, em instrumentos como a guitarra elétrica e o cavaquinho, serve para pinçar as cordas. Costuma ter formato oval ou triangular [var.: plectro]. **3.** (it. *plettro*; fr. *plectre*; ing. *plectrum*; al. *plektrum*) Peça de instrumentos como o CRAVO e a ESPINETA, é acionada pelo teclado e serve para pinçar a corda. No passado, era feita de ponta de pena de ave (corvo), e atualmente é confeccionada em plástico.

palheta dupla (ing. *double reed*) Par de PALHETAS (acp. 1) empregado em instrumentos como o KRUMMHORN, o OBOÉ e o FAGOTE.

palheta simples PALHETA (acp. 1) única, como a empregada em instrumentos como o SAXOFONE e a CLARINETA.

palíndromo Termo derivado do grego, originalmente designa uma frase que soa idêntica quando as letras são lidas da direita para a esquerda, ou ainda uma palavra que resulta a mesma quando as letras são lidas em direção inversa. Na música, o conceito se aplica quando a inversão em ESPELHO resulta em frase idêntica à original [var.: palindromo].

palinha Ver PALA.

palitos Modalidade cubana de execução de certos tambores tocados aos pares em danças como a RUMBA, emprega duas varetas batidas contra os lados dos tambores [var.: catá, cascar, guaca].

palmeado Ritmo marcado com palmas.

palmeiro No CATERETÊ, refere-se ao líder que puxa as palmas dos participantes [var.: tirador de palmas].

palminha QUADRILHA de roda do Brasil Central, especialmente Goiás, inspira-se em danças rurais que empregam lenços coloridos nos movimentos.

pan Ver MIDI.

pancham Na MÚSICA INDIANA, a quinta nota da escala.

pandean pipe (ing.) FLAUTA DE PÃ.

pandeiro (esp. *pandero*; it. *tamburello*, *tamburo basco*; fr. *panderette*, *tambourin*, *tambour de basque*; ing. *tambourine*, *timbrel*; al. *Handtrommel*, *Tamburin*) Instrumento de percussão derivado do ADUFE árabe, assemelha-se à PANDORA, exceto pelo formato redondo e pequenos pares de SOALHAS ou guizos presos na laterais. O pandeiro tem o FUSTRE bastante curto, e é recoberto em sua parte superior por uma fina membrana de couro, pergaminho ou náilon. Costuma ser percutido com as pontas ou nós dos dedos, com os cotovelos ou ainda sacudido no ar, entre outras maneiras de execução. Na ESCOLA DE SAMBA, forma a quinta fila de instrumentos da BATERIA (acp. 2) e serve como elemento coreográfico e de malabarismo dos passistas. No Brasil, o pandeiro difundiu-se pelo interior, mas alcançou *status* de instrumento típico do samba urbano. Ver também ADUFE, BODHRAN (acp. 1), CAMISÃO, DUFF, MULUNGU, PANDEIROLA, PANDERETA, PANDEIRETA, PANDEIRO DE REISADO e MÚSICA ÁRABE.

pandeiro de reisado Instrumento de percussão que consiste em um pequeno FUSTE redondo sem MEMBRANA e três pares de SOALHAS. É sustentado por uma haste e percutido contra a mão, nas festas do Reisado do Maranhão.

pandeirola Instrumento sem SOALHAS de mais de meio metro de diâmetro que é utilizado no BUMBA-MEU-BOI maranhense.

pandereta Pequeno pandeiro do folclore de diversos países da América do Sul.

panderette (esp.) Tipo de pandeiro originário do TAMBOURIN (acp. 1).

pandero (esp.) PANDERO.

pandiatonismo Expressão creditada a Slonimsky, refere-se ao emprego de graus DIATÔNICOS estranhos à tonalidade em um mesmo acorde.

pandora (gr. *pandoura*) Instrumento de até 14 cordas metálicas dedilhadas de som grave, tinha um corpo bastante ornamentado, como o CISTRE, e surgiu na Europa medieval. Apesar das grafias semelhantes, difere da PANDURA [var.: *mandora*, *penorcon*].

pandoura (gr. *pandoura*) Antigo instrumento de cordas dedilhadas da tradição greco-romana, possuía braço longo e uma pequena CAIXA DE RESSONÂNCIA [var.: pandura, tunbur].

pandura Ver PANDOURA.

Panflöte (al.) FLAUTA DE PÃ.

panharmonicon Invenção mecânica do início do século XIX, buscava reproduzir os sons dos instrumentos de orquestra. Foi criado por Maelzel, músico e inventor do METRÔNOMO, entre outros aparelhos, e chegou a ser utilizado por seu amigo Beethoven. Ver também ORCHESTRION.

panning (ing. *pan* lit.: panela, frigideira) Na MÚSICA ELETRÔNICA, refere-se ao deslocamento de sinais sonoros entre dois ou mais alto-falantes.

pano de boca Espécie de tela lisa ou pintada que fecha a BOCA DE CENA, separando o palco da platéia.

panoramic Ver MIDI.

Panpfeife (al.) FLAUTA DE PÃ.

panpipe (ing.) FLAUTA DE PÃ.

pantaleon (fr.) Instrumento de cordas semelhante ao DULCIMER, foi popular na França do final do século XVII.

pantalon Artefato instalado em instrumentos de teclado no século XVIII, servia para evitar que as cordas fossem abafadas, permitindo sua livre vibração.

pantomima Tipo de encenação surgida na Grécia antiga na qual atores representam empregando exclusivamente movimentos, ao som de um fundo musical. Um exemplo moderno que sofreu forte influência do estilo é *A história do soldado* (1917), de Stravinsky.

pantonalidade **1.** Palavra usada por Rudolf Réfi em 1958 para definir certa técnica composicional de características BITONAIS. Duas tonalidades caminham simultaneamente e alternam-se entre diversas regiões tonais, sem que haja qualquer definição final por CADÊNCIA (acp. 1) ou outro recurso conclusivo. **2.** Schönberg preferia o termo pantonal para designar uma música sem tonalidade, no lugar de atonal.

papel (fr. *rôle*; ing: *role*) Na ópera, refere-se a um personagem, sempre associado a vozes de características específicas, como por exemplo Kurwenal, barítono, e Isolda, soprano, da ópera *Tristão e Isolda* (1865), de Wagner.

papel de música (it. *carta da musica*; ing. *music paper*; fr. *papier à musique*; al. *Notenpapier*) Papel com PENTAGRAMAS para notação musical.

papel-título (ing. *title role*) Na ópera, diz-se do personagem cujo nome dá título à obra, como o *Rigoletto*, de Verdi.

paper man (ing. lit.: homem do papel) No jargão popular, o músico que toca friamente, por mera leitura.

papier à musique (fr.) Papel de música.

para baixo Ver ARCO PARA BAIXO.

para cima Ver ARCO PARA CIMA.

parada de sucessos (ing. *hit parade*) Na música popular comercial, refere-se às músicas mais solicitadas pelos ouvintes e telespectadores nas rádios e TVs, ou ainda as mais vendidas nas lojas especializadas, listagem que é obviamente sujeita ao JABACULÊ e às negociações entre agentes, gravadoras e emissoras.

Paradetrommel (al.) Tambor militar.

paradiddle Técnica de BAQUETAS dos rudimentos de instrumentos de percussão. Consiste em seqüências de toques que alternam os tempos fortes de cada grupo entre as duas mãos, como por exemplo DEDD-EDEE (sendo D direita e E esquerda).

paráfrase **1.** (termo que remete à citação literária) Durante o período renascentista, referia-se à citação de um CANTOCHÃO, no texto musical. **2.** No Romantismo, o termo foi aplicado a algum tipo de material preexistente utilizado em uma composição.

parafuso **1.** Dança de crianças do interior de São Paulo, brincada em fileiras e serpenteando. **2.** Dança de rodas de homens e mulheres da região praieira de Pernambuco. **3.** Divertido passo de dança do MAXIXE. **4.** Passo do FREVO pernambucano.

parafuso de ajuste (ing. *fine tuning*) Série de pequenos mecanismos do ESTANDARTE de instrumentos como o violino e o violoncelo que permitem precisão na afinação de cada corda.

paraguaçu Uma das afinações da VIOLA DE ARAME.

paraguayan harp (ing.) HARPA PARAGUAIA.

paralelismo Em HARMONIA, diz-se quando duas ou mais vozes são conduzidas em movimentos e intervalos paralelos, na mesma direção.

Parallelbewegung (al.) Em HARMONIA, movimento paralelo.

parallel fifths (ing.) QUINTAS PARALELAS.

Parallele (al.) Régua de registro. Ver ÓRGÃO.

parcela Uma das variantes do DESAFIO nordestino.

parcial Um dos SONS PARCIAIS. Ver também HARMÔNICOS.

pardessus de viole (fr.) Instrumento de cordas afinado uma quarta acima da VIOLA DA BRACCIO soprano.

parfait (fr.) JUSTO (acp. 2).

parlando (it. lit.: falando) **1.** Sugere que a música seja executada com a fluência da fala, ou que o intérprete deve cantar como se estivesse falando [var.: *parlante*]. **2.** Entre os instrumentos de cordas da orquestra, golpe como O PORTATO.

Parlando-Arie (al.) Ver ARIA PARLANTE.

parlante (it.) Ver PARLANDO (acp. 1).

paródia (it. *parodia*; fr. *parodie*; ing. *parody*; al. *Parodie*) **1.** Durante o Renascimento, técnica de composição que empregava material melódico preexistente, geralmente missas, como versões de música vocal para instrumentos como o ALAÚDE. **2.** Obra de qualquer gênero musical que cita uma peça conhecida.

Parodie (al., fr.) PARÓDIA.

parody (ing.) PARÓDIA.

parraxaxá Cântico de preparação de guerra de origem indígena, era empregado pelos cangaceiros nordestinos que lutavam contra os volantes militares.

part (ing.) **1.** A partitura individual do músico. **2.** Voz ou linha melódica de uma composição.

parte **1.** Em uma composição, PARTITURA de determinada voz ou instrumento. **2.** Na escrita CONTRAPONTÍSTICA, uma voz ou linha melódica. **3.** Cada variação de uma PARTITA. **4.** (fr.) MOVIMENTO.

partenaire (fr.) Parceiro de dança.

parthia No período Barroco, designava uma SUÍTE ou PARTITA [var.: *parthie*, *partie*].

parthie Ver PARTHIA.

partideiro Cantor de samba de PARTIDO-ALTO.

partido-alto Ver SAMBA DE PARTIDO-ALTO [var.: partido alto].

partie (fr.) **1.** Parte, voz. **2.** PARTHIA. **3.** MOVIMENTO.

partimento (it.) No Classicismo, a execução de um BAIXO CIFRADO.

partita Durante o período Barroco, obra instrumental com variações, chamadas partes. Posteriormente, passou a designar SUÍTE, como nas *Partitas para violino solo*, de Bach.

partita coral Ver CORAL.

partita do campo Ver FELDPARTHIE e FELDMUSIK.

partiteca Biblioteca de partituras.
partition de poche (fr. lit.: partitura de bolso) PARTITURA DE BOLSO.
partitura (it.; al. *Partitur*; fr. *partition*; ing. *score*) Genericamente, música impressa. De forma particular, designa a parte escrita do maestro, que contém todas as partes de instrumentos e vozes. Na música popular e em Portugal, diz-se grade.
partitura de bolso Ver PARTITURA MINIATURA.
partitura de orquestra (fr. *partition d'orchestre*; ing. *score*, *orchestral score*) Partitura completa de orquestra, para uso do regente, onde as partes individuais dos instrumentos são dispostas em ordem de NAIPES e TESSITURAS [var.: partitura do regente].
partitura do regente Ver PARTITURA DE ORQUESTRA.
partitura miniatura (fr. *partition de poche*; ing. *pocket score*, *miniature score*, *reduced score*; al. *Taschenpartitur*) Partitura de bolso de conjunto de câmara ou orquestra que contém todas as partes em tamanho reduzido [var.: redução, partitura de bolso].
partner (ing.) **1.** Sócio, companheiro de grupo. **2.** Parceiro de dança.
partsong (ing.) Na Inglaterra antiga, designação genérica para canção a duas ou mais vozes A CAPPELA [var.: *part-song*].
part-writing (ing.) Ver CONDUÇÃO DE VOZES.
pas-de-quatre (fr.) Dança de origem inglesa introduzida na França pelas tropas de Napoleão. Ver também PASSECATE.
pasejau kanape Dança de roda infantil da Lituânia.
paseo Ver FLAMENCO.
pasodoble (esp. lit.: passo duplo) Rápida dança popular no início do século XX em COMPASSO BINÁRIO e características de MARCHA (acp. 1).
passacaglia (it., esp. *passa calle*, lit.: passa rua; fr. *passacaille*, *passecaille*). Dança e música em andamento moderado e COMPASSO TERNÁRIO com BASSO OSTINATO, surgiu no início do período Barroco com influência da música espanhola e de danças como CHACONA. O termo ainda continuou sendo empregado no plural, *passacagli*, designando variações.
passacaille (fr.) Ver PASSACAGLIA.
passacalha Ver PASSACAGLIA.
passado Espécie de FANDANGO (acp. 3) do litoral norte paulista, costuma ser liderado por um mestre VIOLEIRO e acompanhado por palmas, pandeiros e RABECAS.
passage (fr. lit.: passagem) Na técnica vocal, diz-se da passagem de uma voz de um REGISTRO (acp. 1) para outro.
passage de poitrine (fr. lit.: passagem de peito) Na técnica vocal, a primeira PASSAGE das vozes femininas.
passagem (it. *passagi*) **1.** Termo que tem origem na literatura, designa um trecho musical. **2.** PASSAGE.
passagem de ponte Ver PONTE.
passaggio (it.) **1.** Passagem ou trecho musical em que o executante demonstra sua técnica. **2.** Ponte ou ligação entre seções.
passamezzo (it. lit.: passo e meio) Dança popular da Itália do final do Renascimento semelhante à PAVANA, sendo mais rápida e menos séria [var.: *passemezzo*]. Ver PASSEPIED.
passa-pachola Brincadeira do interior paulista sobre uma variante do FANDANGO (acp. 3).
pássaro Antiga dança de origem indígena do folclore do Norte brasileiro [var.: cordão-de-bichos].
passecaille (fr.) Ver PASSACAGLIA.
passecate (corruptela de passo-a-quatro, fr. *pas-de-quatre*) Dança francesa originária da Inglaterra, popular em Portugal devido à sua introdução pelas tropas de Napoleão.
passemezzo (it.) Ver PASSAMEZZO.
passepied (fr.) Dança rápida do Barroco francês em compasso ternário como o MENUETTO, assemelha-se ao PASSAMEZZO italiano e era tocada na SUÍTE entre a SARABANDA a GIGA [var.: *passe-pied*].
passing note (ing.) NOTA DE PASSAGEM.
Passion (al., ing.) PAIXÃO.
Passionmusik (al.) PAIXÃO.
Passionspiel (al.) PAIXÃO.
passista Integrante de BLOCO carnavalesco ou ESCOLA DE SAMBA cuja coreografia é individual e livre.
passo 1. Dança do FREVO cujas origens remontam à CAPOEIRA e às bandas militares pernambucanas do final do século XIX. Passistas chacoalham os corpos com volteios e firulas, em concordância com os fraseados rápidos das orquestras. **2.** Movimento de dança.

passo-a-quatro Ver PASSECATE.
pasticcio (it.; fr. *pastiche*) Miscelânea. Ver PASTICCIO.
pastiche (fr.) PASTICHO.
pasticho (it. *pasticcio*; fr. *pastiche*; al. *Flickoper*) Música operística ou sacra que faz referências temáticas a obras preexistentes. A *opera-pasticcio Il Muzio Scevola* (1721) tinha movimentos de Händel, Amadei e Bonoccini. Durante o Classicismo, o *pasticcio* operístico servia à intenção comercial de autores e empresários, citando à maneira de *pot-pourris* composições recentes que haviam caído no gosto do público.
pastoral (it. *pastorale*) Gênero de obra que tenta descrever personagens, ambientes e a vida campestre. A origem é medieval, mas foi durante o período Barroco que os elementos pastorais foram realmente consolidados. Beethoven imbuiu-se do espírito do gênero em sua *Sinfonia nº 6, op. 68*, *Pastoral*. Debussy, Wagner e Berlioz também se aproveitaram de temas pastorais em diversas obras.
pastorela PASTOURELLE.
pastorella Gênero de obra sacra destinada às celebrações do Natal católico, era popular na Alemanha e diversos países da Europa Oriental e costumava ser executada por solista ou coro acompanhado por uma orquestra. Ver também PASTOURELLE.
pastoril **1.** Música ou letra de música que evoca o espírito do campo. **2.** Folguedo popular que deve sua origem aos autos natalinos portugueses e espanhóis, inspirados nas músicas sacras, canções, modinhas e valsas. Foi introduzido no Brasil pelas missões católicas e consiste em grupos de pastorinhas que formam cordões e dançam adornadas por fitas encarnadas e azuis. No acompanhamento são usados pandeiros, CAVAQUINHOS, VIOLAS DE ARAME, violões e CLARINETAS.
pastorinha Ver PASTORIL (acp. 2).
pastourelle (fr.) Poesia lírica musicada da Idade Média francesa que, como as canções pastoris dos TROVADORES, tratava de temas românticos. Deu origem à PASTORELLA italiana.
pat duke Dança FUNK popular no final dos anos 1980.
pataha Instrumento de percussão semelhante a um tambor da Índia antiga, tinha importante papel em eventos oficiais (guerras, proclamações) e sociais (cultos e representações).
patch (ing. lit.: remendo; pl. *patches*) **1.** Na MÚSICA ELETRÔNICA, parâmetros predeterminados de um sinal sonoro. **2.** (ing. *to patch*; lit.: remendar) Conectar dois ou mais dispositivos eletrônicos por meio de cabos.
patch bay (ing.) Central eletrônica que controla dispositivos por meio de diversos cabos.
patch cord (ing.) Cabo para conexão de instrumentos e equipamentos de gravação. Ver também PATCH.
patch editor (ing. lit.: editor de *patch*) Tipo de *software* utilizado para a modificação de PATCHES.
patch librarian (ing. lit.: guarda-livros de *patches*) *Software* que permite organizar e trabalhar PATCHES já gravados.
pate Instrumento de percussão das ilhas Cookland, do Pacífico, consiste em dois troncos de árvore escavados.
pateio (corruptela de sapateio) Diz-se do som dos pés dos participantes de danças como o CATERETÊ, quando batem contra o chão [var.: orela].
patet Na tradição indonésia, MODO (acp. 1).
pathétique (fr.) Patético, carregado de emoção.
patouilles (fr.) XILOFONE.
patter song (ing.) **1.** Gênero popular inglês derivado de tradições italianas, refere-se a uma espécie de jogo musical em que se deve proferir o maior número possível de palavras durante tempo determinado. Por seu efeito cômico, a idéia foi utilizada tanto por Scarlatti, no período Barroco, como nas operetas dos ingleses Gilbert & Sullivan, e serviu de inspiração para diversos cantores de JAZZ e POP no século XX. **2.** (it., fr. *air parlando*; ing. *patter-song*; al. *parlando-Arie*) Espécie de ARIA com um pequeno RECITATIVO [var.: *patter-song*].
pau-brasil Madeira da árvore *Caesalpinia echinata*, da família das leguminosas, tem coloração avermelhada, é resistente e flexível, e bastante rara devido à exploração descontrolada sofrida desde o descobrimento. É empregada na construção de arcos de instrumentos como o violino, e acredita-se que o fabricante de arcos francês François Tourte

teria sido o primeiro a adotá-lo [var.: arabutã, ibirapitanga, orabutã, pau-de-pernambuco, pau-de-tinta, pernambuco, pau-rosado e sapão].

pau-de-chuva Instrumento da tradição indígena brasileira, consiste em um tubo de palha trançada muito longo e estreito, em cujo interior são colocadas pequenas sementes ou arroz. Ao se inclinar o tubo, o som lembra o ruído da chuva, razão pela qual os índios atribuem ao instrumento poderes de atraí-la, para irrigação das plantações.

pau-de-fita Dança em que moças e rapazes carregam fitas que vão sendo trançadas e destrançadas ao redor de um mastro. Ver também TRANÇA.

pau-de-pernambuco Ver PAU-BRASIL.

pau-de-semente Espécie de chocalho como o GANZÁ, comum no Rio Grande do Norte.

pau-de-tinta Ver PAU-BRASIL.

pau e corda Denomina indistintamente os instrumentos de cordas ou madeiras do FREVO de rua, como o CAVAQUINHO, o violão, o PÍFARO e a CLARINETA [var.: banda de pau e corda, orquestra de pau e corda].

Pauken (al.) TÍMPANOS.

Paukenfell (al.) MEMBRANA, pele.

Pauker (al.) NACARA.

pauleira No jargão brasileiro, *rock* pesado. Ver também HEAVY METAL.

paulista Uma das afinações da VIOLA DE ARAME.

paulistinha Uma das afinações da VIOLA DE ARAME.

pau-rosado Ver PAU-BRASIL.

pausa (ing. *rest*; al. *Einhalt, Ruhezeichen*) Em música, silêncio, ou ausência de som. A duração da pausa é precisa, e sua notação na partitura corresponde à duração idêntica dos sons musicais, como as pausas de semínimas, mínimas e semibreves.

pausa generale (it.) Ver GP.

pausa geral Ver GP.

pause (ing.) Nos aparelhos de som, botão de parada da fita ou CD.

pause générale (fr.) Ver PG.

pauta 1. (fr. *portée*; ing. *staff*; al. *Liniensystem*) Folha de papel onde, sobre um certo número de PENTAGRAMAS, é notada a música, com as alturas das notas, durações, articulações, pausas, dinâmica, expressão, enfim, todas as informações necessárias à leitura, compreensão e execução de uma obra pelo intérprete. **2.** (it. *pentagramma*; ing. *stave*; al. *System*) PENTAGRAMA.

pavana (it. *padovana*, referência à cidade de Pádua; fr. *pavane*) Dança palaciana em COMPASSO BINÁRIO lento semelhante à BASSE-DANSE surgiu no final do Renascimento. A pavana era dançada em par e tocada junto com a GAGLIARDA, cuja associação deu origem à SUÍTE de danças. Na Itália medieval, dança um pouco semelhante levava o nome de SALTARELLO, mas logo perdeu espaço para o PASSAMEZZO. Compositores de várias épocas escreveram ou inspiraram-se na *pavana*, a exemplo de Ravel, autor da célebre *Pavane pour une enfante défunte* (Pavana para uma criança morta, de 1899).

pavaniglia Dança popular na Itália, no início do período Barroco.

paviglione (it.) Pavilhão, CAMPANA.

paviglione in alto (it.) BELLS UP.

pavilhão CAMPANA (acp. 1).

pavilhão chinês Instrumento oriental em forma de bandeira repleto de GUIZOS, inspirou compositores como o francês Hector Berlioz, em sua *Grande sinfonia fúnebre e triunfal* (1840).

pavillon (fr.) CAMPANA (acp. 1).

pavillons en l'air (fr. lit.: pavilhões no ar) BELLS UP.

PCM Abreviatura do inglês *pulse code modulation* (modulação por código de pulso). Sigla internacional que designa a nova tecnologia de registro digital do som, que permite a reprodução sonora em condições virtualmente perfeitas.

pé 1. A menor das peças da flauta doce e da flauta transversal, na extremidade inferior. **2.** Unidade que é utilizada como medida de intensidade, nos ÓRGÃOS DE TUBO.

pe'anon Na tradição judaica, certo tipo de sino.

pear shaped (ing. lit.: em forma de pera) PIRIFORME.

peau (fr. lit.: pele). Ver MEMBRANA.

peau de buffle (fr.) Registro do CRAVO criado por Pascal Taskin em meados do século XVIII, utilizava PLECTROS de couro e uma alavanca para a mudança de REGISTRO (acp. 2) que era movida pelo músico com o joelho.

peça (it. *piezzo*; fr. *pièce*; ing. *piece*; al. *Stuck*) Termo que teria se originado do fr. *pièce de clavecin* (lit.: peça para cravo), refere-se a uma composição completa, seja ela uma obra curta e única ou formada por movimentos.

peça característica (it. *piezzo caratteristico*; fr. *pièce de caractère*; ing. *character piece*; al. *Characterstück*) Música instrumental escrita com base em determinada idéia, ou simples evocação emocional [var.: peça de caráter].

peça de caráter Ver PEÇA CARACTERÍSTICA.

peça de confronto Determinada obra exigida por edital de todos os músicos inscritos em concurso ou prova de seleção para ingresso em uma orquestra, visa à melhor comparação da *performance* entre os candidatos.

peça de fantasia FANTASIESTÜCK.

peça musical Ver MÚSICA INCIDENTAL.

ped. Abreviatura de pedal, na partitura indica que o pedal direito do piano deve ser acionado, liberando os abafadores.

pedal 1. Mecanismo acionado pelos pés do executante, em diversos instrumentos musicais. No órgão, os pedais são agrupados em uma pedaleira (ou teclado de pedal), dispositivo acionado pelos pés do músico que serve para executar os sons graves (baixo) do instrumento. Na harpa, assim como nos tímpanos, o pedal serve para retesar ou afrouxar as cordas ou membranas, respectivamente, modificando a altura das notas do instrumento de acordo com as exigências da partitura. No piano, serve para abafar (pedal do meio) ou, ao contrário (pedal direito), deixar que as cordas vibrem livremente. Ver também PEDAL DE SUSTENTAÇÃO. **2.** Entre instrumentos eletrônicos como a guitarra elétrica, acessórios eletrônicos de alteração do som acionados pelos pés do executante, como o *flanger*, o *booster* e o *wah-wah*. **3.** Som contínuo ou repetido, em geral no REGISTRO (acp. 1) grave, sobre o qual é construída a estrutura melódica e harmônica de uma composição. **4.** Entre os INSTRUMENTOS DE METAL (acp. 2), designa o som básico, FUNDAMENTAL (acp. 2), que pode ser emitido sem que seja necessário o uso de PISTÕES ou VÁLVULAS.

pedal-board (ing.) PEDALEIRA.

pedal de surdina (it. *smorzatore*; fr. *étouffoir*; ing. *damper*; al. *Dämpfer*) Pedal esquerdo de abafamento do piano [var.: pedal do abafador]. Ver também UNA CORDA.

pedal de sustentação (it. *pedal sostenuto*; fr. *pédale sostenuto*, *pédale centrale*; ing. *sostenuto pedal*, *sustaining pedal*; al. *Mittelpedal*) Pedal direito do piano, levanta os abafadores das cordas do instrumento, deixando-as livres [var.: pedal forte].

pedal do abafador PEDAL DE SURDINA.

pedal forte Ver PEDAL DE SUSTENTAÇÃO.

pédale (fr.) POINT D'ORGUE.

pédale à prolongement (fr.) PEDAL DE SUSTENTAÇÃO.

pédale centrale (fr.) PEDAL DE SUSTENTAÇÃO.

pedaleira 1. (it. *pedaliera*; fr. *pédalier*; ing. *pedal-board*; al. *Pedalklaviatur*) Espécie de teclado do ÓRGÃO acionado pelos pés do músico, também chamado teclado de pedal. **2.** Em instrumentos como a GUITARRA ELÉTRICA, série de dispositivos acionados pelos pés que servem para alterar freqüências e timbres. Ver também PEDAL (acp. 1).

pedale sostenuto (it.) PEDAL DE SUSTENTAÇÃO.

Pedalflügel (al.; ing. *pedal piano*) Piano com teclado de PEALEIRA [var.: *Pedalklavier*].

pedal forte Ver PEDAL DE SUSTENTAÇÃO.

pedal glissando Na técnica da HARPA, efeito de GLISANDO realizado com os pedais do instrumento.

pedaliera (it.) PEDALEIRA.

pedaliter Indicação de que uma peça ou trecho escrito para órgão deve ser executado simultaneamente com o teclado MANUAL e a PEDALEIRA.

Pedalklaviatur (al.) PEDALEIRA.

Pedalklavier (al.) Piano com teclado de PEDALEIRA [var.: *Pedalflügel*].

pedal moderador Pedal movido pelos pés do executante que serve para abafar as cordas do piano. Também pode ser construído como uma espécie de alavanca acionada pelos joelhos do músico.

pedal organ (ing.) Ver PEDALWERK.

pedal piano (ing.; al. *Pedalflügel*, *Pedalklavier*) Piano com teclado de PEDALEIRA.

pedal point (ing.) POINT D'ORGUE.

Pedalwerk (al.) Conjunto de dispositivos do órgão de tubos formado pelos SOMEIROS e demais seções dos pedais.

pedarii Na Roma antiga, certa dança de pés batidos no chão.
Pedalharfe (al.) Harpa de pedais criada na Alemanha do início do século XVIII.
pé-de-serra Diz-se do FORRÓ autêntico, tradicional.
pedestal Suporte, estante de microfone.
pedra sonora de nefrit (it. *pietra sonora*; fr. *phonolithe*; ing. *sonorous stone*, *sound stone*) Instrumento chinês, consiste em uma lâmina de pedra suspensa em uma armação percutida com um malho.
peg (ing.) CRAVELHA.
peg box (ing. lit.: caixa de cravelha) CRAVELHEIRA.
pega-fogo Animada dança de sapateios do FANDANGO (acp. 3) do Rio Grande do Sul [var.: pego-fogo].
Peitsche (al.) CHICOTE.
peixe Instrumento de arco feito com CABAÇA (acp. 1) que é tocado apoiado no chão, foi criado pelos integrantes do grupo mineiro Uakti. Tem voz mais grave do que o *gig*, de construção semelhante.
pek Entre os noruegueses, canção para o deus da colheita.
pele (it. *pelle*) Membrana de instrumentos de percussão como o tambor.
peleja Ver DESAFIO.
pelog Um dos padrões de afinação empregados pelo GAMELÃO javanês. Ver também SLENDRO.
penderete (fr.) TAMBORIM.
penegomem Tipo de GANZÁ usado no MOÇAMBIQUE.
peneria Espécie de chocalho do COCO alagoano como o CAXIXI.
penillion Espécie de canção improvisada com acompanhamento de CÍTARA ou HARPA, típica dos bardos gauleses Ainda pode ser encontrada como manifestação folclórica viva.
penorcon (ing.) Espécie de PANDORA da Inglaterra dos séculos XVI e XVII.
pentacorde Designa as cinco notas iniciais (1º ao 5º graus) de uma escala DIATÔNICA.
pentafonico (it.) PENTATÔNICO [var.: pentatônico].
pentagrama (ing. *staff*; al. *Liniensystem*) Pauta com cinco linhas e quatro espaços onde são grafados os sinais musicais.
pentatonic (ing.) PENTATÔNICO.
pentatonik (al.) PENTATÔNICO.
pentatônico (it. *pentatonico*, *pentafonico*; fr. *pentatonique*; al. *Pentatonik*; ing. *pentatonic*) Diz-se de música ou trecho musical composto ou improvisado sobre escalas ou MODOS de cinco sons (PENTATÔNICO).
pentatonique (fr.) PENTATÔNICO.
pequen Dança folclórica do Sul do Chile em que os participantes imitam os movimentos de animais.
pequena passagem Na técnica vocal, a primeira PASSAGE da voz masculina.
perc Abreviatura de percussão.
percepção Disciplina que estuda a percepção de sons e ritmos. Treinamento auditivo.
percusión (esp.) PERCUSSÃO. Ver INSTRUMENTOS DE PERCUSSÃO.
percussão (it. *percussione*; ing. *percussion*; al. *Perkussion*, *Schlagzeug*; esp. *percusión*) Ver INSTRUMENTOS DE PERCUSSÃO.
percussão eletrônica (it. *batteria*; fr. *batterie*, ing. *battery*) Artefato eletrônico que sintetiza, cria e recria sons de altura definida ou indefinida de instrumentos de percussão pré-gravados ou não.
percussion (ing.) PERCUSSÃO. Ver INSTRUMENTOS DE PERCUSSÃO.
percussione (it.) PERCUSSÃO. Ver INSTRUMENTOS DE PERCUSSÃO.
perdendosi (it. lit.: perdendo-se) Diminuindo, esmorecendo.
perenga Pequeno atabaque da região Centro-Oeste do Brasil.
pererenga Espécie de ATABAQUE de origem africana encontrado no Norte-Nordeste do Brasil.
perfect (ing.) JUSTO (acp. 2).
perfect pitch (ing. lit.: diapasão perfeito) OUVIDO ABSOLUTO. Abreviatura [pp].
perfil Determina o formato do tubo dos instrumentos de sopro, como perfil cilíndrico ou cônico.
perform (ing.) Executar, apresentar-se.
performance (ing. lit.: desempenho) **1.** Execução ou apresentação, de forma geral, de qualquer atividade artística, da música e da dança ao teatro e outras manifestações chamadas performáticas. **2.** Manifestação humana de qualquer natureza a que se imprime característica de evento artístico.

performática Ver PERFORMANCE.
performer (ing.) Aquele que realiza uma *performance*, intérprete.
performing arts (ing.) Designa as formas de arte que envolvem PERFORMANCE, como a música, a dança e o teatro.
pergunta e resposta CALL-AND-RESPONSE.
pericón Dança de QUADRILHA do FANDANGO (acp. 3) do Sul-Sudeste do Brasil, recebeu fortes influências do folclore da bacia do Prata.
perigourdine Dança francesa aparentada do PASSEPIED, encontradiça na região do Périgord.
período Enunciado musical composto por uma frase ANTECEDENTE e uma CONSEQÜENTE que termina sempre em uma CADÊNCIA (acp. 1). Cada uma dessas frases é formada por dois, quatro, seis ou oito compassos.
Perkussion (al.) Percussão.
Perkussioninstrumente (al.) Instrumentos de percussão.
pernada Um dos passos do FREVO.
pernambuco Variedade de madeira empregada na construção de arcos de instrumentos como o violino. Ver também PAU-BRASIL.
pernanguma Tipo de chocalho improvisado do MOÇAMBIQUE do interior paulista, consiste geralmente em uma lata com pedras em seu interior, como uma espécie de GANZÁ (acp. 2) [var.: pernegome, pernengomem, pranaguma, prananguma, prenanguma, prenengomem, prernaguma].
pernegome Ver PERNANGUMA.
pernengomem Ver PERNANGUMA.
pernocon Istrumento de dimensões maiores da família do CISTRE.
perpetuum mobile (lat.) MOTO-PERPÉTUO.
pes Na Inglaterra medieval, referia-se à melodia sem texto para tenor.
pesante (it. lit.: pesado) Na partitura, indicativo de expressão: pesadamente.
peshkar Na MÚSICA INDIANA, certo tipo de introdução curta.
pestana **1.** Pequena peça de madeira, marfim, osso ou metal sobre a qual se apóiam as cordas na parte superior do braço, na extremidade superior do ESPELHO dos instrumentos de cordas. O comprimento vibrante, ou DIAPASÃO (acp. 2) de uma corda livre é aquele situado entre a pestana e o CAVALETE. **2.** Entre instrumentos como o violão, técnica que consiste em pressionar simultaneamente de duas a seis cordas sobre o ESPELHO (acp. 2) com um dedo da mão esquerda (geralmente o indicador).
pestana inferior Peça, geralmente feita de ÉBANO, sobre a qual se assenta o RABICHO do estandarte de instrumentos como o violino e o violoncelo.
petenera (esp.) Dança popular espanhola.
petite flûte (fr. lit.: flauta pequena) Flautim, PICCOLO.
petites clochettes (fr.) Pequenos sinos.
peu à peu (fr.) Pouco a pouco.
peu d'archet (fr. *peu*: pouco, *archet*: arco) CON POCO ARCO.
pezinho Dança infantil de roda do litoral do Nordeste e do Sudeste brasileiros.
pezzo (it. lit.: peça) Composição musical.
pezzo caratteristico (it.) PEÇA CARACTERÍSTICA.
pezzo da concerto (it.) Peça de concerto.
pezzo di virtuosità (it.) Peça de virtuosidade. Ver ARIA DI BRAVURA.
pf Abreviatura de PIANO-FORTE.
Pfeife (al.) APITO.
Pfeifenkörper (al.) CORPO dos INSTRUMENTOS DE SOPRO.
Pfeifenwerk (al.) Tubagem de ÓRGÃO.
Pfiffenhorn (al.) KRUMMHORN.
Pfundnote (al.) Nota sustentada.
p-funk De Parliament Funkadelic, grupo e estilo de George Clinton.
P.G. Abreviatura de PAUSA GERAL.
phagotum Instrumento do século XVI, deu origem ao FAGOTE.
phagotus Instrumento de sopro medieval semelhante à GAITA-DE-FOLES irlandesa que, apesar do nome, guarda pouca ou nenhuma semelhança com o FAGOTE.
phantasy (ing. lit.: fantasia). Título de certo gênero de obras criado por Cobbet no início do século XX, a exemplo de algumas escritas por Britten e Vaughan Williams.
phase shifter (ing.) Alternador ou comutador de fases. Aparelho que, conectado entre os cabos de um instrumento eletrônico e um amplificador, efetua rápida troca de fases na corrente, gerando efeitos especiais.
phasing (ing.) Na técnica minimalista de compositores como Steve Reich, implica a manutenção do ritmo em uma voz, enquanto uma outra acelera ou reduz a velocidade.

phidil Tipo de VIELA.
Philomel (al.) Pequena CÍTARA alemã.
phonikon (al.) EUFÔNIO.
phonofiddle Espécie de violino de corda única da época da Primeira Grande Guerra, era amplificado por meio de uma espécie de corneta, como no VIOLINO STROH.
phonograph (ing.) FONÓGRAFO.
phonolithe (fr.) PEDRA SONORA DE NEFRIT.
phonola (it.) PIANOLA.
phorminx Espécie de CÍTARA da Grécia antiga citada por Homero na *Ilíada*.
Phrase (al., ing.) FRASE.
Phrasierung (al.) FRASEDO.
phrygian (ing.) FRÍGIO. Ver também MODO (acp. 1).
phrygian cadence (ing.) CADÊNCIA FRÍGIA.
phrygische Tonart (al.) MODO frígio.
phrygischer Schluss (al) CADÊNCIA FRÍGIA.
physharmonica (it., fr., ing.) FISARMONICA.
Physharmonika (al.) **1.** FISARMONICA. **2.** Na Áustria, HARMÔNIO.
physique du rôle (fr. lit.: físico do papel) Diz-se da adequação física de um cantor para o personagem de uma ópera que lhe é determinado.
piacevole (it.) Indicativo de expressão: prazeroso.
pianeiro 1. Diz-se pejorativamente do pianista intuitivo, popular. **2.** Mau pianista. **3.** Pianista que, no passado, tocava "de ouvido" em portas de lojas, cinemas e teatros, para atrair freguesia.
pianino (it.) **1.** Pequeno piano. **2.** PIANOFORTE.
pianissimo (it.) Indica execução suavíssima. Abreviatura [*pp*].
pianississimo (it.) Indica execução ainda mais suave do que o *pianissimo*. Abreviatura [*ppp*].
pianist 1. (ing.) Pianista. **2.** (al.) Pianista do sexo masculino [var.: fem. *Pianistin*].
pianista (it.; fr. *pianiste*; ing. *pianist*; al. *Pianist*, *Pianistin*) Músico que toca piano.
pianista acompanhador (ing. *piano accompanist*) Profissional que executa parte de piano ou REDUÇÃO de orquestra acompanhando um solista [var.: pianista repetidor].
pianista repetidor Ver PIANISTA ACOMPANHADOR.
pianiste (fr.) Pianista.
Pianistin (al.) Pianista do sexo feminino [var.: masc. *Pianist*].
piano 1. (it., al., fr., ing.) Instrumento de teclado e cordas percutidas por MARTELOS (acp. 1). As cordas do piano são enroladas em uma das pontas em pequenas CRAVELHAS afixadas no CEPO (no passado uma prancha de madeira, atualmente uma placa de metal maciço), que servem para lhes ajustar a tensão. As cordas são percutidas por meio de um mecanismo que aciona pequenos martelos, ativados pela ação dos dedos do executante sobre o teclado. O nome pianoforte adveio do fato de que, até seu surgimento, os instrumentos de teclados não possuíam a capacidade de explorar todas as gradações de DINÂMICA. As cordas são dispostas em ordens simples, como no caso das mais graves, na região da mão esquerda, duplas, na região média, e triplas no registro agudo. O piano moderno tem três pedais: o da direita libera o abafador das cordas do instrumento, fazendo com que elas possam vibrar livremente, o do meio, chamado pedal tonal, libera apenas um número de cordas de opção do executante, abafando as demais, e o da esquerda, por sua vez, é chamado pedal de surdina, e serve como abafador para todas as cordas (ver também PEDALE SOSTENUTO). A invenção do piano costuma ser creditada a Bartolomeo Cristofori, no início dos anos 1700; sua evolução tomou impulso a partir do final do período Barroco, com a difusão de seu uso doméstico. O piano de armário, cujas cordas e cepo são dispostos verticalmente, surgiu na Inglaterra durante o Classicismo, e a disposição vertical de sua CAIXA HARMÔNICA, com cordas cruzadas, passou a viabilizar seu emprego em ambientes pequenos, fato que resultou em sua grande popularização [var.: piano vertical, piano de apartamento]. Surgiram ainda, além dos raros pianos de mesa, os chamados pianos de cauda inteira, ou *grand pianos*, adotados pela norte-americana Steinway e a austríaca Bösendorfer, as mais importantes fábricas da atualidade [var.: piano de concerto, piano de cauda inteira]. Somem-se os modelos meia cauda, *baby piano* [var.: piano de quarto de cauda] e o modelo chamado espineta, de cepo baixo e cordas curtas. A evolução do piano pode ser assim resumida: em 1821, Sébastien Érard patenteia o escape du-

plo; em 1825 Alpheus Babcock cria o cepo de metal e o sistema de cordas cruzadas; em 1826, Henri Pape substitui o couro dos martelos por feltro, revelando nova sonoridade. Em meados do século XIX, o teclado dos pianos passa a contar com sete oitavas, e no final do século a fábrica alemã Bösendorfer amplia a extensão do instrumento para até oito oitavas, enquanto paralelamente a Steinway & Sons cria uma versão moderna, praticamente a mesma ainda utilizada. Quase todos os grandes compositores, do pré-Romantismo aos dias de hoje, escreveram para o instrumento, destacando-se Beethoven, Grieg, Schumann, Chopin, Liszt, Prokofiev, Rachmaninoff, Debussy e Cage, entre inúmeros outros. Entre os grandes VIRTUOSES do instrumento, destacam-se Rubinstein, Clara Haskil, Kempf, Arrau, Serkin, Badura-Skoda, Gulda, Brendel, Ashkenazy, Pollini, Lupu, Pogorelich, Richter, Lipatti, Horowitz e Glenn Gould. O Brasil produziu alguns excelentes nomes de carreira internacional: Magda Tagliaferro, Guiomar Novaes, Arnaldo Estrela, Nélson Freire, Antonio Guedes Barbosa, Cristina Ortiz e Roberto Szidon, entre outros. **2.** (it.; al. *Leiser*) Gradação de dinâmica que sugere execução suave. Abreviatura [*p*].

piano a quatro mãos Execução pianística de dois intérpretes, lado a lado, em um único piano.

piano armonico (it.) Tampo do piano.

piano à queue (fr.) PIANO DE CAUDA.

piano bar Casa noturna, geralmente de pequenas dimensões, em que um pianista apresenta sozinho o fundo musical.

piano-basque (fr.) TAMBORIM.

piano carré (fr.) PIANO DE MESA.

piano-chanteur (fr. lit.: piano-cantor) HARMÔNIO.

piano de armário Ver PIANO.

piano de boca Ver GAITA-DE-BOCA.

piano de cauda (it. *pianoforte a coda*; fr. *piano à queue*; ing. *grand piano*; al. *Flügel*) Ver PIANO.

piano de concert (fr.) Piano de concerto.

piano de concerto (it. *pianoforte da concerto*; fr. *piano de concert*; ing. *concert grand piano*; al. *Konzertflügel*) PIANO DE CAUDA de concerto.

piano-de-cuia Ver AGUÊ.

piano de manivela Ver INSTRUMENTOS MECÂNICOS.

piano de meia cauda (it. *pianoforte a mezza coda*; fr. *piano a demi-queue*; ing. *miniature grand piano*; al. *Sturzflügel*) Ver PIANO.

piano demi-queue (fr.) PIANO DE MEIA CAUDA.

piano de mesa (it. *pianoforte a tavolo*; fr. *piano carré*; ing. *square piano*; al. *Tafelklavier*) Ver PIANO.

piano de pedaleira Instrumento criado por Schimonn, simula o mecanismo de um órgão, para efeito de estudo do instrumento.

piano de quarto de cauda (it. *pianoforte a un quarto di coda*; fr. *piano* à *queue mignon, piano mignon*; ing. *baby grand piano*; al. *Stutzflügel*) [var. fr. pop.: *Crapaud*]. Ver PIANO.

piano de quarto de tom (fr. *piano de quarts de ton*; ing. *quarter-tone pianoforte*) Piano afinado em MICROTONS.

piano de quarts de ton (it.) PIANO DE QUARTO DE TOM.

piano digital Piano eletrônico que emprega dispositivo de SAMPLER para produção digital dos sons.

piano duo DUO de pianos.

piano elétrico Instrumento eletrônico de teclado em que o princípio de funcionamento é parcialmente mecânico, como os Wurlitzer ou Fender Rhodes, que utilizam pequenos pinos metálicos cuja vibração, quando percutidos por pequenos martelos magnéticos, é transmitida a um sistema de amplificação. Modelos mais recentes empregam dispositivos inteiramente eletrônicos, como os circuitos e *chips* iguais aos dos modernos órgãos eletrônicos. Alguns outros, como os fabricados pela japonesa Yamaha, possuem sonoridade bastante semelhante à dos pianos tradicionais, podendo ser facilmente transportados e utilizados para fins de estudo com fones de ouvido, e são bastante utilizados em *shows* devido à sua portabilidade.

piano eólio (it. *pianoforte eolio*; fr. *piano éolien*; ing. *aeolian piano*; al. *Äolsklvier*) Piano cujas cordas vibram pela ação da passagem do ar, foi usado na França e na Alemanha de meados do século XIX.

piano éolien (fr.) PIANO EÓLIO.

piano-forte Nota executada em PIANO (acp. 2)

cuja dinâmica é alterada subitamente para *forte*. Também pode surgir em grupos de duas notas, em que a primeira é *piano* e a segunda *forte*. Símbolo: [*pF*].

pianoforte (al., fr., ing., it.) Ver FORTEPIANO.

pianoforte a cilindro (it.) PIANO MECÂNICO.

pianoforte a coda (it.) PIANO DE CAUDA.

pianoforte a mezza coda (it.) PIANO DE MEIA CAUDA.

pianoforte a tavolo (it.) PIANO DE MESA.

pianoforte a un quarto di coda (it.) PIANO DE QUARTO DE CAUDA.

pianoforte da concerto (it.) Piano de concerto.

pianoforte insonoro (it.) PIANO MUDO.

pianoforte ottavizante (it.) PIANO OITAVADOR.

pianoforte transpositore (it.) PIANO TRANPOSITOR.

piano-forte Alteração súbita de dinâmica de *piano* para *forte*. Abreviatura [*pf*].

piano girafa (fr. *piano-giraffe*; ing. *giraffe piano*; al. *Giraffenklavier*) Piano vertical de longas cordas e CAIXA DE RESSONÂNCIA comprida.

piano-giraffe (fr.) PIANO GIRAFA.

pianola (it. *ampico*) Espécie de piano mecânico criado pela firma Aeolian, tornou-se nome genérico para diversos tipos de pequenos instrumentos de teclado.

piano-lira (al. *Lyraflügel*) Piano de cordas verticais que lembra uma LIRA.

piano mecânico (it. *pianoforte a cilindro*; fr. *piano mécanique*; ing. *piano organ*; al. *Drehklavier*) Artefato com teclado de piano que executa músicas pré-gravadas em um cilindro girado por meio mecânico. Surgiu no final do século XIX e chegou a fascinar compositores como Stravinsky e Gershwin [var.: piano de manivela].

piano melodium (it.) Certo tipo de ACORDEÃO de teclado.

piano mécanique (fr.) PIANO MECÂNICO.

piano mignon (fr.) PIANO DE QUARTO DE CAUDA.

piano Moór Instrumento de dois teclados inventado na Hungria por Emanuel Moór, no final do século XIX.

piano mudo (it. *pianoforte insonoro*; fr. *piano muet*; ing. *dumb piano*; al. *stummes Klavier*) Teclado para prática e exercícios de dedilhado.

piano muet (fr.) PIANO MUDO.

piano oblique (fr.) PIANO OBLÍQUO.

piano oblíquo (fr. *piano oblique*; ing. *oblique piano*) Piano cujas cordas são dispostas em sentido oblíquo, como na ESPINETA.

piano oitavador (it. *pianoforte ottavizante*; ing. *octave piano*; al. *Oktaveklavier*) Piano cujas cordas são organizadas em ORDENS duplas, afinadas aos pares em oitavas [var.: port. piano oitavante].

piano oitavante PIANO OITAVADOR.

piano organ (ing.) PIANO MECÂNICO.

piano organisé (fr.) CLAVIÓRGÃO.

piano preparado Piano em cujas cordas são colocados, presos, trançados ou espalhados, diversos objetos, de pedaços de papel a bolas de gude e madeira, latas, tachinhas ou vidros, produzindo combinações de efeitos sonoros previamente organizadas pelo compositor-intérprete. Um dos compositores mais importantes que empregou o piano preparado foi John Cage, após experiências de Harry Cowell e Charles Ives.

piano quartet (ing.) QUARTETO COM PIANO.

piano reduction (ing.) REDUÇÃO PARA PIANO.

piano score (ing.) REDUÇÃO PARA PIANO.

piano transpositeur (fr.) PIANO TRANSPOSITOR.

piano trio (ing.) TRIO COM PIANO.

piatti (it.) PRATOS.

piatti a due (it.) PRATO A DOIS.

piatti a pedale (it. lit.: pratos de pedal) CONTRATEMPO (acp. 2).

piatto con sizzler (it.) PRATO CHUVEIRO.

piatto com sonagli (it.) PRATO CHUVEIRO.

piatto sospeso (it.) PRATO SUSPENSO.

pibcorn (ing.) Ver HORNPIPE (acp. 1).

pibgorn Ver HORNPIPE (acp. 1).

pibroch Forma musical popular do repertório da GAITA-DE-FOLES escocesa.

pica-pau 1. FANDANGO (acp. 3) do litoral norte paulista acompanhado por um violeiro, palmas e batidas dos pés dos participantes. **2.** No Centro-Sul do país, uma dança de roda de VIOLEIROS. **3.** Ver MORRO-SECO [var.: pinica-pau].

picchettato (it. lit.: pontilhado) Entre os instrumentos de cordas da orquestra, GOLPE que deriva diretamente do MARTELLATO. Constitui-se de sucessão de notas curtas em uma mesma direção, é essencialmente virtuosístico e costuma ser utilizado quando a partitura indica pontos unidos por ligaduras sobre ou sob as notas. Como o MARTELLATO, deve ser executado com curtos movimentos de pulso para cada nota, porém em seqüências de ataques em uma mesma direção.

picchettato balzato (it. lit.: *picchettare*: pontilhar, *balzare*: saltar; al. *geworfenes staccato*) Entre os instrumentos de cordas da orquestra, GOLPE para cuja execução cotovelo e pulso permanecem imóveis, quase rígidos; o arco é impulsionado por meio de contrações do ombro. A mão direita oscila mais ou menos automaticamente e o arco desliza com movimentos rápidos sobre a corda. Técnica de muito difícil domínio, pode ser de grande utilidade em situações que exigem efeito virtuosístico.

picchettato nervoso (it.) Entre os instrumentos de cordas da orquestra, um tipo de PICHETTATO extremamente veloz.

picchettato saltellato (it.; al. *springendes staccato*; fr. *staccato sautillant*) Entre os instrumentos de cordas da orquestra, espécie de SALTELLATO em que o arco é atirado. Indica efeito análogo ao PICHETTATO nervoso, mas é executado em velocidade mais pujante.

picchettato volante (it.) Entre os instrumentos de cordas da orquestra, SPICCATO que é executado em três movimentos: apoio, impulso e levantamento do arco. Deve-se executar certo número de notas, para cima ou para baixo, do TALÃO à ponta ou da metade à ponta, retomando-se cada nota no mesmo local do arco, por meio de movimento rotatório da mão. O pulso deve ser articulado da mesma forma que em um *spiccato* lento.

piccole campana (it.) Pequenos sinos.

piccolo (it. lit.: pequeno) Em música, o termo se aplica geralmente a instrumentos como o flautim, construído em metal ou madeira, que soa uma oitava acima da flauta transversal soprano e é usado em orquestras e bandas, porém serve para designar também instrumentos de dimensões reduzidas de outras famílias, como o contrabaixo *piccolo* ($^1/_2$ tamanho) ou o violino *piccolo*.

piccolo clarinetto (it.) REQUINTA.

piccolo flute (it., ing.) Flautim, flauta PICCOLO.

pick (ing.) PALHETA (acp. 2).

Pickelflöte (al.) Flautim, flauta PICCOLO.

pickup (ing.) **1.** ANACRUSA. **2.** CAPTADOR. **3.** TOCA-DISCOS [var.: *pick-up*].

pickup note (ing. lit.: nota de *pickup*) **1.** ANACRUSA. **2.** Nota no tempo final ou tempo fraco de um COMPASSO. De forma semelhante a uma ANACRUSA, conduz ao tempo forte do compasso seguinte.

picqué (fr.; grafia utilizada por Rolland, provavelmente de forma equivocada) Ver PIQUÉ.

piece (ing.) PEÇA, OBRA.

pièce (fr.) PEÇA, OBRA.

pièce de caractère (fr.) PEÇA CARACTERÍSTICA.

pièce de clavecin (fr.) Obra para CRAVO.

pièce de concert (fr.) Peça de concerto [var.: *morceau de concert*].

pied (fr.) ESPIGÃO [var.: *pique*].

pien jing LITOFONE.

pieno (it.: pleno) Usado em expressões como *voce piena* e *coro pieno*, voz plena e coro pleno, respectivamente.

pietra sonora (it.) PEDRA SONORA DE NEFRIT.

pietoso (it.) Indicativo de expressão: piedoso.

piezzo (it.) PEÇA.

pifa Na Itália, instrumento semelhante aos da família da CHARAMELA.

pífano Ver PÍFARO.

pífaro (it. *piffero*; fr. *fifre*; ing. *pipe*; al. *Querpfeife*) Pequena flauta transversa de madeira, geralmente com seis orifícios, cuja origem remonta à Inglaterra da Idade Média. Adaptou-se à música e ao folclore de diversos países e regiões, chegando ao Nordeste brasileiro, especialmente em Pernambuco e no Ceará, como instrumento tradicional de conjuntos das mais diversas formações, como a banda de pífaros de Caruaru [var.: pífano, piffero, pifre, pife].

pife Corruptela de PÍFARO.

piffaro (it.) Espécie de BOMBARDA da Itália Medieval que ainda pode ser encontrada no interior daquele país.

pifferaro (it.) Tocador de PIFFARO.

piffero (it.) Ver PÍFARO.

pifre Ver PÍFARO.

piiba Instrumento milenar chinês de quatro cordas dedilhadas e corpo piriforme que deu origem ao BIWA japonês [var.: pipa ou pipa].

pikardische Terz (al.) TERÇA DE PICARDIA.

pincé (fr. lit.: pinçado) **1.** Entre os instrumentos de cordas da orquestra, GOLPE DE ARCO que sugere a sonoridade de cordas pinçadas. **2.** MORDENTE.

pincement (fr.) Na França do século XVIII, MORDENTE.
ping-pong Tambor agudo da STEEL BAND.
pinheiro FANDANGO (acp. 3) de forte influência portuguesa do Rio Grande do Sul.
pinho 1. No Brasil, designa popularmente toda sorte de violões, VIOLAS DE ARAME de dez ou doze cordas, e outros instrumentos de cordas dedilhadas. **2.** Madeira da família das pináceas, é empregada na construção de diversos instrumentos.
pinica-pau Ver PICA-PAU.
pinquillo Pequena flauta com BOQUILHA dos Andes.
pio Instrumento dos índios brasileiros cuja atribuição primeira era atrair passarinhos. Consiste em um bastão que é friccionado com um pedaço de couro de anta impregnado de breu.
pi pa Ver PIIBA.
pipa 1. Instrumento PIRIFORME de quatro cordas que é tocado como um violão. **2.** Ver PIIBA.
pipe (ing. lit.: tubo) **1.** Espécie de PÍFARO inglês, costuma ser tocado juntamente com o TABOR, que, assim como no GALUBÉ medieval, é um instrumento associado ao TAMBORIL. **2.** TUBO.
pipe organ (ing.) ÓRGÃO de tubos.
pipoca Dança interiorana paulista de VIOLEIROS e sapateados, como a TIRANINHA.
pique (fr.) ESPIGÃO.
piqué (fr. *piquer*: picar, morder) Entre os instrumentos de cordas da orquestra, designa uma sucessão contínua de GOLPES em uma mesma direção. Cada nota deve ser articulada com um golpe individual, formando seqüências em RETOMADA. Para Auer, o pulso deve ser utilizado para a articulação dos golpes. O contrabaixista deve utilizar o antebraço, mas sendo a passagem muito rápida, convém acrescentar movimentos do pulso. Rolland indica que o ataque deve ser como aquele do MARTELÉ, com o arco vindo de fora da corda, sendo nela colado e, imediatamente, levantado logo após cada movimento. A grafia *piqué* é utilizada por Auer, enquanto Rolland emprega *picqué*. Exemplos podem ser encontrados nas *Variações sobre um tema de Moisés no Egito*, de Paganini, e na *Sagração da primavera*, de Stravinsky, que utilizam inúmeros golpes sucessivos para baixo e freqüentemente em obras para violino solo do repertório romântico e contemporâneo. Ver SUCCESSIVE DOWN-BOWS e SUCCESSIVE UP-BOWS.
pique (fr.) ESPIGÃO.
piranha Dança de roda goiana.
piriforme (ing. *pear shaped*) Diz-se do corpo de instrumentos de cordas cujo formato lembre uma pêra, como o BANDOLIM e o ALAÚDE.
pirofono (it.) PYROPHON.
pirolito Tipo de CHULA (acp. 3) do interior paulista, geralmente acompanhada por VIOLA DE ARAME [var.: tirolito].
pirollo (it.) CRAVELHA.
pirouette (fr.) Espécie de cápsula de alguns instrumentos de sopro antigos, como o KRUMMHORN, servia para embutir uma PALHETA (acp. 1) dupla e funcionava como uma BOQUILHA.
pista Ver TRILHA.
pistão 1. (it. *pistone*; fr. *piston*; ing. *valve*; al. *Ventil*) Entre os INSTRUMENTOS DE METAL, cada uma das válvulas móveis, acionadas com o dedo, que servem para desviar o ar soprado pelo executante para VOLTAS (acp. 1) mais longas ou mais curtas produzindo sons mais graves ou mais agudos, respectivamente. Válvula criada por Stölzel e Blühmel em 1815, revolucionou a técnica de instrumentos como o TROMPETE. **2.** (Do fr. *cornet de pistons*) Denominação popular de qualquer instrumento da família do trompete [var.: pisto, pistone, pistom, pistão]. **3.** REGISTRO do órgão de tubos acionado com o pé.
pisto Ver PISTÃO (acp. 2).
Pistom Ver PISTÃO (acp. 2).
piston (fr.) PISTÃO (acp. 2).
pistone (it.) PISTÃO (acp. 2).
pistonista Popularmente, aquele que toca PISTOM (acp. 2).
pitch (ing.) ALTURA (acp. 1).
pitch bend (ing. lit.: curva de afinação) Dispositivo, geralmente controlado por meio de um pequeno disco giratório, faz parte dos comandos de aparelhos ou instrumentos eletrônicos como o SINTETIZADOR, serve para alterar analogicamente a freqüência do som emitido.
pitchless (ing. lit.: sem afinação) Diz-se de instrumentos cujo som possui altura indeterminada ou indefinida.
pitchpipe (ing. *pitch*: altura, *pipe*: tubo) TONÁRIO.
pittura musicale (it.) TONE PAINTING.

più (it.: mais) Usado em expressões como *più forte* (mais forte), *più lento* (mais lento).
piva 1. Dança italiana medieval, como a BASSE-DANSE. **2.** (esp.) Espécie de GAITA-DE-FOLES.
piva torta (it.) KRUMMHORN.
pivô Ver PIVOT.
pivot (fr., ing.; port. pivô) Ver ACORDE PIVÔ.
pivot chord (ing.) ACORDE PIVÔ.
pizz. Abreviatura de PIZZICATO.
pizzicato (it. lit.: beliscado) Entre os instrumentos de arco, indica que as cordas devem ser dedilhadas, e não tangidas. Implica o abandono temporário do uso do arco em uma obra, movimento ou trecho, ou ainda uma ou algumas notas apenas, devendo o executante trabalhar com um dos dedos da mão direita (geralmente o indicador e o médio) à maneira de violões ou harpas. Abreviatura [pizz].
placa de som (ing. *soundboard*) Equipamento de *hardware* que, acoplado à placa-mãe (*motherboard*, ou *mainboard*) de um computador, permite manipular sons via uma interface MIDI, reproduzir CDs de audio e MP3 ou outros protocolos ou processos de gravação e reprodução sonoros.
placido (it.) Na partitura, sugere execução com calma.
plagal Ver CADÊNCIA PLAGAL.
plagal cadence (ing.) CADÊNCIA PLAGAL.
plagale Kadenz (al.) CADÊNCIA PLAGAL.
plagale Tonleiter (al.) MODO PLAGAL.
Plagalschluss (al.) CADÊNCIA PLAGAL.
plagiar (do gr. *plágios*: trapaceiro) Ato de copiar ou utilizar inescrupulosamente uma música, letra alheia ou parte delas em sua própria criação ou como se fosse de sua autoria. A lei diverge entre os diversos países, mas existe um relativo consenso quanto à caracterização do plágio musical. O processo judicial por plágio é uma ação cível indenizatória e requer peritagem.
plahn Ver PLANCTUS.
plainchant (fr.) **1.** (ing. *plainsong*) Canto livre MONOFÔNICO, sem acompanhamento instrumental ou vocal. **2.** Sistema de organização dos cânticos religiosos que vigorou na França barroca e clássica.
plainsong (ing.) PLAINCHANT (acp. 1).
plainte (fr. lit.: triste) **1.** Na partitura, indicativo de expressão triste. **2.** Tipo de ornamento dos séculos XVII e XVIII, semelhante ao NACHSLAG.
planctus Gênero de escrita literária e musical da Idade Média, pode ser religioso, como no século XII, forma que antecedeu o drama litúrgico, ou secular, como o *plahn*.
plaqué (fr.) Indica execução das notas de um acorde de forma NÃO-ARPEJADA.
Platerpiel (al.) CORNAMUSA.
platte (al.) DISCO (acp. 1).
play (ing.; fr. *jouer*; al. *spiel*) **1.** Tocar, jogar, brincar. **2.** Nos aparelhos eletrônicos de reprodução, botão de tocar (a fita, disco ou CD).
playback Sistema empregado em *shows* comerciais que utiliza uma base pré-gravada sobre a qual o artista ou grupo cantam.
play out of tune (ing.) Desafinar. Ver também OUT OF TUNE.
play second fiddle (ing. lit.: tocar segundo violino) **1.** No jargão inglês, executar uma parte secundária. **2.** Genericamente, qualquer papel sem importância, em uma ópera, por extensão nos negócios ou na política.
play to the gallery (ing.) No jargão norte-americano, apresentar-se visando aplausos.
play through (ing.) Tocar uma música sem interrupções.
plectre (fr.) PLECTRO.
plectro (lat. *plectrum*; it. *plettro*; fr. *plectre*; ing. *plectrum*; al. *Plektrum*, *Spielblatt*) Pequena lâmina de osso, marfim, casco de tartaruga, haste de pena de ave, madeira ou plástico, empregada para pinçar as cordas diretamente pelo executante, como no BANDOLIM, no BANJO ou na guitarra elétrica, ou por algum tipo de mecanismo, como no CRAVO. Ver também PALHETA (acp. 2).
plectrum (ing.) PLECTRO.
plein jeu (fr.) REGISTRO pleno, nos órgãos da Idade Média e suas derivações do período Barroco.
Plektro (al.) PLECTRO.
plena (esp.) Gênero afro-cubano surgido durante a Primeira Guerra Mundial, baseia-se em estrofes de seis versos e refrão. Era geralmente acompanhada por GUITARRA (acp. 1), acordeão e percussão. Um dos expoentes da plena foi Manuel Jiménez, o Canario.
pleno RIPIENO (acp. 1).
plettro (it.) PLECTRO.

plica (it.) Figura da notação musical da Idade Média.

plob mhor 1. Espécie de GAITA-DE-FOLES irlandesa renascentista que era empregada geralmente para fins bélicos. **2.** GAITA-DE-FOLES de três DRONES e CHANTER cônico das *Highlands* escocesas.

Plockflöte (al.) Tipo de FLAUTA DOCE renascentista.

plop No *jazz*, especialmente entre INSTRUMENTOS DE METAL, como o trompete, efeito de atacar um som indefinido acima da nota pretendida, descendo e alcançando-a imediatamente por meio de um pequeno PORTAMENTO.

pluck (ing. *to pluck* lit.: puxar, como em *to pluck the strings*) Dedilhar as cordas de um instrumento.

plug (ing.) PLUGUE.

plug in (ing.) Ligar, conectar.

plugged in (ing. lit.: conectado) No jargão norte-americano, diz-se do músico "ligado", "alto".

plugue (ing. *plug*: ligar) Terminal com um, dois ou mais pinos para conexão elétrica em uma tomada (*jack*) de um instrumento eletrônico, microfone, amplificador ou outro equipamento ligado a um dispositivo.

plunger (ing. lit.: desentupidor de pia) SURDINA (acp. 1) do trompete do *jazz*, consiste em um desentupidor de borracha que é comprimido e relaxado contra a campânula. Os trompetistas da era do *swing* conseguiam efeitos inusitados, semelhantes ao som obtido com o *wah-wah* (acp. 2).

plunger mute (ing.) SURDINA (acp. 1) de borracha do *jazz*.

pluriarc Tipo de instrumento de cordas encontrado em algumas regiões africanas que faz uso de mais de um arco simultaneamente.

plywood (ing.) Ver LAMINATED.

pneuma (gr. lit.: sopro; it.: *jubili*) **1.** Manifestações de júbilo expressas no CANTO GREGORIANO. **2.** NEUMA.

pochette (fr. lit.: pequena bolsa, devido ao tamanho reduzido da CAIXA DE RESSONÂNCIA do instrumento; it. *sordino*. ing. *kit*; al. *Tanzmeistergeige*) Espécie de pequena RABECA surgida no Renascimento francês, possuía geralmente formato semelhante ao do BANDOLIM, mas podia também ser encontrada com o corpo semelhante ao da rabeca convencional. Suas dimensões possibilitavam o transporte do instrumento no bolso ou na bolsa do músico.

pochettino (it. lit.: pouquinho) Termo usado em expressões como *un pochettino più mosso* (um pouquinho mais movido).

pochissimo (it.) Pouquíssimo.

pocket score (ing.) Ver PARTITURA MINIATURA.

poco (it. lit.: pouco) Pouco. Termo usado em expressões como *poco meno* (pouco menos).

poco a poco (it.) Na partitura, pouco a pouco.

podatus Figura da notação musical antiga que corresponde ao movimento entre duas notas ligadas, sendo a segunda mais aguda. Ver NEUMAS.

podeptupoi Antiga dança de pés batidos no chão da Grécia antiga.

poema sinfônico (it. *poema sinfonico*; fr. *poème symphonique*; ing. *tone poem*, *symphonic poem*; al. *Tondichtung*) Composição para orquestra sinfônica, na maioria das vezes em um único MOVIMENTO, narra ou ilustra um programa ou poema. O gênero consolidou-se no final do século XIX, tendo em Liszt (*Tasso*, de 1854) um de seus precursores. Richard Strauss explorou o poema sinfônico em obras consagradas como *Uma vida de herói*, *Assim falou Zaratustra, Don Quixote* e *Don Juan*. O poema sinfônico perdeu força a partir do início do século XX, com as novas propostas estéticas que surgiram com o pós-Romantismo [var.: poema tonal]. Ver também MÚSICA PROGRAMÁTICA.

poema tonal Ver POEMA SINFÔNICO.

poème symphonique (fr.) POEMA SINFÔNICO.

poi (it.) Depois.

point (ing.: ponto) **1.** Na técnica CONTRAPONTÍSTICA, um motivo sobre o qual se compõe uma IMITAÇÃO **2.** Obra baseada em técnica de IMITAÇÃO. **3.** Entre os instrumentos de cordas da orquestra, a ponta do arco [var.: *tip*]. **4.** Ver À LA POINTE.

point d'arrêt (fr.) Ver TRINADO.

point d'orgue (fr. lit.: ponto de órgão) **1.** Modernamente, com o sentido de suspensão de um som emprestado da técnica do órgão, a expressão se refere à FERMATA colocada sobre a SEGUNDA INVERSÃO do acorde de DOMINANTE, preparando uma CADÊNCIA (acp. 1). **2.**

(ing. *pedal point*; al. *Orgelpunkt*) PEDAL (acp. 3) harmônico em uma nota no baixo do ÓRGÃO, sustenta a movimentação das vozes superiores [var. fr.: *pédal*].

point Mauran (fr.) PONTO MAURAN.

pointer (fr. lit.: pontuar) Na interpretação do Barroco francês, refere-se a certa alteração na duração das notas. Ver NOTES INÉGALES.

poitrine (fr. lit.: peito) VOZ DE PEITO.

poitrine brute (fr. lit.: peito bruto) Na técnica vocal, voz bruta de peito.

polacca (it.) **1.** O mesmo que ALLA POLACCA. **2.** POLONAISE.

polaco Entre os peões sertanejos, sino que é pendurado no pescoço do touro para irritá-lo, preparando o animal para o rodeio.

polca (tcheco: *pulka*) Enérgica dança de salão polonesa em COMPASSO BINÁRIO cuja coreografia caracterizava-se por um grande salto dos dançarinos no início de cada compasso, tornou-se popular na Europa pré-romântica. Originou-se na Boêmia do início do século XIX, conquistou salões de todo o mundo e influenciou compositores como Johann Strauss, Smetana, Dvorák e Stravinsky. A polca foi introduzida no Brasil, trazida do continente europeu, e alcançou grande sucesso nas rodas e salões do Rio de Janeiro, influenciando compositores como Chiquinha Gonzaga, Ernesto Nazareth e o CHORO como um todo.

polcar Neologismo surgido no Brasil do início século XX: dançar a POLCA.

polca-serenata Gênero do final do século XIX ligado ao CHORO, originou-se de uma forma de tocar e cantar carioca, mesclando influências românticas das serenatas noturnas às MODINHAS da época, com o jeito de tocar choro dos pequenos grupos de violão, flauta, pandeiro e cavaquinho.

polca-tango Ver MAXIXE.

poliacorde (ing. *polichord*) Acorde formado por duas TRÍADES diferentes superpostas (dó-mi-sol-si-ré-fá sustenido, p. ex.). Ver POLITONALIDADE.

policalamus Instrumento de sopro da Grécia antiga semelhante à FLAUTA-DE-PÃ.

polichord (ing.) POLIACORDE.

policoral **1.** Música da Itália medieval composta para dois ou mais coros. **2.** Grupo vocal que na Idade Média costumava apresentar-se em conjunto ou isoladamente.

polifonia (it. gr.: vários sons; ing. *polyphony*; fr., al. *polyphonie*) Estilo musical no qual várias vozes ou partes instrumentais são combinadas de maneira contrapontística (mantendo a individualidade da linha) em oposição à HOMOFONIA (um único som ou melodia). Em termos históricos a era da polifonia foi definida entre os séculos XIII e XVI, sobrevivendo até o início do século XVII.

polifônico(a) Caracterizado(a) pela POLIFONIA.

polimetria Uso simultâneo de duas métricas diferentes ($^6/_8$ e $^2/_4$, p. ex.).

polimodal Diz-se da música ou trecho que emprega a POLIMODALIDADE.

polimodalidade Sistema de composição estruturado sobre mais de um modo simultaneamente.

poliphant Instrumento inglês do período Barroco, possuía formato semelhante ao do ALAÚDE e duas séries de cordas, sendo uma constituída por bordões na parte superior do braço e outra de cordas agudas de menor comprimento na parte inferior [var.: *polyphone*, *polyphant*].

polirritmia (it. *poliritmo*; fr. *polyrythmique*; ing. *polyrythmy*; al. *Polyrhythmik*) Emprego simultâneo de diferentes métricas rítmicas. Era comum antes da sistematização do Renascimento e voltou a ser empregado na música contemporânea do século XX.

polirritmo Ver POLIRRITMIA.

politexto Refere-se ao emprego, na música medieval, de dois ou mais textos sem relação entre si.

politímbrico Que emprega diversos timbres.

politonal Diz-se da música que emprega a POLITONALIDADE.

politonalidade (it. *politonalità*; fr. *polytonalité*; *politonality*; al. *Polytonalität*) Técnica de composição que utiliza várias tonalidades simultaneamente, foi empregada no século XX por compositores como Charles Ives, Milhaud, Holst e Stravinsky.

politonalismo Corrente de composição que emprega a POLITONALIDADE.

politonalità (it.) POLITONALIDADE.

polonaise (fr. lit.: polonesa) Música e dança e em andamento moderado e COMPASSO TER-

NÁRIO originárias da Polônia, difundiu-se na Europa durante o período Barroco e foi constante em obras de Telemann e Bach. Durante o Classicismo e entre os românticos, Mozart, Beethoven, Schumann e Schubert escreveram *polonaises*, assim como o fizeram posteriormente Liszt, Tchaikovsky e Mussorgsky. As *16 Polonaises* de Chopin estão entre as obras pianísticas mais representativas do compositor [var.: al. *Polonäse*]. Ver também POLSKA.

Polonäse (al.) Ver POLONAISE.

polquinha Dança campestre de casais do Rio Grande do Sul, costuma ser acompanhada por SANFONAS.

polska Dança renascentista de origem polonesa que antecedeu outras formas, como a POLONAISE. Chegou a estabelecer-se em outros países, especialmente entre os escandinavos e tchecos, e foi aproveitada por Grieg e Dvorák.

Polstertanz (al.) DANÇA DE ALMOFADAS.

polyphant Ver POLIPHANT.

polyphone Ver POLIPHANT.

polyphonie (fr., al.) POLIFONIA.

polyphony (ing.) POLIFONIA.

polyrythmique (fr.) POLIRRITMIA.

polyrythmik (al.) POLIRRITMIA.

polyrythmy (ing.) POLIRRITMIA.

Polytonalität (al.) POLITONALIDADE.

polytonalité (fr.) POLITONALIDADE.

polytonality (ing.) POLITONALIDADE.

pomello di registre (it.) MANÚBRIO.

pomette de régistre (fr.) MANÚBRIO.

Pommer Instrumento alemão semelhante à BOMBARDA (acp. 1).

pompa a tiro (it.) VARA de TROMBONE.

pomposo (it.) Na partitura, indica execução com pompa.

ponga Ver PUNGA.

ponta (it. *punta*; fr. *pointe*; ing. *point*, *tip*; al. *Spitze*) Extremidade superior da vareta do arco dos instrumentos de cordas.

ponte (ing. *bridge*) Parte relativamente curta de uma obra, serve para unir duas seções.

ponteado PUNTEADO.

pontear Ver PONTEIO (acp. 2).

ponteio 1. Dança de sapateado da região Sul do Brasil. **2.** Técnica da VIOLA DE ARAME que utiliza polegar, indicador e, às vezes, o dedo médio da mão direita. **3.** Certo tipo de composição popular ou de concerto brasileira, baseada no PONTEIO (acp. 1) sulino, a exemplo de músicas de Edu Lobo e Lorenzo Fernandez [var.: pontiado].

ponte modulatória 1. De forma genérica, refere-se a qualquer trecho de ligação entre tonalidades diferentes em uma MODULAÇÃO. **2.** Modulação tônica-dominante (dó-sol, por exemplo), na exposição temática da FORMA SONATA. Ver também BRIDGE (acp. 2).

pontiado Ver PONTEIO (acp. 3).

ponticello (it. lit.: pequena ponte) **1.** CAVALETE. **2.** SUL PONTICELLO.

pontificale Ver LIVRO LITÚRGICO.

pontilhismo Termo derivado da pintura impressionista (trabalhos de Seurat, principalmente), refere-se à técnica que deixa entrever pequenos pontos sonoros, em vez de contornos melódicos definidos, a exemplo de certas obras de Stockhausen.

ponto 1. Letra improvisada do JONGO paulista. **2.** (it. *punto*; ing. *dot*; al. *Staccatopunkt*) Sinal sobre ou sob a cabeça de uma nota, designa STACCATO, ou seja, indica que ela deve ser executada mais curta do que notada na partitura. **3.** Na umbanda, é a prece de invocação das falanges, conclamando-as às reuniões dos terreiros. O ponto é uma das partes mais importantes do ritual, já que dele depende a comunicação com as entidades. Os principais pontos são o hino da umbanda, os pontos de fechamento e abertura das giras, os pontos de saudação a Oxalá, a Iansã, a Iemanjá, a mamãe Ogum, a Xangô, a Oxóssi, aos Pretos Velhos, a Cosme e Damião, aos baianos, aos boiadeiros, à defumação e à despedida [var.: ponto cantado]. **4.** (ing. *prompter*) Na ópera, como no teatro em geral, abertura no PORSCÊNIO em forma de alçapão, invisível ao público, de onde o PONTO (acp. 5) pode acenar, soprar o texto ou música para cantores e figurantes. **5.** (ing. *prompter*) Funcionário encarregado do PONTO (acp. 4) dos teatros.

ponto de aumento (al. *Verlangerungspunkt*) Sinal colocado após uma nota, na altura de sua cabeça, aumenta a duração em metade de seu valor.

ponto de macumba Canção e ritmo dos rituais de umbanda. Ver PONTO.

ponto de parada Ver TRINADO.

ponto duplo (ing. *doublé dot, french dot*; al. *Doppelpunkt*) Figura rítmica que teria sido introduzida por Leopold Mozart, pai de Wolfgang Amadeus, em 1769, simbolizando uma prática musical já realizada no período Barroco. Colocado após uma nota, na altura de sua cabeça, o ponto duplo aumenta a duração de uma nota ou pausa em três quartos de seu valor [var.: ponto francês].

ponto francês Ver PONTO DUPLO.

ponto Mauran (fr. *point Mauran*) Técnica vocal aprimorada pelo célebre professor M. Mauran, busca a máxima projeção dos sons emitidos. O ponto Mauran fica situado no interior da boca, próximo à borda alveolar e ao exterior da boca, entre o lábio superior e a base do nariz.

pontuado Ver RITMO PONTUADO.

pop (ing.) Designa genericamente os gêneros derivados do *rock'n'roll* a partir de meados dos anos 1960. Impregnada pela revolução de costumes chamada cultura *pop*, o gênero disseminou-se pelo mundo após ter contagiado a juventude norte-americana e inglesa, ajudado por festivais como os de Woodstock, Wight e Monterey [var.: *pop music*].

pop-chiclete Música *pop* comercial, variante da *bubblegum music*, como o da cantora norte-americana Britney Spears.

pop-funk Gênero FUNK mais leve, como o de Michael Jackson.

popozuda No jargão do FUNK carioca, dançarina.

porca Espécie de CUÍCA do Alagoas cujo ronco característico lembra um suíno.

porfia Desafio do norte do Paraná. Ver também DESAFIO.

porongo Ver GANZÁ (acp. 1).

porre (fr.) VEIO.

porrectus Figura da teoria e notação musical antiga, corresponde ao movimento entre três notas ligadas, sendo a segunda mais grave.

port (ing.) Gênero de música escocesa para harpa.

porta 1. Na música eletrônica, local onde um cabo é inserido para transmissão e recepção de sinais de áudio. **2.** Porta eletrônica para endereçamento de sinais, como a porta serial.

porta-bandeira Figurante feminina da ESCOLA DE SAMBA, leva o estandarte da agremiação e se veste à maneira da corte de Luís XIV, rodopiando e sendo reverenciada pelo seu companheiro, o MESTRE-SALA.

porta-lábios Ver FLAUTA TRANSVERSAL.

portamento (it. *portare*: lit.: portar ou conduzir; fr. *coule*) Deslizamento, intencional ou não, na mudança entre uma nota e a que se lhe segue. É bastante comum na voz humana, assim como entre os instrumentos não temperados, como o violino e o trombone (o primeiro, pela ausência de TRASTES, o segundo, pala grande movimentação da VARA nas mudanças). Ver também GLISSANDO.

Portativ (al.) ÓRGÃO PORTATIVO.

portative organ (ing.) ÓRGÃO PORTATIVO.

portativo (it.) Ver ÓRGÃO PORTATIVO.

portato (it. *portare*: carregar; fr. *porte*; ing. *wavy stroke*) **1.** Portado, carregado. Articulação de uma série de notas com pouca definição de ataque. **2.** Entre os instrumentos de cordas da orquestra, GOLPE entre o LEGATO e o STACCATO genuíno, com articulação discreta entre os sons. É representado por traços sobre ou sob as notas, unidos por ligadura semicircular que indica quais e quantos sons devem ser articulados em uma mesma direção. O início de cada som não sofre ataque definido, o que faz gerar, propositalmente, certa vagueza rítmica. No período Barroco, por exemplo, era freqüente o emprego do portato nos TUTTI, em movimentos lentos, criando certa suavidade rítmica que favorecia o solista, que conseguia assim pairar com maior liberdade sobre a estrutura rítmica do acompanhamento. Para Galamian, o *portato* ou LOURÉ, golpes que considera semelhantes, consiste em uma série de notas DÉTACHÉ-PORTÉ executadas na mesma direção. Segundo ele, em cada som, a um inchamento inicial segue-se uma queda no volume. Leland explica que este golpe deve ser utilizado quando se quer enunciar notas ou ritmos especiais sem uma pausa definida entre os sons. Em sua concepção, o *portato* se assemelha, nesse aspecto, ao ONDULÉ e ao PARLANDO, e acha que o golpe pode ser mais bem definido com a expressão *accented legato* (legato acentuado).

porta-voz Espécie de corneta por cuja extremidade menor pode-se liderar o canto de grandes grupos ou multidões ou emitir ordens ou palavras de comando, servindo como amplificador de voz [var.: megafone].

port de voix (fr.) Espécie de APPOGGIATURA que ascende à nota principal por PORTAMENTO.

porté (fr.) Ver PORTATO.

portée (fr.) PAUTA.

port vélipharingé (fr.) Na técnica vocal, ponto entre a nasofaringe e as fossas nasais.

Posaune (al.) TROMBONE.

Posaunenchor (al.) Conjunto de instrumentos de METAL (acp. 2).

posição (ing., fr. *position*; al. *Lage*) **1.** Cada uma das possíveis alturas de colocação da mão esquerda sobre o braço dos instrumentos de cordas. **2.** No TROMBONE, cada uma das sete seções básicas da VARA em relação ao corpo do instrumento, responsáveis pela produção dos sons fundamentais em que se baseia a emissão da série de HARMÔNICOS a ela relativos. **3.** Ordem de disposição das notas em um acorde [var. ing.: *chording*]

posição de inspiração (fr. *position d'inspiration*) Na técnica vocal, consiste na fase de inspiração do ciclo respiratório.

posição do polegar Ver CAPOTASTO (acp. 1).

posição fundamental Acorde em que as notas são dispostas tendo a FUNDAMENTAL (acp. 1) como som mais grave.

posição invertida Acorde em que as notas são dispostas com outra nota que não a FUNDAMENTAL (acp. 1) como som mais grave.

position d'inspiration (fr.) POSIÇÃO DE INSPIRAÇÃO.

positivo Ver ÓRGÃO POSITIVO.

posizione ordinaria (it.) AU NATUREL.

poslúdio (it. *postlude*; fr., ing. *postlude*; al. *Postludium*) Genericamente, peça executada pelo órgão após um culto litúrgico, à saída dos fiéis, ou no final de uma obra composta por diversos movimentos.

Posse (al. lit.: farsa) Gênero de comédia de espírito satírico, geralmente uma peça de pequenas proporções como as obras populares de Franz von Suppé.

Posthorn (al.) CORNETA DE POSTILHÃO.

post horn Tipo de TROMPA sem válvulas que, na França do início do século XIX deu origem ao CORNET À PISTONS.

postilhão Ver CORNETA DE POSTILHÃO.

postlude (fr., ing.) POSLÚDIO.

postludio (it.) POSLÚDIO.

Postludium (al.) POSLÚDIO.

postura nobre (do fr. *posture noble*) Postura ideal e imponente de um cantor, associada à idéia de nobreza.

posture noble (fr.) POSTURA NOBRE.

pot Ver POTÊNCIÔMETRO.

potenciômetro Divisor de tensão. Dispositivo eletrônico do botão de controle de volume ou intensidade. Abreviatura [pot.].

pot-pourri (fr. do esp. *olla podrida*: panela podre, prato em que se misturam inúmeros ingredientes; port. pupurri) Expressão cunhada no período Barroco para designar uma seqüência de trechos de peças conhecidas, executadas de forma encadeada em um mesmo arranjo. Ver também MEDLEY, MIX e OLIO.

poussé (fr. lit.: empurrado) ARCO PARA CIMA.

poverello Música italiana da Idade Média cantada em louvor a Deus.

pp Abreviatura de *pianissimo*.

ppp Abreviatura de *pianississimo*.

pppp Abreviatura de *pianississimo*, porém ainda mais suave do que ppp.

Präambel (al.) PRÊMBULO.

Pralltriller (al.) TRINADO curto, como o MEZZOTRILO.

Präludium (al.) PRELÚDIO.

praeludium (lat.) PRELÚDIO.

praeambulum (lat.) PRELÚDIO.

pranaguma Ver PERNANGUMA.

prananguma Ver PERNANGUMA.

praticável Espécie de palanque de madeira de baixa altura, serve para elevar o coro ou os NAIPES de MADEIRAS e METAIS de uma orquestra.

pratos 1. (it. *cimbali*, *piatti*; al. *Becken*, *Beckenpaar*, *Schellbecken*, *Tschinellen*) Instrumentos de percussão feitos de liga metálica, têm formato circular e levemente convexo, pode ser tocado aos pares (prato a dois). O prato pode ser percutido com BAQUETAS de madeira com ponta do mesmo material, plástico, borracha, fibra de vidro, escova ou feltro. Pode ser tocado sobre um tripé (prato suspenso) ou em pares (prato a dois). A origem é provavelmente asiática, tendo a partir da China alcançado países árabes, Roma e Grécia. Pelo seu impacto especial, o instrumento passou a ser utilizado com freqüência por compositores de Johann Strauss a Schönberg e Varèse. **2.** Na BATERIA (acp. 1) de música popular os pratos podem ser suspensos, ou percutidos um contra outro, e acionados por um mecanismo movido por um pedal pelo pé esquerdo do executante (CONTRATEMPO). Outros pratos suspensos da bateria são o *ride*, prato de condução, e o *crash*, um pouco menor, utilizado para ataques eventuais [var.: címbalo]. **3.** Peça giratória do toca-discos.

prato a dois (it. *piatti a due*) Na orquestra sinfônica, pratos executados aos pares, percutidos um contra o outro.

prato chuveiro (it. *piatto con sonagli*, *piatto com sizzler*; fr. *cymbales avec grelots*; al. *Becken mit Schellen*) Na música popular, prato suspenso da bateria (acp. 1) com diversos orifícios onde são pendurados com pequena folga certo número de rebites; ao vibrar, o prato produz um som que lembra um chuveiro.

prato condutor Na BATERIA (acp. 1) de *jazz* ou popular, é o prato tocado pela baqueta direita, que conduz o ritmo [var.: címbalo condutor].

prato suspenso (it. *piatto sospeso*, *trombula*; al. *Zymabal*) Ver PRATO (acp. 1 e 2).

preâmbulo (lat. *praeambulum*; al. *Präambel*) PRELÚDIO.

prebend (ing. lit.: pré-curvar) Na técnica da guitarra elétrica, técnica que consiste em tensionar para cima determinada corda com o dedo da mão esquerda antes do ataque da nota.

precentor Na igreja, o líder dos cantores.

precipitando (it.) Indicativo de execução: apressando.

precipitato (it.) Na partitura, indicativo execução com espírito apressado [var.: precipitoso].

precipitoso (it.) Ver PRECIPITATO.

pré-clássica Diz-se da música do final do Barroco, já com diversas características do período clássico, principalmente com referência à obra de C.P.E. Bach e aquela produzida na chamada Escola de Mannheim.

pred musiku Dança eslava da região do Moravske Slovako.

preghiera (it. lit.: prece) Na ópera barroca, a oração entoada por um personagem.

pregões CANTOS DE TRABALHO.

prelude (ing.) PRELÚDIO.

prélude (fr.) PRELÚDIO.

prélude de choral (fr.) PRELÚDIO CORAL.

prélude non mésuré (fr. lit.: prelúdio não medido) Expressão que surgiu no período Barroco para designar um tipo de prelúdio escrito sem definição de COMPASSO, sublinhado por longos pedais do baixo. Acredita-se que tenha sido utilizado pela primeira vez por Couperin, e posteriormente por D'Anglebert, Frescobaldi e Rameau.

prelude (ing.) PRELÚDIO.

prelúdio (lat. *praeludium* ou ainda *praeambulum*; it. *preludio*; fr. *prélude*; ing. *prelude*; al. *Prelude*, *Präambel*, *Einleintung*, *Vorspiel*) Termo que se refere à parte instrumental que antecede uma obra ou movimento maior, originou-se dos preparativos e aquecimentos feitos pelo músico antes da execução de uma peça ou de uma apresentação. Prelúdios em forma de movimentos autônomos começaram a surgir no final da Idade Média, adquirindo vida própria no início do período Barroco. A forma alemã, prelúdio e fuga, teve em Bach seu grande mestre, enquanto os franceses preferiam as formas livres, ou o AD LIBITUM dos PRÉLUDES NON MESURÉS. Durante o Classicismo, o prelúdio perdeu em importância, mas Brahms, Mendelsohn, Liszt e Debussy (*Prélude à l'après-midi d'un faune*) também escreveram obras importantes inspirados no gênero [var.: preâmbulo].

preludio a corale (it.) PRELÚDIO CORAL.

prelúdio coral (it. *preludio a corale*; fr. *prélude de choral*; ing. *choral prelude*; al. *Choralvorspiel*) Música para órgão com características de hino [var.: prelúdio-coral].

premier passage (fr.) PRIMEIRA PASSAGEM.

premier violon (fr.) SPALLA.

première (fr.) Primeira apresentação, estréia de uma obra ou um artista.

première audition (fr.) Primeira execução. Ver DÉBUT.

première mundial (ing. *world premiere*) Primeira apresentação mundial de uma obra.

prenanguma Ver PERNANGUMA.

prenengomem Ver PERNANGUMA.

preparação Técnica da composição POLIFÔNICA que consiste em uma APPOGGIATURA dissonante em certo acorde que é antecedida como nota consonante no acorde precedente e posteriormente resolvida.

prernaguma Ver PERNANGUMA.

près de la table (fr. lit.: próximo à mesa; it. *quasi guitarra, alla chitarra, come guitarra, presso la tavola, sulla tavola*; ing. *on the soundboard, like a guitar, low on strings, near the sound-board, near the sounding-board*; al. *Resonanz*[*tisch*]) Na técnica da harpa, indica que se deve tocar próximo à TÁBUA DE HARMONIA [var.: *alla clavecin*].

près du chevalet (fr. *près*: próximo, *chevalet*: cavalete) Ver SUL PONTICELLO.

presets (ing.) Na MÚSICA ELETRÔNICA, pré-programação. Combinação preestabelecida de timbres, ritmos e efeitos em um dispositivo ou teclado eletrônico.

pressus (lat.) Ver NEUMAS.

press sensitive (ing.) Diz-se do dispositivo eletrônico cujo acionamento é sensível ao mais simples toque de dedo.

pressez (fr.) Ver ACCELERANDO.

presso la tavola (it.) Na técnica da harpa, PRÈS DE LA TABLE.

prestissimo (it.) Indicativo de execução: andamento muito rápido.

presto (it.) Indicativo de andamento rápido.

prick-song (ing.) Espécie de CONTRAPONTO notado na pauta, para diferenciação do contraponto improvisado.

Prim (al.) **1.** UNÍSSONO. **2.** Primeira hora canônica. Ver OFÍCIO.

prima 1. (it.; fr. *chanterelle*) Primeira corda de um instrumento. **2.** (it.; fr. *prime*; al. *Prim*) Primeira hora canônica. Ver OFÍCIO. **3.** No jargão popular de estúdio, diz-se quando o artista consegue gravar sem necessidade de repetição ou correções. **4.** (it.) Primeira vez, como na expressão *andante, come prima* (andante, como na primeira vez).

prima-dona (it. *primadonna*: primeira-dama) Expressão que teria surgido no período Barroco para designar a cantora principal de uma ópera, geralmente soprano.

prima-dona absoluta (it. *primadonna absoluta*) A diva de pendores divinos, como se dizia de Maria Callas.

prima esecuzione (it.) Primeira execução. Ver DÉBUT.

prima prattica (it. lit.: primeira prática) No Barroco, servia para diferenciar a POLIFONIA antiga, do Renascimento, daquela que então surgia, a *seconda prattica*.

primas Ver OFÍCIO.

prima volta (it. lit.: primeira vez) CASA DE PRIMEIRA.

prime (ing., fr.) Primeira hora canônica. Ver OFÍCIO.

primeira audição (it. *prima esecuzione*; fr. *première audition*; ing. *first performance*; al. *Uraufführung*) Primeira apresentação de uma obra [var.: *début*].

primeira execução Ver PRIMEIRA AUDIÇÃO.

primeira fila No jargão do músico brasileiro, diz-se ironicamente do som de um instrumentista cujo som não projeta, não pode ser ouvido após a primeira fila de cadeiras de um auditório.

primeira passagem (it. *primo passaggio*; fr. *premier passage*) Na técnica vocal, a transição entre a voz de peito e a voz mista.

primeira voz Voz principal.

primeiro parcial Ver SONS PARCIAIS.

primeiro violino (it. *primo violino*; fr. *premier violon*; ing. *first violin*; al. *Konzertmeister*) SPALLA.

primo (it. lit.: primeiro) A parte superior de um duo instrumental.

primo musico (it. lit.: primeiro músico) No período Barroco, a voz masculina principal, na maioria das vezes um CASTRATO e muitas vezes um tenor [var. it.: *primo uomo*].

primo passaggio (it.) PRIMEIRA PASSAGEM.

primo uomo (it. lit.: primeiro homem) Ver PRIMO MUSICO.

primo violino (it.) SPALLA.

principal 1. REGISTRO básico do órgão de tubos. **2.** (ing.) O primeiro músico, ou *spalla*, de um NAIPE, como *principal horn* (primeira trompa) ou *principal bass* (primeiro contrabaixo).

principale (it.) **1.** O grande órgão. **2.** O registro mais grave do TROMPETE.

probation (ing.) Estágio probatório de um músico recém-concursado de uma orquestra.

Probe (al.) **1.** Prova. **2.** Ensaio.

proben (al.) Ensaiar.

Proberaum (al.) Sala de ensaio.

processador de sinais Dispositivo eletrônico que opera transformações na freqüência e nas características de determinada onda.

processional Diz-se da música executada em uma uma entrada solene ou procissão religiosa.

program (ing.) PROGRAMA (acp. 2).

programa 1. Pequena publicação ou folha de papel onde são impressas informações técnicas, artísticas e os créditos de uma apresentação. **2.** (ing. *program*) Comando necessário para que um dispositivo computadorizado realize determinada ação. **3.** Tema não-musical (contextual) de composições como o POEMA SINFÔNICO.

programático Ver MÚSICA PROGRAMÁTICA.

program change (ing.) Ver MIDI.

progressão harmônica Na harmonia, seqüência de acordes encadeada de maneira lógica. No BLUES e em algumas formas jazzísticas dele derivadas, a estrutura harmônica (*blues progression*) é pré-convencionada entre os músicos, sendo fundamental para a improvisação [var.: seqüência harmônica].

progressive jazz (ing.) O chamado *jazz* progressivo, formou a vanguarda do gênero a partir de meados dos anos 1940.

progressive rock (ing.) Ver ROCK PROGRESSIVO.

proibidão No jargão do *funk* carioca, um gênero politizado, muito pouco aceito pelos funkeiros e ligado à cultura *hip-hop*, como o do MC Catra, do Movimento Funk Consciente.

projeção Qualidade de um instrumento ou habilidade que um músico tem de projetar o som, isto é, torná-lo audível à distância.

prolação (lat. *prolatio*; it. *prolazione*) Na notação da Antiguidade, referia-se à proporção entre MÍNIMAS e SEMIBREVES. Na Idade Média, a prolação menor determinava a duração de duas mínimas para a semibreve, e a prolação maior, três.

prolazione (it.) PROLAÇÃO.

prólogo Parte introdutória de caráter explicativo freqüente na ópera barroca, tornou-se menos comum no Classicismo e foi revivida em alguns raros mas expressivos exemplos no século XX em obras de Alban Berg e Stravinsky.

promenade (ing., fr. *proménade*: passeio) Apresentação popular a que o público assiste informalmente, de pé ou sentado no chão. Em seu *Quadros de uma exposição*, Mussorgsky emprega pequenas *proménades* entre os movimentos, simbolizando o caminhar entre um quadro e outro de uma exposição de pinturas.

prompter (ing.) PONTO (acp. 4 e 5).

pronto (it.) Rápido.

Proportz Tipo de AFTER-DANCE alemã.

proposta O tema de uma FUGA.

Próprio Conjunto de cantos litúrgicos variáveis dos quais fazem parte o intróito, o gradual, a aleluia, o ofertório e a comunhão. Difere do Ordinário, conjunto composto por cantos fixos.

prosa Ver SEQÜÊNCIA (acp. 2).

proscênio (lat. *poscenium*; gr. *proskenion*) **1.** Parte frontal do palco do teatro, que fica entre o pano de boca e o fosso da orquestra. **2.** Parte do teatro situada atrás do palco. Ver também BASTIDORES. **3.** No teatro de ópera, extensão do palco que avança próximo à platéia.

prosula Termo medieval que designa um texto aplicado a um MELISMA.

protofonia Termo pouco freqüente em português, e também conhecido no passado como SINFONIA, constitui a ABERTURA de uma ópera ou outra grande obra. A protofonia da ópera *Il guarany*, de Antonio Carlos Gomes, é uma das obras orquestrais mais populares do Brasil.

pro tools (ing. *pro*: profissional, *tools*: ferramentas) Programa de computador que funciona conectado a uma MESA DE MIXAGEM. Entre uma infinidade de recursos disponíveis, o programa encorpa eletronicamente a voz do cantor quando necessário, tanto em PLAYBACKS utilizados em *shows* ao vivo quanto em sessões de gravação, por meio de recursos como o *auto-tune*, que utiliza gravações SAMPLERIZADAS de vozes e instrumentos.

prova (it. lit.: teste, ensaio) Termo usado em expressões italianas como *prova generale* (ensaio geral).

proximity efect (ing.) EFEITO PROXIMIDADE.

psalm (ing.) SALMO.

Psalme (al.) SALMO.

Psalmodie (al., fr.) SALMODIA.

psalmodikon Instrumento de corda única que

teria surgido na Escandinávia do século XIX, era tocado com arco e possuía bordões que vibravam por SIMPATIA.

Psalmody (ing.) SALMODIA.

psaltari (it.) SALTÉRIO (acp. 1).

Psalter (al.) SALTÉRIO (acp. 1).

psalterer Instrumento rudimentar do Barroco inglês, possuía apenas duas cordas e servia para acompanhamento do canto nas igrejas.

psaltérion (fr.) SALTÉRIO (acp. 1).

psalterium (lat.) SALTÉRIO (acp. 1).

psaume (fr.) SALMO.

psicodelismo (ing. *psychedelity*) Estilo *pop* em voga do final dos anos 1960 ao início dos 1970, pródigo em efeitos sonoros e visuais alucinantes, cujo conteúdo incorporou experiências com drogas alucinógenas, a reboque da chamada cultura do LSD (ácido lisérgico, droga utilizada nas experiências do psicanalista e guru californiano Timothy Leary), mescladas à prática do sexo livre e digressões espirituais. As bandas características do gênero adotavam nomes exóticos, como Van Der Graf Generator e Pink Floyd.

pt Abreviatura de PRATOS.

pts Abreviatura de PRATO SUSPENSO.

public address (ing. lit.: endereçamento público) Equipamento de MIXAGEM, EQUALIZAÇÃO e amplificação para apresentações ao vivo. Abreviatura [PA].

pudi Na MÚSICA INDIANA, a membrana da TABLA.

puíta Ver CUÍCA.

pula-sela Dança do FANDANGO (acp. 3) do interior paulista.

pulka Ver POLCA.

pull-off (ing. lit.: arrancar) Técnica que consiste em puxar uma corda, deixando-a percutir contra o espelho de uma GUITARRA (acp. 3) ou contrabaixo elétrico, ou ainda simplesmente puxá-la lateralmente, para fins de clareza de articulação. Ver também HAMMER-ON.

pulsação (ing. *pulse*) Efeito de pulsar, bater ritmadamente. Sentido de constância e unidade de ritmo [var.: pulso].

pulsar 1. Bater ritmadamente. **2.** Em português castiço, tocar: "Mestre querido! Viverás, enquanto houver quem pulse o mágico instrumento" (Olavo Bilac).

pulse (ing.) Pulso.

pulse code modulation Ver PCM.

pulso 1. Segmento do corpo entre a mão e o antebraço. **2.** PULSAÇÃO.

pumhart (ing.) BOMBARDA.

pump (ing. lit.: encher de ar com uma bomba) Na gíria do RAP, tocar música em alto volume.

punctum (lat.) Ver NEUMAS.

punga Samba improvisado da UMBIGADA do interior do Maranhão, semelhante ao BAMBELÔ [var.: dança-do-tambor, tambor-de-crioula].

pungi (hind.) Instrumento de sopro com que os hindus dizem encantar serpentes.

punk (ing.) Música da revolução cultural jovem do final dos anos 1970, surgiu em contestação ao *rock* tradicional e bem-comportado britânico, caracterizando-se pelo espírito de marginalidade e manifestações de ofensa, nojo e repugnância. O termo já havia surgido nos anos 1950, para designar no jargão do *jazz* a coisa ruim, podre, doente. As músicas são curtas, e as letras imbuídas de ódio e sentimentos negativistas. Do *punk* derivaram o gótico, o HARDCORE, o TRASH e o GRINDCORE. Grupos representativos foram os Sex Pistols, os Ramones, Johnny Rotten e o The Clash. O Brasil teve alguns nomes, como os grupos Ratos de Porão e Cólera.

punker (ing.) Adepto do PUNK.

punta (it.) A ponta do canto dos CORTES EM C das laterais de instrumentos como o violino.

punta d'arco (it.) À LA POINTE.

punta e vaco Ver BICO E TACÃO.

puntale (it.) ESPIGÃO.

puntato (it. lit.: pontuado) Na partitura, indica que as notas sobre ou sob os pontos devem ser executadas com curta duração [var.: *staccati*].

punteado (esp.) Entre os instrumentos de cordas dedilhadas como o ALAÚDE, técnica de pinçar as cordas com a ponta dos dedos da mão direita. Ver também RASGUEADO.

punto (it.) Ver PONTO (acp. 2).

pupurri Ver POT-POURRI.

purfling (ing.) FILETE.

purpurina GLITTER-ROCK.

puttiputti (it.) ROMMELPOT.

puxada de xaréu Encenação que acompanha a retirada da rede da água pelos pescadores de arrastão da Bahia, conferindo-lhe características de ritual. Costuma ser acompanhada pelo som de um BÚZIO, soprado pelo mestre.

puxado Ver FANDANGO (acp. 3).

puxador Ver PUXADOR DE SAMBA.

puxador de reza Cantor que puxa orações e cânticos litúrgicos.

puxador de samba Cantor, geralmente famoso ou conhecido no meio popular, que puxa no microfone o SAMBA-ENREDO de uma ESCOLA DE SAMBA.

puxador-de-coco Ver COCO.

puxador e tirante (ing. *drawstop and rod*; al. *Registerzug*) Dispositivos do REGISTRO de um órgão de tubos.

puxar Ver PLUCK.

puxar o samba Levar o samba. Ver também PUXADOR DE SAMBA.

puy Sociedade amadora de saraus musicais e literários da França que existiram da metade ao final da Idade Média, apresentavam SERVENTOIS, CHANSONS ROYALES e poesias, influenciando a música inglesa da época.

P.V. Abreviatura para duo piano/vocal.

PVG Abreviatura para piano/vocal/guitarra.

Pyrophon (al; it. *pirofono*; fr., ing. *pyrophone*) Espécie de pequeno órgão alemão.

pyrophone (ing.) PYROPHON.

pythagoreisches Komma (al.) COMA PITAGÓRICA.

pythagoreischer Halbton (al.) SEMITOM PITAGÓRICO.

Q

Q Em um filtro sonoro, dispositivo que recupera um sinal de áudio.

qanbus (ár.) Instrumento árabe de cordas dedilhadas e CAIXA DE RESSONÂNCIA coberta com membrana de pele animal.

qanun (ár.) Instrumento árabe de formato trapezoidal, chegava a utilizar 82 cordas e era tocado simultaneamente com um PLECTRO e os dedos das duas mãos. Pode ser encontrado até os dias de hoje na Turquia e alguns países árabes. Ver também MÚSICA ÁRABE [var.: *canale*, *canon*, *kanon*].

qin Instrumento chinês de sete cordas dedilhadas que teve origem há quase 2 mil anos [var.: *chin*]. Ver também MÚSICA CHINESA.

qitarra Uma das grafias empregadas na Idade Média para GITTERN.

qitarra sarracena Durante a Idade Média, um tipo de GITTERN de origem islâmica.

quadra Estrofe com quatro versos.

quadrão Espécie de DESAFIO.

quadrat (fr.) BEQUADRO.

quadrifonia ESTEREOFONIA dupla.

quadrifônico Qualidade do aparelho que grava ou reproduz em QUADRIFONIA.

quadriglia (it.) QUADRILLE.

quadrilha Dança caipira brasileira inspirada na QUADRILLE francesa que chegou ao país na primeira metade do século XIX, ainda é comum nas festividades juninas.

quadrille (fr.; it. *quadriglia*) Dança de casais de origem francesa, surgiu no final do século XVIII inspirada em competições eqüestres. Costumava ter cinco movimentos que alternavam COMPASSOS BINÁRIOS e COMPOSTOS. Ver também QUADRILHA.

quadrille des lanciers Tipo de dança comum nas QUADRILLES do final do período clássico francês.

quadruplet (ing.) QUIÁLTERA DE QUATRO.

quadruple time (ing.) COMPASSO QUATERNÁRIO.

quádruplo (lat. *quadruplum*) **1.** Na Idade Média, POLIFONIA a quatro vozes. **2.** A quarta voz em obra POLIFÔNICA.

qualquer nota No jargão do músico popular brasileiro, diz-se quando a música está ruim ou o músico fraco.

quantizar Na MÚSICA ELETRÔNICA, corrigir matematicamente os elementos rítmicos.

quarenta e cinco (de 45 rpm) Pequeno disco de vinil que girava na velocidade de 45 rpm, trazia apenas uma ou duas faixas por lado.

Quaresma No calendário católico, o período de 40 dias que vai da Quarta-feira de Cinzas ao Domingo de Páscoa.

quart (it., al.) **1.** Um tipo de REQUINTA. **2.** QUARTA [var.: *Quarte*].

quart de soupir Pausa de SEMICOLCHEIA.

quart de ton (fr.) QUARTO DE TOM.

quarta (it.; fr. *quarte*; al. *Quart*, *Quarte*) Intervalo de quatro graus em uma ESCALA DIATÔNICA (dó-sol, p. ex.).

quarta aumentada Intervalo de QUARTA composto de três tons, trítono (dó-fá sustenido).

quarta diminuta Intervalo de QUARTA composto de dois tons (dó-fá bemol).

quarta justa Intervalo de QUARTA composto de dois tons e meio (dó-fá).

Quarte (al., fr.) QUARTA [var.: al. *Quart*].

Quartegeige (al.) VIOLINO PICCOLO ($^1/_4$).

quartelada Em um teatro de ópera, pranchas

de madeira removíveis que formam o piso do palco, cobrindo o FOSSO da orquestra.

quarter-note (ing.) SEMÍNIMA.

quarter size (ing.) Quarto de tamanho, como em *quarter size cello*. Abreviatura [$^1/_4$].

quarter tone (ing.) QUARTO DE TOM [var.: *quarter-tone*].

quarter-tone pianoforte (ing.) QUARTO DE TOM.

quarteto (it. *quartetto*; fr. *quatuor*; ing., al. *Quartet*) **1.** Composição para quatro vozes ou instrumentos. **2.** Conjunto formado por quatro instrumentos. Ver QUARTETO COM PIANO, QUARTETO CONCERTANTE E QUARTETO DE CORDAS.

quarteto com piano (ing. *piano quartet*) Quarteto formado por violino, viola, violoncelo e piano.

quarteto concertante (fr. *quatuor concertant*) Gênero surgido no período Clássico, refere-se geralmente a um QUARTETO DE CORDAS em que as partes têm igual importância como solistas de um conjunto maior.

quarteto de barbearia (ing. *barbershop quartet*) Gênero de quarteto vocal popular sem acompanhamento que surgiu nos EUA no século XIX. A formação tradicional do conjunto inclui dois tenores e dois baixos (TTBB).

quarteto de cordas (it. *quartetto d'archi*; fr. *quatuor à cordes*; ing. *string quartet*; al. *Strichquartett*) Conjunto formado por dois violinos, viola e violoncelo, é talvez a formação de câmara mais importante e de mais extenso repertório. Consolidou-se no Classicismo e consagrou-se no Romantismo, especialmente após a enorme contribuição de Beethoven. Grandes quartetos de cordas internacionais foram, entre outros, o Juilliard e o Amadeus; no Brasil, destacam-se o Quarteto Brasileiro, da UFRJ, e o Quarteto da Cidade de São Paulo, fundado por Mário de Andrade.

quartetto (it.) Quarteto.

quartetto d'archi (it.) QUARTETO DE CORDAS.

quartetto vocale (it.) Quarteto vocal.

Quartgeige (al.) VIOLINO PICCOLO.

quartifusa Figura rítmica que equivale a $^1/_{128}$ da SEMIBREVE, ou $^1/_2$ da SEMIFUSA.

quartina (it.) QUIÁLTERA de quatro.

quartino (it.) REQUINTA.

quarto (it.) SEMÍNIMA [var.: semimínima].

quarto de tom (it. *quarto di tono*; fr. *quart de ton*; ing. *quarter tone*; al. *Viertelton*) Intervalo da técnica MICROTONAL que vale a metade de um semitom. No Ocidente, foi introduzido como técnica composicional no século XX por Bloch e Hába. Ver também MICROTOM.

quarto di tono (it.) QUARTO DE TOM.

Quartole (al.) QUARTINA.

quartolet (fr.) QUARTINA.

Quartposaune (al.) Ou TROMBONE baixo, é o instrumento da família dos trombones afinado uma quarta abaixo do instrumento tenor.

quasi (it. lit.: quase) Termo usado em expressões como *quasi andante*, *quasi arpa*.

quasi arpa (it.) Ver ARPEGGIO.

quasi guitarra (it.) Na técnica da HARPA, PRÈS DE LA TABLE.

quatragem **1.** Dança mineira de sapateado acompanhada por VIOLA DE ARAME, palmas e tambores, guarda alguma semelhança com a CANA-VERDE do sul fluminense. **2.** Antiga dança semelhante à QUADRILHA do final do século XIX no norte do Rio de Janeiro e Minas Gerais, era formada por grupos de quatro dançarinos e acompanhada por palmas e percussão de pandeiros e tambores.

quatreble Na música inglesa da Idade Média, voz feminina de REGISTRO (acp. 1) superior ao do soprano.

quatrina (it. *quartina*; fr. *quartolet*; ing. *quadruplet*; al. *Quartole*) Alteração rítmica que consiste na execução de quatro notas no lugar de três.

quatuor (lat., fr.) QUARTETO.

quatuor concertant (fr.) QUARTETO CONCERTANTE.

quaver (ing.) COLCHEIA.

quebra-bunda Dança de quadrilha da região central do Brasil encenada por dançarinos fantasiados de idosos, é acompanhada por percussão e SANFONA. No passo principal, os dançarinos se chocam as nádegas [var.: dança-de-velhos].

quebra-chifre Tipo de FANDANGO (acp. 3) do interior paulista em que os dançarinos simulam com os pés as brigas de chifradas dos bodes.

quebro Tipo de ornamentação da Espanha renascentista semelhante ao MORDENTE.

queda Dança do Centro-Sul do Brasil em que os participantes tentam se derrubar uns aos outros.
queima Dança cantada do PASTORIL recifense de rara beleza, acompanha o desmonte dos restos do presépio de Natal, que são queimados após as festividades.
queixada Instrumento andino primitivo que consiste em uma mandíbula de asno cujos dentes servem de percussão ao serem friccionados por uma vareta.
queixeira (it. *mentoniera*; fr. *mentonnière*; ing. *chin rest*; al. *Kinnhalter*, *Kinnteller*) Peça de madeira (em geral ébano), baquelite ou plástico que, encaixada na parte superior do tampo do violino, serve como apoio para o queixo do músico. Teria sido criada e adaptada ao instrumento por Ludwig Spöhr, em meados dos anos 1700 [var. port.: mentoeira].
quena Flauta de BISEL tradicional da região dos Andes. Ver também CHOQUELLA.
quenacho Uma grande QUENA.
querequexé CARACAXÁ (acp. 2).
quererê Tambor de tronco de árvore menor do que o CRIVADOR, faz parte do instrumental da festa maranhense de São Benedito.
Querflöte (al.) FLAUTA TRANSVERSAL renascentista.
Querflügel (al.) ESPINETA.
quero-mana Espécie de dança de QUADRILHA acompanhada por VIOLAS DE ARAME e palmas do FANDANGO (acp. 3) do Rio Grande do Sul e do Paraná.
Querpfeife (al.) PÍFARO.
Querstand (al.) FALSA RELAÇÃO.
querumana Corruptela de QUERO-MANA.
queue (fr.) HASTE (acp. 1).
quiáltera (lat. *sesquialtera*; fr. *triolet*; ing. *triplets*; al. *Triole*) Alteração rítmica da divisão regular das notas, refere-se à execução de três notas no tempo de duas. A quiáltera de três (tercina) é grafada com um pequeno semicírculo encimando o algarismo 3 sobre as notas que a compõem [var.: tercina, tercilha].
quiáltera de cinco (fr. *quintolet*; ing. *quintuplets*; al. *Quintole*) QUIÁLTERA de um grupo de cinco notas no tempo de uma, duas ou mais notas [var.: quintina].
quiáltera de dois Ver DUÍNA.
quiáltera de quatro (it. *quatrina*, *quartina*; fr. *quartolet*; ing. *quadruplet*) QUIÁLTERA de um grupo de quatro notas no tempo de três notas.
quiáltera de sete QUIÁLTERA de um grupo de sete notas no tempo de uma, duas, três ou mais notas.
quiçango Espécie de tambor de pele única do Norte da África que, introduzido no Brasil, chegou a ser empregado pelos escravos.
quickstep (ing. lit.: passo rápido) Dança rápida do início do século XX como o FOXTROT, foi influenciada por marchas.
quijada (esp.) Ver QUEIXADA.
quilisma Ver NEUMA.
quilombo Folguedo dos escravos negros que teve origem nas festividades natalinas, evoca a libertação e introduz personagens que representam caboclos e índios. Costuma ser acompanhado por ZABUMBAS, flautas de bambu, TARÓIS, SURDOS, pandeiros, ADUFES e espécies de cornetas improvisadas.
quimbete Dança de origem escrava semelhante ao samba, comum em Minas Gerais no século XIX.
quinário COMPASSO de cinco tempos.
quindim Dança do interior fluminense como a MANA-CHICA, cujo nome teve sua origem no doce do mesmo nome, reverencia moçoilas bonitas.
quinible Na música medieval, voz feminina acima do SOPRANO.
quinjengue **1.** Certo tipo de ATABAQUE de tamanho médio do Nordeste brasileiro. **2.** Espécie de atabaque afunilado que pode ser encontrado em batuques no vale do Paraíba do Sul.
Quint (al.) Quinta [var.: *Quinte*].
Quinte (al.) Quinta [var.: *Quint*].
quinta (fr. *quinte*; ing. *fifth*; al. *Quinte*, *Quint*) Intervalo de cinco graus em uma ESCALA DIATÔNICA.
quinta aumentada Intervalo de QUINTA composto de quatro tons (dó-sol sustenido).
quinta diminuta Intervalo de QUINTA composto de três tons, trítono (dó-sol bemol).
quinta justa Intervalo de QUINTA composto de três tons e meio (dó-sol).
quintas consecutivas QUINTAS PARALELAS.
quintas paralelas (it. *quinte consecutive*; fr.

quintes paralèles; ing. *parallel fifths*, *consecutive fifths*; al. *Quintenparallelen*) Em harmonia, dois ou mais intervalos de quintas consecutivos.

Quinte (al.) QUINTA.

quinte consecutive (it.) QUINTAS PARALELAS.

Quintenparellelen (al.) QUINTAS PARALELAS.

quinterne (fr.; it. *chitarra francese*) GITTERN [var.: *guinterne*, *guisterne*].

quintes paralèles (fr.) QUINTAS PARALELAS.

quintet (ing.) QUINTETO.

quinteto (it. *quintetto*; fr. *quintette*, *quintuor*; ing. *quintet*; al. *Quintett*) Formação de cinco vozes ou instrumentos, como o quinteto vocal ou o quinteto de sopros (oboé, flauta, clarineta, trompa e fagote).

quinteto de cordas (it. *quintetto d'archi*; fr. *quintette à cordes*; ing. *string quintet*; al. *Streichquintett*) Usualmente, um QUARTETO DE CORDAS com um segundo violoncelo ou contrabaixo agregado.

quintett (fr.) QUINTETO.

quintette (it.) QUINTETO.

quintette à cordes (fr.) QUINTETO DE CORDAS.

quintetto (it.) QUINTETO.

quintetto d'archi (it.) QUINTETO DE CORDAS.

quintina Ver QUIÁLTERA DE CINCO.

Quintole (al.) QUIÁLTERA DE CINCO.

quintolet (fr.) QUIÁLTERA DE CINCO.

quinton (fr.) VIOLA DA GAMBA soprano.

quinton Instrumento com corpo de violino e cinco cordas do período clássico.

Quintparallelen (al.) QUINTAS PARALELAS.

Quintsextakkord (al.) ACORDE de quinta e sexta.

quintuplets (ing.) QUIÁLTERA DE CINCO.

quintus (lat.) A quinta voz de uma composição vocal.

quironomia Sistema de sinais emitidos pelas mãos, especialmente entre tradições que desconheciam notação musical escrita [var.: fr. *chironomie*]. Ver também MANOSOLFA.

quitaiplas Instrumento venezuelano de percussão doméstico feito de bambu, é tocado batido contra o chão.

quito Ver CONGA (acp. 3).

quodlibet (lat. lit.: o que lhe apraz; esp. *ensalada*; it. *misticanza*; fr. *fricassé*; ing. *medley*) Gênero de composição medieval que mescla obras diferentes.

R

R Letra que precede os números de *opus* da catalogação completa das obras de de Vivaldi, segundo Malipiero (ed. Ricordi).

rabab (ár.; *rababeh*, *rabat*, *ribab*, *rubab*, *rubeb*) Instrumento de cordas levado ao Ocidente pelos árabes, durante a ocupação da Península Ibérica, teve origem no Norte africano e Oriente Médio. Presume-se que seja o antecessor de boa parte dos instrumentos de arco ocidentais, como os da família do violino. Inicialmente, era dotado de corda simples, tocada com um arco sobre uma CAIXA DE RESSONÂNCIA, e recebeu o nome de *rebec* na península Ibérica. Genericamente pode designar diversos instrumentos de cordas e arco [var.: rababe, rabeque, arrabil]. Ver também GUSLE e REBAB.

rababe (ar.) RABAB.

rababeh (ar.) RABAB.

rabeque RABAB.

rababyia Na MÚSICA INDIANA, aquele que toca o RABAB.

rabat (ár.) RABAB.

rabé (esp.) RABECA (acp. 1).

rabeca **1.** (it. *ribeca*, *ribecca*, *ribechi*, *ribibe*; fr. *rebequin*, *rebecq*, *rébebe*; ing. *fiddle*, *humstrum*, *ribible*, *rubible*; al. *Rubeb*, *Rubible*, *Rubella*; esp. *rabé*, *rubebe*; búlg. *gadulka*; húngaro, *kobsa*) Instrumento de cordas de construção rudimentar da Idade Média, originou-se do RABAB, tinha o corpo PIRIFORME e três a quatro cordas. Ver também COCHO, ERHU, HUSLA, POCHETTE e RABECA KRAHÔ. **2.** No Brasil, em especial no Nordeste, tipo rudimentar de violino, de som fanhoso, e CORDAS DE TRIPA. É usado em FANDANGOS (acp. 3), CONGADAS, MOÇAMBIQUES e FOLIAS-DE-REIS. Ver também RABECÃO.

rabecão No jargão popular, CONTRABAIXO ACÚSTICO [var.: baixo-de-pau]. Ver também RABECA (acp. 2).

rabeca chuleira Ver CHULA (acp. 1). Ver também RABECA (acp. 2).

rabeca de freira Ver TROMBA MARINA.

rabeca krahô Instrumento da região goiana do Tocantins feito de tronco oco de árvore, que utiliza um arco bastante rudimentar. Sofreu influência dos violinos que eram trazidos pelos jesuítas para as missões guaranis do Paraguai, sendo no entanto menos sofisticado. Ver também RABECA (acp. 2).

rebecq (fr.) RABECA (acp. 1).

rabel (esp.) REBEC.

rabequeiro Músico que toca RABECA (acp. 1).

rebequin (fr.) RABECA (acp. 1).

rabicho (it. *reggi cordiera*; fr. *corde de attaché*, *attaché de cordier*; ing. *tailgut*) Cordão de arame, aço ou náilon que serve para amarrar o ESTANDARTE ao BOTÃO de instrumentos como o violino.

race records (ing. lit.: discos de raça) Termo empregado pelas gravadoras para designar as gravações de BLUES que visavam atingir o mercado de compradores negros.

rachar No jargão do músico, efeito de INSTRUMENTOS DE METAL (acp. 2) como o CUIVRÉ.

rackett (it. *cervellata*, *rochetta*; fr. *cervelat*, *cervelas*, *rankett*; ing. *racket*, *sausage bassoon*; al. *Rankett*, *Faustfagott*, *Rankett*, *Stockfagott*, *Wurstfagott*) Instrumento de sopro inglês medieval de PALHETA dupla e voz grave, que também é utilizado na Itália. Os tubos do instrumento eram enrolados e comprimidos em um pequeno cilindro, o que colaborava para manter suas pequenas dimensões [var.: port. Cervelato].

racleur (fr.) RECO-RECO.

radiola Antigo aparelho de rádio e TOCA-DISCOS conjugados.

rãg Ver RAGA.

raga (hind. *rãga* ou *rãg*) Modos ou escalas associados a padrões rítmicos e estados espirituais. Constitui a base improvisatória da música da Índia [var.: rãga]. Ver MÚSICA INDIANA.

raganella (it.) **1.** CHOCALHO. **2.** MATRACA.

ragga Tipo de REGGAE que emprega uma seção rítmica produzida eletronicamente.

ragini Na MÚSICA INDIANA, uma RAGA feminina.

ragtime (corruptela norte-americana de *ragged time*, lit.: tempo rasgado) Gênero de música de origem negra surgido no final do século XIX, consolidou-se com o estilo inconfundível de Scott Joplin. Tocado em COMPASSO BINÁRIO ou QUATERNÁRIO sincopado, foi um dos alicerces para o surgimento do *jazz*.

Rahmentrommel (al.) TAMBORIM.

raia-viola (port.) GUITARRA PORTUGUESA.

rainha Ver MARACATU ELEFANTE.

raise the bells (ing.) BELLS UP.

rajão Espécie de CAVAQUINHO (acp. 1) da ilha da Madeira.

raked stage (ing.) PALCO INCLINADO.

raking (ing. lit.: varrendo) Na técnica do ALAÚDE, modo de execução de ARPEJOS.

rala-bucho Ver ARRASTA-PÉ.

rall. Abreviatura de RALENTANDO.

rallent. Abreviatura de RALENTANDO.

rallentando (it.) Na partitura, indica redução gradual de andamento. Abreviatura [*rall.*, *ralent.*]. [var.: it. *allentando*, *alargando*, *largando*, *slentando*, *stirato*].

RAM (ing. *Random Access Memory*) Na MÚSICA ELETRÔNICA, pente de memória volátil (desaparece quando o computador é desligado) de capacidade variável que é conectado à placa-mãe.

ramalhão Dança de casais dispostos em fileiras do interior paulista que é geralmente acompanhada de VIOLA DE ARAME.

rambling ballads (ing.) Tipo de BALADA (acp. 1) semicantada, similar ao TALKING BLUES.

rambling blues Ver TALKING BLUES.

ramkie Espécie de BANJO.

ram's horn (ing. lit.: chifre de carneiro) Instrumento como o SHOFAR judaico.

rancheira Dança do Rio Grande do Sul, é provavelmente uma adaptação da RANCHERA da Bacia do Prata [var.: rancheira-de-carreirinha].

rancheira-de-carreirinha Ver RANCHEIRA.

ranchera (esp.) **1.** Dança dos países latino-americanos da bacia do Prata. Ver também RANCHEIRA. **2.** Música surgida durante a revolução mexicana, no início dos anos 1910, que corresponde à COUNTRY-MUSIC comercial norte-americana.

rancho Agrupamento de carnavalescos que teve origem nos TERNOS e RANCHOS nordestinos das comemorações natalinas do final do século XIX. De influência portuguesa e africana, pode ser entendido como os primeiros passos organizados da FOLIA, que culminou, nos anos 1930, com o surgimento das ESCOLAS DE SAMBA, que praticamente determinaram seu desaparecimento [var.: beija-flor].

Rankett (al.) RACKETT.

rant Dança escocesa do período Barroco semelhante à GIGA.

ranz (fr., al. *Hirtenweise*) Música pastoril da Suíça francesa.

ranz des vaches (fr. lit.: rancho das vacas; al. *Kuhreihen*, *Kuhreigen*) Música de caráter nostálgico dos Alpes suíços cujo objetivo original era reunir o gado no pasto. Beethoven, na sua *Sexta Sinfonia* (*Pastoral*), e Rossini, na abertura da ópera *Guilherme Tell*, empregaram motivos no estilo *ranz des vaches*.

rap (abreviatura do ing. *rythm and poetry*: ritmo e poesia) Gênero de música quase declamada de negros norte-americanos, surgiu no final do século XX com forte conotação de protesto e contestação social. Consiste na improvisação de versos sobre uma estrutura rítmica predeterminada em OSTINATO, acompanhada por instrumentos variados de percussão.

râpe (fr.) GÜIRO, RECO-RECO.

rapper **1.** Quem faz RAP. **2.** Relativo à cultura RAP. Um famoso *rapper* carioca é M.V. Bill.

rappresentazione sacra (it.) Gênero musical do final da Idade Média, como a CANTATA e a ÓPERA.

rapsódia (gr. *rhapsodia*: canções reunidas. Termo cuja origem remonta à poesia épica antiga; fr., al. *rhapsodie*; ing. *rhapsody*) Gênero de obra instrumental inspirada em danças folclóricas, com grande liberdade de forma e modulação. A rapsódia foi empregada principalmente por compositores românticos como Brahms, Dvorák (*Rapsódias eslavas*) e Liszt (*Rapsódias húngaras*), além de exemplos mais recentes, como a *Rhapsody in blue*, de Gershwin.

rasgado 1. Diz-se de certo tipo de som, extraído dos INSTRUMENTOS DE METAL (acp. 2). Diz-se do som dos saxofones do FREVO de rua recifense. **2.** Ver RASGUEADO.

rasgueado Técnica de instrumentos de cordas como a GUITARRA DO FLAMENCO, e aplicada por semelhança ao violão, emprega os dedos da mão direita com grande velocidade [var.: rasqueado, rasgado].

raspa 1. Instrumento cubano como o RECO-RECO. **2.** Dança das colônias de latinos dos EUA, em compasso rápido de $^6/_8$.

raspador Instrumento de fricção como o RECO-RECO, comum na região do Amazonas.

Raspel (al.) GÜIRO.

rasper (ing.) GÜIRO.

rasqueado Ver RASGUEADO.

rasta Ver RASTAFARI.

rastafari Seita popular jamaicana que impregna não só os costumes religiosos, mas a própria cultura da ilha, penetrando de forma especial na sua música. Surgiu em reverência ao imperador Haile Selassié da Etiópia, também conhecido como Ras Tafari, poderoso governante autoproclamado descendente do rei David. A filosofia *rastafari* está intimamente ligada ao consumo da *Cannabis sativa* (maconha), erva que os nativos cultuam como purificadora, e ao REGGAE [var.: rasta].

Rastral (al., fr.) RASTRO.

rastro (al., fr. *Rastral*) Antigo riscador com cinco agulhas para marcação de PENTAGRAMAS.

rastrologia Disciplina que estuda a escrita musical de manuscritos antigos.

rastrum (lat.) Tipo de estilete empregado no passado para a escrita musical.

ratamacue Tambor primitivo percutido com as mãos, é executado a partir de padrões rítmicos preestabelecidos.

ratchet (ing.) CHOCALHO.

ratoeira Dança e música de FANDANGO (acp. 3) do Sul do Brasil (especialmente Santa Catarina), é acompanhada por VIOLAS DE ARAME, cujos solos são alternados com o coro dos figurantes.

Ratsche (al.) **1.** CHOCALHO. **2.** MATRACA.

rattenuto (it.) RITENUTO.

rattle (ing.) **1.** Genericamente, os instrumentos de percussão que para ser executados precisam ser sacudidos, como o chocalho. **2.** MATRACA.

rattling (ing. *to rattle* ou *to buzz*) Ruído como o TRASTEJAR das cordas de um instrumento.

Rauschpfeiffe (al. antigo *Rusch*: tubo de palheta) Espécie de BOMBARDA renascentista, semelhante a um SHAWM de PALHETA DUPLA encapsulada. Costumava ser empregado em apresentações ao ar livre.

ravalement (fr.) Afinação abaixada.

ravanastron Instrumento de arco da MÚSICA INDIANA.

ravvivando (it. lit.: reavivando) Indicação de execução que é empregada após um RALLENTANDO, sugere retorno a um andamento mais movido, como anteriormente.

raw (ing. lit.: cru) Diz-se do HIP-HOP puro, autêntico.

razz Em alguns registros, designa *jazz*, como nas *razz bands* da Chicago dos anos 1920.

re (ing.) No sistema dó móvel (pronuncia-se rê), o segundo grau abaixado da ESCALA DIATÔNICA, correspondente ao ré bemol.

re diesis (it.) Ré sustenido.

ré 1. Segundo grau da ESCALA DIATÔNICA de dó maior, também denomina o primeiro GRAU do MODO ECLESIÁSTICO dórico. Em relação ao lá 440 hz, o $ré^4$ vibra em cerca de 293 Hz. **2.** Ver HISHABH. **3.** Ver SARGHAM.

real Na técnica da fuga, a RESPOSTA, transposição exatamente igual do SUJEITO.

real book (ing.) Tipo de FAKEBOOK popular entre os músicos modernos de *jazz*.

real time (ing.) Tempo real. Ver também COMPUTER FLÜGEL.

real time mode (ing.) MODO DE TEMPO REAL. Abreviatura [rtm].

realejo (esp.; fr. *orgue à manivelle*; ing. *barrel organ*; al. *Spielhur*) Certo tipo de órgão portátil surgido no século XIX, é executado por meio de um cilindro com pinos acionado por uma manivela. O mecanismo dá passagem ao ar represado em um FOLE, movimentando o cilindro e, conseqüentemente, pinos de diversas espessuras e tamanhos, que produzem notas de alturas diferentes em seqüências preestabelecidas. O realejo ainda pode ser encontrado nos dias de hoje, mas muito raramente, com um animal como o periquito ou mico para entregar papeizinhos com prognósticos de sorte.

realejo de feira (it. *organo di fiera*; fr. *orgue forain*; ing. *fair-ground orggan*; al. *Kirmesorgel*) Tipo de órgão mecânico surgido no final do século XIX.

realimentação FEEDBACK.

realização Execução de uma parte não notada parcialmente, como por exemplo um BAIXO CIFRADO.

rebab Instrumento de cordas indonésio semelhante ao RABAB, é tocado de pé apoiado sobre um longo ESPIGÃO. Ver também GROSSE REBEBN.

rebebe (fr.) REBEC.

rebec (fr; al. *Rebekke*; it. *rubeba*; lat. *rebecum*) Instrumento de quatro cordas e arco surgido na Idade Média, era bastante empregado nas cortes européias. Costumava ser apoiado no ombro, no antebraço ou, verticalmente, sobre pernas do executante [var.: fr. *rebelle*, *rebesbe*, *rebecke*, *rebebe*, *rebeq*, *reberbe*, *rebesbe*]. Ver também GROSSE REBEBN, RABAB e RABECA (acp. 1).

rebecke (fr.) REBEC.

rebecquet (fr.) Uma variante menor do REBEC.

rebelle (fr.) REBEC.

rebequin (fr.) Pequena RABECA (acp. 1).

reberbe (fr.) REBEC.

rebesbe (fr.) REBEC.

rebote (ing. *rebound*) Efeito de retorno involuntário de uma BAQUETA ou arco, após ataque ou golpe FORA DA CORDA, respectivamente.

rebound (ing.: ricochetear) **1.** Entre os instrumentos de cordas da orquestra, GOLPE como o SAUTILLÉ. **2.** REBOTE.

rebounding (ing. lit.: saltando) Entre os instrumentos de cordas da orquestra, SAUTILLÉ. Ver também REBOUNDING [var.: *rebound*].

rebube (fr.) **1.** Certo tipo de BERIMBAU-DE-BOCA. **2.** Tipo de PRATO SUSPENSO.

rec Abreviatura de RECORDER (acp. 1).

recap. (ing.) No jargão do músico norte-americano, abreviatura de RECAPITULATION.

recapitulação Seção final (terceira) da FORMA SONATA, onde ocorre a reexposição do tema, ou seja, a RECAPITULAÇÃO do material da primeira parte.

recapitulation (ing.) RECAPITULAÇÃO. Ver também REPRISE (acp. 1).

recercada Ver RICERCARE.

recessional Diz-se da música executada no recesso, ou seja, durante a saída dos fiéis de um culto religioso.

recesso Ver RECESSIONAL.

rechant (fr.) Na França dos séculos XV e XVI, refrão [var. fr.: *reprise*].

recherché (fr.) RICERCARE.

rechte Hand (al.) Mão direita.

ré (ing. *re*; al. *D*) Segundo grau da ESCALA DIATÔNICA.

ré bemol (it. *re bemolle*; fr. *ré bémol*; ing. *D fglat*; al. *des*) Segundo grau da ESCALA DIATÔNICA alterado descendentemente.

récit (fr.) **1.** No Barroco francês, peça para voz solista. **2.** No Barroco francês, um dos MANUAIS do ÓRGÃO DE TUBO.

récita Apresentação de ÓPERA.

recital No final da Idade Média, certo tipo de declamação em estilo narrativo. Passou a designar a apresentação de instrumento ou voz solista ou ainda pequeno grupo solista a partir do Romantismo. Acredita-se que a palavra tenha sido primeiramente empregada por Liszt em suas apresentações de piano solo.

récitatif (fr.) RECITATIVO (acp. 1).

récitatif secco (fr.) RECITATIVO SECCO.

recitative (ing.) RECITATIVO (acp. 1).

recitativo 1. (it.; fr. *récitatif*; ing. *recitative*; al. *Rezitativ*) Gênero de composição vocal de ORATÓRIOS e ÓPERAS que empresta ênfase especial ao texto falado, cuja acentuação natural determina o contorno melódico das frases. No período Barroco, servia como elemento de ligação entre as ÁRIAS, além de explicação para a cena ou texto. Alguns RECITATIVOS instrumentais, como o dos contrabaixos e violoncelos no início do quarto movimento da *Nona sinfonia em ré menor*, de Beethoven, foram consagrados como exemplos isolados. **2.** (it. *recitativo strumentato*; fr. *bombarde*;

ing. *solo organ*; al. *Soloklavier*) Um dos MANUAIS do ÓRGÃO.
recitativo acompanhado (it. *recitativo accompagnato*) Tipo de RECITATIVO (acp. 1) acompanhado pelo TUTTI da orquestra, como na ÁRIA *Or sai chi l'onore*, da personagem Donna Anna, da ópera *Don Giovanni*, de Mozart.
recitativo secco (it.; fr. *récitatif secco*; ing. *dry recitative*; al. *Seccorecitativ*) Tipo de RECITATIVO (acp. 1) vocal do final do período Barroco, era acompanhado por CONTÍNUO, como em diversas óperas de Rossini e Mozart.
recitativo semplice (it. lit.: recitativo simples) Gênero de RECITATIVO (acp. 1) acompanhado apenas por um CONTÍNUO.
recitativo strumentato (it.) Ver RECITATIVO (acp. 2).
record (ing.) **1.** (*to record*) Gravar ou registrar sons em disco, fita, CD, computador, *chip* ou outro meio. **2.** DISCO (acp. 1).
record cover (ing.; var. ing.: *cover*) Capa de DISCO (acp. 1).
recorder (ing.) **1.** FLAUTA DOCE. **2.** Gravador de som.
record jack (ing.) Capa de DISCO (acp. 1) [var.: ing. *jack*].
record-player (ing.) TOCA-DISCOS.
reco-reco (fr. *râpe, racleur*; ing. *bamboo scraper, scraper*; al. *Raspel, Sambaraspel*) Instrumento de percussão que consiste em um tubo de bambu ou pedaço de madeira com ranhuras ou sulcos, sobre os quais é friccionada uma vareta. Nas ESCOLAS DE SAMBA, o instrumento costuma ser feito de metal, com algumas molas servindo de sulcos para fricção, e forma a sexta fila da BATERIA (acp. 2) com o nome de GANZÁ. Ver também AYOTL, CASACA, CATACÁ, GANZÁ (acp. 1), GÜIRO, MACUMBA (acp. 2), RASPA, RASPADOR e RECO-RECO DE CONCHAS [var.: reque-reque].
reco-reco de conchas Instrumento de percussão que consiste em um par de conchas cujas partes superiores, mais ásperas, são friccionadas umas contra as outras.
recortada Dança do FANDANGO (acp. 3).
recortadinho Ver RECORTE.
recortado 1. Espécie de QUADRILHA do Centro e Sul do Brasil, geralmente acompanhada de VIOLA DE ARAME, sapateado e palmas, que, dependendo da região, pode estar ligada ao FANDANGO (acp. 3) ou ao CATERETÊ. Ver CATIRA. **2.** Ver RECORTE.
recortado-da-moda Ver RECORTE.
recorte Quadra que o VIOLEIRO canta para finalizar uma dança ou MODA [var: recortado, recortadinho, recortado-da-moda].
récoupe Dança francesa do final da Idade Média que costumava ser apresentada após a BASSE-DANSE.
recte et recte (lat. lit.: para a frente e para trás; it. *al rovescio*). Espécie de CÂNONE em que uma segunda parte executa o tema principal invertido.
redondo Na gíria, diz-se quando o samba de um PAGODE está bonito.
Redowa (al.) Dança rápida da região boêmia, semelhante à MAZURCA.
redução 1. (fr. *réduction pour piano*; ing. *piano reduction, piano score*; al. *Klavierauszug*) Publicação com partes orquestrais reduzidas e adaptadas para acompanhamento ou execução ao piano de uma obra sinfônica, quarteto ou outro conjunto. **2.** (fr. *réduction, partition de poche*; ing. *reduction*; al. *Auszug*) PARTITURA MINIATURA.
redução para piano Ver REDUÇÃO (acp. 1).
réduction pour piano (fr.) Ver REDUÇÃO (acp. 1).
reduced score (ing. lit.: partitura reduzida) PARTITURA MINIATURA.
reed (ing.) PALHETA (acp. 1).
reed organ (ing.) ÓRGÃO DE PALHETA.
reel (ing. lit.: rolo, carretel) **1.** Rápida dança celta para casais do final do século XVI. **2.** Fita magnética para gravação.
reel to reel (ing. lit.: carretel para carretel) GRAVADOR DE ROLO.
reexposição Na FORMA SONATA, a RECAPITULAÇÃO do tema da primeira seção.
reforzando RINFORZANDO.
refração (lat. *refractione*; ing. *refraction*) Alteração da forma ou modificação da direção de uma onda sonora entre dois meios, resultando em diferentes velocidades de propagação.
Refrain (al.) REFRÃO.
refrain (fr.) **1.** REFRÃO, estribilho. **2.** Na França medieval, estrofe de uma canção que é inserida em outra.
refrão (fr. *refrain*: estribilho; it. *ritornello*; ing.

refrain, *chorus*; al. *Refrain*, *Kehrreim*, *Chorus*) Certo padrão repetido diversas vezes por instrumentos ou vozes em formas musicais mais simples [var.: refrém].

refrém Ver REFRÃO.

regal (fr. *régale*; it. *organo a regale*, *regale*) Espécie de pequeno órgão portátil de PALHETAS (acp. 1) do final da Idade Média que sobreviveu até o período Barroco.

régal de bois (fr.) XILOFONE.

regência Direção de um grupo musical, seja ele constituído de cantores, instrumentistas ou ambos. A liderança natural de determinado músico sobre os colegas de um conjunto sempre foi fator determinante na condução dos trabalhos de ensaios e apresentações. Elias Solomon, no século XIII, em seu *Tractatus de musica*, sugeria técnicas discretas de direção; no século XV, o cantor mais experiente empregava uma partitura enrolada percutida contra uma das mãos, como instrumento de regência, enquanto Ornithoparcus, no século XVI, preferia o emprego livre das mãos. Mais adiante, John Bohr, no século XVIII, sugeria tanto as mãos quanto um bastão, mas credita-se a Jean Baptiste Lully (Giovanni Baptista Lulli), compositor do Barroco francês associado ao dramaturgo Molière, o emprego de uma bengala que, percutida contra o chão, fazia os músicos permanecerem fiéis à pulsação. Era costume, desde o Barroco, que os próprios compositores regessem suas obras, sentados ao teclado ou como SPALLAS dos violinos, mas a partir do período romântico essa prática foi sendo gradativamente substituída pela regência profissional, que teve em Mendelssohn um de seus principais precursores, seguindo-se Berlioz, Weber, Wagner, Mahler, Strauss e Liszt, entre outros. Mas foi somente após Ernst von Büllow que a regência como posição privilegiada e independente da composição começou a tomar rumo definitivo, passando a ser a posição disputada por alguns dos melhores músicos. A lista de grandes regentes é enorme, mas a história soube reservar lugar definitivo para Toscanini, Walter, Mitropoulos, Munch, Koussevitzky, Kleiber, Nikisch, Harnoncourt, Beecham, Leinsdorf, Furtwängler, Stokowsky, Solti, Bernstein, Celibidache, Tennstedt, Osawa, Karajan, Abbado, Mehta, Maazel e algumas estrelas recentes no cenário, como Marriner e Rattle. No Brasil, entre outros, nomes como Edoardo de Guarnieri, José Siqueira, Souza Lima, John Neschling, Roberto Tibiriçá, Eleazar de Carvalho (que deu aulas para Abbado, Ozawa e Mehta), Isaac Karabtchevsky, David Machado, Fábio Mechetti, Roberto Minczuk e Armando Belardi. Ver também MAESTRO.

regente (it. *maestro*; fr. *régisseur*; ing. *conductor*; al. *Dirigent*) Ver REGÊNCIA.

regente de banda (it. *maestro di banda*; fr. *chef de fanfare*; ing. *bandmaster*; al. *Musikmaster*) Maestro de bandas e FANFARRAS.

regent's bugle (ing.) Espécie de TROMPETE empregado na banda do príncipe regente, na Inglaterra do início do século XIX.

reggae Música POP jamaicana que sofreu forte influência do *rock* norte-americano após a primeira metade do século XX, incorporando instrumentos modernos a uma origem essencialmente africana com elementos das Índias Ocidentais (partindo do BLUEBEAT, do ROCK STEADY e do SKA). Musicalmente, caracteriza-se pelo emprego de pausas, ritmos sincopados e contratempos acentuados sobre harmonias simples. A formação instrumental característica do *reggae* é o COMBO com GUITARRAS (acp. 3) e BAIXO ELÉTRICO e uma percussão fortemente apoiada nos TIMBALES. O maior expoente do *reggae*, idolatrado pelos jamaicanos e pelos cultores da música *pop*, foi Bob Marley, que consolidou o gênero com seu grupo The Wailers, nos anos 1960. O *reggae* faz parte da cultura popular da Jamaica chamada RASTAFARI, de forte ascendência africana, associada à *Cannabis sativa* (maconha) e às práticas religiosas locais, como o *vodu*.

reggi cordiera (it.) RABICHO.

regional Tipo de conjunto ao qual, a partir dos grupos de CHORO, foram incorporados instrumentos de percussão de maior variedade. Tornaram-se muito populares com o SAMBA-CHORO.

régisseur (fr.) Regente ou diretor de cena de uma ÓPERA.

Register (al., ing.) REGISTRO (acp. 2).

Registerknöpfe (al.) MANÚBRIO.

Registerzug (al.) PUXADOR E TIRANTE.
registração Termo próprio da técnica do ÓRGÃO DE TUBOS (e às vezes a alguns instrumentos de teclado como o CRAVO), designa o mecanismo de escolha de REGISTROS (acp. 2) para a obtenção de diversos timbres e alturas de sons. No órgão, os registros abrem ou fecham séries de tubos, acionados por teclas ou pedais específicos.
registre (fr.) REGISTRO.
registre coulissant (fr.) Régua de registro. Ver ÓRGÃO.
registre de poitrine (fr.) VOZ DE PEITO.
registre de tête (fr.) VOZ DE CABEÇA.
registre mixte (fr.) REGISTRO MISTO.
registro 1. Genericamente, a EXTENSÃO de determinada voz ou instrumento, ou ainda a extensão dos sons requeridos em uma obra determinada pelo compositor. **2.** (it. *registro*; fr. *jeu*; ing. *stop*; al. *Register*) No órgão de tubos e instrumentos de teclados como o CRAVO, as combinações dos dispositivos de controle de timbres.
registro de cabeça VOZ DE CABEÇA.
registro de parada No ÓRGÃO DE TUBOS, o mecanismo puxador de REGISTROS.
registro di petto (it.) VOZ DE PEITO.
registro misto (fr. *registre mixte*) Na técnica vocal, voz intermediária do REGISTRO DE PEITO e REGISTRO DE CABEÇA.
registro pleno (fr. *plein jeu*) Ver ORGANO PLENO.
registro di testa (it.) VOZ DE CABEÇA.
régua de registro (it. *stecca scorrevole*; fr. *registre coulissant*; ing. *sleider*; al. *Schleife, Parallele*) Ver ÓRGÃO.
reguladores No teatro de ópera, painéis laterais à boca de cena que definem o PROSECÊNIO.
rehearsal (ing.) Ensaio.
Reihe (al.) SÉRIE.
reihengebundene Musik (al. lit.: música serial). Ver SERIALISMO.
rein (al.) JUSTO (acp. 2).
reisado Dança e folguedo de inspiração católica do folclore brasileiro, é associado ao BUMBA-MEU-BOI e típica das festividades relacionadas com o Natal e o Dia dos Reis em todo o Brasil. Caracterizado como uma espécie de teatro lírico popular, surgiu no país no final do século XIX e é acompanhado por um rico instrumental, de VIOLAS (acp. 3), violões, RABECAS, pandeiros e castanholas a trompetes e flautas.
reis-do-boi BUMBA-MEU-BOI do litoral fluminense.
réjouissance (fr. lit.: regozijo) Movimento rápido de SUÍTES orquestrais do período Barroco, como na *Fireworks Suite* de Händel.
relação não-harmônica Ver FALSA RELAÇÃO.
relativa maior Ver TONS RELATIVOS.
relativa menor Ver TONS RELATIVOS.
relative pitch (ing. lit.: diapasão relativo) OUVIDO RELATIVO.
religioso (it.) Indicativo de execução que exprime sentimento sagrado.
relish (ing. lit.: atrativo) Ornamento comum na Inglaterra barroca, composto geralmente de um TRINADO que termina com um GRUPPETTO.
relógio de música (al. *Flötenuhr*) **1.** Instrumento musical que, em conjunto com um mecanismo de relógio, executava curtas melodias a cada hora ou meia hora. **2.** Espécie de relógio associado a um sistema de tubos que reproduzia sons de flautas. Chegou a ser empregado por Mozart, Haydn e Beethoven.
remasterização Processo que consiste em recuperar com perfeição, resguardadas as deficiências técnicas do passado, as fitas de áudio e LPS antigos para execução nos sistemas digitais modernos.
remix Música conhecida que é rearranjada, com freqüência para inclusão em coletâneas de DANCE MUSIC.
Renascença Ver RENASCIMENTO.
Renascimento Em música, refere-se basicamente ao período que vai aproximadamente do primeiro quarto do século XV ao final do XVI. Significou a busca, após a produção medieval, dos ideais artísticos do Classicismo greco-romano. Musicalmente, o Renascimento caracteriza-se por um estilo POLIFÔNICO baseado na IMITAÇÃO, como em Lassus e Palestrina. Os gêneros mais comuns eram a CANTATA, a MISSA e o MADRIGAL (acp. 1), e o instrumento por excelência o ALAÚDE (por sua portabilidade, facilidade de manuseio e adequação aos princípios estabelecidos para a escrita musical da época, ou seja, TALBATURAS). Alguns dos compositores renascentistas mais importantes foram Dufay, Josquin des

Près, William Byrd, Giovanni Gabrielli, Palestrina e Orlando Lassus.

repartimento Repetição do canto nas CONGADAS do interior de São Paulo.

repeat (ing.) **1.** REPRISE (acp. 4). **2.** RITORNELLO.

repeat sign (ing.) SINAL DE REPETIÇÃO.

repenicar REPICAR.

repenique (de repenicar) Pequeno SURDO da ESCOLA DE SAMBA [var.: repinique].

repente Gênero do Nordeste do Brasil em que o artista declama ou canta poesias bastante simples improvisadamente. Ver também DESAFIO e CANTADOR.

repentista O que faz REPENTE, CANTADOR.

repercutir (lat. *repercutere*) Refletir, reproduzir, repetir um som.

repetição (it. *replica*) Segunda exposição, literal ou não, de um trecho, movimento ou obra musical. Costuma ser representada graficamente por RITORNELLOS.

répétition (fr.) REPRISE (acp. 4).

repicar 1. Dobrar, fazer soar (sinos). **2.** Repetir um som.

repinique Ver REPENIQUE.

repieno (it. *ripieno*) Nos conjuntos barrocos, designava os músicos dos NAIPES de cordas do TUTTI, ou seja, a partir das segundas estantes.

repinique Ver REPENIQUE.

repique Pequeno surdo semelhante a uma ZABUMBA de som bastante agudo; no MARACATU repica o som do bumbo médio, chamado meião. O repique de mão do samba tem o formato e o tamanho aproximado de uma CUÍCA.

replica (it.) REPETIÇÃO.

reports (ing.) No Barroco inglês, entradas de vozes em caráter imitativo.

reprise (fr. lit.: repetição) **1.** (it. *ripresa*; ing. *recapitulation*; al. *Wiederkehr*) Na forma SONATA, repetição da exposição (ou reexposição propriamente dita). Pode referir-se ainda, genericamente, ao ponto do qual se retorna a um trecho específico; recapitulação. **2.** Retomada da primeira seção após a segunda, em uma forma binária (ABA). **3.** Ver RECHANT. **4.** (fr. *bis*; ing. *encore*) Reapresentação de um número de musical ou opereta, no final de uma encenação. **5.** (it. *ripetizione*; ing. *repeat*; al. *Wiederholung*) Repetição.

reque TAMBORIM de tamanho médio.

requebrado REQUEBRO (acp. 1).

requebro 1. Balanço ritmado das ancas em danças como o samba [var.: requebrado]. **2.** Espécie de TRINADO rápido.

reque-reque Ver RECO-RECO.

réquiem (do lat. *requiem*, descanso); it. fr. ing. *requiem*, al. *Requiem*. Termo que a partir de meados do século XVIII passou a designar em música missa fúnebre, assim nomeado em virtude do primeiro verso do intróito da missa dos mortos: *Requiem æternam dona eis, Domine*. Diversos compositores escreveram réquiens, entre eles: Mozart (1791), no ano de sua morte e por encomenda mantida em sigilo; Brahms, *Um réquiem alemão*, fora da tradição católica, no ano da morte de sua mãe (1865); Fauré (1887/90); e Verdi (1873), em homenagem ao poeta italiano Alessandro Manzoni, falecido um ano antes. Geralmente obras longas e densas, sempre revestidas de caráter fúnebre e melancólico, os réquiens consistiram em um grande desafio para os compositores que se dedicaram ao tema. Ver MISSA DE RÉQUIEM.

requinta (it. *clarinetta piccolo*, *piccolo clarinetto*, *quart*, *quartino*; ing. *piccolo clarinet*, *E flat clarinet*, *high clarinet*; al. *Altklarinette*) CLARINETA em mi bemol, de tamanho menor do que a soprano, empregada tanto em orquestras quanto em bandas sinfônicas e militares [var.: clarinete alto]. Abreviatura [cl-picc].

requinto Pequena GUITARRA ESPANHOLA também usada em países da América Central.

retorcida Dança do FANDANGO (acp. 3).

resina Ver BREU.

resolução (it. *risoluzione*; fr. *résolution*; ing. *resolution*; al. *Auflösung*) Conclusão de um trecho melódico ou harmônico em uma nota ou acorde, basicamente resolvendo uma dissonância em uma consonância. Também é freqüente o emprego de um RETARDO, para que a dissonância se resolva posteriormente.

resolution (ing.) RESOLUÇÃO.

résolution (fr.) RESOLUÇÃO.

Resonanz [tisch] (al.) Na técnica da HARPA, PRÈS DE LA TABLE.

Resonanzkörper (al.) CAIXA DE RESSONÂNCIA.

resonator (ing.) RESSOADOR.

résonateur (fr.) RESSOADOR (acp. 1).

respiração circular (ing. *cicle breathing*) Entre instrumentistas de sopro, técnica virtuosística de respiração em que o músico inspira pelos pulmões enquanto expira simultaneamente o ar armazenado em sua boca, produzindo longas seqüências melódicas sem nenhuma interrupção.

Respirationszeichen (al.) Sinal de respiração. Símbolo ['] ou [//].

responso 1. Nos ritos litúrgicos da Igreja Católica, o texto declamado ou cantado pelo coro ou fiéis em resposta à enunciação do versículo pelo sacerdote, como no Aleluia e no Gradual. **2.** Na prática medieval, coro. **3.** RESPONSÓRIO.

responsoriale (it., fr., al.) RESPONSÓRIO.

responsório (it., fr., al. *responsoriale*; lat. *responsorium*) Prática medieval de entoação de SALMOS em que a voz do solista é alternada com o refrão do RESPONSO (acp. 2). A prática continuou durante o período Barroco e em certas tradições seculares e monásticas até os dias de hoje [var.: responso].

responsorium (lat.) RESPONSÓRIO.

resposta 1. Tipo de baqueta da percussão do MARACATU do Recife. **2.** Vareta fina usada para percutir a membrana inferior da ZABUMBA. **3.** Na FUGA, segunda entrada do tema principal, transposto uma quinta acima ou quarta abaixo (sol, na tonalidade de dó maior).

resposta real RESPOSTA (acp. 3) que repete exatamente os intervalos do tema.

resposta tonal RESPOSTA (acp. 3) que repete o tema com alterações nos intervalos, respeitando a TONALIDADE.

ressoador Ver RESSONADOR.

ressoadores (fr. *résonateurs*) Na técnica vocal, as cavidades de ressonância, cada uma dotada de freqüência própria: faringe, cavidade bucal e fossas nasais.

ressonador 1. (it. *risonatore*; fr. *résonateur*; ing., al. *Resonator*) Em diversos instrumentos, peça ou parte que tem a propriedade de fazer ressoar ou repercutir os sons musicais, como as CAIXAS DE RESSONÂNCIA dos instrumentos de cordas, os tubos de um órgão, o CEPO dos pianos e o FUSTE de instrumentos de percussão como tambores. **2.** Modernamente, os recursos eletrônicos ou mecânicos de ressonância e reverberação em diversos aparelhos [var.: ressoador].

ressonância (lat. *ressonantia*; ing., fr. *resonance*) Capacidade acústica de transmissão de vibrações sonoras por afinidade de um objeto a outro. A ressonância é um efeito indesejável quando determinada nota musical faz vibrar um objeto, móvel ou janela, criando ruído. Ver também SIMPATIA.

Ressonazboden (al.) TAMPO HARMÔNICO.

rest (ing.) PAUSA.

ré sustenido (it. *re diesis*; fr. *ré dièse*; ing. *D sharp*; al. *dis*) Segundo grau da escala diatônica de dó maior alterado um semitom ascendentemente. Símbolo [D$^\sharp$].

retard (fr.) RITARDO (acp. 1 e 2).

retardador Dispositivo que retarda a repetição de um sinal sonoro, como em uma câmara de eco.

retardation (ing.) RITARDO (acp. 1).

retardo (it *ritardo*; fr. *retard*; ing. *retardation*; al. *Verzögerung*) Nota não-harmônica, dissonante, que se resolve na maioria das vezes em nota harmônica por grau conjunto descendente e, mais raro, ascendentemente [var.: suspensão].

retenu (fr.) Retido, contido.

retirada Em certas suítes barrocas européias de influência italiana, o movimento final.

retomada (it.; ing. *retrieve*) Entre os instrumentos de cordas da orquestra, SUCCESSIVE DOWN-BOWS. Ver também PIQUÉ.

retorno Duas ou mais caixas acústicas dispostas sobre o palco, à frente dos músicos, que servem para o instrumentista ou cantor ouvir sua própria execução.

retroalimentação FEEDBACK.

retrograde (ing.) RETRÓGRADO.

retrógrado (it. *retrogrado*; fr. *rétrograde*; ing. *retrograde*, al. *cancrizans*; *krebsgängig*) Basicamente, uma série de sons executados em ordem inversa, ou seja, do último para o primeiro. Nos períodos medieval e renascentista, a técnica já era empregada a partir do *cantus firmus*. Constitui uma das principais inversões na técnica composicional de Schönberg e da escola DODECAFÔNICA.

rétrograde (fr.) RETRÓGRADO.

retumbão Dança da MARUJADA do Norte brasileiro que é acompanhada por rico instrumental de cordas, como violões, RABECAS, VIOLAS (acp. 3), CAVAQUINHOS e percussão (tambores, cuícas, reco-reco) [var.: carimbó, corimbó, curimbó].

reveil (fr.) Ver RÉVEILLE.

réveille (fr. *réveiller*, lit.: acordar, despertar; it. *diana*, *sveglia*; ing., al. *reveille*; port. *alvorada*) Música para anunciar o amanhecer, como o toque do CLARIM nos acampamentos militares [var.: *reveil*]. Ver também AUBADE.

réveillon (fr. *réveillons*, lit.: acordemos, despertemos) Conjunto de festividades carnavalescas e bailes da passagem de Ano Novo.

reverberação (lat. *reverberatione*; it. *riverberazzione*; fr. *réverbération*; ing. *reverberation*; al. *Nachhal*) Permanência de um som em um ambiente, após o término de sua emissão. Ver também REVERBERADOR.

revereberation (ing.) REVERBERAÇÃO.

réverbération (fr.) REVERBERAÇÃO.

reverberador Dispositivo que simula eletronicamente o efeito de REVERBERAÇÃO natural, como o de uma voz ou instrumento em uma sala.

reverberar (ing. *to reverb*) Repercutir uma vibração sonora. Ver REVERBERAÇÃO.

reverberation (ing.) REVERBERAÇÃO.

reverdie (fr.) Gênero lírico-narrativo de música profana dos séculos XII e XIII.

rèverie (fr. *rève*: sonho, devaneio; al. *Träumerai*) Certo tipo de composição que procura ambientar o ouvinte em atmosfera onírica. Compositores como Giovanni Bottesini compuseram *rèveries*, e Schumann uma importante *Träumerai*).

reverse bowing (ing. *reverse*: contrária; *bowing*: arcada) Entre os instrumentos de cordas da orquestra, indicação de arcadas em direções invertidas (a seqüência de golpes iniciando geralmente PARA CIMA).

revista (it. *rivista*; fr., ing., al. *Revue*) Gênero musical de entretenimento de caráter satírico que teve origem no final do Barroco francês, atingiu seu ápice no século XX, com Josephine Baker e Maurice Chévalier, e na Inglaterra com Coward. Era composto de *sketches*, ou quadros, cenas que se encadeavam às vezes sem conexão direta com um tema central. Tornaram-se extremamente populares em Nova York, a exemplo das Ziegfeld Follies, pelas mãos de compositores como Arlen e Berlin. No Brasil, o chamado Teatro de Revista surgiu em meados do século XIX no Teatro Ginásio carioca, e foi responsável pelo despontar de diversos nomes importantes da música e de atrizes-vedetes, como Virginia Lane, fazendo-se proliferar nos bairros boêmios cariocas da Lapa, na praça Onze, na praça Tiradentes e redutos da boemia em São Paulo, onde revelou autores teatrais como Artur Azevedo. Geralmente composta de uns poucos e curtos atos, as revistas combinavam canto, dança, farsa, mágica e humor.

revival (ing. lit.: renascimento, no sentido de revificação de obras antigas) Música, série, festival ou qualquer iniciativa musical que revive algum gênero ou mito, como Beatles revival, ou o grupo Creedence Clearwater Revival.

revue (fr., ing., al.) REVISTA.

rezar o pai-nosso Na gíria do músico, REGER.

rewind (ing.) Rebobinar a fita de gravação.

Rezitativ (al.) RECITATIVO.

rf Abreviatura de RINFORZANDO.

rfz Abreviatura de RINFORZANDO.

r.h. Abreviatura para o inglês *right hand* (mão direita).

rhapsodie (fr., al.) RAPSÓDIA.

rhapsody (ing.) RAPSÓDIA.

rhota Instrumento como o CROWTH.

Rheinländer (al.) SCHOTTISCH.

rhythm (ing.) **1.** RITMO [var.: *riddim*]. **2.** No jargão do REGGAE, seção rítmica pré-gravada, geralmente por baixo e BATERIA (acp. 1).

rhythm and blues (ing. lit.: ritmo e blues) Variante do BLUES norte-americano que emprega progressões harmônicas tradicionais sobre uma base rítmica mais pulsante e sincopada. Foi uma forma de expressão característica do músico negro norte-americano da metade do século XX que consistia em voz ou vozes acompanhadas por um COMBO. É geralmente executado em tonalidade maior sobre COMPASSO QUATERNÁRIO e emprega uma estrutura harmônica predeterminada como no *blues* (oito ou doze compassos, por exemplo). O *rhythm and blues* foi precursor do ROCK'N'ROLL e abriu caminho para o SOUL e suas fusões, a partir dos anos 1960 [var.: ing. *rhythm'n'blues*]. Ver também BLUES.

rhythm and poetry (ing.) Ver RAP.

rhythm and blues (ing.) Tipo de *blues* que

passou gradativamente a adotar andamentos mais movidos, abrindo caminho para o surgimento do *rock and roll*.

rhythm section (ing. lit.: seção rítmica) **1.** NAIPE de percussão. **2.** Equivale ao brasileiro COZINHA.

rhythmicon Instrumento da música eletrônica criado na década de 1930 por H. Cowell e Theremin, produzia combinações rítmicas automaticamente.

Rhythmik (al.) RÍTMICA.

rhythm'n'blues Ver RHYTHM AND BLUES.

Rhythmus (al.) Ritmo.

ri No sistema DÓ MÓVEL, o segundo grau aumentado das ESCALAS DIATÔNICAS, correspondente ao ré sustenido.

rib (ing. lit.: costela) FAIXA (acp. 1).

ribab Ver RABAB.

ribattuta (it.) Espécie de TRINADO vocal do período renascentista que empregava variações sobre um ritmo pontuado na altura da nota principal.

ribeca (it.) RABECA (acp. 1) [var.: it. *ribecca*].

ribecca (it.) RIBECA.

ribecchi (it.) RABECA (acp. 1).

ribecchino (it.) Pequena RABECA (acp. 1).

ribibe (it.) RABECA (acp. 1).

ribible (ing.) RABECA (acp. 1).

riccio (it.) CABEÇA (acp. 1).

ricercar (it.) Ver RICERCARE.

ricercare (it. lit.: indagar; fr. *recherché*) Nos séculos XVI e XVII servia para designar alguns tipos de composição em estilo imitativo para TECLADO (acp. 1) ou instrumento de cordas dedilhadas como o ALAÚDE. No Barroco, foi assimilado pelo espírito da FUGA, como na *Oferenda musical* (1747) de J. S. Bach [var.: *ricercata*].

ricercata Ver RICERCARE.

ricochet (fr. *ricocher*, lit.: ricochetear) Entre os instrumentos de cordas da orquestra, refere-se a um GOLPE que utiliza a elasticidade natural do arco. Ao se atirar uma bola de borracha ao chão, ela salta determinado número de vezes, de acordo com a força e a altura de que é lançada. No *ricochet* o arco salta sobre a corda de maneira similar. Deve-se cuidar de controlar o REBOTE por um número determinado de notas, para cima ou para baixo. A intensidade do som, assim como o número de rebotes, dependem tanto do impulso com que o arco é lançado sobre a corda quanto da altura da qual ele é projetado. Como efeito, este golpe se assemelha ao PICCHETTATO VOLANTE. Ver também RICOCHET SALTATO.

ricochet saltato (fr., it.) Entre os instrumentos de cordas da orquestra, designação utilizada por Galamian com referência a duas, três ou mais notas articuladas pelo arco de forma idêntica, em uma mesma direção. Galamian advoga que, para esse golpe, o arco deve ser suspenso da forma mais leve possível, os dedos em contato suave com a VARETA.

ricungo Ver BERIMBAU.

riddim Corruptela de RHYTHM.

ride Ver PRATO (acp. 1).

riduzione per pianoforte (it.) REDUÇÃO PARA PIANO.

riff (ing. lit.: freqüente, repetido) Termo originário do *jazz* que é amplamente empregado na música popular de vários países, em geral com referência a um padrão rítmico-melódico recorrente, às vezes modulando harmonicamente e atingindo por progressão tonalidades vizinhas ou estranhas.

rigaudon (fr.; it. *rigadon*; ing. *rigadoon*) Dança do folclore francês em três ou quatro seções que teve forte influência sobre a composição instrumental do Barroco. Surge também em óperas e balés, e inspirou Maurice Ravel em *Le tombeau de Couperin* [var. port.: rigodão].

right hand (ing.) Mão direita. Abreviatura [r.h.].

rigg Ver RIK.

rigodão Ver RIGAUDON.

rik Pequeno tambor semelhante a um pandeiro, possui uma série de sinos laterais [var.: rigg].

rilo Dança de quadrilha do Sul brasileiro que teve origem no REEL (acp. 1) inglês.

rim (ing. lit.: aro) Ver RING (acp. 1).

rim shot (ing. lit.: golpe de aro) Na técnica da percussão, toque de BAQUETA (acp. 1) no ARO de instrumento como a CAIXA-CLARA, típico da BATERIA (acp. 1) da BOSSA-NOVA e dos TIMBALES (acp. 2) do REGGAE e da SALSA, respectivamente. A batida da baqueta esquerda no aro, acompanhando o ritmo do violão, teria sido criada na BOSSA-NOVA pelo baterista Milton Banana, a pedido de João Gilberto, que queria um volume "um pouco mais alto do que uma caixa de fósforos" na percussão.

rima norwegian tusselfloyte Tipo de flauta norueguesa.

rinf Abreviatura de RINFORZANDO.

rinforzando (it. *rinforzare*: reforçar) Entre os instrumentos de cordas da orquestra, reforçando, CRESCENDO. Abreviatura [rfz.], [rinf.] ou [rf.].

ring **1.** (ing. lit.: anel) ARO [var.: rim]. **2.** (ing. *to ring*) Ressoar, vibrar.

ringer No jargão norte-americano, o músico contratado na última hora, que participa com um ou nenhum ensaio de uma apresentação. O termo deriva do fato de o músico *ringer* chegar ao tocar da campainha (*bell ring*).

ring modulator (ing.) Modulador de vibração ou de ressonância, é um dispositivo eletrônico que mixa determinado som a um outro, alterando-lhe características e freqüência originais. O aparelho foi utilizado por diversos compositores de música eletrônica do século XX e também em alguns experimentos mais ecléticos de compositores como Karlheinz Stockhausen.

rio-abaixo Na VIOLA DE ARAME comum em Minas Gerais, afinação que usa as CORDAS SOLTAS como um acorde de sol maior (ré-si-sol-ré-sol).

rio-acima Uma das afinações da VIOLA DE ARAME.

rip Abreviatura de RIPIENO.

ripetizione (it.) REPRISE (acp. 4) [var.: *ritornello*].

ripieno **1.** (it. lit.: pleno) Na orquestra barroca, e em especial no CONCERTO GROSSO, o TUTTI das cordas, em contraposição ao CONCERTINO, conjunto de solistas [var.: *repieno*]. **2.** MIXTURA.

ripresa (it. lit.: retomada) **1.** Certo tipo de refrão de canções do final da Idade Média e do período Barroco. **2.** REPRISE (acp. 1).

risca faca FORRÓ de baixa qualidade, mal tocado.

risoluto (it. lit.: resoluto) Indicativo de execução: com firmeza.

risoluzione (it.) RESOLUÇÃO.

risonatuore (it.) RESSONADOR (acp. 1).

risvegliato (it.) Indicativo de execução: com animação crescente.

ritardando (it al. *zurückhaltend*) Indicativo de execução: retardando o tempo. Abreviatura [rit] [var.: it. *tardando*, *tardo*; fr. *en retardant*; ing. *holding back*]. Ver também RALLENTANDO.

retardant (fr.) Ver RITARDANDO.

ritardo (it.) RETARDO (acp. 1 e 2).

riten. Abreviatura de RITENUTO.

ritenu (fr.) RITENUTO.

ritenuto (it. lit.: retido; fr. *ritenu*; ing. *held back*; al. *zurückhaltend*) Sugere redução imediata ou não muito gradual de velocidade. Ver também RITARDANDO ou RALLENTANDO. Abreviatura [*riten.* ou *rit.*].

ritmado Diz-se da música ou trecho que tem características rítmicas acentuadas.

rítmica (al. *Rhythmik*) Disciplina da música que se dedica ao exercício de leitura e ditado rítmicos.

ritmista **1.** O que marca o ritmo, percussionista. **2.** Passista de ESCOLA DE SAMBA, mesmo que não pertença à BATERIA (acp. 2). **3.** Na música popular, músico que pertence à COZINHA.

ritmo (it.; fr. *rythme*; ing. *rhythm*; al. *Rhythmus*) A subdivisão do tempo em partes perceptíveis e mensuráveis, ou seja, a organização do tempo segundo a periodicidade dos sons. Constitui um dos três elementos básicos que compõem a música: melodia, ritmo e harmonia. A música ocidental, como a compreendemos desde o final da Idade Média, possui ritmo regular e métrica definida. Na música oriental, ao contrário, os padrões freqüentemente fogem aos esquemas rígidos de organização do tempo.

ritmo cruzado Padrão caracterizado por ritmos diversos executados de forma simultânea.

ritmo harmônico Ritmo da movimentação de um ACORDE para outro.

ritmo lombardo Tipo de agrupamento rítmico que teria surgido na Lombardia no final do período Barroco, consistia na acentuação de uma SEMICOLCHEIA seguida por uma COLCHEIA pontuada executada de forma suave. Ver também RITMO PONTUADO.

ritmo pontuado Padrão caracterizado por células rítmicas formadas por uma nota pontuada seguida por outra mais curta, ou vice-versa (exemplo: colcheia pontuada/semicolcheia).

ritornello (it. lit.: pequeno retorno) **1.** Indica a volta ao início ou a um ponto predeterminado da música, sinal identificado graficamente no PENTAGRAMA por uma barra dupla antecipada por dois pontos dispostos verticalmente. **2.** Originalmente um ESTRIBILHO, costumava designar passagens repetidas nos TUTTI, durante o período Barroco. Ver REFRÃO.

ritornelo (it. *ritornello*) No Brasil, espécie de refrão. Ver REFRÃO.

rituale Ver LIVRO LITÚRGICO.

riverberazzione (it.) REVERBERAÇÃO.

rivista (it.) REVISTA.

road band (ing.) Ver MOR.

roadie (ing. *road*, lit.: estrada) Pessoal das equipes que acompanham os conjuntos de *rock* nas turnês.

road manager (ing.) Diretor de turnês. Ver ROADIE.

robecq (fr.) RABECA (acp. 2).

robopop Estilo de POP do final dos anos 1990 que, como o do grupo inglês Daft Punk, utiliza máscaras e vestimentas futuristas, aludindo ao personagem de filmes de ficção científica *Robocop*.

rocambole Dança valseada do FANDANGO (acp. 3) do litoral norte de São Paulo.

rocar 1. No jargão da CAPOEIRA, tocar BERIMBAU. **2.** Dançar o *rock*.

rochetta (it.) RACKET.

rock (ing. *to rock*: balançar) **1.** Designação genérica para a música popular de origem norte-americana consolidada na metade do século XX, difundiu-se em todos os países do mundo e permanece com variantes ou mesmo em sua forma clássica até os dias de hoje. Mais especificamente, o *rock* se refere ao chamado *rock'n'roll* derivado do RHYTHM'N'BLUES surgido por volta de 1950, quando fez despontar nomes como Bill Halley, Elvis Presley, Chuck Berry, Bo Didley e Little Richard. A instrumentação básica inclui guitarras elétricas, baixo elétrico, bateria e eventualmente piano, teclados e órgão eletrônico, entre outros instrumentos. O *rock* norte-americano invadiu as fronteiras da Europa, abrindo caminho para grupos ingleses como The Beatles, The Rolling Stones, The Animals e The Monkeys, criou correntes mais suaves e palatáveis, como os Bee Gees, Cat Stevens, James Taylor e os Beach Boys, e exportou seu estilo próprio e uma verdadeira revolução de costumes para locais tão díspares quanto a América Latina, a Ásia e o Oriente Médio. A improvisação e a experimentação tomaram conta dos jovens a partir dos anos 1970, com grupos como Jefferson Airplane e The Doors, e passou a aliar-se a apologistas de movimentos de contracultura e protesto com Joan Baez, Arlo Guthrie e Bob Dylan, para posteriormente render-se de vez ao culto e apologia das drogas e da liberdade sexual. Consagraram-se grupos cada vez mais pesados, como Alice Cooper, Grateful Dead, Cream, Led Zeppelin, The Who, Deep Purple, Uriah Heep e Black Sabbath, entre inúmeros outros, solistas e cantores como Jimi Hendrix, Janis Joplin, Joe Cocker, Jimmy Page, Eric Clapton, e Leon Russel, experimentalistas como Frank Zappa, supergrupos de orientação clássica como Gentle Giant, Yes, Genesis e Emerson, Lake and Palmer e, mais recentemente, superbandas como Queen, U2, Nirvana e outros. O *rock* das décadas finais do século XX já estava subdividido em inúmeras outras tendências, como o HEAVY ROCK, ou *rock* pesado, o ACID ROCK, ou *rock* ácido, o JAZZ-ROCK, o FUSION, o ROCK PROGRESSIVO, o NEW WAVE, o ROCK STEADY, o PUNK, o TECHNO-POP, o DISCO-MUSIC e inúmeras outras tendências. No Brasil, o *rock* como gênero teve no iê-iê-iê da JOVEM-GUARDA seu representante, na voz de Cely Campelo, Eduardo Araújo, Renato e seus Blue Caps, Os Vips e Os Incríveis, chegando aos pós-tropicalistas Raul Seixas, Legião Urbana, Ultraje a Rigor, Os Titãs, Barão Vermelho, Lobão, Rita Lee, Lulu Santos, RPM, Capital Inicial, Skank, Sepultura e muitos outros. **2.** ROCAR (acp. 2).

rock andrógino Ver GLITTER-ROCK.

rock-ballad (ing.) Gênero de músicas como *Love me tender*, de Elvis Presley, e *Yesterday*, de Paul McCartney [var.: ing. *ballad-rock*].

rock-blues (ing.) Gênero que alguns atribuem ao guitarrista Jimi Hendrix.

rock bubblegum Tipo de BUBBLEGUM MUSIC associado ao estilo dos Wings, de Linda e Paul McCartney.

rocker (ing.) ROQUEIRO.

rock grand-guignol Estilo dos conjuntos de Alice Cooper e Kiss, aludindo ao gênero do teatro *grand-guignol* que, no final do século XIX, impregnava com espírito cômico cenas trágicas, sádicas e aterrorizantes.

rocking (ing.) Em instrumentos de cordas como o CONTRABAIXO SINFÔNICO, mudança entre posições próximas na qual o polegar permanece fixo na parte posterior do braço do instrumento [var. ing.: *rotation*].

rock'n'roll Ver ROCK.

rock progressivo (ing. *progressive rock*) Gênero de algumas bandas do final dos anos 1960 e início dos anos 1970, também chamado ART ROCK. As músicas são longas e de conteúdo profundo. Os intrincados arranjos utilizavam tecnologia de ponta, sintetizadores e um grande número de efeitos sonoros e visuais. Sobressaíram-se os grupos Genesis, Yes, Pink Floyd, King Crimson e Emerson, Lake & Palmer.

rock spaghetti *Rock* italiano como o das bandas Naples Summit, Premiata Forneria Marconi e New Trolls.

rock steady (ing.) Ritmo jamaicano aparentado do SKA e do BLUEBEAT, porém em andamento mais moderado do que este último, sofreu fortes influências da música africana e das Índias Ocidentais. Marcou a origem do REGGAE.

rockstop (ing.) Disco de borracha antideslizante para apoio do ESPIGÃO do violoncelo e do contrabaixo.

rockumentary (ing.) Neologismo que designa documentário sobre o artistas ou assuntos pertinentes ao *rock*.

rococó (fr. *rocaille*; it., fr., ing. *rococo*; al. *Rokoko*) Movimento estético que imita elementos da natureza, como pedras e rios, refere-se a um movimento literário cuja abordagem influenciou a música francesa do período de transição entre o Barroco e o Classicismo, a exemplo de certas obras de Couperin e Rameau, e por extensão à música européia não-francesa de características ornamentais e graciosas, como em trabalhos de Boccherini.

roda Nome genérico para danças brasileiras de origem portuguesa e espanhola do século XIX que alternavam canto de solistas e coro.

roda de samba Grupo informal, muitas vezes doméstico, em que músicos, passistas e observadores ou público tocam e sambam improvisadamente, com freqüência visando coletar fundos para as despesas futuras do carnaval.

roda de tom Ver TONE WHEEL.

roda-pagode Festejo junino da algumas regiões do Nordeste, dançado ao redor de uma fogueira.

rodopio Ver VOLTEIO.

Rohr (al.) PALHETA (acp. 1).

Rohrblatt (al.) PALHETA (acp. 1).

Rohrinstrument (al.) Designação genérica para instrumentos de PALHETA (acp. 1) dupla, como o Krummhorn, o fagote e o oboé.

rói-rói Instrumento como o BERRA-BOI.

rojão **1.** Ver BAIÃO. **2.** Tipo de desafio comum no Nordeste brasileiro que costuma ser acompanhado por RABECA e VIOLA DE ARAME. **3.** Trecho de solo da VIOLA DE ARAME [var.: rojão-de-viola].

rojão-de-viola Ver ROJÃO (acp. 3).

rojok Espécie de TROMPETE russo construído em uma peça única de madeira (geralmente macieira).

Rokoko (al.) ROCOCÓ.

role (ing.) RÔLE.

rôle (it. *ruolo*; fr., ing. *role*; al. *Rolle*) Um papel, personagem de uma ópera.

roll (ing.: rolar) **1.** RUFO de instrumentos de percussão executados com BAQUETAS, como a CAIXA-CLARA. Basicamente, é uma técnica de alternância rápida entre as notas, sem definição audível de ritmo, como no TREMOLO dos instrumentos de arco. Haydn escreveu uma famosa sinfonia, a de nº 103, em mi bemol, intitulada *Drum Roll* (Rufar dos tambores). Ver também BUZZ ROLL, CLOSED ROLL e LONG ROLL. **2.** Entre os instrumentos de cordas da orquestra, ARPEGGIO.

Rolle (al.) RÔLE.

ROM Na linguagem de computação, abreviatura de *Read Only Memory* (memória somente para leitura), conjunto de informações permanentes gravadas em *chips* de teclados e aparelhos eletrônicos.

romance (esp.; fr. *romance*; al. *Romanze*) **1.** Como a *romanza* italiana do final do período medieval, durante certo tempo ainda esteve associada à BALADA (acp. 1). Comum como o VILLANCICO, era executado por poucas vozes e um ou dois instrumentos de cordas como o ALAÚDE. Evoluiu até o início do período Barroco, quando principalmente nas formas alemã e francesa tornaram-se exacerbadamente sentimentais. Apesar de suas características de música vocal, o gênero passou a ser utilizado por Mozart e Beethoven (*Romanzen*), entre outros, ou exercer influência sobre suas composições instrumentais. **2.** Canto brasileiro de origem portuguesa do princípio do século XIX cujos versos tinham sete ou oito sílabas, era muito apreciado pelos cangaceiros.

romanesca Padrão harmônico-melódico instrumental da Itália do final do Renascimento e início do período Barroco, costumava ser alternado com outras formas, como a FANTINELLA e a FAVORITA.

romantic (ing.) ROMÂNTICO.

Romanticism (ing.) ROMANTISMO.

Romanticismo (it.) ROMANTISMO.

romântico (it. *romantico*; fr. *romantique*; ing. *romantic*; al. *romantisch*) **1.** Sentimental, amoroso. **2.** Qualquer gênero de música sentimental. **3.** Característico do período romântico, ou inspirado nele. Ver ROMANTISMO.

Romantik (al.) ROMANTISMO.

romantique (fr.) ROMÂNTICO.

romantisch (al.) ROMÂNTICO.

romantisme (fr.) ROMANTISMO.

Romantismo (it. *romanticismo*; fr. *romantisme*; al. *Romantik*) Movimento de um período da história da música, convenciona-se que o Romantismo vai, aproximadamente, do final do século XVIII à primeira década do XX. A palavra, porém, relaciona-se com romanesco, que tem conotação de mistério, fantasia, elementos que passaram a assumir papel de maior importância em contraposição às características clássicas por excelência que antecederam o estilo (como, por exemplo, equilíbrio, bom senso e ponderação). As idéias românticas começaram a surgir na literatura do século XVIII, e no final do período já chegava à ópera francesa que nascera com a Revolução. Na Alemanha, a influência do *Fausto*, de Goethe, sobre compositores como Beethoven, Schubert e Schumann, foi decisiva, e as idéias que mesclavam fantasia, sensualidade e escuridão alargaram as fronteiras germânicas para alcançar novos patamares com Berlioz, na França, e os grandes instrumentistas virtuoses do período, como Liszt, Chopin, Paganini e outros. Também carregaram a bandeira do Romantismo compositores da envergadura de Mendelssohn, Brahms, Weber e Wagner. O termo romântico carrega em si certa vagueza, como aliás todas as classificações de época e estilo: muitos consideram Beethoven um compositor clássico, levando em conta as origens e características musicais de sua obra. Da mesma forma, há os que, como Mário de Andrade, enquadram Debussy no modelo romântico, e não na classificação IMPRESSIONISTA, como de praxe.

romanza (esp.) ROMANCE.

Romanze (al. *Romanzen*) ROMANCE.

romanzen (al.) Plural de ROMANZE.

rombo Ver ZUNIDOR.

rommelpot (hol. provavelmente do ing. *rumble-pot*, lit.: vaso de ressonância; it. *putti-putti*; al. *Brummtopf*; esp. *zambomba*) Instrumento medieval que consistia em uma pele animal retesada sobre a abertura de um pote ou vaso, através da qual era inserida uma vareta. O som era produzido pelo vai-e-vem da vareta, podendo ser alterado pela mão esquerda, cujos dedos umedecidos movimentavam-se sobre a membrana. É uma das variantes dos precursores dos instrumentos de fricção, como a CUÍCA.

ronador Espécie de FLAUTA DE PÃ do Equador.

ronca Ver CUÍCA.

roncador Ver CUÍCA.

roncão Em Portugal, o BORDÃO da GAITA-DE-FOLES.

ronca-ronca Ver CUÍCA.

roncas Ver BORDÃO (acp. 2).

roncó Atabaque do CANDOMBLÉ de caboclo.

ronda 1. No Brasil, certos CÂNONES de movimento perpétuo. Ver também ROUND. **2.** Espécie de VIELA DE RODA moderna criada pelo suíço naturalizado brasileiro Walter Smetak, consiste em um corpo em forma de ampulheta, circundado por cordas e colocado em posição horizontal que é girado por uma manivela e tangido por um arco.

ronde (fr. lit.: redonda) SEMIBREVE.

ronde de table (fr.) ROUND (acp. 1).

rondeau (fr.) RONDÓ.

rondel (fr.) RONDÓ.

rondellus **1.** Técnica de composição da Inglaterra medieval que empregava vozes alternantes, seja entre as duas superiores ou entre as três vozes que o caracterizam. Acredita-se que tenha desaparecido no início do século XIV. **2.** Referência latina ao RONDO (it.).

rondets de carole (fr.) Peças curtas medievais como o RONDEAU, a BALLETTE e o VIRELAI.

rondo (it., fr., ing., al.) RONDÓ.

rondó (it. *rondo*, redondo; fr. *rondeau*, *rondel*; ing., al. *rondo*) Na música barroca, forma em que a seção principal retorna após cada episódio, em alternância, cuja técnica francesa de Rameau e Couperin influenciou ingleses como Purcell e alemães como Bach. As formas mais freqüentes são ABACABA e ABACADA. O rondó também cativou clássicos como Mozart, e sobreviveu às inovações românticas, perenizado por Mendellsohn, Beethoven e posteriormente Brahms, Tchaikovsky, Saint-Säens (*Rondo cappriccioso*), Mahler (*rondo-finale* da Sinfonia nº 9) e Richard Strauss (*Till Eulenspiegel*).

rondò ARIA comum no Barroco italiano, constituía-se de duas seções repetidas, sendo uma de caráter moderado e outra mais movida, executada com espírito de GAVOTA.

rondó-sonata Ver SONATA-RONDÓ.

roots (ing. lit.: raízes) Tipo de REGGAE jamaicano de conteúdo político dos anos 1970, como a música de Burning Spear e Bob Marley.

roqueiro (ing. *rocker*) Aquele que toca ou é aficcionado do *rock*.

roquenrol Neologismo para o termo inglês *rock'n'roll*, já foi usado em músicas por Rita Lee e Celso Blues Boy.

rosa (port.) ROSETA.

rosácea Ver ROSETA.

rosalia Nome genérico para certo tipo de CANÇONETA popularesca italiana, alusivo a uma conhecida canção intitulada *Rosalia, mia cara*.

rose (fr., ing., al.) ROSETA.

roseira Dança de origem portuguesa do Sul do Brasil.

roseta (it. *foro di risonanza*, *rosetta*; fr. *oüie*, *rosace*; ing. *rose*, *sound hole*; al. *Schalloch*, *Stern*) Orifício de ressonância que existe no tampo de instrumentos como o violão e o ALAÚDE, é geralmente decorado de forma artesanal [var.: rosácea, rosa].

rosetear Maneira de dançar do Sul brasileiro em que os homens batem as esporas (rosetas).

rosetta (it.) ROSETA.

rosette (fr.) ROSETA.

rosin (ing. lit.: resina) BREU.

rosnado No jargão dos músicos, efeito sonoro rude obtido em INSTRUMENTOS DE METAL (acp. 2) como a TROMPA.

rota (lat.: roda) Designava certo tipo de ROUND do final da Idade Média. Assemelha-se ao RONDELLUS italiano, porém, ao contrário deste último, cujas vozes iniciam a peça simultaneamente, caracteriza-se pela entrada sucessiva de vozes.

rotata (it.) GHIRONDA.

rotation (ing. lit.: rotação) Ver ROCKING.

rote (fr.; var. fr.: *rotte*) Ver ROTTE.

roto Abreviatura de ROTO-TOMS.

roto-toms (ing.; al. *Rototomspiel*) Jogo de tambores de número variável (quatro a sete) e FUSTE raso, é dotado de um sistema engenhoso de hastes laterais que serve para afiná-los girando o instrumento em uma ou outra direção. É empregado na orquestra sinfônica moderna, assim como nos grupos de percussão característicos da composição contemporânea a partir da segunda metade do século XX e nas baterias de *jazz* e *rock* mais recentes [var.: *rototoms*].

Rototomspiel (al.) ROTO-TOMS.

rotrouenge (fr.) Na Idade Média francesa, tipo de poesia e música de TROVADORES que teve curta existência.

rotta (it.) ROTTE.

Rotte (al.; ing. *crowd*, lit.: multidão; celta *crwth*; it. *rotta*; fr. *rotte*) Desde o século XI e até o final da Idade Média, designação de diversos instrumentos de cordas, como LIRAS, SALTÉRIOS e RABECAS.

roulade (fr.) No período Barroco, uma passagem vocal repleta de ornamentações.

roulement (fr.) RUFO.

round (ing. lit.: redondo; fr. *ronde de table*; al. *Rundgesang*) Espécie de CÂNONE contínuo para grupo de duas a quatro vozes, em uníssono ou oitavas, no qual cada voz entra com o mesmo tema, sucessivamente. Um tipo popularesco de *round* era chamado CATCH [var.: ing. *rondelay*].

round back (ing. lit.: fundo redondo) Fundo côncavo de instrumentos como o contrabaixo. Ver também SWELLED BACK e FLAT BACK.

rounded binary form (ing.) FORMA BINÁRIA redonda.

roundelay (ing.) Canção breve e simples com refrão. Ver também ROUND.

roundwound (ing. *round*: redondo, e *wound*: enrolado) Tipo de revestimento áspero, não-liso, de corda metálica, de instrumentos como o contrabaixo, a guitarra e o baixo elétricos. Ver também FLATWOUND.

row (ing.) SÉRIE.

rtm Abreviatura de REAL TIME MODE.

rubab Ver RABAB.

rubato (it. lit.: roubado) Indica andamento livre, que pode ser alargado ou acelerado à discrição do intérprete.

rubber stick (ing.) Entre os instrumentos de percussão, BAQUETA de ponta de borracha.

Rubeb (al.) Ver RABAB. [var.: al. *Rubible*, *Rubella*].

rubeba (it.) REBEC.

rubebe (esp.) RABECA (acp. 2).

Rubella (al.) RABECA (acp. 1).

Rubible (al.) RABECA (acp. 1).

rucumbo Ver BERIMBAU.

rucungo Ver BERIMBAU.

rudimentos No ensino moderno dos instrumentos de percussão, série de termos onomatopaicos que designam técnicas de BAQUETAS: PARADIDDLES, FLAM, RATAMACUE, ROLL, RUFF e DRAG.

rudra vina Ver BIN.

rueda **1.** Dança de roda da Castilla espanhola. **2.** Dança de roda popular do Chile acompanhada por guitarristas.

rufar Tocar com RUFO.

ruff (ing.) Rufo. Ver também RUDIMENTOS.

rufo **1.** (it. *rullo*; fr. *roulement*; ing. *drum-roll*, *roll*; al. *Paukenwirbel*) Na técnica dos instrumentos de percussão como a CAIXA-CLARA, efeito obtido pela rápida alternância de golpes de BAQUETAS entre as duas mãos, gerando um som contínuo. Quando o rufo é muito acelerado, indica-se TREMOLO, como entre os instrumentos de cordas. Costuma-se empregar a abreviatura [trem]. **2.** Técnica de baqueta que consiste na execução de COLCHEIAS precedidas de APPOGGIATURA dupla, alternando os grupos entre as mãos direita e esquerda.

ruggiero Certo tipo de dança e composição popular do início do Barroco italiano.

ruggio de leone (it. lit.: rugido de leão) Tambor com ESTEIRA.

Ruhezeichen (al.) PAUSA.

ruhig (al.) Calmo.

ruído (it. *rumore*; fr. *bruit*; ing. *noise*; al. *Geräusch*) **1.** Som desagradável. **2.** Interferência indesejável em um sinal eletrônico ou de áudio. Ver também SCRATCH (ARRANHÃO EM DISCO) e RUMBLE.

rullato (it.) Ver FRULLATO.

rullo (ing.) RUFO.

rum O instrumento mais grave da família dos ATABAQUES.

rumba Dança cubana de raízes africanas em rápido COMPASSO BINÁRIO, é caracterizada por ritmos SINCOPADOS e marcada por forte acompanhamento de percussão como MARACAS, TIMBALES e TUMBADORAS. Foi introduzida nos EUA no início do século XX, passando a absorver elementos da música popular norte-americana e influenciar a dança de salão tradicional. A partir de então, alcançou popularidade em outros países latinos e na Europa, tornando-se objeto *cult* e modismo exótico.

rumba-box (ing. lit.: caixa de rumba) Na Jamaica, THUMB PIANO.

rumble (ing. lit.: ressoar) Ruído grave desagradável devido a impurezas na reprodução eletrônica, graças a um mau aterramento dos aparelhos ou à má qualidade da gravação.

rumpi Instrumento de tamanho intermediário da família dos ATABAQUES, soa entre o LÉ e o RUM.

run No *jazz*, passagem rápida em forma de ESCALA.

ruolo (it.) RÔLE.

Rundgesang (al.) ROUND.

Rusch Ver RAUSCHPFEIFFE.

rusga **1.** Certa dança portuguesa. **2.** Conjunto português formado por violão, cavaquinho e

VIOLA BRAGUESA, costuma ser acompanhado pela percussão de tambor, FERRINHOS e REQUE-REQUE, às vezes incluindo um acordeão ou CONCERTINA. Rusgas minhotas são conjuntos de folguedos religiosos de rua da região do Minho.

rusgas minhotas Ver RUSGA.

Russpfeife (al.) Instrumento renascentista de apenas quatro orifícios, semelhante a uma flauta doce.

rustico (it.) Rural, rude.

RV Abreviatura que precede o número de *opus* na catalogação da obra de Vivaldi, segundo Ryom.

rythme (fr.) RITMO.

ryuteki Tipo de flauta transversal japonesa.

S

S 1. Abreviatura de *segno*, *sinistra*, solo e SURDINA (acp. 1). **2.** Abreviatura de soprano (voz).
sa Ver SARGHAM.
SA Em música vocal, abreviatura de soprano/ alto.
sabão Tipo de dança do FANDANGO (acp. 3) do Sul-Sudeste brasileiro.
sabaqüê Dança de influência indígena do interior de São Paulo, derivou possivelmente do SAREMBEQUE português. Costuma ser acompanhada por VIOLAS DE ARAME e percussão variada.
sacabuche (fr.) SAQUEBUTE.
sacabuxa Ver SAQUEBUTE.
sacbuto (it.) SAQUEBUTE.
saccadé (fr. lit.: sacudido) GOLPE DE ARCO de acentos bruscos.
Sackbut (al./ing.) SAQUEBUTE.
Sackpfeife (al.) **1.** CORNAMUSA. **2.** GAITA-DE-FOLES.
sacqueboute (fr.) SAQUEBUTE.
sacsorne Corruptela de SAXHORN.
saddle (ing. lit.: sela de cavalos) PESTANA inferior.
sadute (lituano, lit.: florzinha) Dança de meninas em agradecimento ao público, após uma apresentação.
saeta Música religiosa da Espanha andaluza.
sahnai Instrumento indiano de sopro de PALHETA DUPLA, difundido em países do Oriente e Oriente Médio como ZURNA (árabe), *sarunai* (filipino) e *suona* (chinês) [var.: *shahnai*, *shehnai*].
saiá-saiá Certo tipo de dança de FANDANGO (acp. 3) do Sul brasileiro.
saída Ver OUTPUT.
saída de canal Ver OUTPUT CHANNEL.
saideira Assim como a última cerveja, a última música de um ARRASTA-PÉ.
sainete Encenação cômica espanhola levada após representações teatrais durante o século XVIII.
sair na pipoca Na gíria baiana, diz-se do folião que sai sem bloco, cantando e dançando sozinho.
sairé Cantoria e dança de coro do Amazonas, que ocorre em várias festas religiosas. Caracteriza-se por tambores adornados, fitas coloridas e cânticos indígenas.
saison (fr.) Temporada.
Saite (al.) **1.** CORDA. **2.** Entre os instrumentos de cordas da orquestra, indica retorno à execução sobre a corda, após passagem fora da corda como um SPICCATO.
Saitenfell (al.) Membrana inferior de instrumentos de percussão como a CAIXA-CLARA.
Saitenfessel (al.) CAPOTASTO (acp. 2).
Saitenhalter (al.) ESTANDARTE.
Saiteninstrument (al.) Instrumento de cordas.
sajuria Ver SAJURIANA.
sajuriana Música e dança da região central chilena cuja estrutura compõe-se de ESTROFES simples de quatro versos e estribilho [var.: sajuria, secudiana, sejuriana].
sala da concerto (it.) Auditório.
salão de concertos (it. *sala da concerto*; fr. *salle de concert*; ing. *concert hall*; al. *Konzertsaal*) Auditório.
salicus (lat.) Ver NEUMAS.
salidor Certo tipo de tambor como a TUMBA. Ver também CONGA (acp. 3).

salle de concert (fr.) Auditório.
salmò (esp.) CHALUMEAU.
salmo (it.; gr. *psallein*: puxar; lat. *psalmós*; fr. *psaume*; ing. *psalm*; al. *Psalme*) Refere-se aos Salmos hebraicos, conforme normatizados pela Igreja Católica Romana na Idade Média e adotados pelos protestantes em forma metrificada no final do período. No século XVI, os 150 salmos do Antigo Testamento foram usados como texto para MOTETOS e MADRIGAIS, como fizeram Josquin des Près e Lassus. Também compuseram salmos Marcello, no Barroco italiano, e, mais recentemente, Kodály, Bruckner e Stravinsky. Ver SALMO METRIFICADO.
salmo metrificado Melodia popular de canto metrificado e caráter religioso cujo texto é uma versão simplificada de salmos bíblicos. Deu origem aos hinos religiosos.
salmodia (it.; fr. *psalmodie*; ing. *psalmody*; al. *Psalmodie*) Cântico entoado sobre um dos oito MODOS GREGORIANOS.
salmoè (esp.) CHALUMEAU.
salpinx Instrumento de METAL (acp. 2) semelhante a uma trombeta, era empregado em funções militares da Grécia antiga.
salsa Atualmente, nos EUA e mesmo em Cuba, que lhe deu origem, o termo se refere de forma genérica à música popular cubana e latina, e inclui ritmos como o MAMBO, a CUMBIA e o MERENGUE, temperados com influência do *jazz* norte-americano. Originalmente a *salsa* era executada por uma seção instrumental de forte apelo rítmico, baseada em percussão e METAIS (acp. 2), e seguida por improvisações vocais do solista alternadas com refrões do coro e encerradas com RIFFS ou padrões em OSTINATO.
saltador Ver MARTINETE (acp. 1).
saltando Entre os instrumentos de cordas da orquestra, SAUTILLÉ.
saltarello (it.) **1.** Rápida dança italiana em COMPASSO TERNÁRIO de largos passos e saltos do final da Idade Média, costumava ser tocada após uma dança em COMPASSO BINÁRIO como o PASSAMEZZO. Mendellsohn inspirou-se em um *saltarello* (que deu título ao último movimento) na sua *Sinfonia nº 4, Italiana*. **2.** Ver MARTINETE (acp. 1).
saltari (it.) SALTÉRIO (acp. 1).
saltato (it. *saltare*: saltar) SAUTILLÉ.
saltellato (it.) SAUTILLÉ.
saltere (it.) SALTÉRIO (acp. 1).
saltério 1. (lat. *psalterium*; it. *psaltari*, *saltari*, *saltere*; fr. *psaltérion*, *sautier*, *sautieron*; al. *Brett*, *Hachbratt*, *Psalter*, *Psalterium*; hebr. *nebel*) Designa diversos instrumentos de cordas dedilhadas ou pinçadas de formato trapezoidal, como o DULCIMER, que eram empregados para acompanhamento de SALMOS nos tempos de Davi. Comumente, é um instrumento de cordas dedilhadas construído sobre uma CAIXA DE RESSONÂNCIA de madeira e dotado de CRAVELHAS para afinação. Com a evolução da música no período renascentista, o saltério deixou de adequar-se às novas exigências musicais, quase caindo no esquecimento. Entre as inúmeras variantes das mais diversas tradições, encontram-se instrumentos como *arpanetta*, *autoharp*, *canale*, *fairy bells*, *gusli*, *instrumento di porco*, *kantele*, *Kymbalon*, *monicórdio*, *pantaleon*, *qanun*, *santir*, *santouri*, *se*, *tympanon* e *yang ch'in* [var.: port. timpanão, zimbalão]. **2.** *Livro dos Salmos* da liturgia protestante pós-Reforma baseado principalmente nos cânticos de John Hopkins, foi sendo gradativamente substituído pelos HINOS.
salterio tedesco Ver HACKBRETT.
salto 1. Entre os instrumentos de cordas, MUDANÇA DE POSIÇÃO, especificamente quando ocorre entre posições não muito próximas. **2.** (it. *taglio*; fr. *saut*; ing. *leap*; al. *Sprung*) Um intervalo melódico entre graus distantes.
Salve Regina (lat.) Salve Rainha, uma das ANTÍFONAS da tradição mariana.
samba (de *semba*, que em dialeto africano de Luanda designa uma dança como a UMBIGADA). No Brasil, dança e música em COMPASSO BINÁRIO e ritmo sincopado com forte influência africana que evoluiu do MAXIXE e de danças angolanas e congolesas. Com o final da escravatura, o samba começou a assumir lugar entre as manifestações urbanas populares, alcançando já no início do século XX o gosto da classe média a partir da primeira gravação em disco, *Pelo telefone* (1917), na voz do compositor Ernesto dos Santos, o "Donga". Proliferaram, a partir daí, grandes nomes freqüentemente ligados ao CHORO, co-

mo Pixinguinha, além de mestres como Ataulfo Alves, Noel Rosa, João de Barro, Sinhô, Lamartine Babo, Cartola, Nelson Cavaquinho, Martinho da Vila, Moreira da Silva, Jamelão, Zé Keti e muitos outros. Em função das inúmeras combinações do samba com outros ritmos e tendências, surgiram gêneros como o SAMBA-CANÇÃO, o SAMBA-CHORO, a BOSSA-NOVA, o SAMBA DE BREQUE, o SAMBA-DE-RODA, o SAMBA DE TERREIRO, o SAMBA DE PARTIDO-ALTO e o SAMBA-ENREDO, que têm papel preponderante na tradição das escolas de samba, além de experiências como o SAMBA-ROCK.

samba-balada Ver SAMBALADA.

samba batido Gênero de samba marcado do interior da Bahia.

samba-bolero Gênero surgido nos anos 1950 como tentativa de aproximação do samba tradicional com o BOLERO, que na época dominava os salões de dança do Rio de Janeiro e de São Paulo [var.: sambolero].

samba brecado Ver SAMBA DE BREQUE.

samba-canção Gênero surgido nos anos 1930 entre os músicos profissionais que tocavam nos teatros de revista do Rio de Janeiro. Apelidado "samba de meio de ano", obteve grande sucesso naquela época com o imortal *Ai, Ioiô*, de Luís Peixoto. O samba-canção traz um trabalho mais elaborado na melodia, enfatizando-a, e um andamento moderado, centrando os temas das letras no amor, na dor-de-cotovelo e na solidão. Outro exemplo significativo de samba-canção é o consagrado *Ave-Maria no morro* (1942), de Herivelto Martins.

samba-choro Gênero criado nos anos 1930, inseria letras nos ritmos do CHORO, como o *Vida de passarinho*, de Ari Kerner e Veiga de Castro.

samba de breque Expressão cunhada a partir da gravação de *Jogo proibido* (1936), de Moreira da Silva, o Kid Morengueira, com referência ao samba fortemente sincopado que emprega longas pausas chamadas breques, onde são inseridas frases faladas, declamadas, ou ainda comentários. Contudo, mesmo considerando Moreira o precursor do gênero, em 1933 Heitor dos Prazeres já interrompia a letra de *Eu choro* para inserir literalmente a frase: "breque — eu vou chorar". O samba de breque foi definitivamente assimilado pela classe média carioca nos anos 1950, graças aos compositores Miguel Gustavo e Billy Blanco.

samba de embalo Samba simples e curto, empregado em contraposição aos longos SAMBAS-ENREDOS das ESCOLAS DE SAMBA.

samba de empolgação Tipo de SAMBA-ENREDO simples e de fácil memorização, comum nas ESCOLAS DE SAMBA.

samba de enredo Ver SAMBA-ENREDO.

samba de gafieira Música de ritmos fortemente sincopados que acompanha dança de corpos colados, volteios e passos rápidos. Plena de sensualidade, surgiu no Rio de Janeiro nos anos 1940.

samba de matuto Pequenas comemorações do carnaval, comuns em cidades do Alagoas.

samba de meio de ano Ver SAMBA-CANÇÃO.

samba de morro Samba fortemente amparado no acompanhamento dos instrumentos de percussão dos morros cariocas, costumava ser assim chamado para diferenciá-lo do CHORO, de concepção e instrumentação mais sofisticada.

samba de partido-alto Gênero de samba intimista construído sobre uma estrutura harmônica simples que tem a letra freqüentemente improvisada nas estrofes alternadas com um estribilho fixo. Teve origem no início do século XX e costuma ser acompanhado por violão, CAVAQUINHO, pandeiro, surdo, AGOGÔ e outros instrumentos de percussão. É uma das formas mais antigas de samba, e tem em Martinho da Vila e Beth Carvalho dois de seus maiores intérpretes.

samba de quadra Outra designação para samba de terreiro. Samba improvisado, feito às pressas para ensaios na ESCOLAS DE SAMBA para preparação dos passistas, antes mesmo que o SAMBA-ENREDO seja escolhido pela agremiação.

samba de rua Samba urbano que, nos anos 1930, incorporava instrumental do CHORO à percussão e aos ritmos marcados do samba de morro [var.: choro de rua].

samba de terreiro Samba cantado e improvisado jocosamente fora das rodas oficiais do carnaval de rua.

samba de valentes Ver SAMBA-EMPOLGAÇÃO.

samba duro 1. Batucada bastante marcada, à maneira de Angola, cuja dança de passos e acompanhamento instrumental eram improvisados na tradição das baianas surgida no início dos anos 1900. **2.** Ritmo da CAPOEIRA que é dançado com agressividade, tropeçando nos jogadores.

samba-empolgação Tipo de SAMBA-EXALTAÇÃO dos enredos das ESCOLAS DE SAMBA cariocas [var.: samba de valentes].

samba-enredo Música cantada pelas ESCOLAS DE SAMBA. Na verdade, é freqüentemente uma marcha carnavalesca que exalta (daí a variante SAMBA-EXALTAÇÃO) personagens e vultos da história e das artes, assim como acontecimentos marcantes do passado e do presente. Entre os sambas-enredos que marcaram época, *Inconfidência Mineira* (1949), de Mano Décio da Viola, Penteado e Estanislau Silva, um dos pioneiros do gênero, *Chica da Silva*, *Peguei um ita no Norte*, *Heróis da liberdade*, *Carnaval de ilusões* (1967), de Martinho da Vila, e *Foi um rio que* passou *em minha vida*, de Paulinho da Viola [var.: SAMBA DE ENREDO, SAMBA-EXALTAÇÃO].

samba-exaltação Ver SAMBA-ENREDO.

samba-jazz Gênero brasileiro carregado de SCAT-SINGING, que surgiu no início dos anos 1960 com Elza Soares, influenciou Ed Lincoln e Dóris Monteiro.

sambalada Gênero híbrido brasileiro dos anos 1950, a meio caminho entre o SAMBA-CANÇÃO e a BALADA (acp. 2) [var.: samba-balada].

sambalanço Termo surgido nas casas noturnas do Rio de Janeiro, refere-se a um gênero instrumental de forte sotaque jazzístico. Nos anos 1950, designava certo tipo de samba urbano dito balanceado. Ver também SAMBA-JAZZ.

sambalelê Tipo de CONGO nordestino relacionado à RODA.

samba-lenço Gênero de samba do interior paulista que emprega gestos coreográficos e lenços, mesclando influências de danças do FANDANGO (acp. 3). É geralmente acompanhado apenas por instrumentos de percussão.

samba no pé Na gíria do sambista carioca, samba puro, dançado com agilidade principalmente pelos pés.

sambão 1. Samba simples, cadenciado, de forte marcação. **2.** Certo tipo de samba de forte apelo comercial. **3.** Baile pré-carnavalesco das ESCOLAS DE SAMBA que visa a arrecadar fundos para o desfile.

Sambaraspel (al.) RECO-RECO.

samba-rock Gênero que nos anos 1970 combinava as raízes do samba brasileiro com o FUNK, o SOUL, o *jazz*, o RHYTHM'N'BLUES e o *rock*, chegou a conquistar nomes como Gilberto Gil, até ressurgir na cena brasileira no final da década de 1990, principalmente em São Paulo, na voz de cantores como a paulistana Paula Lima. O termo foi usado pela primeira vez por Jackson do Pandeiro, em 1958, em *Chiclete com banana*, de Gordurinha e Castilho. No início dos anos 1960, Jorge Ben incursiona pelo gênero, ainda carregado de BLUES, e nos anos 1970 o Trio Mocotó é chamado para tomar parte em festivais e participa do disco *Construção*, de Chico Buarque, consagrando-se.

samba rural Gênero do interior de São Paulo, resquício da cultura negra no estado.

samba-traçado Gênero com fortes influências do CANDOMBLÉ e da cultura nagô mesclados ao MARACATU.

sambeiro Falso sambista.

sambódromo Neologismo que designa certo tipo de construção ao ar livre especialmente projetada para apresentação de ESCOLAS DE SAMBA. O primeiro sambódromo foi criado por Oscar Niemeyer em 1984, no Rio de Janeiro (rua Marquês de Sapucaí). A idéia disseminou-se por outras cidades e capitais, como São Paulo, e inspirou o BUMBÓDROMO (de bumba-meu-boi), no Maranhão, e até o TANGÓDROMO, em Buenos Aires.

sambolero Ver SAMBA-BOLERO.

sambuca Certo tipo de harpa empregada na Roma e Grécia antigas.

samisen (chin. *san hsien*: três cordas) **1.** Instrumento japonês de corpo quadrado e três cordas pinçadas por um PLECTRO, deve sua origem ao SITAR persa. As cordas mais graves têm uma sonoridade especial, pois são percutidas contra o tampo. Tornou-se popular a partir do século XVII, tanto na música culta, a exemplo da empregada no teatro nô, quanto nas manifestações folclóricas e populares, como no teatro *kabuki* [var.: *shamisen*].

2. Espécie de vaso de bronze chinês que ressoa como um GONGO quando percutido. Foi empregado por Puccini na ópera *Madame Butterfly*.

sample (ing. lit.: amostra) Em MÚSICA ELETRÔNICA, um trecho pré-gravado que é inserido eletronicamente em uma música.

samplear Gravar e processar sons previamente gravados por meio de SAMPLER [var.: samplerizar].

sampleado Som sintetizado por meio de um SAMPLER.

sampleador SAMPLER.

sampler (ing. lit.: amostrador) Dispositivo eletrônico onde é gravado digitalmente o som de um instrumento ou voz. O *sampler* tem capacidade de reprodução de impressionante fidelidade, sem interferências, desvios ou ruídos [var. port.: sampleador].

samplerizado Ver SAMPLEADO.

samplerizar Ver SAMPLEAR.

sampling (ing.) **1.** Processo de gravação de um sinal de áudio em memória digital. **2.** Processo de gravação de um SAMPLE. **3.** Um SAMPLE propriamente dito.

sämtliche (al.) Completo.

Sanctus (lat. lit.: santo) Quarta das cinco partes do Ordinário da missa, é cantada antes do cânone. O texto do *Sanctus* tem geralmente cinco frases: *Sanctus*, *Pleni*, *Hosanna*, *Benedictus* e novamente *Hosanna*, e se inicia com as palavras *Sanctus*, *Sanctus*, *Sanctus*.

Sandblöcke (al.) BLOCOS DE LIXA.

sandp. Abreviatura do ing. *sandpaper blocks*. BLOCOS DE LIXA.

sandpaper blocks (ing.) BLOCOS DE LIXA.

sanfona Instrumento de sopro cujo som é controlado por REGISTROS (acp. 2), foi introduzido na Europa no século XVIII, vindo da China. É dotado de um FOLE (acp. 1) que aciona PALHETAS (acp. 1) por meio de um teclado, e é também conhecido como *concertina*, *gaita* ou *acordeão*. Comum entre as mais diversas culturas, e especialmente em regiões do Sul (onde teria chegado no início do século XIX) e Nordeste do Brasil (no final do mesmo século), tornou-se um instrumento doméstico, passando também a fazer parte dos conjuntos de XAXADO, FORRÓ e BAIÃO. Alguns dos sanfoneiros mais importantes no Brasil são Arlindo dos oito baixos, Dino Rocha e o gaúcho Renato Borghetti.

sanfona ponto SANFONA de oito baixos do Rio Grande do Sul.

sanfoneiro Músico do Nordeste brasileiro que toca na SANFONA ritmos locais como o XERÊ, o XAXADO e o BAIÃO.

sanft (al.) Sugere execução com suavidade.

sangati Na MÚSICA INDIANA, acompanhamento.

sangavira 1. Certo tipo de ATABAQUE de tamanho médio do Nordeste brasileiro. **2.** Tipo de atabaque pequeno de sons agudos do jongo paulista.

Sangbar (al.) ARIOSO.

Sänger (al.) CANTOR (acp. 2).

Sängerin (al.) Cantora.

Sängerknaben (al.) Meninos cantores, como em *Wiener Sängerknaben*, Meninos cantores de Viena.

san hsien Ver SAMISEN.

sans (fr.) Sem.

sans arpéger (fr.) NÃO-ARPEJADO.

sans vibrer (fr.) Indica que o trecho deve ser executado sem VIBRATO.

sansa 1. M'BIRA. **2.** SANZA.

santir Instrumento persa medieval semelhante à CÍTARA, derivou do SALTÉRIO (acp. 1) grego. Ver também DULCIMER.

santo antonio Certo tipo de ATABAQUE de alguns ritos do CANDOMBLÉ de forte influência católica da região Sul do Brasil.

santos reis Ver FOLIA-DE-REIS.

santouri Espécie de SALTÉRIO (acp. 1) grego derivado do DULCIMER.

santur 1. Antigo instrumento semelhante ao DULCIMER, é encontrado do Sul asiático ao Oriente Médio e costuma ter mais de uma dúzia de ordens duplas de cordas. **2.** Na MÚSICA INDIANA, espécie de DULCIMER tocado com marteletes.

santuri Espécie da SANTUR da Grécia.

sanza LAMINOFONE percutido que é usado em certas regiões da África [var.: sansa]. Ver também MARIMBA.

são joão Uma das afinações da VIOLA DE ARAME.

são-joão-do-porto Dança do FANDANGO (acp. 3) do norte de São Paulo, é também encontrada nas praias paulistas da região de Santos e São Vicente e tem marcante influência portuguesa.

sapão Ver PAU-BRASIL.

sapateado 1. (it. *clachette*; fr. *claquetes*; ing. *tap dance*, *clog dance*; al. *Steptanz*) Dança popularizada em inglês como *tap dance* (*tap*: ing. lit.: batida leve), tem fortes e complexas características rítmicas. Os dançarinos empregam sapatos dotados de pequenas placas de metal nas pontas e calcanhares das solas dos sapatos, e as percutem contra o chão de forma sincronizada. Uma variante, feita sem as placas metálicas nos sapatos, é conhecida em inglês como *soft shoe* (sapato macio). **2.** (esp. *taconeo*, *zapateado*) Dança espanhola em COMPASSO TERNÁRIO acompanhada por GUITARRAS (acp. 1) e a percussão dos saltos dos sapatos dos dançarinos [var.: sapateio].

sapateio Ver SAPATEADO e PATEIO.

sapatilha Pequeníssima almofada redonda de couro ou cortiça que, acoplada às CHAVES de instrumentos como a clarineta, a flauta transversal e o saxofone, serve para cobrir os orifícios do tubo, por meio de um mecanismo acionado pelos dedos. Ver também BOEHM.

sapin (fr.) Madeira como o ABETO.

sapo 1. Ver GÜIRO. **2.** QUADRILHA sapateada de certo tipo de FANDANGO (acp. 3) do interior paulista, é dançada por homens, batendo os pés contra o chão. Costuma ser acompanhada por VIOLAS DE ARAME e palmas.

sapo cururu Tradicional canção para ninar brasileira.

sapo jururu Variante de SAPO CURURU, é uma espécie de TOADA que às vezes faz de canção para ninar, em regiões de Minas Gerais e da Bahia.

saptak Na MÚSICA INDIANA, o registro de uma OITAVA.

saquebute (fr. *sacqueboute* ou *sacabuche*; it. *sacbuto*; ing. *sackbut*, *seukebuds*, *seykebut*, *shagbolt*, *shakbushe*; al. *Sackbut*) Instrumento primitivo de metal com corpo cilíndrico e ampla CAMPÂNULA que deu origem ao TROMBONE [var.: sacabuxa].

sar Abreviatura de SARRUSOFONE.

sarabanda (fr. *sarabande*; esp. *zarabande*) Dança sensual francesa em COMPASSO TERNÁRIO com acompanhamento instrumental que teve origem provável na Espanha do final do Renascimento. Caracterizava-se pela acentuação nos segundos tempos dos compassos, ponto em que os gestos dos dançarinos eram igualmente mais largos. Tornou-se popular na Itália a partir do início do período Barroco e passou a fazer parte da SUÍTE.

saracura 1. Canto folclórico do Norte brasileiro. **2.** Dança cantada de salão do Norte brasileiro.

saranda Corruptela de ciranda. Ver também SARANDEIO e SARANDI.

sarandeio Passo da SARANDA.

sarandi Corruptela de CIRANDA, designa uma dança de roda da região central do Brasil

sarangi Instrumento de arco, corpo de madeira em peça única e três ou quatro cordas (e eventualmente algumas SIMPÁTICAS). Encontrado no Norte da Índia, é tocado com o executante sentado, o ombro apoiando o braço do instrumento [var.: *sãrangi*].

sãrangi Ver SARANGI.

sarasvati vina Grande ALAÚDE que apresenta quatro cordas principais e três BORDÕES (acp. 1), é o mais importante instrumento da música clássica do Sul da Índia.

sarau Espécie de apresentação musical doméstica noturna.

sardana Alegre dança típica da Catalunha, geralmente acompanhada por sopros como a CHARAMELA e instrumentos de percussão.

sarembeque 1. Dança portuguesa introduzida no Brasil no século XVII [var.: sabaquê]. **2.** Na Bahia, dança de REQUEBRO semelhante ao SAMBA.

sargam SARGHAM.

sargham Na MÚSICA INDIANA, O GAMUT (sa, re, ga, ma, pa, dha e ni).

saringda Na MÚSICA INDIANA, versão folclórica do SARANJI do Rajastan.

sarod Instrumento da música clássica indiana semelhante ao SITAR, possui braço curto e entre quatro e oito cordas pinçadas com PLECTRO e algumas outras adicionais, que vibram por SIMPATIA.

saron Instrumento indonésio semelhante ao XILOFONE. Ver também MÚSICA INDONÉSIA.

sarrabaio Ver SARRABALHO.

sarrabalho Dança acompanhada por palmas, estalar de dedos e sapateado, é ligada ao FANDANGO (acp. 3) do Sul-Sudeste brasileiro. Provável corruptela de CERRA-BAILE, dança SAIDEIRA do Sul do país [var.: farrabaio, ferrabaio, sarrabaio, serrabalho].

sarracen horn (ing.) TROMPA SARRACENA.
sarrusofone (it. *filarmônica*) Instrumento metálico de tubo cônico e formato semelhante ao do SAXOFONE que emprega PALHETA DUPLA, foi criado em 1856 pelo músico militar francês Sarrus. O modelo mais grave, sarrusofone contrabaixo, chegou a ser empregado na orquestra por compositores como Saint-Säens no REGISTRO (acp. 1) reservado ao CONTRAFAGOTE. O instrumento foi logo abandonado e mesmo repudiado na França após processo judicial de violação de patente movido contra Sarrus por Adolphe Sax, criador do SAXOFONE. Abreviatura [sar.].
saruê (corruptela do fr. *soirée*) Dança interiorana de Goiás e Mato Grosso adaptada da QUADRILLE francesa.
sarunai Ver SAHNAI.
sassofono (it.) SAXOFONE.
SATB Na música vocal, abreviatura técnica para soprano, alto, tenor e baixo, vozes básicas do coro.
satgun Na MÚSICA INDIANA, divisão do MANTRA em sete partes.
Satz (al.: lit.: parte, fase, forma) **1.** MOVIMENTO. **2.** Tema principal, como em *Hauptsatz*.
saudade Tipo de dança mineira de roda de caráter melancólico.
saùng gauk Instrumento de cordas pinçadas birmanês semelhante ao DULCIMER, é tocado apoiado sobre as pernas do executante.
sausage bassoon (ing.) RACKET.
sau-sau 1. Dança chilena em que casais se aproximam e se afastam movimentando os quadris. **2.** Dança-canção introduzida na ilha de Páscoa no final dos anos 1930. Conta-se que foi levada pelos polinésios que aportaram do navio alemão *Die Walkirie*, do Taiti.
saut (fr.) SALTO (acp. 2).
sautereau (fr.) MARTINETE (acp. 1).
sautier (fr.) SALTÉRIO (acp. 1).
sautieron (fr.) SALTÉRIO (acp. 1).
sautillé (fr. *sautiller*: saltitar; it. *saltellato*; al. *springbogen*) Entre os instrumentos de cordas da orquestra, designa um GOLPE DE ARCO articulado que é considerado por alguns como sendo executado sobre a corda. Na verdade, é um golpe fora da corda, uma vez que o arco não é jogado sobre ela, mas salta independentemente a partir dela. É freqüentemente considerado um SPICCATO ultra-rápido. Auer se refere a este golpe como *spiccato sautillé*: notas destacadas e bastante leves executadas no meio do arco. Ivan Galamian distingue o *sautillé* do *spiccato* porque no primeiro, segundo ele, não existe o levantar e baixar do arco de forma individual para cada nota. Leland concorda, salientando que o peso da mão, neste caso, não deve ser concentrado no primeiro dedo, e sim levemente sobre o mínimo. Rolland, por sua vez, acha que o *sautillé* deriva de um DÉTACHÉ rápido e do TREMOLO, e considera o golpe um *spiccato* natural.
savart Medida logarítmica de freqüência de intervalos, foi criada pelo físico francês Félix Savart na primeira metade do século XIX. Um SEMITOM mede aproximadamente 25 *savart*.
Savartviolin (al.) VIOLINO SAVART.
sawtooth wave (ing. lit.: onda dente de serrote) Efeito produzido na MÚSICA ELETRÔNICA por meio de uma rápida alteração para cima e para baixo na freqüência de uma onda.
sax Ver SAXOFONE.
saxhorn (ing.) Instrumento de sopro de METAL (acp. 2) semelhante ao FLÜGELHORN, é dotado de VÁLVULAS e BOCAL em forma de taça, sendo tocado com a CAMPANA (acp. 1) voltada para a frente, como um trompete. A família do *saxhorn* ia do mais agudo, sopranino, ao mais grave, contrabaixo, e foi inventada, assim como o SAXOFONE, pelo francês Adolphe Sax em meados do século XIX.
Saxophon (al.) SAXOFONE.
saxophone (ing.) SAXOFONE [var.: sax].
saxofone (fr.; it. *sassofono*; ing. *saxophone*; al. *Saxophon*) Conhecido popularmente como *sax*, é um instrumento de sopro feito de liga de metal, muito embora pertença à família das madeiras. Foi inventado pelo francês Adolphe Sax e patenteado em 1840. O saxofone possui PALHETA única, afixada em uma BOQUILHA, e um corpo que pode ser retilíneo, no caso do sax soprano (em si bemol), curvo, como nos modelos alto (em mi bemol) e tenor (em si bemol), e duplamente curvo, com duas voltas na metade inferior do tubo, como o barítono (em mi bemol), o baixo (em si bemol) e o contrabaixo (mi bemol). O ins-

trumento foi adotado por bandas marciais e militares, mas dada a beleza de sua sonoridade e sua capacidade de projeção, logo cativou compositores como Bizet (*Suíte l'arlésienne*), Debussy, Ravel (orquestração de *Quadros de uma exposição*, de Moussorgsky, e o *Bolero*), Villa-Lobos, Prokofiev (*Tenente Kije*), Richard Strauss (*Sinfonia doméstica*) e Massenet, que o levaram para a orquestra sinfônica. No final do século XIX, John Philip Souza introduziu o instrumento nas bandas norte-americanas, e com o surgimento do *jazz* o sax passou a ser o instrumento-símbolo do gênero, por excelência, não só nos COMBOS como também nas BIG-BANDS e orquestras, lado a lado com trompetes, trombones e clarinetas. Alguns dos grandes saxofonistas do *jazz* foram John Coltrane, Charlie Parker, Eric Dolphy, Cannonball Adderley, Rolland Kirk, Sonny Stitt, Gerry Mulligan, Stan Getz e Wayne Shorter, entre inúmeros outros. No Brasil, logo no início do século XX foi adotado como instrumento do CHORO por músicos como Pixinguinha, passando a integrar orquestras de música popular (como, depois, o célebre conjunto de Severino Araújo). No Brasil, o saxofone trouxe solistas como Paulo Moura, Ion Muniz, Nivaldo Ornellas, Leo Gandelman, Derico Sciotti, Roberto Sion, Mauro Senise e José Nogueira [var.: sax].

saxorne SAXHORN.

saxtromba Ver FLÜGELHORN.

saz Família de ALAÚDES turcos chamados *egbaglama*, *cura* e *divan*.

scacciapensieri (it.) JEW'S HARP.

scale (ing.) ESCALA.

scaling (ing.) Graduação em escala. Na MÚSICA ELETRÔNICA, refere-se à intensidade com que determinado parâmetro interfere no sinal de áudio.

scandicus (lat.) Ver NEUMAS.

scat Ver SCAT-SINGING.

scatola musicale Em italiano, CAIXA DE MÚSICA.

scat-singing Técnica de improviso vocal do *jazz*, emprega aleatoriamente sílabas sem sentido de texto combinadas com sons, e é geralmente executada pelo cantor com grande rapidez e virtuosismo. A brasileira Elza Soares, com seu SAMBALANÇO e SAMBA-JAZZ, foi a pioneira no país [var.: *scat*].

scena (it.) **1.** Palco [var.: *palcoscenico*]. **2.** Cena (parte de ato de uma ópera). **3.** Cenário de ópera [var.: *scenario*]. **4.** Peça para voz solista.

scenario (it.) CENÁRIO [var.: *scena*, *palcoscenico*].

scène (fr.) **1.** Palco. **2.** Cena (parte de ato de uma ópera). **3.** Peça para voz solista.

scenery (ing.) CENÁRIO.

schalamaux (fr.) CHALUMEAU.

Schlagzeug (al.) PERCUSSÃO.

Schalenglöckchen (al.) Pequenos sinos.

Schall (al.) Som.

Schallbecher (al.) CAMPANA.

Schallehre (al.) ACÚSTICA.

Schalloch (al) ROSETA.

Schallplatte (al.) DISCO.

Schallplattenspieler (al.) TOCA-DISCOS.

Schalltrichter in die Höhe (al.) BELLS UP.

Schallwelle (al.) Onda sonora.

Schallwiedergabe (al.) Reprodução de sons.

Schalmel (al., ing.) BOMBARDA.

schalumò (esp.) CHALUMEAU.

Schärfenflötte (al.) Ver LARIGOT.

schawn (ing.) BOMBARDA.

Scheille (al.) Régua de registro. Ver ÓRGÃO.

Scheitholt (al.) **1.** Instrumento de cordas dedilhadas semelhante à CÍTARA usado em algumas regiões dos Alpes suíços e da Alemanha. **2.** ZITHER.

Schellbecken (al.) PRATO.

Schelle (al.) Sinos de orquestra.

schellechter Takteill (al.) TEMPO FRACO.

Schellenband (al.) GUIZOS DE PULSO.

Schellen-trommel (al.) Certo tipo de pandeiro.

scherzando (it.) Brincando. Ver também SCHERZO.

scherzetto (it.) Pequeno SCHERZO [var.: *scherzino*].

Scherzhaft (al.) SCHERZO.

scherzino (it.) SCHERZETTO.

scherzo (it.) Termo que remete à brincadeira e surgiu no início do período Barroco a partir de certo tipo de peça ligeira. Passou a fazer parte da SONATA, como terceiro movimento de algumas obras clássicas de compositores como Haydn, mas foi incorporado definitivamente à forma quando Beethoven empregou-a em substituição ao MINUETO, tanto em obras de câmara quanto em suas sinfonias. Os *scherzi* também assumiram forma de peças independentes, como em obras de Chopin, Brahms e Stravisnky.

Schlag (al.) GOLPE.

schlagbass (al.) Contrabaixo tocado em PIZZICATO.

Schlagfell (al.) MEMBRANOFONE.

Schlagitarre (al.) GUITARRA (acp. 1) de música popular.

Schlagersänger (al.) Cantor de música popular.

Schlagersängerin (al.) Cantora de música popular.

Schlaginstrumente (al.) PERCUSSÃO.

Schlagnochen (al.) OSSOS.

Schlagstäbe (al.) CLAVES.

Schlagzeug (al.) **1.** BATERIA (acp. 1) **2.** PERCUSSÃO.

Schlagzither (al.) TIMPANÃO.

Schlangenbass (al.) SERPENTÃO [var.: *Schlangenhorn*].

Schlangenhorn (al.) Ver SCHLANGENBASS.

Schlegel BAQUETA (acp. 1).

Schleifer (al.) LÄNDLER.

schleppend (al.) Na partitura, arrastando; o termo também costuma ser encontrado na expressão *nicht schleppend*, não arraste.

Schlittenschnellen GUIZOS.

Schluss (al.) Final, conclusão.

Schlüssel (al.: chave) CLAVE.

schmaltz (iídiche lit.: manteiga derretida) Na música judaica, uma interpretação exagerada, vulgarmente romântica.

schmetternd (al.) CUIVRÉ.

Schnabel (al.) BOQUILHA.

Schnabelflöte (al.) FLAUTA DOCE.

Schnaderhüpfl (al.) SCHNADHÜPFL.

Schnadhüpfl (al.) Canção satírica da região da Bavária [var.: *Schnaderhupfl*].

Schnecke (al.) VOLUTA.

schnell (al.) Rápido.

Schneller (al.) MORDENTE.

schneller (al.) Mais rápido.

schofar (hebr.) SHOFAR.

schola cantorum (lat.) Em meados do século IV, conjunto de cantores de uma igreja.

schottisch (al. lit.: escocesa; it. *scozzese*; fr. *écossaise*) Dança de roda levada para a Inglaterra na primeira metade do século XIX cuja variante francesa é conhecida como *écossaise*. Assemelhava-se à POLCA (sendo porém mais lenta) e espalhou-se por diversos países da Europa e da América Latina. Chegou ao Brasil por volta da metade do século XIX, adotando popularmente o nome de XÓTIS, e tornou-se no século XX popular entre os CHORÕES, que passaram a misturá-la aos ritmos nacionais. Assumiu personalidade própria no Nordeste, onde transformou-se em dança típica regional com o nome de XOTE [var.: *Rheinländer*, *Schottischer*, *Schottische*].

Schrapidiophon (al.) Designação genérica para instrumentos de fricção como o RECO-RECO.

Schreierpfeiffe (al.; provavelmente do it. *schyari*) Instrumento alemão renascentista de PALHETA DUPLA encapsulada.

schuffle (ing.) Nos aparelhos de som ou JUKEBOXES, embaralhar, dispor as músicas aleatoriamente.

Schuloper (al. lit.: ópera de escola) Tipo de ópera escrita com objetivo didático para apresentação nas escolas, a exemplo de alguns trabalhos de Paul Hindemith.

Schüttelidiophon (al.) Designação genérica para instrumentos de percussão sacudidos, como chocalhos e MARACAS.

Schwegel (al.) Espécie de flauta de três orifícios. Confusamente podia designar tanto o tipo transverso quanto a FLAUTA DOCE dos Alpes suíços.

Schwerpunkt (al.) ACENTO.

Schwerttanz (al.) Dança com coreografia de espadas.

Schwingund (al.) VIBRAÇÃO.

Schwingungsknoten (al.) NÓDULO.

schyari (it. antigo) Designa provavelmente um instrumento como o alemão SCHREIERPFEIFFE.

scie musicale (fr.) SERROTE musical.

sci-fi-rock (ing. *science-ficcion-rock*: *rock* de ficção científica) Certo tipo de *rock* moderno de inspiração espacial, como o álbum *The rise and fall of Ziggy Stardust and the spiders of Mars* (*Ascensão e queda de Ziggy poeria de estrelas e as aranhas de Marte*), de David Bowie (1972).

sciolto (it.: solto) **1.** Execução com flexibilidade. **2.** Entre os instrumentos de cordas da orquestra, execução em notas separadas com o uso do pulso.

scoop (ing.) No jargão norte-americano, principalmente entre cantores, diz-se quando uma nota é atacada por aproximação saindo de uma nota ou afinação inferior.

scordato (it.) Afinado em SCORDATURA.

scordatura (it. *scordare*, lit.: discordar; al. *Skordatur*) Recurso muito empregado entre os instrumentistas de cordas do período Barroco. Quando o músico utiliza uma *scordatura*, ele modifica a afinação de uma ou mais cordas de seu instrumento (em geral o violino ou o ALAÚDE, e nos dias de hoje mais freqüentemente o CONTRABAIXO), com o fim de obter combinações que facilitem a execução de certas passagens ou tonalidades, ou mesmo simplesmente para produzir sonoridade diferente. Cada padrão de *scordatura* é chamado *accordatura*. Na orquestra moderna, a *scordatura* é exigida, entre outras obras, na *Serenata para tenor, trompa e cordas*, de Britten, na *Dança macabra*, de Saint-Saëns, e na *Quarta sinfonia* de Mahler.

score (ing.) Partitura geral da orquestra [var. port. e port. pop.: grade].

scorrevole (it.) Fluente.

scotch snap (ing. lit.: batida escocesa) Padrão rítmico enérgico que consiste em uma nota curta seguida por uma mais longa (como uma SEMICOLCHEIA seguida por uma COLCHEIA PONTUADA).

scovolo di fil di ferro (it.) ESCOVA.

scozzese (it.) ÉCOSSAISE.

scramble (ing. lit.: embaralhar) Na MÚSICA ELETRÔNICA, técnica que mistura sinais e freqüências.

scrambler (ing. lit.: misturador) Dispositivo ou aparelho que mistura, embaralha sinais.

scrape (ing. lit.: raspar) Executar instrumentos de fricção, como o RECO-RECO.

scraper (ing. lit.: raspador) Qualquer tipo de instrumento de percussão cujo som é produzido friccionando seu corpo com um objeto, como o RECO-RECO.

scratch (ing. lit.: arranhão) **1.** Ruído agudo desagradável produzido por impurezas na reprodução eletrônica ou gravação. **2.** Arranhão em disco de vinil.

screw (ing. lit.: parafusar) **1.** No jargão dos DJS, tocar um disco com rotação mais baixa, em ritmo de BALADA (acp. 1). **2.** Parafuso.

scroll (ing. lit.: rolo, espiral) Cabeça ou voluta de instrumentos como o violino.

se 1. Instrumento de cordas chinês semelhante a um SALTÉRIO que é tocado horizontalmente, como em uma mesa. **2.** No sistema DÓ MÓVEL, é o sétimo grau abaixado da ESCALA DIATÔNICA e correspondente ao si bemol.

sebell Ver CIBELL.

sec (fr. lit.: seco) SECCO.

seção rítmica Ver COZINHA.

seção 1. Grupo de tubos de um órgão controlado por um MANUAL independente. **2.** (ing. *section*) Na orquestra, NAIPE. **3.** Parte de uma composição.

secco (it. lit.: seco; fr. *sec*) Indica que o som deve ser tocado curto, seco.

Seccorecitativ (al.) RECITATIVO SECCO.

Sechzehntelnote (al.) SEMICOLCHEIA.

seconda pratica (it. lit.: segunda prática) Expressão empregada para designar a técnica musical que surgia na Itália do início do período Barroco, distinguindo-a daquela anterior, que passou a ser denominada *prima pratica* (primeira prática).

seconda volta (it.) CASA DE SEGUNDA.

secondo (it. lit.: segundo) **1.** A segunda parte. **2.** O SISTEMA inferior de um DUO de pianos.

secondo passaggio (it.) SEGUNDA PASSAGEM.

seconds (ing.) Segunda voz.

section (ing.) Seção, NAIPE.

secudiana Ver SAJURIANA.

sedas (port.) CRINA [var.: ensedadura].

sedicesimo (it.) SEMICOLCHEIA.

seele Stimmstock (al.) Ver ALMA.

sega (it.) SERROTE musical.

segno (it.; fr. *segnet*) Sinal. Símbolo [*S*]. Ver também DAL SEGNO.

segno di repitizione (it.) SINAL DE REPETIÇÃO.

segue (it.) Indica que determinado trecho deve seguir sem interrupção para uma nova seção, ou prosseguir da mesma forma que anteriormente.

seguidilla (esp.) Dança em COMPASSO TERNÁRIO da Espanha, surgiu no final do século XVI. As *seguidillas* mais conhecidas são a *sevillana* e a *castellana*, acompanhadas por GUITARRAS (acp. 1) e CASTANHOLAS, e constituem-se formalmente de *coplas* e refrões (estrofes de quatro e três versos, respectivamente).

seguidille (fr.) Dança francesa derivada da SEGUIDILLA espanhola.

segunda Intervalo de dois graus em uma ESCALA DIATÔNICA (por exemplo, dó-ré, ou dó-si).

segunda aumentada Intervalo de SEGUNDA alterado ascendentemente (dó-ré sustenido).

segunda maior Intervalo de cinco graus em uma ESCALA DIATÔNICA (dó-ré).

segunda menor Intervalo entre duas notas que compreende um SEMITOM (dó-ré bemol ou dó-dó sustenido).

segunda inversão Ver INVERSÃO (acp. 1).

segunda passagem (it. *secondo passaggio*; fr. *second passage*) Na técnica vocal, a transição da VOZ MISTA para a VOZ DE CABEÇA.

segunda voz Voz secundária, que segue a primeira e lhe serve de apoio.

sehr (al.) Muito, como em *sehr schnell*: muito rápido.

sejuriana Ver SAJURIANA.

seleção Coletânea de músicas publicadas para fins de execução.

self-correction (ing.) AUTOCORREÇÃO.

self-taught (ing.) AUTODIDATA.

semba Dança popular de Luanda. Ver também SAMBA.

semi-acústico (ing. *hollow body*) Diz-se do instrumento de cordas de corpo oco como a GUITARRA (acp. 3) LES PAUL.

semibiscroma (it.) SEMIFUSA.

semibreve (fr. *semi-brève*; ing. *whole note*; al. *Semibrevis*, *Ganze*) Nota cuja duração é o dobro da SEMÍNIMA e metade da BREVE, é representada na pauta por um símbolo oval.

semi-brève (fr.) SEMIBREVE.

Semibrevis (al.) SEMIBREVE.

semiminima (it.) SEMÍNIMA.

semínima (it. *semiminima*; *quarto*; fr. *noire*; *quarter-note*; *crotchet*; al. *Viertelnote*) Nota que tem a metade do valor de uma MÍNIMA e o dobro de uma COLCHEIA.

semicolcheia (it. *sedicesimo*, *semicroma*; fr. *double crotchet*, *double croche*; ing. *sixteenth-note*, *semiquaver*; al. *Sechzehntelnote*) Nota cuja duração é o dobro da FUSA e metade da COLCHEIA.

semicroma (it.) SEMICOLCHEIA [var.: sedicesimo].

semifusa (it. *semibiscroma*; fr. *quadruple croche*; ing. *hemidemisemiquaver*; al. *Vierundsechzigstelnote*, *Zweinunddreissigstel*) Nota cuja duração é o dobro da QUARTIFUSA e metade da FUSA.

semi-ópera Entre compositores como Purcell, tipo de encenação dramática do Barroco inglês que mesclava trechos declamados pelos artistas principais com seções cantadas pelos demais personagens.

semiquaver (ing.) SEMICOLCHEIA.

semi-staccato (it.) Articulação semelhante ao PORTATO.

semitom (it. *semitono*; fr. *demi-ton*; ing. *half-step*, *semitone*, *hemitone*; al. *Halbton*) Intervalo de meio-tom, ou seja, a metade de um tom inteiro, como em dó-ré bemol ou lá-lá sustenido [var. port.: semítono].

semitonar Literalmente, cantar um semitom acima ou abaixo. É empregado popularmente com o mesmo significado de desafinar.

semitone (ing.) SEMITOM.

semitono (it.) SEMITOM.

semítono (port.) SEMITOM.

semplice (it. lit.: simples) Indica execução sem alterações rítmicas e interpretação comedida.

sempre (it. lit.: sempre) Indica execução sem interrupção ou mantendo certa indicação anterior, como em *sempre forte*.

senhor sampaio Certa dança jocosa de ritmo marcado do FANDANGO (acp. 3) do interior paulista, é geralmente acompanhada por VIOLA DE ARAME.

senkung (al.) THESIS.

sennet (fr. *segnet*, sinal) Tipo de indicação cênica para entrada ou saída de personagens nas representações da Inglaterra elisabetana.

senoidal (ing. *sinusoidal*) Diz-se de uma onda sonora cuja curva apresenta arcos em senóide (sempre idênticos na relação amplitude/tempo).

sensible (fr.) SENSÍVEL.

sensibile (it.) SENSÍVEL.

sensível (it. *sensibile*; fr. *sensible*; ing. *leading tone*; al. *Leitton*) Sétimo grau da escala maior diatônica e das menores melódica e harmônica, distante um semitom abaixo da tônica (si natural em relação a dó, em uma escala de dó maior), portanto sensível à atração exercida por esta última.

sentença Segundo Schönberg, idéia musical completa, geralmente composta por duas frases. Distingue-se do PERÍODO basicamente pelo tratamento musical da segunda parte, chamada conseqüente, que seria quase uma repetição da idéia da primeira (antecedente).
sinusoidal (ing.) Ver SENOIDAL.
senza (it.) Sem, como em *senza sordino* (sem surdina).
senza arpeggiare (it.) NON-ARPEGÉ.
senza misura Ver MISURA.
senza ripieno (it.) Sem RIPIENO. No CONCERTO GROSSO, execução dos solistas sem acompanhamento do TUTTI.
senza sordina (it.) Indica que a SURDINA (acp. 1) do instrumento deve ser retirada.
senza vibrato (it.) Indica que o trecho deve ser executado sem VIBRATO.
sepik flutes kanengara Flautas da Nova Guiné, consideradas as mais longas existentes.
sepolcro (it. lit.: sepulcro) Espécie de ORATÓRIO simples da Viena barroca, é inspirado na tradição das Paixões de Cristo.
septet (ing.) SEPTETO.
Septett (al.) SEPTETO.
septette (fr.) SEPTETO.
septeto (it. *septetto*; fr. *septuor*, *septette*; ing. *septet*; al. *Septett*) Designação genérica para conjunto de sete vozes ou instrumentos. Beethoven e Stravinsky escreveram importantes septetos instrumentais.
septetto (it.) SEPTETO.
septième (fr.) SÉTIMA.
septime (al.) SÉTIMA.
septina (it. *settimina*; fr. *septolet*; ing. *septuplets*; al. *Septole*) Também chamada quiáltera de sete, indica que um grupo de sete notas deve ser executado com valores idênticos no tempo de quatro ou seis notas.
Septole (al.) SEPTINA.
septolet (fr.) SEPTINA.
septuor (fr.) SEXTETO.
septuplets (ing.) SEPTINA.
sequencer (ing.) SEQÜENCIADOR.
seqüência harmônica Ver PROGRESSÃO HARMÔNICA.
seqüência 1. Motivo melódico que na escrita POLIFÔNICA de uma peça surge diversas vezes em diferentes alturas e vozes. **2.** Espécie de CANTOCHÃO ligado às tradições literárias (por isso também chamado prosa) da Idade Média. O texto era cantado em latim. **3.** Na música eletrônica, gravação de dados em um SEQÜENCIADOR.
seqüenciador 1. Dispositivo eletrônico para gravação e reprodução de dados em linguagem MIDI. **2.** *Software* que permite gravar, editar e reproduzir sinais e músicas em linguagem MIDI.
sequentia (lat.) Na Idade Média, trecho litúrgico sem texto, ligado ao ALELUIA.
serafina (ing. *seraphine*) Pequeno órgão portátil de PALHETAS, semelhante a um HARMÔNIO.
serandina Certo tipo de CIRANDA de Minas Gerais.
serandinha Corruptela de CIRANDINHA, é encontrada em determinadas regiões do Centro-Sudeste brasileiro.
séraphine (fr.) SERAFINA. Ver também HARMÔNIO.
sereia 1. Dança de certo tipo de FANDANGO (acp. 3) do interior paulista. **2.** Sirene (port.).
serenada Forma pouco usada para SERENATA.
serenade (ing.) SERENATA.
serenata 1. (lat. *serenus*; al. *Stänchen*; fr. *serenatte*; ing. *serenade*) Como forma musical, designa certo tipo de peça vocal semelhante ao DIVERTIMENTO. No período Barroco, serenatas serviam perfeitamente às comemorações externas das gentes nobres da Corte. Durante o Classicismo, um dos maiores compositores do gênero foi Mozart, que consagrou a forma tanto como obra independente para animar festas e casamentos quanto em belas citações de costumes da época inseridas em óperas como *Don Giovanni*. Desde então, as serenatas passaram a adquirir caráter mais instrumental, ou exclusivamente instrumental. A serenata chegou a ser empregada no Romantismo em formas e conjuntos maiores, a exemplo de obras de Dvorák, Tchaikovsky, Brahms e Britten. **2.** No Brasil, música geralmente acompanhada por violões e bandolins, é freqüentemente cantada e executada ao ar livre sob a janela da mulher amada. Ver também SERESTA.
serenga Cântico da FOLIA-DO-DIVINO do interior paulista, é entoado A CAPPELA por canoeiros nos rios, freqüentemente com melismas

de cantochão. Pode ser encontrada entre barqueiros do rio Tietê.

sereninha Tipo de ciranda do interior de São Paulo.

sereno (it.) Indicativo de execução: com serenidade.

seresta Gênero de canção sentimental trazida de Portugal no início do século XVIII cujo nome foi criado no Rio de Janeiro na tradição da SERENATA (acp. 2). O instrumental é associado ao do CHORO, como violões, cavaquinhos, bandolins e flautas, acompanham cantoria bastante romantizada, quase chorosa.

seriale (it.) Serial.

serial (it. *seriale*; fr. *sériel*; ing. *serial*; al. *seriell*) Relativo ao SERIALISMO.

serialismo (al. *reihengebundene Musik*; ing. *serial music*) Método de escrita musical cujos rudimentos começaram a surgir no final do século XIX, consolidou-se com Schönberg por volta de 1920, na chamada Segunda Escola de Viena, da qual foram discípulos Webern e Alban Berg. A técnica serial de Schönberg, que passou a chamar-se DODECAFONISMO, desenvolve a série dos doze sons da ESCALA CROMÁTICA ordenada em uma forma básica e reorganizada em outras séries, chamadas espelho, em inversão e retrógrada, que são empregadas em combinação com a primeira. Compositores pós-dodecafônicos aproveitaram o sistema para criar séries que organizam de maneira semelhante outros elementos musicais, como timbre, células rítmicas e dinâmica. Outros compositores do século XX que exploraram a técnica foram Stockhausen, Boulez, Nono, Dallapiccola e Babbit. No Brasil, o introdutor do serialismo foi o alemão H. J. Koellreutter, que a partir do final da década de 1940 arregimentou uma legião de jovens compositores como Ailton Escobar, Marlos Nobre, Edino Krieger e Guerra Peixe, entre diversos outros, acirrando de vez a disputa entre modernistas e nacionalistas.

serial music (ing.) Música serial. Ver SERIALISMO.

série (it. *serie*; ing. *series*, *row*, *tone-row*; al. *Tonreihe*, *Reihe*) Termo surgido no século XX para designar uma seqüência de sons organizados de forma lógica, estrutura que serve de elemento principal para a elaboração de uma peça. De maneira mais ampla, também podem ser elaboradas séries de timbres, gradações dinâmicas, durações, células ou padrões rítmicos. Ver também SERIALISMO.

série de sons harmônicos Ver SONS PARCIAIS.

serie dei armonici (it.) SÉRIE HARMÔNICA.

série d'harmoniques (fr.) SÉRIE HARMÔNICA.

serie di corde (it.) CORDOAMENTO [var.: incordatura].

series (ing.) Série.

série harmônica (it. *serie dei armonici*; fr. *série d'harmoniques*; ing. *harmonic series*, *overtone series*; al. *Obertonreihe*) Seqüência de sons cujas alturas têm padrões proporcionalmente definidos e é produzida a partir (e acima) de um som FUNDAMENTAL (acp. 2). Os primeiros doze sons da série harmônica cuja fundamental é dó^1 são: (dó^1)-dó^2-sol^2-dó^3-mi^3-sol^3-si bemol^3 (aprox.)-dó^4-ré^4-mi^4-fá sustenido^4 (aprox.)-sol^4. Ver também HARMÔNICOS.

sériel (fr.) SERIAL.

seriell (al.) SERIAL.

serielle musik (al.) Música serial. Ver SERIALISMO.

serpan (fr.) SERPENTÃO.

serpent (fr.) SERPENTÃO.

serpentão (al. *Basseuphonium*, *chromatisches Basshorn*, *Ophibariton*, *Ophibaterion*, *Schlangenrohr*; esp. *serpente*; fr. *basse cor*, *basse-trompette*, *basson russe*, *basson serpent*, *hibernicon*, *ophimonocléide*, *serpan*, *serpent*, *basson serpent*, *serpentcleid*, *serpent d'église*; ing. *chromatic bass-horn*, *english bass-horn*; it. *corno di basso*, *ofibaritono*, *serpentone*) Instrumento de sopro cujo corpo, um tubo cônico em forma de "S", é feito de seções madeira unidas por elos de couro, às vezes com chaves para cobrir e destampar alguns de seus orifícios. É assoprado pelo executante em um bocal em formato de taça e derivou de um instrumento chamado CORNETO. Foi criado na França no final do século XVI e chegou a ser empregado em outros países, como a Inglaterra, como reforço à voz baixo dos cantores de igrejas. Apesar de ter sido utilizado até em formações militares, na época barroca, não evoluiu e praticamente desapareceu em mea-

dos do século XIX [var.: serpente]. Ver também LYSARDEN.
serpentcleide (fr.) OFICLEIDE.
serpent d'église (fr. lit.: serpente de igreja) SERPENTÃO.
serpente Ver SERPENTÃO.
serpentone (it.) SERPENTÃO.
serra-baia Dança carioca de origem cigana surgida em meados dos anos 1800.
serrabalho Ver SARRABALHO.
serrador Dança do FANDANGO (acp. 3) do interior de São Paulo e sul de Minas Gerais, costuma ser acompanhada por uma VIOLA DE ARAME. Os refrões do violeiro-mestre são alternados com gestos que evocam um serrador de lenha.
serra-moreninha Dança da região central do Brasil acompanhada por VIOLAS DE ARAME, semelhante ao serrador paulista.
serra-moreninha Tipo de SERRADOR da região central do Brasil.
serrana Dança do FANDANGO (acp. 3) da região Sul do Brasil.
serra-osso Ver ARRASTA-PÉ.
serré (fr. lit.: comprimido) STRINGENDO.
serrote 1. Dança como a POLQUINHA da região Sul do Brasil. Os dançarinos raspam as solas dos sapatos no chão de terra batida, imitando o som de um serrote. **2.** (ing. *musical saw*; it. *sega*; fr. *scie musicale*; al. *Singende säge*) Instrumento rudimentar improvisado com uma serra de marceneiro cuja lâmina é curvada pelo executante, emprega um arco (como o de um violoncelo) ou um bastão para produzir sons exóticos de alturas variadas e muito pouco precisas. Teve origem popular no século XIX e foi empregado com relativa freqüência por compositores do século XX.
serventois (fr.; var.: fr. *chanson royale*, esp. *sirventes*) Espécie de poesia satírica cantada sobre melodias padrões características das sociedades PUYS medievais.
servetta (it.; fr. *soubrette*) Na ópera italiana, voz feminina de papel secundário, geralmente uma criada.
serviço Na Igreja Anglicana, palavra que originalmente referia-se a culto, na música pode designar cânticos diversos da liturgia.
sesquiáltera Figura rítmica que estabelece a proporção de três notas executadas na duração de duas, em um mesmo tempo.
sesta (it.) Sexta.
sestetto (it.) Sexteto.
sestina (it.) SEXTINA.
set (ing.) **1.** Jogo, como em *string set* (jogo de cordas de instrumentos como um violão ou violino). **2.** Termo emprestado à técnica de filmagem, designa o local da apresentação musical. **3.** Jargão norte-americano do HIP-HOP, refere-se ao bloco de músicas de um artista ou grupo.
set piece Música religiosa da América inglesa da época da Independência que empregava poesia metrificada, desapareceu no final do século XIX.
set the time (ing.) Definir o tempo, o ANDAMENTO.
setenário Ver COMPASSO.
sétima (it. *settima*; fr. *septième*; ing. *seventh*; al. *Septime*) Intervalo de sete graus em uma ESCALA DIATÔNICA (como dó^1-si^1), é chamado sétima maior quando a nota superior dista um semitom da oitava, e menor quando um tom inteiro (dó-si e dó-si bemol, respectivamente). Um acorde de sétima é composto por uma tríade, mais uma sétima acima da tônica, como em dó-mi-sol-si.
sétima da diminuta Acorde construído sobre uma tríade diminuta acrescida de uma sétima menor alterada descendentemente, contada a partir da tônica (dó-mi bemol-sol bemol-si dobrado bemol).
sétima da dominante (al. *Dominantseptimeakkord*) Acorde que consiste em uma tríade construída sobre o quinto grau de uma escala, acrescida de uma sétima contada a partir de sua fundamental (sol-si-ré-fá, na tonalidade de dó maior).
sétima maior Intervalo de sete graus na ESCALA DIATÔNICA (dó^1-si^1).
sétima menor Intervalo de SÉTIMA alterado descendentemente (dó^1-si bemol^1).
settima (it.) SÉTIMA.
settimina (it.) SEPTINA.
seul (fr.) Solo.
seventh (ing.) SÉTIMA.
sevilhana (esp. *sevillana*) Dança típica de Sevilha. Ver também SEGUIDILLA.
sexta (it. *sesta*; fr. *sixte*; ing. *sixth*; al. *Sexte*)

Intervalo de seis graus em uma ESCALA DIATÔNICA (dó-lá e dó-lá bemol, respectivamente).

sexta alemã Designação inglesa para um acorde com sexta aumentada: dó-mi-sol-lá sustenido.

sexta francesa Designação norte-americana e inglesa para o acorde formado por uma terça maior, quarta e sexta aumentadas, como lá bemol-dó-ré-fá sustenido, em dó maior.

sexta italiana Designação inglesa do acorde formado por uma terça maior e a sexta aumentada: dó-mi-lá sustenido.

sexta maior Intervalo de seis graus em uma ESCALA DIATÔNICA (dó-lá).

sexta menor Intervalo SEXTA alterado descendentemente (dó-lá bemol).

sexta napolitana Acorde construído sobre a primeira inversão da subdominante, com o terceiro e sexto graus menores: fá-lá bemol-ré bemol, na tonalidade de dó maior.

sextas Ver OFÍCIO.

Sexte (al.) SEXTA.

sextet (ing.) SEXTETO.

Sextett (al.) SEXTETO.

sextette (fr.) SEXTETO.

sexteto (it. *sestetto*; fr. *septuor*, *sextette*; ing. *sextet*; al. *Sextett*) **1.** Composição para conjunto de seis vozes ou instrumentos. O sexteto de cordas clássico possui pares de violinos, violas e violoncelos. Boccherini, Dvorák, Rimsky-Korsakov e Schönberg escreveram sextetos de cordas, enquanto alguns dos mais importantes sextetos de sopros de formações variadas foram compostos por Mozart e Beethoven. No Romantismo, Mendelssohn e Poulenc, entre outros, compuseram sextetos de formações mistas com piano e outros instrumentos. **2.** Conjunto de quaisquer seis instrumentos.

sextilha Forma de DESAFIO.

sextina (it. *sestina*; fr. *sextolet*; ing. *sextuplets*; al. *Sextole*) Grupo de seis notas de igual valor executadas na duração exata de quatro.

sexto de tom (ing. *sixth tone*) Intervalo MICROTONAL que tem a amplitude de um terço de um semitom.

Sextole (al.) SEXTINA.

sextolet (fr.) SEXTINA.

sextuplets (ing.) SEXTINA.

sextus (lat.: sexto) Sexta voz da escrita vocal POLIFÔNICA do final da Idade Média.

seykebuds (ing.) Uma das grafias antigas para SAQUEBUTE.

sezione (it.) Sessão.

sf Abreviatura do italiano *sforzando* (forçando).

sfogato (it. lit.: solto) Indicativo do caráter de uma peça ou seção de livre interpretação.

sforzando (it.; var. it.: *forzando*, *forzato*, *sforzato*) Indicação de um forte acento sobre a nota assinalada, passando rapidamente da dinâmica estabelecida (geralmente piano) para forte. Abreviatura [sf ou sfz].

sforzando-piano SFORZANDO seguido de brusca redução dinâmica para *piano*. Abreviatura [*sfp*].

sforzato Ver SFORZANDO.

sfp Abreviatura de *sforzando-piano*.

sfz Abreviatura do it. *sforzando* (forçando).

shabad Entre os hindus, a música dos Sikhs.

shadav Na MÚSICA INDIANA, uma RAGA de seis notas.

shadj Na MÚSICA INDIANA, a primeira nota da escala (sa).

shagbolt (ing.) SAQUEBUTE.

shagird Entre os músicos indianos, discípulo.

shahnai Ver SAHNAI.

Shakbushe (ing.) Uma das grafias antigas para SAQUEBUTE.

shake (ing. lit.: sacudir) Na técnica jazzística dos instrumentos de metal, oscilação como um rápido TRINADO executado com os lábios.

shaksha Instrumento de percussão da MÚSICA JAPONESA.

shakuhachi Ver SHAKUHASHI.

shakuhashi Flauta japonesa de bambu cuja afinação é maleável devido à cobertura parcial dos dedos sobre seus quatro ou cinco orifícios. Originou-se de instrumentos folclóricos chineses por volta do século VIII [var.: *shakuhachi*].

shalm (ing.) Ver SHAWM.

shamisen Ver SAMISEN (acp. 1).

shang Espécie de ÓRGÃO-DE-BOCA chinês dotado de um pequeno FOLE e PALHETAS (acp. 1).

shanhk Na MÚSICA INDIANA, instrumento de sopro feito com uma concha.

shanty (ing.; var. ing.: *chanty*, *chantey*) Canção de trabalho de marujos ingleses da época dos descobrimentos, bastante populares nas grandes embarcações do século XIX.

shape note (ing. lit.: nota de forma) Sistema norte-americano que permite o aprendizado de músicas simples, dispondo as notas em linha, mas cujos formatos diferentes indicam mais facilmente as diversas alturas. Surgiu para facilitar a execução de hinos religiosos pelos fiéis dos séculos XVIII e XIX, e foi bastante empregado nas comunidades protestantes do interior dos Estados Unidos e da Inglaterra.

sharp (ing. lit.: agudo, pontudo) SUSTENIDO.

shastriya sangeet Música clássica indiana.

shawm (ing.; lat. *calamus*: palheta; var. ing.: *shalm*, *wayte-pipe*; esp. *chirimia*; fr. *chalemelle*, *chalemie*) Principal instrumento de PALHETA (acp. 1) dupla da Idade Média até o final do século XVII, antecedeu a BOMBARDA. Bastante primitivo, é considerado um dos ancestrais do OBOÉ e não possuía CHAVES. Ver também BASSANELLO, BASSET NICOLO, BOMBARDA (acp. 2), DULZAINA, HAUTBOIS DE POITON, RAUSCHPFEIFFE e TÁROGATÓ.

shehnai Ver SAHNAI.

shekere Chocalho de origem africana empregado em diversos gêneros musicais latino-americanos.

shell (ing.) FUSTE.

sheng Ver CHENG.

shielded (ing. lit.: protegido, isolado) Na música eletrônica, alto-falantes ou cabos isolados para prevenção de ruídos causados por interferência magnética.

shift (ing. lit.: mudança) Entre os instrumentos de cordas ou o trombone, MUDANÇA DE POSIÇÃO (acp. 1).

shifter (ing.) Alternador. Ver também PHASE SHIFTER.

shifting (ing. lit.: mudança) **1.** SHIFT. **2.** DESLOCAMENTO.

shimmy Dança em COMPASSO BINÁRIO de negros norte-americanos do início do século XX, guardava semelhanças com o RAGTIME e tornou-se popular também entre os brancos em *shows* de cabarés, como as *Zigfield follies* (Folias de Sigfield).

shivaree (ing.) CHARIVARI.

sho Ver CHÔ.

shofar (hebr. lit.: trompa) Instrumento judaico muito antigo que tem atribuições religiosas, como quando é tocado no Rosh ha-Shaná (Ano-Novo judaico) para despertar as pessoas de sua letargia espiritual e convocá-las ao arrependimento. É feito com um chifre, geralmente de carneiro, que também simboliza o animal que foi sacrificado no lugar de Isaac, filho de Abraão. É tocado como uma trombeta e emite apenas três sons básicos. Levado para o campo pelos romanos, passou a ser empregado também pelos pastores [var.: *schofar*, *chofar*]. Ver também BERRANTE.

short bow (ing.) Entre os instrumentos de cordas da orquestra, indica execução com GOLPES curtos.

show (ing. lit.: mostra) Apresentação de música não-erudita.

show biz (ing. lit.: negócios do *show*) Forma abreviada de *show businness*, como na música *There's no businness like show businness* (não há negócio como o *show biz*).

showman (ing. lit.: homem de *show*) Animador de um *show* que além de apresentar geralmente canta ou executa um instrumento.

show-woman (ing. lit.: mulher de *show*) Versão feminina de SHOWMAN.

shudda svar Na MÚSICA INDIANA, nota natural.

shuffle (ing. lit.: embaralhar) Alterar propositalmente a duração das notas, como no *jazz*.

Shüttenrohr (al.) Chocalho.

si 1. Nome do sétimo grau, chamado sensível, da ESCALA DIATÔNICA. Na grafia inglesa, B, e na alemã, H. A freqüência do si, com referência ao lá padrão 440 Hz, é de 493,9 Hz. **2.** No sistema DÓ MÓVEL, o quinto grau aumentado, correspondente ao sol sustenido na tonalidade de dó maior.

si bemol (it. *si bemolle*; fr. *si bémol*; ing. *B flat*; al. *b*) Sétimo grau abaixado da ESCALA DIATÔNICA de dó maior.

si bemolle (it.) Si bemol.

sibila Canção popular da Eritréia do século XVIII, descrevia a chegada de Cristo. Era cantada em grego e foi adaptada para o latim por Santo Agostinho.

siciliana Na Itália barroca, uma espécie de ARIA instrumental que deve sua origem à dança homônima. Na época, passou a ser uma constante em óperas e cantatas, chegando a ser empregada por Händel. É também evocada em indicações como *alla siciliana* (à siciliana).

siciliano Até o final do século XVI, aproximadamente, designava certo tipo de canto declamado, o *strambotto siciliano*.
sicômoro Madeira que, como o ACCERO, é empregada na construção do fundo e das laterais dos melhores violinos.
sicu Flauta de BISEL da tradição dos Andes latinos.
side FAIXA (acp. 1).
side drum (ing. lit.: tambor lateral) Pode designar a CAIXA-CLARA ou, mais precisamente, o SURDO da BATERIA (acp. 1). Na Idade Média, referia-se a um tipo de tambor rústico, levado preso à cela do cavalo.
si dièse (fr.) Si sustenido.
si diesis (it.) Si sustenido.
siegne de reprise (fr.) SINAL DE REPETIÇÃO.
sifflet (fr.) **1.** Técnica vocal em que o som é virtualmente emitido pela passagem através das cordas vocais, e não pela vibração delas. **2.** (fr.; al. *Sifflöte*) OTTAVINO. **3.** APITO.
Sifflöte (al.) OTTAVINO.
sight-reading (ing. *sight*: vista, *reading*: leitura) Leitura à primeira vista.
Signalhorn (al.) BUGLE.
silábico Tipo de CANTOCHÃO em cujo texto cada sílaba leva uma nota.
sillet (fr.) TASTO.
sillet du bas (fr.) A pestana inferior onde se apóia no tampo o RABICHO de instrumentos como o violino. *Sillet du haut* é pestana superior.
sillet du haut (fr.) Ver SILLET DU BAS.
silofono (it.) XILOFONE.
Simandl (al.) Ver ARCO DRAGONETTI.
simile (it. lit.: similar) Na partitura, um trecho que deve ser executado de forma semelhante ou similar à anterior. Abreviatura: [sim].
simpatia (gr. *sympátheia*, descreve sentimento de atração entre pessoas; ing. *sympathetic*). Em acústica, vibração por RESSONÂNCIA entre dois corpos. Ver CORDA SIMPÁTICA.
simpático Qualidade do objeto que vibra por SIMPATIA.
simplex (lat. lit.: simples) Na Idade Média, designava o canto MONOFÔNICO ou uma interpretação despojada de um texto musical.
sin 1. (it.) Sino. **2.** (it.) Sem. **3.** Abreviatura de SINTETIZADOR.
sinais de dinâmica Ver DINÂMICA.
sinais de direção Entre os instrumentos de cordas da orquestra, símbolos que indicam a direção em que se movimenta o arco. Ver ARCO PARA BAIXO e ARCO PARA CIMA.
sinal 1. Símbolo para indicação de dinâmica, arco, digitação, dedilhado etc. **2.** Na MÚSICA ELETRÔNICA, um impulso elétrico traduzido em som. **3.** Impulso elétrico que trafega em determinado circuito ou é por ele produzido.
sinal de áudio Sinal eletrônico que é tornado AUDÍVEL.
sin'al fine (it.) Até o fim.
sinal de repetição (it. *segno di repitizione*; fr. *siegne de reprise*; ing. *repeat sign*; al. *Wiederholungzeichen*) Em notação musical, dois pontos colocados antes de uma barra dupla, na altura da terceira linha do PENTAGRAMA, indicando que o trecho anterior deve ser repetido.
síncopa Ver SÍNCOPE.
sincopado Ritmo que é caracterizado por SÍNCOPES.
sincopation (ing.) SÍNCOPE.
síncope (lat. *syncopa*; it. *sincope*; fr., ing., al. *syncope*; ing. *sincopation*) Deslocamento do acento de um tempo ou parte dele para antes ou depois do tempo ou da parte dele que deveria ser naturalmente acentuada [var.: síncopa].
sineta Ver CAMPAINHA. Ver também CAMPAINHAS DE ALTAR.
sinfonia 1. (it.; gr. *sinfonia*: agrupamento de vozes, sons) Termo surgido no Renascimento com referência a certo tipo de canções instrumentais. Posteriormente, durante o Barroco, costumava designar uma peça instrumental introdutória, com caráter de PRELÚDIO, até que em meados do período o termo passou a referir-se especificamente a peças instrumentais. Como composição orquestral maior, a sinfonia tal como se conhece hoje veio consolidar-se na Mannheim de Stamitz e na Viena clássica, onde os gênios de Mozart e Haydn a consagraram como grande forma instrumental (Mozart escreveu mais de cinqüenta sinfonias, das quais 41 são conhecidas, e Haydn mais de cem). A sinfonia clássica, que praticamente definiu a forma depois universalmente adotada, surgiu da chamada ABERTURA ITALIANA barroca (rápido-lento-rápido),

e era composta geralmente de quatro movimentos, sendo o terceiro deles evocativo de uma dança, o MINUETTO (posteriormente trocado pelo SCHERZO por Beethoven), que vinha ligado a um TRIO (acp. 3). O maior sinfonista foi, talvez, Beethoven, que apesar de ter escrito apenas nove obras do gênero marcou as páginas da história da música com algumas das grandes obras-primas da humanidade (a *Quinta sinfonia em dó menor* e a *Nona sinfonia em ré menor*, por exemplo). A essa concepção clássica de sinfonia permaneceram fiéis românticos como Mendelssohn, Schubert, Schumann e Brahms, chegando até Tchaikovsky, autor de seis delas. Alguns românticos procuraram outra linha, buscando em conteúdos programáticos novos elementos para a grande forma sinfônica — a exemplo de Berlioz, Strauss, Liszt, Frank e Saint-Saëns. Bruckner, apesar de calcado em novas idéias harmônicas e princípios de desenvolvimento temático, ainda se manteve indiscutivelmente apegado ao espírito beethoveniano, e compôs, assim como o mestre de Bonn, nove grandes sinfonias. Outros sinfonistas, imbuídos do espírito romântico clássico mas já abertos às liberdades preconizadas no final do século XIX, foram Mahler, Sibelius e Elgar. Mais adiante, compositores modernos também se mostraram apegados à tradição sinfônica clássica, mesmo que suas obras representassem novos conceitos estéticos: Prokofiev, Ives, Honneger, Sessions e outros. No Brasil, a forma também conhece alguns grandes adeptos: Villa-Lobos, Guarnieri e Santoro escreveram importantes obras, mas devido às dificuldades de obter espaço para execução nas programações conservadoras das boas orquestras nacionais, raros são os autores que atualmente se arriscam a despender o enorme tempo requerido pela arte da composição de sinfonias. **2.** (it.) ABERTURA (acp. 1).

sinfonia concertante Gênero mais próximo da idéia do CONCERTO GROSSO para dois ou mais instrumentos solistas e orquestra do que da SINFONIA propriamente dita, surgiu em meados do período Barroco e trazia apenas dois ou três movimentos. Embora diversos clássicos, como Stamitz, Christian Bach, Boccherini e Dittersdorf, tenham se dedicado ao gênero, o modelo permanece indiscutivelmente associado aos nomes de Haydn e Mozart, este último com sua belíssima *Sinfonia concertante para violino e viola*. Apesar de algumas experiências esparsas, o gênero parece ter perdido fôlego no final do Classicismo.

sinfonia de câmara Tipo de composição sinfônica de menor porte dedicada a conjuntos de câmara. O termo parece ter surgido com a *Sinfonia de câmara* Op. 9, de Arnold Schönberg, no início do século XX.

sinfonietta 1. (it.: pequena sinfônica) Conjunto orquestral de câmara, à maneira das orquestras clássicas, possui não mais do que quarenta integrantes. **2.** (it. pequena sinfonia) Termo cunhado a partir do final do século XIX para designar uma obra sinfônica de menores proporções. Rimsky-Korsakov, Britten, Prokofiev e Hindemith escreveram *sinfoniettas*.

sinfonista Compositor que escreve SINFONIAS.

sing (ing.) Cantar.

singende Säge (al.) SERROTE musical.

singing arc (ing.) Ver SINTETIZADOR.

singing détaché (fr., ing.; var. fr. ing.: *german détaché*; fr. *détaché chanté*) Entre os instrumentos de cordas da orquestra, certo tipo de DÉTACHÉ cantado, que emprega um GOLPE longo para cada nota.

single (ing.) Diz-se do álbum ou COMPACTO simples.

sing out of tune (ing.) Desafinar.

Singspiel (al.) Certo tipo de opereta alemã e austríaca de caráter cômico e diálogos falados que teve em Mozart (*A flauta mágica*, de 1791, por exemplo) um de seus cultores.

sinhá-aninha Dança do folclore do Paraná e Rio Grande do Sul.

sinhá-carandá Música do folclore negro semelhante à QUERO-MANA, é encontrada na região Sul-Sudeste do Brasil.

sinhaninha Corruptela de SINHÁ-ANINHA.

sinistra (it.) Esquerda.

sink-a-pace Corruptela inglesa para o francês CINQUE PAS.

sino 1. (al. *Schelle*) Como instrumento musical, os sinos são conhecidos há mais de 5 mil anos. Sinos de cerâmica foram empregados na Antiguidade, assim como há diversos registros de exemplares de vidro em épocas distantes. Bach utilizou sinos em uma ou outra CANTATA, enquanto Rossini e Berlioz teriam tirado proveito da sonoridade mística do instrumento em algumas composições orquestrais. Para efeito similar ao dos sinos, a orquestra sinfônica emprega os sinos tubulares (*tubular bells*), também chamados carrilhões de orquestra. **2.** Taça do BOCAL dos instrumentos de METAL (acp. 2).

sinopse (gr. *synopsis* lit.: visão do conjunto) Resumo do texto de uma ópera.

sinos da felicidade Pequenos sinos ou tubos metálicos, de tradição oriental, costumam ser pendurados do lado de fora das casas e emitem sons misteriosos quando balançados pelo vento.

sinos de orquestra GLOCKENSPIEL.

sinos de templo TEMPLE BELLS.

sinos de vento (fr. *cloches de coquille*; ing. *chinese wind chimes*; al. *Glasstäbchen*) Instrumento chinês que consiste em uma série de tubos de diferentes dimensões acionados pelo vento.

sinos tubulares (it. *campane tubular*; fr. *cloches tubulaires*, *timbres*; ing. *tubular bells*). Instrumento orquestral de percussão que consiste em tubos de metal de tamanho variado, afinados e organizados em ordem CROMÁTICA e suspensos em uma armação. Os sinos são percutidos com MALLETS, e podem ser controlados por meio de um pedal que aciona abafadores. Algumas da obras mais representativas que utilizam o instrumento são a *Abertura 1812*, de Tchaikovsky, o *Psi Selon Pli*, de Pierre Boulez, e a *Segunda sinfonia* de Gustav Mahler [var.: CARRILHÃO DE ORQUESTRA]. Ver também SINO.

síntese (gr. *sΩnthesis*: ajuntar) Organização eletrônica dos sinais sonoros.

síntese aditiva Ver ADDITIVE SYNTHESIS.

sintetizador (ing. *synthesizer*; it. *sintetizzatore*) Aparelho que cria eletronicamente sons musicais, pode ser analógico ou digital. Enquanto o primeiro tipo emprega variações na voltagem para alterar as ondas sonoras, o segundo emprega informações digitalizadas nas mais diversas freqüências. Um dos precursores foi William Duddel, criador de um aparelho peculiar em 1889 que reproduzia e amplificava o som produzido pelos filamentos das lâmpadas — razão pela qual o instrumento também era chamado *singing arc* (lit.: arco cantante). Os primeiros sintetizadores empregavam válvulas (ver MARTENOT) e eram aparelhos analógicos que se difundiram a partir da metade do século XX. A escalada dos sintetizadores teve início nos primeiros anos da década de 1970, após o sucesso alcançado pelo protótipo criado por MOOG, instrumento que leva seu nome, como o MINIMOOG, por exemplo. O sintetizador digital, daquela década, utilizava microprocessadores, ou *chips*, e podia ser programado para uma gama enorme de possibilidades de combinações.

sintetizador de ondas FM (ing. *FM sinthesizer*) Dispositivo eletrônico que emprega a combinação entre ondas de freqüências diferentes para a obtenção de novos elementos.

sintetizzatore (it.) SINTETIZADOR.

sinthesizer (ing.) SINTETIZADOR.

sintonizar Em MÚSICA ELETRÔNICA, processo que consiste em ajustar freqüências extremamente próximas para a obtenção de timbres variados.

sinusoidal (ing.) SENOIDAL.

siren (ing.) SIRENE.

sirena (it.) SIRENE.

sirene (it. *sirena*; fr. *sirène*; ing. *siren*; al. *Sirene*) Dispositivo de automóvel, manual, movido a manivela ou eletrônico, empregado na percussão da orquestra [var.: port. sereia]. Abreviatura [sna.]. Ver também AUTO HORN.

sirène (fr.) SIRENE.

sirilla Dança semelhante à SEGUIDILLA da ilha chilena de Chiloé

siringa (it.) FLAUTA DE PÃ.

siringe (fr.) FLAUTA DE PÃ.

siringe SYRINX.

siriri Dança de roda do Nordeste e Sudeste brasileiro. Existe uma variante acompanhada por VIOLA DE ARAME e percussão que pode ser encontrada na região central do país.

siriria Tipo de SIRIRI do norte de Minas Gerais.

sirventes (esp.) SERVENTOIS.

sistema (ing. *system*) **1.** Grupo de dois ou mais PENTAGRAMAS que, na partitura de orquestra, representam mais de uma voz ou instrumento musical, a serem tocados em conjunto e delimitados por uma chave [{]. **2.** Par de PENTAGRAMAS da partitura de piano delimitados por uma chave [{].

sistema Boehm Mecanismo aperfeiçoado e patenteado pelo alemão Theobald Boehm, que dotou de chaves os instrumentos de sopro. O sistema passou a proporcionar melhor afinação, agilidade e combinações para obtenção da gama completa de sons da ESCALA CROMÁTICA em diversas oitavas.

sistema fixo Ver DÓ FIXO.

sistro (it.; lat. *sistrum*) **1.** Nos séculos XVIII e XIX, GLOCKENSPIEL. **2.** Instrumento de percussão de origem egípcia e afinação indefinida, era suspenso por uma HASTE (acp. 2), e tocado sacundindo seus discos metálicos como em um pandeiro.

si sustenido (it. *si diesis*; fr. *si dièse*; ing. *B sharp*; al. *his*) Sétimo grau alterado ascendentemente da ESCALA DIATÔNICA de dó maior. Símbolo [B#].

sitar (persa, lit.: de três cordas) Instrumento tradicional da música paquistanesa e indiana, teve origem anterior ao século XI. Com o tempo, adquiriu cinco ou sete cordas, às quais posteriormente foram acrescidas até doze BORDÕES (acp. 1) e cordas SIMPÁTICAS; é tocado com um PLECTRO preso ao polegar do executante. Alguns desses instrumentos possuem uma segunda CAIXA DE RESSONÂNCIA, geralmente uma CABAÇA, afixada na extremidade superior do braço. O *sitar* tornou-se extremamente popular no Ocidente nos anos 1960 e 1970, graças ao indiano Ravi Shankar, introduzido na *música* POP por George Harrison.

Sitzprobe (al. *Probe*: prova) Tipo de ensaio de ópera em que os cantores permanecem sentados, enquanto trabalham seus papéis com a orquestra.

sixte (fr.) SEXTA.

sixteenth-note (ing.) SEMICOLCHEIA.

sixth tone (ing.) Sexto de tom. Ver também MICROTOM.

sixty-fourth note (ing.) SEMIFUSA.

ska Gênero de música e dança POP da Jamaica da segunda metade do século XX que chegou a ser exportado para os EUA. Combina elementos africanos, das Índias Ocidentais e norte-americanos e se relaciona com o BLUEBEAT. Ver também REGGAE.

Skala (al.) ESCALA.

sketch (ing.) **1.** Esboço, rascunho de uma composição. **2.** Cena, ou quadro de uma REVISTA.

skiffle Música de negros norte-americanos da primeira metade do século XX, assimilou tradições e instrumentos da COUNTRY MUSIC, como o WASHBOARD, o violão de cordas de aço e a HARMÔNICA DE BOCA. Influenciou grupos de *rock* ingleses, no início dos anos 1960, que a mesclaram com o RHYTHM'N'BLUES.

skiffle band (ing.) Ver SPASM BAND.

skin (ing.) Pele. Ver também MEMBRANA.

skip (ing.) Salto, saltar.

skirl (ing.) Som agudo, estridente e rachado, como um guincho.

Skordatur (al.) SCORDATURA.

slackness (ing.) REGGAE de letra rude, agressiva, geralmente elaborado por DJS.

slancio (it.) Vigor. Usado em expressões como *con slancio* (com vigor).

slap (ing. lit.: tapa) Técnica de execução de instrumentos de cordas como o contrabaixo, emprega a batida da mão contra o ESPELHO à guisa de percussão. Ver também SLAPPING.

slapping (ing.) Técnica de PIZZICATO percussiva no CONTRABAIXO ACÚSTICO. Ver também BLUEGRASS.

slapstick (ing.) CHICOTE.

slatt Música folclórica da Noruega em COMPASSO QUATERNÁRIO marcado, é geralmente acompanhada por uma espécie de RABECA.

slave (ing. lit.: escravo) Na MÚSICA ELETRÔNICA, um dispositivo que depende de outro principal, chamado *master* (mestre).

slendro Um dos dois sistemas empregados na afinação do GAMELÃO indonésio.

slentando (it.) Ver RALLENTANDO.

slide (ing. lit.: escorregar) **1.** Efeito de deslizar não-CROMATICAMENTE de uma nota para outra. Ver também GLISSANDO. **2.** VARA de trombone.

slide flute (ing) FLAUTA DE ÊMBOLO [var ing.: *swance flute*].

slide into Entre os instrumentistas de *jazz*, deslizar, escorregar de uma nota para outra.

slide trombone (ing.) TROMBONE DE VARA. Ver TROMBONE.

slide trumpet (ing.) **1.** TROMPETE DE VARA **2.** Espécie de TROMPETE DE VARA dupla que foi

utilizado por Purcell em sua música funeral dedicada à rainha Mary (1695).
slider (ing.) Régua de registro. Ver ÓRGÃO.
slit drum (ing.) Ver TAMBOR DE MADEIRA COM FENDA.
slovansky tanec Danças eslavas.
slow (ing.) **1.** Lento. **2.** ADÁGIO (acp. 1).
slowly (ing.) **1.** Lentamente. **2.** ADÁGIO (acp. 1).
slur (ing.) LIGADURA.
small cup bells (ing.) Pequenos sinos.
smallpipes Espécie de pequena GAITA-DE-FOLES escocesa.
SMF Na MÚSICA ELETRÔNICA, abreviatura inglesa de *Standard Midi Files*.
smorzando (it.) Esmorecendo, apagando.
smorzate (it.; var.: it. *soffocato*) Entre os instrumentos de percussão, indica que o som deve ser abafado.
smorzatore (it.) Ver PEDAL DE SURDINA.
sna Abreviatura do italiano *sirena*. Ver SIRENE.
snap (ing. lit.: estalar) Certo tipo de PIZZICATO em que se usa a mão para percutir contra o ESPELHO do instrumento.
snare drum (ing.) CAIXA-CLARA.
sô Espécie de sitar da MÚSICA JAPONESA.
soada Parte musical de uma TOADA.
soalhas (it. *sonagliera*; fr. *grelots*; ing. *jingles*; al. *Rollschellen*) Pequenos pratos ou discos metálicos dispostos nas laterais de instrumentos de percussão como o pandeiro.
soave (it.) Suave.
sob (ing. lit.: soluço) Técnica do ALAÚDE que emprega o relaxamento da pressão dos dedos da mão esquerda após o ataque de cada nota.
sobrepontuação (ing. *overdotting*) Na música barroca, interpretação ritmicamente exagerada de ritmos PONTUADOS.
sobretons Ver HARMÔNICOS.
soca Gênero popular das Índias Ocidentais que mescla CALIPSO e SOUL MUSIC.
socador Ver CUÍCA.
soffiare (it.) Soprar.
soffocato (it.) Ver SMORZATE.
sofita No teatro de ópera, cabos de aço e cordas que servem para suspender os elementos da CENOGRAFIA.
soft case (ing. lit.: estojo macio) Capa para instrumentos, geralmente de couro, napa ou material sintético como náilon.
soft rock (ing. lit.: *rock* macio) *Rock* de características mais suaves, como a música de James Taylor.
soft shoe (ing.) Ver SAPATEADO (acp. 1).
soggetto (it.) SUJEITO.
soirée (fr. *soir*: noite) Espetáculo realizado à noite.
sol (it., fr., ing., al. *G*) Nome da nota encontrada no quinto grau da escala de dó maior ou menor, também primeiro grau do MODO ECLESIÁTICO chamado MIXOLÍDIO. A freqüência da nota sol imediatamente inferior ao lá padrão 440 é de 392 Hz.
sol bemol (it. *sol bemolle*; fr. *sol bémol*; ing. *G flat*; al. *ges*) Quinto grau alterado descendentemente da ESCALA DIATÔNICA de dó maior.
sol bemolle (fr.) SOL BEMOL.
Soldatengesang (al.) Canto de militares [var.: *Soldatenlied*].
Soldatenlied. (al.) SOLDATENGESANG.
sol dièse (fr.) SOL SUSTENIDO.
sol diesis (it.) SOL SUSTENIDO.
solfa 1. Arte de solfejar; SOLFEJO. **2.** Música escrita; PARTITURA.
Sol-fa Ver TONIC SOL-FA.
solfare (lat.) SOLFEJAR.
solfège (fr.) SOLFEJO.
solfeggio (it.) SOLFEJO.
solfejo (it. *solfeggio*; fr. *solfège*; al. *Solmisation*) Inicialmente, referia-se à técnica ou disciplina de exercícios vocais não associados a textos, construídos sobre estudos de ESCALAS e ARPEJOS. Passou a designar genericamente exercícios vocais empregados no adestramento da técnica e na percepção musical [var. ing.: *solmization*]. Ver também SOLMIZAÇÃO.
solid body (ing. lit.: corpo sólido) Ver GUITARRA ELÉTRICA.
Solist (al.) Solista do sexo masculino.
Solista (it.; fr. *soliste*; ing. *soloist*; al. *Solist*, *Solistin*) Músico que atua à frente de uma orquestra, em solo.
Solistin (al.) Solista do sexo feminino.
Solmisation (al.) **1.** SOLFEJO. **2.** SOLMIZAÇÃO.
solmização Técnica de aprendizado e treinamento musical que emprega sílabas definidas associadas a alturas sonoras, deve sua origem aos trabalhos de Guido d'Arezzo, ainda no século XI, que empregava as pri-

meiras sílabas dos versos do hino a São João Batista, *ut-re-mi-fa*, e assim por diante, e Guidon, que teria sistematizado o sistema chamado SOL-FA, de onde teria se originado o SOLFEJO propriamente dito.

solmization (ing.) **1.** SOLFEJO. **2.** SOLMIZAÇÃO.

solo (it. lit.: sozinho) **1.** Voz ou parte a ser executada sem DOBRAMENTOS por outras vozes ou instrumentos. **2.** Um dos REGISTROS (acp. 2) do órgão de tubo.

soloist (ing.) Solista.

solo organ (ing.) RECITATIVO (acp. 2).

solo strings (ing.; al. *Solo Stimmung*; port. *cordas solo*) Cordas especiais para solo, como as do CONTRABAIXO, que são afinadas um tom acima (fá sustenido-si-mi-lá, em vez de mi-lá-ré-sol), para proporcionar maior volume e brilho, além de facilitar o acesso às notas mais agudas.

solovox Instrumento eletrônico que foi empregado em composições de Percy Grainger em meados do século XX.

sol sustenido (it. *sol diesis*; fr. *sol dièse*; ing. *G sharp*; al. *gis*) Quinto grau alterado ascendentemente da escala de dó maior. Símbolo [G$^\#$].

solto na buraqueira Na gíria baiana, diz-se do dançarino que cai firme no REGGAE.

soluço Ver SOB.

som (it. *sono*; fr. *son*; ing. *sound*; al. *Schall*) Fenômeno físico que consiste na propagação de ondas em algum meio elástico, como o ar. A freqüência média audível pelo ser humano vai de aproximadamente 20 a 20 mil Hz.

sombra (fr. *sombre*) Na técnica vocal, timbre oposto ao chamado CLARO.

sombrerito Dança popular chilena levada pelo Peru no século XIX.

someiro (it. *somiere*; fr. *somière*; ing. *windchest*; al. *Windlade*) Ver ÓRGÃO.

som fechado 1. Entre os instrumentos de cordas, CORDA PRESA. **2.** Na técnica da TROMPA, indica que a mão direita deve cobrir parte ou a totalidade do interior da CAMPANA.

somier des chevilles (fr.) CEPO.

somiere (it.) **1.** CEPO. **2.** SOMEIRO.

somière (fr.) SOMEIRO.

sommeil (fr. lit.: sono) Certo tipo de PRELÚDIO de obras vocais e instrumentais da França barroca. A música era envolvida por atmosfera onírica e os textos faziam freqüentes referências a Morfeu.

son 1. Ritmo afro-cubano fortemente sincopado, chegou a Havana durante a Primeira Guerra Mundial, mesclando-se aos PREGÕES de mascates e vendedores de rua. O padrão rítmico do *son* é chamado *chicka-chung*, e deu origem à SALSA cubana. Eliades Ochoa e o Cuarteto Patria são alguns dos mais autênticos representantes do gênero, imortalizado por Wim Wenders no filme *Buena Vista Social Club*, Prêmio Grammy de 1998. **2.** (fr.) Som.

sone Assim como o *fon*, medida de intensidade sonora utilizada na fonoaudiologia.

son enflé (fr. *enfler*, lit.: inchar, encher de vento) Técnica comum entre cantores e instrumentistas de cordas da orquestra. No caso dos instrumentos, a corda é atacada suavemente, após o que, por acréscimo de pressão, é criada uma barriga que decresce ao final de cada nota.

son filé (fr. *filer*: conduzir; it. *filar il suono*; ing. *spun tone*) Técnica comum entre cantores e instrumentistas de cordas da orquestra. O som é mantido inalterado do início ao fim da nota, sem CRESCENDOS ou DECRESCENDOS. Ver também LEGATO.

sonajas (hait.) MARACAS.

sonaliera (it.) GUIZEIRA.

sonare (it.) Soar.

sonata Originalmente, o termo designava peça instrumental escrita para instrumento solista, com ou sem acompanhamento, em contraposição a CANTATA, obra para vozes. A forma primitiva, do final da Idade Média, derivou da CANZONE, e continha um único movimento fracionado, até que no período Barroco consagrou-se a estrutura em mais de um MOVIMENTO. Corelli teria introduzido na SONATA DA CHIESA a estrutura básica de quatro movimentos (o primeiro e o terceiro lentos e o segundo e o quarto rápidos). Essa estrutura, principalmente na SONATA DA CAMERA, originou-se das principais danças da suíte barroca: ALLEMANDE, COURANTE, SARABANDA e GIGA. A instrumentação mais comum no período empregava dois violinos e CONTÍNUO, mas com o passar dos anos a sonata para um instrumento solista com (e algumas vezes sem) acompanhamento foi se tornando mais freqüente. No final do Classicismo, sonatas para CRAVO, CLAVICÓRDIO ou piano solo tornaram-se comuns, e quando esses instrumentos combinavam-se ao violino ou outro instrumento, em virtude de sua própria evolução, o acompanhamento passou a assumir caráter de grande importância. Quanto à forma dos movimentos, o primeiro costuma seguir o padrão SONATA, propriamente dita, o terceiro emprega um MINUETO (mais tarde substituído pelo SCHERZO), e o último com freqüência baseia-se em estruturas como a de um RONDÓ ou VARIAÇÕES. A partir do final do Romantismo, a sonata desprendeu-se dos padrões formais tradicionais, passando a designar de forma genérica obra em um ou mais movimentos para um ou mais instrumentos solistas com acompanhamento ou em diálogo entre partes de importância equivalente. Assim, de Vivaldi a Bach, de Tartini a Händel, de Haydn e Mozart a Beethoven, chegando a Prokofiev, Hindemith e Boulez, a sonata foi um dos gêneros mais apreciados pelos compositores e instrumentistas de todas as épocas. Ver também FORMA SONATA.

sonata da camera (it.) Peça para instrumento ou pequeno grupo solista, acompanhado por CONTÍNUO. Geralmente é composta de três ou quatro movimentos inspirados em danças do período Barroco.

sonata da chiesa (it. lit.: sonata de igreja) Forma consolidada em quatro MOVIMENTOS, sendo o primeiro e o terceiro lentos e o segundo e o quarto rápidos. No final do período Barroco, a SONATA DA CHIESA começou a fundir-se com a SONATA DA CAMERA.

sonata da epístola Obra instrumental tocada após a EPÍSTOLA em igrejas alemãs.

sonata de igreja Ver SONATA DA CHIESA.

sonata-rondó Forma que integra os princípios do RONDÓ à estrutura de uma SONATA.

sonata-trio Forma que no período Barroco empregava dois instrumentos solistas acompanhados por CONTÍNUO (como, por exemplo, dois violinos, violoncelo e CRAVO). No início do período, servindo a finalidades distintas, a sonata-trio deu origem aos termos SONATA DA CHIESA (sonata de igreja) e SONATA DA CÂMERA, para execução em ambientes religiosos ou seculares, respectivamente.

Sonatenform (al.) FORMA SONATA.

sonatina (it. lit.: pequena sonata) Surgiu no final do período clássico e continuou com freqüência a designar obras instrumentais (na maioria das vezes para piano) de caráter ligeiro.

son bouché Ver BOUCHÉ.

sonero Cantor do SON cubano. Também se refere genericamente ao CROONER de SALSA.

songbook (ing. lit.: livro de canções) Ver FAKEBOOK.

song form (ing. lit.: forma de canção) Ver LIEDFORM.

songster Nos EUA do final do século XIX, designava o músico, geralmente negro, que cantava, acompanhando-se ao BANJO ou à GUITARRA (acp. 1), uma grande variedade de gêneros musicais, freqüentemente agregando outros instrumentos de cordas.

sonidor Instrumento que consiste em um fio atado a um bastão, que, quando girado no ar, provoca um zumbido exótico.

sonoridade (it. *sonorità*; fr. *sonorité*; ing. *sonority*; al. *Klanglichkeit*) Uma das qualidades do som, geralmente empregada com relação à intensidade ou ao timbre.

sonorità (it.) SONORIDADE.

sonorité (fr.) SONORIDADE.

sonority (ing.) SONORIDADE.

sonorous stone (ing.) PEDRA SONORA DE NEFRIT.

sons enarmônicos Ver NOTAS ENARMÔNICAS.

sons harmônicos Ver HARMÔNICOS.

sons parciais Sons (HIPERTONS ou HARMÔNICOS superiores) produzidos pela vibração de uma corda ou coluna de ar a partir de um harmônico principal, chamado fundamental. Ver também HARMÔNICOS.

sopapo Válvula dos SOMEIROS do órgão.

sopra (it. lit.: sobre, acima) Na técnica pianística, indicação, na parte escrita do piano, de que os braços devem ser cruzados, a mão esquerda tocando a parte superior e a direita a inferior (ao contrário do usual).

Sopransaxophon (al.) SAXOFONE soprano.

sopranino (it.: diminutivo de *soprano*) Voz mais aguda de certas famílias de instrumentos, como as flautas doces e saxofones.

sopranist (ing.) CASTRATO.

sopranista Voz masculina aguda, semelhante à do CASTRATO.

soprano (it.) Voz mais aguda feminina, ou voz de meninos antes de alcançar a puberdade. No passado, podia designar a voz de um CASTRATO. Como a música da Antiguidade era privilégio de homens, a voz masculina predominou até que, no final do Renascimento, o canto feminino passou a ser observado, devido à sua potencialidade. A partir do início do período Barroco, a voz soprano passou a ser empregada em sua plenitude, de CANTATAS a ÓPERAS. As composições chegaram a exigir extrema destreza técnica no final do período. Durante e após o Classicismo, e principalmente com Mozart, a voz soprano foi elevada a altos padrões de virtuosidade, tarefa levada adiante por Schumann, Weber, Verdi e, finalmente, Wagner, em cujas páginas conquistou o apogeu. São lendárias sopranos como Birgit Nilsson, Renata Tebaldi e Maria Callas, sem deixar de mencionar a brasileira Bidu Sayão, assim como já marcaram a história mais recente nomes como Kiri Te Kanawa, Leontine Price, Jessye Norman, Frederica von Stade, Barbara Hendricks, Aprile Millo e Cecilia Bartoli, entre inúmeros outros. A partir do final do século XIX, passou-se a classificar a voz feminina de acordo com características bastante específicas de TESITURA e estilo, virtuosidade e especialização de papéis, como o soprano dramático, o soprano wagneriano e o soprano lírico (a exemplo da Gilda do *Rigoletto* e a Violetta da *Traviata*, de Verdi). Soprano COLORATURA é uma voz de alto REGISTRO (acp. 1), da qual se costuma exigir grande virtuosidade (Glière escreveu um inusitado e difícil concerto para soprano coloratura). A palavra soprano também designa a voz mais aguda da família de diversos instrumentos, como por exemplo o sax soprano e a flauta doce soprano.

soprano clef (ing. lit.: clave de soprano) CLAVE DE SOL.

soprano dramático Voz soprano cujo REGISTRO (acp. 1) é ligeiramente mais grave do que o do soprano lírico. Surgiu com o Romantismo e sobressaiu-se nos papéis da *Tosca*, de Puccini, e Ortrude, do *Lohengrin* de Wagner.

soprano lírico Voz soprano cujo REGISTRO (acp. 1) é mais grave do que o do soprano COLORATURA e mais agudo do que do SOPRANO DRAMÁTICO. Adapta-se de forma especial a papéis mais leves, como nas OPERETAS. É a voz de Pamina, da *Flauta mágica*, de Mozart, e Marguerite, do *Fausto* de Gounod.

soprano spinto Voz lírica de contornos dramáticos, também chamada *spinto lirico*, como a Desdêmona da ópera *Otello*, de Verdi.

soprano wagneriano Voz feminina potente, que se adequa à execução de papéis de soprano típicos das óperas de Wagner.

soprar (it. *soffiare*; ing. *blow*) Tocar instrumento de sopros.

sopros (it. *fiati*; fr. *vents*; ing. *winds*; al. *Bläser*) Genericamente, os instrumentos das famílias das MADEIRAS e dos METAIS.

sord. Abreviatura do italiano SORDINO.

Sordinen (al.) SURDINAS (acp. 1)

sordini (it. pl. de *sordino*). Os ABAFADORES do piano.

sordino (it.) **1.** Peça que nos instrumentos de cordas ou metais serve para abafar ou anasalar o som, modificando-o. Abreviatura [sord]. **2.** POCHETTE.

sordino di capoc (it.; fr. *sourdine de capoc*) SURDINA (acp. 1) de fibra dos instrumentos de metal.

sordino di cartone (it.; fr. *sourdine en carton*) SURDINA (acp. 1) de cartolina dos instrumentos de metal.

sordino di metallo (it.) SURDINA (acp. 1) metálica de efeito dos instrumentos de METAL (acp. 2).

sordino jazz (it.) SURDINA (acp. 1) de efeito dos instrumentos de METAL (acp. 2).

Sordun (al.; it. *sordone*) Instrumento de corpo cilíndrico e PALHETA DUPLA do período renascentista. Assemelhava-se ao KRUMMHORN e foi um dos antecessores do FAGOTE. Contava com orifícios para a produção das diferentes notas, mas possuía às vezes uma ou duas chaves para os sons mais graves.

sorongo **1.** Dança de escravos do Sudeste-Nordeste brasileiro, mesclava ritmos africanos ao ZORONGO espanhol. **2.** Ver ARRASTA-PÉ.

soropaté Corruptela de SARAPATEL, pesada comida nordestina à base de vísceras e sangue de porco. Diz-se quando o ritmo de um conjunto de MARACATU está desencontrado.

soufflerie (fr.) FOLARIA.

sourdine (fr.) SUDINA.

sostenuto (it.; fr. *soutenu*) Sustentado.
sostenuto pedal (ing.) PEDAL DE SUSTENTAÇÃO.
sotto (it.) Sob, como em SOTTO VOCE.
sottodominante (it.) SUBDOMINANTE.
sotto voce (it. lit.: voz suave) Indica execução discreta e pouco enfática.
sottobasso (it.) BASSE-CONTRE DE VIOLE.
soubrette (fr. diminutivo de *soubre*: criada) Na ópera, assim como no teatro barroco francês e italiano, papel geralmente cômico destinado a uma empregada, como a Suzana de *As bodas de Fígaro*, de Mozart, a Adele de *O morcego*, de Johann Strauss, e a Adina de *L'elisir d'amore*, de Donizetti.
soufflet (fr.) FOLE (acp. 1).
soukous Música congolesa originária do Zaire, deve suas origens à RUMBA, tendo dos cubanos incorporado a seção de METAIS (acp. 2). Expoentes são Tabu Ley e Franco.
soul (ing.) ALMA.
soul music (ing. lit.: música da alma) Música popular originária do RYTHM'N'BLUES e do GOSPEL das igrejas protestantes dos negros norte-americanos. De ritmos marcados e caráter acentuadamente expressivo, o gênero emprega sem parcimônia gritos, gemidos e ornamentações melismáticas. Característica da cultura negra dos Estados Unidos, principalmente nas décadas de 60 a 80, a SOUL MUSIC teve em James Brown, Aretha Franklin e Ottis Redding alguns de seus maiores expoentes.
sound (ing.) Som.
sound box (ing.) CAIXA DE RESSONÂNCIA.
sound engineer (ing.) Engenheiro de som, técnico de estúdio de gravação.
sound hole (ing.) ROSETA.
soundless (ing.) MUDO.
sound post (ing.) ALMA.
soundboard (ing.) **1.** TAMPO HARMÔNICO. **2.** PLACA DE SOM.
soundboard module (ing.) Caixa externa para geração de sons para *softwares* que operam no protocolo MIDI.
soundcard (ing. lit.: cartão de som) Em música eletrônica, cartão eletrônico instalado na parte interna do computador para geração de som e músicas.
soundhole (ing. lit.: buraco de som) CORTE EM *f*.
sound-proof (ing.) Diz-se do aquário ou estúdio à prova de som.
sound stone (ing.) PEDRA SONORA DE NEFRIT.
soundtrack (ing.) TRILHA SONORA.
soundwave (ing.) Onda sonora.
soupir (fr.) Pausa de SEMÍNIMA
sourdine (fr.) SURDINA.
sourdine de capoc (fr.) SORDINO DI CAPOC.
sourdine en carton (fr.; it. *sordino di cartone*) SURDINA (acp. 1) de cartão dos INSTRUMENTOS DE METAL (acp. 2).
sourdine en métal (fr.) SURDINA (acp. 1) metálica de efeito dos INSTRUMENTOS DE METAL (acp. 2).
sourdine jazz (fr.) SURDINA (acp. 1) de efeito dos INSTRUMENTOS DE METAL (acp. 2).
sousafone Espécie de enorme BAIXO DE TUBA, cujo longo tubo circular envolve o músico, que o carrega a tiracolo, foi criado por John Philip Sousa no início do século XX. É empregado em bandas militares de diversas formações nos Estados Unidos e outros países.
sousdominante (fr.) SUBDOMINANTE.
soutenu (fr.) SOSTENUTO.
souterliedekens (hol.) Certo tipo de canções da época medieval que costumavam ser acompanhadas por SALTÉRIO.
sovacada Ver ARRASTA-PÉ.
spagna Tipo de melodia italiana medieval, no espírito da BASSE-DANSE.
spagnoletta Tipo de canção medieval associada a uma dança do mesmo nome do final do Renascimento.
spalla (it.) Violino líder da orquestra, senta-se na primeira cadeira externa à esquerda do maestro e é responsável pela afinação do conjunto, marcação das ARCADAS dos instrumentos de cordas e entendimentos musicais entre o regente e os demais instrumentos. Existem também *spallas* de NAIPE, ou seja, líderes de SEÇÃO (acp. 2). Durante o período Barroco, o *spalla* da orquestra costumava dividir o trabalho da regência com o maestro.
spanish guitar (ing. lit.: guitarra espanhola) Violão.
Spartierung (al.) Partitura.
spasm band (ing.) Grupo musical popular entre os negros norte-americanos da metade do século XX, guardava semelhanças com as WASHBOARD BANDS, SKIFFLE BANDS e JUG BANDS.

speaker (ing. *loud speaker*) ALTO-FALANTE.
specie (it.) ESPÉCIE.
species (ing.) ESPÉCIE.
speed metal Gênero de *rock* que mistura o estilo TRASH (de forma um pouco menos radical) com a base tradicional, sustentada por duas GUITARRAS (acp. 3) solistas. Grupos característicos são o Racer X e o Cacophony.
spezzare (it. lit.: quebrado, dividido) Ver CORI SPEZZATI.
spezzato (it. lit.: quebrado, dividido) DIVISI. Ver também CORI SPEZZATTI.
spiannato (it.) Liso, atenuado.
spiccato (it. *spiccare*: destacar, separar). Entre os instrumentos de cordas da orquestra, há quem se refira genericamente ao *spiccato* como qualquer GOLPE articulado fora da corda. Essa interpretação é genérica e pode ser creditada ao desconhecimento, por parte de instrumentistas, compositores ou regentes, da terminologia adequada a cada técnica. Auer utiliza a expressão *charming*, quando se refere a *spiccato*. Acha que o golpe deriva do DÉTACHÉ COLLÉ, e descreve seu efeito como fascinante. A mecânica do *spiccato*, pensa ele, é aquela de um DÉTACHÉ que passa a ser executado não na primeira metade do arco, junto ao TALÃO, mas próximo ao ponto de equilíbrio (fiel) da vareta. O esforço de carregar o arco, do *détaché*, deve ser então retirado — momento exato em que, segundo o consolidador da escola russa, o arco passa a saltar em virtude de sua própria flexibilidade. Flesch concorda, em princípio, com essas assertivas, ressaltando apenas que, durante as pausas que seguem cada nota, o arco deixa a corda, para voltar a cair imediatamente sobre ela. Ele distingue golpes jogados de golpes saltados, explicando que na primeira situação o executante é ativo — ele atira o arco —, no segundo caso é passivo, ou seja, o arco salta, enquanto o instrumentista apenas controla a vareta. Rolland divide o *spiccato* em duas categorias: o lento e aquele que considera real, mais rápido, ou *spiccato italiano*. Chama o primeiro *thrown spiccato* (*spiccato* atirado), ou artificial, devendo ser executado próximo ao talão quando forte, e gradativamente mais próximo à metade do arco, dependendo da suavidade dinâmica exigida. Este tipo de golpe descrito por Rolland mantém o arco quase sobre a corda. Já o *spiccato* rápido ou italiano, pensa ele, corresponde ao SAUTILLÉ, golpe de contornos virtuosísticos.
spiccato italiano (it.) *Spiccato ràpido*, também chamado *spiccato real*, semelhante ao SAUTILLÉ (Rolland).
spiccato ràpido (it.) Ver SPICCATO ITALIANO.
spiccato real (it.) Ver SPICCATO ITALIANO.
spiccato volante (it. *spiccare*, destacar, e *volare,* voar) FLYING SPICCATO.
spiel (al.) Tocar, brincar.
Spielmann (al.) JOGRAL (acp. 1).
Spielblatt (al.) PLECTRO.
Spieldose (al.) CAIXA DE MÚSICA.
Spielhur (al.) REALEJO.
Spielleiter (al.) Diretor artístico.
Spieloper Ópera de espírito cômico da Alemanha do final do período Barroco, tinha como característica principal a declamação. Também era conhecida por um termo mais preciso, *Sprechoper*, literalmente ópera falada.
Spieltenor (al.) Voz como a do TENOR LIGEIRO.
Spielzeit (al.; ing. *season*) Temporada artística.
spill (ing. *to spill*: derramar) Na linguagem jazzística indica uma rápida queda CROMÁTICA livre, após o ataque de uma nota.
spin (it.) Abreviatura do italiano SPINETTA.
Spinet (ing.) ESPINETA.
Spinett (al.) ESPINETA.
spinetta (it.) ESPINETA.
spinettina (it.) Pequena ESPINETA.
spinto (it. lit.: jogado, projetado) Voz solista de tenor ou soprano de características pujantes. Freqüentemente, emprega-se a expressão soprano ou tenor lírico SPINTO.
spinto lírico Ver SOPRANO SPINTO.
spirale (it.) VOLUTA.
spirit varnish (ing.) Ver VERNIZ.
spirito (it. lit.: espírito) Usado em expressões como *con espirito* [var.: it. *spiritoso*].
spiritoso (var.: it. *con spirito*) Indicativo de execução: com vivacidade.
spirituals (ing.) Música de características religiosas para voz solista e coro surgida no Sul dos Estados Unidos em meados do século XVIII. O termo deriva de SPIRITUAL SONG (canção espiritual) e é comumente associada à

religiosidade negra (*negro* ou *black spirituals*). Surgiu como deformação de *anthems* protestantes pelos negros. Um dos *spirituals* tradicionais é a conhecida "*Michael row the boat ashore, Alleluia...*" [var.: *negro spirituals*]. Ver também GOSPEL e HINO.

Spitze (al. lit.: ponta) Entre os instrumentos de cordas da orquestra, À LA POINTE.

Spitzharfe (al.) ARPANETTA.

split keyboard (ing. lit.: teclado dividido) Em instrumentos eletrônicos e SINTETIZADORES, dispositivo que divide o teclado em duas seções, para produção de sonoridades e efeitos diferentes.

split point (ing. lit.: ponto de divisão) Indica o ponto exato onde o teclado de instrumentos eletrônicos é dividido. Ver também SPLIT KEYBOARD.

spot (ing.) **1.** Na gíria norte-americana, vaga para músico em orquestra. **2.** Luz direcionada para determinado espaço no palco [var. ing.: *opening*].

spread (ing. lit.: espalhado) HARMONIA ABERTA.

Sprechgesang (al. lit.: canto falado) Gênero entre a declamação e a música.

Sprechoper (al.) Ver SPIELOPER.

Sprechrolle (al.) Voz recitante.

Sprechstimme (al. lit.: voz falada) Tipo de canto declamado, como o do *Pierrot lunaire* (1912) e *Moses und Aron* (1931-32), de Schönberg. Pode-se dizer que o RAP é um tipo de *Sprechstimme*. Parte vocal do SPRECHGESANG.

sprezzatura (it.) Palavra que surgiu em meados do período Barroco para designar certo tipo de liberdade interpretativa.

springar Certa dança saltada da Noruega.

springbogen (al. *springen*: pular, saltare *Bogen*: arco) Entre os instrumentos de cordas da orquestra, SAUTILLÉ.

springendes staccato (al., it.) Entre os instrumentos de cordas da orquestra, GOLPE como PICCHETTATO SALTELLATO.

Springer (al.) Ornamento como o MORDENTE superior.

springing staccato (ing., it. *to spring*: saltar) GOLPE dos instrumentos de cordas da orquestra. Termo usado por Flesch para designar recurso similar ao RICOCHET. Galamian entende que neste golpe muitas notas devem ser executadas em uma mesma direção, aproveitando a elasticidade natural da vareta. Como acontece com uma bola de borracha, pensa ele, é um golpe de difícil controle, contrariamente ao STACCATO VOLANTE, que na realidade exige um impulso separado a cada nota. Rolland também se refere a este tipo de RICOCHET como sendo uma espécie de JETÉ ou THROWN STACCATO (*staccato* atirado). O músico impulsiona a primeira nota, fazendo o arco saltar nas notas subseqüentes em conseqüência do movimento inicial.

Springtanz Dança tradicional alemã caracterizada pelos saltos dos bailarinos.

spruce (ing.) ABETO.

Spruch (al.) Na Idade Média, designava tanto certo tipo de declamação quanto uma forma musical baseada em repetições.

Sprung (al.) SALTO (acp. 1).

spun tone (ing.; fr. *son filé*) Ver LEGATO.

square (ing. lit.: quadrado) **1.** Termo empregado na época do BEBOP para designar o *jazz* tradicional, conservador. **2.** Certo tipo de composição POLIFÔNICA do final da Idade Média.

square dance (ing. lit.: dança do quadrado) Dança em COMPASSO BINÁRIO de origem francesa como a QUADRILLE. Quatro casais fazem rápidas evoluções ao som de RABECAS, violões, BANJOS, CONTRABAIXO e instrumentos de sopro, como flautas ou CLARINETAS.

square piano (ing.) PIANO DE MESA.

square wave (ing. lit.: onda quadrada) Na MÚSICA ELETRÔNICA, efeito de som agudo obtido pela rápida alteração de voltagem para cima e para baixo.

squeeze-box (ing. lit.: caixa de espremer) Na linguagem popular, CONCERTINA ou ACORDEON.

S-Rohr (al.) TUDEL.

SSAA Na música para coral, a combinação soprano/soprano/alto/alto.

Stabspiel (al.) GLOCKENSPIEL.

stacc. Abreviatura de STACCATO.

staccatissimo (it.) Indica redução da duração da nota a aproximadamente $1/4$ de seu valor. Pode vir representado graficamente por uma marca em forma de cunha sobre ou sob a nota. Ver também STACCATO.

staccato (it. *staccare*: separar; al. *abgestossen*, *kurz*) **1.** Indica que a duração do som deve ser reduzida aproximadamente à metade. Representado por um ponto sobre ou sob a nota. **2.** Entre os instrumentos de cordas da orquestra, designa inúmeras técnicas, determinadas pelos diferentes estilos. Os grandes mestres violinistas do século XIX utilizavam o pulso — caso de Spohr e Kreutzer, por exemplo. Joachim empregava exclusivamente o pulso, mas possuía um *staccato* menos poderoso. Vieuxtemps, segundo os que puderam ouvi-lo, utilizava tanto o pulso quanto o antebraço, obtendo *staccati* de maior efeito. Wieniawski, que é reputado por ter possuído um *staccato* vigoroso e brilhante, empregava apenas o antebraço, enrijecendo o pulso — técnica também adotada por Auer e toda a escola russa. Galamian chama esse golpe *solid staccato*, para diferenciá-lo de *flying staccato*, executado fora da corda. Sugere que o arco deve ser colocado firmemente sobre a corda para cada nota, e que a pressão da crina somente deve ser relaxada após o ataque inicial. Advoga o uso da mão, braço e dedos em tensão combinada.

staccato jeté (it., fr. *jeter*: jogar, atirar) Entre os instrumentos de cordas da orquestra, GOLPE como o PICCHETTATO BALZATO.

staccato martelé Golpe de arco que associa o STACCATO com a técnica do MARTELÉ.

staccato-ricochet (it., fr.) Entre os instrumentos de cordas da orquestra, refere-se ao GOLPE DE ARCO em que, segundo Auer, as notas são articuladas em uma mesma direção, exclusivamente a partir da elasticidade da vareta, a mão direita servindo apenas para guiar o arco. Exemplos de aplicação possível deste golpe podem ser encontráveis em peças de Vieuxtemps, Ernst, Beriot e Paganini.

staccato sautillant (it., fr.) Entre os instrumentos de cordas da orquestra, GOLPE como o PICCHETTATO SALTELLATO.

staccato volante (it. *staccare*: separar, e *volare*: voar) Entre os instrumentos de cordas da orquestra, GOLPE como FLYING STACCATO.

Stachel (al.) ESPIGÃO.

Stadtpfeifer (al.) Na Idade Média, músico cujas atribuições estendiam-se de cerimônias de casamentos a funerais.

staff (ing.) **1.** PAUTA. **2.** Equipe executiva de produtora ou gravadora. **3.** Equipe de trabalho de uma orquestra ou cantor.

staffa (it.) TRIÂNGULO.

staffetto (it.) Pequeno TRIÂNGULO.

stage (ing.) Palco.

stage band (ing. lit.: banda de palco) Grupo de *jazz* para PERFORMANCE ao vivo.

stage fright (ing.) Medo de palco.

Stahlbürste (al.) ESCOVA.

Stahlspiel (al.) GLOCKENSPIEL.

Stampfidiophon (al.) IDIOFONE percutido.

stampita (it.) ESTAMPIE.

Stänchen (al.) SERENATA.

stand (ing.) Estante de música (MUSIC STAND) ou PEDESTAL de microfone (MICROPHONE STAND).

standard (ing. lit.: padrão) Na linguagem do *jazz*, a música consagrada, parte do repertório de qualquer banda, como por exemplo *Night in Tunisia*, *Makin' Whoopy*, *Green Dolphin Street* e *Donna Lee*.

standard pitch (ing.) DIAPASÃO DE ORQUESTRA [var.: *concert pitch*].

standby Em aparelhos eletrônicos como amplificadores e outros dispositivos, modo de espera.

Ständchen (al.) Música como a SERENATA.

stanghetta (it.) BARRA DE COMPASSO.

stanza (it. lit.: estância, verso) **1.** Seção metricamente padronizada de uma canção. **2.** ESTROFE [var. ing.: *verse*].

star (ing.) Estrela, astro. Ver também SUPERSTAR e MEGASTAR.

stave (ing.) PENTAGRAMA.

stecca scorrevole (it.) Régua de registro. Ver ÓRGÃO.

steel band (ing. *steel*: metal) Conjunto de STEEL DRUMS surgido na primeira metade do século XX no Caribe, emprega tambores de combustível de aço afinados de várias extensões, que vão do *ping-pong* (mais agudo, melódico) ao *boom* (mais grave). Ver STEEL DRUMS.

steel drums (ing. lit.: tambores de aço; it. *tamburo di ferro*, *tamburo di latta*; fr. *tambour de fer*, *tambour métallique*, al. *Trinidad-Gongtromme, Benzinfass*; port. *bidon*) Instrumento caribenho de percussão feito a partir de tambores de petróleo cortados. Ver também STEEL BAND.

steel guitar (ing. lit.: guitarra de aço) Versão amplificada da GUITARRA HAVAIANA. Ver também GUITARRA DE AÇO.

steel marimba (ing. lit.: marimba de aço) VIBRAFONE.
steel pedal guitar Tipo de GUITARRA HAVAIANA do RHYTHM'N'BLUES.
steel string (ing. lit.: corda de aço) Corda para instrumentos feita de liga de metal.
Steg (al.) Talão. Entre os instrumentos de cordas da orquestra, execução próxima à região inferior do arco.
Steinharmonika (al.) LITOFONE.
Steinspiel (al.) LITOFONE.
Steinway Empresa surgida na metade do século XIX, expandiu-se pela Europa, abrindo importantíssima filial em Hamburgo, Alemanha, e posteriormente nos EUA, tornando-se a mais importante fábrica de pianos do mundo. A marca, hoje, confunde-se com a sonoridade que é preferida entre os grandes mestres eruditos e do *jazz*, e compete apenas com a afamada Boesendörfer na música de câmera.
stem (ing.) HASTE (acp. 1).
Steptanz (al.) SAPATEADO (acp. 1).
step time (ing.) Em MÚSICA ELETRÔNICA, um modo de SEQÜENCIADOR em que cada evento acontece por sua vez.
step time mode (ing. lit.: modo em tempo de passo) Na MÚSICA ELETRÔNICA, processo de programação passo a passo.
stereofonia (it.) ESTEREOFONIA.
Stereophonie (al.) ESTEREOFONIA.
stéréophonie (fr.) ESTEREOFONIA.
stereophony (ing.) ESTEREOFONIA.
Stern (al.) ROSETA.
sthai Na MÚSICA INDIANA, tema principal da música cantada.
sticcato (it.) XILOFONE.
sticheron Na Igreja Ortodoxa grega, certo tipo de HINO.
stick (ing.) **1.** VARETA do arco dos instrumentos de cordas. **2.** BAQUETA de instrumentos de percussão. **3.** Instrumento híbrido, com cordas de baixo nos BORDÕES (acp. 1) e de GUITARRA (acp. 1) no REGISTRO (acp. 1) superior. **4.** BATUTA.
sticking (ing.) Designa técnica de BAQUETAS (*sticks*) baseada em padrões rítmicos, para instrumentos como a CAIXA-CLARA. Ver também RUDIMENTOS.
Stierhorn (al.) CHIFRE DE VACA.
Stil (al.) Estilo.
stile antico (it. lit.: estilo antigo) Na música do final do Renascimento, refere-se ao estilo que imitava as formas tradicionais, à maneira de Palestrina.
stile concittato (it. lit.: estilo agitado) Expressão utilizada por Monteverdi para referir-se a um dos três modos de interpretação segundo os teóricos da Grécia antiga: agitado, suave e moderado.
stile rappresentativo (it. lit.: estilo representativo) Designa obras vocais de caráter RECITATIVO do final do período renascentista.
Stimmbänder (al.) Cordas vocais.
Stimmfall (al.) INFLEXÃO.
Stimmfürung (al.) CONDUÇÃO DE VOZES.
Stimme (al.) **1.** Voz. **2.** Parte instrumental. **3.** Um dos REGISTROS (acp. 2) do ÓRGÃO DE TUBOS.
Stimmeisen (al.) Ver CHAVE DE AFINADOR.
stimmen (al) AFINAR.
Stimmenkreuzung (al.) CRUZAMENTO DE VOZ.
Stimmfürung (al.) CONDUÇÃO DE VOZES.
Stimmgabel (al.) DIAPASÃO.
Stimmnagel CRAVELHA DE PIANO.
Stimmpfeife (al.) DIAPASÃO.
Stimmstock (al.) CEPO.
Stimmung (al.) **1.** Afinação, como em *Orchester Stimmung*: afinação de orquestra. **2.** De forma genérica, estado de espírito.
stirato (it. lit.: estirado) RALLENTANDO.
stock-and-horn (ing.) Instrumento pastoril de PALHETA (acp. 1) da Escócia do final do período medieval [var.: *stockhorn*].
Stockbückel (al.) CORNE ALPINO.
stockhorn (ing.) STOCK-AND-HORN.
stomp (ing. lit.: bater o pé) Estilo jazzístico bastante percutido dos negros dos anos 1930. Ritmo que teria sido criado por Jelly Roll Morton para identificar seu próprio estilo.
stonare (it.) Desafinar.
stop (ing.) REGISTRO (acp. 2).
stopped string (ing.) CORDA PRESA.
storico (it.) Voz recitante.
storto (it.) Uma das grafias antigas para KRUMMHORN.
strad Na gíria dos violinistas, um instrumento *Stradivarius*.
straight jazz (ing. *straight*: careta) No jargão norte-americano, o *jazz* tradicional. *Jazz* de variedades.
strain Tipo de melodia que compõe o RAGTIME.

strambotto (it.) Uma forma de FRÓTOLA.
strambotto siciliano (it.) Ver SICILIANO.
strascinando (it. lit.: arrastando) Tipo de PORTAMENTO sob LIGADURA.
strat Ver STRATO.
strathspey Dança popular da Escócia, em COMPASSO QUATERNÁRIO lento como o REEL, que emprega padrões rítmicos como o SCOTCH SNAP.
strato No jargão do *rock*, guitarra elétrica da marca Fender, modelo Stratocaster, que se tornou padrão de sonoridade [var.: *strat*].
stratocaster Ver STRAT.
straw fiddle (ing. ant.) XILOFONE.
Streicher (al.) CORDAS.
Streichguitarre (al.) ARPEGGIONE.
Streichidiophon (al.) IDIOFONE friccionado.
Streichinstrument (al.) Instrumento de cordas.
strepitoso (it.; lat. *strepitu*) Indicativo de execução com estrépito, com pompa.
stretta (it. lit.: estreita) CODA em andamento mais acelerado.
stretto (it. lit.: estreito) **1.** Na técnica da FUGA, dois ou mais temas introduzidos em rápida sucessão ou superpostos. Ver também STRETTA. **2.** ACCELERANDO.
Strich (al.) GOLPE. *Aufstrich* e *Niederstrich* indicam, respectivamente, arcadas ascendentes e descendentes.
Strich für Strich (al. lit.: nota por nota) DÉTACHÉ.
Strichquartett (al.) Quarteto de cordas.
stride (ing. *to stride*: lit.: andar a passos largos) **1.** Técnica da mão esquerda do teclado de *rock* que teve origem no RAGTIME, emprega grandes saltos da mão esquerda. **2.** Tipo de *ragtime*.
strike the bow (ing. *to strike*: riscar) Entre os instrumentos de cordas da orquestra, indica que o músico deve raspar a corda com a VARETA.
stringara Instrumento indiano como o SITAR, possui até quatro cordas dedilhadas e um número variável de SIMPÁTICAS.
string bass (ing.) CONTRABAIXO.
string drum **1.** (ing.) Tambor com ESTEIRA. **2.** Na Idade Média e Renascimento, um pequeno instrumento de percussão como o tamborim, dotado de cordas.
stringendo (it. lit.: espremendo) Indicativo de execução mais rápida, apressando.
stringing (ing.) CORDOAMENTO.
string lenght (ing. lit.: comprimento da corda) Extensão de livre vibração de uma corda solta [var.: diapasão].
string orchestra (ing.) Orquestra de cordas.
string quintet (ing.) Quinteto de cordas.
string set (ing.) CORDOAMENTO (acp. 2)
string tuner (ing.) MICROAFINADOR.
striscia (it.) GLISSANDO.
strisciando (it.) GLISSANDO.
strisciata (it.) GLISSANDO.
strofa (it.) ESTROFE [var.: *stanza*].
Strophe (al., fr., ing.) ESTROFE.
Strohfiedel (al.) XILOFONE.
stroke (ing.) Entre os instrumentos de cordas e percussão da orquestra, GOLPE. Ver também GOLPE DE ARCO.
stromentato (it.) Tipo de RECITATIVO acompanhado por instrumentos.
strophé (gr.) ESTROFE.
strophicus (lat.) Ver NEUMAS.
struck with the bow (ing. lit.: batido com o arco) Entre os instrumentos de cordas da orquestra, COL LEGNO.
structure sonore (fr.) ESCULTURA SONORA.
strum (ing. lit.: arranhar) **1.** Movimentos rápidos da mão direita sobre as cordas de um violão. **2.** Popularmente, tocar mal, arranhar um instrumento.
strumenti (it.) Instrumentos.
strumentini (it.) MADEIRAS.
strumento (it.) Instrumento.
strum-strum BANJO.
Stück (al.) Peça, obra.
Studie (al.) ESTUDO.
Stuffe (al.) GRAU.
stumme Klavier (al.) PIANO MUDO.
stumme Violine (al.) VIOLINO MUDO.
Stundenoffizien (al.) Horas canônicas. Ver OFÍCIO.
Sturm und Drang (al. lit.: tempestade e ímpeto) Estilo literário do final do século XVIII surgido com Jean-Jacques Rousseau, teve em Goethe seu maior influenciador musical e refletiu-se musicalmente na obra de Gluck, Haydn e Mozart.
Stürze (al.) CAMPANA (acp. 1)
Stürze hoch (al.; var.: al. *Stürze in die Höhe*, *Schalltrichter in die Höhe*) BELLS UP.
Sturzflügel (al.) PIANO DE MEIA CAUDA.

Stutzflügel (al.) PIANO DE QUARTO DE CAUDA.
style (fr., ing.) Estilo.
style brisé (fr.) Estilo de execução de teclado do início do período Barroco que assimilava técnica de instrumentos como o ALAÚDE.
Sua alteza a quem Deus guarde Canção portuguesa da 21ª jornada do FANDANGO-AUTO.
sub (ing. *substitute*) No jargão do músico norte-americano, o músico que substitui um colega impossibilitado de tocar.
subacada Ver ARRASTA-PÉ.
subdominant (ing.) SUBDOMINANTE.
subdominante (it. *sottodominante*; fr. *sous-dominante*; ing. *subdominant*; al. *Unterdominante*) ACORDE construído sobre o quarto grau de uma escala maior ou menor, como fá maior, na tonalidade de dó maior.
Subdominantparallele (al.) SUPERTÔNICA.
subglótica (fr. *pression sous-glotique*) Na técnica vocal, a pressão do ar sobre a glote.
subito (it.) Subitamente.
subject (ing.) SUJEITO.
Subjekt (al.) SUJEITO.
submediante ACORDE construído sobre o sexto grau da escala DIATÔNICA. Na tonalidade de dó maior, lá menor (ou seja, a relativa menor).
sub ponticello Ver SUL PONTICELLO.
subtônica O sétimo grau abaixado de uma escala DIATÔNICA (si bemol, na tonalidade de dó maior).
successive down-bows (ing. *down-bow*: arco para baixo; it. *retomada*) Entre os instrumentos de cordas da orquestra, golpes retomados sucessivamente para baixo. Geralmente curtos, percussivos e executados próximo ao talão, exigem o uso do pulso ou o pulso associado ao antebraço para cada movimento. Ver também PIQUÉ.
successive up-bows (ing.) Entre os instrumentos de cordas da orquestra, GOLPES de arco sucessivos para cima, geralmente na região da ponta.
sudrofone Instrumento de METAL (acp. 2) inventado na França do final do século XIX, era dotado de uma membrana móvel que modificava o timbre.
suingue (corruptela do ing. *swing*) No jargão brasileiro, qualidade rítmica (balanço) de gêneros de pulsação rápida e SINCOPADA como o *jazz*.
suíte Obra instrumental, geralmente uma seqüência de danças para instrumento solista, pequenos conjuntos ou orquestra, subsistiu até o final do período Barroco. A SUÍTE barroca era baseada principalmente em danças como a ALLEMANDE, a COURANTE, a SARABANDA e a GIGA, movimentos freqüentemente acrescidos de GAGLIARDAS, COURANTES e outras danças. Outras suítes foram escritas, a partir do Romantismo, para diversas formações, como a *Suíte quebra-nozes*, de Tchaikovsky, para orquestra sinfônica.
suivez (fr. lit.: siga) Indicação de que a música deve seguir sem interrupção.
sujeito (it. *soggetto*; fr. *sujet*; ing. *subject*; al. *Subjekt*) Na técnica da FUGA, o tema principal.
sujet (fr.) SUJEITO.
sul (it. lit.: sobre) Termo utilizado em expressões como SUL TASTO e SUL PONTICELLO.
sul bordo de la membrana (it.) Entre instrumentos de percussão de membrana tocados com BAQUETAS, indicação de que se deve percutir contra o aro do FUSTE.
sulco Ranhura onde são gravados os sons nos discos de VINIL.
suling Flauta filipina de formato arredondado, é geralmente feita de bambu ou madeira.
sulla tastiera (it.) Entre os instrumentos de cordas da orquestra, SUL TASTO.
sulla tavola (it.) Na técnica da harpa, PRÈS DE LA TABLE.
sul ponticello (it.; var.: it. *al ponticello*, *dietro il ponticello*, *loco*, *sub ponticello*; fr. *au chevalet*, *près du chevalet*, *vers le chevalet*; ing. *at the bridge*, *back of the bridge*, *close to the bridge*, *near the bridge*, *on the bridge*; al. *am Steg*, *Zum Steg*) Entre os instrumentos de cordas da orquestra, indica execução com o arco próximo ao CAVALETE.
sul tasto (it.; fr. *sur la touche*, *touche*) Entre os instrumentos de cordas da orquestra, GOLPE executado com a crina do arco na região do ESPELHO (acp. 2) [var. it.: *sul tastiera*].
sumpes Ver ARRASTA-PÉ.
sumponjah (hebr.) Espécie de GAITA-DE-FOLES citada no Antigo Testamento.
sunburst (ing. lit.: queimado de sol) Tipo de acabamento de GUITARRAS ELÉTRICAS escurecido nas bordas, imitando um efeito de queimadura.

suona Ver SAHNAI.
suonatore ambulante (it.) JOGRAL (acp. 1).
suoni flautati (it. lit.: som flautado) FLAUTADO (ACP. 2).
superdominante O sexto grau da escala DIATÔNICA (lá, na tonalidade de dó maior).
suono (it.) Som.
suono harmonici (it.) SONS HARMÔNICOS.
superestrela Ver SUPERSTAR.
superius (lat. lit.: superior) Na música medieval, a voz mais aguda de uma composição.
superstar (ing. lit.: superestrela) Termo que teve origem na época áurea do cinema hollywoodiano; no jargão musical (principalmente no *rock*) designa artista de primeiríssima grandeza.
supetonic (ing.) SUPERTÔNICA.
supertônica (it. *supratonica*; fr. *sus-tonique*; ing. *supertonic*; al. *Subdominantparallele*) O segundo grau da escala DIATÔNICA (ré, na tonalidade de dó maior).
supratonica (it.) SUPERTÔNICA.
sur (fr.) Sobre.
surbahar Espécie de SITAR longo do norte da Índia, cujo comprimento media até 1,5 m.
sur chaque note (fr. lit.: sobre cada nota) Entre os instrumentos de cordas da orquestra, DÉTACHÉ.
surdão Na escola de samba, SURDO DE MARCAÇÃO.
surdelina (it.) Espécie de gaita-de-foles popular na Itália do século XVII.
Surdina 1. (it. *sordino*; fr. *sourdine*; ing. *mute*; al. *Dämpfer*, *Sordine*, *Surdine*) Peça, artefato, dispositivo ou pedal que diminui o volume ou altera o som dos instrumentos. Entre os instrumentos de cordas da orquestra, é uma peça de madeira, marfim ou metal que, presa ao CAVALETE, abafa o som ou modifica o timbre, para fins de estudo ou efeito orquestral. Nos INSTRUMENTOS DE METAL (acp. 2), é uma peça confeccionada em conformidade com a CAMPANA, como o *harmon mute*, o *cup mute* e o *wah-wah mute* do trompete. **2.** No piano, o pedal que abafa as cordas.
Surdine (al.) SURDINA.
surdo Espécie de tambor de ESCOLA DE SAMBA que é destinado à marcação rítmica. Nas BATERIAS (acp. 2) das agremiações existem, conforme o papel do instrumento no conjunto, surdos de primeira e surdos de segunda. Na bateria moderna, o surdo é um tambor de pele única disposto do lado direito do executante [var.: caixa surda].
surdo centralizador Grupo de instrumentistas organizados no centro de uma BATERIA (acp. 2) de ESCOLA DE SAMBA que mantém a uniformidade de pulsação entre as distantes fileiras da seção rítmica.
surdo de marcação Instrumento de percussão que, agregado à formação das BATERIAS (acp. 2) das ESCOLAS DE SAMBA nos anos 1930, introduziu um ritmo de características mais acentuadas e rígidas à execução dos SAMBAS-ENREDOS [var.: surdão].
surdo de repicar Instrumento que serve para preencher ritmicamente as batidas dos demais SURDOS de uma ESCOLA DE SAMBA.
surestop (ing.) Apoio para ESPIGÃO como o ROCKSTOP.
surf music (ing. lit.: música de surf) *Rock* leve ambientado em praias californianas como Malibu, deu origem a conjuntos de sucesso, como os Beach Boys. O gênero teve repercussão no Brasil entre grupos como o catarinense Cochabambas.
surf punk (ing.) Gênero de grupos como o Los Piratas e o Cochabambas, aproxima a SURF MUSIC do PUNK tradicional e foi assimilado pela banda brasileira Veredicto.
surface sound (ing. lit.: som de superfície) Diz-se do som de um instrumento de arco de má qualidade, que revela os ruídos metálicos da corda, sem maiores atributos acústicos. Efeito semelhante obtido por um mau músico.
sur la touche (fr. *touche*: ESPELHO) SUL TASTO.
sur le bois (fr. *bois*: madeira) Entre os instrumentos de cordas da orquestra, COL LEGNO.
sur le bord de la peau (fr.) Entre instrumentos de percussão de membrana tocados com BAQUETAS, indicação de que se deve percutir contra o aro do FUSTE.
surmandal Na MÚSICA INDIANA, pequena harpa para acompanhamento vocal.
surnay Instrumento de sopro de PALHETA DUPLA de origem árabe. Ver também MÚSICA ÁRABE.
surungo Ver ARRASTA-PÉ.
sus Na harmonia jazzística, uma quarta suspensa no lugar da terça maior ou menor de

um acorde (p. ex., *dó sus 7*, acorde formado pelas notas dó-fá-sol-si bemol).

suspendida Espécie de encerramento musical do CATERETÊ.

suspensão 1. Ver RETARDO. **2.** PAUSA.

sussurando (it.) Indicativo de execução: murmurando.

sustained martelé (ing./fr. *sustained*: sustentado) Entre os instrumentos de cordas da orquestra, um tipo de DÉTACHÉ expressivo, articulado com um acento MARTELÉ no início de cada nota (Galamian).

sustaining pedal PEDALE SOSTENUTO.

sustenido (it. *diesis*; fr. *dièse*; ing. *sharp*; al. *Kreuz*) Nota natural alterada ascendentemente um SEMITOM. Representação na notação musical [#].

sus-tonique (fr.) SUPERTÔNICA.

sveglia (it.) RÉVEILLE.

svelto (it.) Ligeiro.

sviluppo (it.) DESENVOLVIMENTO.

swance flute (ing.) SLIDE FLUTE.

swarlipi Na MÚSICA INDIANA, notação musical.

Schwebung (al.) BATIMENTO.

sweet potato (ing. lit.: batata-doce) OCARINA.

Swegelhorn Tipo de HORNPIPE saxônico de marfim ou osso do século XVIII.

swell 1. (ing. *to swell*: inchar) No jargão musical, "barriga" que entre os instrumentos de cordas se refere a uma nota inflada, engordada, como um *crescendo* gradual seguido de *descrescendo*. **2.** Certo tipo de tubo do ÓRGÃO.

swelled back (ing. lit.: fundo inchado) Tampo posterior de formato abaulado de instrumentos como o violino. Ver também ROUND BACK e FLAT BACK.

swelled body (ing. lit.: corpo inchado) Denominação de instrumentos da família dos violinos que possuem tampo e fundo acentuadamente abaulados, como aqueles fabricados por Steiner e Klötz, da escola de Mittenwald.

swelling (ing. lit.: inchamento). Som executado com SWELL (acp. 1).

Swickel (al.) TALÃO [var.: *Frosh*].

swing (ing. lit.: balanço) **1.** Corrente jazzística surgida a partir do DIXIELAND no final do período áureo de New Orleans, por volta de 1930. Baseava-se no balanço rápido, nos ritmos sincopados e na improvisação constante, marcando época entre as chamadas *swing orchestras*, como as de Benny Goodman e Duke Ellington.

swing orchestra Ver SWING (acp. 1).

swing time (ing.) No *jazz*, tempo de *swing* — geralmente um $^4/_4$ rápido, como o FOUR.

Swisspfeife (al. lit.: flauta suíça) No Renascimento, designava certo tipo de FLAUTA TRANSVERSA.

switch (ing.) **1.** Interruptor eletrônico. **2.** Instrumento rudimentar de percussão cujas cordas são batidas pelas mãos.

swoop (ing. *to sweep*, lit.: varrer) Principalmente entre os instrumentos de arco, o som, ou ruído, que decorre do movimento desnecessário no final de cada movimento para cima ou para baixo.

sympathetic (ing.) SIMPATIA.

sympathetic string (ing.) CORDA SIMPÁTICA.

symphonia (ing.) VIELA DE RODA.

symphonic band (ing.) BANDA SINFÔNICA.

Symphonie (al.) SINFONIA.

Symphonieorchester (al.) Orquestra sinfônica.

Symphoniker (al.) SINFÔNICA (orquestra).

symphonique (fr.) SINFÔNICA.

Symphonische Dischtung (al.) POEMA SINFÔNICO.

symphonic (ing.) SINFÔNICO(A).

symphony (ing.) **1.** SINFONIA. **2.** SINFÔNICA (orquestra).

synclavier SINTETIZADOR digital criado por Cameron Jones, Sydney Alonso e Jon Appelton em 1975, em New Hampshire, New England, EUA (Massachusetts). Tem um teclado digital polifônico formado por 129 teclas e um disco de memória para gravação de programação.

syncope (fr., ing., al.) SÍNCOPE.

syncopé (fr.) Sincopado.

Synkope (al.) SÍNCOPE.

synthesizer (ing.) SINTETIZADOR.

syrinx (gr.: flauta de Pã) Siringe, instrumento de sopro feito de dois ou mais tubos de madeira ou cerâmica amarrados, tocados simultaneamente. Deu nome a uma famosa peça virtuosística de Debussy para FLAUTA TRANSVERSAL solo.

system (ing.) SISTEMA.

Szena (al.) SCENA (acp. 4).

T

t Abreviatura do italiano TUTTI.
T Abreviatura de TENOR.
tab Abreviatura de TABLATURA.
tabaliya Na MÚSICA INDIANA, termo de conotação honrosa para o tocador de TABLA.
tabalji Na MÚSICA INDIANA, termo de conotação pejorativa para o tocador de TABLA.
tabaque 1. TIMBALE (acp. 1) nubiano de FUSTE grosseiro e membrana rústica de pele de cabra. **2.** Corruptela de ATABAQUE.
taberett (ing.) TABOR.
tabir Ver TAMBOR.
tabl. Abreviatura de TABLA.
tabla Instrumento de percussão indiano que emprega um par de tambores de formato ligeiramente cônico. Percutido com as pontas dos dedos, cada tambor possui três camadas de pele animal que lhe servem de membranas. O instrumento consiste na *tabla* propriamente dita ou *daina*, tambor mais agudo, e o *bayan*, mais grave, e permite a emissão de sons de altura razoavelmente definida. Na música sinfônica, a *tabla* foi utilizada por Henry Cowell, no *Concerto para percussão e orquestra*, e Luciano Berio em *Circles*. Ver também MÚSICA INDIANA. Abreviatura [tabl.].
Tablatur (al.) TABLATURA.
tablatura (it. *intavolatura*; fr., ing. *tablature*; al. *Tablatur*, *Intabulierung*) Sistema de notação musical de instrumentos de cordas dedilhadas que emprega um código de sinais com letras e algarismos no qual os números indicam a DIGITAÇÃO, enquanto as linhas representam as cordas. Era utilizado na Idade Média entre instrumentos como o ALAÚDE, e ainda é empregado em formato moderno na música popular, como representação de acordes no violão. Ver também CIFRA (acp. 1).
table (fr., ing.) Mesa. Ver também HARPA.
table d'harmonie (fr.) TAMPO HARMÔNICO.
table entertainement (ing. lit.:diversão de mesa) Espécie de apresentação do Barroco inglês que incluía declamação e canto.
tabolet (fr.) TAMBORIM.
tabor (fr. *tabour*; ing. *taberett*) Pequeno tambor medieval tocado com uma única BAQUETA.
taboret (fr.) TABOR.
tábua de harmonia (it. *tavola armonica*; fr. *table d'harmonie*; ing. *soundboard*; al. *Klangboden*) Espécie de folha de madeira que, integrada às cordas de um piano, CRAVO ou CLAVICÓRDIO, serve para sustentar a pressão das cordas sobre as CRAVELHAS e enriquece o timbre dos instrumentos [var.: tábua de ressonância]. Ver também HARPA.
tábua de ressonância Ver TÁBUA DE HARMONIA.
tábua de ritmo Instrumento de percussão dos índios caiapós, consiste em duas pequenas tábuas percutidas entre si com as mãos.
taça Parte do BOCAL dos instrumentos de METAL (acp. 2) onde os lábios do músico vibram, produzindo os sons.
tacche (fr.) CORTE EM *f*.
tacet (lat. lit.: silêncio) Indicação de que o instrumento ou voz deve silenciar-se, durante trecho musical ou movimento.
taconeo (esp.) SAPATEADO (acp. 2).
tactus (lat. lit.: toque) Na época medieval designava a marcação da unidade de ritmo pelas mãos, antes do surgimento do conceito de COMPASSO.
Tafelklavier (al.) PIANO DE MESA.

Tafelmusik (al. *Tafel*: mesa posta, lit.: música para refeições; fr. *musique de table*). Composição destinada ao entretenimento em jantares e banquetes, como em obras de Telemann.

tag (ing.) CODA.

Tagelied (al.) Ver AUBADE.

taikô Instrumento milenar japonês de percussão com membrana dupla, é percutido com duas BAQUETAS pesadas.

tail (ing. lit.: rabo) CODETTA.

tailgut (ing.) RABICHO.

taille (fr.) **1.** Voz intermediária de música para tenores, na França do final do Renascimento. **2.** Designação genérica de tenor, ou instrumento com voz de tenor, como certo tipo de OBOÉ.

taille de violle (fr.) Antiga designação para VIOLA (acp. 2) tenor.

tailpiece (ing.) ESTANDARTE.

take a chorus (ing. lit.: pegar um *chorus*) No *jazz*, diz-se quando um músico solicita ao colega que improvise uma vez sobre a estrutura completa de uma música.

take four (ing. lit.: pegue quatro) Entre os músicos de *jazz*, alternância de improvisações curtas de quatro compassos entre os instrumentistas [var.: *trade four*].

Takmesser (al.) Metrônomo [var.: *Metronom*].

Takt (al.) COMPASSO.

Taktart (al.) Fórmula de COMPASSO.

Taktarten mit dreizeitigen Taktteilen (al.) COMPASSO COMPOSTO.

Taktstock (al.) BATUTA.

Taktstrich (al.) BARRA DE COMPASSO.

tãl Na MÚSICA INDIANA, um sistema de padrões rítmicos [var.: *ath*].

talão (it. *tallon*, *tallone*; fr. *talon*, *hausse*; ing. *nut*, *frog*, *heel*; al. *Frosch*, *Swickel*) Peça (geralmente de ébano, às vezes marfim) que prende a crina na extremidade inferior do arco de instrumentos como o violino, a viola, o violoncelo e o contrabaixo; nesses instrumentos, e no ARCO FRANCÊS do contrabaixo, é também a peça sob a qual o músico apóia o polegar durante a execução [var. port.: noz].

tãlas Na MÚSICA INDIANA, o conceito de ritmo, no sentido de pulsação.

talhe No ÓRGÃO DE TUBO, a relação proporcional entre o comprimento do tubo e seu diâmetro.

tali Na MÚSICA INDIANA, batido com palmas.

talking blues (ing.) Gênero de BLUES quase narrado, à maneira de Bob Dylan [var. ing.: *rambling blues*].

tallharpa Espécie de LIRA DE ARCO da Estônia medieval.

tal-lipi Na MÚSICA INDIANA, sistema de notação para instrumentos de percussão.

tallone (it.) **1.** TALÃO. **2.** Entre os instrumentos de cordas da orquestra, indica que deve ser utilizada a região inferior do arco, próximo ao TALÃO.

talon (fr.) TALÃO.

tal-vadhya-kachari Conjunto de percussão da MÚSICA INDIANA.

tamasha Na MÚSICA INDIANA, apresentação de rua.

tambaque Corruptela de ATABAQUE, designa uma dança de negros do interior paulista que emprega o instrumento.

tambor (ar. *tanbur*; persa *tabir* ou *tamburak*; it. *tamburo*; fr. *tambour*; ing. *drum*; al. *Trommel*). Nome genérico para instrumentos de percussão construídos com uma pele ou membrana esticada sobre uma estrutura, geralmente redonda, chamada FUSTE. Os tambores podem ter altura determinada (TÍMPANOS e ROTOTOMS) ou indeterminada (bumbos e surdos).

tambora Tambor de dupla face do MERENGUE da República Dominicana. É tocado com uma vareta na pele superior e a mão esquerda abafando e afastando-se da pele inferior, proporcionando uma variedade de timbres.

tambor-de-crioula Ver PUNGA.

tambor de fricção Instrumento de percussão que é friccionado por uma vareta, pela mão ou algum objeto. A CUÍCA é um instrumento da família dos tambores de fricção.

tambor de madeira com fenda (ing. *slit drum*) Instrumento rudimentar que consiste em uma peça de madeira com uma fenda.

tambor-de-mina Música de pajelança cantada por escravos, do Nordeste do Brasil. Costumava ser acompanhada por palmas e pequenos instrumentos de percussão, e empregava instrumentos locais como o TRIÂNGULO e uma espécie de ZABUMBA.

tambor falante (ing. *talking drum*) Instrumento de origem africana que ao ser percutido lembra a voz humana.

tambor grande Em algumas regiões do Ceará e Pernambuco, ZABUMBA.

tamboril Tambor de membrana dupla que teve origem na Idade Média, é um instrumento com cordas laterais ao FUSTE que servem para repuxar as peles, percutidas com uma BAQUETA. Costuma ser tocado pelo executante do GALUBÉ, e em Portugal faz parte do conjunto do TAMBORILEIRO.

tamborileiro 1. Conjunto instrumental português da região do Trás-os-Montes que utiliza um pandeiro de FUSTE quadrado. **2.** Músico da região portuguesa de Trás-os-Montes que toca simultaneamente o TAMBORIL e o GALUBÉ.

tamborim (fr. *penderette*, *piano-basque*, *taberet*, *tabor*, *tabolet*, *taboret*, *tambour de basque*; ing. *tambourine*; al. *Handtrommel*, *Rohmentrommel*; esp. *tamborin*) Pequeno tambor de mão de membrana única percutido com uma vareta, tem o timbre alterado pelo toque das pontas dos dedos na parte interna da pele, dentro do instrumento. É um dos componentes característicos da bateria da ESCOLA DE SAMBA e geralmente ocupa a terceira fila da seção. Em alguns países, o termo também se refere a PANDEIRO. Ver também KANJIRA, MAZHAR, MOCHO, REQUE e TOF.

tamborin (esp.) TAMBORIM.

tambor-mor Instrumento de percussão de dimensões avantajadas.

tambor-onça Espécie de CUÍCA.

tambour (fr.) TAMBOR.

tambour à corde (fr.) TAMBOR com ESTEIRA.

tambour de basque (fr.) PANDEIRO.

tambour de fer (fr.) STEEL DRUMS.

tambour métallique (fr.) STEEL DRUMS.

tambourin (fr.) **1.** Certo tipo de pandeiro. **2.** Gênero de música que, na Idade Média, era executada por instrumentos como o GALUBÉ.

tambourin de provence (fr.; ing. *field drum*) Instrumento como o TABOR.

tambu 1. O maior dos tambores utilizado no JONGO paulista. **2.** Dança do jongo que emprega tambor do mesmo nome.

tambura Instrumento indiano de braço longo e quatro cordas dedilhadas, lembra um ALAÚDE.

tamburak Ver TAMBOR.

tamburello (it.) PANDEIRO.

Tamburin (al.) PANDEIRO.

tamburitza Principal instrumento de cordas da música eslava, teve origem na Ásia e é semelhante ao TANBÛR.

tamburo (it.) TAMBOR.

tamburo basco (it. lit.: tambor basco) PANDEIRO.

tamburo di ferro (it. lit.: tambor de ferro) STEEL DRUMS.

tamburo di latta (it.) STEEL DRUMS.

tamburo grande (it.) BOMBO.

tamburo militare (it. lit.: tambor militar) CAIXA-CLARA.

tamburo piccolo (it.) CAIXA-CLARA.

tambu-tambi Ver BASTÃO DE RITMO.

tambutica Espécie de ALAÚDE iugoslavo de cordas metálicas que trazia várias aberturas no tampo.

tampo Peça superior de instrumentos como o violino, o cavaquinho e o violão sobre a qual se apóia o CAVALETE. Funciona também como uma membrana e é o principal determinante das qualidades acústicas do instrumento.

tampo harmônico (it. *tavola armonica*; fr. *table d'harmonie*; ing. *belly* ou *soundboard*; al. *Ressonazboden*) Tampo superior da CAIXA DE RESSONÂNCIA de instrumentos de cordas, como o violino e o ALAÚDE.

tam-tam Ver TANTÃ (acp. 1).

tamurê Dança de caráter sensual do Tahiti.

tanbûr Nome genérico para diversos tipos de ALAÚDES antigos de braço longo e pequena CAIXA DE RESSONÂNCIA em formato oval ou circular, era encontrado na Ásia, Bálcãs e Egito.

tangado Com espírito de TANGO.

tangará FANDANGO (acp. 3) melancólico do Norte paulista.

tangente Em instrumentos como o CLAVICÓRDIO, a peça que percute a corda.

tanger (do lat. *tangere*) Executar um instrumento de cordas com o arco.

tango Música e dança tradicional da Argentina em COMPASSO BINÁRIO, encontra variantes em outros países latinos. Originou-se de dança homônima da Andaluzia espanhola do século XIX, foi levado para a Argentina durante a Primeira Grande Guerra, tornou-se tradição urbana do país desde o início do século XX e consagrou-se com o acompanhamento de BANDONÉON e instrumentos como contrabaixo e percussão (e mais recentemente guitarra elétrica, piano e bateria). A região portenha do tango, por excelência, fica entre os bairros de Caballito e Boedo (onde é tocado e dançado o chamado tango real) e o Clube Almagro e a Academia Nacional de Tango, na Avenida de Mayo. O tango mais popular é *La cumparsita*, verdadeiro marco do uruguaio Gerardo Mattos Rodrigues. Com seu ritmo vigoroso e atmosfera sensual, o gênero criou o mito Carlos Gardel e, na cena contemporânea, Astor Piazzola, autor de *Adiòs noniño* e *Invierno porteño*. Ver também TANGÓDROMO.

tango brasileiro Música e dança brasileira que, apesar do nome, guarda poucas afinidades com o TANGO argentino. Sua origem pode ser creditada à mesclagem de elementos do MAXIXE, da NABANERA e da POLCA, ritmos europeus em voga no Rio de Janeiro a partir do final do século XIX. A versão *tango-brésilien* (fr.: tango brasileiro) surgiu no início do século XX quando turistas brasileiras tentavam levá-lo para a Europa juntamente com o *matchiche* (forma como o MAXIXE ficou conhecido em Paris) [var. port.: tanguinho].

tango brésilien (fr.) TANGO BRASILEIRO.

tango-chula Denominação de algumas modalidades de MAXIXE dos anos 1900 no Brasil, como o *Vem cá mulata* (1902), de Arquimedes de Oliveira.

tangódromo Construção voltada a apresentações e bailes de TANGO, inspira-se no SAMBÓDROMO carioca e fica localizado na região chamada Boca Porteña, em Buenos Aires, Argentina.

tango-fado Expressão empregada por alguns compositores para designar suas próprias músicas, quando escreviam TANGOS BRASILEIROS românticos com influência da MODINHA, a exemplo do clássico *Luar de Paquetá* (1922), de Freire Júnior e Hermes Fontes.

tanguero Aquele que toca ou dança TANGO.

tanguinho Ver TANGO BRASILEIRO.

tantã 1. Tipo de prato suspenso, como o GONGO oriental [var.: tam-tam]. **2.** Instrumento de percussão de origem africana, emprega um tronco ou cilindro de madeira com uma fenda na parte superior. **3.** Longo tambor percutido com as mãos.

tantam Pequeno tambor bengalês.

Tanz (al.) Dança.

Tanzmeistergeige (al.) POCHETTE.

tap (ing. lit.: batida, tapa) Entre instrumentos de percussão diz-se quando se toca com pequenos tapas na membrana (percussão), nas cordas (violão, por exemplo) ou corpo do instrumento (piano) [var.: *tappin'on*].

tapan Tambor búlgaro de MEMBRANA dupla e aproximadamente 50 cm de diâmetro cujo FUSTE é amarrado por cordas que servem para retesar as peles.

tap block (ing.) BLOCO.

tap dance (ing.) SAPATEADO.

tape (ing. lit.: fita; it. *nastro magnetico*) Fita magnética utilizada para gravação ou para a reprodução de sons pré-gravados.

taper (ing. *to taper*: reduzir gradualmente de espessura) Certo tipo de terminação de uma nota cujo som esmorece gradualmente.

tapped with the stick (ing.) COL LEGNO.

tapping-on (ing.) Nos instrumentos como a GUITARRA ELÉTRICA, diz-se quando o músico toca com leves batidas nas cordas [var.: *tap*].

tapuia Ver TAPUIADA.

tapuiada Dança surgida no final do século XIX que representa a luta dos índios tapuias contra os negros organizados em quilombos, costuma ser acompanhada por tambores e pequenos instrumentos de percussão [var.: tapuia].

taquirari Dança de origem boliviana semelhante ao TROTE.

tar 1. Espécie de ALAÚDE de origem árabe, emprega uma PELE à guisa de membrana vibratória e TAMPO HARMÔNICO. **2.** Tambor de FUSTE comprido de pequeno diâmetro.

tarabonka Ver DARABUKKA.

tarabuka Ver DARABUKKA.

tarambuka Tambor de barro búlgaro similar ao DARABUKKA árabe.

tarana Na MÚSICA INDIANA, estilo de canto originário da Pérsia que emprega letras com sílabas de significado indistinto.

tarantela (it. *tarantella*; fr. *tarantelle*) Dança rápida em compasso $^6/_8$ geralmente acompanhada por pandeiro e CASTANHOLAS, é típica de regiões interioranas da Itália, como Taranto. No século XVII supunha-se que o andamento ágil da tarantela serviria para expulsar os demônios que as tarântulas inoculavam nos corpos de suas vítimas. Na música romântica, foi empregada por compositores como Bottesini, Weber, Liszt, Wieniawski, Glière e Chopin.

tarantella (it.) TARANTELA.

tarantelle (fr.) TARANTELA.

tarbourka Ver DARABUKKA.

tarca Espécie de flauta chilena de TUDEL cujo tubo tem o interior quadrado.

tardamente (it.) Indicativo de expressão: vagarosamente.

tardando (it.) Ver RITARDANDO.

tardo (it. lit.: tardio) Ver RITARDANDO.

tarkas Pequena flauta búlgara com BOQUILHA.

taró Corruptela de TAROL.

tarogato Antigo instrumento de sopro oriental de PALHETA DUPLA, tem aproximadamente 40 cm de comprimento e possui sonoridade aveludada. Ver também TÁROGATÓ.

tárogató Instrumento de sopro de PALHETA (acp. 1) única como a CHARAMELA cuja origem é creditada ao TAROGATO oriental e o SHAWM, antecessor do OBOÉ, teve uso militar e ainda pode ser encontrado em certas regiões da Hungria.

tarol (it. *tarole*) Espécie de tambor assemelhado a uma CAIXA-CLARA, porém de FUSTE cilíndrico um pouco mais raso. É comum nas ESCOLAS DE SAMBA, no samba urbano e conjuntos de MARACATU. **2.** CAIXA-CLARA da BATERIA (acp. 1) de conjuntos de música popular.

tarole (it.) Caixa-de-guerra. Ver TAROL. Ver também CAIXA-CLARA.

tarot (fr.) Espécie de FAGOTE antigo afinado uma quarta abaixo do instrumento convencional.

tarraxa 1. De forma genérica, um bastão de ébano empregada para afinar cada uma das cordas de instrumentos como o violino, a viola e o violoncelo. **2.** Bastão cilíndrico de madeira ou metálico com um orifício lateral, serve para prender a extremidade superior das cordas e ajustar-lhes a afinação, em instrumentos como o violão, o contrabaixo e a guitarra elétrica. É girada por um mecanismo chamado CRAVELHEIRA.

tar spatak Na MÚSICA INDIANA, a oitava aguda.

Taschenpartitur (al.) Partitura miniatura.

tastar de corde Tipo de composição para ALAÚDE de caráter livre do início do século XVI creditada a Joan Ambrosio Dalza.

Tastatur (al.) TECLADO (acp. 1).

Taste (al.) Tecla.

Tastenharmocka (al.) Espécie HARMÔNICA DE VIDRO.

Tasteninstrument (al.) Qualquer instrumento de teclado.

tastiera (it.) **1.** ESPELHO (acp. 2). **2.** (ing. *keyboard*; al. *Tastatur*) TECLADO (acp. 1).

tasto 1. (it.; fr. *frette, sillet*; ing. *fret*; al. *Bund*) TRASTE. **2.** Entre os instrumentos de cordas da orquestra, indica execução com a CRINA do arco na região da corda que fica sobre o ESPELHO do instrumento. **3.** Tecla, entre os instrumentos de teclado. **4.** ESPELHO (acp. 2).

tatutira Ver FANDANGO (acp. 3).

tavil Na MÚSICA INDIANA, um grande tambor empregado nos templos do Sul do país.

tavola armonica TAMPO HARMÔNICO.

tavola armonico (it. lit.: tábua ou mesa harmônica) Tampo superior de instrumentos como o violino.

tavola da lavare (it.) WASHBOARD.

taxi horn (ing.) AUTO HORN.

tba Abreviatura de TUBA.

tbl Abreviatura de TEMPLE BLOCKS.

tcha-tcha MARACA (acp. 1).

te No sistema DÓ MÓVEL, o sétimo grau da ESCALA DIATÔNICA alterado descendentemente, que corresponde ao si bemol.

teatro (it.) Nome genérico de meados do século XX para certo tipo de música ambientada em drama.

teatro de revista Ver REVISTA.

teatro lírico Teatro de ÓPERA.

techno Ver TECHNO POP.

techno pop (ing.) Variante POP tocada em casas noturnas que nos anos 1970 mesclava sintetizadores e instrumentos eletrônicos com recursos de estúdios de gravação. Bons exemplos são Ritchie "*Plastikman*" Hawkin e os grupos Radio Activity, Man Machine e o alemão Kraftwerk [var.: techno, tecno, tecnopop].

tecla 1. Em instrumentos como o CRAVO e o piano, peça do teclado que, pressionada pelo dedo, aciona um mecanismo que faz percutir ou pinçar as cordas. **2.** No ÓRGÃO, peça do

MANUAL que aciona o mecanismo que libera o ar no interior de cada tubo. **3.** Nos instrumentos eletrônicos de teclado, peça que faz o contato elétrico com determinado *chip* ou sistema analógico para a produção de som.

teclado 1. (it. *tastiera*; fr. *clavier*; ing. *keyboard*; al. *Klaviatur*, *Tastatur*) Entre instrumentos como o piano, o cravo e o sintetizador eletrônico, jogo de teclas que serve para acionar as diversas notas. O teclado foi DIATÔNICO, baseado apenas nas notas brancas (escala de dó maior) até o final do século XIII, quando passou a incorporar os sons CROMÁTICOS, com o acréscimo das teclas pretas. No período Barroco, o cravo e o órgão chegaram a possuir mais de um teclado, chamado MANUAL, para facilitar a REGISTRAÇÃO. **2.** Popularmente, instrumento eletrônico digitalizado, aparelho portátil que simula por síntese os sons aproximados de diversos instrumentos de orquestra, coral ou banda, e possui ritmos pré-gravados na memória.

teclado de pedal Ver PEDALEIRA (acp. 1).

teclado dividido SPLIT KEYBOARD.

teclado enarmônico Mecanismo criado no século XV, possibilitava a execução de sons em número maior do que as doze notas de uma ESCALA CROMÁTICA. O sistema subdividia as notas em sons ENARMÔNICOS, mas, devido à complexidade de fabricação e extrema dificuldade de execução, terminou por desaparecer. Ver também ENARMONIA (acp. 2).

teclado mudo Espécie de teclado portátil empregado por músicos em viagens, tem ação mecânica semelhante à do teclado do piano, sem produzir sons.

teclado portátil Instrumento de teclado eletrônico de fácil transporte.

teclado transpositor Mecanismo de alguns órgãos do período Barroco e, posteriormente de certos pianos, facultava ao músico tocar a música em mais de uma tonalidade, transpondo-a sem alterar o DEDILHADO.

técnica 1. Conjunto de processos da criação musical. **2.** Destreza na execução.

tecno Ver TECHNO POP.

tecnopop Ver TECHNO POP.

tedesca (it. lit.: alemã) No passado, servia para designar genericamente danças alemãs ou de espírito germânico, como a ALLEMANDE.

tedesco (it. lit.: alemão) Ver AECO DRAGONETTI.

Te Deum (lat. lit.: A Ti, Deus) Cântico de louvor atribuído a Santo Ambrósio no século IV, baseia-se no Salmo bíblico nº 95, que se inicia com o verso *Te Deum laudamus* (a ti, Deus, louvamos). Na liturgia católica, é entoado nas procissões, festas e domingos. Também possui atribuições nos serviços anglicanos. Surgiu na Idade Média, inspirou Palestrina e foi valorizado por compositores barrocos como Purcell, Buxterhude, Händel e Lully, depois seduzindo clássicos como Haydn e, posteriormente, Berlioz, Verdi, Dvorák e Bruckner. No Brasil, foi tema de André da Silva Gomes, Lobo de Mesquita, D. Pedro I, Marcos Portugal, e, mais recentemente, Edino Krieger e Amaral Vieira.

teen pop (ing. *teen*, de *teenager*, jovem na faixa dos 10 aos 19 anos) Música do final dos anos 1990, como a do grupo Backstreet Boys e da cantora Britney Spears.

teiú Ver TIÚ.

telebê Canto de pai-de-santo das cerimônias do xangô [var.: toada-de-couro].

telecaster GUITARRA ELÉTRICA fabricada pela Fender, é muito utilizada na música COUNTRY e no ROCK. Possui corpo sólido, ALAVANCA e CAPTADOR único.

telharmonium Instrumento de teclado concebido nos EUA, no final do século XIX, empregava uma roda geradora de sons que podiam ser enviados pela rede telefônica. Suas dimensões eram gigantescas, e seu uso, devido à pouca praticidade, foi abandonado duas décadas depois [var.: *dynamophone*].

telym (ing.) Espécie de HARPA gaulesa.

tema (fr. *thème*; ing. *theme*) **1.** Em geral, é a parte mais facilmente reconhecível em uma obra ou trecho musical. Na FORMA SONATA, BITEMÁTICA, designa ambos os temas principais, enquanto na técnica da FUGA constitui o que se chama sujeito. **2.** No *jazz*, uma música qualquer, um STANDARD para improvisação.

tema e variações Forma musical que consiste na apresentação de um tema, seguido por um número indeterminado de variações. Bons exemplos da exploração instrumental dessa forma são as 30 *Variações Goldberg*, de Bach, para CRAVO, as 33 *Variações Diabelli*, de Beethoven, para piano, as *Variações sobre o tema de Moisés no Egito*, de Rossini, escrita por Paganini, para a quarta corda do violino, as *Variações enigma*, de Britten, para orquestra, e as *Variações rococó*, de Tchaikovsky, para violoncelo e orquestra.

Tempelblock (al.) TEMPLE BLOCKS.

tempérament équale (fr.) TEMPERAMENTO IGUAL.

temperado (al. *temperiert*) Que sofreu TEMPERAMENTO. Instrumento, escala ou intervalo que obedece ao princípio do temperamento.

temperamento (it. *temperamento*; ing. *temperament*; al. *Temperatur*) Sistema de afinação de uma escala em que as freqüências dos intervalos são propositalmente aproximadas dos sons naturais e proporcionalmente iguais. O ouvido humano possui particularidades quanto à tendência de atração de certas notas por outras, fato que praticamente inviabilizava a execução em conjunto de instrumentos de naturezas e TONALIDADES diversas nos sistemas anteriores. Desde a Antiguidade, músicos e LUTHIERS buscaram organizar sistemas que, baseando-se na alteração intencional de certas freqüências, possibilitassem a execução em contextos e tonalidades diversas. Esses sistemas evoluíram até que com o temperamento, finalmente, tornou-se possível tocar em conjunto e em todas as tonalidades. Durante o período Barroco, certo tipo de TEMPERAMENTO DESIGUAL, chamado MENATONE, aproximava os sons, mas mantinha as características de atração de graus como as terças e SENSÍVEIS, por exemplo. Esse sistema, com a evolução da técnica e da complexidade das composições que passaram a ser exigidas pelas partituras, provou ser inadequado à execução em tonalidades e ACORDES não vizinhos. Na época de Pachelbel e Bach, consolidou-se o chamado TEMPERAMENTO IGUAL, que vigora nos países ocidentais dos dias de hoje e permite a execução em todas as tonalidades e MODOS.

temperamento desigual (it. *temperamento equale*; al. *gleichschwebende Temperatur*; ing. *equal temperament*, *unequal temperament*) Sistema de afinação da escala que divide uma oitava em intervalos consoantes, mas de proporções não iguais. Ver também TEMPERAMENTO.

temperamento equabile (it.) TEMPERAMENTO IGUAL.

temperamento igual (ing. *equal temperament*) Ver TEMPERAMENTO.

temperierte Stimmung (al.) Afinação TEMPERADA.

tempestoso (it.) Indicativo de expressão: tempestuoso.

temple bells Grandes sinos suspensos do Oriente, são tocados com MALHOS.

temple blocks (ing. lit.: blocos do templo; it. *blocco de legno*; fr. *temple-blocs*, al. *Tempelblock*; coreano *mu-yu*) Instrumento de percussão que consiste em peças ocas de madeira (geralmente canforeira) de tamanhos diversos, suspensas por uma haste e percutidas com malhos [var.: ing. *chorean blocks*, *dragon's mouth*]. Abreviatura [tbl].

tempo (it.; fr. *temps*; ing. *time;* al. *Zeitmass*) **1.** A pulsação musical, unidade essencial de um COMPASSO. **2.** ANDAMENTO de determinada peça, como em *tempo di valsa*. **3.** A duração de uma nota.

tempo debole (it.) TEMPO FRACO.

tempo di marcia (it.) ANDAMENTO de MARCHA.

tempo di minuetto (it.) ANDAMENTO de MINUETO.

tempo duplo O dobro do ANDAMENTO.

tempo fraco (it. *tempo debole*; fr. *temps faible*; ing. *off-beat*, *upbeat*; al. *schlechter Takteil*) Tempo menos acentuado ou parte fraca de um tempo.

tempo forte (ing. *downbeat*; al. *Abtakt*) O tempo mais forte de um COMPASSO, a rigor o primeiro. Na regência, refere-se à posição baixa da mão, que indica o primeiro tempo.

tempo fraco O(s) tempo(s) menos acentuado(s) de um COMPASSO, como o segundo e quarto tempos de um compasso QUATERNÁRIO. Em inglês, UPBEAT (batida para cima), refere-se mais especificamente à última nota de um compasso, que na orquestra coincide com a posição superior da mão do regente (*levare*) e serve para preparar o tempo forte (DOWNBEAT) do compasso seguinte.

tempo giusto (it. lit.: tempo justo) Indica execução em andamento preciso, geralmente sinalizando o retorno ao tempo inicial após alguma alteração solicitada anteriormente pela partitura, como *accellerando* ou *rallentando*.

tempo ordinario (it.) Indica COMPASSO QUATERNÁRIO.

tempo quaternario (it.) COMPASSO QUATERNÁRIO.

temporada A programação anual de uma orquestra ou teatro de ópera.

tempo primo (it.) Indica retorno ao ANDAMENTO inicial.

tempo real Ver COMPUTER FLÜGEL.

tempo tônico Ver THESIS.

temps (fr.) **1.** ANDAMENTO. **2.** TEMPO (acp. 1).

temps faible (fr.) TEMPO FRACO.

ten Abreviatura de TENUTO.

tenderly (ing.) Amoroso.

tenebrae (lat. lit.: trevas) Conjunto das celebrações da Semana Santa, está associado ao apagar de velas do ritual. As partes musicalmente relevantes são as três primeiras das nove lições de MATINAS e os RESPONSÓRIOS seguintes.

teneramente (it.; fr. *tendrement*, *tendre*) Indicativo de expressão: com ternura.

tenor (it. *tenore*, do lat. *tenere* lit.: conter ou segurar) Na Antiguidade, a voz masculina superior, que sustentava certas notas que serviam para orientar as movimentações contrapontísticas das outras vozes. Gradativamente, passou a designar de forma genérica a voz mais aguda masculina. Com o surgimento dos CASTRATI, o tenor passou a um segundo plano na execução vocal, sendo a ele confiados apenas os textos dos RECITATIVOS das Paixões ou papéis cômicos ou ridículos nas óperas. Com o Classicismo, os tenores voltam a protagonizar cenas em papéis mais importantes, a exemplo do tenor dramático de Donizetti e Rossini, abrindo caminho para o *tenore di forza*, ou tenor robusto. O chamado tenor heróico (*Heldentenor*) surgiu em papéis de óperas de Wagner como o Tristão, de *Tristão e Isolda*, e o Tannhäuser, da ópera homônima. Paralelamente, na Europa latina proliferaram formas de vozes tenores mais líricas (tenor lírico francês) e virtuosísticas, como o *tenore contraltino* italiano (rara voz masculina de registro agudo). O ideal do tenor moderno foi consumado por Enrico Caruso, no final do século XIX, para toda uma geração de cantores das mais diversas nacionalidades, como Gigli, Mario del Monaco, Björling, Pavarotti, Placido Domingo, José Carreras, Vickers e outros. O termo tenor é empregado também para a classificação de diversas famílias de instrumentos, obedecendo a critérios semelhantes às subdivisões das vozes humanas. Desta forma, existem o sax tenor, o trombone tenor, a flauta doce tenor, o violino tenor (pouco menor do que uma viola) e outros. Na música coral, a voz tenor é escrita na CLAVE DE FÁ, acima do baixo, embora também seja freqüentemente empregada a CLAVE DE DÓ na terceira linha nas partituras individuais. Abreviatura [T]. Ver também ALTA VOX, CLAVE DE DÓ, CONTRATENOR, DESCANTE (acp. 2), DÓ DE PEITO, HAUTE-CONTRE, HELDENTENOR, MÉDIA VOZ, MELODIA TENOR, PES, PRIMO MUSICO, SPIELTENOR, SPINTO, TAILLE (acp. 2), TENORE BUFFO, TENOR DRAMÁTICO, TENORLIED, TENOR LIGEIRO, TENOR LÍRICO.

Tenorbasshorn (al.) EUFÔNIO.

tenor clef (ing. lit.: clave de tenor) CLAVE DE DÓ na terceira linha.

tenor contraltino Ver TENOR.

tenor cor (ing.) CLAVICORNE.

tenor dramático Voz TENOR de vigoroso registro médio, como o Lohengrin, da ópera homônima de Wagner.

tenor drum (ing.) CAIXA-CLARA tenor.

Tenorflügelhorn (al.) TENORHORN.

Tenorhorn (al.; it. *flicorno tenore*; fr. *bugle ténor*; ing. *Mellophone*) FLÜGELHORN ou BUGLE tenor, afinado em si bemol ou dó [var.: al. *Tenorflügelhorn*].

tenore (it.) TENOR.

tenore buffo (it.) Voz como a do TENOR LIGEIRO.

tenore contraltino (it.) Ver TENOR.

tenore di forza Ver TENOR.

tenore di grazia (it.) Tenor lírico.

tenore robusto Ver TENOR.

Tenorfagott (al.) FAGOTTINO.

Tenorgeige (al.) VIOLA (acp. 1).

Tenoroon (ing.) FAGOTTINO.

tenor heróico HELDENTENOR.

tenorhorn (ing.) Ver FLÜGELHORN.

Tenorlied (al.) A voz de CANTUS FIRMUS da POLIFONIA do final do Renascimento.

tenor ligeiro Voz TENOR leve e de grande agilidade, como exige o papel de Tamino, da *Flauta mágica* de Mozart.

tenor lírico Voz TENOR de REGISTRO (acp. 1) mais agudo.
Tenorschlüssel (al.) CLAVE DE DÓ na quarta linha.
tenso Na música antiga, prática musical que entre os trovadores consistia na improvisação de música e letra sobre um tema preestabelecido.
tenth (ing.) DÉCIMA.
tenuto (it. lit.: sustentado) Indicação de que uma nota deve ser realçada, sustentando-a ao máximo em toda sua duração. Indicado pela abreviatura [ten] ou por um pequeno traço horizontal sobre a cabeça de uma nota.
teoria (it. *teoria musicale*; fr. *thèorie musicale*; ing. *music theory*; al. *Musiktheorie*) Disciplina que elabora os elementos de estudo musical.
teoria dos afetos (al. *Affektenlehre*) Princípio em voga no período Barroco que pregava a unidade e a unicidade emotiva de uma obra musical.
terapia musical Terapia psicológica que emprega elementos musicais.
terça 1. (it. *terza*; fr. *tierce*; ing. *third*; al. *Terz*) Intervalo de três graus em uma ESCALA DIATÔNICA (dó-mi, terça maior, dó-mi bemol, terça menor, nas tonalidades de dó maior e menor). **2.** REGISTRO (acp. 2) do órgão de tubos barroco. **3.** Ver OFÍCIO.
terça de picardia (it. *terza di piccardia*; fr. *tièrce de picardie*, *tierce picarde*; al. *pikardische Terz*) No período Barroco, em uma composição em TONALIDADE menor, o acorde final que utiliza a TERÇA MAIOR ao invés da TERÇA MENOR, resultando em um final incisivo e brilhante [var. port.: terceira de picardia].
terça diminuta Intervalo de TERÇA MENOR alterada descendentemente (dó-mi dobrado bemol), equivale ENARMONICAMENTE à segunda maior no sistema temperado.
terça maior Intervalo de TERÇA da ESCALA DIATÔNICA formado por dois tons.
terça menor Intervalo de TERÇA alterado um SEMITOM descendentemente, constituindo um tom e meio.
terças paralelas Expressão que designa duas vozes que caminham guardando entre intervalos de terças maiores e menores. As duplas da música sertaneja brasileira cantam em terças paralelas, sendo a voz inferior a principal.
terceira de picardia (port.) Ver TERÇA DE PICARDIA.
terceirense VIOLA (acp. 3) de cordas dedilhadas da ilha de Açores, difere da MICAELENSE por possuir apenas uma ROSETA redonda.
tércias Ver OFÍCIO.
tercilho Ver QUIÁLTERA.
tercina (al. *Triole*; fr. *triolet*; ing. *triplet*) Ver QUIÁLTERA.
terminação feminina (al. *weibliche Endung*) Conclusão de uma frase cuja resolução harmônica se dá fora do tempo forte do compasso. Comum a partir do Classicismo, torna a melodia especialmente graciosa. Ver também CADÊNCIA FEMININA.
terminação masculina (it. *cadenza tronca*) Conclusão de uma frase cuja resolução harmônica se dá no tempo forte do compasso.
terminal Dispositivo para conexão rápida entre dois componentes ou circuitos eletrônicos.
ternaire (fr.) TERNÁRIO.
ternário (it; fr. *ternaire*; ing. *ternary*; al. *dreizeitig*) Compasso de três tempos.
ternary (ing.) TERNÁRIO.
terno RANCHO de gente rica, feito à frente das casas de amigos.
terno-de-reis Em algumas regiões, FOLIA-DE-REIS.
terno-de-zabumba Ver ESQUENTA-MULHER.
ternos Conjuntos de MARACATU do interior do Pernambuco. Ver também RANCHO.
terol Rápida dança saltada do FANDANGO (acp. 3) sulino que sofreu influência da tarantela italiana.
Terz (al.) TERÇA.
terza (it.) TERÇA.
terza di piccardia (it.) TERÇA DE PICARDIA.
Terzett (al.) TRIO (acp. 1 e 2).
terzetto (it. lit.: terceto) Certo tipo de composição para três vozes A CAPPELLA; gênero barroco que teve algumas aplicações instrumentais em pleno século XX.
Terzguitarre (al.) GUITARRA (acp. 1).
tesi (it.) THESIS.
tesoura Um dos passos do FREVO.
tessitura 1. Na música vocal ou instrumental,

a EXTENSÃO (acp. 1) do conjunto de notas entre a mais aguda e a mais grave em uma peça ou trecho. Sons que são abrangidos por determinado instrumento ou voz. **2.** Sons mais freqüentes de uma música, com relação à sua extensão.

testa (it.) Cabeça.

testo (it. lit.: texto) Voz recitante. Termo empregado no início do Barroco italiano para designar alguns RECITATIVOS da música religiosa (e algumas vezes secular) do período.

testos Nas ilhas portuguesas de Flores, Santa Maria e Corvo, espécie de címbalos de dedo que acompanham o ritmo de um pandeiro aberto, sem membrana.

tête (fr.) Cabeça.

tetrachord (ing., al.) TETRACORDE.

tetracorde (it. *tetracordo*; fr. *tétracorde*; ing. *tetrachord*; al. *Tetrachord*, *Vierklang*) **1.** Seqüência das quatro primeiras notas de uma escala ou modo, como em dó-ré-mi-fá (tetracorde maior). Uma escala diatônica de dó maior é composta por dois tetracordes, dó-ré-mi-fá e sol-lá-si-dó. Os tetracordes podem ser menores (dó-ré-mi bemol-fá), diminutos (dó-ré bemol-mi bemol-fá), harmônicos (dó-ré bemol-mi natural-fá) ou aumentados (dó-ré-mi-fá sustenido). **2.** Antigo instrumento musical grego de quatro cordas.

tetracordo (it.) TETRACORDE.

Teutsche Teutônico [var.: *deutsche*].

textura Maneira em que determinada obra foi estruturada verticalmente, ou seja, o sistema de combinação de vozes em determinada peça. A textura pode ser HOMOFÔNICA, POLIFÔNICA ou de técnica mista.

thanh Na MÚSICA INDIANA, tempo simples.

that Na MÚSICA INDIANA, um modo.

thavil Tambor de membrana dupla utilizado em festividades no Sul da Índia.

thelarmonium Ver MÚSICA ELETRÔNICA.

theme (ing.) Tema.

theme and variations (ing.) TEMA E VARIAÇÕES.

théorbe (fr.) TIORBA.

Theorbe (al.) TIORBA.

theorbo (ing.) TIORBA [var.: *theorb*].

theorie musicale (fr.) Teoria musical.

theremin (fr. *thérémin*) Instrumento eletrônico que empregava freqüências de rádio modificadas por um oscilador. Foi inventado pelo russo Lev Thermin (Léon Theremin) em 1920, nos primórdios do regime instalado pelo movimento revolucionário bolchevique, e impressionou Lênin, seu maior propagandista. Podia ser executado tanto pelo movimento das mãos diante de um tipo de antena quanto por meio de um teclado ou uma espécie de braço, como nos instrumentos de cordas. Teve curta existência, mas desempenhou importante papel na vanguarda musical da primeira metade do século XX, em obras como a *Fantasia* (1944), de Bohuslav Martinu [var.: *thereminvox*, eterofone]

thereminvox Ver THEREMIN.

thesis (lat.; it. *tesi*; fr. *thésis*; ing. *thesis*; al. *Senkung*) Indica tempo forte, repouso. Ver também ARSIS E THESIS.

the tops (ing.) No jargão norte-americano, o melhor músico. *He's the tops:* ele é o melhor.

third stream (ing. lit.: terceira corrente) Expressão cunhada nos Estados Unidos pelo trompista, compositor, educador e regente Gunther Schülller, juntamente com John Lewis, do Modern Jazz Quartet, em meados do século XX, para designar certo tipo de música experimentalista que mesclava o erudito ao popular e folclórico de diversos países e etnias. O gênero evoluiu a partir do movimento de um grupo de músicos de *jazz* de formação rigorosamente erudita e tem entre suas obras representativas *Conversations for jazz quartet and string quartet*, do próprio Schuller. O New England Conservatory of Music, de Boston (Massachusetts, EUA), possui um importante departamento exclusivo para o *third stream.*

thirty-second (ing. lit.: $^1/_{32}$) FUSA.

thorough bass (ing.) BAIXO CONTÍNUO.

thrash Um tipo vulgar de PUNK mesclado ao NWOBHM que é caracterizado por solos de GUITARRA (acp. 3) absolutamente neurotizantes e andamentos rápidos. Entre os grupos representativos do gênero, o Metallica, o Megadeth e o Anthrax.

three party form FORMA TERNÁRIA.

thrène (fr.) TRENODIA.

Threnodie (al.) TRENODIA.

threnody (ing.) TRENODIA.

thrown spiccato (ing., it.; *to throw*: atirar) Entre os instrumentos de cordas da orquestra, certo tipo de SPICCATO atirado, ou carregado. Difere do *spiccato* real, ou italiano, que é mais próximo do SAUTILLÉ (Rolland).

thumb (ing. lit.: polegar) Ver CAPOTASTO.

thumb hole (ing.) ORIFÍCIO DO POLEGAR.

thumb key (ing.) CHAVE DO POLEGAR.

thumb-piano (lit.: piano de polegar; ing. *box-bass*) Instrumento que consiste em uma pequena CAIXA DE RESSONÂNCIA dentro da qual diversas lâminas são afixadas em uma das laterais. Quando pinçadas pelo polegar, as lâminas produzem sons cuja EXTENSÃO (acp. 1) varia com o número de teclas. Derivado do africano M'BIRA [var.: baixo de caixa, marimbola], em Trinidad chama-se *box-bass*, e na Jamaica *rumba-box*.

thumb string (ing. lit.: corda do polegar) No BANJO, a corda mais curta, executada pelo polegar.

thumri Na MÚSICA INDIANA, estilo de canto semiclássico.

thunder-machine (ing.) MÁQUINA DE TROVÃO.

thryangle (ing. ant.) TRIÂNGULO.

ti No sistema DÓ MOVEL, a nota sensível, correspondente ao si natural em dó maior.

Tiba (al.) ALPHORN.

tíbia Instrumento de sopro de PALHETA (acp. 1) e tubo duplos, como o AULO grego, era utilizado na Roma antiga em ritos religiosos e dramáticos. O nome se deve à tíbia animal com que se costumava construir o tubo.

ticão Dança do FANDANGO (acp. 3) paulista acompanhada por sapateado e estalar de dedos.

ticumbi Espécie de CONGO capixaba, costuma ser acompanhado por VIOLA DE ARAME e pandeiro.

tidle Ver FIDDLE.

tie (ing. lit.: nó) LIGADURA.

tiento (esp. lit.: toque) No início do Barroco ibérico, equivalia a uma variante simples do RICERCARE italiano, que era executada provavelmente como exercício ou aquecimento antes de uma apresentação.

tierce de picardie (fr.) TERÇA DE PICARDIA.

tierce picarde (it.) TERÇA DE PICARDIA.

tiete No jargão brasileiro, fã. Ver também GROUPIE.

tigrão No jargão do FUNK carioca, dançarino.

tigun Na MÚSICA INDIANA, tempo triplo.

tihai Na MÚSICA INDIANA, uma CADÊNCIA (acp. 1) de três partes.

tilinca Espécie de flauta romena sem orifícios.

timbal Instrumento da SALSA cubana tocado com duas varetas, consiste em um jogo de dois tambores de pele ajustável, duas CAMPANAS (acp. 3) e um par de WOOD-BLOCKS.

timbale (ar. *at-tabl*, lit.: tambor) **1.** Instrumento de percussão de membrana única que se acredita tenha sido um dos precursores dos TÍMPANOS modernos, tem o FUSTE com formato de uma abóbada invertida, como o *naqqāra* dos países de cultura árabe, e é geralmente tocado em conjunto de dois ou três tambores e um par de BAQUETAS. **2.** Na música dos países da América espanhola, instrumento de curto fuste cilíndrico de metal e membrana única. Tocado aos pares com varetas, que alternam golpes de diversos timbres na pele do instrumento com batidas no aro (*rim shot*) superior ou nas laterais. Característico de ritmos como a SALSA, o MERENGUE, a CUMBIA e MAMBO. **3.** TÍMPANOS.

tímbalo Instrumento de percussão de FUSTE semi-esférico derivado dos TÍMPANOS, às vezes é utilizado na BATERIA (acp. 2) da ESCOLA DE SAMBA.

timbre Elemento que diferencia a qualidade de sons de igual intensidade e freqüência devido à presença maior ou menor de determinados harmônicos e sua relação com a FUNDAMENTAL (acp. 2).

timbrel Instrumento de percussão como o pandeiro, comum no Oriente Médio.

timbres (fr.) Sinos de orquestra.

time (ing.) **1.** ANDAMENTO. **2.** Tempo.

time signature (ing.) NOTAÇÃO DE TEMPO.

timing clock (ing. relógio de controle de tempo) Na música eletrônica, um comando em tempo real para dispositivos diversos.

timp No jargão norte-americano, timpanista [var.: *tymp*].

timpanão (it. *cettra a percussione*; fr. *tympanon*; ing. *percusssion zyther*; al. *Schlagzither*) Tipo de SALTÉRIO.

timpanos (it. *timpani*; fr. *timbales*; ing. *Kettledrums*, *timpani*; al. *Pauken*, *Heerpauken*) Também chamados timbales, são instrumentos de percussão de altura definida que devem sua origem ao TIMBALE e ao NAQQĀRA árabe. O jogo de tambores consiste em uma série de dois a (modernamente) cinco tambores, que podem ser classificados como a voz humana: baixo, tenor, contralto, soprano e sopranino, do mais grave ao mais agudo, respectivamente. O FUSTE do instrumento tem o formato de uma abóbada invertida, sobre cuja abertura é esticada uma pele animal ou membrana de náilon, retesada por meio de pequenas chaves dispostas nas laterais de um aro metálico. Na Antiguidade, conforme registros pictóricos, instrumentos semelhantes eram feitos com casco de tartaruga, conchas de madeira ou troncos ocos de árvore, sendo a pele amarrada nas bordas da abertura do FUSTE. Os tímpanos passaram a integrar definitivamente a orquestra já a partir do período Barroco, época em que novas afinações e exigências das partituras sugeriram (e acompanharam) modificações estruturais. As crescentes demandas musicais abriram espaço para que, a partir do início do século XIX, o instrumento pudesse ser dotado de pedais que possibilitam alterar a afinação e, conseqüentemente, obter diversas notas, alterando a tensão das membranas mesmo durante a execução. O instrumento foi explorado em número de tambores e formatos variados desde o período Barroco, quando era empregado com freqüência para reforçar o ritmo do TROMPETE (como nas aberturas orquestrais de Bach). Lully teria sido o primeiro a empregar o instrumento, na ópera *Thésée*. Os tímpanos assumiram importância definitiva com Beethoven e seus contemporâneos, teve o número de tambores ampliado para cinco e passou a ser executado com uma BAQUETA acolchoada com feltro na ponta. Chegou a ser objeto de experiências de Berlioz, que em seu *Te Deum* e na *Grande messe des morts* empregou nada menos do que dezesseis deles. Bartok (*Cantata profana*), Stravinsky, Varèse e Boulez, entre inúmeros compositores do século XX, exploraram à exaustão as possibilidades do instrumento, que alcançou *status* de solista em obras como o *Concert pour batterie et petite orchestre*, de Milhaud, o *Concerto para timbales e orquestra* de Harold Faberman e o *Concerto para timbale e orquestra*, de Werner Tharischen.

timpanum (lat.) Pequeno tambor de cerimônias públicas da Roma e Grécia antigas, era tocado com as duas mãos por um músico sentado.

tin-whistle (ing.) PÍFARO.

tiorba (it.; fr. *théorbe*; ing. *theorbo*; al. *Theorbe*) **1.** Instrumento de cordas dedilhadas (também conhecido no século XVI como *ghironda*) que na Itália do pré-Renascimento era utilizado como solista ou para acompanhamento do canto. A afinação das doze ou catorze ORDENS de cordas e os TRASTES sobre o braço guardam semelhanças com o ALAÚDE, mas o instrumento se aproxima em dimensões e características acústicas do CHITARRONE do século XVII. **2.** Foi mencionada pela primeira vez em 1598 em *A worlde of wordes*, dicionário italiano-inglês de John Iloreo. Surgiu dentro do ideário da CAMERATA fiorentina, como um retorno aos ideiais clássicos, uma menção a Orfeu e Apolo liristas, impulsionando o desenvolvimento de um instrumento baixo acompanhador de canções. Michael Praetorius faz menção à tiorba no *Syntagma Musicium*, em 1620. Continha 14 cordas, podendo ser ordenadas em ORDENS ou duplas (na Inglaterra era afinada em sol-ré-lá-fá-dó-sol-fá-mi-ré-dó-si-lá-sol-fá) [var.: *theorbo*, *tuorba*]. Ver também ARQUIALAÚDE, BORDÃO (acp. 2) e CETEROFONE.

tipe (esp. *tiple*: soprano) Na Festa do Divino do norte paulista, voz mais aguda masculina, geralmente um FALSETE.

tiple (esp.) Voz soprano.

tirade (fr.) TIRATA.

tirador de coco Ver COQUEIRO (acp. 2).

tirador de folia Na Folia de Reis e em outras festas folclóricas, o PUXADOR de cantoria.

tirador de palmas Ver PALMEIRO.

tirana 1. Canção e dança de caráter sensual da Espanha do final do século XVIII. **2.** Dança de roda de origem espanhola com passos de LUNDU, pode ser encontrada no FANDANGO (acp. 3) do Sul-Sudeste brasileiro.

tiraninha Espécie de TIRANA do interior paulista.

tirata (it.; fr. *tirade*) Tipo de ornamento melódico que consiste em uma escala articulada com velocidade entre duas notas distantes, em um trecho musical.

tiré (fr. lit.: puxado) ARCADA DESCENDENTE.

tirolesa (it. *ländler alla tirolesa*; fr. *tyrolliene*; ing. *tyrollien*; *tiroler Ländler*) Dança e canção influenciada pelo LÄNDLER austríaco, popular na região do Tirol. Ver também LÄNDLER.

tirolito Ver PIROLITO.

tisra Na MÚSICA INDIANA, intervalo de terça.

title role (ing.) Papel-título.

título Nas gravações em discos ou CDs, designa de forma geral uma obra ou canção.

tiú Dança como o CALANGO [var.: teiú].

toada Breve canção brasileira de caráter triste, lamentoso e em andamento lento, como *O meu boi morreu (... que será de mim...)* (1915), de Afonso Arinos, ou a mais recente *Fica mal com Deus* (1963), de Geraldo Vandré. Também pode designar genericamente melodias que possuem características semelhantes.

toada-de-couro Ver TELEBÊ.

toasting (ing. lit.: torrando) Certo estilo de DJs que inserem frases próprias, à maneira do RAP, entre versos de uma gravação conhecida.

toca-discos (ing. *pickup*, *record-player*, *turntable*; fr. *tourne-disque*; it. *giradischi*; al. *Schallplattenspieler*) Aparelho eletrônico que vem perdendo espaço para CD *players* e outros equipamentos de reprodução sonora, estaria condenado à extinção não fossem alguns aficcionados, como o baterista Charles Gavin, do conjunto Os Titãs. Consiste em mecanismo que gira um prato enquanto uma agulha conectada a uma cápsula magnética ou de cerâmica, na extremidade de um braço, capta e decodifica os sons gravados nos sulcos de um disco de massa, plástico ou vinil. O disco é girado por um motor, cuja velocidade pode ser ajustada para $33^{1/4}$, 45 ou 78 rpm para reprodução de discos nessa rotações [var.: vitrola, *picape*].

tocata (it. *toccata*) Peça instrumental baseada em escalas e arpejos rápidos, era escrita geralmente para teclados como o ÓRGÃO. Teve origem no início do período Barroco, possivelmente com Andrea Gabrielli, e destinava-se também à exibição da destreza técnica do músico. Escreveram importantes cantatas Buxterhude, Bach, Scarlatti e Händel, além de românticos como Schumann e, mais recentemente, Debussy e Prokofiev. Ver também CANTATA.

tochate (fr.) Na primeira metade do século XVI, termo empregado para designar TOCATAS.

tof Espécie de tamborim que na tradição musical judaica costumava ser tocado por mulheres. Ver também MÚSICA JUDAICA.

tom 1. (it. *tono*; fr. *tonalité*; ing. *tone*; al. *Ton*, *Tonart*) Genericamente, e em especial na música popular, a tonalidade de uma peça, como por exemplo dó maior ou mi menor. **2.** Palavra com que se descreve timbre ou coloração, como em: a *viola d'amore* tem um tom aveludado. **3.** TOM INTEIRO. **4.** Abreviatura de TOM-TOM.

Tom (al.) Nota.

tombeau (fr. lit.: túmulo) Peça ou conjunto de peças instrumentais do início do período Barroco que costumavam ser compostas para cerimonial ou homenagem a uma pessoa falecida. Existem *tombeaus* bastante conhecidos de Corelli, Lully e Couperin, além de algumas citações modernas, como em *Le tombeau de Couperin* (1920), de Ravel.

tom inteiro (al. *Ganzton*; ing. *whole step*) Ou apenas tom, intervalo como dó-ré, composto por dois SEMITONS.

tom maior (it. *tonalità maggiore*; fr. *tonalité majeure*; ing. *major key*; al. *Durtonart*) TONALIDADE maior.

tommy-talker (ing.) Espécie de MIRLITON (acp. 1).

tom-tom Espécie de tambor de fuste cilíndrico e membrana única ajustável, costuma ser utilizado na orquestra sinfônica e deve sua origem provavelmente aos instrumentos de percussão da MÚSICA INDIANA. Na música popular e no *jazz*, designa o tambor ou par de tambores acoplados sobre o bumbo da BATERIA (acp. 1).

ton Forma métrica para música e poesia, empregada na Idade Média.

Ton (al.) TOM (acp. 1).

tonada (esp.) **1.** TOADA. **2.** Em países da América Latina, canção romântica. **3.** Na Espanha barroca, canção breve e simples como uma balada.

tonadilla (esp.) Pequena peça com caráter de TONADA (acp. 3) que foi introduzida na Península Ibérica no século XVII. Costumava servir de INTERMEZZO (acp. 1) no teatro barroco da Espanha, tornou-se padrão musical independente para peças satíricas e foi posteriormente suplantada pela ZARZUELA.

tonal Qualidade da música executada ou construída sobre os fundamentos da TONALIDADE.

tonalidade (it. *tonalità*; fr. *tonalité*; ing. *tonality*; al. *Tonalität*) Palavra surgida no período Barroco, designa a relação entre as notas e acordes de uma peça com determinada centralidade, chamada TÔNICA. Começou a perder espaço no final do século XIX com a incursão de diversos compositores pelos caminhos da ATONALIDADE, novas trilhas abertas por compositores como Wagner, principalmente com a ópera *Tristão e Isolda*. A partir do abandono gradual do conceito de tonalidade, que vigorou por quase três séculos, surgiram definições como atonalismo (ausência ou indefinição de tonalidade), a PANTONALIDADE (expansão dos limites do conceito de tonalidade), a BITONALIDADE (emprego de duas tonalidades justapostas) e a POLITONALIDADE (múltiplas tonalidades).

tonalidade progressiva Conceito desenvolvido no final do século XIX, antecipava o surgimento do ATONALISMO, uma vez que já permitia a progressividade tonal, ou seja, o desenvolvimento e a conclusão de uma obra em tonalidades diversas da inicial.

tonalidade relativa TONALIDADE que emprega a mesma ARMADURA DA CLAVE de outra maior, ou vice-versa. Exemplo: ré menor, em relação a fá maior (um bemol na armadura), ou si bemol maior em relação a sol menor (dois bemóis).

tonalidades paralelas Duas tonalidades, uma maior e outra menor, cuja tônica é idêntica.

tonalità (it.) TONALIDADE.

tonalità maggiore (it.) TONALIDADE maior.

tonalità minnore (it.) TONALIDADE menor.

tonalité (fr.) TOM (acp. 1).

tonalité majeur (fr.) TONALIDADE maior.

tonalité mineure (fr.) TONALIDADE menor.

Tonalität (al.) TONALIDADE.

tonality (ing.) TONALIDADE.

tonaire (fr.) TONÁRIO (acp. 2).

Tonar (al.) TONÁRIO (acp. 2).

tonário 1. (do lat. *tonarium*; ing. *pitchpipe*) Artefato para afinação de instrumentos, consiste em um tubo dotado de um êmbolo que, deslizando por gradações variáveis, ao ser assoprado define a nota a ser utilizada como referência. **2.** (it. *tonario*; fr. *tonaire*; ing. *tonarium, tonary*; al. *Tonar*) Livro de sons salmódicos.

Tonarium (lat.; ing., al.) TONÁRIO (acp. 2).

tonarius (lat.) Organização das ANTÍFONAS da liturgia católica de acordo com os princípios modais do CANTO GREGORIANO.

Tonart (al.) **1.** MODO. **2.** TOM (acp. 1) [var.: *Tonalität*].

Tonartvorzeichnung (al.) ARMADURA DE CLAVE.

tonback Espécie de tambor escavado em madeira utilizado na MÚSICA INDIANA clássica, é tocado com os dedos de ambas as mãos.

Tonballung (al.) CLUSTER.

Tondichter (al.) Poeta dos sons.

Tondichtung (al.) POEMA SINFÔNICO.

Tonfall (al.) Inflexão.

tonlos (al.) MUDO.

tone painting (ing.; it. *pittura musicale*; al. *Tonmalerei*) Composição associada a obras pictóricas.

tone poem (ing.) POEMA SINFÔNICO.

tone row (ing. lit.: fila de sons). Ver TWELVE TONE ROW.

tone wheel (ing. lit.: disco de som) Mecanismo para geração eletromagnética de sinais sonoros dos órgãos eletrônicos antigos.

tonette (fr.) Flauta de madeira que é executada verticalmente, como a FLAUTA DOCE.

tonguing (ing. *tongue*: língua) Técnica de produção de STACCATO em instrumentos com a FLAUTA TRANSVERSAL. Basicamente, consiste em uma forma de se atacar notas ou série de notas, entre instrumentos de sopro, na qual o executante utiliza movimentos rápidos da língua. Para adequar-se à velocidade imposta freqüentemente pela partitura moderna, emprega-se o DOUBLE TONGUING, e o TRIPLE TONGUING, para dois ou três ataques por nota, respectivamente.

Tonhöhe (al.) Altura.

tonic (ing.) TÔNICA.

tônica 1. (it. *tonica*; fr. *tonique*; ing. *tonic*; al. *Tonika*) Primeiro grau, ou FUNDAMENTAL (acp. 1) da escala que define a tonalidade de um trecho ou obra musical. **2.** ACORDE montado sobre o primeiro grau de uma escala [var. port.: tónica].

tonic sol-fa (ing.) Forma de notação musical e sistema de ensino de canto por leitura à primeira vista concebidos na Inglaterra em meados do século XIX. Seu autor, John Curwen, baseou-se em tratados que empregavam sistemas semelhantes ao da SOLMIZAÇÃO.

Tonleiter (al.) ESCALA.

Tonmalerei (al.) TONE PAINTING.

tono (it.) TOM.

Tonreihe (al.) SÉRIE.

tons relativos TONALIDADES que guardam relações harmônicas próximas, como dó maior-lá menor (relativa menor de dó) e ré menor-fá maior (relativa maior de ré menor).

tons vizinhos TONALIDADES próximas, como as relativas (dó maior-lá menor, ré maior-sol maior).

Tonsatz (al.) COMPOSIÇÃO.

tonta Dança do Sul-Sudeste brasileiro com ritmo de VALSA e sapateados, costuma ser acompanhada por VIOLAS DE ARAME [var.: tontinha].

tontinha Ver TONTA.

tonus (lat.) **1.** TOM. **2.** Em latim, pode referir-se a MODOS ECLESIÁSTICOS (como em *primus tonus*: primeiro modo).

Tonstärke (al.) Intensidade.

Tonwolf (al.) SURDINA (acp. 1) pesada feita de metal, usada em instrumentos como o TROMPETE.

top (ing.) **1.** TAMPO. **2.** (it. *Capo*) Início da música ou MOCIMENTO. **3.** No jargão do músico norte-americano, o auge da carreira de um músico.

top ten (ing.) As dez mais do HIT PARADE da música popular.

toque 1. (fr. *touché*) Entre os instrumentos de teclado, a força e as nuanças que os dedos do instrumentista imprimem à execução. **2.** Espécie de encontro festivo de músicos do MARACATU. **3.** Música simples e curta para eventos oficiais, como o toque do silêncio executado pelo clarim militar.

toque solto O som de um bombo solista no MARACATU.

toque virado O som da percussão do MARACATU.

toré 1. Dança cantada do Nordeste brasileiro de origem indígena, é geralmente acompanhada por ZABUMBA, PÍFAROS e TORÉ (acp. 2) [var.: torém]. **2.** Instrumento de sopro de origem indígena confeccionado com bambu, madeira ou ainda rabo de tatu ou jacaré [var.: boré].

torém Ver TORÉ (acp. 1).

torito Dança chilena das comemorações do dia de São Pedro, em 29 de junho, mistura canto e bailado de origem religiosa e profana.

tormento Instrumento folclórico improvisado de percussão da região central do Chile, utiliza tampas de garrafas e arames.

tornada (esp.) Refrão de canções espanholas.

tornelus (lat.) Figura da notação musical antiga que corresponde ao movimento entre três notas ligadas, sendo a segunda mais aguda. Ver NEUMAS.

tortulus (lat.) Ver NEUMAS.

tosto (it.) Rápido.

Totenmarsch (al.) MARCHA FÚNEBRE.

Totentanz (al.) Dança funeral, dança macabra.

touch sensitivity (ing. lit.: sensibilidade ao toque) Capacidade que tem determinado dispositivo eletrônico de reconhecer e emitir sinais com múltiplas interpretações de pressão e nuanças de toque.

touche 1. (fr. lit.: tato) Estilo. **2.** (fr. *toucher*: tocar com os dedos) ESPELHO (acp. 2). **3.** TASTO (acp. 2).

touché TOQUE (acp. 1).

tour de gosier (fr.) Certo tipo de TREMOLO.

tourdion Certa dança francesa de caráter saltitante do século XVI.

tournebout (fr.) KRUMMHORN.

tourne-disque (fr.) TOCA-DISCOS.

tout l'archet (fr.) Entre os instrumentos de cordas da orquestra, TUTTO L' ARCO.

tower chimes (ing.) CARRILHÃO DE TORRE.

toy (ing. lit.: brinquedo) Peça leve para ALAÚDE ou teclado da transição Renascimento-Barroco.

tr Abreviatura de TRINADO.

track (ing. lit.: trilha) Faixa de áudio gravada em fita, CD, disco ou outro meio.

tracking (ing.) Em MÚSICA ELETRÔNICA, ajuste de velocidade MIDI.

tractalus (lat.) Ver NEUMAS.

tractus (al. *Traktus*) Cântico inspirado nos SALMOS, é conhecido desde o século XI. Na liturgia romana, antecede o evangelho nas comemorações da Quaresma [var.: trato].

trade four (ing. lit.: trocar quatro) Ver TAKE FOUR.

traditional jazz (ing.) Refere-se às correntes antigas do *jazz* de raiz, como o DIXIELAND.

tragédie lyrique (fr.) Obra dramática da França barroca, como algumas óperas de Rameau e Lully.

train wreck (ing. lit.: desastre de trem) No jargão POP, execução musical de forma desencontrada.

Traktus (al.) TRACTUS.

Trällern (al.) Cantarolar.

trança Dança como o PAU-DE-FITA, termina quando o grupo, enquanto canta, consegue terminar de fazer uma longa trança de fitas coloridas. Típica dos folguedos natalinos e da FOLIA-DE-REIS [var.: dança-do-trancelim, trancelim, trançado, trança-fita].

trançado Ver TRANÇA.

trança-fita Dança mineira como a TRANÇA.

trance Gênero pós-POP surgido no final dos anos 1990, é uma corrente psicodélica da HOUSE MUSIC eletrônica que tem em John Digweed um de seus principais representantes.

trancelim Dança cearense como a TRANÇA.

tranquillo (it.) Tranqüilo.

transcrição (al. *Transkription*; fr., ing. *transcription*) **1.** Adaptação de certa obra musical para instrumento ou grupo diverso daquele pretendido originalmente. **2.** Notação musical em partitura de alguma obra gravada ou executada.

transformação Técnica freqüentemente conhecida como transformação temática, consiste em modificar determinado trecho musical mantendo-se os principais elementos originais.

transformação temática Ver TRANSFORMAÇÃO.

transição Passagem musical que une duas seções de uma SONATA ou peça por meio de materiais temáticos comuns ou modulações.

transientes Em acústica, saltos de uma onda sonora, como um tambor quando percutido.

transitório (do fr. *transitoire*) Na técnica vocal, um som intermediário entre dois sons definidos, como uma vogal e uma consoante.

Transkription (al.) TRANSCRIÇÃO.

transposing piano (ing.) PIANO TRANSPOSITOR.

transpor (al. *transponieren*) Modificar a TONALIDADE de uma obra ou trecho dela para alguma outra tonalidade. Na maioria das vezes, a transposição visa possibilitar que uma voz ou instrumento alcance notas que estariam fora de sua TESSITURA, ou ainda adaptar a obra para execução em conjunto por instrumentos TRANSPOSITORES, como a TROMPA.

transponieren (al.) TRANSPORTAR.

transponier Flügel (al.) PIANO TRANSPOSITOR.

transportar (it. *transportare*; fr. *transposer*; ing. *transpose*; al. *transponieren*) Transferir determinada música ou trecho para outra TONALIDADE.

transportare (it.) TRANSPORTAR.

transpose (ing.) TRANSPORTAR.

transposer (fr.) TRANSPORTAR.

transposing instruments (ing.) Instrumento transpositor. Ver TRANSPOSITOR.

transposing piano (ing.) PIANO TRANSPOSITOR.

transpositor Diz-se de instrumentos como a TROMPA, cuja TONALIDADE de efeito diverge daquela notada na partitura. Para exemplificar, uma parte de TROMPA em fá, para soar em dó maior, deve ser transposta para sol maior pelo músico.

traquenard Dança francesa do período Barroco semelhante à GAVOTA.

trash (ing.: lixo) Gênero musical derivado do PUNK, é uma forma exacerbada do estilo.

trash rock (ing. lit.: *rock* lixo) Ver TRASH.

traste (al. *Bund*; fr. *frette*, *sillet*; ing. *fret*; it. *tasto*) Linha, tira ou vareta fixa ou móvel de madeira, marfim, osso, náilon, tripa animal ou metal, que colocada de forma perpendicular e em distâncias graduadas ao longo do espelho de instrumentos de cordas, como o ALAÚDE, o VIOLÃO, a GUITARRA ELÉTRICA ou o SITAR indiano, delimita os espaços em que os dedos pressionam a corda, definindo as notas [var.: trasto].

trastejar Ação da corda contra o TRASTE ou ESPELHO de instrumentos como o violão e o CAVAQUINHO, emite ruídos desagradáveis durante a execução. O trastejar acontece pela má disposição do primeiro, distância insuficiente entre corda e espelho ou ainda empenamento ou desgaste da madeira deste último. O termo costuma ser também ser empregado para instrumentos como o violino e o contrabaixo sinfônico, apesar de eles não possuírem trastes.

trasto Ver TRASTE.

trato Ver TRACTUS.

Trauermarsch (al.) MARCHA FÚNEBRE.

Träumerai (al.) RÈVERIE.

trautonium Instrumento eletrônico criado no início do século XX, possuía um braço semelhante ao dos instrumentos de cordas, sobre o qual fios pressionados pelos dedos faziam contato com uma resistência elétrica conectada a um oscilador. O timbre, a extensão e a altura dos sons podiam ser controlados pelo músico por meio de modificadores acionados por botões.

Traversflöte (al.) FLAUTA TRANSVERSAL.

traverso (it.) FLAUTA TRANSVERSAL renascentista.

travessão Dança cantada do Nordeste brasileiro.

travesti Cantor masculino de ópera que executa um papel feminino, ou vice-versa.

trb Abreviatura de TROMBONE.

trb-b Abreviatura de TROMBONE baixo.

tre (it.) Três.

tre corde (it.: três cordas) Execução do piano sem o uso de pedais abafadores, de forma que todas as três cordas do REGISTRO (acp. 1) médio soem livremente. Ver também DUE CORDE e TUTTE LE CORDE.

treble (ing., fr.; lat. *triplus*) Agudo. No final do Renascimento, designava a voz mais aguda de uma composição (*discant*).

treble clef (ing.) CLAVE DE SOL.

treinamento auditivo Ver PERCEPÇÃO.

treinamento de ouvido Estudo de percepção musical.

treme-terra SURDÃO.

tremolando (it.) Com TREMOLO.

tremolo (it. lit.: trêmulo; fr. *trémolo*) **1.** Técnica que consiste na repetição em número indefinido de uma mesma nota, com grande velocidade. Ver TREMOLO MISURATO. **2.** Entre os instrumentos de cordas da orquestra, sucessão de GOLPES de arco rápidos e alternados, para cima e para baixo, da metade para a ponta do arco, que é utilizado quase que exclusivamente no repertório de orquestra. O número de golpes sobre cada nota é indefinido, e um acento costuma ser articulado no início de cada nota. Flesch considera o *tremolo* uma sucessão de DÉTACHÉS curtos, executados com um movimento nervoso do pulso. Ainda segundo Flesch, para a execução do *tremolo* no violino o arco deve ser movimentado quase que somente pelo polegar e pelo indicador da mão direita. O chamado ARCO FRANCÊS do contrabaixo utiliza principalmente o antebraço para o *tremolo*, enquanto a modalidade DRAGONETTI requer, além do antebraço, o uso conjunto de dedos e pulso. Para Rolland, o *tremolo* é uma repetição veloz de uma ou mais notas, na ponta do arco, quando suave, e no meio, quando se deseja maior intensidade. **3.** Técnica que consiste na repetição de duas notas em grande velocidade.

tremolo au flageolet (it., fr. *tremolo*: trêmulo, *flageolet*: flautim) Entre os instrumentos de cordas da orquestra, efeito como o TREMOLO SUL L'ARMONICI.

trémolo avec la langue (fr.) FRULLATO.

trémolo dental (fr.) FRULLATO.

trémolo en roulant la langue (fr.) FRULLATO.

tremolo glissando (it.) Entre os instrumentos de cordas da orquestra, TREMOLO executado simultaneamente a um GLISSANDO.

tremolo misurato (it. *misurato*: medido; fr. *tremolo très régulier*) Indica que deve ser respeitada a velocidade do TREMOLO indicada na partitura. A notação do *tremolo misurato* é diferente daquela do *tremolo* convencional, pois a primeira define com exatidão o número de GOLPES a serem executados para cada nota. Utilizado isoladamente, o termo *misurato* indica que o trecho não deve ser executado como *tremolo* livre, quando a notação pode suscitar dúvidas.

tremolo on harmonics (ing., it.) Entre os instrumentos de cordas da orquestra, designa GOLPE DE ARCO como TREMOLO SUL L'ARMONICI.

trémolo roulé (fr.) FRULLATO.

tremolo sul l'armonici (it., fr. *trémolo au flageolet*; ing. *tremolo on harmonics*; it., fr. *tremolo sur les sons harmoniques*) Entre os instrumentos de cordas da orquestra, TREMOLO executado sobre sons HARMÔNICOS.

tremolo sur les sons harmoniques (it., fr. lit.: tremolo sobre os sons harmônicos) TREMOLO SUL L'ARMONICI.

tremolo très régulier (fr.) TREMOLO MISURATO.

treno Ver TRENODIA.
trenodia (it; fr. *thrène*; ing. *threnody*; al. *Threnodie*) Espécie de poema cantado em reverência aos mortos, como a *Trenodia para as vítimas de Hiroshima*, do polonês Penderecki [var.: treno].
trepak Rápida dança cossaca em COMPASSO BINÁRIO da Europa Oriental, aparece no balé *Quebra-nozes*, de Tchaikovsky.
trepie (fr.) TRIÂNGULO.
trepit (fr.) TRIÂNGULO.
très (fr.) Muito.
tres Espécie de GUITARRA (acp. 1) cubana com três ORDENS duplas de cordas.
trescone (it.) Dança folclórica da região de Florença.
tres golpes Em Cuba, dança como a CONGA (acp. 1).
três pedaços Uma das variantes do BUMBA-MEU-BOI do Nordeste brasileiro.
trespié (fr.) TRIÂNGULO.
tresquiáltera Ver QUIÁLTERA.
trevas TENEBRAE.
tríade (ing. *triad*) Acorde simples formado por duas terças superpostas, como dó-mi-sol (tríade maior) ou lá-dó-mi (tríade menor).
triang Abreviatura de TRIÂNGULO.
Triangel (al.) TRIÂNGULO.
Triangelschlegel (al.) Vareta de ferro para percutir TRIÂNGULO.
triângulo (it. *acciarino*, *staffa*, *staffetto*, *triangolo*; fr. *trepie*, *trepi*, *trespié*, *tripet*; ing. *triangel*, *triangle*, ant. *tryangle*; al. *Triangel*) Instrumento que consiste em um vergalhão ou vareta metálica dobrada em formato triangular e percutido com um bastão de metal. Geralmente os dedos da mão esquerda, que suspendem o triângulo, servem como elemento modificador do som ou abafador do instrumento. Faz parte do arsenal de percussão da orquestra sinfônica moderna, bandas e fanfarras, e tem papel proeminente nos conjuntos do Nordeste brasileiro ao lado da ZABUMBA e da SANFONA, onde também é conhecido popularmente como ferrinhos. O instrumento foi utilizado por Rimsky-Korsakov, em seu *Capricho espanhol* (1887), Liszt, no *Concerto para piano em mi bemol*, e Grieg, na *Dança de Anita*, da suíte *Peer Gynt* (1874-76). Abreviatura [triang].
tricca-ballacca (it.) Espécie de MATRACA italiana.
tricinium (lat.) No final do Renascimento, referia-se a certo tipo de composição de caráter geralmente didático, escrita para três vozes.
tricotet (fr.) Dança do final do período Barroco que empregava rápidos movimentos dos pés, enquanto os gestos das mãos lembravam a confecção do tricô.
tríduo de bloco Ver TRIO ELÉTRICO.
trigonon (gr.: triângulo) Certo tipo de harpa da Roma e Grécia antigas.
trilha Na técnica de gravação, pista da fita magnética onde os sons são registrados [var.: pista].
trilha sonora (ing. *soundtrack*) **1.** Faixa onde são gravados o som e a música de uma fita de cinema. **2.** A parte musical de um filme.
trillo (it.) Originalmente, o termo referia-se a certo tipo de ornamento vocal semelhante ao TREMOLO, passou a designar genericamente ornamentações semelhantes. Tartini escreveu um virtuosístico *Trillo del Diavolo* (Trilo do Diabo) para violino.
trill tongue (ing.) FRULLATO.
trinado (al. *Triller*; ing. *trill*; it. *trino*) Ornamento que consiste na alternância rápida entre a nota principal e aquela que lhe é imediatamente superior um tom ou semitom. Segundo o tratadista Vieuillan, o trinado barroco costumava ser iniciado um tom acima da nota principal, seguindo-lhe o apoio (*l'apui*) e o trinado propriamente dito, e finalmente o ponto de parada (*point d'arrêt*), que é a antecipação da nota final de resolução. A partir do Classicismo, desenvolveram-se formas de trinados que não se iniciavam pela nota superior e freqüentemente terminavam em ornamentos específicos, como o GRUPPETTO. Trinados também podem ser característicos de compositores como Mozart, imprimindo às suas composições uma espécie de marca registrada. Alguns ornamentos mais curtos são também às vezes considerados trinados, como é o caso do MORDENTE ou o *Pralltriller* alemão. Abreviatura [tr]. Ver também BOW-FINGER TREMOLO, LIP TRILL, NOTA ACESSÓRIA, MEZZO-TRILLO, RELISH, RIBATTUTA e SHAKE.

Trinidad-Gongtrommel (al. lit.: tambores de aço de Trinidad) STEEL DRUMS.

trino (it.)Trinado.

trio 1. Obra musical para três executantes. **2.** Grupo musical de três integrantes, como o piano trio (piano, violino e violoncelo), ou o trio de cordas. Também são comuns formações de três músicos na música popular, como o *jazz* trio (piano, contrabaixo e bateria) de Bill Evans, Oscar Peterson e o bossa-novista Zimbo Trio, assim como os trios de *rock*, geralmente da linha *hard*, como o Jimi Hendrix Experience e o Cream. **3.** A partir do período Barroco, constituía a segunda dança das SUÍTES, executada após o MINUETO, e posteriormente a primeira parte do terceiro movimento da SONATA e das formas dela derivadas (concerto e sinfonia). A partir de Beethoven, o trio como forma de dança passou a seguir o SCHERZO, substituindo o minueto.

trio com piano (ing. *piano trio*) Peça para três instrumentos, geralmente piano, violino e violoncelo. Gênero surgido no Classicismo, alcançou o apogeu com Haydn e Mozart, mas também encontrou espaço entre românticos como Schubert e Beethoven, Schumann, Mendelssohn, Frank, Dvorák e Tchaikovsky, sem contar obras importantes de Ravel e Shostakovich. Alguns TRIOS (acp. 2) de formação diversa tiveram sucesso nas mãos de compositores como Mozart (piano, viola e clarinete) e Brahms (piano, violino e trompa). No Brasil, destacaram-se trios de importância como o de Iara Bernette, junto com o violinista Airton Pinto e o violoncelista Antonio Del Claro; de formação diversa, o mais recente Trio Images, com Cecília Guida, violino, Achile Picchi, piano, e Henrique Müller, viola.

trio concertant (fr.) TRIO (acp. 2) solista com orquestra. Ver também TRIO DE CORDAS.

trio de cordas Formação instrumental de dois violinos e um violoncelo surgida no Barroco, deu origem à SONATA-TRIO (para violino, viola e violoncelo) característica do Classicismo, a exemplo de diversas obras de Haydn e Mozart, e posteriormente Beethoven, que se debruçou sobre o TRIO CONCERTANT. Compositores modernos, como Schönberg, também escreveram trios de cordas na formação tradicional.

trio elétrico Formação instrumental de espírito carnavalesco surgida na Bahia, foi criado pelos músicos Dodô e Osmar nos anos 1950, quando pela primeira vez se apresentaram pelas ruas de Salvador sobre um automóvel. O conjunto compõe-se basicamente de guitarra elétrica, TRIOLIM e BAIXO ELÉTRICO, BATERIA (acp. 1) e percussão [var.: tríduo de bloco].

triole (al.) TERCINA. Ver também QUIÁLTERA.

triolet (fr.) TERCINA. Ver também QUIÁLTERA.

triolim Pequeno violão elétrico de quatro cordas cujo som lembra um CAVAQUINHO ou BANDOLIM, integra o TRIO ELÉTRICO.

triomphale (fr.) Indicativo de execução pomposa, triunfal.

triumphal march (ing.) MARCHA TRIUNFAL.

trio sonata Ver SONATA-TRIO.

Tripelkonzert (al.) Concerto para três instrumentos solistas.

tripet (fr.) TRIÂNGULO.

trip-hop (ing.) Um dos gêneros da DANCE MUSIC que sofreu influência do HOP, como as gravações de Tina Weymouth.

triplet (ing.) TERCINA. Ver também QUIÁLTERA.

triple time (ing.) COMPASSO TERNÁRIO.

triple tonguing (ing.) Técnica de instrumentos da família das madeiras como a flauta transversal, emprega rápidos movimentos da língua para articular grupos de três sons repetidos sobre uma mesma nota. Utilizam-se na articulação as consoantes T e K, em séries repetidas: tkt-tkt-tkt-tkt. Ver também TONGUING.

triplex 1. (lat. *triplum*) Aumentação rítmica em proporção de três (multiplicando os valores rítmicos por três), também conhecida como *organum triplum*. **2.** A terceira parte de uma composição POLIFÔNICA.

triplum (lat.) TRIPLEX.

triplus (lat.)Ver TREBLE.

triton (fr.) TRÍTONO.

tritone (ing.) TRÍTONO.

trítono (it. *tritono*; fr. *triton*; ing. *tritone*; al. *Tritonus*) Intervalo de quarta aumentada (ex.: dó-fá sustenido), formado por notas distantes entre si três tons inteiros (dó-fá sustenido). A DISSONÂNCIA do intervalo provocou celeuma: na música religiosa, durante o Renascimento, chegou a ser proibido pela Igreja, razão pela qual era chamado DIABOLUS IN MUSICA.

Tritonus (al.) TRÍTONO.

Triumphmarsch (al.) MARCHA TRIUNFAL.

trm Abreviatura de TROMBA MARINA.

trocado Um tipo de DESAFIO.

tromba (it.) Trompete, trombeta.

tromba a tiro (it.) TROMPATE DE VARA.

tromba da tirarsi (it.) Espécie de trombeta de vara empregada na Alemanha barroca.

tromba di Bach (it.) Trompete *piccolo*. Ver também TROMPETE.

tromba marina (it.; var.: it. *trombeta marina, tympani schiza*; al. *Marientrompete, Nonnengeige, Trompetengeige, Trumscheit*; fr. *trompette marine*; ing. *nun's fiddle, trumpet marine*) Instrumento de corda única de sonoridade metálica, que lembrava uma TROMPA. Era construído em um longo corpo e cuja única corda era tangida com um arco, possuía também de 12 a 24 outras cordas internas, que soavam por SIMPATIA e produziam uma enorme gama de sons HARMÔNICOS. Há quem sustente que o nome do instrumento teria surgido de Marian (Maria), razão pela qual também era conhecido na Alemanha como *Marientrompete*, ou ainda *nun's fiddle* (ing. lit.: rabeca de freira, assim como em alemão *Nonnengeige*). Surgiu no final do Renascimento, mas logo cedeu espaço para os instrumentos mais completos criados no início do período Barroco. Scarlatti utiliza duas *trombas marinas* em uma cena de sua ópera *Mitridate Euphatore* (1707).

tromba militare (it.) BUGLE.

tromba naturale (it.) Ver FLAT TRUMPET.

trombeta Designação quase genérica para instrumento soprado à maneira dos METAIS, desde a música da Antiguidade até a dos índios das mais diversas origens, como os jurupari brasileiros. O formato da trombeta, que pode ser feita de metal, osso ou madeira, é afunilado, abrindo-se na região da CAMPANA (acp. 1).

trombeta marina (it.) TROMBA MARINA.

trombita Instrumento tirolês similar ao CORNE ALPINO.

trombone (it. *basaune, bimbonifono*; fr. *bassaune*; ing. *sackbut*; al. *Posanne, Posaune, Zugposaune*) Instrumento de sopro da família dos METAIS que evoluiu a partir do SAQUEBUTE no final da Idade Média, foi construído para integrar o corpo das bandas oficiais das cidades. Posteriormente, o instrumento assumiu papel importante nas Igrejas, dobrando as vozes do coral como em diversas composições de Schütz. Pode ser descrito como um tubo ligeiramente cônico que se abre próximo à CAMPANA (acp. 1); para obter todas as notas da extensão do instrumento, o músico aciona uma vara (ou volta), mecanismo telescópico que serve para aumentar ou diminuir o volume da coluna de ar, à medida que é afastado ou aproximado do executante. Para tocá-lo são empregadas sete posições (da primeira, totalmente fechada, à última, estendida), nomeadas relativamente aos sons fundamentais produzidos por cada uma delas. A família do trombone possui diversos integrantes, mas na orquestra são empregados apenas dois modelos, o tenor (em si bemol) e o baixo (em sol), muito embora alguns outros já tenham sido utilizados em várias épocas para finalidades diversas. Credita-se a Beethoven a introdução do NAIPE de trombones na orquestra sinfônica, no último movimento de sua *Quinta sinfonia em dó menor*, após o que passou a integrar obras de diversos compositores e praticamente toda composição orquestral (e freqüentemente camerística) de grande vulto, a exemplo de Bruckner, Wagner, Strauss, Mahler, Sibelius, Villa-Lobos, Rimsky-Korsakov (*Concerto para trombone*), Hindemith (*Sonata para trombone*) e uma legião de novos autores. Com o advento do *jazz*, das *big-bands* e a natural adaptação do instrumento para as necessidades das bandas em geral e do choro brasileiro, o trombone trouxe nomes lendários como o do norte-americano Glenn Miller e, entre os músicos brasileiros, Constâncio, Raul de Barros, Raul de Souza, Maciel e mestres de grande importância, como o paulista Gilberto Gagliardi. No final do século XIX, surgiu o trombone de válvulas (e ainda o trombone misto de válvulas e vara, em meados do século XX), modelo que apesar da maior versatilidade técnica não possui a sonoridade e a riqueza das passagens CANTABILE do instrumento tradicional. Ver também TROMBONE DE VÁLVULAS e VARA (acp. 1). Abreviatura [trb].

trombone à coulisse (fr.) TROMBONE DE VARA. Ver TROMBONE.

trombone alto (fr.) TROMBONINO.

trombone a pistoni (it.) TROMBONE DE VÁLVULA.

trombone à pistons (fr.) TROMBONE DE VÁLVULA.

trombone a tiro (it.) TROMBONE DE VARA. Ver TROMBONE.

trombone contrabaixo (al. *Oktavposaune*; it. *trombone doppio*) TROMBONE cuja EXTENSÃO vai até o si bemol grave, hoje praticamente em desuso.

trombone contralto TROMBONE de voz CONTRALTO (acp. 3).

trombone de pisto Ver TROMBONE DE VÁLVULAS.

trombone de válvulas (it. *trombone à pistone*; fr. *trombone à pistons*; ing. *valve trombone*; al. *Ventilposaune*) Tipo de TROMBONE que, em vez de uma vara, emprega válvulas como as do trompete para a produção das diversas notas [var.: trombone de pisto, trombone de pistões].

trombone de vara Ver TROMBONE.

Trombone doppio (it. lit.: trombone dobro) TROMBONE CONTRABAIXO.

trombonino (it.; fr. *trombone alto*; ing. *alto trombone*; al. *Altposaune*) TROMBENE CONTRALTO.

trombula (it.) PRATO SUSPENSO.

Trommel (al.) Tambor.

Trommelfell (al.) Membrana, pele.

Trommel Tabla (al.) TABLA.

Trommelbass No Barroco alemão, certo tipo de BAIXO (acp. 5) continuado e de fortes características rítmicas cuja marcação servia de suporte para danças.

trompa (al. *Konzerthorn*; ing. *french horn*, *horn*; fr. *cor*; it. *corno*) Instrumento de METAL (acp. 2) acionado pela ação vibratória dos lábios do executante em um BOCAL em forma de taça. Modernamente, a trompa da orquestra sinfônica consiste em um tubo cônico de metal enrolado em formato circular para cuja execução empregam-se VÁLVULAS e cuja CAMPANA, ao contrário daquelas do trompete e do trombone, fica voltada para trás. O instrumento certamente deve suas origens à trompa de caça medieval, construída de forma a permitir que o caçador, sobre seu cavalo, pudesse carregá-la a tiracolo, empunhando-a com apenas uma das mãos. Os primeiros modelos orquestrais, chamados naturais, passaram a exigir que VOLTAS maiores ou menores fossem trocadas para que o músico pudesse tocar em tonalidades diversas. Como cresceram as exigências técnicas, para multiplicação dos timbres e para possibilitar acuidade na afinação, os músicos passaram a empregar a mão direita dentro da CAMPANA (acp. 1), modificando o som do instrumento de acordo com as suas necessidades. Mozart escreveu para a trompa quatro concertos e peças orquestrais e de câmera, assim como Haydn (quatro concertos), Beethoven, Wagner, Strauss (dois concertos), Schumann (*Concerto para quatro trompas*), e posteriormente Britten (uma interessante *Serenata para tenor, trompa e cordas*) e Hindemith (*Concerto para trompa*). Modernamente, emprega-se na orquestra uma trompa dotada de um mecanismo de chave, inventado no final do século XIX, que permite alterar rapidamente a afinação de fá para si bemol (sendo por isso chamada trompa dupla). O Brasil teve alguns importantes mestres que para cá imigraram, como o tcheco Zdenek Schwab, o norte-americano Daniel Havens e os irmãos Pedini, que formaram ou antecederam uma geração de novos talentos, como Luís Garcia, Roberto Minczuk e Ozéas Arantes. Ver também BALLAD HORN, BOUCHÉ, CHIUSO, CLARINO (acp. 1), CLAVICORNE, CORNE ALPINO, CREFAR, CRUMP-HORN, CUIVRÉ, GESTOPFT, HELICON, INVENTIONSHORN, KNOLLHORN, LUR, MELOFONE (acp. 1), OLIFANTE, POST HORN, ROSNADO, SOM FECHADO (acp. 2), TROMPA BAIXO, TROMPA BARÍTONO, TROMPA DE CAÇA, TROMPA DUPLA, TROMPA NATURAL, TROMPA SARRACENA, TRANSPOSITOR e TUTRUCA.

trompa baixo Instrumento BAIXO (acp. 5) semelhante ao SERPENTÃO.

trompa barítono Instrumento de METAL (acp. 2) em si bemol semelhante ao EUFÔNIO e dotado de VÁLVULAS.

trompa de caça (it. *corno da caccia*; fr. *cor* ou *trompe de chasse*; ing. *hunting horn*; *Jagdhorn*) **1.** Instrumento introduzido em Viena em 1703. **2.** TROMPA NATURAL.

trompa dupla (ing. *double horn*) TROMPA dotada de uma chave que possibilita a troca de sistema (afinação fá para si bemol).

trompa natural (it. *corno naturale*; fr. *cor naturel*; ing. *natural horn*; al. *Naturwaldhorn*) Instrumento sem válvulas, como a trompa de caça, emite apenas os sons parciais relacionados à FUNDAMENTAL (acp. 2).

trompa sarracena (fr. *cor sarrazinois*; ing. *sarracen horn*) Espécie de TROMPETE primitivo.

trompe (fr.) TROMPA DE CAÇA [var.: *trompe de chasse*].

trompe de chasse (fr.) TROMPA DE CAÇA.

trompete (do fr. *trompette*, diminutivo de *trompe*; it. *tromba*; ing. *trumpet*; al. *Trompete*) Instrumento da família dos METAIS cujo som é produzido pela vibração dos lábios do executante em um bocal em forma de taça. O trompete empregado na orquestra dos dias de hoje possui três ou quatro válvulas (até meados do século XIX e, em algumas orquestras alemãs de hoje, chaves), chamadas pistões, cuja ação determina as voltas e, conseqüentemente, o comprimento da coluna de ar que o instrumento utiliza para atingir os diversos sons. Como a taça é pequena, a moderna técnica dos lábios permite ao executante obter uma gama considerável de recursos, como PORTAMENTI e GLISSANDI, técnica explorada à exaustão por instrumentistas de *jazz* como os norte-americanos Doc Severinson e Freddie Hubbard. Na época de Bach, era comum o emprego do instrumento dobrando as marcações dos TÍMPANOS, especialmente nas obras orquestrais maiores, sendo que instrumentos menores passaram a atingir as notas mais agudas, como o modelo *piccolo*, em ré, que ficou conhecido como "trompete de Bach". A evolução do trompete passa pelo *jazz* — sem dúvida, pelos lendários Tommy Dorsey, Louis Armstrong, Dizzie Gillespie e Miles Davis —, chegando ao ecletismo do mais recente Winton Marsalis, dublê virtuoso de solista de *jazz* e clássico, seguindo a escola de um dos grandes mestres dos palcos eruditos, o ítalo-americano Armando Ghitalla, antigo solista da Sinfônica de Boston. Na música popular brasileira sobressaem-se, entre outros, Formiga, Márcio Montarroyos e Cláudio Roditi. Os efeitos produzidos com os lábios (*portamenti* e *flutter-tonguing*, por exemplo), SURDINAS (acp. 1) (*cup-mute*, *harmon mute*, *wah-wah mute*) ou técnicas combinadas, foram introduzidos pelo *jazz* e abriram caminho para novas possibilidades na música de concerto contemporânea. Peças para solos de trompete foram escritas por Bozza e Hindemith, entre outros, mas também reservaram lugar de destaque para o instrumento os compositores Bartók (*Concerto para orquestra*), Bruckner (*Sinfonia nº 7*), Debussy (*Fêtes*), Ravel (*Daphnis et Cloë*), Rimsky-Korsakov (*Capricho espanhol*) e Richard Strauss (*Till Eulenspiegel*), entre outros. Ver também BUCCINA, BUGLE, CLARIM, CLARION, CORNET (acp. 1), CORNETIM, COW-HORN, DIDJERIDU, FLAT TRUMPET, HASORA, PISTÃO (acp. 1), PISTON (acp. 2), PRINCIPALE (acp. 2), REGENT'S BUGLE, SLIDE TRUMPET, TROMPA SARRACENA, TROMPETE DE BACH, TROMPETE DE VARA [var. port.: pistom ou pistão].

trompete à coulisse (fr.) TROMPETE DE VARA.

trompete de Bach Ver TROMPETE.

trompete de vara (it. *tromba a tiro*; fr. *trompette des ménestrels*; ing. *slide trumpet*, *draw trumpet*; al. *Zugtrompete*) Instrumento de construção semelhante à do TROMBONE, utiliza um longo êmbolo deslizável, ou vara, e foi comum na Europa renascentista. Com o surgimento das CHAVES, no início do Classicismo, o trompete de vara passou a ser cada vez menos empregado. Ver também TROMBONE.

trompete dos menestréis Ver TROMPETE DE VARA.

trompete liso Ver FLAT TRUMPET.

trompete natural Ver FLAT TRUMPET.

Trompetengeige (al.) TROMBA MARINA.

trompete piccolo (it. lit.: pequeno trompete) TROMPETE em si bemol de REGISTRO agudo.

trompete reto Ver FLAT TRUMPET.

trompette marine (fr.) TROMBA MARINA.

tropicália Ver TROPICALISMO.

tropicalismo Movimento da MPB do final dos anos 1960, foi liderado por Gilberto Gil e

Caetano Veloso e constituiu um momento de profunda riqueza e renovação na cultura brasileira; mesclava elementos do chamado antropofagismo da Semana de Arte Moderna de 1922 às correntes de vanguarda internacionais da música POP e experimental. Incorporou nomes ligados à formação erudita (como Rogério Duprat e Damiano Cozzella) a guitarras elétricas, abrindo caminho para invenções sonoras de conjuntos como Os Mutantes (Rita Lee, Sérgio e Arnaldo Dias), a música e a poesia de Tom Zé e Capinam, aos experimentos do compositor-guru baiano Walter Smetak, chegando mesmo a influenciar as artes plásticas, com nomes como o de Hélio Oiticica, o cinema, com Gláuber Rocha, e o teatro, com José Celso Martinez Correia. O Tropicalismo recebeu, também, apoio expressivo dos meios intelectuais, teóricos e poetas como Décio Pignatari e Haroldo de Campos, e conquistou a juventude pela novidade e irreverência, criando novos ícones, revestindo de novo caráter figuras antes relegadas ao "povão", a exemplo do controverso apresentador Chacrinha. O movimento contou também com vozes como as de Gal Costa e Maria Betânia e foi responsável pelo surgimento de novas correntes, abertas por artistas e grupos como Os Novos Baianos. Grandes marcos do Tropicalismo foram as canções *Tropicália*, *Soy loco por ti America* e *Sem lenço nem documento*, de Caetano Veloso, e *Domingo no parque*, *Louvação* e *Tropicália* (esta última, responsável pelo nome do movimento) de Gilberto Gil.

tropio (gr.: *melodia*) Certo tipo de HINO breve que era entoado após o versículo de um SALMO, por volta do século V.

tropo Peça introdutória com ou sem texto do CANTOCHÃO medieval.

troppo (it.) Muito, como na expressão *allegro ma non troppo*: alegro, mas não muito.

trote Dança do norte chileno.

trotecito Dança como o TROTE.

troubadour (fr.) TROVADOR.

trou d'*f* (fr.) Ver CORTE EM *f*.

trou du pouce (fr.) ORIFÍCIO DO POLEGAR.

trouvère (fr.) Ver TROVADOR.

trovador (fr. *troubadour*) Especialmente no sul do Loire francês do final da Idade Média, o músico que tinha habilidades como cantor, instrumentista e poeta era versado na cultura e saído da melhor estirpe social. Sua arte logo conquistou países como a Itália, muito embora haja registro da atuação de artistas com perfil semelhante tanto entre os irlandeses, via cultura celta, quanto na música árabe e de diversas religiões. Particularmente, chamavam-se *troubadours* os músicos provençais, enquanto os do norte francês, mais simples, eram conhecidos como TROUVÈRES. Os temas dos TROUBADOURS centravam-se em atmosferas românticas, enquanto os TROUVÈRES adaptavam-se melhor às elaborações poéticas propriamente ditas.

trovão Ver MÁQUINA DE TROVÃO.

trovo Ver CURURU.

trumdumdum Ver TUM-DUM-DUM.

trumpet (ing.) Trompete.

trumpete Ver TROMPETE.

trumpet voluntary (ing.) Na liturgia anglicana, referia-se ao emprego do ÓRGÃO em registro de TROMPETE, para cerimônias que exigiam certa pompa (em que o *voluntary* seria algum tipo de INTERLÚDIO entre as partes principais, como em certas obras de Purcell). A música é freqüentemente transposta para o próprio trompete, ou conjunto deles, embora sua origem não esteja fundamentalmente ligada ao instrumento.

Trumscheit (al.) TROMBA MARINA.

truncagem (ing. *trunking*) Na MÚSICA ELETRÔNICA, o encurtamento do início ou final de um som gravado por um SAMPLER.

truss rod (ing.) Na GUITARRA (acp. 3) e BAIXO ELÉTRICO, eixo de metal que corre no interior do braço dos instrumentos, evitando o empenamento da madeira e possibilitando o ajuste da curvatura do braço.

Tschinellen (al.) PRATOS.

tsuridaiko Pequeno tambor usado na MÚSICA JAPONESA.

TTB Na música coral, abreviatura de tenor, tenor e baixo.

TTBB Na música coral, abreviatura de tenor, tenor, baixo e baixo.

tuba Instrumento de voz baixo da família dos METAIS, também chamado OFICLEIDE de pistões, que teria sido criado por G. Guichard em Paris, em 1832, e reformulado por Johann

Gottfried Moritz em 1835. Pertence em suas diversas versões (Adolphe Sax registrou em 1855 uma tuba sub-baixo em mi bemol e um uma tuba subcontrabaixo) tanto às bandas de variadas formações quanto, modernamente, à orquestra sinfônica, em diversas obras. Possui o corpo curvado sobre si próprio e de quatro a seis VÁLVULAS, e é executada da mesma forma que o TROMBONE, a TROMPA e o TROMPETE, pela vibração dos lábios em uma EMBOCADURA em forma de taça. As modernas tubas tenores da orquestra são afinadas em si bemol, as tubas baixos em mi bemol, e as contrabaixos parecem ter sido padronizadas em dó, muito embora um outro modelo, chamado BOMBARDÃO, fosse afinado em mi bemol. As grandes tubas de formato circular, como o HELICON, servem para facilitar a execução em movimento, uma vez que podem ser carregadas a tiracolo pelo músico. Com a evolução da fabricação do instrumento e sua técnica, a tuba adquiriu papéis especiais ou de destaque em obras históricas, como o *Die Meistersingers*, de Wagner, além dos poemas sinfônicos de Richard Strauss. O instrumento também recebeu importantes SONATAS e concertos de compositores como Paul Hindemith, Bozza e Vaughan Williams. A tuba na orquestra passou a ocupar a posição do OFICLEIDE, seu antecessor, enquanto o modelo tenor (em si bemol), empregado nas bandas, é comumente chamado EUFÔNIO. O nome tuba, no entanto, costuma designar genericamente os instrumentos da família, incluindo o SOUSAFONE. Ver também BAIXO DE TUBA, BARÍTONO, EUFÔNIO, HELICON, SOUSAFONE, TUBA CORVA, TUBA DE MARCHA. Abreviatura [tba].

tuba corva (it.) TROMPA do final do século XVIII cujo tubo único era curvado em meia-lua para cima, costumava ser utilizado em cerimônias fúnebres da França revolucionária.

tuba curva Ver TUBA CORVA.

tuba-dupré (fr.) OFICLEIDE.

tuba de marcha Tuba que para ser tocada devia ser apoiada sobre o ombro do executante, permitindo-o que marchasse enquanto tocava. Os primeiros registros sobre o instrumento datam da metade do século XIX, na Rússia e em Viena.

tuba sub-baixo Ver TUBA.

tuba subcontrabaixo Ver TUBA.

tuba Wagner (fr.) TUBA WAGNERIANA.

tuba wagneriana (it. *tuba wagneriana*; fr. *tuba Wagner*; ing. *Wagner tuba*; al. *Wagner-Tuba*) Richard Wagner foi o idealizador deste instrumento, razão pela qual remete ao seu nome. Inicialmente, a tuba wagneriana teria sido concebida para *O anel do Nibelungo*, e guardava semelhanças com a TROMPA, apesar de seu REGISTRO (acp. 1) aproximar-se um pouco mais daquele do TROMBONE. Possuía cinco VÁLVULAS, e apesar de ter sido empregado também por Richard Strauss e compositores do século XX, como Stravinsky, caiu em desuso, e sua participação na orquestra foi gradativamente substituída pela TUBA convencional.

tube (ing.) Válvula eletrônica.

tubé (fr.) Na técnica vocal, a voz que é emitida com o duto vocal tendendo assumir o contorno de um tubo.

tubo (it. *canna*; fr. *tuyau*; ing. *pipe*; al. *Pfeife*) Peça oca de madeira, osso, metal, plástico ou bambu, é preparada para execução na forma de instrumentos de sopro (flautas, oboés, saxofones, fagotes), teclado (como o órgão), metais como o TROMPETE, o TROMBONE e outros.

tubo cilíndrico Diz-se da constituição física de instrumentos como a flauta.

tubo cônico Diz-se da constituição física de instrumentos como o OBOÉ, em contraposição aos de tubo cilíndrico, como a CLARINETA.

tubo duplo Diz-se dos instrumentos de sopro que empregam dois tubos paralelos, que devem ser soprados simultaneamente, como o SYRINX.

tubophone (ing.) Espécie de GLOCKENSPIEL de teclado.

tubular bells (ing.) SINOS TUBULARES.

tuck (ing.) Do final da Idade Média ao término do período Barroco, designava um tipo de ataque de características ornamentais de instrumentos de percussão, e metais como os trompetes [var.: ing. *tucket*].

tucket (ing.) Ver TUCK.

tudel (esp.; it. *esse*; fr. *bocal*; al. *S-Rohr*) Fino tubo de metal geralmente curvado que é afixado na extremidade superior do corpo dos instrumentos de PALHETA dupla, a exemplo do fagote.

tuíste TWIST.

tulum GAITA-DE-FOLES da Turquia e Azerbaijão.

tumba (it.) CONGA (acp. 3).

tumbadora 1. Outra designação cubana para CONGA (acp. 1). **2.** Tipo de ATABAQUE.

tum-dum-dum Dança do Norte brasileiro similar ao MOÇAMBIQUE em que os participantes batem porretes contra um poste. Costuma ser acompanhada por instrumentos de percussão [var.: trumdumdum, turundurum].

tunbuk Ver DARABUKKA.

tunbur (ár.) Ver PANDORA.

tune (ing.) No jargão popular norte-americano, canção, música.

tuner (ing.) Afinador, aparelho digital ou analógico para aferição precisa da afinação dos instrumentos.

tune up (ing.) Afinar.

tuning board (ing.) CEPO.

tuning key (ing.) Ver CHAVE DE AFINADOR.

tuning fork (ing. lit.: garfo de afinação) Ver DIAPASÃO (acp. 1).

tuohitorvi Espécie de corneta finlandesa medieval.

tuorba (it.) Ver TIORBA.

turba Em obras barrocas como as Paixões, refere-se à movimentação de multidões ruidosas em cena.

turkish drum (ing. lit.: tambor turco) BOMTROMPABO.

Turmglockenspiel (al.) CARRILHÃO DE TORRE.

Turmmusic (al. lit.: música de torre) Na Alemanha do período Barroco, execução instrumental de METAIS e MADEIRAS nas sacadas de igrejas e prédios oficiais das cidades.

turn (ing. lit.: volta) **1.** Ornamento como o GRUPPETTO. **2.** VIRADA.

turn it out (ing.) Na gíria do HIP-HOP, gravar um disco.

turntable (ing.) TOCA-DISCOS.

turundurum Ver TUM-DUM-DUM.

tutruca Espécie de TROMPA chilena de origem indígena que consiste em um tubo circular ao qual é afixada uma CAMPÂNULA de chifre animal.

tutte le corde (it.) Indica que o trecho deve ser tocado em todas as cordas. Ver também DUE CORDE e TRE CORDE.

tutti (it. lit.: todos) A entrada geral da orquestra ou, especificamente, de um NAIPE ou seção em separado, após passagem de um instrumento solista ou pequeno grupo a soli.

tutti Schwein (al.) No jargão do músico alemão, aquele que toca erroneamente na pausa.

tutto l'arco (it.; var.: it. *con larga arcata*, *con tutto l'arco*, *gran arco*, *grande arcata*; al. *breit [ausstreichen] gezogen*, *ganzer Bogen*, *gross Strich*, *lange bogen*, *mit ganzem Bogen*, *viel Bogen*; fr. *avec toute la longueur*, *tout l'archet*; ing. *full bow*, *full length*, *long bow*, *whole bow*, *whit full bow*) Entre os instrumentos de cordas da orquestra, indica que cada nota deve ser executada com o arco inteiro.

tuyau (fr.) Tubo.

twang (ing.) No jargão inglês, som muito agudo produzido por um instrumento.

tweeter (ing.) ALTO-FALANTE para reprodução de freqüências agudas.

twelfth-tone (ing.) Doze avos de tom. Ver também MICROTOM.

twelve bar blues (ing.) BLUES de doze compassos.

twelve tone row (ing.) SÉRIE de doze sons.

twelve tone scale (ing.) Escala de doze sons.

twelvth tone (ing.) $^1/_{12}$ avos de tom.

twist (ing. *to twist*: lit.: girar) Música e dança e norte-americanas derivadas do *rock'n'roll* que surgiram no início da segunda metade do século XX. Era dançada geralmente aos pares, os participantes flexionando as pernas em movimentos de sobe e desce do corpo, os joelhos girando junto com os quadris. Um dos grandes nomes da era do *twist* foi Chubby Checker.

two for nothing Ver FOR NOTHING.

two-headed stick (ing.) Entre os instrumentos de percussão, BAQUETA de duas cabeças.

two part form FORMA BINÁRIA.

two-step (ing.) Dança em COMPASSO BINÁRIO do final do século XIX que antecedeu o FOXTROT nas festas de salão do interior norte-americano. Ver também COUNTRY MUSIC.

two-tone (ing. lit.: dois tons, duas cores) Diz-se do grupo de SKA que reúne brancos e negros.

TWV Catalogação da obra de Telemann, segundo Kassel.

tymp (ing.) Ver TIMP.

tympana Ver KETTLEDRUMS.
tympani schiza (it.) TROMBA MARINA.
tympanon (fr.) TIMPANÃO.
tyrolian (ing.) TIROLESA.
tyrolienne (fr.) TIROLESA.
tzeze Espécie de ZITHER de Uganda tocado com uma única vareta.
tzigane (fr.) Designa a música cigana, ou influenciada por ela, como a virtuosística peça para violino solo composta por Ravel, que lhe deve o nome (1924).
tzoura Espécie de ALAÚDE grego de seis cordas e braço longo um pouco menor do que o BOUZOUKI, porém de REGISTRO (acp. 1) intermediário entre este último (mais grave) e o *baglama* (mais agudo).

U

uakti Instrumento de sopro que leva o nome do grupo mineiro que o desenvolveu, consiste em vários tubos de PVC dispostos em forma leque, sendo que os dois das extremidades possuem orifícios para os dedos e os demais servem para manter os sons PEDAIS (acp. 3).

ualalocê Espécie de flauta transversal de índios brasileiros feita de bambu.

überblasen (al.) OITAVAR.

übermassig (al.) AUMENTADO.

überblasen (al.) Nota alterada um semitom ascendentemente.

Übershlagen (al.) Entre os instrumentos de METAL (acp. 2), erro que consiste em atingir uma oitava ou quinta acima da nota pretendida, em virtude do excesso no volume de sopro.

übersetzen (al.) Em instrumentos de teclado, cruzar um dedo sobre o outro na execução.

Übung (al.) Exercício, ESTUDO.

uc (it.) Abreviatura de UNA CORDA.

ud Instrumento de cordas pinçadas de origem árabe que teria dado origem ao ALAÚDE. Surgiu por volta do século X, com número variável de cordas (que chegava a sete nos exemplares mais elaborados) e costumava ser executado com um PLECTRO [var.: *al ud*, *el ud*]. Ver também ALAÚDE.

ude Espécie de ALAÚDE pequeno.

udibile (it.) AUDÍVEL.

udu Instrumento de percussão de origem africana que consiste em um pote de argila com dois orifícios, que são cobertos e descobertos alternadamente pelas mãos.

ugab Espécie de flauta com PALHETA da tradição judaica.

uilleann pipe (ing.; em gaélico *uillean pipe*) Ver UNION PIPE.

uk Abreviatura de UKELELE.

ukelele Instrumento de quatro cordas dedilhadas ou pinçadas com PLECTRO, é tradicional na música popular do Havaí, onde foi introduzido em meados do século XIX pelos nativos da ilha da Madeira portuguesa. Apresenta o formato aproximado de um CAVAQUINHO e é afinado sol-dó-mi-lá. Abreviatura [uk].

um em branco Ver FOR NOTHING.

umbigada Em diversas danças brasileiras, como o COCO e o JONGO, movimento em que os participantes se chocam as barrigas uns contra os outros [var.: embigada].

umcunga Ver BERIMBAU.

Umkehrung (al.) INVERSÃO.

U-Musik (al.) Música comercial e leve, como a dos consultórios médicos.

una corda (it.) Expressão que na música para teclado implica no uso diferenciado do pedal esquerdo do piano. Requerida por compositores como Beethoven, na execução do PIANOFORTE implicava em suavidade; efeito obtido pelo movimento lateral do pé associado àquele básico, vertical. Abreviatura [uc]. Ver também TRE CORDE.

unbroken (ing.) NON-ARPEGÉ.

underhand (ing.) Diz-se do arco empunhado por baixo, ou por trás, como na modalidade DRAGONETTI do contrabaixo ou na VIOLA DA GAMBA. Ver também OVERHAND.

underplay (ing.) Executar sem interpretação.

Undezime (al.) DÉCIMA PRIMEIRA.

unequal temperament (ing.) TEMPERAMENTO DESIGUAL.

unha Ver NOCETTA.
Unhörbar (al.) INAIDÍVEL.
unidade de tempo Figura rítmica que preenche um tempo, seja este simples ou composto. É identificada pelo algarismo superior da fórmula de compasso. Ex.: 4/4, semínima; 6/8, colcheia pontuada.
unidirecional Diz-se do microfone que capta preferencialmente o som em amplitude estreita, ou seja, aquele que é emitido à sua frente.
union pipe (ing.; var.: ing. *uilleann pipe*) Instrumento irlandês semelhante à GAITA-DE-FOLES.
unison (ing.) UNÍSSONO.
unisono (it.) UNÍSSONO.
unisson (fr.) UNÍSSONO.
uníssono (it. *unisono*; fr. *unisson*; ing. *unison*; al. *Prim*) A rigor, duas ou mais notas de alturas idênticas. Ver também OITAVA UNÍSSONA.
Unterbügel (al.) LOWER BOUT.
Unterdominante (al.) SUBDOMINANTE.
Unterklavier (al.) MANUAL que fica logo abaixo do teclado chamado GRANDE ÓRGÃO.
Unterstimme (al.) Voz inferior.
up-beat Ver UPBEAT.
upbeat (ing. *up*: cima; *beat*: batida) Tempo fraco de um COMPASSO ou, às vezes, a parte fraca de um tempo. Na linguagem dos músicos, pode referir-se à ANACRUSE, ou ainda ao gesto do maestro (*levare*) que, no final de um compasso, prepara o tempo forte do compasso seguinte [var.: *off-beat*, *up-tempo*].
up-bow (ing.) Entre os instrumentos de cordas da orquestra, ARCO PARA CIMA.
upper nut (ing.) PESTANA (acp. 1) superior do braço de instrumentos como o violino e o violoncelo.
upright bass (ing. lit.: baixo vertical) CONTRABAIXO ACÚSTICO.
upper bout (ing.) OMBRO.
upright harpsichord (ing.) CLAVICÍTERO.
upright piano (ing.) Piano vertical, ou PIANO DE ARMÁRIO.
up-tempo (ing.) **1.** Rápido. **2.** UPBEAT.
urdimento No teatro de ópera, refere-se ao local onde se coordena a movimentação da CENOGRAFIA e os painéis suspensos, entre a SOFITA e a GRELHA.
uricungo Ver URUCUNGO.
Urtext (al. lit.: texto original, puro) Edição de determinada obra que respeita literalmente versão e as indicações originais do compositor.
urucungo Espécie de BERIMBAU [var.: uricungo].
usignolo (it.) NACHTIGALLENZUG.
ut (fr. do lat.: dó). Guido d'Arezzo fazia das primeiras sílabas dos versos do Hino a S. João um método de memorização das notas, que acabou originando os nomes das notas da ESCALA DIATÔNICA de dó maior: *Ut queant laxis, Resonare fibris, Mira gestorum, Famuli tuorum, Solve polluti, Labii reatum, Sancta Joannes.*
ut supra (lat.) Como antes.
uthan Na MÚSICA INDIANA, cadência de solos de TABLA.

V

V Abreviatura de verso, violino ou voz (canto).

vaca-do-borel Tipo de ROMANCE (acp. 2) rural cujo personagem principal é o boi.

vadi Na MÚSICA INDIANA, a nota mais importante de uma RAGA.

vaga (ing. *spot*, *opening*) Oportunidade de emprego em uma orquestra ou grupo.

vagem Instrumento de percussão característico do CABOCOLINHOS, é uma espécie de chocalho que consiste em uma longa vagem seca caída de uma árvore, cheia de sementes [var.: bage].

vai-de-roda Dança carioca do século XIX introduzida pelos portugueses.

valiha Instrumento de cordas dedilhadas característico da música da ilha de Madagáscar. É feito de madeira ou taquara, tem geralmente mais de uma dúzia de cordas e pode ser encontrado também em certas regiões do Sudeste africano.

vallenata Ver CAJA VALLENATA.

valletano Dança colombiana cujo nome se refere a uma pequena baleia. Costuma ser acompanhada por ACORDEÃO, GUARACHACA e um tambor chamado CAJA VALLENATA.

valsa Música e dança e em COMPASSO TERNÁRIO que se tornou um dos gêneros mais difundidos no Ocidente, teria se originado do LÄNDLER austríaco, às vésperas do século XIX. Compositores como Beethoven e Schubert já haviam nela se inspirado, em algumas obras, mas foi principalmente com Johann Strauss, na primeira metade do século XIX, que a valsa conquistou definitivamente Viena e se espalhou pela Europa. As valsas de J. Strauss (que compôs mais de 150 delas) tornaram-se extremamente populares, e ainda são executadas por orquestras em concertos, fechados ou ao ar livre, nos quatro cantos do mundo. Entre as mais conhecidas valsas de Johann Strauss estão *O Danúbio azul*, *O morcego*, *O barão cigano* e *Sangue vienense*. Também escreveram valsas os franceses Von Suppé e Offenbach, Tchaikovsky e posteriormente Sibelius e Ravel, este último com uma obra de orquestração riquíssima, *La valse* (1910), que ele descreve como um poema coreográfico. Peças instrumentais com caráter de valsa sem associação à dança também são comuns, a exemplo das *14 valsas para piano* de Chopin. No Brasil, a valsa adquiriu feições próprias e foi muito visitada pelos compositores nacionalistas, como Mignone, Guarnieri e Villa-Lobos.

valsa de dois passos Dança derivada da MAZURCA, é fortemente acentuada no segundo tempo dos COMPASSOS e popular no Ribatejo e Alentejo portugueses.

valsa do balancé (fr. *valse balancée*) Dança portuguesa que teve influência da QUADRILLE francesa.

valsa puladinha Dança portuguesa assim chamada porque os casais, repentinamente, passam a girar em direção contrária à anterior, batem com o pé no chão e se movimentam com pequenos pulos.

valsa rasteira Dança portuguesa em que os pés dos participantes se arrastam ou se movem rente ao chão.

valsaviana Ver VARSOVIANA (acp. 2).

valseado Em compasso de VALSA, à maneira de valsa, com espírito de valsa.

valse balancée (fr.) VALSA DO BALANCÉ.
valve PISTÃO (acp. 1).
valve trombone (ing.) TROMBONE DE VÁLVULA.
válvula (it. *valvola*; fr. *ventile*; ing. *tube*; al. *Ventill*) Mecanismo dos INSTRUMENTOS DE METAL, é formado por um jogo de êmbolos que, pela ação alternada e combinada dos dedos, aumentam ou diminuem a coluna de ar, fazendo-a passar por voltas mais longas ou curtas, o que possibilita a emissão de todos os sons CROMÁTICOS da EXTENSÃO dos instrumentos. Até o início do século XIX, para permitir a execução de notas em tonalidades diversas daquelas permitidas pela SÉRIE HARMÔNICA gerada pelo tubo aberto em instrumentos como a TROMPA, era necessário retirar e colocar VOLTAS de comprimentos diversos, dependendo da necessidade. Foi exatamente um trompista, o alemão Stölzel, quem criou o mecanismo de válvulas (1813), logo adequado a outros instrumentos da família dos metais, revolucionando-os [var.: port. pistão, pisto]. Ver também BARÍTONO (ACP. 2), CLAVICORNE, CORNET, PISTÃO (acp. 1), SAXHORN e TUBA WAGNERIANA.
vamonez Dança do Divino do Norte brasileiro que mesclava influências dos negros à sua origem da Guiana Francesa.
vamos na chácara Certa dança do FANDANGO (acp. 3) do interior paulista [var.: bamo-na-xacra].
vamos peneirar Passo de samba do interior baiano.
vamp No *jazz* e na música popular norte-americana, indica ao músico que a progressão harmônica ou a harmonia e o ritmo de determinado número de compassos introdutórios, intermediários ou finais de uma peça (geralmente, dois, quatro ou oito) devem ser repetidos por um número indefinido de vezes, com ou sem improvisação de outros instrumentos, até a entrada do tema propriamente dito, de uma nova seção ou o final da peça.
vamping (ing.) **1.** Introdução instrumental para uma música cantada. **2.** VAMP.
vaneirão Espécie de FORRÓ gaúcho acompanhado por SANFONA e pandeiro.
vaqueta **1.** BAQUETA de AGOGÔ. **2.** BAQUETA de BERIMBAU. **3.** BAQUETA de ZABUMBA [var.: resposta, vaqueteira, bacalhau].
vara **1.** (it. *pompa a tiro*; fr. *coulisse*; ing. *slide*; al. *Zug*) Tubo que funciona como um mecanismo telescópico, serve para aumentar ou reduzir o comprimento da coluna de ar em instrumentos de METAL (acp. 2) como o TROMBONE, proporcionando sons mais graves ou mais agudos conforme o caminho maior ou menor a ser percorrido pelo ar, a exemplo do TROMPETE DE VARA e do TROMBONE DE VARA moderno. **2.** VERGA.
vara de luz No teatro de ópera, barra de madeira ou metal empregada para suspender a aparelhagem de luz e painéis cenográficos.
varanda de carga No teatro de ópera, local onde ficam os contrapesos dos cenários e varas de luz.
varanda de manobra No teatro de ópera, local de onde os maquinistas controlam as barras de MALGUETAS DE AFINAÇÃO e FREIOS.
vareta (it. *bacchetta*; fr. *baguette*; ing. *bow-stick*, *stick*; al. *Stange*) **1.** Peça de madeira usada para a construção do arco de instrumentos como o violino. **2.** ARCO. **3.** BAQUETA.
variações Forma de composição musical em que determinado tema recebe sucessivas alterações, é repetido com modificações ou reformulado a partir de seu contexto original. Uma das mais conhecidas formas, surgida no período Barroco, chamava-se tema e variações, e consistia, como a expressão indica, na apresentação de um tema seguida pelo desenvolvimento de um número determinado de variações. A partir de Bach, com suas *Variações Goldberg* (1742), quase todos os grandes compositores, como Haydn, Mozart e, finalmente, Beethoven, escreveram variações, com destaque para a *Sonata Appassionata* e as *Variações Diabelli* para piano, modelos beethovenianos de domínio pleno da forma, assim como outros exemplos presentes em algumas de suas obras sinfônicas, como a *Quinta* e a *Sétima* sinfonias. Mendellsohn, Schubert, Schumann, Liszt, Brahms (que escreveu *Variações sobre um tema de Händel*) também abraçaram o gênero, abrindo caminho para trabalhos como as *Variações sobre um tema rococó* para violoncelo e orquestra de Tchaikovsky, além de obras mais arrojadas, como o *Don Quixote*, de Richard Strauss, as *Variações sinfônicas*, de Dvoràk e as *Va-*

riações enigma, de Elgar. Variações de Webern, Berg e Britten, dotadas de maior liberdade formal e de desenvolvimento melódico, utilizam técnicas mais diversificadas. As variações chegaram aos tempos recentes nas mãos inovadoras de Henze e Dallapiccola. Ver também TEMA E VARIAÇÕES.

variações estróficas Na música barroca italiana, certo tipo de VARIAÇÃO vocal que emprega um BAIXO (acp. 5) fixo como estrutura para o desenvolvimento das estrofes.

variável Na MÚSICA ELETRÔNICA, um elemento que pode ser ajustável.

varnish (ing.) VERNIZ.

varsoviana 1. (fr. *varsovienne*) Dança da França romântica derivada da MAZURKA polonesa, foi influenciada pela VALSA vienense e tornou-se popular na Europa. **2.** Dança brasileira de passos semelhantes aos da POLCA que foi introduzida pelos franceses no século XIX [var.: valsaviana].

varsovienne (fr.) Ver VARSOVIANA.

vassoura de jazz (port.) Ver ESCOVA.

vassourinha Entre instrumentos de percussão como a BATERIA (acp. 1), pequena BAQUETA com um feixe de fios de aço afixados a uma de suas extremidades. Tocada aos pares, sua utilização é freqüente em certos estilos intimistas da bossa-nova e do *jazz*, devido à sua percussão discreta.

vaudeville (fr.) Na França barroca, gênero de canção de espírito satírico que teve origem na normanda VAU DE VILLE do final da Idade Média. Posteriormente, passou a referir-se também a comédias leves de diálogos declamados, que eram acompanhadas por temas musicais; podia referir-se também a certo tipo de ópera com diversos movimentos. O *vaudeville*, no final do período Barroco, passou a ceder espaço para a ÓPERA CÔMICA, mas ainda foi tema recorrente em óperas como *O rapto do serralho*, de Mozart.

vazar Ver VAZAMENTO.

vazamento Efeito do som de um instrumento ou voz que penetra no microfone que não o que lhe é designado.

vbslp Abreviatura de VIBRASLAP.

VCA Abreviatura do inglês *voltage controlled amplifier* (amplificador controlado por voltagem). Na MÚSICA ELETRÔNICA, designa certo tipo de amplificador que emprega oscilações de voltagem.

VCF Abreviatura do inglês *voltage controlled filter* (filtro controlado por voltagem). Na MÚSICA ELETRÔNICA, refere-se a um tipo de filtro que emprega oscilações de voltagem.

VCO Abreviatura do inglês *voltage controlled oscilator*. Na MÚSICA ELETRÔNICA, designa certo tipo de oscilador que emprega alterações de voltagem.

vecianka Dança ucraniana na qual grupos de mulheres homenageiam a chegada da primavera.

vécla (lat. medieval) VIELA.

veiled (ing.) VELADO.

veiled voice (ing.) VOZ VELADA.

veio (fr. *porre*; ing. *grain*) Fibra natural da textura da madeira, visível em listras retas ou sinuosas. O tampo do violino possui veios estreitos, enquanto os do contrabaixo são mais largos e espaçados. A uniformidade e estreiteza dos veios são determinantes para as qualidades do tampo de um bom violino, que não admite sinuosidades ou nós.

velado (it. *velato*; fr. *voilé*; ing. *veiled*; al. *verschleierte*) Diz-se do som aveludado, de timbre escuro.

velato (it.) VELADO.

velha-guarda Em alusão à JOVEM GUARDA, refere-se aos sambistas tradicionais, que resistiram mesmo após o surgimento da BOSSA-NOVA, a exemplo de Noite Ilustrada, Jamelão, Cartola e Nelson Cavaquinho.

veloce (it.) Veloz.

velocity (ing.)Ver MIDI.

velocity sensitive (ing.) Na MÚSICA ELETRÔNICA, refere-se à característica que possuem alguns dispositivos, como certos teclados, de reconhecer a velocidade do toque sobre a tecla.

venatura (it.) VEIO.

vencedora Uma das afinações da VIOLA DE ARAME.

venite Cântico de abertura que nos ritos romanos e anglicanos conclamava os fiéis à exaltação de Deus: *Venite Exultemos Domine*.

vent (fr.) INSTRUMENTOS DE SOPRO, como em *instruments à vent*.

ventania Gênero de FREVO-DE-RUA que se apóia fortemente nos instrumentos de sopro.

Ventil (al.) **1.** PISTÃO (acp. 1). **2.** VÁLVULA.
ventile (fr.) VÁLVULA.
Ventilposaune (al.) TROMBONE DE VÁLVULA.
venu Pequena flauta do Sul da Índia.
Veränderung (al.) VARIAÇÕES.
verbounkoche (húng.) Ver VERBUNKOS.
verbunkos (húng. *verbounkoche*) Dança húngara de origem militar que é executada e tocada por violinistas ciganos; apresenta uma parte lenta (*lassú*) e outra rápida (*friss*). Inspirou compositores de origem magiar como Liszt (*Rapsódias húngaras*) e Bartòk, além de Beethoven e Brahms.
verde gaio Dança típica do Norte português.
Verdoppelung (al.) DOBRAMENTO.
verga O arco do BERIMBAU.
verhallend (al.) DIMINUENDO.
verismo Termo adotado para a versão musical italiana do naturalismo literário do final do século XIX, movimento que teve à frente o francês Émile Zola. Está associado de alguma forma à ópera francesa do final do período Barroco que abordava temas mundanos ou contemporâneos, do dia-a-dia ou da realidade concreta (daí o *vero*, que significa verdade, em italiano). Exemplos são obras de Leoncavallo (*Il pagliaccio*), Mascagni e Puccini (*La bohèmme*).
Verlangerungspunkt (al.) PONTO DE AUMENTO.
vermindert (al.) DIMINUTO.
verminderte Prim (al.) Nora alterada descendentemente um SEMITOM.
vernice (it.) VERNIZ.
vernis (fr.) VERNIZ.
verniz (it. *vernice*; fr. *vernis*; ing. *varnish*) Cobertura feita com goma dissolvida em álcool (ing.: *spirit varnish*) ou óleo (*oil varnish*), serve para proteção de instrumentos como o violino. Muito embora seja comum creditar qualidades mágicas à mistura, não existe comprovação científica para esta suposição, a não ser quando o verniz a óleo em excesso chega a abafar a madeira, alterando o timbre e a intensidade. Entre LUTHIERS ingleses do passado, corria uma máxima: "*The least varnish is the best varnish*" (O mínimo verniz é o melhor verniz).
vers (fr.) **1.** Em direção a. **2.** Entre os TROVADORES franceses, certo tipo de poema lírico baseado em estrofes predeterminadas.
versador Espécie de CANTADOR improvisado das antigas ESCOLAS DE SAMBA cariocas.
verschleiert (al.) VELADO.
verschleierte Stimme (al.) VOZ VELADA.
verse (ing.) STANZA.
verset (fr., ing.) VERSETO.
verseto (it. *versetto*; fr., ing. *verset*; al. *Versett*) Pequeno verso.
Versett (al.) VERSETO.
versetto (it.) VERSETO.
versículo Nos ritos cristãos, pequena estrofe declamada pelo celebrante do culto que é respondida em coro pelos presentes.
versículo de órgão Peça curta para ÓRGÃO que em certas ocasiões substitui o VERSÍCULO do coro.
vers la pointe (fr.) À LA POINTE.
vers le chevalet (fr.) SUL PONTICELLO.
vers mesurés (fr. lit.: versos medidos) Gênero que no Renascimento agregava elementos da Grécia e Roma clássicas ao espírito da época [var. fr.: *musique mesurée*].
verso **1.** STANZA. **2.** Texto (letra) de uma canção ou hino.
verso de dois pés Forma poética da MODINHA.
verso de seis pés Forma poética do DESAFIO.
verso de três pés Forma poética da MODINHA.
verso dobrado Forma poética da MODINHA.
Verstärker (al.) AMPLIFICADOR.
verstimmen (al.) Desafinar.
verticalização Na MÚSICA DODECAFÔNICA, disposição vertical de alguns dos elementos estruturados horizontalmente nas SÉRIES.
Verwandlungsmusik (al.) Música executada durante a mudança de cenas entre ATOS de óperas.
Verzierung (al.) ORNAMENTO.
Verzögerung (al.) RITARDO (acp. 1).
Verzierungsnoten (al.) Notas de ORNAMENTO.
Vesper (al.) VÉSPERAS.
vesperale Ver LIVRO LITÚRGICO.
vésperas (lat. *vesperae*; it. *vespro*; fr. *vèpres*; ing. *vespers*; al. *Vesper*) Serviço diário do ofício da liturgia romana, é entoado ao escurecer.
vespers (ing.) VÉSPERAS.
vespro (it.) VÉSPERAS.
vestimenta de palco No teatro de ópera, estruturas cenotécnicas e cenográficas que envolvem o espaço cênico.
vèze (fr.) CORNAMUSA.

vibhag Na MÚSICA INDIANA, COMPASSO.
vibr Abreviatura de VIBRAFONE.
vibração (lat. *vibratione*: vibração; it. *vibrazione*; fr., ing. *vibration*; al. *Schwingung*) Movimento oscilatório de determinada freqüência.
vibrafono (it.) VIBRAFONE.
vibrafone (it. *vibrafono*; fr. *vibraphone*, ing. *steel marimba*, *vibraharp*; al. *Vibraphon*) Instrumento de percussão surgido nos EUA no início do século XX, possui teclado CROMÁTICO com as notas que correspondem às teclas brancas e pretas do piano dispostas em blocos próximos, porém separados (inferior e superior, respectivamente). As teclas são de metal, e sob cada uma delas são dispostos tubos de ressonância, em cujas extremidades pequenos discos abrem e fecham velozmente as aberturas, girados por meio de um dispositivo elétrico, o que faz os sons oscilarem à semelhança do VIBRATO de um violino (daí o nome do instrumento). É tocado com um ou dois pares de BAQUETAS (neste último caso, duas em cada mão) geralmente acolchoadas (chamadas *mallets*). Tornou-se muito popular nas apresentações de *jazz*, e chegou rapidamente à condição de instrumento solista nas mãos de Milt Jackson, Lionel Hampton e outros. Por influência do *jazz*, foi empregado na orquestra sinfônica por compositores como Ravel (*Don Quixote*), Alban Berg, em sua ópera *Lulu*, e Pierre Boulez, em *Le marteau sans maître*. Atualmente, integra não apenas a orquestra sinfônica como também grupos de percussão contemporâneos das mais diversas formações. Abreviatura [vbr.].
vibrando (it.) FRULATTO.
Vibraphon (al.) VIBRAFONE.
vinraphone (ing.) VIBRAFONE.
vibrar (it., fr. *vibrare*; fr. *vibrer*; ing. *vibrate*; al. *vibrieren*) Pulsar produzindo sons por meio da ação do vento, sopro, fricção, percussão ou emissão vocal.
vibrare (it., fr.) VIBRAR.
vibrate (ing.) VIBRAR.
vibraslap (it. *maschella d'asino*; al. *Kieferknochen*) Instrumento de percussão que consiste em uma haste metálica curvada em "U", uma bola de madeira e uma pequena caixa de ressonância. Os sons são emitidos quando o músico percute uma das bolas contra a palma da mão, em seqüência indefinida de sons.
vibration (ing.) VIBRAÇÃO.
vibrato (it.) Técnica e efeito ornamental que consiste na alteração da freqüência de uma nota, baixando a afinação e retornando rapidamente à altura anterior. Empregado como elemento expressivo, é de grande valor para o intérprete, surge quase naturalmente entre cantores e, geralmente, por estudo técnico entre os instrumentistas de cordas e sopros. O *vibrato* da música pré-barroca consistia em uma espécie de ornamento, mas já no final do período podia ser entendido como um elemento necessário à interpretação e à projeção do som, bem como à perfeita integração das cordas quando em NAIPE (efeito coro). O recurso passou a ser constante entre INSTRUMENTOS DE SOPRO, principalmente MADEIRAS (à exceção das clarinetas, quando é raramente utilizado), e especialmente no OBOÉ, no FAGOTE e na flauta. Alguns instrumentos, como o trombone e a já citada clarineta, empregam um *vibrato* relativamente curto em algumas orquestras alemãs, mas na maioria dos conjuntos orquestrais o efeito é evitado. Contrariamente ao que se pensa, o *vibrato* não é uma oscilação para cima e para baixo da nota, mas para baixo a partir dela, uma variação regular que tem no ponto superior a afinação real pretendida. O *vibrato* vocal é bastante amplo, oscilando em uma freqüência entre 6 e 8 (às vezes até 5 e 8) Hz, que no REGISTRO (acp. 1) médio corresponde a uma amplitude que se aproxima de um SEMITOM.
vibrato linguale (it.) FRULLATO.
vibrazione (it.) VIBRAÇÃO.
vibrer (fr.) VIBRAR.
vibrieren (al.) VIBRAR.
Vibrierend (al.) Efeito de VIBRATO dos INSTRUMENTOS DE SOPRO.
vibrola Ver ALAVANCA DE VIBRATO.
vichitra vina Na MÚSICA INDIANA, instrumento semelhante à RUDRA VINA, porém sem TRASTES.
viçungo Canto de trabalho negro [var.: vissungo].
video-clip (ing.) Ver VIDEOCLIPE.
videoclipe (ing. *video-clip*) Gravação de cur-

ta-metragem em vídeo, montada para divulgação de uma música, grupo ou artista.

video jockey (ing. lit.: piloto de vídeo) Profissional que opera e apresenta gravações de música em vídeo ou VIDEOCLIPES. Abreviatura [VJ] (pronuncia-se *Vi Djei*).

videokê Versão em vídeo do KARAOKÊ. As letras das músicas selecionadas surgem na tela com as sílabas surgindo ritmicamente em realce. Técnica desenvolvida a partir de meados dos anos 1990, pode utilizar um videocassete, CD-ROM de computador ou, mais recentemente, aparelhos que projetam o vídeo e reproduzem o acompanhamento a partir de pequenos cartuchos com *chips* que podem carregar alguns milhares de títulos.

video music-box Aparelho para reprodução de VIDEOCLIPES em bares e lanchonetes semelhantes às antigas JUKE-BOXES norte-americanas. Abreviatura [VMB].

viela (it. *fidella*; fr. *fythèle*) Instrumento de três a cinco cordas, sendo uma o único BORDÃO (acp. 2) da Itália medieval. Ver também VIELLE.

viela de roda (it. *lira organizzata*; fr. *vielle à roue*, *lira organizée*, *armonic*, *chiphonie*; ing. *hurdy-gurdy*, *symphonia*; al. *Drehleier*; esp. *vihuela de roda*). Instrumento de cordas que teve origem na Idade Média, emprega uma espécie de manivela que gira um disco que por sua vez tange as cordas, funcionando como um arco contínuo. Requer freqüentemente dois executantes, e utiliza um teclado do lado esquerdo que possibilita alterar as notas emitidas. Teve origem nas tradições religiosas medievais (*organistrum*), e durante o período Barroco passou a ser empregada para acompanhamento de cantores. Alcançou popularidade durante o início do Classicismo, chegando a merecer composições de Haydn e Mozart. Ainda pode ser encontrada na Europa Central [var. port.: SANFONA].

viel bogen (al. *viel*: inteiro; *Bogen*: arco) TUTTO L'ARCO.

viel Bogen wechseln (al. *viel*: inteiro, *bogen*: arco, *wechseln*: trocar) Entre os instrumentos de cordas da orquestra, o termo sugere muitas trocas de direção com o arco. O efeito sonoro é de compactação, quando em NAIPE, uma vez que as mudanças são livres entre os instrumentistas, tornando o som homogêneo, a projeção poderosa e as trocas de arco do conjunto inaudíveis.

vielle (fr.) Denominação genérica dos instrumentos de cordas e arco que antecederam o violino.

vielle à roue (fr.) VIELA DE RODA.

Vielstimmig (al.) Coro em várias vozes.

Vierachteltakt (al.) COMPASSO 4/8.

Vierertakt (al.) COMPASSO QUATERNÁRIO.

Vierhalbetakt (al.) COMPASSO 4/2.

vierhändig (al.) A QUATRO MÃOS.

Vierklang (al.) **1.** TETRACORDE. **2.** ACORDE com quatro notas.

Vierstimmigkeit (al.) A quatro vozes.

Viertelnote (al.) SEMÍNIMA.

Viertelsorgel (al.) Órgão de um único MANUAL.

Viertelton (al.) QUARTO DE TOM.

Vierteltonmusik (al.) Música composta segundo a técnica de QUARTO DE TOM.

Vierundsechzigstelnote (al.) SEMIFUSA.

Viervierteltakt (al.) COMPASSO 4/4.

vihuela (esp.; it. *biguela*) Denominação genérica para uma série de instrumentos de cordas da Espanha do final do período renascentista. Geralmente executada de forma dedilhada (por isso também chamada *vihuela de mano*, em contraposição a *vihuela de arco*), possuía freqüentemente seis ORDENS duplas de cordas, e podia ser também tocada com arco, como a *vihuela de arco*, ao passo que na *vihuela de pendola* se utilizava um PLECTRO. As *vihuelas* originaram-se da antiga VIOLA (acp. 2), de ascendência árabe, e sofreram algumas influências do ALAÚDE, que emprega afinação semelhante. A partir do período Barroco, a *vihuela de pendola* foi perdendo gradativamente espaço para a GUITARRA (acp. 1) moderna. Principal instrumento da corte dos reis de Espanha e Portugal, sendo obrigatório seu estudo pelos cortesãos. Por isso, muitos manuais foram editados durante o século XVI. Caiu em declínio sendo substituído pela guitarra barroca, mais fácil de ser tocada.

vihuela de arco (esp.) Ver VIHUELA.

vihuela de mano (esp.) Ver VIHUELA.

vihuela de pendola (esp.) Ver VIHUELA.

vihuela de roda (esp.) VIELA DE RODA.

vilambit Na MÚSICA INDIANA, tempo lento.

vilão 1. Denominação genérica para diversas

danças de brincadeiras do FANDANGO (acp. 3) paulista. **2.** Dança de Santa Catarina em que os participantes realizam movimentos coreográficos com bastões.

vilão de agulha Dança do FANDANGO (acp. 3) paulista em que os participantes utilizam espetos na coreografia.

vilão de bengala Dança do FANDANGO (acp. 3) paulista em que os participantes utilizam bengalas na coreografia.

vilão de faca Dança do FANDANGO (acp. 3) paulista em que os participantes utilizam facões na coreografia.

vilão de lenço Dança do FANDANGO (acp. 3) paulista em que os participantes utilizam lenços na coreografia.

vilão de mala Dança do FANDANGO (acp. 3) paulista que utiliza malas na coreografia.

villancico (esp.; port. vilancete) Forma musical que teve origem na Idade Média, tornou-se popular na Espanha quando assumiu papel significativo na música religiosa. Inicialmente constituída de estrofes simples, ou COPLAS (acp. 2), alternadas com ESTRIBILLOS, passou a receber influência dos estilos imitativos italianos e foi posteriormente levada para países de língua espanhola da América Latina, onde se mesclou com naturalidade às *christmas carols* (canções natalinas).

villanella (it.; var. it.: *villanesca*) Forma musical simples da Itália pré-barroca, classificada conforme seus textos e finalidades como *giustiniana*, *greghesca*, *mascherata*, *moresca* e *villotta*. [var. fr.: *villanelle*].

villanelle (fr.) Canção simples do final da Idade Média que no Barroco inspirou Telemann e, mais recentemente, Dukas. Ver também VILLANELLA.

villanesca Ver VILLANELLA.

villano Dança e música espanholas introduzidas na Itália pré-barroca, empregava harmonia simples e melodia elaborada sobre padrões preestabelecidos.

villotta Música italiana de caráter folclórico do final do Renascimento, assemelha-se à VILLANELLA, sendo porém elaborada.

vina Em sânscrito, designação genérica para instrumentos de cordas indianos milenares como o BIN, a RUDRA VINA e a SARAVASTI VINA.

vinhag Ver ANG.

vinhang Ver ANG.

vinheta Música de curta duração para chamadas ou comerciais de rádio ou TV.

vinil 1. Resina de vinil, é um polímero sintético empregado na fabricação de discos. **2.** Na linguagem popular, disco de VITROLA.

viola 1. (fr. *viole*, *alto*; al. *Bratsche*, *Tenorgeige*). A viola moderna da orquestra e dos QUARTETOS DE CORDAS pertence à família do violino, possui formato semelhante e, proporcionalmente, maiores dimensões. É afinada uma quinta abaixo (dó-sol-ré-lá) do violino e faz a voz de contralto no conjunto das cordas. Apesar de sua origem datar do século XVI, quando da organização dos instrumentos de cordas por Andrea Amati da forma com que são conhecidos até hoje, a viola foi durante um século relegada a um papel secundário pelos violinistas. Mesmo após aceita como fundamental, os primeiros cursos específicos somente vieram a surgir nos conservatórios em meados do século XX. Mozart, com sua *Sinfonia concertante para violino e viola* (K 364), muito contribuiu para a evolução técnica do instrumento, que cativou Berlioz, levando-o a compor *Haroldo na Itália*, um solo com acompanhamento orquestral dedicado a Paganini, quase um concerto de contornos virtuosísticos inéditos. Dada a escassez de repertório original, violistas freqüentemente debruçam-se sobre obras que vão da *Sonata em lá menor*, D 821, de Schubert, chamada ARPEGGIONE (originalmente escrita para o instrumento que lhe deu o nome), as *Suítes para violoncelo solo de Bach* e outras, de extrema dificuldade para o instrumento, como os *Caprichos para violino* de Paganini. Walton e Bartòk, entre outros, escreveram concertos para a viola, que teve em Lionel Tertis, Primeron, Burton Fine, Marcus Thompson e Hindemith (violista e também compositor que escreveu uma importante sonata para o instrumento) alguns de seus principais nomes no século XX, sem contar alguns dublês de violino e viola, como o VIRTUOSE Pinkhas Zuchermann. No Brasil, a tradição da viola trouxe nomes como Bela Mori, Perez Dvorecki e Gèza Kiszely, sem falar em alguns expoentes mais novos, como Marcelo Jaffé, Horácio Schaeffer e Henrique

Müller. **2.** (fr. *viole*; ing. *viol*; al. *Viole*) Antigo instrumento de cordas e ESPELHO com TRASTES, é tocado com arco, foi presumivelmente introduzido na Europa via Espanha, durante o Renascimento, para onde teria sido levado pelos mouros vindos do Norte da África. Sua origem mais provável remete ao REBEC árabe, associado a outros instrumentos de origem mourisca encontrados na Espanha, como a VIHUELA. A viola era fabricada em diversos tamanhos, com número de cordas e afinações variáveis, conhecidas pelas denominações mais comuns: VIOLA DA GAMBA, tocada como o violoncelo, e a VIOLA DA BRACCIO, que deu origem, em suas diferentes modalidades, à família dos violinos: soprano, alto (a viola moderna), tenor (*viola da gamba*) e a ARCIVIOLA ou VIOLONE (maiores, de voz baixo). Abreviatura [vla].

viola amarantina Ver BANDURRA e CHULA.

viola bastarda Pequeno instrumento da Itália pré-barroca, assemelha-se à VIOLA DA GAMBA.

viola beiroa Ver BANDURRA.

viola braguesa VIOLA (acp. 3) dedilhada portuguesa da região do Braga, tem cinco ou seis ORDENS duplas de cordas.

viola brasileira Ver VIOLA DE ARAME.

viola cabocla Ver VIOLA DE ARAME.

viola caipira Ver VIOLA DE ARAME.

viola campaniça Ver BANDURRA.

viola d'amore (it.; al. *Liebesgeige*) Instrumento barroco semelhante à VIOLA DA BRACCIO. Era tocada com arco e possuía seis cordas (sendo a primeira metálica, além de sete ou mais que ressoavam por SIMPATIA, proporcionando-lhe sonoridade plena de HARMÔNICOS, aveludada e misteriosa). Por volta de 1735, foi acrescentada uma sétima corda. Bach e Telemann, entre outros, reservaram participações especiais para a VIOLA D'AMORE em diversas obras [var.: *viola da more*, lit.: viola dos mouros, arnolo].

viola da braccio (it.; al. *Viole da Brazzo*) Nos séculos XVI e XVII referia-se genericamente a qualquer instrumento de arco apoiado no braço do executante, porém mais tarde passou a aplicar-se também à VIOLA (acp. 1) moderna.

viola da gamba (it.; al. *Kniegeige*) Instrumento antigo de arco com TRASTES e seis cordas, é executado apoiado no chão entre as pernas (como o moderno violoncelo). Contrapõe-se, pela maneira de ser tocada e dimensões, à VIOLA DA BRACCIO. As *violas da gamba* eram classificadas, conforme o REGISTRO (acp. 1), em soprano, tenor e baixo [var.: *gamba*, *lyra bastarda*].

viola da more (it.) Ver VIOLA D'AMORE.

viola da spalla (it. lit.: viola de ombro) Versão do VIOLONCELO em tamanho reduzido, utiliza a afinação convencional. A origem do termo se deve ao fato de que, nas procissões, o instrumento costumava ser tocado geralmente sobre o ombro, embora às vezes fosse amarrado à cintura do músico com uma tira de couro.

viola de arame Viola brasileira de dez ou doze cordas (cinco ou seis ORDENS duplas, afinadas mi-si-sol-ré-lá e mi-si-sol-ré-lá-mi, respectivamente). Instrumento de origem portuguesa, é aparentado da FÍDULA de origem mourisca e costuma ser utilizado no Brasil na chamada música sertaneja. Um dos grandes *luthiers* dedicados à construção da VIOLA DE ARAME é Zé Coco do Riachão, de Montes Claros, Minas Gerais. A viola utiliza afinações chamadas cebolinha, cebolão, natural, guitarra, rio-abaixo, boiadeira, maxabomba e diversas outras. A especialidade já conta com uma legião de novos aficcionados dos grandes centros urbanos, além de estudiosos como Fernando Claro, de São José dos Campos, São Paulo, e Roberto Corrêa. Ver também BANDURRA e MACHETE [var.: viola brasileira, viola buriti, viola cabocla, viola caipira, viola cantadeira, viola de bambu, viola de cabaça, viola de cacho, viola de chorona, viola de dez cordas ou ligina, viola de feira, viola de queluz, viola nordestina e viola sertaneja].

viola de arco Em Portugal, violino.

viola de bambu Ver VIOLA DE ARAME.

viola de cabaça Ver VIOLA DE ARAME.

viola de cocho Ver VIOLA DE ARAME

viola de chorona Ver VIOLA DE ARAME.

viola de cordas Ver VIOLA DE ARAME.

viola de divisão DIVISION VIOL.

viola de feira Ver VIOLA DE ARAME.

viola de queluz Ver VIOLA DE ARAME.

viola di bordone (it.) Ver BARYTON.

viola di fagotto (it. lit.: viola de fagote) Grande instrumento de cordas executado como o violino, possuía algumas cordas recobertas de metal, produzindo assim uma sonoridade mais estridente.

viola lira (it.) LYRA VIOL.

viola moderna Ver VIOLA (acp. 1).

viola nordestina Ver VIOLA DE ARAME.

viola paradone (it.) Ver BARYTON.

viola pomposa (it.) Instrumento de cinco cordas semelhante à VIOLA DA BRACCIO, teve seu período de maior expressão no final do Barroco.

viola sertaneja VIOLA DE ARAME.

viola sinfônica Ver VIOLA (acp. 1).

viola soprano (fr.) Ver DÉSSUS.

viola soprano Ver VIOLETTA (acp. 1).

violão (it. *chitarra*; fr. *guitare*; ing. *guitar*, *spanish guitar*; al. *Gitarre*, *Zupfgeige*) Instrumento de cordas dedilhadas também conhecido como GUITARRA (acp. 1), é tocado dedilhando-lhe as cordas com as unhas ou pinçando-as com uma palheta. Possui fundo chato, que é geralmente feito de uma folha de jacarandá, e uma CAIXA DE RESSONÂNCIA com o contorno de um oito sinuoso (formato consolidado no século XIX, quando deu origem à chamada guitarra clássica). O tampo costuma ser de pinho europeu ou cedro canadense, e possui no centro um orifício de ressonância chamado ROSETA. Possui geralmente seis cordas (ver também VIOLÃO DE SETE CORDAS), que são presas na extremidade superior do braço a um CRAVELHAME, mecanismo de coroa e pinhão acionado por meio de pequenas chaves que permitem afinar com precisão o instrumento. As quatro cordas mais graves são afinadas em quartas (mi-lá-ré-sol), ascendentemente, enquanto a quinta é ajustada uma terça maior (si), e finalmente a sexta, uma quarta acima (mi). Durante a ocupação árabe na Península Ibérica, diversos instrumentos de cordas introduzidos pelos mouros tornaram-se populares: ALAÚDES, VIHUELAS e, de forma especial, GUITARRAS (acp. 1). Musicistas de grande destreza técnica no século XIX, como Giulianni e Sor, tornaram a chamada guitarra clássica um instrumento extremamente popular, *status* consolidado em grande parte graças ao espanhol Andrés Segovia. A partir de seus grandes divulgadores, o violão chegou à categoria de solista, abrindo caminho para mestres como Julian Bream, Narciso Yepes e John Williams. Também devem ser lembrados os brasileiros Isaías Sávio, Turíbio Santos, Fábio Zanon, Edelton e Everton Gloeden, os irmãos Abreu, Henrique Pinto, Paulo Porto Alegre, Giacomo Bartoloni e o Duo Assad, entre diversos outros. Vale recordar, neste século, a enorme contribuição de Villa-Lobos (*Prelúdios* e *Estudos*), os também brasileiros Marlos Nobre, Guerra Peixe e Edino Krieger, o cubano Leo Brower, contemporâneo e versátil, sem falar em Castelnuovo-Tedesco e Britten. Há diversos concertos escritos para o violão, mas os de maior importância no repertório são o de Villa-Lobos e o belíssimo *Concerto de Aranjuez*, de Joaquín Rodrigo. Na MPB, o violão passou a adquirir papel de destaque nos conjuntos de CHORO, junto ao CAVAQUINHO, a flauta, o BANDOLIM e o pandeiro, fazendo a base e (virtuosisticamente, como era o caso do Dinho Sete Cordas) também a baixaria e comentários CONTRAPONTÍSTICOS. Alguns grandes nomes populares no Brasil são Dilermando Reis, Bola Sete, Laurindo de Almeida, Luís Bonfá, Baden-Powell, João Gilberto, João Bosco, Paulo Belinatti, Toquinho e Rafael Rabelo, além do recente prodígio Yamandú Costa, entre outros. Ver também BAIXARIA, BAIXOLÃO, BATIDA (acp. 3), BORDÃO (acp. 2), CAÇAMBA, CAPOTASTO (acp. 2), CINTURA, DEDEIRA (acp. 2), DOBRO, MARTELO (acp. 3), PESTANA (acp. 2), RASGUEADO, ROSETA, STRUM (acp. 1), TAMPO, TARRAXA (acp. 2), TRIOLIM, VIOLÃO DE SETE CORDAS e VIOLÃO GAGO.

violão de sete cordas Violão que possui uma corda mais grave (abaixo do mi bordão) para execução de passagens em CONTRAPONTO, como no CHORO, chamadas baixaria. Um dos VIRTUOSES na especialidade foi Dinho Sete Cordas.

violão gago Certa batida de violão da BOSSA-NOVA em que predominam pausas nas partes fortes dos tempos, adequando-se ao contorno rítmico das músicas junto às batidas da BATERIA (acp. 1) no aro da caixa ou no CONTRATEMPO (acp. 2). Ver também RIM SHOT.

viola toeira Denominação portuguesa para a GUITARRA (acp. 1) barroca, presumivelmente referência ao verbo toar (emitir sons, agradar).

Viole da brazzo (al.) VIOLA DA BRACCIO, conforme descrita nos REGISTROS das bodas de Alberto V da Bavária.

violeiro 1. Figura popular no Nordeste brasileiro, também conhecido como CANTADOR. Músico que se apresenta sozinho ou improvisa, entre dois ou mais participantes, em embates musicais chamados DESAFIOS, querelas cantadas em que demonstram suas habilidades melódicas e poéticas improvisando sobre temas e formas predeterminadas, fazendo-se acompanhar por uma VIOLA DE ARAME. **2.** (port.) LUTHIER especializado em VIOLAS (acp. 3) portuguesas.

violeiro-mestre VIOLEIRO (acp. 1) principal, que comanda as danças como um SERRADOR.

violeta Em Portugal, atualmente, e no Brasil Colônia, VIOLA (acp. 1).

violetta (it.) **1.** No Barroco italiano, espécie de pequena VIOLA (acp. 2) de apenas três cordas. **2.** Do século XVI até o início do XVII, a VIOLA SOPRANO.

violetta marina (it.) ENGLISH VIOLET.

violin (ing.) VIOLINO.

violin corners (ing.) Contrabaixo cujo tampo possui cantos pontudos como o do violino, em contraposição aos do modelo *gamba* (ver VIOLA DA GAMBA).

violino (fr. *violon*; ing. *violin*; al. *Geige*) Instrumento de arco de voz mais aguda da família das cordas da orquestra cuja primeira construção é creditada ao LUTHIER italiano Gasparo da Salò. Um dos registros mais antigos (1529) pode ser encontrado, na Madonna dos Aranci, no acervo da Igreja de San Cristóforo, em Vercelli. Andrea Amati deixou as bases da LUTERIA moderna, cujo paradigma foi seu aluno Antonio Stradivari. O violino possui quatro cordas afinadas em quintas (sol-ré-lá-mi, da mais grave à mais aguda), e é construído com madeiras quase universalmente padronizadas, sendo as principais o ABETO, para o tampo, o ACCERO e às vezes o SICÔMORO, para o fundo e laterais, e o ÉBANO, para o ESPELHO, o ESTANDARTE e CRAVELHAS. As cordas do instrumento são retesadas e afinadas por TARRAXAS, em orifícios abertos lateralmente em uma caixa na parte superior do braço, e na parte média se apóiam na CAIXA DE RESSONÂNCIA sobre o CAVALETE, peça que além de sustentá-las serve para conduzir a vibração para o tampo, que por sua vez funciona como membrana acústica. A vibração irradiada pelo tampo é conduzida pela ALMA, um fino bastão da madeira, geralmente também feito de abeto, mantido sob pressão na parte interna do instrumento, perpendicularmente na altura média e do lado direito. A vibração da alma equilibra a distribuição dos sons sobre o tampo e os remete ao fundo — atingindo, por conseguinte, todo o instrumento. A BARRA HARMÔNICA, peça igualmente de abeto que é colada ou escavada interna e longitudinalmente no tampo, do lado esquerdo, tem funções acústicas, e serve também para distribuição dos sons mais graves (via pé esquerdo do cavalete) sobre o tampo. A grande escola de luteria, cujos melhores exemplares chegam a custar mais de 1 milhão de dólares, é a italiana, em especial aquela de Cremona, que junto a Nápoles, Mantua, Brescia, Veneza e outras cidades italianas produziu gênios (além dos já citados Da Salò, Amati e Stradivarius) como Bergonzi, Montagnana, Maggini, Del Gesù, Guarnerius e muitos outros. A escola alemã e tirolesa perdem em muito para a italiana no inflacionado mercado mundial de violinos, e teve em Steiner e Klotz seus nomes mais importantes, cujos exemplares possuem tampo e fundo muito mais abaulados (e, conseqüentemente, som mais anasalado) do que os modelos italianos. Seguem-se os franceses, como Bernadel, Lupot, Vuillaume e outros, que além de artesãos excelentes eram com freqüência autores de cópias quase perfeitas dos melhores instrumentos dos grandes mestres italianos. O repertório do violino é incomensurável: difícil encontrar um compositor que não tenha escrito para o instrumento. Entre os compositores mais importantes, passando por virtuoses do Barroco como Tartini (que escreveu uma sonata dificílima chamada *Il trillo del Diavolo*, que lhe teria sido confiada em sonho pelo próprio demo), Bach, Telemann, Händel, Corelli e Vivaldi, clássicos como Haydn e Mozart, e, é claro, Beethoven, na transição para o Romantismo, período que viu florescerem talentos de gênios como Wieniawsky e Nicolò Paganini (também compositores), este último considerado o maior violinista de todos os tempos. O período trouxe também, é claro, obras-primas de mestres como Brahms, Mendellsohn, Tchaikovsky, Bruch, Saint-Säens, Lalo, Bartòk, Alban Berg, Schönberg, Stravinsky. As principais escolas estilísticas são a tcheca (que seguiu a linha estabelecida por Viotti e teve seu principal mestre em Sevcík), a franco-belga, consolidada por Thompson e Ysaÿe, a franco-belga russa, solidificada por Flesh e Thibaud a partir de Joachim, a italiana, de Francescatti e Carminelli, a russa, de Leopold Auer e, finalmente, a norte-americana de Persinger e Galamian. A lista dos grandes instrumentistas é interminável: além dos já mencionados, devem ser lembrados nomes como os de Kreutzer, Sarasate, Gingold, Böhm, Kreisler, Francescatti, David, Ricci, Grumiaux, Enesco, Fodor, Menuhin, Perlman, Szering, Stern, Accardo, Szigetti, Kreisler, Thibaud, Zuchermann, Heifetz, Milstein, Kogan, Oistrakh, Perlman e um dos prodígios mais recentes, a alemã Anne-Sophie Mutter. No Brasil, merecem destaque Ayrton Pinto, Santino Parpinelli, Jacques Niremberg, Cussy de Almeida, Erich Lehninger, Natan Schwartzman, Michel Bessler, Maria Vischnia, Pareschi, Cecília Guida e Claudio Cruz, entre outros. No *jazz*, o instrumento teve lugar de destaque nas mãos de alguns virtuoses, como Stephane Grapelli, Jean-Luc Ponty e a mais recente Regina Carter [var. port.: viola de arco]. Abreviatura [vln].

violino contralto VIOLA SOPRANO.

violino de espigão Instrumento de cordas de certas regiões asiáticas e do Oriente Médio, possuía um braço afixado perpendicularmente ao TAMPO DE RESSONÂNCIA, preso a uma caixa em cuja base um ESPIGÃO servia para apoiá-lo no chão.

violino de ferro (it. *violino armonico*; fr. *violon de fer*; ing. *nail violin*, lit.: violino de prego; al. *Nagelgeige*, *Drahtgeige*) Instrumento construído a partir de varetas de metal, vidro, madeira ou outro material acopladas em uma das extremidades a uma TÁBUA DE RESSONÂNCIA e friccionadas com um arco. Os primeiros experimentos são antigos e datam dos últimos anos do período Barroco; no final do século XIX, já havia sido introduzido um teclado para a mão esquerda. O instrumento teve curta existência, mas chegou a ter seus princípios aproveitados no século XX, em novas criações musicais.

violino di tre quarti (it.) VIOLINO TRÊS QUARTOS.

violino meio tamanho (ing. *half size violin*; al. *halbe Geige*) Instrumento de dimensões reduzidas, construído para o ensino de crianças [var.: violino $^1/_2$]. Ver também VIOLINO PICCOLO.

violino piccolo (it. lit.: pequeno violino; al. *Quartgeige*) Instrumento barroco afinado uma quarta acima do violino soprano, cujas dimensões são ainda menores do que as do violino de meio tamanho [var.: violino $^1/_4$].

violino piccolo francês Pequeno violino de três cordas do século XVII.

violino savart (it.; fr. *violon savart*; ing. *savart violin*; al. *Savartvioline*) Violino de formato trapezoidal criado por Savart em Paris, por volta de 1818.

violino stroh Instrumento de cordas do início do século XX afinado como o violino, tinha no lugar da CAIXA DE RESSONÂNCIA uma tábua à qual era acoplada uma CAMPANA (acp. 1) em forma de corneta para amplificação dos sons.

violino três quartos (it. *violino di tre quarti*; ing. *three-quarter size violin*; *violon trois-quart*; al. *Dreiviertelgeige*) Violino para crianças, um pouco menor do que o tamanho normal.

Violinschlüssel (al.) CLAVE DE SOL.

violin shaped (ing. lit.: formato de violino) Modelo de contrabaixo cujo formato assemelha-se ao do violino, diferentemente do tipo mais comum, similar à GAMBA, cujos cantos junto aos CORTES EM C são arredondados.

violon (fr.) VIOLINO.

violoncell (al.) VIOLONCELO.

violoncello (it.) VIOLONCELO.

violoncelo (it. *violoncello*; fr. *violoncelle*, *bas de violon*; al. *Violoncell*, *Bass-Geige*) Instrumento de voz tenor do QUARTETO DE CORDAS, surgiu em sua forma primitiva como parte da antiga família das VIOLAS (acp. 2), ao que tudo indica no final do século XIII. Apesar de o tamanho do instrumento, número de cordas e afinação variar quanto uso e regiões, não foi senão quase no final do período Barroco que as dimensões do violoncelo foram sendo gradativamente estabelecidas em torno do padrão que foi praticamente consolidado nos estudos de Antonio Stradivari e seu mestre Amati no início do século XVII, da mesma forma que a afinação definitiva, uma oitava abaixo da VIOLA (dó-sol-ré-lá). Alguns outros instrumentos semelhantes surgiram no período Barroco: desde um formato solo (*violoncello piccolo*) até um modelo de cinco cordas, para o qual Bach compôs uma de suas *Suítes para violoncelo solo*. Foi apenas no limiar do século XIX que um ESPIGÃO foi adaptado à base do instrumento, facilitando a execução principalmente das notas do REGISTRO (acp. 1) mais agudo. A construção do violoncelo obedece proporcionalmente a padrões semelhantes e emprega de modo geral as mesmas madeiras do violino. Escreveram para o violoncelo quase todos os compositores mais importantes do período Barroco, a exemplo de J. S. e Christian Bach, passando por Boccherini (ele próprio um virtuoso do instrumento), para finalmente receber de Haydn belos concertos no Classicismo. Mozart compôs diversas peças camerísticas para o instrumento, enquanto Beethoven criou sonatas de construção sólida e rara beleza, sendo seguido por Schumann (que também dedicou ao violoncelo um importante concerto) e Brahms, autor de sonatas e uma peça concertante com orquestra. O inglês Elgar também deixou um concerto importante, porém o de Dvoràk (Op. 104) tem sido uma preferência constante de solistas, regentes e público. Mais recentemente, Villa-Lobos, Shostakovich e Prokofiev também compuseram obras de grande relevância. As escolas estilísticas do violoncelo obedecem de certa maneira às mesmas do violino, mas definiram-se de forma especial entre a vertente alemã, iniciada por Romberg, a espanhola, da qual o grande mestre foi Casals, e as escolas italianas, surgidas a partir de Berteau e Rovetti. Entre os instrumentistas mais importantes, fora os já citados, Piatigorski, Janigro, Misha Maisky, Christina Walewska, Rosen, Tortelier, Cassadò, Rostropovich, Fournier, Tortelier, Starker, Yo-Yo Ma e o brasileiro Antonio Meneses, radicado na Europa e considerado um dos maiores nomes da atualidade. Entre outros violoncelistas brasileiros importantes, Aldo Parisot (que foi professor em Yale, EUA), Antonio Lauro del Claro (da classe de Fournier), Jaques Morelembaum (que se dedica à área popular) Cláudio Jaffé, Robert Suetholz, Peter Dauelsberg, Mathias Pinto, Márcio Mallard, David Chew, Watson Clis, Ranevsky, Guerra Vicente e Zygmut Kubala [var.: cello]. Abreviatura [vlc].

violoncello piccolo (ing. *half size cello*) Violoncelo meio tamanho, freqüentemente empregado no ensino infantil do instrumento. No período Barroco, denominava um instrumento de tamanho reduzido, para solistas, que chegou a ser utilizado por Bach em obras religiosas, como diversas CANTATAS [var.: violoncelo $^1/_2$].

violoncelo quatro quartos Ou violoncelo $^4/_4$, é o instrumento-padrão [var.: tamanho inteiro].

violoncelo três quartos (ing. $^3/_4$ *size cello*) Instrumento cujo tamanho varia entre o violoncelo padrão ($^4/_4$) e o violoncelo meio tamanho [var.: violoncelo $^1/_2$].

violoncino (it.) Certo tipo de VIOLONCELO do século XVII.

violone (ing. *bass viol*) Denominação genérica para instrumentos de voz baixo da família das antigas VIOLAS (acp. 2). Entre 1550 e 1620, aproximadamente, designava a VIOLA DA GAMBA contrabaixo, e até aproximadamente 1690 referia-se ao VIOLONCELO ou a uma *viola da gamba* baixo empregada para acompanhamento. A partir do início do século XVIII, passou a designar principalmente a VIOLA (acp. 2) contrabaixo.

violone contrabaixo (it. *violone contrabasso*) VIOLA DA GAMBA baixo.

violon savart (fr.) VIOLINO SAVART.

violon trois-quart (fr.) VIOLINO TRÊS QUARTOS.

Viotti stroke (it./ing. *stroke*: golpe) GOLPE DE ARCO utilizado pelo virtuose italiano do violino G. B. Viotti, é uma variedade de FLYING STACCATO que consiste na articulação de notas em grupos de duas em cada direção, alternadamente, na região próxima à ponta do arco.

vira Bailado português da região do Minho e da Estremadura.

virada (ing. *turn*) Na BATERIA (acp. 1) de *rock*, música popular e *jazz*, efeito que consiste em percutir seqüencial e alternadamente tambores como TOM-TOMS e SURDOS, geralmente no final de frases ou da própria música.

vira da serra VIRA da região serrana portuguesa.

vira de cruz VIRA da região portuguesa de Cruz.

vira-velho Variante do VIRA português.

virelai No final da Idade Média, uma das formas em que a canção francesa era estruturada, juntamente com o RONDÓ e a BALLADE. Caracterizada por refrões entre grupos de versos, tem origem um pouco incerta, mas acredita-se que tenha surgido na França por influência do Oriente Médio [var.: *virelay*].

virg Abreviatura de VIRGINAL.

virga Ver NEUMAS.

virgem Diz-se da fita, CD ou outro material gravável em que nunca foi feito nenhum REGISTRO (acp. 1).

virginal Instrumento de teclado de tamanho reduzido e uma única corda por nota, guardava certas semelhanças com o CRAVO, embora bastante mais simples. Apesar de, durante algum tempo e até o início do período Barroco, o termo ter servido para designar de forma genérica outros instrumentos da família, o virginal é uma espécie de CRAVO cujas cordas são dispostas paralelamente ao teclado, daí resultando suas dimensões reduzidas. Alguns modelos, como o virginal flamenco, possuíam duplo MANUAL, enquanto outros, cujos teclados eram dispostos internamente ao instrumento, eram conhecidos como ESPINETAS.

virtuosa Ver INSTRUMENTOS MECÂNICOS.

virtuose (it., fr.; al. *Virtuose*) Palavra que já foi empregada no passado para definir qualquer solista, a partir dos grandes instrumentistas do período romântico passou a referir-se apenas aos grandes mestres da técnica e interpretação, que conjugam extraordinário talento e habilidades malabarísticas [var.: virtuoso].

virtuoso Ver VIRTUOSE.

vissungo Ver VIÇUNGO.

vitat Antigo instrumento de cordas da MÚSICA INDIANA.

vite (fr.) Rápido.

vitement (fr.) Rapidamente.

vitrola Ver TOCA-DISCOS.

vivace (it.) Na música barroca, um dos movimentos mais rápidos do grupo de andamentos ALLEGRO. Atualmente, refere-se a um andamento muito vivo, rápido.

vivadi Na MÚSICA INDIANA, diz-se de certa nota proibida em uma RAGA.

vivo (it.) Com vigor.

VJ (pronuncia-se *Vi Djei*) Abreviatura do inglês VIDEO JOCKEY.

vl Abreviatura de violino.

vla Abreviatura de VIOLA (acp. 1).

vlc Abreviatura de violoncelo.

vln Abreviatura de violino.

VMB Abreviatura do inglês VIDEO MUSIC-BOX.

vocal (it. *vocale*; fr., ing. *vocal*; al. *vokal*) **1.** Relativo à voz humana. **2.** (ing.) Voz ou vozes de sustentação, como em BACKING VOCALS.

vocale (it.) VOCAL (acp. 1).

vocalion (ing.) Instrumento de PALHETAS (acp. 1) e teclado concebido para utilização nas capelas da Inglaterra do final do século XIX. Assemelhava-se ao ÓRGÃO DE PALHETA, mas empregava cordas SIMPÁTICAS, que lhe conferiam um som especial.

vocalise (fr.) **1.** Genericamente, música vocal desprovida de texto e cantada, como sugere o termo, sobre vogais. Compositores como Rachmaninoff e Ravel escreveram obras no espírito do *vocalise*. **2.** A partir do Classicismo, principalmente, e até os dias de hoje, exercícios diários ou preparatórios realizados por cantores que consistem em pequenas seqüências de INTERVALOS ou ARPEJOS, ora empregando apenas vogais, ora articulando repetidamente alguma consoante (formando sílabas como mo ou ri, por exemplo) antes de cada grupo de notas, e mudando de tonalidade em geral CROMÁTICA e constantemente.

vocal strings (ing.) CORDAS VOCAIS.

voce (it.; fr. *voix*; ing. *voice*; al. *Stimme*) Voz.

voce bianca (it.) VOZ BRANCA.

voce di petto (it.) VOZ DE PEITO.

voce di testa (it.) VOZ DE CABEÇA.

voce mista (it.) VOZ MISTA.

voce velata (it.) VOZ VELADA.
vocoder Na MÚSICA ELETRÔNICA, dispositivo que aplica informações de um som vocal a certo sinal, determinando-lhe características de voz.
vodevile Ver VAUDEVILLE.
voice (ing.) Voz.
voice leading (ing.) CONDUÇÃO DE VOZES.
voicing (ing.) No jargão popular, CONDUÇÃO DE VOZES.
voilé (fr.) VELADO.
voix (fr.) Voz.
voix blanche (fr.) VOZ BRANCA.
voix de poitrine (fr.) VOZ DE PEITO.
voix de tête (fr.) VOZ DE CABEÇA.
voix de ville Ver VAUDELVILLE e CHANSON.
voix humaine (fr.) Voz humana.
voix inférieure (fr.) VOZ INFERIOR.
voix mixte (fr.) VOZ MISTA.
voix mistes (fr.) Vozes mistas (como em um coro masculino e feminino).
voix sombrée (fr. lit.: voz sombreada) Técnica vocal surgida do século XIX que consistia em forçar a laringe para baixo e projetar o som para cima, anasalando-o mas ao mesmo tempo ampliando ligeiramente a extensão.
voix voilée (fr.) VOZ VELADA.
vokal (al.) VOCAL.
Vokalisation (al.) Vocalização.
Vokalmusik (al.) Música vocal.
Volkslied (al.) Termo surgido nos países de língua alemã da Idade Média com referência à canção popular.
Volksmusik (al.) **1.** Música popular. **2.** Música folclórica.
Volkstanz (al.) Dança folclórica.
Volksweise (al.) Canção popular.
vollkommene Kadenz (al.) CADÊNCIA PERFEITA [var.: *vollständige Kadenz*].
vollständige Kadenz (al.) Ver VOLLKOMMENE KADENZ.
Volltakt (al.) TEMPO FORTE.
volta 1. Tubo curvado que nos instrumentos da família dos METAIS é acoplado ao corpo principal, serve para aumentar ou diminuir a distância que o ar deve percorrer, produzindo sons mais graves ou mais agudos, respectivamente. **2.** Agitada dança cortesã prolixa em volteios e saltos da transição entre o Renascimento e o período Barroco. **3.** CASA (acp. 2). **4.** Canto e passo da dança de São Gonçalo.
volta inferiore (it.) CURVATURA INFERIOR. Ver também OMBRO.
volta superiore (it.) OMBRO.
voltage controlled amplifier Ver VCA.
voltage controlled filter Ver VCF.
voltage controlled oscilator Ver VCO.
volta-no-meio Dança acompanhada por VIOLA DE ARAME e sapateado do FANDANGO (acp. 3) do interior paulista.
volta-senhora Dança acompanhada por VIOLA DE ARAME e sapateado do FANDANGO (acp. 3) do interior paulista.
volteamento Passo do CATERETÊ com que os participantes reverenciam o público [var.: fazer vênia].
volteio Passo de dança [var.: rodopio].
volti (it.) Indicação de que a página da partitura deve ser virada naquele ponto.
volti subito (it. lit.: vire rápido) Indicação que alerta o músico para a necessidade de se virar a página com presteza, evitando interrupções na leitura. Abreviatura [VS].
volume Em acústica, a intensidade do som.
voluta (it.; fr. *volute*, *coquille*; ing. *scroll*; al. *Schnecke*) Caixa onde são acopladas as CRAVELHAS dos instrumentos de cordas, na extremidade do braço, em especial aqueles de arco, como violinos, violoncelos e contrabaixos. Pela tradição, as volutas costumam ser habilmente esculpidas e decoradas, chegando a ser demonstração do perfeccionismo na LUTIER, colaborando desta forma para a identificar o autor de um instrumento. O trabalho da voluta pode ser o de uma volta ornamental, como se a madeira tivesse sido literalmente enrolada; algumas vezes, como nos violinos de Jacob Steiner, simbolizam cabeças humanas, de leão ou outro animal [var.: it. *chiocciola*, *Riccio*; port. *caracol*].
Vorausnahme (al.) ANTECIPAÇÃO.
Vorderstange (al.) Coluna da HARPA.
Vorhalt (al.) RITARDO (acp. 2).
Vorschlag (al.) APPOGGIATURA.
Vorsingen (al.) AUDIÇÃO (acp. 3).
Vorspiel (al.) ABERTURA, PRELÚDIO, introdução. Pode ser agregada a outra palavra, como em *Choralvorspiel*, que significa PRELÚDIO CORAL. Na ópera romântica alemã, em especial

com Wagner, *Vorspiel* identifica a abertura ou prelúdio orquestral. Ver também VORSPIELER.

Vorspieler (al.) Designa literalmente quem toca na frente, em geral solista ou SPALLA de NAIPE.

Vortrag (al.) Interpretação.

vorwärtsdräggend (al.) ACCELERANDO.

vorzeichen (al.) ACIDENTE.

voûte (fr.) ARCHING.

vox humana (lat.: voz humana) REGISTRO (acp. 2) do órgão de tubos cujo som lembra o canto.

vox organum (lat.) Ver ÓRGÃO.

voz 1. (it. *voce*; fr. *chant*, *voix*; ing. *voice*; al. *Stimme*) Som que é produzido pelo homem na laringe por meio da vibração do ar nas cordas vocais. **2.** Denominação classificatória da voz humana que é empregada tanto para a parte vocal quanto instrumental para definir sua localização na partitura e REGISTRO (acp. 1), em função do papel desempenhado na execução: primeira voz, segunda voz etc. **3.** Classificação da voz humana por REGISTRO (acp. 1), como voz soprano, contralto, tenor e baixo e suas subdivisões (*mezzo-*soprano, barítono etc.) **4.** Qualquer parte vocal ou instrumental.

voz branca Voz pura, de meninos antes da puberdade; refere-se também genericamente à voz não tratada, sem estudo.

voz de cabeça (it. *voce di testa*, *registro di testa*; fr. *voice de tête*, *registre de tête*; ing. *head voice*, *head register*; al. *Kopfsregister*, *Kopfstimme*) **1.** REGISTRO (acp. 1) mais alto da voz humana (especialmente entre os tenores), em contraposição à voz média e à voz de peito, mais baixa. Ver também FALSETE. **2.** Na técnica do canto, voz emitida predominantemente pelo mecanismo leve (*léger*), ou seja, produzida pela cabeça.

voz de peito (it. *voce di petto*, *registro di petto*; fr. *voix de poitrine*, *registre de poitrine*; ing. *chest voice*, *chest register*; al. *Brustregister*) **1.** REGISTRO (acp. 1) mais grave da voz (especialmente entre tenores), contrapõe-se à voz média e à VOZ DE CABEÇA. **2.** Na técnica vocal, modo de emissão em que predomina o mecanismo pesado (*lourd*), da laringe para o peito.

voz inferior (it. *voce inferiore*; fr. *voix inférieure*; ing. *lower part*; al. *Unterstimme*) Em harmonia, a voz mais grave.

vozeirão No jargão do músico popular, voz de grande potência.

vozes 1. Composição para duas ou mais vozes da mesma classificação, como por exemplo dois sopranos, na qual uma das vozes canta a parte superior e a outra a inferior. **2.** Composição para vozes diferentes mas de extensões semelhantes em oitavas diversas, como soprano e tenor.

voz mista REGISTRO MISTO.

vozes mistas Ver CORO.

voz humana Ver VOX HUMANA.

voz média REGISTRO (acp. 1) médio da voz humana (especialmente entre tenores), em contraposição à voz de cabeça, mais aguda, e à voz de peito, mais grave.

voz mista Na técnica vocal, voz emitida com a laringe, ou seja, entre o mecanismo pesado (*lourd*) e o leve (*léger*).

voz velada (it. *voce velata*; fr. *voix voilée*; ing. *veiled voice*; al. *verschleierte Stimme*) Voz de timbre escuro, velado.

vrtak Dança campestre da Morávia.

VS Abreviatura do italiano VOLTI SUBITO.

vuota (it. lit.: vazio) **1.** Um ou mais COMPASSOS em branco, como na PAUSA GERAL. **2.** Entre os instrumentos de cordas da orquestra, indicação de que determinada nota deve ser executada com corda solta.

vuoto Ver VUOTA.

vuvu Instrumento baiano de origem africana, produz som raspando uma caixa de madeira com sua tampa.

W

W Abreviatura de WATT.
Wagner-tuba (al.) TUBA WAGNERIANA.
wah Ver WAH-WAH.
wahmmy bar ALAVANCA DE VIBRATO.
wah-wah (fr. *oua-oua*, *woo-woo*) **1.** PEDAL (acp. 2) de efeito dos instrumentos eletroeletrônicos (guitarra, baixo etc.), consiste em um apoio para o pé que aciona um pedal ligado a um mecanismo acoplado a um potenciômetro (como os de botões de grave/agudo dos aparelhos de som). A oscilação provocada pelo dispositivo produz um efeito cujo som lembra o nome do aparelho (*wah-wah*). **2.** Tipo de SURDINA (acp. 1) para TROMPETE muito comum no DIXIELAND e nas BIG-BANDS. Quando pressionado e relaxado contra a CAMPANA (acp. 1), produz efeito de anasalamento e abertura do som, alternadamente [var.: *wah-wah*, *wha-wha*]. Ver também PLUNGER.
waist (ing. lit.: cintura) Cintura, região central dos instrumentos de cordas.
wait Na Inglaterra medieval, vigia da cidade ou castelo que empregava um instrumento, geralmente de METAL (acp. 2), para anunciar a chegada de visitantes.
Waldflötte (al.; it. *flauto silvano*; fr. *flûte silvestre*; ing. *woodland flute*) FLAUTA SILVESTRE.
wald Hautbois (al.) OBOE DA CACCIA.
walk around Passo de MARCHA (acp. 1) que deu origem ao CAKEWALK.
walking bass (ing. lit.: baixo caminhante) Na música de *jazz*, e em particular no SWING, estilo de linha do contrabaixo realizada como acompanhamento, em geral uma ou duas notas por tempo, conduzida normalmente por GRAUS CONJUNTOS.
walkman (ing.) Aparelho para escuta portátil de rádio ou fita cassete.
Waltz (al.) VALSA.
Walzer (al.) VALSA.
Walzertakt (al.) Em tempo de VALSA.
Wandelprobe (al. *Probe*: prova) Tipo de ensaio de ópera em que os cantores se movimentam pelo palco sem as vestimentas que serão usadas no espetáculo.
warble (ing.) Cantarolar.
warm (ing.) AFFETUOSO.
warm-up (ing.) AQUECIMENTO.
war pipe (ing.) Ver GAITA-DE-FOLES.
war song (ing.) CANTO DE GUERRA.
Waschbrett (al.) WASHBOARD.
washboard (ing. lit.: tábua de lavar; it., fr. *tavola da lavare*; al. *Waschbrett*) Instrumento rudimentar de percussão comum na FOLK MUSIC e na COUNTHY MUSIC norte-americanas. Originário do primitivo SKIFFLE, consiste em uma prancha com sulcos (semelhante à tábua de esfregar roupas dos antigos tanques de lavar) que é friccionada com um bastão ou outro objeto, à maneira de um RECO-RECO.
washboard band (ing. lit.: banda de tábua de lavar) Conjunto musical de formação improvisada que é ligado à COUNTRY MUSIC norte-americana, inclui geralmente violão, GAITA-DE-BOCA e o WASHBOARD, que deu origem ao termo.
Wasserorgel (al.) HYDRAULIS.
water-organ (ing. lit.: órgão de água) HYDRAULIS.
watt Unidade internacional de medida, refere-se à potência emitida por um aparelho, de forma contínua, equivalente a um *joule* por

segundo. Serve como medida do sinal de saída de amplificadores, como em 100W, 500W etc. Abreviatura [W].
wave (ing. lit.: onda) Tipo de arquivo de áudio de computadores que pode armazenar vozes e instrumentos com relativa fidelidade de som.
waveform (ing. lit.: em forma de onda) Formato de onda que determina a qualidade do som.
wave-lenght (ing.) Em acústica, COMPRIMENTO DE ONDA.
wavy stroke (ing. *wavy*: ondulado, *stroke*: golpe) Entre os instrumentos de cordas da orquestra, PORTATO.
wa-wa Ver WAH-WAH.
wax (ing. lit.: cera) No jargão dos DJS, disco de VINIL.
wayes (ing.) No Barroco inglês, pequenos exercícios contrapontísticos com não mais do que três vozes.
wayte-pipe (ing.) Denominação antiga para SHAWM.
wbl Abreviatura de WOOD BLOCKS.
Wechseldominant (al.) DOMINANTE SECUNDÁRIA (acp. 2).
wedding march (ing.) MARCHA NUPCIAL.
wehmütig (al.) Triste.
weibliche Endung (al.) TERMINAÇÃO FEMININA.
Weicnachtslieder (al. lit.: canção de Natal) CAROL (acp. 1).
Weinachtsoratorium (al.) ORATÓRIO DE NATAL.
Wellenlänge (al.) COMPRIMENTO DE ONDA.
well tempered (ing. lit.: bem temperado)Ver TEMPERAMENTO.
Werke (al. lit.: obra). Ver OPUS.
Werke ohne Opuszahl (al. lit.: obra sem numeração) Material catalogado, porém não classificado, de determinado compositor. Abreviatura [WoO].
Werkprinzip (al. lit.: princípio de trabalho) Técnica de construção do órgão de tubos em que cada componente é montado em seção à parte.
Wetterharfe (al.) HARPA EÓLIA.
whammy bar (ing.) Ver ALAVANCA DE VIBRATO.
wha-wha Ver WAH-WAH.
whip (ing.) CHICOTE.
whipped bow (ing. *to whip*: bater) COL LEGNO.
whistle (ing.) APITO.
whole bow (ing. *whole*: inteiro; *bow*: arco) Entre os instrumentos de cordas da orquestra, TUTTO L'ARCO.
whole note (ing. lit.: nota inteira) SEMIBREVE.
whole step (ing.) TOM INTEIRO.
whole tone scale (ing.) ESCALA DE TONS INTEIROS.
wide lip trill (ing. lit.: trinado amplo de lábio) Técnica dos instrumentos de METAL (acp. 2) do *jazz*, é uma espécie de TRINADO que emprega grande movimentação dos lábios.
Widerhall (al.) REVERBERAÇÃO.
wiederholen (al.) Repetir.
Wiedeholung (al.) REPRISE (acp. 4).
Wiederholungzeichen (al.) SINAL DE REPETIÇÃO.
Wiederkehr (al.) REPRISE (acp. 1).
wie eine Vogelstimme (al.) Na partitura, sugere execução à maneira do canto de um pássaro.
Wiegenlied (al.) Canção de ninar semelhante à BERCEUSE.
wild line (ing. lit.: linha selvagem) Gênero de FUNK tradicional, pesado.
wind-board (ing.) Tábua do SOMEIRO.
windchest (ing.) SOMEIRO.
wind-harp Ver HARPA EÓLIA.
Windlade (al.) SOMEIRO.
wind ensemble (ing.) Conjunto de sopros formado por MADEIRAS e METAIS, costuma ser acrescido de percussão e, com freqüência, contrabaixos.
Windharfe (al. lit.: harpa de vento) HARPA EÓLIA.
wind instruments (ing.) INSTRUMENTOS DE SOPRO [var.: *winds*].
wind-machine (ing.) MÁQUINA DE VENTO.
Windmaschine (al.) MÁQUINA DE VENTO.
winds (ing.) SOPROS.
Wirbel CRAVELHA.
Wirbelkasten (al.) CRAVELHAL.
wire-brush (ing.) ESCOVA.
wireless microphone (ing. microfone sem fio) Microfone que opera por ondas em freqüência modulada (FM).
with full bow (ing.) CON TUTTO L' ARCO.
with little bow hair (ing. lit.: com pouca crina) CON POCO ARCO.
with the wrist (ing. *wrist*: pulso) COL POLSO.
Wohlklang (al.) EUFONIA.

wolf (al. lit.: lobo; it. *lupo*; fr. *loup*; ing. *wolf*, *wolf tone*) Entre os instrumentos de cordas (e eventualmente alguns SOPROS), efeito involuntário da execução ocasionado por características físicas; determinada nota vibra de maneira mal definida e desagradável. O efeito decorre, nos instrumentos de cordas, em virtude do choque entre freqüências próximas (mas não coincidentes) entre a nota que se está executando e a da seção da corda posterior ao CAVALETE (portanto, não tangida pelo arco), ou ainda entre essa nota e freqüências emitidas por ressonância pela vibração do tampo do instrumento.
wolf tone Ver WOLF.
WoO Abreviatura da expressão alemã WERKE OHNE OPUSZAHL.
wood blocks (ing.; it. *blocchi*, *blocchi di legno*; fr. *blocs de bois*; al. *Holzblock*, *Holzkasten*, *Holzton*, *Holztrommel*) Instrumento de percussão feito de blocos de madeira. Abreviatura [wbl].
woodland flute (ing.) FLAUTA SILVESTRE.
woodshedding (ing. *woodshed*: galpão de madeira) No jargão do *jazz*, retiro solitário de um músico para aprimoramento técnico.
woodwinds (ing.) MADEIRAS.
woofer (ing.) ALTO-FALANTE de maior dimensão, destinado aos sons graves, mede geralmente doze ou quinze polegadas de diâmetro.
woo-woo (fr.) WAH-WAH.
word painting (ing. lit.: pintura com palavras) Ilustração musical de uma palavra ou frase.
workshop OFICINA.
work song (ing.) CANÇÃO DE TRABALHO.
world music (ing. lit.: música mundial) **1.** Nos EUA, a música internacional das mais diversas etnias, impregnada de estilos e sotaques de seus países nativos. **2.** Genericamente, a música de países ou regiões diversos.
world premiere (ing.) *Première* mundial. PRIMEIRA AUDIÇÃO mundial de uma obra.
Wq Catalogação por *opus* da obra de Bach, segundo Wotquenne.
wrist (ing.) PULSO (acp. 1).
wrist bells (ing.) GUIZEIRA.
wuankara Tipo de flauta chinesa de bambu.
wuchtig (al.) Pesado.
würdig (al.) Digno.
Wurstfagott (al.) RACKET.
WWV Catalogação por *opus* da obra de Wagner, segundo Deatheridge, Geck e Voss.

X

xabariri Tipo de SAMBALELÊ.

xácara (esp. *jácara*) Gênero de poema de origem espanhola que era cantado por TROVADORES, no Brasil sofreu influência de tradições populares locais como a MODINHA.

xangô Orixá de caráter violento que na lenda africana é o quarto rei de Oyo. Deu origem ao culto religioso de mesmo nome da tradição afro-brasileira, designa um ritmo a ele relacionado e é tocado por instrumentos como ATABAQUES e AFOXÉ.

xaqué (fr.) CABAÇA.

xaque-xaque Ver AGUÊ.

xaxado Música e dança que surgiu entre os cangaceiros, caracteriza-se pelo arrastar dos pés dos participantes, que se calçam com alpercatas e batem fuzis contra o chão para marcar o ritmo. Hoje, é uma dança urbana comum no Nordeste que conserva o passo original.

xedequé Ver AGUÊ.

xequedé Ver XERE.

xequerê Ver XERE.

xeque-xeque 1. Em certas regiões do Norte do Brasil, GANZÁ (acp. 2). **2.** Ver AGUÊ.

xeré Ver XERE.

xere 1. Espécie de MARACÁ do CANDOMBLÉ baiano construído de formas variáveis, como uma CABAÇA de lata oval cheia de contas ou seixos e sacudida por um cabo. É comum na tradição dos CABOCOLINHOS. **2.** Espécie de CAMPA ou AFOXÉ do XANGÔ do interior pernambucano [var.: chere, xedequé, xequerê, xeré, xereré, xererê].

xerém 1. Tipo de chocalho de cobre ou latão semelhante ao XERE que é utilizado no ritual XANGÔ. **2.** Dança de SANFONA do Nordeste brasileiro.

xereré Ver XERE.

xexerê Ver XERE.

xiba Dança fluminense de origem portuguesa que teve influência dos ritmos africanos dos escravos brasileiros. Costumava ser acompanhada por sapateado, pandeiro, CAVAQUINHO, violão, VIOLA DE ARAME e palmas.

xil Abreviatura de XILOFONE.

xilofone (it. *armonica di legno*, *armonica di paglia*, *arpilegno*, *legnofono*, *silofono*, *sticcato*, *xilofono*; fr. *claquebois*, *echelette*, *orgue de bois*, *patouilles*, *regal de bois*; ing. *xylophone*; al. *hölzernes Gelächter*, *Holzharmonica*, *Holzspiel*, *hülze Gletcher*, *Strohfiedel*, *Xyloharmonika*, *Xylophon*, *Xylophone*) Instrumento de percussão de teclado, cujas lâminas, em três ou quatro oitavas de extensão, são feitas de madeira (ou, modernamente, fibra de vidro), e é tocado com um ou dois pares de BAQUETAS acolchoadas. Teve origem em tradições musicais asiáticas e africanas, nas quais o executante distribuía algumas ripas de madeira ou ossos sobre o chão, sobre algum apoio ou sobre suas coxas, e as percutia com objetos como bastões. Na África, alguns xilofones colocados sobre uma armação receberam o nome local de *marimba*. O xilofone de orquestra é construído sobre uma armação retangular com quatro pés cujas teclas são dispostas no padrão convencional (as notas correspondentes às teclas brancas do piano em uma primeira fileira e as negras, intercaladamente, em outra fileira, logo acima). O instrumento foi incorporado à orquestra no final do Romantismo, possivelmente com a *Dança macabra* (1847) de Saint-Saëns, e inspirou também Puccini, Mahler, Villa-Lobos, Varèse e boa parte dos compositores do século XX. Abreviatura [xil.]. Ver também GANGSA, GIGELYRA, GLOCKENSPIEL, KASHTTARANG, MARIMBA, METALOFONE, MÚSICA INDONÉSIA, XILOFONE DE BAMBU, XILORIMBA.

xilofone de bambu Par de XILOFONES da Nova Guiné feitos de bambu que eram geralmente percutidos com os chinelos do executante.

xilofono (it.) XILOFONE.

xylomarimba (fr.) Ver XILORIMBA.

xilorimba (fr. *xylomarimba*) Espécie de XILOFONE cuja EXTENSÃO foi ampliada para cinco oitavas, aproximando-o da MARIMBA. Abreviatura [xmar.].

xilotone Instrumento de percussão de teclado tocado com BAQUETAS.

ximbau Prato de BATERIA (acp. 1).

xique-xique Ver CHIQUE-CHIQUE.

xmar. Abreviatura de XYLOMARIMBA.

xocalho Corruptela de chocalho.

xoko Pequeno tambor utilizado na música japonesa.

xote Ver XÓTIS.

xote-carreirinho Passo do XÓTIS que consiste em um movimento brusco e inesperado de casais em direção diversa da anterior.

xote inglês Dança comum no Sul do Brasil do século XIX, mesclava o XÓTIS local com influências da música inglesa trazida pelos construtores das estradas de ferro.

xótis Dança de casais de origem germânica difundida na Europa em meados do século XIX, chegou ao Brasil e influenciou os CHORÕES brasileiros, alcançando os salões de dança do Rio de Janeiro e outros grandes centros. O XÓTIS adquiriu perfis diferentes no Sul do país, no Rio de Janeiro, no Nordeste e nos grandes conglomerados urbanos [var.: chótis, xote]. Ver também SCHOTTISCHE.

xótis de duas damas Tipo de XÓTIS dançado por um cavalheiro e duas moças.

Xylharmonicon (al.) HARMÔNICA DE VIDRO.

Xyloharmonika (al.) XILOFONE.

xylomarimba (fr.) XILORIMBA.

xylomelodichord (ing.) HARMÔNICA DE VIDRO.

Xylophon (al.) XILOFONE.

xylophone (ing.) XILOFONE [var.: ant. *straw fiddel*].

xylosistron (fr.) HARMÔNICA DE VIDRO.

Y

yamato-bue Flauta de bambu utilizada na música japonesa.

yamato-goto Espécie de CÍTARA utilizada na música japonesa.

yang ch'in Espécie de SALTÉRIO chinês.

yodel (al. *Jodel*) Tradição de canto sem texto encontrada nos Alpes da Suíça e do Tirol, foi adaptada por vaqueiros do antigo faroeste norte-americano. Caracteriza-se pelo efeito obtido pela rápida alternância entre os REGISTROS (acp. 1) natural e FALSETE [var.: canto tirolês].

Z

Z Catalogação por *opus* da obra de Purcell, segundo Schneider.
zabumba Instrumento de percussão de membrana dupla e FUSTE cilíndrico curto, é característico do instrumental de manifestações folclóricas brasileiras como o MARACATU e o BAIÃO. Funciona como uma espécie de bumbo e costuma ser carregado a tiracolo juntamente com instrumentos como o TRIÂNGULO e a SANFONA, nos grupos de BAIÃO. É percutido na pele superior com uma BAQUETA acolchoada com couro chamada MAÇANETA, e na inferior por uma vareta chamada VAQUETA, em CONTRAPONTO rítmico [var.: bumba, caixa grande].
zabumba-mestre Ver MARCANTE.
zabumbatera Neologismo para certo tipo de ZABUMBA que incorpora instrumentos adicionais, como prato e AGOGÔ, fazendo papel de BATERIA (acp. 1).
zajal Ver ZÉJEL.
zambê **1.** Espécie de ZABUMBA empregada no Norte do Brasil. **2.** Certa dança de roda acompanhada por canto e percussão [var.: zambé].
zambelô Ver BAMBELÔ.
zambomba (esp.) ROMMELPOT.
zambra (esp.) Dança campestre espanhola.
zampogna (it.) Espécie de GAITA-DE-FOLES italiana com dois DRONES e CHANTER cônico.
zampona Espécie de FLAUTA DE PÃ de origem espanhola comum na Europa.
zampoña Flauta folclórica chilena semelhante à FLAUTA DE PÃ.
zampugna (it.) Uma das grafias antigas para VIELA DE RODA.
zanfona (it.) Uma das denominações antigas para VIELA DE RODA.
zanfonia (it.) Instrumento como a SANFONA.
zapateado SAPATEADO (acp. 2).
zaporojtzi Dança de cossacos da Ucrânia.
zarabande (esp.) SARABANDA.
Zarge (al.) FAIXA (acp. 1).
zart (al.) Indicativo de execução suave, delicada.
Zartflöte (al.) FLAUTA DOCE.
zarzuela Representação dramático-musical espanhola de dois ou três atos que teria surgido a partir das encenações realizadas na propriedade de Felipe IV, em meados do século XVII. As encenações eram declamadas, cantadas, representadas e dançadas, com tramas bastante variadas.
Zäsur (al.) CESURA.
zazah Certo tipo de MIRLITON (acp. 1).
zé-do-vale Ver BUMBA-MEU-BOI.
Zeitmass (al.) Tempo musical.
zéjel (esp.) Canção de ascendência mourisca construída por estrofes [var.: *zajal*].
zé-pereira **1.** Grande BUMBO das procissões da região do Minho português, foi introduzido no Carnaval carioca em meados do século XIX. **2.** Conjunto instrumental formado por GAITA-DE-FOLES e bumbo da região de Trás-os-Montes português, surge com freqüência nas festas folclóricas e procissões. **3.** Executante do ZÉ-PEREIRA (acp. 1).
Zeitmass (al.) ANDAMENTO.
Ziehharmonika (al.) ACORDEÃO.
Ziffer (al.) CIFRA (acp. 1).
Zigeunermusik (al.) MÚSICA CIGANA.
Zigeunertonleiter (al.) ESCALA CIGANA.

zimbalão Tipo de SALTÉRIO.
Zimbel (al.) Antigo conjunto de sinos de mão.
Zimmerorgel (al.) Pequeno órgão de câmara.
zingarese (it.) Sugestivo de execução à maneira cigana, como em *alla zingarese.*
Zink (al.) Espécie de CORNETO.
zither (fr. *bûche*; ing. *banjo harp*, *humle*) Família de instrumentos de cordas cujas variantes terminaram por disseminar-se em diversas regiões da Europa. *Grosso modo*, consiste em um jogo de cordas de número variável retesadas sobre uma caixa, como uma CÍTARA [var. al.: *Scheitholt*, *Elegiezither*]. Ver também ASOR, DULCIMER, HEXENSCHEIT e TZEZE.
znamennïy (russ.: NEUMA) Certo tipo de cântico religioso tradicional da Rússia.
zona de passagem (fr. *zone de passage*) Na técnica vocal, as notas intermediárias entre dois REGISTROS (acp. 1).
zone de passage (fr.) ZONA DE PASSAGEM.
zonzo torito Ver MOQUEGUANA.
zoppa (it. lit.: mancando, coxeando) Dança italiana cujo ritmo vem mancando, o TEMPO FRACO (ou parte fraca do tempo) acentuado.
zorongo Dança de origem mourisca e fortes influências ciganas que surgiu na Espanha em meados dos anos 1700. Ver também SORONGO.
zorra Bagunça de sambistas que improvisam batucadas com pratos, talheres, frigideiras e caixas de fósforos.
zouglou Ritmo da Costa do Marfim surgido no início dos anos 1980 que traz letras politizadas em francês e dialetos *créoles*, como o *nouchi* e o *dioula*, a exemplo da música do grupo Magic System.
zufolo (it.) Espécie de flauta com teclado de chaves preconizada em estudos musicais de Leonardo da Vinci, séculos antes do sistema desenvolvido por BOEHM.
Zug (al.) **1.** CORDOAMENTO. **2.** VARA de trombone.
Zugabe (al.) BIS.
Zugposaune (al.) TROMBONE.
Zugtrompete (al.) TROMPETE DE VARA.
zulami (ár.) Instrumento de cordas criado em Baghdad no início do século XIX.
zum Steg (al. *zum*: junto a, *Steg*: cavalete) SUL PONTICELLO.
zumbidor Ver ZUNIDOR.
Zunge (al.) PALHETA de instrumentos de sopro.
Zungenstoss (al.) FLATTERZUNGE.
zunidor Instrumento de percussão moderno feito com uma lâmina de madeira ou metal atada a um cordão ou fio, é girado no ar pelo executante e produz um efeito de zumbido. Assemelha-se ao BULLROARER. Henry Cowell escreveu um *Ensemble* para dois violinos, viola, dois violoncelos e zunidor [var.: berra-boi, rombo ou zumbidor].
Zupfgeige (al.) VIOLÃO.
Zupfidiophon (al.) IDIOFONE da tradição alemã cujas lâminas são percutidas com BAQUETAS.
zurna Ver SAHNAI.
Zurückhaltend (al.) RITARDANDO.
Zuschauer (al.) Espectador.
zu vier Händen (al.) A QUATRO MÃOS.
Zweiachteltakt (al.) COMPASSO 2/8.
Zweiertakt (al.) COMPASSO BINÁRIO.
Zweihalbetakt (al.) COMPASSO 2/2.
zweihändig (al.) A duas mãos.
zweiköpfige Schlägel (al.) Entre os instrumentos de percussão, BAQUETA de cabeça dupla.
Zweinunddreissigstel (al.) SEMIFUSA.
Zweiunddreissigstelnote (al.) FUSA.
Zweivierteltakt (al.) COMPASSO 2/4.
Zwerchflöten (al.) Instrumento renascentista semelhante à DOLZFLÖTTEN [var.: *Zwerchflöten*].
Zwerchpfeife (al.) ZWERCHFLÖTTEN.
Zwischenaktmusik (al.) INTERLÚDIO [var.: *Zwischenspiel*].
Zwischenspiel (al.) Ver ZWISCHENAKTMUSIK.
Zwischenraum (al.) Espaço.
Zwischenspiel (al.) INTERLÚDIO.
Zwölfton (al.) DODECAFÔNICO.
Zwolftonleiter (al.) Escala DODECAFÔNICA.
Zwölftonsystem (al. lit.: sistema dodecafônico) Ver DODECAFONISMO.
zydeco Música da Louisiana (EUA) que incorpora elementos sonoros do Caribe e do RHYTHM'N'BLUES norte-americano à tradição CAJUN.
Zymbal (al.) PRATO SUSPENSO.

BIBLIOGRAFIA

ABREU, Bricio de. *Esses populares tão desconhecidos*. Rio de Janeiro: E. Raposos Carneiro Editor, 1963.

ACQUARIONE, F. *História da música brasileira*. Rio de Janeiro: Francisco Alves, s.d.

ADLER, Israel (ed.). *Hebrew Writings Concerning Music*. Munique: G. Henle, 1975.

______. *The Study of Jewish Music*. Yuval Monograph Series. Vol. 10. Jerusalém: The Magnes Press, 1995.

ALBIN, Ricardo Cravo. *MPB: a história de um século*. Rio de Janeiro: Funarte, 1997.

______. *O livro de ouro da MPB*. São Paulo: Ediouro, 2003.

ALENCAR, Edigar de. *Nosso Sinhô do samba*. Rio de Janeiro: Civilização Brasileira, 1968.

______. *O carnaval carioca através da música*. Vols. I e II. Rio de Janeiro: Freitas Bastos, 1965.

ALMEIDA, Renato. *Compêndio da música brasileira*. Rio de Janeiro: F. Briguiet & Cia. Editores, 1958.

______. *História da música brasileira*. 2ª ed. Rio de Janeiro: s.n., 1988.

______. *Inteligência do folclore*. Rio de Janeiro: Editora Americana/INL, 1974.

ALMIRANTE. *No tempo de Noel Rosa*. São Paulo: Francisco Alves, 1967.

ALVARENGA, Oneyda. *Música popular brasileira*. Rio de Janeiro: Globo, 1965.

ANDERTON, Craig. *MIDI for Musicians*. Nova York: Amsco Publications, 1986.

ANDRADE, Mário de. *A utopia antropofágica*. São Paulo: Globo, 1990.

______. *Aspectos da música brasileira*. Belo Horizonte: Vila Rica, 1991.

______. *Danças dramáticas do Brasil*. Vols. I, II e III. São Paulo: Martins, 1959.

______. *Dicionário musical brasileiro*. Col. Reconquista do Brasil. São Paulo: Edusp/Itatiaia, 1982.

______. *Ensaio sobre a música brasileira*. São Paulo: Martins, 1959.

______. *Modinhas imperiais*. Belo Horizonte: Itatiaia, 1980.

______. *Música de feitiçaria no Brasil*. São Paulo: Martins, 1963.

______. *Música do Brasil*. Curitiba: Guaíba, 1941.

______. *Música, doce música*. São Paulo: Martins, 1963.

______. *Pequena história da música*. São Paulo: Martins, 1982.

ANTUNES, Jorge. *Notação na música contemporânea*. Brasília: Sistrum, 1989.

ARAÚJO, Alceu Maynard. *Cultura popular brasileira*. São Paulo: Melhoramentos, 1973.

______. *Danças, recreação, música*. São Paulo: Melhoramentos, 1964.

______. *Festas, bailados, mitos e lendas*. São Paulo: Melhoramentos, 1964.

ARAÚJO, Ari *et al*. *As escolas de samba, um episódio antropofágico*. Petrópolis/Rio de Janeiro: Vozes/SEEC, 1978.

ARAÚJO, Hiram. *Carnaval, seis milênios de história*. Rio de Janeiro: Griphus, 2000.

ARAÚJO, Mozart de *et al*. *Enciclopédia da música brasileira*. São Paulo: Arte, s.d.

______. *A modinha e o lundu do século XVIII: uma pesquisa histórica e bibliográfica*. São Paulo: Ricordi Brasileira, 1963.
ARAÚJO, Raimundo. *Cantador, verso e viola*. Rio de Janeiro: Pongetti, 1974.
ARNAUD, Gerald e CHESNEL, Jaques. *Masters of Jazz*. Nova York: Larousse Kingfisher Chambers, 1992.
AUBERT, L., e LANDOWSKI, M. *L'Orchestre*. Col. Qui Sais Je?. Paris: PUF, 1951.
AUGRAS, Monique. *O Brasil do samba-enredo*. Rio de Janeiro: Fundação Getúlio Vargas, 1998.
AVENARY, Hanoch. *Encounters of East and West in Music*. Tel Aviv: Tel Aviv University, 1979.
AZEVEDO, Luís Heitor Correia de. *150 Anos de música no Brasil, 1800-1950*. Rio de Janeiro: José Olympio, 1956.
______. *A música brasileira e seus fundamentos*. Washington: União Panamericana, 1948.
______. *Danças sertanejas*. Rio de Janeiro: Cultura Política, 1944.
______. *Música e músicos do Brasil: história, crítica, comentários*. Rio de Janeiro: Casa do Estudante do Brasil, 1950.
BACHMAN, O. *An Encyclopedia of the Violin*. Nova York: Bachman, 1923.
BACHMAN, Werner. *The Origins of Bowing*. Londres: Oxford University Press, 1969.
BACHUS, John. *Acoustical Foundations of Music*. Nova York/Londres: W. W. Norton, 1967.
BAHIANA, Ana Maria. *Nada será como antes: MPB nos Anos 70*. Rio de Janeiro: Civilização Brasileira, 1980
BAINES, Antony. *European and American Musical Instruments*. Londres: Batsford, 1966.
BAKER, Houston A. *Black Studies, Rap, and the Academy*. Chicago: University of Chicago Press, 1993.
BAKER, Theodore, SLOMINSKY, Nicolas *et al*. *Baker's Biographical Dictionary of Musicians*. 2ª ed. Nova York: Schirmer Books, 1992.
BALLIETT, Whitney. *Improvising: Sixteen Jazz Musicians and Their Art*. Nova York: Oxford University Press, 1977.
BAMES, Anthony. *Woodwind Instruments and their History*. Londres: Faber, 1957.
BARAKA, Imamu Amiri. *Blues People: Negro Music in White America*. Nova York: W. Morrow, 1963.
______. *The Music: Reflections on Jazz and Blues*. Nova York: Morrow, 1987.
BARBOSA, Domingos Caldas. *Viola de Lereno*. Rio de Janeiro: Civilização Brasileira, 1980.
BARBOSA, Elmer Correia. *O ciclo do ouro: o tempo e a música do Barroco católico*. Rio de Janeiro: PUC, 1979.
BARBOSA, Orestes. *Samba, sua história, seus poetas, suas músicas e seus cantores*. Rio de Janeiro: MEC/Funarte, [1933] 1978.
BARRETO, Ceição de Barros. *Estudo sobre hinos e bandeiras do Brasil*. Rio de Janeiro: Carlos Wehrs & Cia., 1943.
BARTEL, Dietrich. *Musica Poetica: Musical Rhetorical Figures in German Baroque Music*. Nebrasca: University of Nebraska Press, 1998.
BATES, John. *The Synthesizer*. Oxford: Oxford University Press (Music Dept.), 1988.
BENEDICTUS, Savino de. *Terminologia musical: vademecum indispensável a todos os estudantes e amadores da música*. São Paulo: Ricordi Brasileira, 1941.
BENJAMIN, Thomas. *Counterpoint in the Style of Bach*. Nova York: Schirmer Books, 1986.
BEREGOVSKI, Moshe. *Old Jewish Folk Music*. Tradução para o inglês de Mark Slobin. Filadélfia: University of Pennsylvania Press, 1982.
BERENDT, Joachime. *The Jazz Book: From Ragtime to Fusion and Beyond*. Nova York: Lawrence Hill, 1992.
BERNAL, Martin. *Black Athena: The Afroasiatic Roots of Classical Civilization*. New Brunswick: Rutgers University Press, 1987.

BEVILÁQUA, Adriana Magalhães *et al. Clementina, cadê você?* Rio de Janeiro: LBA/Funarte, 1988.
BOOM, Michael. *Music through MIDI: using MIDI to Create your own Electronic Music System.* Redmond/Washington: Microsoft Press, 1987.
BRENET, Michel. *Dictionaire Pratique et Historique de la Musique.* Paris: Colin, 1926.
BRINCARD, Marie-Thérèse. *Sounding Forms: African Musical Instruments.* Nova York: The American Federation of Arts, 1989.
BUCHNER, Alexander. *Musical Instruments: an Illustrated History.* Londres: Octopus Books, 1973.
BUKOFZER, Manfred F. *Music in the Baroque Era.* Nova York: W.W. Norton, 1947.
CABRAL, Sérgio. *As escolas de samba do Rio de Janeiro.* Rio de Janeiro: Lumiar, 1997.
______. *História das escolas de samba.* Rio de Janeiro: Rio Gráfica e Editora, 1976.
______. *No tempo de Almirante.* Rio de Janeiro: Francisco Alves, 1990.
CALADO, Carlos. *Tropicália: a história de uma revolução musical.* São Paulo: Editora 34, 1997.
CANDEIA & ISNARD. *Escola de samba, árvore que esqueceu a raiz.* Rio de Janeiro: Lidador/SEEC, 1978.
CARDOSO, Sylvio Tullio. *Dicionário biográfico da música popular.* Rio de Janeiro: ed. particular, 1987.
CARNEIRO, Édison. *A sabedoria popular.* Rio de Janeiro: INL/MEC, 1957.
CARVALHO, Rodrigues de. *Cancioneiro do Norte.* João Pessoa: Paraíba do Norte, 1928.
CASCUDO, Luís da C. *Dicionário do folclore brasileiro.* 2ª ed. Rio de Janeiro: INL/MEC, 1962.
______. *Vaqueiros e cantadores. Os cantadores de cordel do Nordeste Brasileiro*: *releitura de uma prática medieval.* Ceará: Universidade Estadual do Ceará, 1997.
CASTIGLIONE, Baldassare. *O cortesão* (*Il Libro del Cortegiano*, 1567). São Paulo: Martins Fontes, 1997.
CASTRO, RUI. *Chega de saudade*: *a história e as histórias da Bossa-nova.* São Paulo: Companhia das Letras, 1990.
CAZES, Henrique. *Choro: do quintal ao municipal.* São Paulo: Editora 34, 1998.
COHN, Lawrence (org.). *Nothing but the Blues: The Music and Musicians.* Nova York: Abbeville Press, 1993.
CONDON, Eddie e SUGRUE, Thomas. *We Called It Music: A Generation of Jazz.* Nova York: Da Capo Press, 1992.
CONGER, Jim. *C Programming for MIDI.* Redwood City, Califórnia: M&T Books, 1989.
COSTA FERREIRA, Moacyr. *Dicionário de inventos e inventores.* 2ª ed. São Paulo: Edicon, 1994.
COSTA, Haroldo. *Salgueiro, academia de samba.* Rio de Janeiro: Record, 1984.
COUTO E SILVA, Paulo. *Da interpretação musical.* Porto Alegre: Globo, 1960.
CROCKER, Richard L. *A History of Musical Style.* Nova York: Dover Publications, 1986.
CRUZ, H. Dias da Cruz. *Os morros cariocas no Novo Regime.* Rio de Janeiro, 1941.
DANTAS SILVA, Leonardo. *Carnaval do Recife.* Recife: Fundação de Cultura Editora, 1977.
DAVIS, Francis. *Outcats: Jazz Composers, Instrumentalists, & Singers.* Nova York: Oxford University Press, 1995.
______. *The History of the Blues: The Roots, the Music, the People-from Charley Patton to Robert Cray.* Nova York: Hyperion, 1995.
DE FURIA, Steve e SCACCIAFERRO, Joe. *The MIDI Programmer's Handbook.* Redwood City, Califórnia: M&T, 1989.
DE LA MOTTE, Diether. *Contrapunto*, Barcelona: Editorial Labor, 1991.
DEAN, Friedman. *Synthesizer Basics.* Nova York: Amsco Publications, 1986.
DIRETÓRIO ACADÊMICO BENJAMIN BAPTISTA/Escola de Medicina e Cirurgia da FEFIEG. *O samba saúda o povo e pede passagem.* Rio de Janeiro: 1974 (mimeo).

DODGE, Charles, JERSE, Thomas A. *Computer Music: Instruction and Study*. Nova York: Schirmer Books, 1985.
DOLABELA, Marcelo. *ABZ do rock brasileiro*. São Paulo: Estrela do Sul, 1987.
DONINGTON, Robert. *Style and Performance, A Handbook*. Nova York: W.W. Norton, 1970.
DORIAN, Frederic. *The History of Music in Performance*. Nova York: Norton, 1942.
DOURADO, Henrique Autran. *O arco dos instrumentos de cordas*. São Paulo: Edicon, 1998.
DREYFUS, Laurence. "Bach's Continuo Group, Players and Practices in his Vocal Works", *Studies in the History of Music*, nº3, Cambridge, MA., Harvard University Press, 1987.
EDELMAN, Marsha Bryan. *A Bibliography of Jewish Music*. Nova York: The Hebrew Arts School, 1986.
EFEGÊ, Jota. *Ameno Resedá, o rancho que foi escola*. Rio de Janeiro: Letras e Artes, 1965.
ENNIS, Phillip H.: *The Seventh Stream: The Emergence of Rock 'n' Roll in American Popular Music*. Bostom: University Press of New England, 1992.
ESCOTT, Colin. *Good Rockin' Tonight: Sun Records and the Birth of Rock 'n' Roll*. Nova York: St. Martin's Press, 1991.
FORDHAM, John. *Jazz*. Nova York: D. K. Publishing, 1993.
GARM, Paul. *Blues and Poetic Spirit*. Roots of Jazz. Nova York: Da Capo Press, 1996.
GIDDINS, Gary. *Riding On A Blue Note: Jazz and American Pop*. Nova York: Oxford University Press, 1981.
GIFFONI, Maria Amália Corrêa. *Danças folclóricas brasileiras e suas aplicações educativas*. São Paulo: Melhoramentos, 1978.
GILLETT, Charlie. *The Sound of the City: The Rise of Rock and Roll*. Da Capo Press, 1996.
GOLDWASSER, Maria Júlia. *O palácio do samba*. Rio de Janeiro: Zahar, 1975.
GOMES, Bruno Ferreira. *Wilson Batista e sua época*. Rio de Janeiro: Funarte, 1985.
GRADENWITZ, Peter. *Music and Musicians in Israel*. 3ª ed. Tel Aviv: Israeli Music Publications, 1978.
GRAZIOSI, Giorgio, *L'Interpretazione Musicale*. Turim: Enaudi, 1982.
GREEN, Benny. *The Reluctant Art: the Growth of Jazz*. Nova York: Horizon Press, 1963.
GREIMAS, A. J. *Semântica estrutural*. São Paulo: Edusp/Cultrix, 1976.
GRIDLEY, Mark C. *Jazz Styles: History & Analysis*. Englewood Cliffs, NJ: Prentice Hall, 1996.
GROUT, Donald Jay e PALISCA, Claude. *A History of Western Music*. 5ª ed. Nova York: W.W. Norton, 1996.
GUERRA-PEIXE, César. *Maracatus do Recife*. São Paulo: Irmãos Vitale, 1980.
GUIMARÃES (Vagalume), Francisco. *Na roda do samba*. Rio de Janeiro: Funarte, 1978.
GURALNICK, Peter. *Feel Like Going Home: Portraits in Blues and Rock n' Roll*. Nova York: Harper Collins Publ., 1989.
HANSLICK, Eduard. *The beautiful in Music*. Nova York: Da Capo Press, 1974.
HARDY, Phil & Lang. *Encyclopedia of Rock*. Londres: MacDonald, 1987.
HARNONCOURT, Nikolaus. *O diálogo musical*. Rio de Janeiro: Jorge Zahar, 1993.
______. *O discurso dos sons*. Rio de Janeiro: Jorge Zahar, 1990.
HAWKINS, Sir John. *A General History of the Science and Practice of Music*. Nova York: Dover Publications, 1963.
HAYES, Gerald. *New Oxford History of Music*. Londres: Oxford University Press, 1968.
HENRY, Thomas: *Build a Better Music Synthesizer*. Blue Ridge Summit, Filadélfia: Tab Books, 1987.
HISTÓRIA DA MÚSICA POPULAR BRASILEIRA. Fascículos. São Paulo: Editora Abril, 1972.
HJELMSLEV, L. *Prolégomènes à une théorie du langage*. Paris: Minuit, 1971.
HOLANDA, Nestor de. *Memórias do Café Nice: subterrâneos da música popular e da vida boêmia do Rio de Janeiro*. Rio de Janeiro: Conquista, 1969.
HOMEM DE MELLO, Zuza. *Música popular brasileira*. São Paulo: Edusp, 1976.

HUBER, David Miles. *The MIDI Manual*. Carmel, Indiana: Howard W. Sams, 1991.
IKEDA, Alberto Tsuyoshi. "Forró: dança e música do povo", *D.O. Leitura*, 1980.
JEPPESEN, Knud, *Counterpoint: The Polyphonic Vocal Style of the Sixteenth Century*. Englewood Cliffs, Nova Jersey: Prentice Hall, 1939; Nova York: Dover Publications, 1992.
KINGMAN, Daniel. *American Music*. Nova York: Schirmer Books, 1979.
KRAUSCHE, Valter. *Música popula brasileira: da cultura de roda à cultura de massa*. São Paulo: Brasiliense, 1983.
LAGO JUNIOR, Sylvio. *A arte da regência*. Rio de Janeiro: Nova Aguilar, 2002.
LEOPOLDI, José Sávio. *Escola de samba, ritual e sociedade*. Petrópolis: Vozes, 1978.
LIMA, Edilson de. *As modinhas do Brasil*. São Paulo: Edusp, 1980.
LOPES, Nei. *O samba na realidade: a utopia da ascensão social do sambista*. Rio de Janeiro: Codecri, 1981.
MACHADO, Lauro Coelho. *A ópera barroca italiana*. São Paulo: Perspectiva, 2003.
______. *A ópera italiana após 1870*. São Paulo: Perspectiva, 2002.
MAGNANI, Sergio, *Expressão e comunicação na linguagem da música*. Minas Gerais: UFMG, 1989.
MARCONDES, Marcos Antonio (editor). *Enciclopédia da música brasileira: erudita, folclórica e popular*. Vols. I e II. São Paulo: Art Editora, 1997.
MARCUSE, Sybil. *Musical Instruments: a Comprehensive Dictionary*. Nova York: W. W. Norton, 1954.
MARIZ, Vasco. *A canção brasileira*. 4ª ed. Rio de Janeiro: Cátedra. 1980.
______. *História da música no Brasil*. Rio de Janeiro: Civilização Brasileira, 1994.
MATTHESON, Johannes. *Der Volkommene Capellmeister*. Hamburgo: ed. fac-símile Kassel: Bärenreiter, 1739.
MÁXIMO, João e DIDIER, Carlos. *Noel Rosa: uma biografia*. Brasília: UnB/Linha Gráfica, 1990.
MEDAGLIA, Júlio, *Música impopular*. São Paulo: Global, 1988. 2ª ed., 2003.
MELO, Guilhermo de. *A música no Brasil*. Rio de Janeiro: Imprensa Nacional, 1947.
MEYER, Leonard B. *Emotion and Meaning in Music*. Chicago/Londres: The University of Chicago Press, 1956.
MILANO, Dominic. *Mind over MIDI*. Milwaukee, Wisconsin: H. Leonard Books, 1987.
MILLER, D. C. *The Science of Musical Sounds*. Nova York: Macmillan, 1926.
MIS, Museu da Imagem e do Som. *As vozes desassombradas do museu* (nº 1). Rio de Janeiro: Editora do MIS, 1970.
MOORE, Douglas. *A Guide to Musical Styles*. Nova York: Norton, 1962.
MOORER, J. A. "The synthesis of Complex Audio Spectra by Means of Discrete Summation Formulae", *Journal of the Audio Engineering Society*, vol. 14, n. 9, Nova York, Novembro 1976.
MORLEY, Thomas. *A Plaine and Easie Introduction to Practicall Musicke*. Londres: 1597.
MOTTA, Nelson. *Memória musical*. Porto Alegre: Sulina, 1990.
MOURA, Roberto M. *Carnaval: da Redentora à Praça do Apocalipse*. Rio de Janeiro: Zahar, 1996.
______. *Tia Ciata e a pequena África no Rio de Janeiro*. Rio de Janeiro: Funarte, 1983.
MUNIZ JR., J. *Sambistas imortais*. Santos: ed. particular, 1977.
MUNROW, David. *Instruments of the Middle Ages and Renaissance*. Londres: Oxford University Press, 1980.
NASSER, David. *Parceiro da Glória: meio século de MPB*. Rio de Janeiro: José Olympio, 1983.
NATTIEZ, J.-J. *Music and Discourse, Toward a Semiology of Music*. Nova Jersey: Princeton University Press, 1990.
NEVES, J. Maria. "Conheça hoje a música de seu tempo", *in: Ensaio*, Rio de Janeiro, 1980.
NULMAN, Macy. *Concepts of Jewish Music and Prayer*. Nova York: Yeshiva University, 1985.

______. *Concise Encyclopedia of Jewish Music*. Nova York: McGraw-Hill, 1975.
OWEN, Harold, *Modal and Tonal Counterpoint — from Josquin to Stravinsky*. Nova York: Schirmer Books, 1992.
PALISCA, Claude. *Baroque music*. Nova Jersey: Prentice Hall, 1991.
PÂRIS, Alain. *Dictionaire des Interprètes et de l'Interprétation Musicale*. Paris: Ed. Robert Lafont, 1989.
PEREIRA, João Baptista Borges. *Cor, profissão e mobilidade: o negro e o rádio em São Paulo*. São Paulo: Pioneira/Edusp, 1967.
PHAELANTE, Renato. *Forró: identidade nordestina*. Recife: Fundação Joaquim Nabuco (Instituto de Pesquisas Sociais / Departamento de Antropologia), 1995.
POTTER, Russelll A.: *Spectacular Vernaculars: Hip-Hop and the Politics of Modernism*. Nova York: State University of New York Press, 1995.
RAMEAU, Jean Philippe. *Treatise on Harmony*. Nova York: Dover Publications, 1971.
RAYNOR, Henry, *História social da música*. Rio de Janeiro: Zahar Editores, 1981.
READ, Gardner. *Thessaurus of Orchestral Devices*. Londres: Sir Isaac Pitman & Sons, 1953.
REESE, Gustave. *Music in the Renaissance*. Nova York: W. W. Norton, 1954.
REGO, José Carlos. *Dança do samba: exercício do prazer*. Rio de Janeiro: Imprensa Oficial, 1994.
RIOTUR, Empresa de Turismo do Município do Rio de Janeiro. *Memória do Carnaval*. Rio de Janeiro: RIOTUR, 1991.
ROACH, Hildred. *Black American Music: Past and Present*. Malabar, FL: Krieger Publishing, 1992.
ROCCA, Edgard Nunes. *Ritmos brasileiros e seus instrumentos de percussão*. Rio de Janeiro: Escola Brasileira de Música, 1996.
ROMERO, Sílvio. *Cantos populares do Brasil*. Belo Horizonte: Itatiaia, 1985.
ROTHSTEIN, Joseph. *MIDI: a Comprehensive Introduction*. Madison, Wisconsin: A-R Editions, 1992.
RUMSEY, Francis. *MIDI systems and control*. Londres/Bostom: Focal Press, 1990.
RUSSOLO, Luigi. *The Art of Noises*. Nova York: Pendragon Press, 1986. Stanford: Stanford University (Music Dept.), 1975
SACHS, Curt. *The History of Musical Instruments*. Nova York: Norton, 1940.
SACKHEIM, Eric. *The Blues Line: A Collection of Blues Lyrics from Leadbelly to Muddy Waters*. Hopewell, NJ: Ecco Press, 1993.
SANDBURG. *The Billie Holiday Companion*. Indianápolis, IN: Macmillan Publishing, 1997.
SANTELLI, Robert. *The Best of the Blues*. Nova York: Viking Penguin, 1997.
SANTORO, Gene. *Dancing In Your Head Jazz Blues Rock & Beyonde*. Oxford University Press, 1986.
SCHACK, Adolf Friedrich von. *Poesía y arte de los árabes en España y Sicilia*. Madri: Hipérion, 1988.
SCHERMAN, Tony e ROWLAND, Mark (orgs.). *The Jazz Musician*. Nova York: Saint Martin's Press, 1994.
SCHULLER, Gunther. *Early Jazz: Its Roots and Musical Development*. Nova York: Oxford University Press, 1968.
______. *The Swing Era: The Development of Jazz, 1930-1945*. Nova York: Oxford University Press, 1989.
SCHURMANN, E. F. *A música como linguagem: uma abordagem histórica*. São Paulo: Brasiliense, 1989.
SCLIAR, Esther. *Elementos da teoria musical*. São Paulo: Novas Metas, 1985.
SEASHORE, C. E. *Psychology of Music*. Nova York: Dover Publications, 1967.
SEVERIANO, Jairo, HOMEM DE MELLO, Zuza. *A canção no tempo: 85 anos de músicas brasileiras*. Vols. I e II. São Paulo: Editora 34, 1998.

SHAFER, Murray. *The Soundscape: our Sonic Environment and the Tuning of the World*. Vermont: Destiny Books, 1994.
SHAPIRO, Nat e HENTOFF, Nat. *The Jazz Makers*. Westport: Greenwood Press, 1956, reimp., 1975.
SHAPIRO, Nat e POLLOCK, Bruce (org.). *Popular Music*, 1920-1979. 3 vols. Detroit, Michigan: Gale Research, 1985.
SHAW, Arnold. *Black Popular Music: from the Spirituals, Minstrels, and Ragtime to Soul, Disco, and Hip-Hop*. Nova York: Schirmer Books, 1985.
SHAW, Arnold. *The Jazz Age*. Nova York: Oxford University Press, 1987.
______. *The World of Soul*. Nova York: Cowles Book, 1970.
SHILOAH, Amnon. *Jewish Musical Traditions*. Detroit: Wayne State University Press, 1992.
SILVA, Marília T. Barboza da *et al*. *Fala, Mangueira*. Rio de Janeiro: José Olympio, 1980.
SILVA, Marília T. Barboza da e OLIVEIRA Fº, Arthur L. de. *Silas de Oliveira: do jongo ao samba-enredo*. Rio de Janeiro: Funarte, 1981.
SOARES, Maria Thereza Melo. *São Ismael do Estácio*. Rio de Janeiro: Funarte, 1985.
SODRÉ, Muniz. *Samba, o dono do corpo*. Rio de Janeiro: Codecri, 1979.
SOUTHERN, Eileen. *The Music of Black Americans: A History*. 3ª ed. Nova York: W.W. Norton, 1983.
SOUTHERN, Eileen: *The Music of Black Americans*. Nova York: Norton, 1971.
SOUZA, Tárik de e ANDREATO, Elifas. *Rostos e gostos da música popular brasileira*. Porto Alegre: L&PM, 1979.
SOUZA, Tárik de *et al*. *Brasil musical*. Rio de Janeiro: Art Bureau, 1988.
______. *O som nosso de cada dia*. Porto Alegre: L&PM, 1983.
SPAETH, Sigmund. *A History of Popular Music in America*. 12ª ed. Nova York: Random House, 1971.
SPENCER, Jon M. *Blues and Evil*. TN: University of Tennessee Press, 1993.
SPRINGER, Robert. *Authentic Blues: Its History and Themes*. Nova York: Edwin Mellen Press, 1995.
STEARNS, Marshall W. *The Story of Jazz*. Nova York: Oxford University Press, 1970.
STEWART, Rex. *Jazz Masters of the Thirties*. Nova York: Da Capo Press, 1982.
STRANGE, A. *Electronic Music: System, Techniques and Controls*. Dubuque: Brown & Benchmark, 1997.
TAME, David. *O poder oculto da música*. São Paulo: Cultrix, 1979.
TATIT, Luiz Augusto de Moraes. *Por uma semiótica da canção popular*. Tese de mestrado. São Paulo: Universidade de São Paulo, 1982.
TAWA, Nicholas: *A Music for the Millions: Antebellum Democratic Attitudes and the Birth of American Popular Music*. Nova York: Pendragon Press, 1984.
TAWA, Nicholas: *American Popular Song: 1866-1910*. Nova York: Schirmer Books, 1998.
THURSTON, Dart. *Musical Instruments through the Ages*. Londres: Penguin, 1961.
TINHORÃO, José Ramos. *História da música popular*. Petrópolis: Vozes, 1970
______. *Música popular: teatro e cinema*. Petrópolis: Vozes, 1972.
______. *Os forrós*. Rio de Janeiro: Editora Tinhorão, 1976.
______. *Pequena história da música popular: da modinha à lambada*. São Paulo: Art Editora, 1991.
TIRRO, Frank. *Jazz: A History*. Nova York: Norton, 1993.
TITON, Jeff Todd. *Early Downhome Blues: A Musical Cultural Analysis*. 2ª ed., Chapel Hill, NC: University of North Carolina, 1995
TROOP, David. *The Rap Attack*. Nova York: South End Press, 1983.
TUPY, Dulce. *Carnavais de guerra*. Rio de Janeiro: ASB Arte, 1985.

ULLOA, Alejandro. *Pagode: a festa do samba no Rio de Janeiro e nas Américas*. Rio de Janeiro: MultiMais, 1998.
VALENÇA, Rachel & Suetônio. *Serra, Serrinha, Serrano: o império do samba*. Rio de Janeiro: José Olympio, 1981.
VAN DER MERWE, Peter. *Origins of the Popular Style: The Antecedents of Twentieth-Century Popular Music*. Oxford University Press, 1989.
VARGENS, João Baptista M. (org.). *Notas musicais cariocas*. Petrópolis: Vozes, 1986.
VARGENS, João Baptista M. e MONTE, Carlos. *A velha guarda da Portela*. Rio de Janeiro: Manati, 2001.
VÁRIOS AUTORES. *Enciclopédia da música brasileira erudita, folclória e popular*. 2 vols. São Paulo: Art, 1997.
VASCONCELOS, Ary. *Raízes da música popular brasileira*. Rio de Janeiro: Martins/MEC, 1977
VASCONCELOS, Francisco de. *Império Serrano: primeiro decênio*. Rio de Janeiro: s.n., 1991.
VILA, Martinho da. *Kizombas, andanças e festanças*. Rio de Janeiro: Leo Christiano, 1992.
VILLCHUR, E. *Reproduction of Sound*. Nova York: Dover Publications, 1965.
WEBER, Max. *Fundamentos racionais e sociológicos da música*. São Paulo: Edusp, 1995.
WERNER, Eric. *Hebrew Music. Anthology of Music*. Ed. K. G. Fellerer. Colônia: Arno Folk Verlag, 1961.
WESTRUP, Sir Jack. *Introduction to Musical History*. Londres: Hutchinson, 1959.
WHITCOMB, Ian. *Irving Berlin and Ragtime America*. Londres: Century Hutchinson, 1987.
WILDER, Alec. *American Popular Song: The Great Innovators, 1900-1950*. Nova York: Oxford University Press, 1972.
WILLIAMS, Martin. *Jazz Heritage*. Nova York: Oxford University Press, 1985.
______. *The Art of Jazz: Essays on the Nature and Development of Jazz*. Nova York: Oxford University Press, 1959.
______. *Where's the Melody? A Listener's Introduction to Jazz*. Nova York: Da Capo Press, 1966.
WILMER, Valerie. *Jazz People*. Nova York: Da Capo Press, 1991.
WISNIK, José Miguel. *O som e o sentido*. São Paulo: Companhia das Letras, 1989.
XENAKIS, Iannis. *Formalized Music: Thoughts and Mathematics in Music*. Nova York: Pendragon Press, 1992.
ZWILLING, Carin. *As canções de cena de William Shakespeare: resgate das canções originais, transcrição e indicações para tradução*. Tese de Doutorado não publicada. São Paulo: Universidade de São Paulo, Faculdade de Filosofia, Letras e Ciências Humanas, Departamento de Letras Modernas, 2003.
______. *The Schoole of Musicke de Thomas Robinson*. Tradução comentada e transcrição musical de um tratado do início do século XVII. Dissertação de mestrado não publicada. Campinas: Universidade de Campinas, Departamento de História do IFCH, 1996.

SOBRE O AUTOR

Henrique Autran Dourado nasceu em Belo Horizonte, Minas Gerais, em 1953, e mudou-se com sua família para o Rio de Janeiro aos dois anos de idade. Cursou Licenciatura em Música na antiga FEFIERJ (Federação das Escolas Federais Isoladas do Estado do Rio de Janeiro), atual UNI-RIO, tendo sido bolsista da Orquestra Sinfônica Brasileira, que custeou seus estudos com Ladislav Balek, primeiro contrabaixo da Sinfônica de Praga. Fez curso de aperfeiçoamento na Berklee College of Music (EUA), recebendo logo após bolsa de estudos da New England Conservatory of Music, a mais antiga e uma das mais reputadas instituições de ensino superior de música dos Estados Unidos. Na New England Conservatory estudou contrabaixo com Edwin Barker (solista da Sinfônica de Boston) e composição com William McKinley, Di Domenica (ex-aluno de Arnold Schönberg) e Joseph Maneri (classe de Alban Berg). Nesse período, foi instrumentista em várias orquestras norte-americanas, como a Boston Civic Symphony e a Brookline Symphony (primeira estante). Em nosso país, integrou a Orquestra Sinfônica de Campinas e a Orquestra Sinfônica do Estado de São Paulo, a convite de Eleazar de Carvalho (primeiras estantes).

Mestre e Doutor em Artes formado pela Escola de Comunicação e Artes da Universidade de São Paulo, onde ingressou como professor no ano de 1988, Henrique Autran Dourado lecionou na Escola Municipal de Música de São Paulo entre 1985 e 1989, tendo sido seu diretor de 1989 a 1998 — cargo que voltou a ocupar em agosto de 2001. Em 2003, foi convidado a proferir uma série de palestras na Universidade de Richmond, Virginia, Estados Unidos, ao lado de músicos e professores de diversas universidades da Europa e EUA. Em 2004, criou e passou a coordenar a Escola Superior de Música da Faculdade Cantareira, em São Paulo, instituição que reúne em seu corpo docente alguns dos nomes mais destacados da cena musical brasileira, como os regentes Ira Levin e Naomi

Munakata, a soprano romena Mariana Cioromila, a violinista Elisa Fukuda, entre outros.

Responsável pela organização e implementação de diversos projetos artísticos e pedagógicos, entre eles o *Música no Céu*, que institui o ensino e a prática musical nos 21 Centros Educacionais Unificados da prefeitura paulistana, Henrique Autran Dourado foi também presidente da Associação Brasileira de Escolas de Música. É autor de várias publicações, entre elas os livros *O arco dos instrumentos de cordas* (Edicon, 1998), que recebeu o Prêmio Clio 1999 da Academia Paulistana de História, *Pequena estória da música* (Vitale, 1999) e *Scales and Arpeggios for the Double Bass* (Ayoomusic, 1999). Em 2008 assumiu o cargo de diretor do Conservatório Dramático e Musical de Tatuí (SP), considerado uma das maiores escolas de música da América Latina.

Este livro foi composto em Times New Roman pela Bracher & Malta com CTP e impressão da Prol Editora Gráfica em papel Pólen Soft 80 g/m² da Cia. Suzano de Papel e Celulose para a Editora 34, em agosto de 2008.